JN436312

東洋古典譯註叢書 67

譯註 說苑 1

許鎬九 譯註

傳統文化硏究會

東洋古典譯註叢書를 발간하면서

우리의 古典國譯事業은 민족문화 진흥의 기초사업으로 1960년대부터 政府 支援으로 古文獻 現代化 작업을 추진하여 많은 成果를 거두었다. 당시 이 사업 추진의 先行課題로 東洋古典이라 일컬어지는 중국의 基本古典을 먼저 飜譯하여야 한다는 學界의 주장이 있었음에도 불구하고 우리 고전이 아니라는 일부의 偏狹한 視覺과 財政 事情 등으로 인하여 배제되어 왔다.

전통적으로 중국의 기본고전은 우리 歷史와 함께 숨쉬며 각종 교육기관의 教科書로 활용됨은 물론이고 지식인들의 必讀書가 되어 왔으며, 우리 文化의 基底에 자리잡고 거의 모든 방면의 體系와 根幹을 형성하여 왔다. 그래서 학문연구의 기본서 역할을 해 왔을 뿐만 아니라 오늘날에도 우리의 國學徒 및 東洋學 硏究者들에게 같은 역할을 하고 있음은 주지의 사실이다. 그럼에도 불구하고 中國古典은 우리 것이 아니라 하여 專門機關의 飜譯對象에 포함하지 않음으로써, 대부분 原典에서의 직접 번역이 아닌 重譯이나 拔萃譯의 방식이 주를 이루면서 教養水準으로 出版되어 왔다.

오늘날 東洋 三國 중에서 우리의 東洋學 연구가 가장 부진한 이유는, 東洋基本古典에 대한 폭넓은 이해의 부족과 漢文古典 讀解力의 저하에 기인함을 우리는 솔직히 인정하여야 한다. 따라서 이들 중국고전에 대한 신뢰할 만한 國譯이 이루어지는 것이 한국학 연구를 촉진시키는 시급한 先行課題라 할 수 있다.

이에 韓國學 및 東洋學의 연구와 古典現代化의 基盤構築을 위해서는, 전문기관으로 하여금 동양고전을 단기간에 각 분야의 專門 硏究者와 漢學者가 상호 협동하여 연구번역하여 飜譯의 傳統性과 效率性, 硏究의 專門性을 높일 수 있도록 政策的 配慮가 있어야 한다.

이에 本會에서는 元老 및 中堅 漢學者와 斯界의 專攻者로 하여금 協同硏究飜譯하여 공부하는 사람들이 믿고 引用하거나 깊이 있는 註釋 등을 활용할 수 있게 하고, 知識人들의 教養을 증진시켜 줄 수 있는 東洋古典의 國譯書 간행을 지속적으로 추진해 왔다. 근래에 다행히 이 사업에 대하여 각계 지도층의 폭넓은 이해와 지원에 힘입어 2001년도부터 國庫補助를 받아 東洋古典譯註叢書를 간행하게 되었다. 이를 계기로 우리 先學의 註釋과 見解를 반영하는 등 국역사업의 內實을 기하게 되었음을 이 자리를 빌려 衷心으로 감사드리며, 아울러 國譯에 參與하신 관계자 여러분의 勞苦에 깊은 謝意를 표한다.

끝으로 우리의 이러한 작업은 오랜 역사 위에 축적된 先賢들의 業績과 現代學問을 이어주는 튼튼한 架橋와 礎石이 되어 진정한 韓國學과 東洋學 발전에 기여할 것을 굳게 믿으며, 21세기를 우리 文化의 世紀로 열어 가는 밑거름이 되도록 우리의 力量을 本 事業에 경주하고자 한다. 江湖諸賢의 부단한 관심과 지원을 기대해 마지않는다.

社團法人 傳統文化硏究會 會長 李啓晃

解 題

宋赫基(고려대학교 한문학과 교수)

1. 저자 劉向에 대하여

≪說苑≫은 중국 前漢時代의 劉向이 先賢의 逸話와 言說을 모아서 주제별로 분류하여 기록한 책이다. 劉向(B.C. 77~B.C. 6)은 漢 王朝의 宗室로서 漢 高祖의 아우인 楚元王 劉交의 4세손이며, 字는 子政, 본명은 更生이다. 董仲舒와 司馬遷의 뒤를 이은 西漢의 대표적 학자인 유향은 經學, 文學, 그리고 目錄學에 걸쳐 많은 학문적 업적을 남긴 인물이다.

유향은 漢 宣帝 때 출사하였으나, 元帝 때 권력을 독점하고 전횡하던 宦官과 外戚들을 탄핵하다가 몇 차례 옥고를 치르고 庶民으로 강등되었다. 이후 成帝가 즉위했을 때 다시 임용되어 光祿大夫에 올랐으나, 여전히 劉氏 宗室의 입장에 서서 '현명하고 능력 있는 사람을 등용해야 한다.〔任賢選能〕'는 儒家 논리를 근거로 외척과 환관의 정권 장악에 반대하였기 때문에 줄곧 이들의 배척을 받아 높은 지위에 오르지 못했다.

이처럼 정치적으로 현달하지 못한 유향은 만년에 주로 典籍을 校勘하고 정리하는 일에 종사하였는데, 이를 통해 동아시아 학술사에 지대한 공헌을 하게 되었다. 그의 가장 중요한 학문적 업적은 秦漢 古籍의 전면적인 정리를 주도하면서 校勘學, 目錄學의 기초를 다졌다는 점이다. 그는 成帝의 명으로 고적의 板本을 널리 모으고, 그 同異를 비교하고, 錯誤와 脫落을 교정하고, 중복된 것을 삭제하고, 목차를 편성하고, 편장을 구분한 뒤에 필사하여 책으로 만드는 일에 오랜 기간 종사하면서, 그 방법을 모색하고 정립함으로써 후대의 교감학, 목록학에 큰 영향을 끼쳤다.

유향은 모든 종의 책을 황제에게 바치면서 각각 敍錄을 붙였는데, 이는 서명과 편명, 교감과정, 저자생애, 저술경위, 책의 진위, 내용의 시비, 학술원류 등의 항목을 포함하는 일종의 校勘 整理 報告書이자 目錄 解題였다. 그는 이 敍錄들을 모아서 ≪別錄≫ 20권을 편찬하였다. 秦始皇의 焚書로 인해 散逸된 고적이 매우 많았기 때문에, 그의 이러한 작업은 매우 중요하면서도 번잡한 일이어서 생전에 임무를 완수할 수 없었다. 그의 사후에 막내 아들

劉歆이 이 일을 계승하여 저술한 것이 바로 ≪別錄≫을 기초로 한 ≪七略≫ 7권이다. 이것은 중국 최초의 종합적인 도서목록으로서 큰 의미를 지닌다. ≪별록≫과 ≪칠략≫은 세상에 널리 유통되지 못한 채 산일되었지만, 東漢時代의 班固가 찬술한 ≪漢書≫ 〈藝文志〉가 기본적으로 ≪칠략≫을 본뜬 것이어서, 여기에서 유향과 유흠 부자의 저술의 대강을 살필 수 있다.

유향의 저작으로는 이 밖에도 ≪疾讒≫, ≪摘要≫, ≪世頌≫, ≪洪範五行傳≫, ≪新序≫, ≪說苑≫, ≪世說≫ 등이 있고, 별도로 〈說老子〉 4편과 賦 33편이 있으나, 지금까지 전해지는 것은 ≪新序≫, ≪說苑≫, ≪列女傳≫ 3종뿐이다. 그 외에 神怪小說인 ≪列仙傳≫이 유향의 저작으로 알려져왔지만, 魏晉時代 神仙術을 따르는 方士들이 그의 이름을 빌려 저술한 것으로 보인다. 明代에 張溥(1602~1641)가 여기저기 흩어진 유향의 글을 모아서 엮은 ≪劉子政集≫이 ≪漢魏六朝百三家集≫에 실려 전한다.

2. 體制와 內容의 槪觀

20편으로 이루어진 現傳本 ≪說苑≫은 先秦時代로부터 西漢 初期에 이르기까지의 史事, 遺聞, 佚事, 傳說 등을 수록하고 있는데, 主旨에 따라 〈君道〉, 〈臣術〉, 〈建本〉, 〈立節〉, 〈貴德〉, 〈復恩〉, 〈政理〉, 〈尊賢〉, 〈正諫〉, 〈敬愼〉, 〈善說〉, 〈奉使〉, 〈權謀〉, 〈至公〉, 〈指武〉, 〈說叢〉, 〈雜言〉, 〈辯物〉, 〈修文〉, 〈反質〉 등으로 나뉘어 있다.

각 편은 대체로 처음 몇 조항에서 편별 주제를 집약해서 보여주는 言說이나 問答을 제시한 뒤, 그와 관련되는 여러 실례들을 열거하는 방식으로 구성되어 있다.

예컨대 첫 번째 편인 〈君道〉는 '人君之道'와 '人君之事'에 대한 총론적 진술에 해당하는 문답이 처음 세 조항에서 제시되었고, 그 이하로 42조항은 이에 대한 각론이라고 할 수 있는 故事와 問答들이 열거되어 있다. 고사와 문답들은 첫머리에 제시한 임금의 도리에 대한 일반적 진술이 다채롭고 생동감 있는 인물, 사건들과 함께 입체적으로 이해될 수 있도록 구성한 것이다.

두 번째 편인 〈臣術〉 역시 마찬가지이다. 첫 번째 조항에서 '人臣之術'의 원칙으로 추구해야 할 '六正'과 행하지 말아야 할 '六邪'를 일목요연하게 제시하였고, 이하 24조항은 이와 관련한 각종 고사와 문답들로 이루어져 있다.

이어지는 〈建本〉 역시 첫 번째 조항에서 ≪論語≫, ≪詩經≫, ≪周易≫을 인용하여 근본을 세우는 것이 중요함을 강조한 뒤, 이하 29조항에 이 주제로 묶일 수 있는 일화들을 배치하였다.

나머지 편들도 대개 같은 구성으로 이루어져 있다. 〈立節〉에서는 절의를 지킴, 〈貴德〉에서는 덕을 베풂, 〈復恩〉에서는 은혜를 갚음, 〈政理〉에서는 왕도정치의 이념, 〈尊賢〉에서는 인재 등용, 〈正諫〉에서는 충직한 간언, 〈敬愼〉에서는 근신과 겸손, 〈善說〉에서는 명확하고 올바르며 설득력 있는 언설, 〈奉使〉에서는 使臣의 도리, 〈權謀〉에서는 올바른 권모와 지략, 〈至公〉에서는 公平無私함, 〈指武〉에서는 국가적 위기의 대비를 위한 武力, 〈辯物〉에서는 天文地理와 物類變化, 〈修文〉에서는 禮樂文物, 〈反質〉에서는 꾸밈이 아닌 實質의 중요성을 주제로 각각 관련 고사와 문답을 모아두었다.

다만 〈說叢〉은 話者를 밝히지 않고 짤막한 名言 警句들을 모아두었고, 〈雜言〉의 경우 화자는 대체로 밝혔으나 특정한 주제 없이 여러 賢人들의 지혜로운 말을 모아 기록하였다는 점에서 다른 편들과 체제가 다소 상이하다.

이처럼 ≪설원≫의 문체는 〈설총〉 한 편을 제외하고는 대체로 인물간의 대화 형식을 취하고 있다. 그리고 이 대화가 특정한 역사적 인물 사이에 이루어진다는 점에서 역사적 배경을 지닌 故事, 즉 이야기체의 성격을 함께 지니고 있다. 이는 '說'을 書名으로 삼은 고대의 전적들에 공통적으로 보이는 현상인데, 현전하지는 않지만 유향이 저작한 것으로 알려진 ≪世說≫을 계승하여 400년 뒤에 나온 ≪世說新語≫ 역시 마찬가지이다. ≪說苑校證≫(中華書局)에 서문을 쓴 屈守元은 이러한 문체를 중국 고대의 특색 있는 형식인 '說話'로 볼 수 있으며, 이러한 전통이 후대의 傳奇를 거쳐 결국 중국소설사의 성립과 연관된다고 보았다. ≪설원≫이 일정한 고대소설집의 성격을 띠고 있다고 본 것이다. 요컨대 ≪설원≫의 문체는 대화 형식의 이야기체 성격을 지니고 있고, 이는 내용뿐 아니라 문체로서도 후대에 적지 않은 영향을 끼쳤다.

3. 著述 背景과 思想

앞서 간략히 언급한 것처럼 작자 劉向의 정치적 입장과 사상적 배경은 분명히 儒家였지만, ≪說苑≫에 인용된 자료들은 유가에 국한되지 않고 광범위하다. ≪설원≫을 ≪文心雕龍≫에서는 '雜說을 蔓延하였다.'고 하여 '諸子'의 하나로 분류하였고, ≪宋史≫ 〈藝文志〉에서는 子部의 雜家로 분류하기도 하였다. ≪漢書≫ 〈藝文志〉 이하 대부분의 正史 藝文志나 經籍志에서는 子部의 儒家로 분류하였지만, 이처럼 어떤 부류의 서적에 분속시킬 것인가에 대한 견해가 일치되지 않았다는 점은 다양한 출전과 느슨한 구조를 지닌 이 책의 성격을 잘 보여준다고 하겠다.

宋代의 曾鞏은 ≪설원≫의 내용이 純正하지 않고 題材의 取捨에 문제가 있다고 비판하였고, 이와 비슷한 비판은 이후로도 줄곧 있어왔다. 그러나 이는 유향이 살았던 서한 말엽의 시대상을 제대로 반영하지 못한 견해로 보인다. 春秋戰國時代에서 秦漢 교체기까지 유가는 諸子 가운데 하나에 불과했다. 유가가 명실공히 중국사상의 주류에 서게 된 것은, 漢 武帝의 이념정책과 그에 부응한 董仲舒의 학술적 성과에 의해 비로소 유가의 경전이 다른 諸子書와는 다른 '經'의 반열에 오르게 되면서부터였다. 그런데 이때 한나라의 國是로 제시된 유가는, 실은 孔子와 孟子의 原始儒家만이 아니라 陰陽家, 法家, 墨家, 名家 등을 융합하여 한나라의 정치적 필요에 의해 새롭게 개조해낸 사상으로 보는 것이 온당하다. 이를 두고 '新儒學的 今文經學'이라고 지칭하는 현대 학자들도 있다.

유향은 바로 이런 사상적 배경에서 성장한 인물이다. 따라서 그가 편찬한 ≪설원≫에서 유가 이외의 여러 학설과 주장을 인용한 것은 이상한 일이 아니다. 그러나 取材의 출전이 다양하다 하더라도 이 책 전체를 일관하는 사상의 주축은 여전히 공자로 대표되는 儒家의 道이다. 유향이 ≪설원≫ 전체를 통해 강조하고자 한 것은, 통치자 자신의 修身이 정치적 성패를 좌우하는 관건이라는 점이다. 〈君道〉와 〈臣術〉을 논한 첫 두 편에서 聖君과 賢臣의 모범을 제시하였고, 〈建本〉, 〈立節〉, 〈貴德〉, 〈復恩〉, 〈敬愼〉, 〈至公〉, 〈反質〉 등의 편들 역시 통치자가 갖추어야 할 근본적인 덕성을 주된 내용으로 하였다. 보다 정치실무와 관련되는 내용을 다룬 〈政理〉, 〈尊賢〉, 〈正諫〉, 〈權謀〉, 〈奉使〉, 〈指武〉 등의 경우에도 여전히 강조하는 것은 통치자의 도량과 덕성이다.

≪설원≫ 전체를 통해 볼 수 있는 이러한 정치적 견해는 한마디로 '仁政'과 '德治'를 표방하는 王道政治라고 할 수 있다. 이를 잘 보여주는 것이 〈政理〉에서 나눈 정치의 세 등급이다. 그에 의하면 정치는 敎化를 위주로 하는 王者의 政治, 威勢에 의지하는 霸者의 정치, 그리고 脅迫을 통한 强者의 정치로 나눌 수 있는데, 이 가운데 최고의 정치가 왕자의 정치라고 하였다. 물론 어느 하나 없어서는 안 될 二機로써 德과 刑을 함께 제시하기는 하였으나, 어디까지나 德에 의한 교화를 위주로 하여야 한다고 하였다. 이를 위해서는 통치자가 먼저 검소함을 숭상하고 사치를 억제하여 백성의 부역과 세금을 줄여야 하며, 법령은 느슨하게 제정하되 공평하게 집행되어야 한다고 하였다.

한편 ≪설원≫에는 당시 유행하던 陰陽五行說의 영향도 보인다. 음양오행설은 원시유가에서는 보이지 않던 것인데, 전한시대에 매우 유행하면서 儒學의 일부로 편입되었다. ≪漢書≫ 〈列傳〉에 실린 그의 奏議文 다섯 편 모두에서 음양설에 입각한 災異와 吉祥의 이론이 언급되었다는 데에서, 유향 역시 이를 신봉하였음을 알 수 있다. ≪설원≫에서도 특히 〈君道〉, 〈辯物〉 등의 편에 음양오행과 災異, 祈福 등의 주장과 사례들이 집중적으로 기술되어 있다. 그러나 결정론적인 운명론과는 달리 유향은 天命과 함께 人事를 강조하는 면을 보인다. 〈君道〉에 인용된 "吉하더라도 善을 행하지 않으면 福이 이르지 않고, 재앙 가운데에서도 선을 행할 수 있으면 禍가 이르지 않는다."라는 말에서 이러한 입장을 읽을 수 있다.

≪설원≫에 담긴 사상을 이해함에 있어서 무엇보다 중요한 것은, 저자 유향이 지닌 諫言의 의도이다. 앞서 살핀 것처럼 유향은 直言으로 諫하다가 여러 차례 곤경을 당했다. 신변의 위험을 무릅쓰고 直諫을 멈추지 않았던 그로서는, ≪설원≫의 편찬을 통해 올바른 통치의 이념과 실제에 관한 고금의 일화와 언론을 제시하는 것 자체가 하나의 간언이었다. 이러한 목적을 위해 儒家에만 국한하지 않고 여타의 諸家는 물론 民間 傳承에 이르기까지 다양한 자료를 섭렵하여 集成한 것이다.

4. 수록 逸話의 事實性

제재를 취사한 기준의 문제와 더불어 ≪說苑≫에 대한 후대의 비판이 가장 많이 가해진 지점은, 수록한 제재들의 진실성 여부이다. 唐代의 劉知幾는 ≪史通≫에서 劉向이 虛事를 널리 늘어놓고 僞辭를 잔뜩 만들어내었으며, 異說을 조작하여 후대 사람을 혼란에 빠뜨렸다고 비판하였다. 宋代 葉大慶은 ≪考古質疑≫에서 이 책에 실린 기사 가운데 시대의 선후가 맞지 않는 것이 많다고 하면서 구체적으로 아홉 조목을 뽑아 제시하였고, 나아가 清代 蘇時學은 ≪爻山筆話≫에서 시대에 맞지 않는 것이 109조목에 이른다고 지적하였다.

등장인물의 시대에 있어서 ≪설원≫의 일부 내용에 오류가 있음은 분명하다. 그러나 이는 실증적인 분석을 가하여 바로잡아야 할 사안이지, 이 때문에 이 책의 의의가 통째로 부정되는 것은 온당치 않다. 바로 앞 시기에 나온 司馬遷의 ≪史記≫는 중국 正史의 효시로서 동서고금에 손꼽을 만한 높은 가치를 지니는 저작이지만, ≪漢書≫와 ≪史通≫ 등에서 이미 ≪사기≫에 사실관계에 있어서 모순된 내용이 적지 않다는 지적이 있어왔다. 金代 王若虛의 ≪史記辨惑≫, 清代 梁玉繩의 ≪史記志疑≫ 등이 모두 ≪사기≫의 이런 잘못을 고증하여 교정한 전문 저서이다. 더욱이 ≪설원≫은 전문적인 역사서를 표방한 것이 아니라 逸話를 모아 엮은 雜著라는 점을 감안한다면, 이러한 부분적 오류를 이 책의 가치를 결정짓는 관건으로 삼는 것은 부적절하다고 본다.

≪설원≫의 일부 조목 내용이 正史의 기록과 현저히 다르다는 점 때문에 이 책의 역사적

사실성이 의심되어 오기도 했다. 대표적인 것이 秦始皇에 대한 기사인데, 예컨대 〈至公〉에서는 진시황이 일찍이 한번 천하를 양위할 것을 생각하였는데, 鮑白令之의 간언으로 인해 이런 생각을 접었다고 하였다. 또 〈反質〉에서는 진시황이 方士 侯生을 붙잡은 뒤에 그에게 자신의 과실을 열거해보라고 하였고, 그것을 듣고는 묵묵히 말이 없다가 뜻밖에 후생을 석방했다고 하였다. 두 조항의 제재들은 모두 ≪史記≫ 〈秦始皇本紀〉의 내용과 어긋나기 때문에 淸代 王謨는 이를 두고 이 책 전체에서 매우 괴이한 점이라고 하였다. 그러나 이런 기록에 관해서 만약 충분한 증거가 없다면 경솔히 그것이 사실이 아니라고 단정할 수 없다. 그것이 진시황의 다른 측면을 적절하게 표현한 것일 수도 있고, 正史의 부족하고 치우친 부분을 보완하는 것일 수도 있다. 후대인의 입장에서 말하면, 이는 오히려 선택과 비교를 할 수 있는 제재를 제공한 셈이 된다.

마지막으로, ≪설원≫에는 어떤 한 주제를 제시하기 위해서 근거나 출처가 확실치 못한 일화를 허구적으로 구성한 측면이 분명히 있다. 그러나 이는 ≪설원≫의 경우만 그런 것이 아니다. 先秦諸子書 가운데에는 寓言과 史實을 분명하게 구분하기 어려운 경우가 많다. 나아가 ≪설원≫의 일부 조항들에서 보이는 허구성은, 앞에서 언급한 바와 같이 오히려 고대 소설사의 시각에서 설화적 요소로서 새롭게 조명될 여지도 있다.

5. 수록 內容의 淵源

≪說苑≫에 실린 先賢의 逸話와 言說들은 劉向이 당시에 전하던 典籍들에서 발췌하여 편집한 것이 대부분이다. 물론 그 가운데에는 現傳하지 않는 전적들도 있어서, 오늘의 관점에서 ≪설원≫을 1차 자료로 볼 수 있는 내용들도 없지 않지만, 편찬 당시로서는 유향의 著作이라기보다는 기존 자료의 集錄의 성격이 강하다. 여기서는 현전 전적에서 확인할 수 있는 내용들을 중심으로 하여 ≪설원≫ 수록 내용의 淵源을 살펴보고자 한다.

全載 혹은 拔萃·加筆 등의 형태로 ≪설원≫의 내용에 가장 많은 영향을 준 전적은 先秦時代의 역사서인 ≪春秋左氏傳≫, ≪春秋公羊傳≫, ≪春秋穀梁傳≫, ≪國語≫ 등과 유향 자신이 補整하여 編輯한 ≪戰國策≫, 그리고 西漢 初에 나온 司馬遷(B.C. 145~B.C. 86)의 ≪史記≫ 등이다. 그 외에 ≪尙書≫, ≪論語≫, ≪禮記≫ 등 당대에 이미 經書의 반열에 든 전적들을 비롯하여 선진제자들의 일화와 언설이 담긴 ≪管子≫, ≪孟子≫, ≪荀子≫, ≪韓非子≫ 등에서 상당 부분이 取材되었다.

前述한 것처럼 유향은 자료의 대상을 正統儒家書나 歷史書에만 국한하지 않고 통치이념과 관련된 일화와 언설을 두루 섭렵하여 모았다. 先秦時代의 일화가 풍부하게 실린 ≪晏子春秋≫, ≪呂氏春秋≫ 등은 물론, 서한 초기로부터 유향의 시대에 이르는 저술들도 폭넓게 활용된 것으로 보인다. 그 가운데 ≪설원≫ 수록 내용의 출처로써 빈도가 높은 것으로 劉安(B.C. 179~B.C. 122)이 先秦諸子의 學說을 채집한 ≪淮南子≫, 賈誼(B.C. 200~B.C. 168)의 政論書인 ≪新書≫, 董仲舒(B.C. 179~B.C. 104)의 思想書인 ≪春秋繁露≫, 韓嬰(B.C. 2세기)의 詩 解說書인 ≪韓詩外傳≫ 등을 들 수 있다.

6. 刊行과 流通

≪說苑≫은 ≪漢書≫, ≪隋書≫, ≪舊唐書≫, ≪新唐書≫ 등의 正史 藝文志나 經籍志에 모두 언급되어 있다. ≪漢書≫ 〈藝文志〉에는 서명만 언급되었으나, ≪隋書≫ 〈經籍志〉에는 20권으로 명시되었다. ≪舊唐書≫ 〈經籍志〉, ≪新唐書≫ 〈藝文志〉에는 30권으로 적혀 있으나 대개의 후대 학자들은 이를 20권의 오류로 본다.

그런데 宋代 初에 王堯臣 등이 편찬한 ≪崇文總目≫에 의하면 당시에 이미 ≪설원≫은 散佚되어 20편 가운데 겨우 다섯 편만 남아 있을 뿐이라고 하였다. 이후 오래지 않아 曾鞏(1019~1083)이 ≪설원≫의 逸文을 수집, 보충하여 20권을 채워서 원래의 모양을 어느 정도 회복하였다. 다음은 증공이 ≪설원≫을 편찬하면서 붙인 序文의 첫머리이다.

> 劉向이 편찬한 ≪설원≫은 20편이었는데, ≪숭문총목≫에 의하면 지금 남은 것은 다섯 편뿐이고 나머지는 모두 망실되었다고 합니다. 臣이 여러 사대부들이 가지고 있는 것을 모아서 15편을 구해서 이전의 5편과 합하여 20편을 만들고, 빠지거나 잘못된 부분을 바로잡되 확실치 않은 부분은 일단 그대로 둔 채로 그 篇目을 편찬하였습니다.

증공에 의해 ≪설원≫ 20편이 복구되었으나, 이것이 완전한 판본은 아니었다. 晁公武(生沒年 未詳, 宋 高宗 때 사람)의 ≪郡齋讀書志≫에 의하면, 증공이 권19 〈修文〉을 둘로 나누어서 그 한 권을 〈反質〉로 만들어서 20편의 수를 채웠다고 한다. 여전히 빠져 있던 이 마지막 권 〈反質〉을 채우는 일은 高麗에 남아 있던 본을 입수함으로써 가능해졌다.

> 李德芻가 말했다. "館中의 ≪설원≫ 20권은 〈反質〉 한 권이 빠져 있다. 그래서 증공이 〈修文〉을 上下로 나누어 20권을 채운 것이다. 뒤에 고려에서 한 권을 進上하여 결국 다 채워지게 되었다."

陸游의 〈跋說苑〉(≪渭南文集≫ 권27)에 실린 내용이다. 결국 고려본을 얻음으로써 ≪설원≫ 20권이 비로소 완전해졌다는 것이다. 이것이 이후 통행본의 근간이 된다. 둔황 석실의 문헌 중에 ≪說苑≫ 〈反質〉篇 잔권이 발견되었는데, 그 내용이 현전하는 판본과 큰 차이가 없어서 이 통행본이 缺落 없이 다 갖추어진 판본이라는 사실이 입증되었다.

北宋 曾鞏의 뒤를 이어서 ≪설원≫을 정리하고 판각한 이들은 시대마다 있어왔고 다양한 異本들을 양산하였다. 그 가운데 비교적 많이 유통된 판본으로 南宋 咸淳本, 明代의 楚府本, 何良俊本, 程榮本, 楊鐙本, 何鏜本, 天一閣本, 王謨本, 崇文局本, 新景印明鈔本 등이 있다. 1787년에 간행된 淸代 盧文弨의 ≪群書拾補≫에서는 전대의 여러 본들과 주석서들에 근거하여 校勘하고 逸文 25조를 추가로 보충하였다. 이어서 ≪설원≫을 교감한 이들로 孫志祖, 趙曦明, 劉台拱, 兪樾, 孫詒讓, 陳壽祺, 戴淸 등이 있다. 근래에 가장 훌륭한 교감본으로 인정받는 向宗魯의 ≪說苑校證≫은 이러한 역대의 교감 성과를 바탕으로 한 정밀한 연구 끝에 제출된 성과이다.

7. 우리나라에서의 ≪說苑≫ 수용과 국가적 보급

우리나라에 ≪說苑≫이 언제 처음 수용되었는지는 확실하지 않으나, 적어도 高麗 건국 이전에 이미 많이 읽혔던 것으로 보인다. 기록상 확인할 수 있는 것은 ≪高麗史節要≫ 제4권 德宗敬康大王 甲戌 3년(1034)의 아래와 같은 언급이다.

> 여름 4월에 동지중추원사 崔沖이 아뢰기를 "成宗 때에 내외 모든 관청 벽에 모두 ≪설원≫의 六正・六邪의 글과 漢 刺史의 六條令을 써서 붙이게 하였는데, 지금은 세대가 이미 오래되었으니 다시 새로 써 붙여서 벼슬에 있는 사람에게 신칙할 바를 알게 하소서." 하니, 그대로 따르셨다.

위 기록에 의하면 고려 제6대 군주인 成宗(재위 981~997) 때에 이미 ≪설원≫은 국가 공공기관에 지켜야 할 강령으로 게시될 만큼 보편적으로 읽혔음을 알 수 있다. 그리고 앞서 판본 문제에서 언급한 고려본의 進上과 관련한 기록이 ≪高麗史≫ 〈世家〉 宣宗 8년(1091)조에 보이며, 이는 18세기 후반 北學派의 일원인 李德懋(1741~1793)의 ≪耳目口心書≫ 제6권에도 그대로 인용되었다.

> 고려 선종 8년 丙午에 進奉使 李資義 등이 宋나라에서 돌아와 아뢰기를 "황제께서 우리나라에 좋은 서적이 많음을 들으시고 館伴에게 명하여 구할 도서의 목록을 써

주게 하고 말하시기를 '卷帙이 완전하지 못한 것이 있더라도 반드시 베껴서 보내라.' 하셨습니다." 하였다.

이하 제시된 100여 종의 서적 목록 가운데 ≪설원≫ 20권이 들어 있다. 宋 哲宗 元祐 6년의 일이다. 이 요구에 응하여 고려에서 ≪설원≫을 진상함으로써 비로소 이후에 유통된 완전한 질이 갖추어진 것으로 보인다. 이 ≪설원≫ 고려본에 대해서 19세기 초의 考證學的 經學者 成海應(1760~1839)은 〈說苑高麗本說〉이라는 제목으로 별도의 논설을 지어 고찰하였다.

陸放翁(陸游)이 ≪說苑≫ 跋文에서 "李德芻가 말하기를 '館中의 ≪說苑≫ 20권은 〈反質〉 한 권이 빠져 있다. 그래서 曾鞏이 〈修文〉을 上下로 나누어서 20권을 채운 것이다. 뒤에 고려에서 한 권을 진상하여 결국 다 채워지게 되었다.' 하였다."라고 하였다. 내가 고금의 書目을 보니 옛 經籍이 兵亂을 한 번 거치고 나면 잃어버리고 흩어져서 다시 남아 있는 것이 없게 된다. 漢末의 黃巾賊과 董卓의 난으로부터 저 晉나라 때 劉石의 禍에 이르는 시기가 가장 심했으니, 前漢의 藝文志에 실린 書目 가운데 오늘날 전해지지 않는 것이 열에 여섯 일곱은 된다. 그러니 典籍의 재앙이란 秦나라 때의 焚書만 그런 것이 아니다. 樂浪 때 朝貢을 하다가 혹 ≪설원≫의 秘本이 우리나라로 들어왔다가 고려 때에 이르러서 송나라에 다시 바친 것이 아닌가 한다.……다른 책들과 달리 ≪설원≫의 경우는 말이 웅장하고 뜻이 심오하여 남겨두지 않을 수 없었던 것이다. 그래서 濊貊이나 高句麗 같은 荒陋한 시기에도 망실되지 않을 수 있었던 것이 아니겠는가. (≪研經齋全集≫ 續集 책11)

우리나라 역대 문헌에서 ≪설원≫이 언급되는 가장 대표적인 사례는 통치이념의 제시로써 국가적으로 게시 혹은 반포하는 경우이다. 앞서 고려 성종이 관청 벽에 ≪설원≫의 구절을 게시하도록 하였고, 덕종 역시 이를 다시 시행하였다고 한 것이 그 한 예이다. 이는 조선조에 들어와서도 지속되었다.

禮曹에서 傳旨하기를 "어진 이를 보거든 그와 같아지기를 생각하고, 어질지 아니한 자를 보거든 안으로 自省하는 것은 人情의 떳떳한 일이다. 이제 內外의 모든 관청의 벽에 ≪설원≫의 六正과 六邪의 글을 써서 게시하여 관직에 있는 자로 하여금 경계하여 힘쓸 바를 알게 하라." 하였다. (1475년, ≪成宗實錄≫ 제62권)

유향이 지은 ≪설원≫의 〈臣術〉편을 承政院에 내리며 일렀다. "祖宗朝 때에는 〈大寶箴〉을 써서 內殿에 걸어놓고 〈待漏院記〉를 써서 外殿에 걸어놓았었는데, 이는 위아래를 모두 警戒시키기 위해서였다. ≪설원≫을 보니, 人臣에게 六正과 六邪가 있다고 했는데, 그 말이 아주 좋았다. 근래의 일을 가지고 볼 때 더욱 깊고 절실하다. 그것을 써서 새겨 〈대루원기〉와 함께 걸어놓고 경계하는 도리를 보존하게 하라." (1537년, ≪中宗實錄≫ 제86권)

역시 ≪설원≫의 〈臣術〉에 나오는 六正과 六邪를 신료들에게 게시하고 가르쳐야 한다는 내용이다. 六正이란 바람직한 신하상으로서 聖臣, 良臣, 忠臣, 智臣, 貞臣, 直臣을 가리키고, 六邪란 배격해야 할 신하상으로서 具臣, 諛臣, 姦臣, 讒臣, 賊臣, 亡國臣을 가리킨다.

이처럼 군주가 신하들에게 강령으로 제시하였을 뿐 아니라, 신하가 왕에게 풍속의 교화를 위해 더 널리 반포하여야 한다고 상소한 사례들도 눈에 띈다. 대표적인 예로, 李景奭은 인조 때 올린 1645년의 상소에서 고려시대 성종과 덕종의 예를 들면서 ≪설원≫의 六正과 六邪의 글을 議政府와 六曹는 물론 八道의 監司와 兩府의 留守에게까지 내려보내서 모든 고을의 관청 벽에 써 붙이도록 하라는 건의를 하였고, 이것이 시행되지 않자 다시 현종 때 올린 1660년의 상소에서 이를 다시 언급하기도 하였다. 이경석이 이처럼 ≪설원≫의 六正과 六邪를 강조하는 이유는 풍속을 교화하고 국가 기강을 바로잡기 위해 이보다 더 간명하고 핵심적인 조항이 없다고 생각해서였다.

8. 우리나라 문헌에 보이는 ≪說苑≫의 영향

우리나라 문헌에서 ≪說苑≫이 많이 언급된 것은 經書의 해석과 관련해서이다. 그 가운데 가장 많이 보이는 것이 ≪論語≫의 '管仲有三歸'에 대한 朱熹의 註釋과 관련된 언급들이다. 孔子가 "管仲의 그릇은 작도다!"라 한 데 대해, 어떤 이가 "관중이 검소하다는 말씀이십니까?"라 묻자, 공자는 "管氏는 三歸를 두었으며 家臣의 일을 몇 사람에게 兼職시키지 않고 관직 수만큼의 사람을 일일이 두었으니, 어찌 검소하다고 할 수 있겠는가?"라 대답하였다. (≪論語 八佾≫) 이 부분에 대한 주석에서 주희는 "三歸는 臺의 이름이니, 이에 대한 일이 ≪설원≫에 보인다."라고 하였다. 그리고 ≪論語集註大全≫에 실린 細註에는 ≪설원≫ 〈善說〉에 나오는 해당 부분을 인용해두었다. 그 내용은 다음과 같다.

桓公이 管仲을 높여 仲父로 세우고 大夫들을 불러 말했다. "내가 잘했다고 여기는 사람은 문에 들어와 오른쪽에 서고, 내가 못했다고 여기는 사람은 문에 들어와 왼쪽에 서시오." 그러자 문의 중앙에 서 있는 이가 있었는데 환공이 그에게 까닭을 물었다. 그는 이렇게 대답했다. "관중의 지혜는 천하를 의논할 수 있고, 그의 굳셈은 천하를 취할 수가 있습니다. 임금께서는 그의 誠信을 믿으십니까? 국내의 정치를 맡기시고 외교의 일을 결단케 하시며 백성을 몰아 귀의하게 하셨으니, 이런 권력을 좀 빼앗아야 될 것입니다." 환공이 말했다. "좋은 말이다." 곧 관중에게 이렇게 말하였다. "정사를 모두 그대에게 돌려줄 것이니, 정사가 제대로 미치지 못하면 다만 그대를 바로잡겠소." 관중이 이 때문에 三歸臺를 지어 스스로 백성들에게 자신을 손상시켰다.

三歸에 대해서는 역대의 주석이 다양하게 갈렸는데, 주희 이전의 주도적인 설은 세 姓氏의 여인을 아내로 맞았다는 의미로 해석하는 것이다. 주희는 이에 반대하여 臺 이름으로 풀이하고 그 근거로 ≪설원≫의 기록을 언급하였는데, 사서집주 전체에서 ≪설원≫을 인용한 것은 이 부분이 유일하다. 그런데 '三歸'를 '세 성씨의 여인과 혼인함'으로 이해하면 관중이 사치를 일삼았다는 문맥으로 이해하기에 오히려 더 자연스러워 보이는 면이 있다. 그래서 주희의 설에 반대하여 여전히 '세 성씨의 여인과 혼인함'으로 풀이하는 주석이 많다. 조선 후기의 丁若鏞 역시 이를 따랐다. 이런 이유로 주희의 주석을 尊信하던 대부분의 조선시대 학자들 사이에서도 이 부분은 논란의 여지가 적지 않았다.

16세기 말 17세기 초 博學의 기풍을 대표하는 학자 李睟光(1563~1628)은 ≪芝峯類說≫ 권6에서 ≪설원≫을 근거로 삼은 朱熹 註가 이전까지의 古註와 대비된다는 점을 언급한 바 있는데, 이는 후대에 지속적인 문제 제기로 이어진다. 17세기 후반의 대표적인 官人이자 學者였던 朴世采(1631~1695)는 李箕洪(1641~1708)에게 답한 편지 〈答李汝九問〉(≪南溪先生朴文純公文正集≫ 권39)에서 三歸에 대한 여러 설들을 두루 언급하며 판단을 유보하고 있다. ≪논어≫에서 공자가 관중을 평하면서 검소하지도 않고 예를 아는 것도 아니라고 하였는데, 三歸를 한 번에 세 성씨의 여인과 혼인한다는 의미로 풀면 이는 '不儉'에 대한 내용이 아니라 다음 단에 나오는 '不知禮'에 대한 내용이 되므로 문맥상 맞지 않는다는 주희의 말을 인정하면서도, ≪戰國策≫과 仁山 金氏의 설을 들어서 異見이 있을 수 있음을 열어둔 것이다.

적극적으로 經筵을 주도한 18세기의 君師 正祖(1752~1800)에 이르러서도 이 문제는 다시 언급된다. 정조는 ≪經史講義≫ 〈論語〉에서 박세채 등의 전대 학자들이 ≪전국책≫을 인용하며 주희와 다른 의견을 제시하였다는 것을 잘 알고 의문을 제기하였고, 이 문제를

策問으로 내기까지 하였다.(≪弘齋全書≫ 권50)

≪설원≫이 조선시대 문헌에서 가장 높은 빈도로 인용된 예가 바로 朱熹의 ≪四書集註≫에서 유일하게 인용된 부분과 관련된다는 사실은, 주자학의 나라였던 조선의 학술 경향을 잘 보여주는 현상이라고 할 수 있다. 그러나 ≪설원≫은 그 외에도 선진시대 문헌의 字句考證과 관련하여 적지 않게 인용되어 왔다.

李睟光이 그의 百科全書的 저술인 ≪芝峯類說≫의 곳곳에서 ≪설원≫을 언급하였고, 앞서 〈說苑高麗本說〉의 작자로 소개한 成海應(1760~1839)이 〈僞泰誓〉(≪研經齋全集≫ 外集 권5), 〈周尺攷〉(≪研經齋全集≫ 外集 권62), 〈河廣〉(≪研經齋全集≫ 續集 책1) 등의 글에서 ≪설원≫을 논거로 활용하였다.

조선시대의 대표적 저작들을 대략 일별한 결과, ≪설원≫을 가장 많이 인용한 것으로 보이는 인물은 앞서 언급한 正祖와 19세기 초의 대표적인 실학자 丁若鏞(1762~1836)인 것으로 보인다. 정조는 ≪經史講義≫의 곳곳에서 ≪설원≫을 인용하여 신료들에게 질문을 던졌고, 정약용은 ≪孟子要義≫, ≪論語古今註≫, ≪詩經講義≫, ≪尙書古訓≫, ≪梅氏書平≫, ≪春秋考徵≫, ≪喪禮四箋≫ 등의 주요 저서에서 ≪설원≫을 인증 출처로 인용하였다.

그리고 ≪설원≫이 문집 간행과 관련한 字句 考證의 자료로 활용된 대표적인 예로, ≪退溪先生文集攷證≫을 들 수 있다. 이 책은 柳道源(1721~1791)이 자신의 隨錄과 洪汝河(1621~1678)가 詩卷에 隨記한 訓解, 그리고 金江漢이 書簡 부분을 주석한 退溪集考證을 합하여 1788년 정리 편집한 것으로써, 이후 그의 현손인 柳建鎬가 저자의 후손 李野淳이 隨記한 要存錄을 각 권말에 첨부하여 1891년에 목판으로 간행되었다. 이 책의 주석에 ≪설원≫이 근거 자료로써 다수 인용되었다.

9. ≪說苑≫의 가치

≪說苑≫이 오래도록 읽히고 여러 차례 간행된 가장 큰 요인은, 생동감 있고 재미있는 문답과 이야기의 형식을 빌려 儒家의 통치이념과 윤리도덕을 쉽게 이해할 수 있도록 구성하였다는 점 때문이다. 이는 왕으로서 신료들에게 敎示하거나 신하로서 왕에게 諫言하기에 적절한 자료 구실을 하였다. 조선시대에 여러 차례 게시와 반포의 명이 있었음을 앞서 살폈거니와, 중국에서도 1382년(明 洪武 15)에 이 책을 널리 반포하여 천하의 학자들로 하여금 읽고 연구하게 하였다는 기록을 살필 수 있다. 비록 經書나 性理書처럼 본격적인 학문의 대상이 되지는 못했으나, 정치 일선에서 활용하기에는 유용한 책이었던 것이다.

≪설원≫이 지니는 학술적 가치는, 내용의 정밀함보다는 고증 자료로써의 방대함에 있다. 그런 면에서, 先秦時代로부터 漢代까지의 다양한 자료들을 雜駁하게 끌어모았다는 점이야말로 ≪설원≫이 지니는 가장 큰 장점이라고 할 수 있다. 그 母胎가 되는 자료 가운데에는 후대에 완전히 일실되어 버린 문헌들도 없지 않기 때문이다. 앞서 살핀 것처럼 사실관계에 있어서 자료적 신빙성을 따져보아야 한다는 제한점은 있으나, 古籍 保存의 공헌은 그것대로 매우 크다고 할 수 있다. 이런 점으로 인해 ≪설원≫은 經書를 비롯한 여타 고대문헌들의 字句와 名物 考證의 자료로 많이 인용되어 왔다.

전술했듯이, 주로 구체적인 인물의 생생한 대화와 이야기로 이루어진 ≪설원≫의 문체는 후대의 故事逸話, 筆記, 나아가 小說 文學의 발전에 지대한 영향을 끼쳤다. 그리고 ≪설원≫이 전대의 문헌뿐 아니라 민간의 傳承까지 두루 제재로 취했고 이를 당대의 白話體로 보이는 대화체로 기술하였다는 점은, 고대의 어휘와 문법을 연구하는 참고자료로 이 책이 지니는 가치를 높여준다.

오늘날 儒家의 윤리와 정치이념은 어렵고 낡은 것으로 치부되는 경향이 없지 않다. 高談峻論으로 이루어진 대부분의 유가 고전들은 번역을 거친다 해도 일반 독서 대중이 선뜻 다가가기에 쉽지 않은 면이 있는 것도 사실이다. 그런 면에서, 2천 년도 더 된 옛날의 인물들이 그들에게 주어진 역사의 굴곡을 살아가며 던진 말과 구체적인 이야기들 하나하나가 다채롭게 펼쳐져 있는 ≪설원≫은, 유가 사상에 비교적 쉽게 접근할 수 있는 통로와도 같은 책이 아닌가 한다. 金言으로 삼을 만한 名句들이 빼곡하게 들어차 있는 짤막짤막한 문답과 일화들을 읽어나가다 보면, 멀고 고리타분하게 느껴졌던 유가의 윤리와 정치이념들이 어느새 오늘날에도 여전히 살아 있는 의미를 지니고 다가서는 것을 느낄 수 있으리라 기대한다.

참고문헌

≪說苑≫, 劉向, 中華書局, 1977.
≪說苑校證≫, 劉向, 向宗魯 校證, 中華書局, 1987.
≪說苑全譯≫, 劉向, 王鍈・王天海 譯註, 貴州人民出版社, 1992.
≪新序≫, 劉向, 中華書局 影印本.
≪列女傳≫, 劉向, 中華書局, 1978.
≪史記≫, 司馬遷, 中華書局, 1998.
≪漢書≫, 班固, 景仁文化社, 1975.
≪隋書≫, 魏徵, 中華書局, 1973.

≪舊唐書≫, 劉煦 등, 中華書局, 1997.
≪新唐書≫, 歐陽脩 등, 中華書局, 1997.
≪宋史≫, 阿魯圖・托克托 등, 景仁文化社, 1975.
≪文心雕龍≫, 劉勰, 臺灣商務印書館, 1968.
≪史通≫, 劉知幾, 臺灣商務印書館, 1983.
≪世說新語≫, 劉義慶, 中華書局, 1983.
≪論語集註大全≫, 朱熹, 學民文化社 影印本.
≪漢魏六朝百三家集≫, 張溥, 上海古籍出版社, 1994.
≪考古質疑≫, 葉大慶, 中華書局, 1991.
≪爻山筆話≫, 蘇時學, 두레학술, 2008.
≪崇文總目≫, 王堯臣, 中華書局, 1985.
≪郡齋讀書志≫, 晁公武, 臺灣商務印書館, 1968.
≪群書拾補≫, 盧文弨, 中華書局, 1985.
≪渭南文集≫, 陸游, 臺灣商務印書館, 1965.
≪高麗史≫, 金宗瑞・鄭麟趾 등, 景仁文化社, 1972.
≪高麗史節要≫, 亞細亞文化社, 1973.
≪成宗實錄≫, 春秋館, 세종대왕기념사업회, 1981.
≪中宗實錄≫, 春秋館, 세종대왕기념사업회, 1972.
≪退溪先生文集考證≫, 柳道源, 學民文化社, 2001.
≪芝峯類說≫, 李晬光, 景仁文化社, 1970.
≪南溪先生朴文純公文集≫, 朴世采, 한국문집총간 138~142집, 한국고전번역원.
≪青莊館全書≫, 李德懋, 한국문집총간 257~259집, 한국고전번역원.
≪硏經齋全集≫, 成海應, 고려대학교 중앙도서관, 1982.
≪弘齋全書≫, 正祖, 한국문집총간 262~267집, 한국고전번역원.

凡 例

1. 本書는 東洋古典譯註叢書 ≪說苑≫의 제1책이다.
2. 本書는 文淵閣四庫全書本 ≪說苑≫을 저본으로 하고, 向宗魯의 ≪說苑校證≫ 등을 참고하여 校勘하였다.
3. 本書는 원전의 傳統性과 번역의 現代性을 구현하기 위해 노력하였다.
4. 原文에 懸吐하고 飜譯하였다.
5. 飜譯은 原義에 충실하게 하되, 이해가 어려운 부분은 意譯 또는 補充譯을 하였다.
6. 譯註에는 인용문의 출전과 故事와 難解語, 그리고 사건의 역사적인 배경, 인물, 官職에 관한 사항 등을 자세히 밝혔다.
7. 각 卷마다 역자의 해설을 달아 독자들의 이해를 돕고자 하였다.
8. 본서에 사용된 주요 符號와 略號는 다음과 같다.

   “ ” : 對話, 각종 引用

   ‘ ’ : “ ” 안에서 再引用, 强調

   「 」 : ‘ ’ 안에서 再引用

   ( ) : 原文 중의 괄호는 漢字의 音, 同字, 通用字, 俗字의 正字
   번역문 중의 괄호는 간단한 註釋

   ≪ ≫ : 書名, 出典

   〈 〉 : 篇章名, 作品名, 原文의 補充, 補充譯

   〔 〕 : 번역문이나 주석의 의미를 명확히 하기 위해 보충한 漢字나 引用文

   { } : 衍文

   ( )〔 〕 : ( ) 안은 저본의 글자, 〔 〕 안은 교감한 글자

參考文獻

〔說苑關聯文獻〕

≪說苑≫(文淵閣四庫全書), 劉向 撰, 臺灣商務印書館(影印), 1983~1986.
≪說苑校證≫, 向宗魯 校證, 中華書局, 2009.
≪群書拾補≫, 盧文弨 撰, 中華書局, 1985.
≪說苑纂註≫, 關嘉 纂註, 興藝館, 1794.
≪白話說苑≫, 錢宗武 譯, 岳麓書社, 1996.
≪說苑譯注≫, 程翔 譯注, 北京大學出版社, 2009.

〔經傳類〕

≪論語集註≫, 學民文化社(影印), 2003.
≪詩經集傳≫, 學民文化社(影印), 2004.
≪書經集傳≫, 學民文化社(影印), 2004.
≪周易集傳≫, 學民文化社(影印), 2004.
≪禮記≫, 漢文教材編纂委員會 編.
≪十三經注疏≫, 藝文印書館(影印), 1981.
≪十三經注疏≫, 北京大學出版社, 1999.

〔史書類〕

≪春秋左氏傳≫, 學民文化社(影印), 1990.
≪春秋左傳注≫, 楊伯峻 編著, 中華書局, 1983.
≪春秋公羊傳≫, 梅桐生 譯注, 貴州人民出版社, 1998.
≪春秋穀梁傳≫, 白本松 譯注, 貴州人民出版社, 1998.
≪譯註國語≫, 許鎬九 等 譯註, 傳統文化硏究會, 2005.
≪國語直解≫, 來可泓 直解, 復旦大學出版社, 2000.
≪戰國策注釋≫, 何建章 注釋, 中華書局, 1996.
≪校勘標點史記≫, 景仁文化社(影印), 1977.

≪史記會注考證≫, 瀧川龜太郎 著, 鳴宇出版社, 1979.
≪史記全本導讀辭典≫, 周嘯天・尤其 主編, 四川辭書出版社, 1997.
≪讀史方輿紀要≫, 顧祖禹 撰, 中華書局, 2005.
≪漢書補注≫, 王先謙 撰, 中華書局, 1993.
≪後漢書集解≫, 王先謙 撰, 中華書局, 1991.
≪校勘標點三國志≫, 景仁文化社(影印), 1977.

〔諸家類〕

≪管子≫(諸子集成), 尹知章 注, 中華書局, 1978.
≪荀子譯注≫, 張覺 撰, 上海古籍出版社, 1996.
≪晏子春秋≫(諸子集成), 張純一 集解, 中華書局, 1978.
≪呂氏春秋校釋≫, 陳奇猷 校釋, 學林出版社, 1995.
≪韓非子≫(諸子集成), 王先愼 集解, 中華書局, 1978.
≪莊子集釋≫, 郭慶藩 輯, 中華書局, 1978.
≪孔子家語≫, 王肅 注, 學民文化社(影印), 2001.
≪孔子集語≫, 孫星衍 編, 時代文藝出版社, 2008.
≪韓詩外傳≫, 韓嬰 著, 學民文化社(影印), 1999.
≪春秋繁露校釋≫, 鍾肇鵬 主編, 河北人民出版社, 2005.
≪新書≫, 賈誼 撰, 貴州人民出版社, 1998.
≪新序≫(漢魏叢書), 劉向 撰, 新興書局(影印), 1970.
≪文選≫, 中華書籍(影印), 1981.
≪藝文類聚≫, 歐陽詢 撰, 上海古籍出版社, 1982.
≪太平御覽≫(四庫全書電子版), 迪志文化出版有限公司, 1999.
≪渚宮舊事≫(四庫全書電子版), 迪志文化出版有限公司, 1999.
≪北堂書鈔≫(四庫全書電子版), 迪志文化出版有限公司, 1999.

〔辭書類〕

≪漢語大詞典≫, 漢語大詞典編纂委員會, 三聯書店, 1987~1994.
≪漢韓大辭典≫, 東洋學研究所 編纂, 檀國大學校, 1999~2008.
≪中文大辭典≫, 中文大辭典編纂委員會 編纂, 1979.
≪春秋左傳辭典≫, 楊伯峻·徐提 編, 中華書局, 1985.
≪漢語大字典≫, 漢語大字典編輯委員會, 四川辭書出版社, 1995.

目 次

說苑序 《說苑》의 서문

劉向所序說苑二十篇을 崇文總目[1)]에 云 今存者五篇이요 餘皆亡이라하다 臣從士大夫間得之者 十有五篇이요 與舊爲二十篇이라 正其脫謬하야 疑者闕之하고 而叙其篇目하야 曰 向采傳記百家所載行事之迹하야 以爲此書奏之하니 欲以爲法戒라 然其所取 或有不當於理라 故不得而不論也로라

1) 崇文總目 : 北宋 때 편수한 서적 목록. 仁宗이 翰林學士 張觀·李淑·宋祁 등에게 명하여 三館(昭文·史館·集賢)과 秘閣에 소장된 서적을 정리하여 펴낸 서목이다. 經籍 3,445部, 30,669卷의 목록을 집대성한 것으로, 北宋時代 最大의 目錄書이다.

劉向이 서술한 《說苑》 20편을 《崇文總目》에는 “지금 남아 있는 것은 5편이고 나머지는 모두 없어졌다.”라 하였다. 내가 士大夫들 사이에서 찾은 것이 15편이고, 舊本과 합하여 20편이 된다. 그중 빠지고 잘못된 부분을 바로잡으면서 의심스러운 것은 빼어놓고 그 편목에 서문을 써서 이렇게 말한다.

유향이 傳記와 諸子百家書에 기재된 行事의 자취를 채집하여 이 책을 만들어 天子에게 올렸으니, 이는 典範과 鑑戒로 삼으려고 해서이다. 그러나 그가 골라 모은 것이 더러 事理에 합당하지 않은 것이 있다. 그 때문에 옳고 그름을 말하지 않을 수 없다.

夫學者之於道에 非知其大略之難也요 知其精微之際 固難矣라 孔子之徒三千에 其顯者七十二人이니 皆高世之材也라 然獨稱顏氏之子 其殆庶幾乎[1)]인저하시고 及回死에 又以爲無好學者[2)]라하시니라 而回亦稱夫子曰 仰之彌高하며 鑽之彌堅[3)]이라하고 子貢도 又以謂夫子之言性與天道는 不可得而聞也[4)]라하니 則其精微之際 固難知久矣라 是以로 取舍不能無失於其間也라 故曰 學然後知不足[5)]이라하니 豈虛言哉아

1) 顏氏之子 其殆庶幾乎 : 孔子의 말로, 《周易》 〈繫辭下傳〉의 5章에 보이는데 이 아래에 “선하지 못한 점이 있으면 알지 못한 적이 없고, 알면 다시는 하지 않았다.〔有不善

未嘗不知 知之 未嘗復行也〕”라는 말이 더 있다.
2) 無好學者 : 魯 哀公이 “제자 중에 누가 학문을 좋아합니까?”라고 묻자, 孔子가 “顔回라는 사람이 있었는데 지금은 죽어서 학문을 좋아하는 이가 없습니다.”라고 답한 말이다. ≪論語 雍也≫
3) 仰之彌高 鑽之彌堅 : 子貢이 孔子의 학문의 위대함을 표현한 말로, ≪論語≫ 〈子罕〉에 보인다.
4) 夫子之言性與天道 不可得而聞也 : ≪論語≫ 〈公冶長〉에 보인다.
5) 學然後知不足 : ≪禮記≫ 〈學記〉에 “지극한 도가 있더라도 배우지 않으면 그것이 좋음을 알지 못한다. 이 때문에 배운 뒤에야 부족함을 알고 가르친 뒤에야 모자람을 안다.〔雖有至道 弗學不知其善也 是故學然後知不足 教然後知困〕”라고 보인다.

배우는 사람이 道에 있어서 그 대략적인 것을 아는 게 어려운 것이 아니라, 그 精深하고 微妙한 부분을 아는 게 참으로 어려운 것이다. 孔子의 門徒 3천 명 중에 드러난 사람이 72명인데 모두 세상에서 뛰어난 재주가 있는 이들이다. 그러나 “顔氏의 아들은 아마 道에 가까울 것이다.”라 하여 顔回만을 칭찬하였고, 안회가 죽었을 때에는 또 “학문을 좋아하는 사람이 없다.”고 하셨다. 그리고 안회도 夫子를 칭송하여 “우러러볼수록 더욱 높고 뚫을수록 더욱 견고하다.” 하였고, 子貢도 “부자께서 性과 天道에 대해 말씀하시는 것은 들을 수가 없다.” 하였다. 그러니 그 정심하고 미묘한 부분은 참으로 알기 어려운 지가 오래되었다. 이러므로 취사선택하는 사이에 실수가 없을 수 없다. 그 때문에 “배운 뒤에야 부족함을 안다.” 하였으니, 이 말이 어찌 빈말이겠는가.

向之學博矣요 **其著書及建言**이 **尤欲有爲於世**로대 **忘其枉己而爲之者有矣**라 **何其徇物者多**하고 **而自爲者少也**오 **蓋古之聖賢**이 **非不欲有爲也**로대 **然而曰 求之有道**하고 **得之有命**[1]이라하니라 **故孔子所至之邦**에 **必聞其政**이어시늘 **而子貢以謂非夫子之求之也**[2]라하니 **豈不求之有道哉**아 **子曰 道之將行也歟**도 **命也**며 **道之將廢也歟**도 **命也**[3]라하시니 **豈不得之有命哉**아 **令向知出此**하야 **安於行止**하야 **以彼其志**로 **能擇其所學**하야 **以盡乎精微**런들 **則其所至**를 **未可量也**리라

1) 求之有道 得之有命 : 孟子가 “〈세상의 부귀를〉 구하는 데에는 따라야 할 길이 있고, 이를 얻는 데에 天命이 있으니, 이는 자기의 밖에 있는 것을 구하기 때문이다.”라고 한 말이다. ≪孟子 盡心 上≫

2) 孔子所至之邦……夫子之求之也 : 孔子의 제자 子禽이 子貢에게 공자가 그 나라의 국정을 듣는 것은 먼저 듣겠다고 요구한 것인지, 아니면 상대가 스스로 공자께 보고한 것인지를 묻자, 자공은 "夫子께서 구하시는 것은 아마 다른 사람이 구하는 것과 다를 것이다."라고 대답하여, 각국의 제후들이 공자의 덕을 존경하여 자발적으로 말한 것이라고 한 부분을 말한다. ≪論語 學而≫
3) 道之將行也歟……命也 : ≪論語≫ 〈憲問〉에 보인다.

劉向은 학문이 넓고 그가 저술한 책과 건의한 말은 더더욱 세상을 위해 좋은 일을 하려고 한 것이었으나, 자신은 바르지 않으면서 남을 바르게 하려 한다는 것을 잊고 있는 점이 있다. 어찌 남의 의견을 따른 것은 그리도 많고 자기의 말을 한 것은 적은가.

옛 聖賢이 세상을 위해 좋은 일을 하려고 하지 않은 것은 아니었다. 그러나 "구하는 데에 道가 있고 얻는 데에 命이 있다." 하였다. 그 때문에 孔子는 찾아간 나라에서 반드시 그 나라의 政事를 들었는데, 이를 子貢은 "夫子께서 요구하여 들은 것이 아니다." 라 하였으니, 어찌 구하는 데에 도가 있는 것이 아닌가. 공자께서 "道가 장차 행해지는 것도 命이며, 道가 장차 폐해지는 것도 命이다." 하셨으니, 어찌 얻는 데에 命이 있는 것이 아닌가.

가령 유향이 이 도리를 따라 나갈 줄을 알아, 나오고 그치는 것을 天命이라 편안히 여기면서 저와 같은 좋은 뜻으로 배운 바를 잘 선택하여 정심하고 미묘한 도리를 다 알았더라면 그가 이른 경지를 헤아릴 수 없었을 것이다.

是以로 **夫子稱古之學者**는 **爲己**[1)]라하시고 **孟子稱君子欲其自得之**니 **自得之**인댄 **則取諸左右**에 **逢其原**[2)]이라하시니 **豈汲汲於外哉**아 **向之得失如此**하니 **亦學者之戒也**로다 **故見之叙論**하야 **令讀其書者**로 **知考而擇之也**하노라 **然向數困於讒**호대 **而不改其操**하니 **與夫患失之者**[3)]로 **異矣**라 **可謂有志者也**로다

編校書籍臣曾鞏上하노이다

1) 古之學者 爲己 : ≪論語≫ 〈憲問〉에 보인다.
2) 孟子……逢其原 : ≪孟子≫ 〈離婁 下〉에 보인다.
3) 患失之者 : ≪論語≫ 〈陽貨〉에 "鄙陋한 사람은……벼슬을 얻지 못했을 때는 얻지 못하게 될까 근심하고, 얻고 나서는 잃을까 근심 한다.〔鄙夫……其未得之也 患得之 旣得之 患失之〕"라 하였다.

이 때문에 孔子는 "옛날의 배우는 사람들은 자기를 修養하는 공부를 하였다."고 하셨고, 孟子는 "君子가 〈깊이 나아가기를 道로써 하는 것은〉 스스로 깨달아 얻고자 해서이니, 스스로 깨달아 얻었다면 가까운 좌우에서 취할 적에 그 근원을 만난다." 하셨다. 그러니 어찌 자신이 아닌 外物을 추구하는 일을 급하게 여기겠는가. 유향의 잘잘못이 이와 같으니 이 또한 배우는 사람들이 경계해야 할 점이다. 그 때문에 敍論에서 이 점을 드러내어 이 책을 읽는 사람들이 잘 고찰하여 선택할 줄을 알게 하려 하였다. 그렇지만 유향이 여러 차례 참소를 당하는 곤경을 겪었으나 그 지조를 바꾸지 않았다. 이는 〈얻은 부귀를〉 잃을까 근심하는 사람들과는 다르니, 훌륭한 뜻이 있는 사람이라고 이를 만하다.

史館에서 서적을 編校하는 臣 曾鞏은 올립니다.

卷1 君道 임금 노릇하는 도리

이 篇은 帝王의 統治行爲와 규범을 論述한 文章이다. 專制時代 최고 統治者의 人品과 能力은 국가를 다스리는 문제에서 가장 핵심적인 요소를 차지한다. 이는 국가의 興亡盛衰와 國民의 安危에 직결되는 문제로서 統治의 근본이 여기에 있다.

人君之道와 人君之事를 각 事例別로 제시하였는데, 이를 내용별로 分類하면, ① 임금은 愛民思想을 기본으로 敎化를 중시하고 형벌을 가볍게 할 것, ② 임금은 사람의 자질과 재능을 알아서 賢人을 選任하고 능력 있는 사람을 任用할 것, ③ 임금은 品行과 道德을 修養할 것, ④ 임금은 독자적으로 결단할 것, ⑤ 간사하고 아첨하는 신하를 멀리할 것, ⑥ 임금은 敬天思想을 가질 것, ⑦ 임금은 자신의 言行을 反省하는 일을 중요시할 것, ⑧ 임금은 천하가 公物임을 알아야 할 것, ⑨ 임금은 근본보다 말단이 커져서 마음대로 움직일 수 없는 상태를 방지할 것 등이다.

이에 해당하는 事例를 故事와 問答으로 열거하였는데, 모두 45편으로 구성되어 있다.

01. 晉平公[1)]問於師曠[2)]曰 人君之道如何오 對曰 人君之道는 淸淨無爲하야 務在博愛하고 趨在任賢하며 廣開耳目하야 以察萬方하며 不固溺於流俗하고 不拘繫於左右하며 廓然遠見하고 踔(탁)然獨立하며 屢省考績하야 以臨臣下니 此人君之操也니이다 平公曰 善하다

1) 晉平公 : 춘추시대 晉나라 군주로, 이름은 彪이다.
2) 師曠 : 晉나라의 樂師로, 이름은 曠, 字는 子野이다. 音律의 판별에 뛰어났는데, ≪孟子≫ 〈離婁 上〉에 "사광의 귀가 밝아도 六律을 쓰지 않으면 五音을 바로잡지 못한다. 〔師曠之聰 不以六律 不能正五音〕"라 하였다.

晉 平公이 師曠에게 물었다.

"임금 노릇하는 도리는 어떠해야 하는가?"

사광이 대답하였다.

“임금 노릇하는 도리는 政治를 간결하고 번거롭지 않게 하여 백성을 널리 사랑하는데 힘쓰고 어진 이를 뽑아 맡기는 일을 서두르며, 귀와 눈을 넓게 열어 萬方의 일을 살펴야 합니다. 流俗에 단단히 빠지지 않고 측근에 얽매이지 않으며, 마음을 활짝 열어 멀리까지 내다보고 우뚝하게 자신의 주장을 세우며, 자주 官吏의 공적을 살펴서 신하 위에 군림해야 하니, 이것이 임금이 지켜야 할 조목입니다.”

평공이 말하였다.

“훌륭한 말이다.”

02. 齊宣王[1)]謂尹文[2)]曰 人君之事何如오 尹文對曰 人君之事는 無爲而能容下니이다 夫事寡易從이요 法省易因이라 故民不以政獲罪也니이다 大道容衆이요 大德容下하나니 聖人寡爲而天下理矣니이다 書曰 睿作聖[3)]이라하고 詩{人}曰 岐有夷之行하야 子孫其保之[4)]라하니이다 宣王曰 善하다

1) 齊宣王 : 전국시대 齊나라의 군주로, 이름은 辟彊, 威王의 아들이다.
2) 尹文 : 전국시대 齊나라 사람이다. 名家學派로, ≪漢書≫ 〈藝文志〉에 ≪尹文子≫ 1편의 저술이 있다 하였다.
3) 書曰 睿作聖 : 書는 ≪書經≫으로, 이 구절은 〈周書 洪範〉에 보인다. ‘睿’는 今文에 ‘容’으로 되어 있고, 윗글의 ‘容下’·‘容衆’으로 보아 ‘容’으로 써야 한다는 설에 따라 容자로 해석하였다.
4) 詩{人}曰……子孫其保之 : ‘人’자는 없어야 되겠기에 衍文으로 처리하였다. 詩는 ≪詩經≫ 〈周頌 天作〉에 보인다. 岐는 岐山이다. 周 文王의 조부 太王이 狄難을 피해 기산 아래에 移住하여 周나라의 기틀을 세웠다. 岐山은 현재 陝西省 岐山縣 경내에 있다.

齊 宣王이 尹文에게 말했다.

“임금이 행하는 일은 어떠해야 하는가?”

윤문이 대답하였다.

“임금이 행하는 일은 번거롭지 않은 정치를 하되 아랫사람을 잘 包容하는 것입니다. 일이 적으면 따르기 쉽고, 法이 간략하면 지키기 쉽습니다. 그러므로 백성들이 政令 때문에 죄를 얻지 않습니다. 넓고 큰 길은 많은 사람을 용납하고, 높고 큰 德은 많은 아랫사람을 포용하니, 聖人은 간여하는 일이 적으나 천하는 잘 다스려집니다. ≪書經≫에 ‘슬기로우면(포용하면) 성인이 된다.’ 하였고, ≪詩經≫에 ‘岐山에 평탄한 도로가

있어서 자손이 보호된다.' 하였습니다."

선왕이 말하였다.

"훌륭한 말이다."

03. 成王[1)]封伯禽[2)]爲魯公하고 召而告之曰 爾知爲人上之道乎아 凡處尊位者는 必以敬下하야 順德規諫하며 必開不諱之門하야 撙節[3)]安靜以藉之니라 諫者勿振而威하야 毋格其言하고 博采其辭라야 乃擇可觀이니라 夫有文無武면 無以威下요 有武無文이면 民畏不親이니 文武俱行이면 威德乃成이요 旣成威德이면 民親以服이며 清白上通이면 巧佞下塞이요 諫者得進이면 忠信乃畜이니라 伯禽再拜受命而辭하다

1) 成王 : 周 武王의 아들로, 姓은 姬, 이름은 誦이다. 武王이 죽은 뒤 成王의 나이가 어리자 숙부 周公이 천자의 일을 섭행하여 왕실의 기반을 견고히 하였다.
2) 伯禽 : 周公의 장남으로, 周代 魯나라의 始封君이며, 伯禽은 字이다. 주공이 조정에 남아 成王을 돕자 성왕이 주공의 장남 백금을 魯(현재 山東省 曲阜縣)나라에 봉하였다.
3) 撙節 : 겸손하고 사양하여 물러난다는 뜻이다. '撙'은 卑退의 뜻이다.

成王이 伯禽을 魯公에 봉하고 불러서 말해주었다.

"너는 백성의 윗사람이 되는 도리를 아느냐? 높은 지위에 있는 사람은 반드시 아랫사람을 恭敬하여 그들이 規諫하는 말을 따르며, 반드시 꺼리지 않고 말하는 문을 열어서 謙遜히 물러나며, 마음을 안정시켜 그들을 편안하게 해야 한다. 간하는 사람을 위엄으로 두렵게 하지 말아서 그의 말을 막지 말고 그의 말을 널리 채취하여야 비로소 볼 만한 말을 선택할 수 있다.

文德만 있고 武威가 없으면 아랫사람에게 위엄을 세울 수 없고, 무위만 있고 문덕이 없으면 백성이 두려워하여 친근히 하지 않는다. 문덕과 무위를 함께 행하면 威嚴과 仁德이 비로소 이루어지고, 위엄과 인덕이 이미 이루어지면 백성이 친근히 하여 복종하며, 청렴결백한 사람이 위로 통하게 하면 교활하고 간사한 사람이 아래에서 막히게 되며, 규간하는 사람이 등용되면 忠信한 사람이 비로소 모일 것이다."

백금이 再拜하며 성왕의 명을 받고 하직하였다.

04. 陳靈公行僻而言失[1)]하니 泄(洩)冶[2)]曰 陳其亡矣인저 吾驟諫君호되 君不吾聽하고

而愈失威儀로다 夫上之化下 猶風靡草하야 東風則草靡而西하고 西風則草靡而東하야 在風所由而草爲之靡라 是故로 人君之動은 不可不愼也니라 夫樹曲木者 惡得直景(影)이리오 人君不直其行하고 不敬其言者는 未有能保帝王之號하고 垂顯令之命者也라 易曰 夫君子居其室하야 出其言에 善이면 則千里之外應之하나니 況其邇者乎아 居其室하야 出其言에 不善이면 則千里之外違之하나니 況其邇者乎아 言出於身하야 加於民하며 行發乎邇하야 見乎遠하나니 言行은 君子之樞機니 樞機之發이 榮辱之主라 君子之所以動天地니 可不愼乎[3]아하니 天地動而萬物變化라 詩曰 愼爾出話하며 敬爾威儀하야 無不柔嘉[4]어다하니 此之謂也라 今君不是之愼而縱恣焉하니 不亡이면 必弑리라 靈公聞之하고 以泄冶爲妖言而殺之러니 後果弑於徵舒하다

1) 陳靈公行僻而言失 : 陳 靈公은 춘추시대 陳나라의 군주로, 이름은 平國이다. 靈公이 그의 신하 孔寧・儀行父와 함께 夏姬와 간통을 하고 세 사람이 모두 하희의 속옷을 입고 조정에서 장난을 하였다. 泄(洩)冶가 이를 간하였으나 듣지 않고 설야를 죽였다. 어느 날 영공이 공영・의행보와 함께 하희의 집에 가 술을 마시다가, 영공이 의행보에게 "하희의 아들 夏徵舒는 너를 닮았다."라고 놀리자, 의행보는 "하징서는 임금님도 닮았습니다." 하였다. 이에 화가 난 하징서는 영공이 나오는 것을 보고 마구간에서 영공을 쏴 죽였다. ≪春秋左氏傳 宣公 9년・10년≫・≪史記 陳杞世家≫

2) 泄(洩)冶 : 陳나라의 大夫이다. 陳 靈公이 신하들과 음란한 짓을 하자 泄冶는 "公卿이 음란한 일을 퍼뜨리면 백성들이 본받을 것이 없다."고 간하였다. 영공이 설야의 말을 孔寧과 儀行父에게 말하자 두 사람이 설야를 죽이자고 요청하였고, 영공은 이를 금지하지 않으니 이에 설야를 살해하였다. ≪春秋左氏傳 宣公 9년≫

3) 易曰……可不愼乎 : ≪周易≫ 〈繫辭 上〉에 보인다.

4) 詩曰……無不柔嘉 : ≪詩經≫ 〈大雅 抑〉에 보인다.

陳 靈公이 괴벽한 행위를 하고 사리에 맞지 않는 말을 하니 泄冶가 말했다.

"陳나라는 장차 망할 것이다. 내가 여러 차례 임금에게 간했건만 임금께서 내 말을 따르지 않고 더욱 군주의 威儀를 잃고 있다. 윗사람이 아랫사람을 敎化하는 것은 마치 바람이 풀을 쓰러뜨리는 것과 같아서, 東風이 불면 풀이 서쪽으로 쓰러지고 西風이 불면 풀이 동쪽으로 쓰러져서 바람이 부는 곳을 따라 풀이 쓰러진다. 이 때문에 임금의 거동은 삼가지 않을 수 없다. 굽은 나무를 심은 사람이 어떻게 곧은 나무 그림자를 얻겠는가? 임금으로서 자기의 행동을 바르게 하지 않고 말을 공경히 하지 않는 자 중에

는 帝王의 호칭을 보전하고 좋은 명성을 전하는 자가 있지 않다.

≪周易≫에 '군자가 자기의 집에 있으면서 하는 말이 선하면 천 리 밖의 사람이 호응하는 것이니 더구나 가까이 있는 사람이겠는가! 자기의 집에 있으면서 하는 말이 선하지 못하면 천 리 밖의 사람이 위배하는 것이니 더구나 가까이 있는 사람이겠는가! 말은 자신의 입에서 나와 백성에게 미치며 행동은 가까운 곳에서 나와 먼 곳에서 나타나니, 말과 행동은 군자의 매우 중요한 부분이다. 매우 중요한 부분을 드러내는 것이 군자의 榮辱을 주관한다. 군자가 天地를 감동시키는 것이니 삼가지 않을 수 있겠는가!' 하였으니 천지를 감동시켜 만물을 변화하게 하는 것이다.

≪詩經≫에 '너의 말을 삼가며 너의 威儀를 공경히 하여 溫柔하고 아름답게 할지어다.' 하였으니 이런 뜻을 말한 것이다. 지금 임금께서 이를 삼가지 않고 제멋대로 하니 나라가 망하지 않으면 시해될 것이다."

영공이 이 말을 듣고 설야가 요망한 말을 한다 하여 살해했었는데, 뒤에 정말로 夏徵舒에게 시해되었다.

05. 魯哀公[1]問於孔子曰 吾聞君子不博이라하니 有之乎잇가 孔子對曰 有之니이다 哀公曰 何爲其不博也잇고 孔子對曰 爲其有二乘[2]이니이다 哀公曰 有二乘則何爲不博也잇고 孔子對曰 爲行惡道也니이다 哀公懼焉[3]하다 有間曰 若是乎 君子之惡惡道之甚也여 孔子對曰 惡惡道不能甚이면 則其好善道亦不能甚이요 好善道不能甚이면 則百姓之親之也 亦不能甚이니이다 詩云 未見君子라 憂心惙惙호라 亦旣見止며 亦其覯止면 我心則說(열)[4]이로다하니 詩之好善道之甚也如此하니이다 哀公曰 善哉로다 吾聞君子는 成人之美하고 不成人之惡이라하더니 微(孔子)〔吾子〕[5]런들 吾焉聞斯言也哉리오

1) 魯哀公 : 춘추시대 魯나라의 군주로, 이름은 將, 定公의 아들이다.
2) 二乘 : 바둑에서, 검은 바둑돌과 흰 바둑돌로 길을 나누어 나아가며 서로 속이고 침범하는 일이다. 乘은 '속이다, 침범하다'의 뜻이다.
3) 懼焉 : 懼然과 같게 썼다.
4) 詩云……我心則說(열) : ≪詩經≫ 〈召南 草蟲〉에 보인다.
5) (孔子)〔吾子〕 : 저본에는 '孔子'로 되어 있으나, ≪說苑校證≫에 "≪孔子家語≫ 〈五義解〉에는 '吾子(그대)'로 되어 있는데, 이곳은 대면하여 말한 것이므로 '吾子'가 더 낫다."고 한 것에 따라 '吾子'로 바로잡았다.

魯 哀公이 孔子에게 물었다.

"나는 君子는 바둑(장기)을 두지 않는다고 들었는데 이런 사실이 있습니까?"

공자가 대답하였다.

"그런 사실이 있습니다."

애공이 말했다.

"무엇 때문에 바둑을 두지 않습니까?"

공자가 대답하였다.

"그것은 二乘이 있기 때문입니다."

애공이 말했다.

"이승이 있으면 무엇 때문에 바둑을 두지 않습니까?"

공자가 대답하였다.

"나쁜 도리를 행하기 때문입니다."

애공이 놀라워하였다. 조금 지난 뒤에 애공이 말했다.

"군자가 나쁜 도리를 몹시 미워함이 이와 같구려!"

공자가 대답하였다.

"나쁜 도리를 몹시 미워하지 않으면 좋은 도리도 몹시 좋아하지 않고, 좋은 도리를 몹시 좋아하지 않으면 백성이 친근히 하는 태도도 심하지 않게 됩니다. ≪詩經≫에 '군자를 만나지 못했기에 근심하는 마음이 불안했어라. 이미 만나며 그를 보면 내 마음은 기쁘리.'라 하였으니, ≪시경≫에서 좋은 도리를 몹시 좋아함이 이와 같습니다."

애공이 말했다.

"훌륭합니다. 나는 군자는 남의 아름다운 일을 이루어주고 남의 나쁜 일을 이루어주지 않는다고 들었는데, 그대가 아니면 내가 어떻게 이 말을 듣겠습니까?"

06. 河間獻王[1]**曰 堯存心於天下**하고 **加志於窮民**하며 **痛萬姓之罹罪**하고 **憂衆生之不遂也**하니라 **有一民飢**면 **則曰 此我飢之也**라하고 **有一人寒**이면 **則曰 此我寒之也**라하며 **一民有罪**면 **則曰 此我陷之也**라하야 **仁昭而義立**하고 **德博而化廣**이라 **故不賞而民勸**하고 **不罰而民治**[2]하니 **先恕而後教 是堯道也**니라

1) 河間獻王 : 이름은 劉德. 漢 景帝의 셋째 아들이다. 河間國에 봉해졌고, 獻은 시호이다. 학문을 닦고 옛것을 좋아하여 先秦의 옛 책을 많이 구했으며, 山東의 많은 선비들이 그와 從遊하였다. ≪史記 五宗世家≫·≪漢書 景十三王傳≫

2) 不賞而民勸 不罰而民治 : ≪莊子≫ 〈天地〉에 "伯成子高가 말했다. '옛날 堯가 천하를 다스릴 때 상을 주지 않아도 백성이 善에 권면되었고, 벌을 주지 않아도 백성이 잘 다스려졌다.〔伯成子高曰 昔堯治天下 不賞而民勸 不罰而民治〕"라고 보인다.

河間獻王이 말했다.

"堯임금은 천하 백성을 잘 다스리는 데에 마음을 두었고 곤궁한 백성에게 더욱 마음을 썼으며, 만백성이 죄에 걸리는 것을 가슴 아파하였고 많은 백성이 생활을 이루지 못함을 근심하였다.

굶주리는 한 사람이 있으면 '이는 내가 그를 굶게 했다.' 하고, 추위에 떠는 한 사람이 있으면 '이는 내가 그를 춥게 했다.' 하며, 한 백성이 죄가 있으면 '이는 내가 죄에 빠뜨렸다.'고 하여, 어진 마음이 밝게 드러나 道義가 수립되고 恩德을 널리 베풀어 教化가 멀리 전파되었다.

그러므로 상을 주지 않아도 백성이 善에 권면되고 벌을 주지 않아도 백성이 잘 다스려졌으니, 먼저 관대히 대한 뒤에 교화한 것이 바로 요임금의 천하를 다스린 방법이다."

07. **當舜之時**하야 **有苗氏**[1]**不服**하니 **其所以不服者**는 **大山**[2]**在其南**하고 **殿山**[3]**在其北**하며 **左洞庭**[4]**之波**요 **右彭蠡**[5]**之川**이라 **因此險也**하야 **所以不服**하니라 **禹欲伐之**한대 **舜不許曰 諭教猶未竭也**니라 **究諭教焉**하니 **而有苗氏請服**하다 **天下聞之**하고 **皆非禹之義**하고 **而歸舜之德**[6]하니라

1) 有苗氏 : 堯·舜·禹시대 중국 남방에서 비교적 강성한 세력을 가졌던 부족 국가로, 三苗라고도 하며, 舜임금 때 三危로 쫓겨났다. ≪書經 虞書 大禹謨≫

2) 大山 : '大'는 ≪戰國策≫ 〈魏策〉에 '文'자로 썼는데, 文山은 곧 岷(嶓)山이라 한다.

3) 殿山 : ≪戰國策≫ 〈魏策〉에 衡山으로 되어 있고, "남쪽에 있다.〔在南〕"라 했다.

4) 洞庭 : 湖南省 북부와 長江 남쪽에 위치한 중국 제2의 호수이다. 본래 '八百里洞庭'이라는 이름이 있다. 湘·資·沅·澧의 네 강물이 모였다가 岳陽縣 城陵磯를 거쳐 長江으로 흘러든다. 호수 안에 작은 산들이 많이 있는데, 그중 君山이 가장 유명하며 연안에 岳陽樓·杜甫墓 등의 명승고적이 많다. ≪讀史方輿紀要 湖廣 大川 洞庭湖≫

5) 彭蠡 : 安徽省 중부에 있는 巢湖의 옛 이름이다. 역대로 鄱陽湖가 곧 彭蠡라는 설이

많았으나 현재는 巢湖를 정설로 여긴다.

6) 當舜之時……而歸舜之德 : 저본에는 위의 章과 이어져 있으나, ≪說苑校證≫에 따라 章을 나누었다.

舜임금 시대를 당하여 有苗氏가 복종하지 않았으니, 그들이 복종하지 않은 까닭은 남쪽에는 大山이 있고 북쪽에는 殿山이 있으며, 왼쪽에는 洞庭湖의 물결이 있고 오른쪽에는 彭蠡湖의 큰 물이 있기에, 이 天然의 험한 지형에 의지하여 복종하지 않은 것이다. 禹임금이 정벌하려고 하자 舜임금이 허락하지 않고 말했다.

"아직 타이르고 가르치는 일에 힘을 다하지 않았다."

타이르고 가르치는 일에 힘을 다하니 유묘씨가 복종하기를 요청하였다. 천하 사람들이 이 일을 듣고 모두들 우임금의 義理를 비난하고 순임금의 德政에 귀의하였다.

08. 周公踐天子之位하야 布德施惠하야 遠而逾明하다 十二牧[1]에 方三人[2]하고 出擧遠方之民하야 有飢寒而不得衣食者하며 有獄訟而失職者하며 有賢才而不擧者하야 以入告乎天子케하다 天子於其君之朝也에 揖而進之하야 曰 意朕之政敎有不得者與아 何其所臨之民이 有飢寒不得衣食者하며 有獄訟而失職者하며 有賢才而不擧者也오 其君歸也에 乃召其國大夫하야 告用天子之言하니 百姓聞之하고 皆喜曰 此誠天子也라 何居之深遠하야 而見我之明也오 豈可欺哉아하니 故牧者는 所以辟四門하며 明四目하며 達四聰[3]也라 是以로 近者親之하고 遠者安之하나니 詩曰 柔遠能邇하야 以定我王[4]이라하니 此之謂矣니라

1) 十二牧 : 舜임금 때 12州의 장관이다. ≪書經≫ 〈虞書 舜典〉에 "아, 12牧아.〔咨十有二牧〕"라 보인다.

2) 方三人 : 이 구절은 두 가지 해석이 있다. 첫째는, 사방의 각 방면마다 세 사람의 牧을 두어 12牧이 되었다는 설이다. 둘째는, 12명의 牧을 임명하고 牧의 아래에 보좌역으로 3인을 두었다는 설이다. 여기서는 첫째의 설을 따랐다.

3) 辟四門……達四聰 : ≪書經≫ 〈虞書 舜典〉에 "四嶽에게 다스리는 일을 물어 사방의 문을 열고 사방을 보는 눈을 밝게 하며 사방의 실정을 막힘없이 들었다.〔詢於四嶽 闢四門 明四目 達四聰〕"라 보인다.

4) 詩曰……以定我王 : ≪詩經≫ 〈大雅 民勞〉에 보인다.

周公이 천자의 자리에 올라 德澤과 恩惠를 펴서 먼 지방일수록 더욱 밝게 나타났다.

열두 사람의 牧을 임명하여 각 방면마다 세 사람을 두고 나가서 먼 지방 백성의 실정을 살펴, 굶주리고 추위에 떠는데도 옷과 밥을 얻지 못하는 자가 있는지, 訟事가 있는데도 직책을 다하지 않는 자가 있는지, 어진 人才가 있는데도 추천하지 않는 자가 있는지 조정에 들어와 천자에게 보고하게 하였다.

천자는 제후국의 군주가 와서 朝見할 때 그들이 揖을 하고 조정에 나오게 하여 말했다.

"아마도 朕의 정치교화에 합당치 못한 것이 있는가 보오. 어찌하여 다스리는 백성 중에 굶주리고 추위에 떠는데도 옷과 밥을 얻지 못하는 자가 있으며, 송사가 있는데도 직책을 다하지 않는 자가 있으며, 어진 인재가 있는데도 추천하지 않는 자가 있는 것이오?"

그 군주는 본국에 돌아가서 곧 본국의 大夫를 불러 천자가 한 말을 일러주었다. 백성이 이 말을 듣고 모두들 기뻐하면서 말했다.

"이분은 진실로 천자이시다. 어떻게 먼 수도의 깊은 궁궐에 살면서 우리의 실정을 밝게 아시는가? 어찌 속일 수 있겠는가!"

그러므로 牧은 사방의 문을 활짝 열며 사방의 실정을 밝게 보며 사방의 말을 밝게 통해야 한다. 이 때문에 가까운 지방의 사람은 천자를 친근히 하고 먼 지방의 사람은 편안히 지낸다.

≪詩經≫에 "먼 지방 사람은 按撫하고 가까운 지방 사람은 親善하게 하여 우리 왕을 안정하게 할 것이다." 하였으니, 이 뜻을 이르는 말이다.

09. **河間獻王曰 禹稱民無食**이면 **則我不能使也**요 **功成而不利於人**이면 **則我不能勸也**라 **故疏河以導之**하고 **鑿江通於九派**[1]하며 **灑五湖而定東海**[2]하니 **民亦勞矣**라 **然而不怨苦者**는 **利歸於民也**일새라

1) 鑿江通於九派 : 長江을 준설하여 아홉 지류로 소통하게 한 일을 이르며, 九派는 長江의 여러 지류를 이른다.

2) 灑五湖而定東海 : 五湖의 물을 나누어 흘려서 東海로 주입시킨 것을 이른다. '灑'는 나누어 소통시킨다는 뜻이다. 오호는 옛 吳越 지역에 있는 호수로, 이에 대한 여러 설이 있다. 太湖의 별명이라는 설과, 태호와 그 일대에 있는 네 호수, 또는 태호와 그 밖의 다섯 호수라는 등의 설이 있다. '定'은 주입하다의 뜻이다.

河間獻王이 말했다.

"禹임금이 말하기를 '백성이 먹을 것이 없으면 나는 그들을 부리지 못하고, 功業을 이루어도 백성에게 이롭지 못하면 나는 그들을 권면하지 못한다.' 하였다. 이 때문에 黃河의 물을 소통시키고 長江을 파서 아홉 지류와 통하게 하며, 五湖의 물을 나누어 東海로 들어가게 하니 백성도 수고로웠다. 그런데도 원망하거나 괴롭게 여지지 않은 것은 백성에게 이로움이 돌아가기 때문이었다."

10. **禹出見罪人**하고 **下車問而泣之**한대 **左右曰 夫罪人不順道**라 **故使然焉**이어늘 **君王何爲痛之至於此也**잇고 **禹曰 堯舜之人**은 **皆以堯舜之心爲心**이러니 **今寡人爲君也**에 **百姓各自以其心爲心**이라 **是以**로 **痛之也**호라 **書曰 百姓有罪**는 **在予一人**[1]이라하니라

1) 書曰……在予一人 : ≪書經≫〈周書 泰誓 中〉에 "백성에게 잘못이 있는 것은 나 한 사람에게 있다.〔百姓有過 在予一人〕"라 보인다.

禹임금이 出行하다가 罪人을 보고 수레에서 내려 울자, 곁의 사람들이 말했다.

"저 죄인은 법을 따르지 않았기 때문에 저렇게 되었는데 君王께서는 무엇 때문에 이렇게까지 마음 아파하십니까?"

우임금이 말했다.

"堯임금과 舜임금 시대의 사람은 모두 요임금과 순임금의 마음으로 자기의 마음을 삼았는데, 현재 寡人이 임금 노릇하자 백성이 각자 자기의 私心으로 마음을 삼고 있다. 이 때문에 내가 마음 아파하는 것이다. ≪書經≫에 '백성에게 죄가 있는 것은 그 책임이 나 한 사람에게 있다.'라 하였다."

11. **虞人與芮人**[1]이 **質其成**[2]**於文王**하야 **入文王之境**하니 **則見其人民之讓爲士大夫**하고 **入其國**하니 **則見其士大夫讓爲公卿**하다 **二國者相謂曰 其人民讓爲士大夫**하고 **其士大夫讓爲公卿**하니 **然則此其君亦讓以天下而不居矣**로다 **二國者 未見文王之身**하고 **而讓其所爭**하야 **以爲閒田**[3]하고 **而反**하다 **孔子曰 大哉**라 **文王之道乎**여 **其不可加矣**로다 **不動而變**하고 **無爲而成**하야 **敬愼恭己而虞芮自平**이라 **故書曰 惟文王之敬忌**[4]라하니 **此之謂也**니라

1) 虞人與芮人 : 虞와 芮는 두 나라 이름이다. 虞는 舜임금의 선대를 봉한 나라로, 지금의 山西省 平陸縣에 있었다. 周 武王이 殷을 멸한 후 古公亶父의 아들 虞仲의 후예를 이곳에 봉하였다. 芮는 周 文王이 세웠으며 姬姓으로, 지금의 陝西省 大荔縣 朝邑城에 있었다.
2) 質其成 : 남에게 是非를 판단하여 바르게 해결해주기를 청구함을 이른다. '質'은 바루다, 또는 이루다의 뜻이고, 成은 옳고 그름을 판결하여 화해시킴이다. ≪詩經 大雅 綿≫
3) 閒田 : 주인이 없는 田地로, 주인의 권리를 행사하지 않고 묵히는 토지를 이른다. ≪孔子家語 好生≫
4) 惟文王之敬忌 : ≪書經≫ 〈周書 康誥〉에 보인다.

虞나라와 芮나라의 두 임금이 境界를 다투다가 文王에게 是非를 판단하여 해결해주기를 요청하려고 문왕이 관할하는 경계에 들어가니 그곳의 백성은 士大夫 되기를 사양함을 보았고, 國都에 들어가니 사대부는 公卿 되기를 사양하는 것을 보았다. 두 나라의 임금이 서로 말했다.

"이곳의 백성은 사대부 되기를 사양하고 사대부는 공경 되기를 사양하니, 그렇다면 이곳의 임금도 천하를 사양하고 그 자리에 있지 않을 것이다."

그리고는 두 나라의 임금이 문왕 본인을 만나지 않고 서로 다투던 땅을 사양하여 閒田을 만들고 돌아왔다. 孔子께서 말씀하였다.

"위대하다. 문왕의 도덕이여! 더할 수가 없구나. 움직이지 않아도 변화하고 한 일이 없는데도 자연히 이루어져서 공경하고 근신하며 자신을 공손히 지키자, 우나라와 예나라의 다툼이 저절로 그치게 되었다."

그러므로 ≪書經≫에 "오직 문왕의 근신하고 두려워함으로 하라." 하였으니, 이 일을 이른 말이다.

12. 成王與唐叔虞[1)]燕居라가 剪梧桐葉以爲珪[2)]하야 而授唐叔虞曰 余以此封汝호리라 唐叔虞喜하야 以告周公하다 周公以請曰 天子封虞耶잇가 成王曰 余一與虞戲也니이다 周公對曰 臣聞之호니 天子無戲言이니 言則史書之하고 工誦之하며 士稱之하니이다 於是에 遂封唐叔虞於晉하다 周公旦可謂善說矣로다 一稱而成王益重言하야 明愛弟之義하고 有輔王室之固로다

1) 唐叔虞 : 周 成王의 아우 姬虞이다. 成王 때 唐人이 난을 일으키자 周公이 토벌하여 난을 진압한 뒤에 성왕이 희우를 이곳에 봉하였기 때문에 唐叔虞라 한다. 뒤에 그의 아들 燮父가 晉水 가로 옮겼기 때문에 그 이후로 晉侯라 칭하며 晉의 시조가 되었다. ≪春秋左氏傳 昭公 元年≫·≪史記 晉世家≫

2) 珪 : 고대에 天子가 爵位를 봉하고 땅을 줄 때 증표로 주던 玉으로 만든 禮器이다. ≪春秋左氏傳 哀公 14년≫

成王이 唐叔虞와 한가하게 있다가 오동잎을 오려 珪를 만들어 당숙우에게 주면서 말했다.

"내가 이것을 가지고 너를 봉하겠다."

당숙우가 기뻐서 이 말을 周公에게 말하였다. 주공이 성왕에게 뵙기를 요청하여 말했다.

"천자께서 虞를 봉하시겠습니까?"

성왕이 말했다.

"내가 우와 한 번 농담을 했습니다."

주공이 대답하였다.

"신은 들으니 천자는 농담이 없어야 한다 하니, 천자의 말은 史官이 기록하고 樂工이 외우며 士가 선양하는 것입니다."

이에 마침내 당숙우를 晉에 봉하였다. 周公 旦은 말을 잘한다고 이를 만하다. 한마디 말에 성왕이 더욱 하는 말을 중시하여 아우를 사랑하는 도리를 표명하고 왕실의 근본을 공고히 하는 데 도움이 있게 하였다.

13. 當堯之時하야 舜爲司徒[1)]하고 契(설)爲司馬[2)]하고 禹爲司空[3)]하고 后稷爲田疇[4)]하고 夔爲樂正[5)]하고 倕爲工師[6)]하고 伯夷爲秩宗[7)]하고 皐陶(고요)爲大理[8)]하고 益掌毆禽[9)]하니 堯體力便巧호되 不能爲一焉하니라 堯爲君而九子爲臣하니 其何故也오 堯知九職之事하야 使九子者로 各受其事하니 皆勝其任하야 以成九功하니 堯遂成厥功하야 以王天下라 是故로 知人者는 主道也요 知事者는 臣道也니 主道는 知人하고 臣道는 知事하야 毋亂舊法이면 而天下治矣[10)]니라

1) 舜爲司徒 : 舜은 상고시대의 聖君으로, 성은 姚, 또는 嬀이다. 五帝의 하나로, 나라 이

름을 有虞라 하였다. 효성이 지극하였고, 禹를 등용하여 홍수를 다스리게 하고 후계자로 삼아 禪位하였다. ≪書經 虞書 堯典·舜典≫·≪史記 五帝本紀≫

司徒는 국가의 토지와 人民의 교화를 담당하던 벼슬로, 少昊 때 처음 두었다고 하며, 周代에는 六卿의 하나였다. ≪書經 虞書 堯典·舜典≫·≪禮記 王制≫

2) 契(설)爲司馬 : 契은 商나라의 시조로, 帝嚳의 아들이다. 舜임금 때 禹의 治水를 도와 공을 세웠고, 司徒에 임명되어 商에 봉해졌다. ≪書經 虞書 堯典·舜典≫·≪史記 殷本紀≫

司馬는 軍事에 관한 일을 주관하던 벼슬로, 少昊 때 처음 두었다고 하며, 周代에는 六卿의 하나였다. ≪書經 周書 牧誓≫·≪周禮 夏官 序官≫

3) 禹爲司空 : 禹는 夏나라의 건국 시조로, 성은 姒, 이름은 文命, 禹는 호이다. 夏禹·大禹·戎禹라고도 한다. 鯀의 아들이다. 舜의 명으로 홍수를 다스리고 江河를 소통시켜 백성들이 평지에서 생활하게 하고 농업을 발전시켰는데, 홍수를 다스리는 13년 동안 자기의 집 앞을 세 번이나 지나면서 한 번도 집에 들어가지 않고 진력하였다고 한다. 舜이 죽은 뒤 즉위하여 夏나라를 건국하였고, 聖王으로 추앙받았다. ≪書經 舜典·大禹謨·皐陶謨·益稷·禹貢≫·≪史記 夏本紀≫

司空은 국가의 水土의 工程을 주관하던 벼슬로, 少昊 때 처음 두었다고 하며, 周代에는 冬官 大司空으로 六卿의 하나였다. ≪書經 舜典·周官≫·≪禮記 王制≫

4) 后稷爲田疇 : 后稷은 周나라의 시조이다. 어머니 姜嫄이 天帝의 발자국을 밟고 임신하여 아들을 낳았으나 不祥이라 하여 버렸었기 때문에 이름을 棄라 하였다 한다. 舜임금이 農官에 임명하여 백성에게 농사짓는 법을 가르치게 하고 后稷이라 일컬었다. ≪詩經 大雅 生民≫·≪史記 周本紀≫

田疇는 농업을 관장하는 農官이다.

5) 夔爲樂正 : 夔는 舜임금 때의 樂官으로, 처음으로 음악을 만들었다 한다. 樂正은 악관의 장관이다. ≪書經 虞書 舜典≫·≪禮記 樂記≫

6) 倕爲工師 : 倕는 舜임금 때의 솜씨가 뛰어난 匠人으로, ≪書經≫ 〈虞書 舜典〉에는 垂로 썼다. 工師는 百工을 관장하는 벼슬이다.

7) 伯夷爲秩宗 : 伯夷는 舜임금 때 예의에 밝았던 사람으로, 周 武王 때의 伯夷가 아니다. 秩宗은 宗廟 祭祀 등의 예의를 관장하는 벼슬이다. ≪書經 虞書 舜典≫·≪墨子 尙賢 中≫

8) 皐陶(고요)爲大理 : 皐陶는 舜임금 때 獄官의 장관으로, 咎陶·咎繇·咎䌛로도 쓴다. 大理는 刑獄을 관장하는 벼슬의 장관이다. ≪書經 虞書 舜典·皐陶謨≫

9) 益掌敺禽 : 益은 舜임금 때의 山澤을 관장하던 사람이다. 곧 伯益으로, 伯翳·柏翳로도 쓴다. 敺禽은 사냥하는 일로, 여기서는 山澤을 관장하는 벼슬을 이른다. ≪書經 虞書 舜典≫·≪論衡 逢遇≫

10) 當堯之時……而天下治矣 : 저본에 이 章은 위의 章과 이어져 있었으나, ≪群書拾補≫와 ≪說苑校證≫에 따라 章을 달리 하였다.

堯임금 시대를 당하여 舜이 司徒가 되고, 契이 司馬가 되고, 禹가 司空이 되고, 后稷이 田疇가 되고, 夔가 樂正이 되고, 倕가 工師가 되고, 伯夷가 秩宗이 되고, 皐陶가 大理가 되고, 益이 山澤을 관장하니, 요임금의 체력이 민첩하고 뛰어났으나 그중 한 가지 일도 맡지 않았다. 요는 임금이 되고 아홉 사람은 신하가 되었으니 그것은 무슨 까닭인가?

요임금이 아홉 가지 직무를 알아 아홉 사람으로 각기 담당할 직무를 받게 하자, 아홉 사람이 모두 각자의 직무를 훌륭히 감당하여 각자 맡은 아홉 가지 공업을 이루니, 요임금이 마침내 자기의 공업을 이루어 천하에 왕 노릇하였다. 이 때문에 사람을 알아보는 것은 君主의 바탕이고, 일처리를 아는 자는 臣下의 바탕이다. 군주의 바탕은 사람을 알아보고, 신하의 바탕은 일처리를 알아, 본래의 제도를 어지럽히지 않으면 천하가 잘 다스려진다.

13. 湯問伊尹[1]曰 三公九卿二十七大夫八十一元士[2]를 知之有道乎아 伊尹對曰 昔者에 堯見人而知하고 舜任人然後知하고 禹以成功擧之하니이다 夫三君之擧賢은 皆異道而成功이나 然尙有失者어든 況無法度而任己直意用人이면 必大失矣라 故君使臣自貢其能이면 則萬一之不失矣리이다

1) 伊尹 : 湯王을 도와 商나라를 세운 賢相으로, 伊는 이름이고, 尹은 벼슬 이름이다. 伊水 가에서 태어났기 때문에 이름을 伊라 하였으며, 일명은 摯이다. 원래 탕왕의 부인이 시집올 때 따라온 노예였으나, 뒤에 탕왕의 夏桀 정벌을 도와 공을 이루자 阿衡으로 존경받았다. ≪書經 商書 伊訓≫·≪春秋左氏傳 襄公 21년≫
2) 三公九卿二十七大夫八十一元士 : 고대에 天子를 보좌하는 조정의 신하를 통틀어 이르는 말이다. 三公은 중앙의 최고 官銜이며, 周代에는 太師·太傅·太保를 三公으로 삼았으나 후대에는 변동이 있었다. 九卿은 중앙의 아홉 자리 고급 관직으로, 周代에는 少師·少傅·少保·冢宰·司徒·宗伯·司馬·司寇·司空을 九卿으로 삼았고, 후대에는 변동이 있었다. 大夫는 九卿 아래의 벼슬이고, 元士는 大夫 아래의 벼슬로, 士 중의 으뜸 벼슬이다. ≪禮記 王制≫

湯王이 伊尹에게 물었다.

"3公·9卿·27大夫·81元士를 〈어떤 이를 뽑아 맡겨야 되는지〉 알아보는 방법이 있소?"

이윤이 대답하였다.

"예전에 堯임금은 사람을 보기만 하면 알았고, 舜임금은 사람을 맡겨본 뒤에 알았으며, 禹임금은 일을 맡겨 공업을 이루어야 등용하였습니다. 세 임금이 어진 이를 등용한 것은 모두 방법이 달랐는데도 공업을 이루었지만 그런데도 잘못된 것이 있었습니다. 더구나 일정한 법도가 없이 자기의 주관적 의사로만 사람을 임용하면 반드시 크게 잘못될 것입니다. 그러므로 임금이 신하에게 자기의 재능을 바치게 하여 임용하면 만분의 일도 잘못됨이 없을 것입니다."

14. 王者何以選賢고 夫王者得賢材以自輔라야 然後治也라 雖有堯舜之明이라도 而股肱[1]不備면 則主恩不流하고 化澤不行이라 故明君在上이면 愼於擇士하고 務於求賢하야 設四佐[2]以自輔하고 有英俊以治官하야 尊其爵하고 重其祿하니 賢者進以顯榮하고 罷者退而勞力이라 是以로 主無遺憂하고 下無邪慝하며 百官能治하고 臣下樂職하야 恩流群生하고 (潤澤)〔澤潤〕[3]草木이라 昔者에 虞舜은 左禹右皐陶하야 不下堂而天下治하니 此使能之效也[4]니라

1) 股肱 : 人體의 팔다리 역할을 하는 重臣을 비유하는 말이다.
2) 四佐 : 天子를 至近에서 보좌하는 네 벼슬로, 前疑·後承·左輔·右弼을 가리키며, 四輔라고도 한다. ≪書經 周書 洛誥≫·≪逸周書 成開≫·≪史記 夏本紀≫·≪新書≫
3) (潤澤)〔澤潤〕 : 저본에는 '潤澤'으로 되어 있으나, ≪說苑校證≫에 "위의 '恩流群生'과 對句로 보면 '澤潤'이 되어야 한다. 윗글의 '主恩不流 化澤不行'도 '恩'과 '澤'이 對文으로 되어 있는 것이 그 증거이다."라고 한 설을 따라, '澤潤'으로 바로잡았다.
4) 王者何以選賢……此使能之效也 : 저본에는 위의 章과 이어져 있었으나, ≪群書拾補≫에 따라 따로 章을 만들었다.

君王은 무엇 때문에 어진 이를 뽑는가? 군왕이 어진 인재를 얻어 자기를 보좌하게 하여야 그런 뒤에 천하가 잘 다스려지기 때문이다. 堯舜 같은 현명함이 있어도 팔다리 같은 重臣이 갖춰지지 않으면, 임금의 은덕이 퍼지지 않고 교화와 혜택이 시행되지 않는다.

그러므로 현명한 임금이 위에 있으면 士를 신중히 뽑고 어진 이를 구하는 데 힘써서, 보좌하는 네 벼슬을 만들어 자기를 보좌하게 하고 걸출한 인물을 두어 관직을 처리하

게 하여, 그들의 벼슬을 높여주고 그들의 녹봉을 후하게 주니, 어진 이는 등용되어 榮華가 빛나고 무능한 사람은 퇴출되어 힘을 쓰는 일에 종사한다.

이 때문에 임금은 남은 근심이 없고 아랫사람은 사특한 사람이 없으며, 百官은 직무를 잘 처리하고 臣下는 직무를 즐겁게 맡아서, 은덕이 뭇 백성에게 퍼지고 은택이 草木까지 윤택하게 한다. 예전에 虞舜은 왼쪽에는 禹가 있고 오른쪽에는 皐陶가 있어서 朝堂을 내려가지 않고도 천하가 잘 다스려졌으니, 이는 賢能한 사람을 부린 효과이다.

15. 武王問太公[1)]曰 擧賢而以危亡者는 何也오 太公曰 擧賢而不用이면 是有擧賢之名이요 而不得眞賢之實也니이다 武王曰 其失安在오 太公望曰 其失在君好用小善而已요 不得眞賢也니이다 武王曰 好用小善者는 何如오 太公曰 君好聽譽而不惡讒也하야 以非賢爲賢하며 以非善爲善하며 以非忠爲忠하며 以非信爲信하나니이다 其君以譽爲功하고 以毁爲罪하며 有功者를 不賞하고 有罪者를 不罰하며 多黨者進하고 少黨者退라 是以로 群臣比周而蔽賢[2)]하고 百吏群黨而多姦하며 忠臣以誹死於無罪하고 邪臣以譽賞於無功하니 其國見於危亡하나니이다 武王曰 善하다 吾今日에 聞誹譽之情矣와라

1) 太公 : 周나라 초의 太公望 呂尙으로, 성은 姜, 呂尙은 이름, 자는 子牙이다. 武王을 도와 殷을 멸하고 주나라를 건국하는 데 큰 공을 세우고 齊나라에 봉해져 시조가 되었다. 처음 여상이 늙고 곤궁하여 渭水 가에서 낚시질로 세월을 보냈는데, 사냥을 나왔던 文王이 여상을 만나 이야기를 해보고 기뻐하면서 "우리 太公께서 그대를 만나기 바란 지 오래되었다." 하여 太公望으로 불렸다. 속칭 姜太公이라 한다. ≪史記 齊太公世家≫

2) 比周而蔽賢 : 서로 黨을 지어 개인의 이익을 꾀하면서 賢人의 진출을 막는다는 뜻이다. ≪管子 立政≫·≪國語 齊語≫

武王이 太公에게 물었다.

"어진 이를 추천했는데도 危亡하는 것은 무엇 때문이오?"

태공이 말했다.

"어진 이를 추천하였으나 중용하지 않으면 이는 어진 이를 추천했다는 虛名만 있고, 실제로는 진짜 어진 이를 얻지 못해서입니다."

무왕이 말했다.

"그 잘못에 어디에 있소?"

太公望이 말했다.

"그 잘못은 임금이 작은 善行이 있는 이를 쓰기 좋아할 뿐, 진짜 어진 이를 얻지 못한 데에 있습니다."

무왕이 말했다.

"작은 선행이 있는 이를 쓰기 좋아함은 어떤 것이오?"

태공이 말했다.

"임금이 칭찬하는 말을 듣기 좋아하고 참소하는 말을 싫어하지 않아서, 어질지 않은 이를 어진 이라 여기고, 좋지 못한 이를 좋은 이라 여기고, 忠誠하지 않는 이를 충성하는 이라 여기며, 信義를 지키지 않는 이를 신의를 지키는 이라 여깁니다. 그 임금이 자기를 칭찬하는 사람을 功臣으로 여기고 나쁘게 말하는 사람을 罪人으로 여기며, 공이 있는 사람을 상 주지 않고 죄 있는 사람을 벌주지 않으며, 黨與가 많은 사람을 등용하고 당여가 적은 사람을 내칩니다. 이 때문에 群臣이 당을 결성하여 어진 이를 막고 많은 관리가 떼를 지어 간악한 짓을 하며, 忠臣은 비방을 받아 죄 없이 죽고 奸臣은 칭찬으로 아부하여 공 없이 상을 받으니, 그런 나라는 危亡을 당하게 됩니다."

무왕이 말했다.

"훌륭합니다. 내가 오늘에서야 비방과 칭찬의 실정을 들었습니다."

16. 武王問太公曰 得賢敬士라도 或不能以爲治者는 何也오 太公對曰 不能獨斷하고 以人言斷者는 殃也니이다 武王曰 何爲以人言斷고 太公對曰 不能定所去하야 以人言去하며 不能定所取하야 以人言取하며 不能定所爲하야 以人言爲하며 不能定所罰하야 以人言罰하며 不能定所賞하야 以人言賞하나니이다 賢者不必用이요 不肖者不必退요 而士不必敬이니이다 武王曰 善하다 其爲國何如오 太公對曰 其爲人惡聞其情하고 而喜聞人之情하며 惡聞其惡하고 而喜聞人之惡이라 是以로 不必治也니이다 武王曰 善하다

武王이 太公에게 물었다.

"어진 이를 얻고 士를 존경하여도 간혹 국가를 잘 다스리지 못하는 것은 무엇 때문이오?"

태공이 대답하였다.

"혼자 판단하여 결단하지 못하고 남의 말에 의지하여 결단하는 자는 재앙을 받습니다."

무왕이 말했다.

"어떤 경우를 남의 말에 의지하여 결단한다 하는 것이오?"

태공이 대답하였다.

"제거할 것을 결정하지 못하여 남의 말에 의지하여 제거하며, 취할 것을 결정하지 못하여 남의 말에 의지하여 취하며, 해야 할 일을 결정하지 못하여 남의 말에 의지하여 하며, 처벌할 사람을 결정하지 못하여 남의 말에 의지하여 처벌하며, 상 줄 사람을 결정하지 못하여 남의 말에 의지하여 상을 줍니다. 〈이와 같으면〉 어진 이를 굳이 등용할 필요가 없고, 불초한 사람을 굳이 퇴출시킬 필요가 없으며, 士를 굳이 존경할 필요가 없는 것입니다."

무왕이 말했다.

"훌륭합니다. 그런 임금은 나라를 어떻게 다스립니까?"

태공이 대답하였다.

"그런 임금은 사람됨이 자기의 실정은 듣기 싫어하고 남의 실정은 듣기를 좋아하며, 자기의 나쁜 점은 듣기 싫어하고 남의 나쁜 점은 듣기 좋아합니다. 이 때문에 반드시 잘 다스리지를 못합니다."

무왕이 말했다.

"훌륭합니다."

17. 齊桓公[1)]問於甯戚[2)]曰 筦子[3)]今年老矣니 爲[4)]棄寡人而就世也면 吾恐法令不行하며 人多失職하며 百姓疾怨하며 國多盜賊일까하노니 吾何如而使姦邪不起하고 (民衣食足乎)〔民足衣食乎〕[5)]아 甯戚對曰 要在得賢而任之니이다 桓公曰 得賢奈何오 甯戚對曰 開其道路하고 察而用之호되 尊其位하고 重其祿하며 顯其名이면 則天下之士騷然擧足而至矣리이다 桓公曰 旣以擧賢士而用之矣어니와 微夫子幸而臨之면 則未有布衣屈奇[6)]之士 踵門而求見寡人者리라 甯戚對曰 是君察之不明하고 擧之不顯하며

而用之疑하고 官之卑하며 祿之薄也니이다 且夫國之所以不得士者 有五阻焉하니 主不好士하야 諂諛在傍이 一阻也요 言便事者 未嘗見用이 二阻也요 壅塞掩蔽하야 必因近習하고 然後見察이 三阻也요 訊獄에 詰窮其辭하야 以法過之 四阻也요 執事適欲하야 擅國權命이 五阻也니이다 去此五阻면 則豪俊竝興하고 賢智(求)〔來〕[7]處요 五阻不去면 則上蔽吏民之情하고 下塞賢士之路라 是故로 明王聖主之治는 若夫江海無不受라 故長爲百川之主하고 明王聖君無不容이라 故安樂而長久니이다 因此觀之하면 則安主利人者는 非獨一士也니이다 桓公曰 善하다 吾將著夫五阻하야 以爲戒本也호리라

1) 齊桓公 : 춘추시대 齊나라의 군주로, 이름은 小白이다. 管仲을 중용하여 富國强兵을 이루고 周 王室을 높이고 夷狄을 물리쳤으며 제후를 규합하여 천하의 질서를 바로잡아 春秋五霸의 으뜸이 되었다. 桓은 시호이다. ≪史記 齊太公世家≫
2) 甯戚 : 춘추시대 齊나라 大夫이다. 본래는 衛나라 사람으로, 집이 가난하여 남의 수레를 끄는 일을 하다가 제나라에 가서 남의 소를 사육하는 일을 하였다. 齊 桓公이 밤에 출타하였는데 甯戚이 소의 뿔을 두들기면서 노래를 부르자 桓公이 불러서 이야기해보고는 上卿에 임명하였고, 뒤에 相國이 되었다. ≪史記 鄒陽傳≫·≪管子 小稱≫·≪楚辭 離騷≫
3) 筦子 : 筦은 管과 같다. 춘추시대 齊나라 재상 管仲으로, 이름은 夷吾이다. 字가 仲이기 때문에 주로 管仲으로 일컫는다. 齊 桓公을 도와 춘추시대 五霸의 으뜸이 되게 하였고, 桓公은 管仲을 존경하여 仲父라 불렀다. ≪史記 管晏列傳≫
4) 爲 : '如'와 같은 뜻이다.
5) (民衣食足乎)〔民足衣食乎〕 : 저본에는 '民衣食足乎'로 되어 있으나, ≪說苑校證≫에 "舊本에는 '民衣食足乎'로 되어 있는데, 魯文弨는 '宋本에 民足衣食乎로 되어 있다.' 하였다. 내가 살펴보니 明鈔本에도 같았다."라 한 것에 따라 '民足衣食乎'로 바로잡았다.
6) 屈奇 : '기이하다, 특이하다'는 뜻이다. ≪文子 符言≫
7) (求)〔來〕 : 각 本에 '求'로 되어 있으나, ≪群書拾補≫에 '來'로 교정하였기에 이에 따라 '來'로 바로잡았다.

齊 桓公이 甯戚에게 물었다.

"管子는 현재 나이가 많아 늙었소. 만일 과인을 버리고 죽으면, 法令이 시행되지 않으며 사람들은 직무를 이행하지 않으며 백성은 미워하고 원망하며 나라에 도적이 많을까 봐 나는 걱정되오. 내가 어떻게 하면 간사한 일이 일어나지 않고 백성은 衣食이 풍족하게 할 수 있겠소?"

영척이 대답하였다.

"요체는 어진 이를 얻어 政事를 맡기는 데 달려 있습니다."

환공이 말했다.

"어찌해야 어진 이를 얻을 수 있소?"

영척이 대답하였다.

"어진 이를 추천하는 길을 활짝 열고 분명히 살펴서 임용하되, 地位를 존귀하게 하고 祿俸을 많이 주며 명성을 드날리게 하면 천하의 인재들이 떠들썩하게 발을 옮겨 올 것입니다."

환공이 말했다.

"이미 어진 인재를 선발하여 등용했으나 선생이 행여 와서 돕지 않으면 庶民 중의 뛰어난 인재들이 문에 와서 과인을 만나려 하지 않을 것이오."

영척이 대답하였다.

"이는 임금께서 인재를 명확하게 살피지 못하고 인재의 선발을 분명하게 하지 않으며, 그를 임용하고는 의심하고 낮은 벼슬을 주며 적은 녹봉을 주기 때문입니다.

또 나라가 어진 인재를 얻지 못하는 까닭으로는 다섯 가지 障礙가 있으니, 임금이 어진 인재를 좋아하지 않고 아첨하는 사람이 곁에 있는 것이 첫 번째 장애요, 정사에 편리한 일을 말하는 사람이 등용되지 않는 것이 두 번째 장애요, 言路가 막히고 실상이 가려져서 인재가 반드시 측근의 친근한 사람을 통한 뒤에야 선발되는 것이 세 번째 장애요, 獄事를 신랄한 말로 끝까지 신문하여 과도한 법을 적용하는 것이 네 번째 장애요, 관리가 자기의 욕망을 따라 국정을 독단하고 권력을 부리는 것이 다섯 번째 장애입니다.

이 다섯 가지 장애를 제거하면 호걸과 뛰어난 인재가 모두 일어나고 어질고 지혜 있는 자가 와서 자리에 있을 것이고, 다섯 가지 장애를 제거하지 않으면 위로는 관리와 백성의 실정이 가려지고 아래로는 어진 인재가 진출하는 길이 막히게 됩니다.

이 때문에 현명하고 슬기로운 임금이 다스리는 국가는 마치 江海가 받아들이지 않는 물이 없기 때문에 영원히 모든 냇물의 主掌이 되는 것처럼, 현명하고 슬기로운 임금은 포용하지 않는 사람이 없기 때문에 백성을 안락하게 하여 오랫동안 유지됩니다. 이를 통하여 보면 임금을 편안히 하고 백성을 이롭게 하는 사람은 한 사람만의 어진 인재가

하는 것이 아닙니다."

환공이 말했다.

"훌륭합니다. 나는 이 다섯 가지 장애를 기록하여 경계하는 근본으로 삼겠소."

18. 齊景公[1]問於晏子[2]曰 寡人欲從夫子하야 而善齊國之政하노라 對曰 嬰聞之호니 國具官而后에 政可善이라호이다 景公作色曰 齊國雖小나 則何爲不具官乎아 對曰 此非臣之所復也로소이다 昔先君桓公身體惰懈하고 辭令不給이면 則隰朋[3]侍하고 左右多過하고 刑罰不中이면 則弦章[4]侍하고 居處肆縱하고 左右懾畏면 則東郭牙[5]侍하고 田野不修하고 人民不安이면 則甯戚侍하고 軍吏怠하고 戎士偸면 則王子成父[6]侍하고 德義不中하고 信行衰微면 則筦子侍하니이다 先君能以人之長으로 續其短하고 以人之厚로 補其薄이라 是以로 辭令窮遠而不逆하고 兵加於有罪而不頓이라 是故로 諸侯朝其德하고 而天子致其胙하니이다 今君之失多矣로되 未有一士以聞者也라 故曰 未具라하노이다 景公曰 善하다 吾聞高繚[7]與夫子游라하니 寡人請見之하노라 晏子曰 臣聞爲地戰者는 不能成王하고 爲祿仕者는 不能成政이라호이다 若高繚與嬰으로 爲兄弟久矣로되 未嘗干嬰之過하고 補嬰之闕하니 特(進)〔祿〕[8]仕之臣也니 何足以補君이리잇가

1) 齊景公 : 춘추시대 齊나라 군주로, 이름은 杵臼이다. 사치를 좋아하여 세금을 많이 걷고 형벌을 엄하게 하여 彗星이 나타났고, 孔子가 魯나라의 재상이 되자 노나라가 霸業을 이룰까 두려워하여 공자에게 萊樂을 주었으나 공자에게 꾸짖음을 당하였다. ≪史記 齊太公世家≫

2) 晏子 : 춘추시대 齊나라 大夫 晏嬰으로, 字는 仲이다. 시호가 平이어서 晏平仲으로 부르기도 한다. 매우 검소하여 오랫동안 재상을 지내면서도 한 벌의 狐裘를 30년 동안 입었다 한다. 그의 節儉力行의 行事와 諫言 등을 채집하여 엮은 ≪晏子春秋≫가 전한다. ≪春秋左氏傳 襄公·昭公≫·≪史記 管晏列傳≫

3) 隰朋 : 춘추시대 齊나라의 公族으로, 大夫가 되어 管仲과 함께 桓公을 보좌하여 霸業을 이루었다. ≪春秋左氏傳 僖公·昭公≫

4) 弦章 : 춘추시대 齊나라 大夫로, 景公 때 大理(法官)가 되어 獄事를 공정하게 판결하였다. ≪晏子春秋 問 上≫·≪呂氏春秋 勿躬≫

5) 東郭牙 : 춘추시대 齊나라 大夫로, 直諫을 잘하여 죽음도 피하지 않았으며 富貴에 마음이 동요되지 않아 大諫官이 되었다. ≪韓非子 外儲說 左下≫·≪管子 小匡 內言≫

6) 王子成父 : 춘추시대 齊나라 大夫로, 長狄이 齊나라를 침공하자 王子成父가 狄君의 아

우 榮如를 죽여 周首의 北門에 묻었다. ≪春秋左氏傳 文公 11년≫

7) 高繚 : 춘추시대 齊나라 사람으로, 晏子를 섬겼으나 뒤에 쫓겨났다고 한다. ≪說苑 臣術≫

8) (進)〔祿〕 : 저본에는 '進'자로 되어 있으나, ≪說苑校證≫의 "盧文弨는 '祿'자로 교정하였고, 宋本・明鈔本에 모두 '祿'자로 썼으며, ≪晏子春秋 內篇 雜 上≫에도 '祿'자로 썼다."는 설을 따라 '祿'으로 고쳤다.

齊 景公이 晏子에게 물었다.

"과인은 선생의 건의를 좇아 齊나라의 정치를 잘하려고 합니다."

〈안자가〉 대답하였다.

"저 嬰은 들으니 나라는 훌륭한 관리가 완전히 갖춰진 뒤에 정치를 잘할 수 있다고 합니다."

경공이 안색을 바꾸면서 말했다.

"제나라가 작지만 어떻게 훌륭한 관리를 갖추지 못했다 말하는 게요?"

〈안자가〉 대답하였다.

"이것은 신이 대답하고자 하는 본의가 아닙니다. 예전에 先君 桓公은 몸이 권태롭고 말을 민첩하게 하지 못하면 隰朋이 모시고 보좌하였고, 측근에 잘못이 많고 집행하는 刑罰이 법에 맞지 않으면 弦章이 모시고 보좌하였고, 평상시 거처하는 태도가 방종하고 측근이 두려워하면 東郭牙가 모시고 보좌하였고, 농경지가 묵어 황폐하고 백성이 안정되지 않으면 甯戚이 모시고 보좌하였고, 軍吏가 나태하고 병사가 느즈러지면 王子成父가 모시고 보좌하였고, 행위가 德義에 맞지 않고 성실한 품행이 쇠잔해지면 管子가 모시고 보좌하였습니다. 선군은 남의 長點으로써 자신의 短點을 보완하였고, 남의 넉넉함으로써 자신의 부족함을 보충하였습니다.

이 때문에 아주 먼 곳까지 명령이 전해져서 거스르는 사람이 없었고, 군대를 동원하여 죄 있는 사람을 토벌하여도 좌절하지 않았습니다. 이 때문에 제후는 그 德行에 감복하여 朝見하였고 천자는 祭肉을 보냈습니다. 지금 임금께서는 잘못이 많은데도 한 사람도 와서 잘못을 들려주는 자가 없기 때문에 저는 훌륭한 관리를 갖추지 못했다고 말한 것입니다."

경공이 말했다.

"훌륭합니다. 나는 들으니, 高繚가 선생과 교제한다 하니 과인이 만나기를 청합니다."

안자가 말했다.

"신은 들으니, 領土를 넓히기 위하여 전쟁을 하는 자는 王業을 이루지 못하고, 祿俸을 받기 위하여 벼슬을 하는 자는 政治的 業績을 이루지 못한다 합니다. 고료와 같은 사람은 저와 형제처럼 지낸 지 오래되었습니다만 일찍이 저의 잘못을 지적하지 않았고 저의 부족한 점을 보충해주지도 않았으니, 단지 녹봉을 받기 위하여 벼슬하는 사람일 뿐입니다. 어찌 임금을 보좌하겠습니까?"

19. 燕昭王[1]問於郭隗[2]曰 寡人地狹人寡하야 齊人(削取)〔取薊〕[3]八城하고 匈奴驅馳樓煩[4]之下니 以孤之不肖로 得承宗廟하야 恐危社稷하노니 存之有道乎아 郭隗曰 有나 然恐王之不能用也일까하노이다 昭王避席〈曰〉[5] 願請聞之하노라 郭隗曰 帝者之臣은 其名은 臣也나 其實은 師也요 王者之臣은 其名은 臣也나 其實은 友也요 霸者之臣은 其名은 臣也나 其實은 賓也요 危國之臣은 其名은 臣也나 其實은 虜也니이다 今王將東面目指氣使以求臣이면 則廝役之材至矣요 南面聽朝하야 不失揖讓之禮以求臣이면 則人臣之材至矣요 西面等禮相亢하고 下之以色하야 不乘勢以求臣이면 則朋友之材至矣요 北面拘指하고 逡巡而退以求臣이면 則師傅之材至矣리이다 如此면 則上可以王이요 下可以霸리니 唯王擇焉하소서 燕王曰 寡人願學而無師하노라 郭隗曰 王誠欲興道인댄 隗請爲天下之士開路호리이다 於是에 燕王常置郭隗上坐하야 南面하다 居三年에 蘇子[6]聞之하고 從周歸燕하며 鄒衍[7]聞之하고 從齊歸燕하며 樂毅[8]聞之하고 從趙歸燕하며 屈景[9]聞之하고 從楚歸燕하니 四子畢至하야 果以弱燕幷强齊하다 夫燕齊는 非均權敵戰之國也어늘 所以然者는 四子之力也니 詩曰 濟濟多士여 文王以寧[10]이라하니 此之謂也니라

1) 燕昭王 : 전국시대 燕나라 王으로, 이름은 平이다. 燕나라가 齊나라에 의해 거의 멸망 지경에 이르렀을 때 즉위하여, 후한 禮遇로 賢才를 초빙하고 樂毅를 上將軍에 임명하여 齊나라를 토벌, 수도 臨淄에 진입하고 莒와 卽墨을 제외한 齊나라의 70여 城을 점령하여 燕나라의 가장 강성한 시기를 이루었다. ≪史記 燕昭公世家≫

2) 郭隗 : 전국시대 燕나라 사람으로, 昭王이 賢士를 초빙하여 燕나라를 강성하게 하고 齊나라에 보복하려고 하자, 賢士를 초빙하는 방법을 알려주어 昭王이 원하던 일을 이루게 하였다. ≪史記 燕昭公世家≫

3) (削取)〔取薊〕: 저본에는 '削取'로 되어 있으나, ≪說苑校證≫에 "舊本에 '削取'로 되어 있는데, 盧文弨는 '≪史記≫ 〈樂毅傳〉의 〈正義〉에서 인용한 것을 따른다.'고 하였다." 한 것에 따라 '取薊'로 바로잡았다.

薊는 지금의 北京城 서남쪽의 옛 地名으로, 周 武王이 商나라를 멸하고 舜의 후예를 봉한 곳인데, 燕나라가 이곳에 있었으므로 燕을 이르는 말로 썼다.

4) 樓煩 : 고대 중국 북방에 있던 부족 이름으로, 騎射에 뛰어났다. ≪史記 樊酈滕灌列傳≫

5) 〈曰〉: 저본에는 없으나, ≪說苑校證≫에 "曰자가 탈락된 듯하다." 한 것에 따라 보충하였다.

6) 蘇子 : 전국시대 縱橫家의 한 사람인 蘇秦이다. 일설에는 소진의 아우 蘇代라고 한다. 소진은 洛陽 사람으로, 鬼穀子에게 縱橫術을 배우고 당시 山東의 여섯 제후에게 合從으로 秦에 항거해야 된다고 설득하여 여섯 제후국의 재상을 겸하고 從約長이 되자, 15년 동안 秦軍이 函谷關 밖으로 나오지 못하였다. 뒤에 齊나라에 客으로 있다가 제나라 大夫의 사주를 받은 자객에게 살해되었다. ≪史記 蘇秦列傳≫

7) 鄒衍 : 전국시대 齊나라의 陰陽家이다. 陰陽五行說로 梁·趙·燕 등의 나라에 遊說하여 제후들의 존중을 받았다. 저서에 ≪鄒子≫가 있는데, 그의 학설이 漢代 讖緯家의 중요한 근원이 되었다. ≪列子 湯問≫·≪韓非子 飾邪≫

8) 樂毅 : 전국시대 燕나라의 上將軍이다. 본래 中山國 사람이었으나 中山이 趙나라에 망한 뒤 조나라 사람이 되었다가 燕 昭王에게 중용되어 상장군이 되었다. 여러 제후국과 연합하고 齊나라를 토벌하여 제나라의 70여 城을 항복받고 昌國君에 봉해졌다. 惠王이 즉위한 뒤 제나라의 離間計에 걸려 교체되자 조나라로 달아나 그곳에서 죽었다. ≪史記 樂毅列傳≫

9) 屈景 : 전국시대 楚나라 사람이다. 자세한 행적은 알 수 없으나, 현대 趙逵夫의 연구에 의하면, 屈原과 동시대의 楚나라 大夫로 楚 懷王 19년 이후에 燕나라에 갔을 것으로 추정하고 있다. ≪屈原與他的時代≫

10) 詩曰……文王以寧 : ≪詩經≫ 〈大雅 文王〉에 보인다.

燕 昭王이 郭隗에게 물었다.

"과인의 나라는 국토가 좁고 인구가 적어, 齊나라는 우리의 여덟 城을 탈취하고 흉노는 樓煩 아래 지역을 유린하였소. 그러니 나같이 불초한 사람으로서 先代의 宗廟를 계승하여 社稷을 위태롭게 할까 봐 걱정되니 국가를 보존하는 데 좋은 방법이 있겠소?"

곽외가 말했다.

"방법이야 있지만 왕께서 사용하지 않을까 걱정됩니다."

소왕이 자리에서 일어나 말했다.

"어떤 방법인지 듣기를 원합니다."

곽외가 말했다.

"帝의 신하는 이름은 신하지만 실제는 스승이고, 王의 신하는 이름은 신하지만 실제는 친구이고, 霸者의 신하는 이름은 신하지만 실제는 손님이고, 위태로운 나라의 신하는 이름은 신하지만 실제는 포로입니다.

만일 왕께서 서쪽에 앉아 동쪽을 향하여 눈짓으로 지시하고 氣色으로 사람을 부리면서 신하를 구하면 奴隸 같은 재목이 올 것이고, 북쪽에 앉아 남쪽을 향하여 정사를 처리하여 揖讓의 예를 잃지 않으면서 신하를 구하면 人臣의 재목이 올 것이고, 동쪽에 앉아 서쪽을 향하여 서로 대등한 예를 행하고 기쁜 안색을 지어 권세를 부리지 않으면서 신하를 구하면 親舊 같은 재목이 올 것이고, 남쪽에 앉아 북쪽을 향하여 공손히 복종하고 머뭇거리며 겸양하는 태도로 신하를 구하면 스승 같은 재목이 올 것입니다.

이와 같이 하면 위로는 왕 노릇할 수가 있고 아래로는 霸者가 될 수 있을 것이니, 오직 왕께서 선택하십시오."

燕王이 말했다.

"과인은 배우기를 원하지만 스승이 없소."

곽외가 말했다.

"왕이 진실로 국가를 보존하는 방법을 일으키려고 한다면 저 隗는 천하의 인재가 몰려올 길을 열어주는 존재가 되겠습니다."

이리하여 연왕이 항상 곽외를 윗자리에 앉게 하여 남쪽을 향하게 하였다. 3년이 지나자 蘇秦은 이 일을 듣고 東周로부터 연나라에 귀의하고, 鄒衍은 이 일을 듣고 제나라로부터 연나라에 귀의하고, 樂毅는 이 일을 듣고 趙나라로부터 연나라에 귀의하고, 屈景은 이 일을 듣고 楚나라로부터 연나라에 귀의하니, 이 네 사람이 모두 연나라에 와서 결국 약소한 연나라를 가지고 강대한 제나라를 兼倂하였다. 연나라와 제나라는 세력이 같고 전력이 대등한 나라가 아닌데 그렇게 된 원인은 이 네 사람의 역량이다.

≪詩經≫에 "많은 인재들이여, 文王을 편안하게 하였다." 하였으니, 이런 일을 이른 말이다.

20. 楚莊王[1)]旣服鄭伯[2)]하고 敗晉師어늘 將軍子重[3)]三言而不當하다 莊王歸하야 過申侯之邑할새 申侯進飯호되 日中而王不食하니 申侯請罪하다 莊王喟然嘆曰 吾聞

之호니 其君賢也요 而又有師者王하며 其君中君也요 而又有師者覇하며 其君下君也요 而群臣又莫若君者亡이라호라 今我는 下君也요 而群臣又莫若不穀[4]하니 不穀은 恐亡일까하노라 且世不絶聖하고 國不絶賢하나니 天下有賢이어늘 而我獨不得하니 若吾生者는 何以食爲리오 故戰服大國하고 義從諸侯어늘 戚然憂恐하야 聖知不在乎身하고 自惜不肖하야 思得賢佐하야 日中忘飯하니 可謂明君矣로다

1) 楚莊王 : 춘추시대 楚나라 군주이다. 웅대한 재주가 있어 孫叔敖 등의 賢臣을 重用하여 內政을 정비하고 병력을 증강시켜 국력을 크게 떨쳤다. 여러 제후들과의 전쟁에서 승리하고 晉나라와 패권을 다투어 춘추시대 五覇의 한 사람이 되었다. ≪史記 楚世家≫
2) 鄭伯 : 춘추시대 鄭 襄公이다. 당시 楚 莊王이 鄭나라를 공격하여 3개월 동안 포위하자, 정 양공이 죄인을 자처하여 어깨를 드러낸 채 羊을 끌고 와서 謝罪하니 莊王이 정나라와 강화하였다. ≪春秋左氏傳 宣公 12년≫
3) 子重 : 춘추시대 楚 莊王의 아우 公子嬰齊로, 子重은 字이며, 令尹을 지냈다. ≪春秋公羊傳 宣公 12년≫
4) 不穀 : 고대 제후가 자신을 겸사로 일컫던 말이다. 선하지 못함〔不善〕이라는 뜻이다. ≪老子≫·≪春秋左氏傳 僖公 4년≫

楚 莊王이 이미 鄭伯(襄公)을 굴복시키고 〈정나라를 구원하는〉 晉나라 군대를 격파하였는데, 장군 子重이 세 번이나 부당한 말을 올렸다. 장왕이 돌아오면서 申侯의 封邑을 지날 적에 신후가 식사를 드렸으나 정오가 되도록 장왕이 먹지 않으니 신후가 죄를 줄 것을 요청하였다. 장왕은 한숨을 쉬고 탄식하며 말했다.

"나는 들으니, 그 임금이 賢明하고 또 스승 같은 보좌가 있으면 왕 노릇하고, 그 임금이 中等에 해당하고 또 스승 같은 보좌가 있으면 覇者가 되고, 그 임금이 下等에 해당하고 群臣이 또 그 임금만도 못한 자는 망한다고 한다. 지금 나는 하등의 임금이고 群臣이 또 나만도 못하니 나는 나라가 망할까 걱정된다. 또 세상에는 聖人이 끊어지지 않고 국가에는 賢人이 끊어지지 않으니, 천하에 현인이 있는데 나만 얻지 못하고 있다. 나처럼 사는 사람이 어떻게 밥을 먹겠는가!"

전쟁하여 大國을 굴복시키고 의리를 세워 諸侯를 따르게 했으면서도 슬기롭고 지혜로운 사람이 자신에게 있지 않음을 서글피 근심하고 걱정하여, 자신이 불초함을 안타까워하면서 현명한 보좌역 얻기를 생각하여 정오가 되도록 밥 먹는 일을 잊었으니, 현명한 임금이라고 이를 만하다.

21. 明主者有三懼하니 一曰 處尊位而恐不聞其過요 二曰 得意而恐驕요 三曰 聞天下之至言而恐不能行이니 何以識其然也오 越王句踐[1)]與吳人戰하야 大敗之하고 兼有九夷하니 當是時也하야 南面而立에 近臣三이요 遠臣五라 令群臣曰 聞吾過而不告者는 其罪刑이니라하니 此處尊位而恐不聞其過者也라 昔者에 晉文公[2)]與楚人戰하야 大勝之하고 燒其軍[3)]하니 火三日不滅이어늘 文公退而有憂色한대 侍者曰 君大勝楚어늘 今有憂色은 何也잇고 文公曰 吾聞能以戰勝而安者는 其唯聖人乎인저 若夫詐勝之徒는 未嘗不危也니 吾是以憂로라하니 此得意而恐驕〈者〉[4)]也라 昔齊桓公得筦仲隰朋하야 辯其言하고 說其義하야 正月之朝에 令具太牢[5)]하야 進之先祖할새 桓公西面而立하고 筦仲隰朋東面而立하야 桓公贊曰 自吾得聽二者之言으로 吾目加明하고 耳加聰하야 不敢獨擅하니 願薦之先祖하노이다하니 此聞天下之至言하고 而恐不能行者也니라

1) 句踐 : 춘추시대 越나라 군주이다. 吳王 夫差와의 전쟁에 패하여 會稽에서 치욕을 당한 뒤, 范蠡·文種 등을 重用하고 쓸개의 쓴맛을 보면서 복수를 위하여 국력을 기르고 군사를 훈련시켜 끝내 吳나라를 멸망시키고 복수하였다. 뒤에 淮水를 건너 徐州 지역에서 크게 제후들을 모이게 하여 霸主가 되었다. ≪國語 越語≫·≪史記 越王句踐世家≫
2) 晉文公 : 춘추시대 晉나라 군주로, 이름은 重耳이다. 아버지 獻公의 총애를 받던 驪姬의 모함으로 19년 동안 외국으로 떠돌다가 秦 穆公의 도움으로 晉나라에 들어와 晉侯가 되었다. 狐偃·趙衰 등 여러 賢臣을 임용하여 狄人의 침공으로 鄭나라에 도피해 있던 周 襄王을 복귀시키고 宋나라를 구원하는 등 齊 桓公을 이어 제후의 盟主가 되어 춘추시대 五霸의 한 사람이 되었다. ≪春秋左氏傳 僖公~昭公≫·≪史記 晉世家≫
3) 軍 : 營壘. 곧 군대가 주둔하여 쌓은 壁壘로 軍營을 이른다. ≪群經評議 左傳 2≫
4) 〈者〉 : 저본에는 '者'가 없으나, 위 문장 구조에 의거하여 보충하였다.
5) 太牢 : 牛·羊·豕의 세 犧牲을 갖추어 차린 제물이나 음식을 이른다. 羊·豕만을 갖춘 것을 少牢, 豕만 갖춘 것을 特牲이라 한다. ≪莊子 至樂≫·≪春秋左氏傳 襄公 9년≫

현명한 임금은 세 가지 두려워하는 일이 있으니, 첫째는 尊貴한 자리에 있으면 자기의 잘못을 듣지 못할까 두려워하는 것이고, 둘째는 자기의 뜻을 이루면 驕慢해질까 두려워하는 것이고, 셋째는 천하의 지극히 좋은 말을 듣고서 실행하지 못할까 두려워하는 것이니, 무엇으로 그러함을 아는가?

越王 句踐이 吳나라와 전쟁하여 크게 패배시키고 九夷를 兼併하니, 당시 남쪽을 향해 앉아 霸者 노릇을 할 적에 가까운 곳에 있는 세 나라가 臣服하고 먼 곳에 있는 다섯

나라가 신복하였다. 그러자 群臣에게 명령하였다.

"나의 잘못을 듣고도 말하지 않는 자는 형벌에 처하겠다."

이것은 존귀한 지위에 있으면 자기의 잘못을 듣지 못할까 두려워한 것이다.

예전에 晉 文公이 楚나라 군대와 전쟁하여 크게 승리하고 초나라의 軍營을 불태우니 3일 동안 불이 꺼지지 않았다. 문공이 철군하면서 근심하는 기색이 있자 모시는 신하가 말했다.

"임금께서 초나라에 큰 승리를 거두었는데 지금 근심하는 기색이 있는 것은 무엇 때문입니까?"

문공이 말했다.

"나는 들으니 '전쟁에 승리하고 나서 나라를 안정시킨 사람은 오직 聖人뿐일 것이다.' 하였다. 속임수로 승리하는 무리는 일찍이 위태롭지 않은 경우가 없었으니 나는 이 때문에 근심한다."

이것은 뜻을 이루면 교만해질까 두려워한 것이다.

예전에 齊 桓公이 管仲과 隰朋을 얻어 그들이 말을 잘하는 것을 알고 그들의 도리를 좋아하여 正月의 조회에서 太牢를 갖추게 하여 선조에게 올릴 적에 환공은 서쪽을 향하여 서고 관중과 습붕은 동쪽을 향하여 섰다. 환공이 祝辭를 말했다.

"나는 두 사람이 건의하는 말을 들은 이래로 나의 눈은 더욱 밝아지고 귀는 더욱 총명해져서 감히 독단하지 못했으니, 先祖께 추천하기를 원합니다."

이것은 천하의 지극히 좋은 말을 듣고 실행하지 못할까 두려워한 것이다.

22. 齊景公出獵이라가 上山見虎하고 下澤見蛇하다 歸하야 召晏子而問之曰 今日寡人出獵이라가 上山則見虎하고 下澤則見蛇하니 殆所謂{之}[1]不祥也아 晏子曰 國有三不祥하니 是不與(예)焉하니이다 夫有賢而不知 一不祥이요 知而不用이 二不祥이요 用而不任이 三不祥也니 所謂不祥은 乃若此者也니이다 今上山見虎는 虎之室也요 下澤見蛇는 蛇之穴也니 如虎之室하고 如蛇之穴하야 而見之어니 曷爲不祥也[2]잇가

1) {之} : ≪群書拾補≫에 따라 衍文으로 처리하였다. ≪晏子春秋≫ 〈內篇 諫 下〉에도 '之'자가 없다.

2) 齊景公出獵……曷爲不祥也 : 저본에는 앞 章과 연결되어 있으나 ≪說苑校證≫에 別行

한 것을 따라 장을 나누었다.

齊 景公이 사냥을 나갔다가 산에 올라가 범을 만나고 늪에 내려와 뱀을 만났다. 돌아온 뒤에 晏子를 불러 물었다.

"오늘 과인이 사냥을 나갔다가 산에 올라가서는 범을 만나고 늪에 내려와서는 뱀을 만났으니, 아마도 이른바 상서롭지 못한 일인가?"

안자가 말했다.

"국가에는 세 가지 상서롭지 못한 일이 있는데 이런 것은 그 안에 들지 않습니다. 어진 인물이 있는데도 알지 못하는 것이 첫 번째 상서롭지 못한 일이고, 알면서도 등용하지 않는 것이 두 번째 상서롭지 못한 일이고, 등용하고서도 신임하지 않는 것이 세 번째 상서롭지 못한 일이니, 이른바 상서롭지 못한 일은 이와 같은 것입니다.

지금 산에 올라가 범을 만난 것은 범이 사는 집에 이른 것이고, 늪에 내려와 뱀을 만난 것은 뱀이 사는 구멍에 간 것입니다. 범이 사는 집에 가고 뱀이 사는 구멍에 가서 그것들을 만났는데 어떻게 상서롭지 못한 일이 되겠습니까?"

23. **楚莊王好獵**하니 **大夫諫曰 晉楚敵國也**니 **楚不謀晉**이면 **晉必謀楚**어늘 **今王無乃耽於樂乎**잇가 **王曰 吾獵將以求士也**니 **其榛藂**[1]**刺虎豹者**는 **吾是以知其勇也**요 **其攫犀搏兕者**는 **吾是以知其勁有力也**요 **罷田而分所得**이면 **吾是以知其仁也**로라 **因是道也**하야 **而得三士焉**하야 **楚國以安**이라 **故曰 苟有志則無非事者**라하니 **此之謂也**니라

1) 榛藂 : 草木이 더부룩하게 무더기로 나서 우거진 곳이다. '藂'은 '叢'과 같다.

楚 莊王이 사냥하기를 좋아하니 大夫가 간하였다.

"晉나라와 楚나라는 敵國입니다. 초나라가 진나라를 도모하지 않으면 진나라가 반드시 초나라를 도모할 텐데, 지금 왕께서는 아마 사냥의 즐거움에 빠진 것이 아니겠습니까?"

왕이 말했다.

"내가 사냥을 하는 것은 훌륭한 인재를 구하려 해서이니 초목이 우거진 곳에서 범과 표범을 찔러 죽이는 자는, 나는 이것으로 그가 용감함을 알고, 무소와 코뿔소를 때려잡는 자는, 나는 이것으로 그가 강력한 힘이 있는 줄을 알고, 사냥을 끝내고 자기가 잡은

짐승을 나누어주면, 나는 이것으로 그가 어진 사람임을 안다."

이 방법을 통하여 세 사람의 훌륭한 인재를 얻어 초나라가 안정되었다. 그러므로 "만일 지향하는 바가 있으면 좋은 일이 아닌 것이 없다." 하였으니, 이런 경우를 이른 것이다.

24. 湯之時에 **大旱七年**하야 **雒坼川竭**하고 **煎沙爛石**이라 **於是**에 **使人持三足鼎**하고 **祝山川**하야 **敎之祝曰 政不節耶**아 **使人疾耶**아 **苞苴[1]行耶**아 **讒夫昌耶**아 **宮室營[2]耶**아 **女謁盛耶**아 **何不雨之極也**오 **蓋言未已而天大雨**라 **故天之應人**이 **如影之隨形**과 **響之效聲者也**라 **詩云 上下奠瘞**하며 **靡神不宗[3]**이라하니 **言疾旱也[4]**니라

1) 苞苴 : 뇌물. 갈대나 띠〔茅〕를 엮어 魚肉 따위를 포장한다는 뜻에서 유래한 말이다. ≪儀禮 少儀≫·≪詩經 衛風 木瓜≫·≪荀子 大略≫
2) 營 : '榮'자와 통용으로 번역하였다.
3) 詩云……靡神不宗 : ≪詩經≫〈大雅 雲漢〉에 보인다.
4) 湯之時……言疾旱也 : 저본에는 이 章이 위의 章과 이어져 있으나, ≪說苑校證≫에 따라 章을 나누었다.

湯王 때에 7년 동안 큰 가뭄이 들어 雒(洛)水의 바닥이 갈라지고 하천이 말랐으며, 모래를 달구고 돌을 녹였다. 이에 사람을 시켜 세 발 달린 솥을 가지고 山川에 가서 기도하게 하면서 다음과 같은 말로 빌게 하였다.

"정치를 절도 없게 하였는가? 백성을 고통스럽게 하였는가? 뇌물이 유행하게 하였는가? 남을 참소하는 사람이 창궐하였는가? 궁실이 화려한가? 총애하는 여인의 청탁이 많았는가? 어찌하여 이다지도 비가 내리지 않습니까?"

그 말을 마치기도 전에 큰 비가 내렸다. 그러므로 하늘이 사람의 일에 호응함이 마치 그림자가 형체를 따라 생기는 것과 메아리가 소리를 받아 되돌아오는 것과 같다.

≪詩經≫에 "하늘과 땅에 제사하며 존경하지 않는 神이 없다." 하였으니, 가뭄을 원망한 말이다.

25. 殷太戊[1]時에 **有桑穀[2]生於庭**하니 **昏而生**하야 **比旦而拱**하다 **史請卜之湯廟**한대 **太戊從之**하다 **卜者曰 吾聞之**호니 **祥者**는 **福之先者也**니 **見祥而爲不善**이면 **則福不生**이요 **殃者**는 **禍之先者也**니 **見殃而能爲善**이면 **則禍不至**라호이다 **於是**에 **乃早朝而晏退**하야 **問**

疾弔喪하니 三日而桑穀自亡하다

1) 太戊：殷나라 7대 왕으로, 廟號는 中宗이다. 太庚의 아들로, 형 雍己의 뒤를 이어 왕위에 오르고 伊陟·巫鹹·臣扈 등의 賢臣을 등용하여 殷나라를 부흥시켰다. ≪史記 殷本紀≫
2) 桑穀：뽕나무와 닥나무이다. 穀은 닥나무인데, 일명 構楮라고도 하며 껍질은 종이를 만드는 데 쓴다.

殷나라 太戊 때에 뽕나무와 닥나무가 조정의 뜰에 났는데, 어스름할 때 나서 다음날 아침이 되자 한아름쯤 되었다. 史官이 湯王의 사당에서 점을 치자고 요청하자 태무가 그 말을 따랐다. 점치는 자가 말했다.

"나는 들으니, 祥瑞는 복이 오기 전에 생기는 조짐이니 상서를 만났으나 선한 일을 하지 않으면 복이 생기지 않고, 재앙은 禍敗가 오기 전에 생기는 조짐이니 재앙을 만났으나 선한 일을 하면 화패가 오지 않는다 하였습니다."

이리하여 태무가 아침 일찍 조정에 나가 저녁 늦게 물러나와서 병든 사람을 위로하고 죽은 사람을 조문하니 3일 만에 뽕나무와 닥나무가 저절로 사라졌다.

26. 高宗者는 武丁也[1)]니 高而宗之라 故號高宗하니라 成湯[2)]之後에 先王道缺하야 刑法違犯하니 桑穀俱生乎朝하야 七日而大拱이어늘 武丁召其相而問焉하다 其相曰 吾雖知之나 吾弗得言也로소이다 聞諸祖己[3)]호니 桑穀者는 野草也어늘 而生於朝면 意者컨대 國亡乎인저 武丁恐駭하야 側身修行하고 思先王之政하야 興滅國하고 繼絶世하며 擧逸民하고 明養老하다 三年之後에 蠻夷重譯而朝者七國이니 此之謂存亡繼絶之主라 是以로 高而尊之也니라

1) 高宗者 武丁也：高宗은 殷나라 20대 왕의 廟號로, 이름이 武丁이다. 小乙의 아들로, 어렸을 때 민간에서 생활하여 백성의 어려움을 체험하고 즉위하여 傅說·甘盤 등을 등용함으로써 훌륭한 정치를 이루었다. ≪書經 商書 說命≫·≪史記 殷本紀≫
2) 成湯：商나라의 始祖王이다. 契의 후예로, 成은 字, 이름은 履이다. 주로 湯王이라 부르며, 字와 시호 湯을 합하여 成湯이라고도 한다. 일명은 天乙이다. 夏桀을 정벌하고 亳에 도읍하여 국호를 商이라 하였다. ≪書經 商書 仲虺之誥≫·≪詩經 商頌 長發≫·≪史記 殷本紀≫
3) 祖己：殷나라 高宗 때의 賢臣이다. 고종을 도와서 은나라를 부흥시켰고, ≪書經≫의

〈高宗肜日〉을 지었다. ≪史記 殷本紀≫·≪尙書大傳 商傳≫·≪論衡 異虛≫

高宗은 武丁이니 높여서 덕을 존숭하였기 때문에 廟號를 고종이라 하였다. 成湯 이후에 선왕의 도가 결핍되어 형법을 위배하니 뽕나무와 닥나무가 조정에 함께 나서 7일 만에 크기가 한아름이 되자 무정이 그의 재상을 불러서 길흉을 물었다. 재상이 말했다.

"저는 알지만 저는 말씀드리지 못하겠습니다. 祖己에게 들으니 '뽕나무와 닥나무는 들에서 자라는 식물인데 조정에 났다면 짐작컨대 나라가 망할 것이다.' 하였습니다."

무정이 두려워하여 몸을 바르게 단속하여 행실을 닦고, 선왕의 훌륭한 정치를 생각하여 멸망하려는 나라를 부흥시키고 끊어지려는 세대를 이어주며, 은거한 賢人을 천거하고 노인을 봉양하는 예절을 밝게 드러내었다.

3년이 지난 뒤에 蠻夷 중에 여러 번의 통역을 거쳐 朝見한 자가 일곱 나라였으니, 이를 '망하려는 나라를 보존시키고 끊어지려는 세대를 이어주는 임금'이라 이르니, 이 때문에 높여서 덕을 존숭한 것이다.

27. 宋大水어늘 魯人弔之曰 天降淫雨하야 谿穀滿盈하고 延及君地하야 以憂執政[1]일새 使臣敬弔하니이다 宋人應之曰 寡人不佞하야 齋戒不謹하고 邑封不修하며 使人不時하야 天加以殃이어늘 又遺君憂하야 拜命之辱하니이다 君子聞之曰 宋國其庶幾乎인저 問曰 何謂也오 曰 昔者에 夏桀殷紂不任其過하야 其亡也忽焉하고 成湯文武知任其過하야 其興也勃焉이니라 夫過而改之면 是猶不過也라 故曰 其庶幾乎인저하니라 宋人聞之하고 夙興夜寐하고 早朝晏退하야 弔死問疾하고 戮力宇內하니 三年에 歲豐政平하다 嚮使宋人不聞君子之語면 則年穀未豐하고 而國家未寧이니 詩曰 佛(필)時仔肩하야 示我顯德行[2]이라하니 此之謂也니라

1) 以憂執政 : 宋나라의 執政을 근심스럽게 한다는 뜻이다. 執政은 국가의 정무를 집행하는 사람이라는 뜻으로, 宋君을 바로 지적하여 말하지 않고 에둘러 지칭한 말이다.
2) 詩曰……示我顯德行 : ≪詩經≫〈周頌 敬之〉에 보인다.

宋나라에 큰물이 지자 魯나라 사신이 와서 위문하였다.

"하늘이 오래 비를 내려 계곡이 가득 차 넘치고 물이 임금이 거주하는 곳까지 미쳐서 執政을 근심하게 하므로 신을 파견하여 삼가 위문하게 하였습니다."

송나라 임금이 응답하였다.

"과인이 재주가 없어서 齋戒를 경건히 하지 않고 封地를 잘 다스리지 못하며 백성을 제때에 부리지 않아 하늘이 재앙을 내렸는데, 도리어 귀국 임금님에게까지 근심을 끼쳐 위문하는 말씀을 받으니 감당하지 못하겠습니다."

君子가 이 말을 듣고 말했다.

"송나라는 아마도 잘될 것이다."

어떤 이가 물었다.

"무슨 뜻으로 하는 말입니까?"

군자가 대답했다.

"예전에 夏桀과 殷紂는 자기의 잘못을 책임지지 않아서 갑자기 망하였고, 成湯과 文王・武王은 자기의 잘못을 책임질 줄을 알아서 왕성하게 일어난 것이다. 잘못한 일을 고치면 잘못하지 않은 것과 같기 때문에 나는 '아마도 잘될 것이다.'라 말했다."

송나라 임금이 이 말을 듣고 새벽 일찍 일어나 밤늦게 잠자고 아침 일찍 조정에 나와 저녁 늦게 퇴청하면서, 죽은 이를 조문하고 병든 이를 위문하고 힘을 다해 국내를 다스리니, 3년 만에 농사는 풍년이 들고 정치는 태평을 이루었다. 가령 송나라 임금이 군자의 말을 듣지 못했다면 곡식은 풍년이 들지 않고 국가는 편안하지 않았을 것이다.

≪詩經≫에 "나의 무거운 책임을 도와, 나의 드러난 德行을 보이게 하라." 하였으니, 이 일을 이른 말이다.

28. **楚昭王**[1)]**有疾**하야 **卜之曰 河爲**祟니이다 **大夫請用三牲**[2)]**焉**한대 **王曰 止**하라 **古者**에 **先王割地制土**할새 **祭不過望**[3)]하니 **江漢**(睢)〔**雎**〕[4)]漳이 **楚之望也**라 **禍福之至**는 **不是過也**니 **不穀雖不德**이나 **河非所獲罪也**니라 **遂不祭焉**하다 **仲尼聞之**하시고 **曰 昭王可謂知天道矣**니 **其不失國**이 **宜哉**인저

1) 楚昭王 : 춘추시대 楚나라 군주로, 이름은 珍이다. 吳나라의 침공에 대패하자 申包胥를 秦에 파견하여 구원을 요청, 吳軍을 격파하였다. 뒤에 鄀으로 천도하고 吳의 침략으로 어려움에 빠진 陳을 구원하였다. ≪史記 楚世家≫

2) 三牲 : 太牢. 牛・羊・豕 세 犧牲을 통틀어 이르는 말이다.

3) 望 : 고대에 山川・日月・星辰을 멀리 바라보면서 지내던 제사 이름이다. 天子는 온천하의 名山大川에, 제후는 자기의 경내에 있는 명산대천에 望祭를 지냈다. ≪書經 虞

書 舜典≫ · ≪孔子家語 正論≫ · ≪淮南子 人間訓≫

4) (雎)〔睢〕: 저본에는 '雎'로 되어 있으나, ≪群書拾補≫의 교정에 따라 '睢'로 바로잡았다. ≪春秋左氏傳≫ 哀公 6년에는 '睢', ≪韓詩外傳≫ 권3에는 '濉', ≪孔子家語≫ 〈正論〉에는 '沮'로 되어 있다.

楚 昭王이 병이 있어서 점을 쳤더니 점 치는 이가 말했다.

"河神이 빌미가 된 것입니다."

대부가 三牲을 써서 기도하기를 청하자 왕이 말했다.

"그만두라. 옛날 선왕이 땅을 분할하여 봉해줄 때 산천의 제사는 望祭를 넘지 않았으니, 長江 · 漢水 · 睢水 · 漳水가 초나라의 망제를 지내는 곳이다. 재앙과 복이 오는 것은 이 네 강을 넘지 않으니, 내가 덕이 없기는 하지만 하신에게 죄를 얻은 것은 아니다."

그리고는 마침내 하신에게 제사를 지내지 않았다.

仲尼께서 이 일을 들으시고 말씀하셨다.

"소왕은 天道를 안다고 이를 만하니, 그가 나라의 정권을 잃지 않은 것이 당연하다."

29. 楚昭王之時에 有雲如飛鳥夾日而飛三日하니 昭王患之하야 使人乘(驛)〔馹〕[1)]하고 東而問諸太史州黎[2)]하다 州黎曰 將虐於王身이니 以令尹司馬說焉[3)]이면 則可리라 令尹司馬聞之하고 宿齋沐浴하고 將自以身禱之焉하다 王曰 止하라 楚國之有不穀也는 由身之有匈脇也요 其有令尹司馬也는 由身之有股肱也라 匈脇有疾이어늘 轉之股肱이면 庸爲去是人也리오

1) (驛)〔馹〕: 저본에는 '驛'으로 되어 있으나, ≪群書拾補≫의 교정에 따라 '馹'로 바로잡았다. ≪說苑校證≫에는 "宋本 · 明鈔本 · 楚府本에 모두 '馹'자로 썼다." 하였다.

2) 太史州黎 : 太史는 周代에 역사를 기록하고 史書를 편찬하며 문서를 起草하고 국가의 典籍과 天文 · 曆法 등을 주관하던 벼슬이다. 諸侯國에도 모두 太史를 두었다. 州黎는 당시 太史의 이름이다.

3) 令尹司馬說焉 : 令尹은 춘추전국시대 楚나라의 執政 벼슬로 재상에 해당한다. 司馬는 軍事 업무를 총괄하는 벼슬이다. 周代에 六卿의 하나로 大司馬를 두었는데, 제후국에도 司馬를 두어 兵事를 관장하게 하였다. ≪通典 職官 2≫

說은 해명한다는 뜻이며, 여기서는 '祈禱'로 번역하였다.

楚 昭王 때에 구름이 마치 새떼가 나는 것처럼 태양을 끼고 3일 동안 날았다. 소왕이

걱정하여 사람을 시켜 驛馬를 타고 동쪽으로 가서 太史 州黎에게 묻도록 하였다. 주려가 말했다.

"왕의 몸에 해를 끼칠 것이니, 令尹과 司馬로 대신하여 기도하게 하면 괜찮을 것이오."

영윤과 사마가 이 말을 듣고 목욕재계를 하고 스스로 자신이 기도하겠다고 청하였다. 왕이 말했다.

"그만두라. 초나라에 내가 있는 것은 마치 신체에 가슴이 있는 것과 같고, 영윤과 사마가 있는 것은 신체에 팔다리가 있는 것과 같다. 가슴에 병이 들었는데 팔다리에 전가시키면 어찌 이 사람의 몸에서 병이 떠났다 하겠는가!"

30. 邾文公[1)] 卜徙於繹[2)]한대 史曰 利於民이요 不利於君이니이다 君曰 苟利於民이면 寡人之利也라 天生烝民하야 而樹之君은 以利之也니 民旣利矣면 孤必與焉이리라 侍者曰 命可長也어늘 君胡不爲니잇고 君曰 命在牧民이요 死之長短은 時也니 民苟利矣면 吉孰大焉이리오 遂徙於繹하다

1) 邾文公 : 춘추시대 邾나라 군주로, 성은 曹이다. 邾는 魯나라의 附庸國으로, 뒤에 鄒로 고쳤고 전국 때 楚나라에 멸망당했다.
2) 繹 : 嶧의 假借字이다. 嶧山으로, 山東省 鄒城市 동남쪽 20리쯤에 있다. 일명 鄒山·鄒嶧山·邾嶧山이다.

邾 文公이 嶧邑에 遷都할 일을 점쳤는데, 史官이 말했다.

"천도하면 백성에게는 이롭고 임금에게는 이롭지 못합니다."

邾君이 말했다.

"만일 백성에게 이롭다면 바로 과인이 이로운 것이다. 하늘이 뭇 백성을 낳아 임금을 세운 것은 백성을 이롭게 하려는 것이다. 백성이 이미 이롭다면 나의 이익도 틀림없이 들어 있을 것이다."

시종하는 사람이 말했다.

"천도하지 않으면 임금님의 목숨을 연장할 수 있다는데 어찌 하지 않으십니까?"

주군이 말했다.

"나의 목숨은 백성을 잘 기르는 데 있고, 목숨의 길고 짧음은 天時에 달렸으니, 백성

이 만일 이롭다면 무슨 이로움이 이보다 크겠는가?"

마침내 역읍으로 천도하였다.

31. 楚莊王見天不見妖而地不出孽이면 則禱於山川曰 天其忘予歟잇가하니 此能求過於天이라 必不逆諫矣니 安不忘危라 故能終而成霸功焉하니라

楚 莊王은 하늘이 요상한 일을 나타내지 않고 땅이 재앙을 내는 것을 보지 않으면 산천에 기도하면서 "하늘이 나를 잊었습니까?"라 말했으니, 이는 하늘에 자신의 허물을 구한 것이다. 반드시 남이 간하는 말을 거스르지 않을 것이니, 편안한 처지에 있으면서 위태로워질 것을 잊지 않는 것이다. 때문에 끝내 霸業의 공을 이루었다.

32. 湯曰 藥食先嘗於卑하고 然後至於貴요 藥言先獻於貴하고 然後聞於卑라하니 故藥〈食〉[1]嘗乎卑하고 然後至乎貴는 敎也요 藥言獻於貴하고 然後聞於卑는 道也라 故使人味食하고 然後食者는 其得味也多하고 使人味言하고 然後聞其言者는 其得言也少라 是以로 明王之〈於〉[2]言에 必自他聽之[3]하며 必自他聞之하며 必自他擇之하며 必自他取之하며 必自他聚之하며 必自他藏之하며 必自他行之하나니라 故道以數取之爲明이요 以數行之爲章이요 以數施之萬物爲藏이라 是故로 求道者는 不以目而以心하며 取道者는 不以手而以耳니라

1) 〈食〉 : 저본에는 '食'자가 없으나, ≪群書拾補≫의 교정에 따라 보충하였다. ≪說苑校證≫에 "宋本·明鈔本·楚府本에 '食'자가 있고, ≪太平御覽≫ 권984의 인용문에도 '食'자가 있어서 보충한다." 하였다.

2) 〈於〉 : 저본에는 '於'자가 없으나, ≪說苑校證≫에 따라 보충하였다. ≪新書≫ 〈修政語 上〉에 '明上之於言也'로 되어 있다.

3) 必自他聽之 : ≪說苑校證≫에 "≪新書≫ 〈修政語 上〉에 '他'는 '也'로 썼고, '必自他聞之·必自他取之' 두 句는 없으니, 衍文인 듯하다." 하였다. 또 ≪讀書餘錄≫에 "'他'는 '也'의 오자이고, '聞之'·'取之'는 '聽之'·'聚之'와 語義가 중복되니 衍文이다." 하였다. ≪說苑校證≫은 ≪讀書雜志≫ 〈史記 韓非傳〉의 설을 인용하여 "'也'와 '他'는 예전에 통용하였다. 또 여기서는 자체적으로 '必自他聞之'·'必自他取之'라고 썼으나, ≪新書≫에 '必自也聽之'·'必自也聚之'로 되어 있는 것을 校者가 傍注했던 것이 正文으로 잘못 들어간 것이다." 하였다.

湯王이 말했다.

"약을 먹을 적에는 卑賤한 사람에게 먼저 맛보게 하고 나서 그런 뒤에 尊貴한 사람에게 올리고, 약이 되는 말은 존귀한 사람에게 먼저 바치고 나서 그런 뒤에 비천한 사람에게 들려준다."

약을 먹을 적에 비천한 사람에게 맛보게 하고 나서 그런 뒤에 존귀한 사람에게 올리는 것은 敎化이고, 약이 되는 말은 존귀한 사람에게 바치고 나서 그런 뒤에 비천한 사람에게 들려주는 것은 道이다. 그러므로 남에게 음식 맛을 보게 한 다음에 먹는 자는 음식 맛을 느끼는 것이 많고, 남에게 좋은 말을 음미하게 한 다음에 좋은 말을 듣는 자는 듣는 말이 적게 된다.

이 때문에 현명한 군주는 약이 되는 말에 있어 반드시 자기가 듣고, 반드시 자기가 이해하고, 반드시 자기가 선택하고, 반드시 자기가 취하고, 반드시 자기가 모으고, 반드시 자기가 보존하고, 반드시 자기가 실행한다. 때문에 도는 여러 차례 취함으로써 분명해지고 여러 차례 실행함으로써 드러나고 여러 차례 만물에 실시함으로써 보존하게 된다. 이 때문에 도를 구하는 자는 눈으로 하지 않고 마음으로 하며, 도를 취하는 자는 손으로 하지 않고 귀로 한다.

33. 楚文王[1]有疾하야 告大夫曰 筦饒[2]犯我以義하고 違我以禮하니 與處不安하야 不見不思나 然吾有得焉하니 必以吾時爵之호리라 申侯伯은 吾所欲者를 勸我爲之하고 吾所樂者를 先我行之하니 與處則安하고 不見則思나 然吾有喪焉하니 必以吾時遣之호리라 大夫許諾하다 乃爵筦饒以大夫하고 贈申侯伯[3]而行之하다 申侯伯將之鄭한대 王曰 必戒之矣어다 而爲人也不仁이어늘 而欲得人之政하니 毋以之魯衛宋鄭하라 不聽하고 遂之鄭하야 三年而得鄭國之政이러니 五月而鄭人殺之하다

1) 楚文王 : 춘추시대 楚나라 군주로, 이름은 熊貲이다. 鄧을 滅하고 蔡나라를 토벌하여 哀侯를 사로잡았다. ≪春秋左氏傳 莊公・僖公≫・≪史記 楚世家≫
2) 筦饒 : 사람 이름으로, 행적은 미상이다.
3) 申侯伯 : ≪春秋左氏傳≫ 僖公 4년・5년・7년에는 '申侯'로 되어 있다.

楚 文王이 병이 있어서 大夫들에게 말했다.

"管饒는 義로 나를 구속하고 禮로 나를 제재하니 함께 있으면 불안하여 그를 보지

않아도 생각하지 않는다. 그러나 내가 그에게 얻는 것이 있었으니 나는 반드시 때가 되면 벼슬을 봉해주겠다.

申侯伯은 내가 원하는 것을 나에게 하도록 권하고 내가 즐거워하는 것을 나보다 먼저 행하니 함께 있으면 편안하고 보지 못하면 그리워진다. 그러나 내가 그에게 잃는 것이 있었으니 나는 반드시 때가 되면 떠나게 하겠다."

그러자 대부들이 허락하였다. 이에 관요는 대부 벼슬에 봉하고 신후백은 선물을 주어 가게 하였다. 신후백이 鄭나라로 가려고 하자 왕이 말했다.

"경계할지어다. 너의 사람됨이 仁義를 행하지 않는데 남의 정권을 얻고자 하니, 魯·衛·宋·鄭 네 나라에 가지 말라."

신후백이 따르지 않고 끝내 정나라에 가서 3년 만에 정나라의 정권을 얻었는데 5개월이 지난 뒤 정나라 사람이 그를 살해하였다.

34. 趙簡子[1]與欒激[2]遊라가 **將沈於河**하야 **曰 吾嘗好聲色矣**면 **而欒激致之**하고 **吾嘗好宮室臺榭矣**면 **而欒激爲之**하고 **吾嘗好良馬善禦矣**면 **而欒激求之**러니 **今吾好士六年矣**로되 **而欒激未嘗進一人**하니 **是進吾過而黜吾善也**로다

1) 趙簡子 : 춘추시대 晉나라의 正卿으로, 이름은 鞅, 시호는 簡, 일명 志父이다. 趙孟으로도 부른다. 范氏와 中行氏를 滅하고 국정을 장악하여 후일 趙나라를 세우는 기초를 열었다. ≪春秋左氏傳 昭公 29년·定公 12~13년≫·≪史記 趙世家≫
2) 欒激 : 전국시대 趙簡子의 佞臣으로, 이곳에 보이는 이외의 행적은 미상이다.

趙簡子가 欒激과 놀러 나갔다가 난격을 黃河에 빠뜨리려 하면서 말했다.

"내가 일찍이 음악과 여색을 좋아하면 난격이 찾아주었고, 내가 일찍이 화려한 궁실과 정자와 누각을 좋아하면 난격이 지어주었고, 내가 일찍이 좋은 말과 뛰어난 마부를 좋아하면 난격이 구해주었다. 지금은 내가 어진 인재를 좋아한 지 6년이나 되었건만 난격이 일찍이 한 사람도 추천하지 않으니, 이는 나의 잘못을 증가시키고 나의 선행은 감소시킨 것이다."

35. 或謂趙簡子曰 君何不更乎잇가 **簡子曰 諾**다 **左右曰 君未有過**어늘 **何更**이니잇고 **君曰 吾謂是諾**은 **未必有過也**나 **吾將{求}**[1]**以來諫者也**라 **今我却之**면 **是却諫者**라

諫者必止리니 我過無日矣리라

1) {求} : ≪說苑校證≫에 따라 衍文으로 처리하였다.

혹자가 趙簡子에게 말했다.

"당신은 어째서 잘못을 고치지 않습니까?"

조간자가 말했다.

"옳소."

조간자의 측근이 말했다.

"당신은 잘못한 일이 없는데 무엇을 고친단 말입니까?"

조간자가 말했다.

"내가 '옳소'라고 말한 것은, 꼭 잘못한 일이 있는 것은 아니나 나는 앞으로 이것으로 간하는 사람을 오게 하려는 것이다. 만일 내가 그의 말을 물리치면 이는 간하는 사람을 물리친 것이다. 그러면 간하려는 사람이 필시 그만두고 말 것이니, 내가 잘못을 저지르는 것은 몇 날이 걸리지 않을 것이다."

36. 韓武子[1]田할새 獸已聚矣요 田車合矣러니 傳來告曰 晉公[2]薨하니이다 武子謂欒懷子[3]曰 子亦知(君)〔吾〕[4]好田獵也니 獸已聚矣요 田車合矣니 吾可以卒獵而後弔乎아 懷子對曰 范氏[5]之亡也는 多輔而少拂(필)이니 今臣於君에 輔也요 畾[6]於君에 拂也니 君胡不問於畾也잇고 武子曰 盈而欲拂我乎아 而拂我矣어늘 何必畾哉아 遂輟田하다

1) 韓武子 : 춘추시대 晉나라 大夫이다. 晉나라에는 두 명의 韓武子가 있다. 하나는 曲沃莊伯의 아우 韓萬으로, 武公이 翼을 칠 때 禦戎이 되어 翼侯를 사로잡는 데 공을 세워 韓原에 봉해지자 韓으로 氏를 삼았다. 또 하나는 韓康子의 아들 啓章으로, 鄭나라를 쳐서 鄭 幽公을 죽였다. 여기서의 武子는 韓萬인 듯한데, 다만 欒懷子(欒盈)와의 연대가 맞지 않다. ≪春秋左氏傳 桓公 3년≫・≪潛夫論 志氏篇≫・≪資治通鑑前編 18≫
2) 晉公 : 晉 武公을 이른다. 武公은 춘추시대 曲沃莊伯의 아들로, 이름은 稱이다. 哀侯와 小子侯를 죽이고 晉侯 緡을 토벌하여 멸한 후 모든 寶器를 周나라에 뇌물로 바치자 周 釐王이 그를 晉君으로 삼아 제후가 되었다. 晉나라 국토를 모두 병합하고 처음으로 晉에 도읍하여 國號를 晉이라 하였다. ≪史記 晉世家≫
3) 欒懷子 : 춘추시대 晉나라 사람으로, 平公 때 下卿이 되었다. 范宣子의 무고로 쫓겨나

楚나라로 달아났다가 齊나라로 가 있다가 晉나라에 잠입하여 敗戰한 뒤 曲沃으로 달아났으나 滅族되었다. ≪春秋左氏傳 襄公 21년≫·≪史記 齊世家≫

4) (君)〔吾〕: 저본에는 '君'으로 되어 있으나, ≪群書拾補≫에 "楚府本에 의거하여 '吾'로 고쳤다." 하였고, ≪說苑校證≫에 "明鈔本에도 '吾'자로 썼다." 한 것에 따라 '吾'로 바로잡았다.

5) 范氏 : 춘추시대 晉나라의 大夫家이다. 뒤에 晉나라에서 반란을 일으켜 趙盟과 싸우다가 魯 哀公 5년에 멸망하였다.

6) 畾 : 사람 이름으로, 姓과 행적은 미상이다.

韓武子가 사냥할 적에 짐승을 몰아서 이미 한군데 모았고 사냥하는 수레가 이미 포위하였는데, 전령이 와서 "晉公이 죽었습니다."라고 보고하였다. 한무자가 欒懷子에게 말했다.

"내가 사냥을 좋아함은 그대도 알고 있소. 짐승을 몰아서 이미 한군데 모았고 사냥하는 수레가 이미 포위하였으니, 내가 사냥을 마치고 난 뒤에 弔問해도 괜찮겠는가?"

난회자가 대답했다.

"范氏가 망한 것은, 돕는 사람은 많고 바로잡는 사람은 적었기 때문입니다. 지금 저는 당신에 있어 돕는 사람이고, 畾는 바로잡는 사람인데 당신은 어찌 뇌에게 묻지 않습니까?"

한무자가 말했다.

"欒盈아, 너는 나를 바로잡으려는 것이냐? 네가 나를 바로잡았는데 어찌 굳이 뇌에게 묻겠느냐!"

그리고는 마침내 사냥을 중지하였다.

37. 師經鼓琴하니 魏文侯[1]起舞하야 賦曰 使我言而無見違하라 師經援琴而撞文侯한대 不中하고 中旒하야 潰之하다 文侯顧謂左右曰 爲人臣而撞其君이면 其罪如何오 左右曰 罪當烹이니이다 提師經下堂一等하니 師經曰 臣可一言而死乎잇가 文侯曰 可니라 師經曰 昔堯舜之爲君也에 唯恐言而人不違하고 桀紂之爲君也에 唯恐言而人違之하니 臣撞桀紂요 非撞吾君也니이다 文侯曰 釋之하라 是寡人之過也니 懸琴於城門하야 以爲寡人符하고 不補旒하야 以爲寡人戒하라

1) 魏文侯 : 전국시대 魏나라를 세운 군주로, 이름은 斯이다. 周 威烈王 23년에 韓・趙와 함께 晉나라를 분립하여 제후가 되고, 賢人을 예우하고 상하가 화합하여 부강한 국력을 이루는 토대를 세웠다. ≪史記 魏世家≫

樂師 經이 琴을 연주하니 魏 文侯는 일어나 춤을 추면서 이렇게 읊었다.

"내가 하는 말이 어김을 당하지 않도록 하라."

그러자 악사 경이 금을 잡아 문후를 쳤는데 맞지 않고 문후의 면류관 줄이 맞아 끊어져버렸다. 문후가 돌아보며 측근에게 말했다.

"신하가 되어 그 임금을 치면 무슨 죄에 해당하는가?"

측근이 말했다.

"그 죄는 烹刑에 해당합니다."

악사 경을 끌고 堂 아래의 한 계단을 내려가니 악사 경이 말했다.

"신이 한마디 말씀을 드리고 죽어도 되겠습니까?"

문후가 말했다.

"해도 좋다."

악사 경이 말했다.

"옛날 堯・舜이 임금이 되었을 적에는 자기가 한 말을 사람들이 어기지 않을까 봐 걱정하였고, 桀・紂가 임금이 되었을 적에는 자기가 한 말을 사람들이 어길까 봐 걱정하였습니다. 그러니 신은 걸・주를 친 것이고, 우리 임금을 친 것이 아닙니다."

문후가 말했다.

"석방하라. 이는 과인의 잘못이니, 琴은 성문 위에 걸어서 과인이 잘못을 저지른 증거로 삼고 면류관 줄은 수리하지 않고 그대로 두어서 과인이 경계하는 물건으로 삼게 하라."

38. 齊景公游於蔞[1)]라가 聞晏子卒하고 公乘輿素服하야 (驛)〔馹〕[2)]而驅之호되 自以爲遲하야 下車而趨라가 知不若車之速하고 則又乘하다 比至於國者토록 四下而趨하며 行哭而往矣하다 至하야 伏屍而號曰 子大夫日夜責寡人하야 不遺尺寸이어늘 寡人猶且淫泆而不收하야 怨罪重積於百姓이라 今天降禍於齊國호되 不加寡人而加夫子하니

齊國之社稷危矣로다 百姓將誰告矣오

1) 蔞 : '菑'로 써야 될 듯하다. ≪晏子春秋≫ 〈外篇〉에 '菑'로 썼고, 〈內篇〉에도 "景公將觀於菑上"이라 하였는데, '菑'는 '淄'의 假借字이다. 淄는 지금의 山東省에 있는 淄河이다.
2) (驛)〔騶〕 : 저본에는 '驛'으로 되어 있으나, ≪群書拾補≫에 '騶'자로 고쳤고, ≪說苑校證≫에 "宋本·明鈔本·楚府本에 모두 '騶'자로 썼다." 한 것에 따라 바로잡았다.

齊 景公이 蔞에서 놀다가 晏子가 죽었다는 소식을 들었다. 경공은 수레에 올라 소복을 입고서 역마를 바꿔가며 몰았으나 스스로 느리다 생각하여 수레에서 내려 달리다가, 달리는 것이 수레의 빠름보다 못함을 알고 다시 수레를 탔다. 國都에 이르도록 네 번이나 수레에 내려서 달려가며 한편 달리고 한편 곡을 하면서 갔다. 당도하여 안자의 시신에 엎드려 통곡하면서 말했다.

"大夫께서는 밤낮으로 과인을 경계하여 조그만 잘못도 그냥 지나치지 않았는데, 과인은 아직도 방탕하여 心身을 단속하지 않아 원망과 죄책이 백성의 마음에 많이 쌓여 있습니다. 그런데 지금 하늘이 제나라에 재앙을 내리되 과인의 몸에 끼치지 않고 선생의 몸에 끼쳤으니 제나라의 社稷이 위태롭게 되었소. 백성들이 장차 누구에게 하소연하겠소."

39. 晏子沒十有七年에 景公飮諸大夫酒하다 公射出質[1]이어늘 堂上唱善이 若出一口어늘 公作色太息하고 播弓矢하다 弦章入한대 公曰 章아 自吾失晏子로 於今十有七年이로되 未嘗聞吾過不善이러니 今射出質而唱善者 若出一口로다 弦章[2]對曰 此諸臣之不肖也하야 知不足以知君之善하고 勇不足以犯君之顔色이로소이다 然而有一焉하니 臣聞之컨대 君好之면 則臣服之하고 君嗜之면 則臣食之라호이다 夫尺蠖食黃이면 則其身黃하고 食蒼이면 則其身蒼하나니 君其猶有〈食〉[3]諂人言乎잇가 公曰 善하다 今日之言은 章爲君이요 我爲臣이로다 是時에 海人入魚어늘 公以五十乘으로 賜弦章하다 〈章〉[4]歸하니 魚乘塞塗어늘 撫其御之手하야 曰 曩之唱善者는 皆欲若魚者也라 昔者에 晏子辭賞以正君이라 故過失不掩이러니 今諸臣諂諛以干利라 故出質而唱善을 如出一口하니 今所輔於君을 未見於衆이어늘 而受若魚면 是反晏子之義하야 而順諂諛之欲也로다 固辭魚不受하다 君子曰 弦章之廉은 乃晏子之遺行也로다

1) 公射出質 : 景公이 흥을 돋우기 위하여 화살을 쐈으나 화살이 과녁을 맞히지 못하고 빗나갔다는 뜻이다. '質'은 과녁이다.
2) 弦章 : 춘추시대 齊 景公의 賢臣이다. 법관이 되어 獄訟의 판결이 적중하고, 죄가 없는 사람을 죽이지 않으며, 허물이 없는 사람을 誣告하지 않았다 한다. ≪晏子春秋 問上≫·≪呂氏春秋 勿躬≫
3) 〈食〉: 저본에는 '食'자가 없으나, ≪群書治要≫에서 ≪晏子春秋≫를 인용한 데에 "君其猶有食諂人言乎"라 한 것에 따라 보충하였다.
4) 〈章〉: 저본에는 '章'자가 없으나, ≪晏子春秋≫ 〈外篇 8〉과 ≪太平御覽≫ 권426에 '章'자 가 있어서 보충하였다.

晏子가 죽은 지 17년 뒤에 景公이 여러 대부들을 초청하여 술을 마셨다. 경공이 화살을 쐈으나 과녁을 맞히지 못하고 빗나갔는데, 堂上의 大夫들이 일제히 훌륭하다고 소리치는 말이 마치 한 사람의 입에서 나온 것 같았다. 경공은 안색을 바꾸면서 크게 탄식하고 활을 던져버렸다. 그때 弦章이 들어오자 경공이 말했다.

"현장아, 내가 안자를 잃은 이래로 지금 17년이 되었으나 일찍이 나의 잘못과 좋지 못한 일을 지적하는 말을 듣지 못했는데, 지금 화살을 쐈으나 과녁을 맞히지 못하고 빗나갔는데도, 일제히 훌륭하다고 소리치는 말이 마치 한 사람의 입에서 나오는 것과 같구나."

현장이 대답하였다.

"이는 여러 신하들이 현명하지 못하여, 그들의 知慧는 임금의 좋지 못한 일을 알기에 부족하고, 勇氣는 임금의 안색을 거스르기에 부족하기 때문입니다. 그러나 한 가지 말씀드릴 게 있습니다. 신은 들으니 '임금이 어떤 옷을 좋아하면 신하들도 그 옷을 즐겨 입고, 임금이 어떤 음식을 즐기면 신하들도 그 음식을 즐겨 먹는다.' 합니다. 자벌레가 노란 걸 먹으면 그 몸이 노랗게 되고, 파란 걸 먹으면 그 몸이 파랗게 되니, 임금께서는 그래도 아첨하는 사람의 말을 좋아하시겠습니까?"

경공이 말했다.

"훌륭하다. 오늘 나눈 말은, 너 현장은 임금이 되어 말하고 나는 신하가 되어 듣는 처지인 것 같구나!"

이때에 바닷가의 漁夫가 생선을 바치자 경공이 50수레의 생선을 현장에게 주었다. 현장이 집에 돌아오니 생선을 실은 수레가 길을 가득 메우고 오자 마부의 손을 만지면서 말했다.

"방금 훌륭하다고 소리친 자는 모두 이 어부처럼 하려는 자들이다. 옛날 안자는 주는 상을 거절하여 임금의 잘못을 바로잡았기 때문에 자기의 잘못을 숨기지 못하였다. 지금 여러 신하는 아첨하여 이익을 구하기 때문에 공의 화살이 과녁을 맞히지 못하고 빗나갔건만 마치 한 사람의 입에서 나온 것처럼 일제히 훌륭하다고 소리친 것이다. 지금 나는 임금을 보좌하는 일을 대중 앞에서 드러내지 못하였는데, 이 생선을 받으면 이는 안자의 의리를 위반하여 아첨하는 무리의 욕망을 따르는 것이다."

그리고는 굳이 생선을 사양하고 받지 않았다. 君子는 論評하였다.

"현장의 淸廉한 행위는 바로 안자가 남긴 德行이다."

40. 夫天之生人也는 蓋非以爲君也요 天之立君也는 蓋非以爲位也라 夫爲人君하야 行其私欲而不顧其人이면 是不承天意하고 忘其位之所以宜事也라 如此者는 春秋不予能君하고 而夷狄之하니 鄭伯惡一人하야 而兼棄其師[1)]라 故有夷狄不君之辭하니라 人主不以此自省하야 惟旣以失實이면 心奚因知之리오 故曰 有國者는 不可以不學春秋[2)]라하니 此之謂也[3)]니라

1) 鄭伯惡一人 而兼棄其師 : 鄭伯은 鄭 文公이고, 一人은 鄭나라 大夫 高克이다. 鄭 文公이 고극을 미워하여 군대를 거느리고 河上에 주둔하여 狄을 막게 하고는 오랫동안 부르지 않으니 군사들이 흩어져 돌아가자 고극은 陳나라로 달아났다. 이 일을 詩人이 〈淸人〉이라는 시를 지어 기롱하였다. ≪春秋左氏傳 閔公 2년≫·≪詩經 鄭風 淸人≫
2) 有國者 不可以不學春秋 : 이 말은 본래 子夏의 말로, ≪春秋繁露≫ 〈兪序〉에 보인다. ≪史記≫ 〈太史公自序〉에도 보이는데 다만 '學'자가 '知'자로 되어 있다.
3) 夫天之生人也……此之謂也 : 이 章은 저본에 위의 章과 이어져 있었으나, ≪群書拾補≫에서 宋本·元本에 의하여 別章으로 교정한 것을 따라 章을 달리하였다.

하늘이 백성을 탄생한 것은 임금을 위한 것이 아니고, 하늘이 임금을 세운 것은 임금의 地位를 위한 것이 아니다. 임금이 되어 개인의 私慾만 행하고 백성은 돌보지 않으면 이는 하늘의 뜻을 받들지 않고 임금의 지위에서 당연히 해야 할 일을 잊은 것이다.

이와 같은 사람은 ≪春秋≫에서 賢能한 임금이라 인정치 않고 夷狄으로 간주하였으니, 鄭伯이 한 사람을 미워하여 그의 군대까지 아울러 버렸기 때문에 "이적으로 간주하

고 임금으로 인정하지 않는다."는 말이 있게 된 것이다. 임금이 이것으로 자신을 반성하지 아니하여, 行爲가 이미 하늘이 임금을 세운 실정을 잃으면 그의 마음은 무엇에 의하여 자기가 해야 할 일을 알겠는가?

이 때문에 "나라를 소유한 사람은 ≪春秋≫를 배우지 않으면 안 된다."라 하였으니, 이런 경우를 이른 말이다.

41. 齊人弑其君[1)]한대 魯襄公援戈而起하야 曰 孰臣而敢殺其君乎아 師懼[2)]曰 夫齊君治之不能하고 任之不肖하며 縱一人之欲하야 以虐萬夫之性하니 非所以立君也니이다 其身死는 自取之也어늘 今君不愛萬夫之命하시고 而傷一人之死하시니 奚其過也잇고 其臣已無道矣니 其君亦不足惜也니이다

1) 齊人弑其君 : 齊나라 大夫 崔杼가 그의 임금 齊 莊公을 시해한 일이다. 장공이 최저의 아내 棠姜과 음란한 짓을 하다가 최저에게 시해당하였다. ≪春秋左氏傳 宣公 10년·成公 17년·襄公 25년≫
2) 師懼 : 魯나라의 樂師로, 이름은 懼이다.

齊나라 사람이 그 임금을 시해하자 魯 襄公이 창을 잡고 일어서며 말했다.

"어떻게 신하가 감히 자기의 임금을 시해하는가?"

師懼가 말했다.

"저 제나라 임금은 나라를 잘 다스리지 못하고 어질지 못한 사람을 관리로 임용하며 자기 한 사람의 욕망만 멋대로 채워 萬民의 생명을 학대하였으니 임금을 세운 뜻이 아닙니다. 그가 죽은 것은 스스로 취한 것인데, 지금 임금께서 많은 백성의 목숨은 아끼지 않으시고 한 사람의 죽음만 슬퍼하시니, 어찌 이다지도 지나치십니까? 그 나라의 신하가 이미 無道하니 그 임금도 애석할 것이 없습니다."

42. 孔子曰 文王似元年이요 武王似春王이요 周公似正月[1)]이라 文王以王季[2)]爲父하시고 以太任[3)]爲母하시며 以太姒[4)]爲妃하시고 以武王周公爲子하시며 以泰顚閎夭[5)]爲臣하시니 其本美矣라 武王正其身以正其國하시고 正其國以正天下하사 伐無道하시고 刑有罪하사 一動而天下正하시니 其事正矣라 春致其時하야 萬物皆及生하고 君致其

道하야 **萬人皆及治**하나니 **周公戴己**[6)]하사 **而天下順之**하니 **其誠至矣**로다

1) 文王似元年……周公似正月 : 모두 처음 시작한다는 뜻이다. 이 세 구절은 ≪春秋≫의 첫머리에 나오는 "元年春王正月"을 演變하여 말한 것이다. 文王은 王業의 기초를 놓았고, 武王은 王業을 이루어 정식으로 王이 되었고, 周公은 王政을 보좌하여 周의 제도를 創始했다 하여 이른 말이다. 元年은 魯 隱公 원년을, 春王은 봄철의 周나라 王曆을, 正月은 만물이 싹트는 뜻을 비유한 것이다.
2) 王季 : 周 太王의 막내아들이자, 文王의 아버지로, 이름은 季歷이다. 형 泰伯과 虞仲이 계력에게 讓位하기 위해 荊蠻으로 피신하므로 태왕의 뒤를 이어 문왕에게 傳位하였다. 武王이 周 王朝를 세운 뒤 王季로 추존하였다. ≪史記 周本紀≫
3) 太任 : 王季의 아내이자, 文王의 어머니로, 姓은 任이다. 摯나라 군주의 仲女이다. ≪詩經 大雅 大明≫ · ≪古列女傳 周室三母≫
4) 太姒 : 周 文王의 아내이자, 武王의 어머니로, 姓은 姒이다. 莘나라 군주의 딸이다. 內治를 잘하여 風化가 크게 일어났다. ≪詩經 大雅 思齊≫ · ≪古列女傳 周室三母≫
5) 泰顚閎夭 : 둘 다 周나라 초기의 賢臣이다. 虢叔 · 散宜生 · 南宮括 등과 함께 앞에는 文王을 보좌하였고, 뒤에는 武王을 보필하였다. ≪書經 周書 君奭≫ · ≪墨子 尙賢 上≫
6) 周公戴己 : 戴己는 직접 힘써 敎化를 행한다는 말이다. '戴'는 '載'와 통용으로, '行하다'의 뜻이다. ≪孔子家語≫ 〈致思〉에는 "周公이 몸소 교화를 힘써 행하다.〔周公載己行化〕"로 되어 있다.

孔子께서 말씀하셨다.

"文王은 元年과 같고, 武王은 春王과 같으며, 周公은 正月과 같다. 문왕은 王季를 아버지로 삼으셨고, 太任을 어머니로 삼으셨고, 太姒를 왕비로 삼으셨고, 무왕과 주공을 아들로 삼으셨으며, 泰顚과 閎夭를 신하로 삼으셨으니, 그 근본이 아주 좋았다.

무왕은 자기의 몸을 바르게 修行한 뒤에 나라를 바르게 다스리시고, 나라를 바르게 다스린 뒤에 천하를 바르게 통치하시어 무도한 사람을 토벌하시고 죄 있는 사람을 형벌하시어 한 번 움직여 천하를 바로잡으셨으니, 그 일이 正大하다.

봄은 봄의 時候를 다하여 萬物이 모두 생장하고, 임금은 자기의 道德을 다하여 萬民이 모두 다스려진다. 주공은 자신이 敎化를 힘껏 행하시어 천하 사람들이 순종하였으니 그의 誠意가 지극하다."

43. **尊君卑臣者**는 **以勢使之也**니 **夫勢失則權傾**이라 **故天子失道**면 **則諸侯尊矣**요 **諸侯失政**이면 **則大夫起矣**요 **大夫失官**이면 **則庶人興矣**라 **由是觀之**컨대 **上不失而下得**

者는 **未嘗有也**니라

임금은 尊貴하고 신하는 낮은 것은, 權勢가 그렇게 만든 것이니, 권세를 잃으면 權力을 잃게 된다. 그러므로 천자가 통치하는 正道를 잃으면 諸侯가 존귀해지고, 제후가 정치하는 권위를 잃으면 大夫가 일어나고, 대부가 벼슬을 잃으면 庶人이 興起한다. 이에 근거하여 살펴보면, 윗사람이 직분을 잃지 않았는데 아랫사람이 그것을 얻는 것은 일찍이 있지 않았다.

44. **孔子曰 夏道不亡**이면 **商德不作**이요 **商德不亡**이면 **周德不作**이요 **周德不亡**이면 **春秋不作**이니 **春秋作而後**에 **君子知周道亡也**라하시니 **故上下相虧也 猶水火之相滅也**라 **人君不可不察**이니 **而大盛其臣下**면 **此私門盛而公家毁也**라 **人君不察焉**이면 **則國家危殆矣**니라 **管子曰 權不兩錯**(조)요 **政不二門**[1)]이라하니 **故曰 脛大於股者**는 **難以步**요 **指大於臂者**는 **難以把**[2)]라하니 **本小末大**면 **不能相使也**니라

1) 孔子曰……政不二門 : ≪管子≫ 〈明法〉에 보인다. 단, '權'은 '威'로 되었고, '錯'는 '措'와 통용이다.
2) 脛大於股者……難以把 : ≪戰國策≫ 〈秦策〉에서 "應侯가 '臣은 일찍이 들으니 손가락이 팔보다 굵고 팔이 다리보다 굵은 경우는 없으니, 만일 이런 현상이 있으면 반드시 병이 심합니다.' 하였다.〔應侯曰 臣未嘗聞指大於臂 臂大於股 若有此 則病必甚矣〕" 한 데서 온 말이다.

孔子께서 말씀하셨다.

"夏나라의 통치하는 道가 망하지 않았으면 商나라의 통치하는 德이 일어나지 않았고, 상나라의 통치하는 덕이 망하지 않았으면 周나라의 통치하는 덕이 일어나지 않았고, 주나라의 통치하는 덕이 망하지 않았으면 ≪春秋≫를 짓지 않았을 것이다. ≪춘추≫를 짓고 난 뒤에 君子가 주나라의 통치하는 도가 망했음을 알게 되었다."

그러므로 윗사람과 아랫사람이 서로 손상시키는 일이, 마치 물과 불이 서로 소멸시키는 것과 같다. 임금은 이를 살피지 않으면 안 되니, 신하를 성대해지게 하면 이는 개인의 세력이 강대해져서 국가가 무너지니, 임금이 밝게 살피지 않으면 국가가 위태롭게 된다. 管子는 말했다.

"權力은 두 사람이 가지면 안 되고, 政治는 두 집에서 나오면 안 된다."

그러므로 "종아리가 허벅지보다 크면 걷기 어렵고, 손가락이 팔보다 크면 물건을 잡기 어렵다." 하였으니, 뿌리가 작고 지엽이 크면 서로 사용하지 못하는 것이다.

45. 司城子罕[1]相宋할새 謂宋君曰 國家之危定과 百姓之治亂은 在君(行之)〔之行〕[2]賞罰也니이다 賞當則賢人勸하고 罰得則姦人止어니와 賞罰不當하면 則賢人不勸하고 姦人不止니이다 姦邪比周[3]하야 欺上蔽主하고 以爭爵祿하나니 不可不愼也니이다 夫賞賜讓與者는 人之所好也니 君自行之하시고 刑罰殺戮者는 人之所惡也니 臣請當之호리이다 君曰 善하다 子主其惡하고 寡人行其善이면 吾知不爲諸侯笑矣로라 於是에 宋君行賞賜하고 而與子罕刑罰하니 國人知刑戮之威 專在子罕也하야 大臣親之하고 百姓附之러라 居期年에 子罕逐其君而專其政하니 故曰 無弱君而彊大夫라하고 老子曰 魚不可脫於淵이요 國之利器는 不可以借人[4]이라하니 此之謂也니라

1) 司城子罕 : 司城은 벼슬 이름으로, 곧 司空이다. 춘추시대 宋나라는 武公의 이름 司空을 피하여 司城으로 고쳤다. 子罕은 宋나라에 두 명의 子罕이 있었는데 하나는 춘추시대 賢臣이었던 樂喜이고, 하나는 전국시대 宋君을 축출하여 시해한 皇喜인데, 이곳의 자한은 바로 皇喜이다. ≪史記 鄒陽傳≫·≪韓非子 二柄≫
2) (行之)〔之行〕 : 저본에는 '行之'로 되어 있으나, ≪說苑校證≫에 ≪韓詩外傳≫ 권7의 '在君之行'을 따라 바로잡았기에, 이에 따라 '之行'으로 바로잡았다.
3) 比周 : 徒黨을 결성하여 사사로운 이익을 도모한다는 뜻이다. ≪管子 立政≫·≪春秋繁露 五行相勝≫
4) 老子曰……不可以借人 : ≪老子≫ 36장에 보인다.

司城 子罕이 宋나라의 재상 노릇을 할 때 宋君에게 말했다.

"국가의 安危와 백성의 治亂은 임금이 賞과 罰을 시행하는 데에 달려 있습니다. 상을 합당하게 주면 어진 이는 더욱 힘쓰고, 벌을 합당하게 주면 간사한 사람이 그치게 됩니다. 상과 벌을 합당하게 주지 않으면 어진 이는 힘쓰지 않고 간사한 사람이 그치지 않습니다. 간사한 사람이 徒黨을 결성하여 윗사람을 속이며 임금의 총명을 막아 가리고 벼슬과 녹봉을 다투는 것이니, 신중하지 않으면 안 됩니다. 상을 주고 선물을 주는 일은 사람들이 좋아하니 임금께서 직접 시행하시고, 형벌하고 죽이는 일은 사람들이 싫어하니 신이 담당하겠습니다."

송군이 말했다.

"훌륭하다. 그대는 나쁜 일을 주관하고 과인은 좋은 일을 시행하면, 제후들의 웃음거리가 되지 않을 것임을 안다."

이리하여 송군은 상 주는 일을 시행하고 자한에게 형벌하는 권한을 주었다. 백성들은 형벌하고 죽이는 권력이 전적으로 자한에게 있음을 알아, 大臣은 그를 친근히 하고 백성은 그에게 빌붙었다. 1년이 지나자 자한은 자기의 임금을 축출하고 정권을 독점하였다.

그 때문에 "임금을 약화시켜서 大夫를 강성하게 하지 말라."는 것이고, 老子는 "물고기는 연못을 벗어나면 안 되고, 나라를 다스리는 편리한 기구는 남에게 빌려주면 안 된다." 하였으니, 이런 일을 이른 말이다.

卷2 臣術　신하 노릇하는 방법

이 篇은 신하 노릇하는 방법에 대해 각종 故事와 君臣間의 문답을 정리하여 提示하였다. 먼저 신하 된 사람이 추구해야 할 원칙인 六正과 행해서는 안 되는 六邪를 구체적으로 標榜하였다. 신하가 되면 국가에 유익하고 임금을 補助하는 도리를 闡明하고, 자기의 思想을 가지고 進賢과 讓賢의 德이 중요함을 提示하였다. 또한 자신의 독립적 인격을 지켜 임금의 부속물이 되지 않아야 됨을 강조하였다. 忠臣과 賊臣의 행위를 기술하여 '順'과 '柔', '忠'과 '亂'의 표준을 구별하고, 諫·諍·輔·弼의 준칙을 명확히 제시하였다. 이는 ≪荀子≫ 〈臣道〉의 영향을 받아 한층 발전시킨 論述이라 할 수 있다.

01. 人臣之術은 順從而復命하야 無所敢專이니 義不苟合하고 位不苟尊호되 必有益於國하고 必有補於君이라 故其身尊而子孫保之하나니라 故人臣之行은 有六正六邪하니 行六正則榮하고 犯六邪則辱이니 夫榮辱者는 禍福之門也라 何謂六正六邪오

臣下 노릇하는 방법은, 順從하여 맡았던 일의 결과를 보고하며 자기 마음대로 결정하여 단행하지 않고, 義理를 지켜 구차히 영합하지 않으며 地位에 있으면서 구차히 尊大해지지 않아서, 반드시 나라에 도움이 있으며 반드시 임금에게 도움이 있어야 한다. 그러므로 그의 몸은 높아지고 자손은 보존된다.

그 때문에 신하의 행위에 六正과 六邪가 있으니, 육정을 행하면 영화롭게 되고, 육사를 범하면 치욕스럽게 된다. 영화와 치욕은 행복과 재앙이 오는 문이다. 무엇을 육정과 육사라 하는가?

六正者는 一曰 萌芽未動하고 形兆未見(현)이나 昭然獨見存亡之幾와 得失之要하야 預禁乎(不)〔未〕[1]然之前하야 使主超然立乎顯榮之處면 天下稱孝[2]焉하나니 如此者는 聖臣也요 二曰 虛心白意하야 進善通道하야 勉主以禮誼하고 諭主以長策하야

將順其美하며 匡救其惡하야 功成事立이어든 歸善於君하고 不敢獨伐其勞니 如此者는 良臣也요 三曰 卑身賤體하야 夙興夜寐하고 進賢不解하며 數(삭)稱於往古之德行事하야 以厲主意면 庶幾有益하야 以安國家社稷宗廟니 如此者는 忠臣也요 四曰 明察幽하며 見成敗[3]하야 早防而救之하고 引而復之하야 塞其間하고 絶其源하야 轉禍以爲福하야 使君終以無憂니 如此者는 智臣也요 五曰 守文奉法하야 任官職事하고 辭祿讓賜하며 不受贈遺하고 衣服端齊하며 飮食節儉이니 如此者는 貞臣也요 六曰 國家昏亂하야 所爲不道어든 然而敢犯主之〈嚴〉[4]顔하고 面言主之過失하야 不辭其誅하고 身死國安이면 不悔所行이니 如此者는 直臣也니 是爲六正也니라

1) (不)〔未〕: 저본에는 '不'로 되어 있으나, ≪群書治要≫·≪貞觀政要≫〈擇官〉·≪長短經≫〈臣行〉에 모두 '未'자로 썼다는 ≪說苑校證≫에 따라 '未'로 바로잡았다.
2) 孝 : 諸侯의 孝를 말한다. ≪孝經≫에 "社稷을 잘 보존하여 백성을 화락하게 해야 하니 제후의 효이다.〔能保其社稷 而和其民人 蓋諸侯之孝也〕"라 하였다.
3) 成敗 : 일반적으로 해석하면 성공과 실패이다. 그러나 여기서는 실패의 뜻만 취한 것으로, 成은 의미 없이 따라 쓴 글자이다.
4) 〈嚴〉: 저본에는 '嚴'이 없으나, ≪群書治要≫·≪貞觀政要≫〈擇官〉·≪長短經≫〈臣行〉에 의거하여 보충하였다.

六正은 다음과 같다. 첫째, 일이 아직 싹트지 않고 형체와 조짐이 드러나지 않았을 때, 홀로 存亡의 징후와 得失의 요체를 밝게 알아서 일이 아직 그렇게 되기 전에 미리 방지하여, 임금을 顯榮한 자리에 높게 있게 하여 천하 사람들이 孝라고 칭찬하게 하니, 이와 같은 사람은 聖臣이다.

둘째, 마음을 비우고 가슴이 넓고 밝아 善言을 올리고 道義에 통하여 임금을 예의로 권면하고 좋은 정책으로 권유하여, 그의 아름다운 덕은 받들어 따르고 그의 나쁜 행위는 바로잡아, 事功이 이루어지면 좋은 공은 임금에게 돌리고 감히 자기만의 공로로 자랑하지 않으니, 이와 같은 사람은 良臣이다.

셋째, 자신의 몸을 낮추고 미천하게 처신하여 일찍 일어나고 밤늦게 잠을 자면서 일하고 어진 이 천거하기를 게을리 하지 않으며, 옛 성현이 행한 일을 자주 칭송하여 임금의 마음을 격려하면 거의 도움되는 희망이 있어 國家·社稷·宗廟를 안정시킬 것이니, 이와 같은 사람은 忠臣이다.

넷째, 드러나지 않은 은미한 일을 밝게 살펴 실패를 예견하고 일찌감치 방지하여 구하고 인도하여 정상으로 회복해서, 좋지 못한 틈을 막고 화난의 근원을 끊음으로서 화난을 바꾸어 복이 되게 하여 임금이 끝까지 근심이 없도록 하니, 이와 같은 사람은 智臣이다.

다섯째, 예의를 지키고 법도를 奉行하여 맡은 직무를 잘 감당하고 많은 녹봉과 하사하는 상을 사양하며 남이 주는 물건을 받지 않고 의복을 단정히 하며 음식을 검소하게 하니, 이와 같은 사람은 貞臣이다.

여섯째, 국가가 혼란하여 임금의 행위가 도에 맞지 않거든, 감히 임금의 지엄한 얼굴을 거스르고 정면에서 임금의 잘못을 지적해 말하여 誅殺을 피하지 않고 죽더라도 나라가 안정되면 〈자기의〉 행위를 뉘우치지 않으니, 이와 같은 사람은 直臣이다. 이를 六正이라 한다.

六邪者는 一曰 安官貪祿하야 營於私家하고 不務公事하야 懷其智하고 藏其能하야 主飢於論하고 渴於策호되 猶不肯盡節하며 容容乎與世沈浮上下하야 左右觀望이니 如此者는 具臣[1]也요 二曰 主所言을 皆曰善하고 主所爲를 皆曰可하야 隱而求主之所好하야 卽進之以快主〈之〉[2]耳目하고 偸合苟容하야 與主爲樂하며 不顧其後害니 如此者는 諛臣也요 三曰 中實頗險호되 外容貌小謹하야 巧言令色하며 又心嫉賢하야 所欲進이면 則明其美而隱其惡하고 所欲退면 則明其過而匿其美하야 使主妄行過任하야 賞罰不當하고 號令不行이니 如此者는 姦臣也요 四曰 智足以飾非하고 辯足以行說하야 反言易辭하야 而成文章하야 內離骨肉之親하고 外妬亂朝廷이니 如此者는 讒臣也요 五曰 專權擅勢하야 持(招)〔抔〕[3]國事以爲輕重하고 {於}[4]私門成黨以富其家하며 又復增加威勢하고 擅矯主命하야 以自貴顯이니 如此者는 賊臣也요 六曰 諂(言)〔主〕[5]以邪하야 墜主不義하고 朋黨比周하야 以蔽主明하며 入則辯言好辭하고 出則更復異其言語하야 使白黑無別하고 是非無間하며 伺候可推하야 (而因)〔因而〕[6]附然하야 使主惡布於境內하고 聞於四隣이니 如此者는 亡國之臣也니 是謂六邪니라

1) 具臣 : 벼슬자리의 숫자만 채우고 있는 신하를 가리킨다. ≪論語≫ 〈先進〉에 "지금 由(子路)와 求(冉求)는 숫자만 채운 신하라고 이를 만하다.〔今由與求也 可謂具臣矣〕"라

하였다.

2) 〈之〉 : 저본에는 '之'가 없으나, ≪群書治要≫ · ≪貞觀政要≫ 〈擇官〉 · ≪長短經≫ 〈臣行〉에 의거하여 보충하였다.

3) (招)〈抔〉 : 저본에는 '招'로 되어 있으나, ≪群書拾補≫에 "宋本 · 楚府本에 '抔'자로 썼다." 하였고, ≪說苑校證≫에 "明鈔本에도 '抔'자로 썼다." 한 것에 따라 '抔'로 바로잡았다.

4) {於} : ≪群書治要≫ · ≪貞觀政要≫ · ≪長短經≫에 의거하여 衍文으로 처리하였다.

5) (言)〔主〕 : 저본에는 '言'으로 되어 있으나, ≪群書治要≫ · ≪貞觀政要≫ · ≪長短經≫에 의거하여 '主'로 바로잡았다.

6) (而因)〔因而〕 : 저본에는 '而因'으로 되어 있으나, ≪群書拾補≫에 "宋本 · 元本을 따라 바로잡았다." 하였고, ≪說苑校證≫에 "明鈔本 · 楚府本에도 '因而'로 되어 있어서 盧氏의 교정을 따랐다." 한 것에 따라 '因而'로 바로잡았다.

六邪는 다음과 같다. 첫째, 벼슬에 안주하며 녹봉을 탐하여 자기 개인만을 도모하고 公務는 힘쓰지 아니하여 자기의 지혜를 숨기고 재능을 감춰, 임금은 政論에 굶주리고 政策에 목말라 하되 오히려 절의를 다하려 하지 않고 여러 사람과 附和하여 세상 따라 오르내리면서 이리저리 관망하니, 이와 같은 사람은 具臣이다.

둘째, 임금이 하는 말을 모두 좋다고 하고 임금이 하는 일을 모두 옳다고 하여, 암암리에 임금이 좋아하는 것을 찾아 즉시 바쳐서 임금의 耳目을 즐겁게 하면서 구차하게 영합하고, 세상에 용납받기를 취하여 임금과 함께 즐겁게 지내며 뒤에 올 폐해는 고려하지 않으니, 이와 같은 사람은 諛臣이다.

셋째, 마음에는 사악하고 不正한 생각이 가득 찼으나 겉모습은 소심하고 삼가서 듣기 좋은 말과 아첨하는 안색을 지으며, 또 마음에 어진 이를 질투하여 자기가 추천하려는 사람이면 그의 좋은 점은 드러내고 나쁜 점은 숨기며, 배제하려는 사람이면 그의 잘못은 드러내고 좋은 점은 숨겨서, 임금이 함부로 행동하고 잘못 임명하여 賞罰이 실제에 맞지 않고 號令이 제대로 시행되지 못하게 하니, 이와 같은 사람은 姦臣이다.

넷째, 智慧는 잘못한 일을 덮어서 그럴듯하게 꾸밀 만하고 口辯은 남에게 遊說를 펼칠 만하여 말을 여러 가지로 바꾸며 甘言利說로 화려하게 하여, 안으로는 骨肉間의 친한 정의를 이간하고 밖으로는 조정 사람을 질투하여 혼란하게 하니, 이와 같은 사람은 讒臣이다.

다섯째, 제멋대로 권세를 독점하여 國家의 政事를 장악해 좌지우지하고 개인적인 派

黨을 만들어 자기 집을 부유하게 하며, 또다시 자기의 위세를 증강시키고 임금의 명령을 멋대로 속여서 스스로 顯貴하게 하니, 이와 같은 사람은 賊臣이다.

여섯째, 아첨하는 말로 간사한 짓을 하여 임금을 不義에 떨어뜨리고, 小人들과 朋黨을 지어 임금의 聰明을 가리며, 조정에 들어와서는 감언이설을 하고 조정을 나가서는 다시 앞에서 한 말을 바꾸어 黑白을 분별하지 못하고 是非를 분간하지 못하게 하며, 시기를 틈타 자기의 책임을 벗고 다시 기회를 이용하여 다른 세력에 빌붙어 임금의 악행이 나라 안에 퍼지고 사방의 이웃 나라에 전파되게 하니, 이와 같은 사람은 亡國之臣이다. 이를 六邪라 이른다.

賢臣處六正之道하야 **不行六邪之術**이라 **故上安而下治**하야 **生則見樂**하고 **死則見思**하나니 **此人臣之術也**니라

賢臣은 六正의 도리로 처신하여 六邪의 나쁜 방법은 시행하지 않는다. 그러므로 위의 임금은 편안하고 아래의 백성은 잘 다스려져서, 살아서는 백성들이 즐거워하는 것을 보고 죽어서는 백성들이 사모함을 보게 되는 것이니, 이것이 신하 노릇하는 방법이다.

02. **湯問伊尹曰 三公九卿大夫列士**는 **其相去何如**오 **伊尹對曰 三公者**는 **知通於大道**하고 **應變而不窮**하야 **辯於萬物之情**하고 **通於天道者也**니이다 **其言足以調陰陽**하고 **正四時**하며 **節風雨**하나니 **如是者**는 **擧以爲三公**이라 **故三公之事**는 **常在於道也**니이다 **九卿者**는 **不失四時**하야 **通{於}**[1]**溝渠**하고 **修隄防**하며 **樹五穀**하야 **通於地理者也**니이다 **能通不能通**하고 **能利不能利**하나니 **如此者**는 **擧以爲九卿**이라 **故九卿之事**는 **常在於德也**니이다 **大夫者**는 **出入**을 **與民同衆**하고 **取去**를 **與民同利**하야 **通於人事**하고 **行猶擧繩**하야 **不傷於言**하고 **言(之)〔足法〕**[2]**於世**하야 **不害於身**이라 **通於關梁**하며 **實於府庫**하나니 **如是者**는 **擧以爲大夫**라 **故大夫之事**는 **常在於仁也**니이다 **列士者**는 **知義而不失其心**하고 **事功而不獨專其賞**하며 **忠政**[3]**彊諫**하야 **而無有姦詐**하고 **去私立公**하야 **而言有法度**하나니 **如是者**는 **擧以爲列士**라 **故列士之事**는 **常在於義也**니이다 **故道德仁義定**하야 **而天下正**하나니 **凡此四者**는 **明王臣而不臣**하나니이다 **湯曰 何謂臣而不臣**고 **伊尹對曰 君之所不名臣者四**니 **諸父**는 **臣而不名**하고 **諸兄**은 **臣而不名**하고 **先王**

之臣은 臣而不名하고 盛德之士는 臣而不名이니 是謂大順也이니이다

1) {於} : ≪說苑校證≫의 "文例로 보아 '於'자가 있어서는 안 되고, ≪北堂書鈔≫ 권59의 두 차례 인용문에도 '於'자가 없어 삭제하였다."는 주장에 따라 衍文으로 처리하였다.
2) (之)〔足法〕: 저본에는 '之'로 되어 있으나, ≪說苑校證≫에 "孔本 ≪北堂書鈔≫ 권56에 '言足法於世'로 인용하였고, ≪帝王世紀≫에 같이 되어 있어서 바로잡았다." 한 것에 따라 '足法'으로 바로잡았다.
3) 政 : 正直의 뜻으로, '正'과 통용한다.

湯王이 伊尹에게 물었다.

"三公・九卿・大夫・列士는 어떤 구별이 있소?"

伊尹이 대답하였다.

"三公이 되는 사람은 지혜가 나라를 다스리는 큰 도리에 통하고 무궁한 변화에 순응하여 만물의 실정을 분변하고 天道에 통달해야 합니다. 그의 말은 陰陽의 변화를 조절하고 네 季節을 바로잡으며 風雨를 절제할 수가 있으니, 이와 같은 사람은 추천하여 삼공으로 삼아야 합니다. 그러므로 삼공의 일은 항상 天道를 파악하는 데 있습니다.

九卿이 되는 사람은 네 계절의 변화를 어기지 아니하여 하천을 소통시키고 제방을 수축하며 오곡을 심어서 地理에 통달해야 합니다. 남이 소통시키지 못하는 것을 소통시키고 남이 이롭게 하지 못하는 것을 이롭게 하니, 이와 같은 사람은 추천하여 구경으로 삼아야 합니다. 그러므로 구경의 일은 항상 덕을 베푸는 데 있습니다.

大夫가 되는 사람은 出入에 백성과 함께 어울리고 取捨를 백성과 이익을 같이하여 人情과 事理에 통달하고 행위는 자로 잰 듯 법도에 맞아, 하는 말에 해가 되지 않고 한 말은 세상 사람들에게 법이 될 만하여 자신을 해치지 않습니다. 관문과 다리를 놓아 통행하게 하며 창고를 가득 채워야 하니, 이와 같은 사람은 추천하여 대부로 삼아야 합니다. 그러므로 대부의 일은 항상 仁政을 펴는 데 있습니다.

列士가 되는 사람은 道義를 알아서 자기의 본심을 잃지 않고 일한 공로가 있어도 자기만 賞을 독점하지 않으며, 忠誠과 正直으로 힘써 諫하여 간사한 행위가 없고 사사로움을 버리고 公平함을 세워 말에 법도가 있으니, 이와 같은 사람은 추천하여 열사로 삼아야 합니다. 그러므로 열사의 일은 항상 道義를 행하는 데 있습니다.

때문에 道德仁義가 확정되어 천하가 바르게 다스려지니, 이 네 종류의 사람은 현명

한 임금이 신하이지만 신하로 대하지 않습니다."

탕왕이 말했다.

"어찌하여 신하이지만 신하로 이르지 않는 것이오?"

이윤이 대답하였다.

"임금이 신하로 부르지 않는 네 종류의 사람이 있습니다. 諸父(伯父・叔父 등)는 신하지만 신하로 부르지 않고, 여러 兄은 신하지만 신하로 부르지 않고, 先王의 신하는 신하지만 신하로 부르지 않으며, 德이 훌륭한 사람은 신하지만 신하로 부르지 않으니, 이를 대단히 올바른 도리〔大順〕라고 하는 것입니다."

03. 湯問伊尹曰 古者所以立三公九卿大夫列士者는 何也오 伊尹對曰 三公者는 所以參(五)〔王〕[1]事也요 九卿者는 所以參三公也요 大夫者는 所以參九卿也요 列士者는 所以參大夫也라 故參而有參하니 是謂事宗이라 事宗不失이라야 外內若一이니이다

1) (五)〔王〕: 저본에는 '五'로 되어 있으나, ≪群書拾補≫에 의거하여 '王'으로 바로잡았다.

湯王이 伊尹에게 물었다.

"고대에 三公・九卿・大夫・列士를 둔 것은 무슨 까닭이오?"

이윤이 대답하였다.

"삼공은 왕의 일에 참여하고, 구경은 삼공의 일에 참여하고, 대부는 구경의 일에 참여하며, 열사는 대부의 일에 참여합니다. 그러므로 참여하는 사람 중에 또 참여하는 사람이 있으니, 이를 일을 하는 근본이라 이릅니다. 일을 하는 근본을 잃지 않아야 朝廷의 內外가 하나처럼 됩니다.

04. 子貢[1]問孔子曰 今之人臣에 孰爲賢이니잇고 孔子曰 吾未識也로라 往者에 齊有鮑叔[2]하고 鄭有子皮[3]하니 賢者也니라 子貢曰 然則齊無筦仲하고 鄭無子產[4]乎잇가 子曰 賜야 汝徒知其一이요 不知其二로다 汝聞進賢爲賢耶아 用力爲賢耶아 子貢曰 進賢爲賢이니이다 子曰 然하다 吾聞鮑叔之進筦仲也요 聞子皮之進子產也어니와 未聞筦仲子產이 有所進也호라

1) 子貢 : 춘추시대 衛나라 사람이다. 孔子의 제자로, 姓은 端木, 이름은 賜이고, 子貢은 字이다. '貢'은 본래 '贛'으로 썼다. 言辯에 능하고 商術에 밝아 많은 재물을 모았으며, 魯나라와 衛나라의 재상을 지냈다. ≪論語 學而≫ · ≪史記 仲尼弟子列傳≫
2) 鮑叔 : 춘추시대 齊나라 大夫이다. 주로 鮑叔牙라고 한다. 젊어서부터 管仲과 친하여 함께 장사하면서 관중이 가난함을 알아 남긴 이익을 더 많이 주었고, 公子 糾를 섬기던 관중이 갇혔을 때 桓公에게 추천하여 재상이 되게 하여 환공이 霸業을 이루게 하였다. 세상 사람들이 이 두 사람의 돈독한 友誼를 기려 管鮑之交라 하였다. ≪春秋左氏傳 莊公 8·9년, 昭公 13년≫ · ≪史記 齊世家≫
3) 子皮 : 춘추시대 鄭나라 大夫 罕虎의 字이며, 公孫舍의 아들이다. 子產의 賢能함을 알아보고 적극 추천하여 자기의 직무를 대신하게 하였다. ≪春秋左氏傳 襄公 30년, 昭公 元·3·5·6·10년≫
4) 子產 : 춘추시대 鄭나라 大夫 公孫僑의 字이다. 東里에 살았다 하여 東里子產이라고도 한다. 鄭나라의 정치를 담당하여 너그러움과 엄정함을 적당히 구사하였고, 강대한 晉나라와 楚나라 사이에서 외교술을 발휘하여 침입을 당하지 않게 한 훌륭한 정치가로 유명하다. ≪春秋左氏傳 襄公 22년, 昭公 元·4·6년≫

子貢이 孔子께 여쭈었다.

"현재의 신하 중에 누가 가장 賢明합니까?"

공자께서 대답하셨다.

"나는 알지 못하겠다. 전에는 齊나라에 鮑叔이 있고 鄭나라에 子皮가 있었으니 현명한 사람이다."

자공이 말했다.

"그렇다면 齊나라에 管仲이 없고 鄭나라에 子產이 없었습니까?"

공자께서 말씀하셨다.

"賜야! 너는 단지 그 하나만을 알고 그 둘은 모르는구나. 네가 듣기에 어진 이를 추천하는 사람이 현명하냐? 나라를 위해 힘을 쓰는 사람이 현명하냐?"

자공이 말했다.

"어진 이를 추천하는 것이 현명합니다."

공자께서 말씀하셨다.

"그렇다. 나는 포숙이 관중을 추천했다는 말을 들었고, 자피가 자산을 추천했다는 말은 들었으나, 관중과 자산이 인재를 추천했다는 말은 듣지 못했다."

05. 魏文侯且置相할새 召李克[1]而問焉하야 曰 寡人將置相하야 置於季成子與翟(책)觸[2]하노니 我孰置而可오 李克曰 臣聞之호니 賤不謀貴요 外不謀內며 疎不謀親이라하니 臣者疎賤하야 不敢聞命이로소이다 文侯曰 此國事也니 願{與}先生臨事{而}[3]勿辭하라 李克曰 君不察故也니 可知矣니이다 貴視其所擧하며 富視其所與하며 貧視其所不取하며 窮視其所不爲니 由此觀之하시면 可知矣리이다 文侯曰 先生出矣어다 寡人之相定矣로라 李克出하야 過翟(책)黃한대 翟黃問曰 吾聞君問相於先生이라하니 未知果孰爲相고 李克曰 季成子爲相이니라 翟黃作色不說(열)曰 觸失望於先生호라 李克曰 子何遽失望於我오 〈子之言〉[4]我於子之君也는 豈與我比周而求大官哉아 君問相於我커시늘 臣對曰 君不察故也니 貴視其所擧하며 富視其所與하며 貧視其所不取하며 窮視其所不爲니 由此觀之하면 可知也라한대 君曰 出矣어다 寡人之相定矣로라하시니 以是로 知季成子爲相호라 翟黃不說曰 觸何遽不爲相乎오 西河之守[5] 觸所任也요 計事內史 觸所任也며 王欲攻中山[6]이어시늘 吾進樂(악)羊[7]하고 無使治之臣이어늘 吾進先生하고 無使傅其子어늘 吾進屈侯鮒[8]하니 觸何負於季成子오 李克曰 不如季成子니라 季成子食采千鍾하야 什九居外하고 一居中이라 是以로 東得卜子夏田子方段干木[9]하니 彼其所擧는 人主之師也요 子之所擧는 人臣之才也니라 翟黃迮(작)[10]然而慚曰 觸失對於先生하니 請自修하고 然後學호리라하더니 言未卒에 而左右言季成子立爲相矣하다 於是에 翟黃默然變色하고 內慚하야 不敢出三月也[11]러라

1) 李克 : 전국시대 魏나라 사람으로 子夏의 제자이다. 魏 文侯가 中山國을 함락시킨 후 중산국을 지켰으며, 武侯 때 재상을 지냈다. ≪史記 平準書·魏世家≫
2) 季成子與翟(책)觸 : 季成子는 전국시대 魏 文侯의 아우로 이름은 成이다. 현명하여 재상을 지냈다.
   翟觸은 곧 翟黃인데 '黃'은 '璜'으로도 쓴다. 전국시대 魏나라의 上卿이다. 일찍이 文侯에게 吳起·西門豹·樂羊·李克·屈侯鮒 등을 추천하였고, 直言을 잘하였다. ≪史記 魏世家≫
3) 願{與}先生臨事{而} : ≪韓詩外傳≫ 권3과 ≪史記≫ 〈魏世家〉에 '先生臨事無讓'으로 되어 있어서, '與'와 '而'는 衍文으로 처리하였다.
4) 〈子之言〉 : 저본에는 '子之言'이 없으나, ≪韓詩外傳 3≫에 '子之言克於子之君也'로 되어 있고, ≪史記≫ 〈魏世家〉에도 '子之言克於子之君者'로 되어 있어서 보충하였다.
5) 西河之守 : 吳起를 이른다.

6) 中山 : 춘추 말기에 鮮虞人이 세운 나라이다. 지금의 河北省 定縣과 唐縣 일대에 있었다. 뒤에 趙나라에 멸망되었다. ≪春秋左氏傳 定公 4년≫・≪讀史方輿紀要 直隷 眞定府≫
7) 樂(악)羊 : 전국시대 魏 文侯의 장군이다. 中山國을 정벌할 때 적군에서 보내온 자신의 아들로 끓인 국을 마셨다 한다. 靈壽에 봉해졌고, 燕나라 樂毅의 선조이다. ≪淮南子 人間訓≫・≪戰國策 魏策 1≫・≪史記 樗裏子甘茂列傳≫
8) 屈侯鮒 : 전국시대 魏나라의 賢大夫로 屈侯는 複姓이다. '鮒'는 이름이다. '附'로 쓴 本도 있다.
9) 卜子夏田子方段干木 : 卜子夏는 춘추시대 衛나라 사람으로 子夏는 字이다. 이름은 商이며 孔子의 제자이다. 子遊와 함께 文學科에 들었고, 孔子가 죽은 뒤 西河에서 학문을 敎授하자 魏 文侯가 스승으로 섬겼고, 모습이 공자와 비슷하여 西河夫子로 불리었다. ≪史記 仲尼弟子列傳≫

田子方은 전국시대 魏나라 사람이다. 子貢에게 수학하였고, 文侯의 스승의 스승이 되어 예우를 받았다. 이름은 無擇이다. ≪史記 魏世家≫・≪莊子 田子方≫・≪淮南子 人間訓≫

段干木은 전국시대 魏나라 사람으로 子夏의 제자이다. 魏 文侯가 스승으로 예우하여 집에까지 찾아왔으니 피하여 담을 넘어 도망쳤고, 재상 벼슬도 받지 않았다. ≪史記 魏世家≫・≪孟子 滕文公 下≫・≪高士傳 中≫

10) 迮(작) : '怍'과 통용한다.
11) 魏文侯且置相……不敢出三月也 : 이 章은 저본에 위의 章과 이어져 있으나, ≪群書拾補≫와 ≪說苑校證≫에 따라 章을 나누었다.

魏 文侯가 장차 宰相을 임명하려고 할 적에 李克을 불러 물었다.

"寡人이 장차 재상을 임명하려 하여 季成子와 翟觸 중에 임명하려고 하니 내가 누구를 임명하는 것이 좋겠소?"

이극이 대답하였다.

"신은 들으니 '微賤한 사람은 尊貴한 사람의 일을 의논하지 않고, 外部 사람은 內部 사람의 일을 의논하지 않으며, 疎遠한 사람은 親近한 사람의 계획에 참여하지 않는다.'고 합니다. 신은 임금과의 관계가 소원하고 지위가 비천하여 감히 명령을 따를 수가 없습니다."

문후가 말했다.

"이것은 나라의 일이니, 선생은 일에 임하여 사양하지 마시오."

이극이 말했다.

“임금께서 잘 살펴보지 않아서이니, 〈잘 살펴보시면〉 알 수가 있습니다. 그 사람이 존귀했을 때에는 그가 추천하는 사람을 보며, 부유했을 때에는 그가 어울리는 사람을 보며, 가난했을 때에는 그가 취하지 않는 것을 보며, 곤경에 처했을 때에는 그가 하지 않는 것을 보아야 합니다. 이 방법을 따라 관찰하시면 〈누구를 임명해야 할지〉 알 수 있습니다.”

문후가 말했다.

“선생은 나가시오. 과인의 재상은 이미 결정하였소.”

이극이 나와서 翟黃을 방문하자 책황이 물었다.

“나는 들으니, 임금께서 선생에게 재상에 선임할 사람을 물었다 하는데 과연 누가 재상이 되겠는지 모르겠소.”

이극이 말했다.

“계성자가 재상이 될 것이네.”

책황이 얼굴색을 바꾸어 기뻐하지 않으면서 말했다.

“저 觸은 선생께 실망하였소.”

이극이 말했다.

“그대는 어째서 갑자기 나에게 실망하였나? 그대가 나를 그대의 임금께 추천하는 말을 한 것은 아마도 나와 함께 한패를 이루어 大官을 구하려는 것이었나 보군. 임금께서 나에게 재상에 합당한 사람을 물으시기에 나는 이렇게 대답하였네.

‘임금께서 잘 살펴보지 않아서이니, 그 사람이 존귀했을 때에는 그가 추천한 사람을 보며, 부유했을 때에는 그가 어울리는 사람을 보며, 가난했을 때에는 그가 취하지 않는 것을 보며, 곤경에 처했을 때에는 그가 하지 않는 것을 보아야 합니다. 이 방법을 따라 관찰하시면 〈누구를 임명해야 할지〉 알 수 있습니다.’

그랬더니 임금께서 ‘그만 나가시오. 과인의 재상은 이미 결정하였소.’ 하셨으니, 이 때문에 계성자가 재상이 될 것임을 알았네.”

책황이 기뻐하지 않으면서 말했다.

“저 觸은 어째서 바로 재상이 되지 못합니까? 西河太守를 제가 추천하여 임명하였고 計事內史를 제가 추천하여 임명하였으며, 임금께서 中山國을 공격하려고 하시기에 제가 樂羊을 추천하였고 중산국을 다스리게 할 신하가 없기에 제가 선생을 추천하였으며, 임금의 아들을 가르치게 할 스승이 없기에 제가 屈侯鮒를 추천하였으니, 제가 어째서 계성자만 못합니까?"

이극이 말했다.

"그대는 계성자만 못하네. 계성자는 采邑에서 나오는 千鍾의 수입이 있어서 10분의 9는 밖에 두어 남에게 쓰고 10분의 1은 집안에서 썼네. 이 때문에 동쪽에서 卜子夏·田子方·段干木을 얻었으니, 저 계성자가 추천한 사람은 임금의 스승이 될 만한 인재이고, 그대가 추천한 사람은 신하가 될 수 있는 인재일세."

책황이 부끄러워하는 안색을 보이면서 말했다.

"저 觸은 선생께 대답할 말이 없으니 스스로 수양하고 난 뒤에 선생께 배우겠습니다."

말을 미처 끝내지 않았을 적에 곁에 있던 사람이 계성자가 재상에 임명되었다고 보고하였다. 이에 책황이 말없이 안색이 변하고 마음이 부끄러워 3개월 동안 감히 밖에 나오지 못했다.

06. **楚令尹**[1]**死**커늘 **景公遇成公乾**[2]하야 **曰 令尹將焉歸**오 **成公乾曰 殆於屈春**[3]**乎**인저 **景公怒曰 國人以爲歸於我**니라 **成公乾曰 子資少**하고 **屈春資多**하며 **子義獲**[4]은 **天下之至憂也**어늘 **而子以爲友**하고 **鳴鶴與芻狗**[5]는 **其知甚少**어늘 **而子玩之**로다 **鴟夷子皮**[6](曰)〔日〕[7]**侍於屈春**하고 **損頗**[8]**爲友**하니 **二人者之智**는 **足以爲令尹**이로대 **不敢專其智**하고 **而委之屈春**이라 **故曰 政其歸於屈春乎**인저

1) 令尹 : 춘추전국시대 楚나라의 최고 벼슬이다. 行政과 軍政을 통할하였다. ≪史記 楚世家≫
2) 景公遇成公乾 : 景公과 成公乾은 모두 人名인데, 일생 행적은 상세히 알 수 없다. 다만 成公乾은 본서 권18의 〈辨物〉편에 한 번 더 보인다.
3) 屈春 : 人名인데 일생 행적은 상세히 알 수 없다.
4) 子義獲 : 人名인 듯한데 자세한 것은 알 수 없다. '子'는 '於'로 된 本도 있다.
5) 鳴鶴與芻狗 : 鳴鶴과 芻狗는 모두 人名인 듯하다. 芻狗는 본디 풀을 묶어 만든 개로 고대 제사에 사용하였다. 일설에는 人名이 아니라 두 가지 물건이라 한다.
6) 鴟夷子皮 : 人名이나 자세한 것은 알 수 없다. 단 이곳의 鴟夷子皮는 范蠡가 아니다.
7) (曰)〔日〕: 저본에는 '曰'로 되어 있으나, ≪群書拾補≫에 따라 '日'로 바로잡았다.

8) 損頗 : 人名인 듯한데 자세한 것은 알 수 없다.

楚나라 令尹이 죽자 景公이 成公乾을 만나 말했다.

"영윤 자리가 장차 누구에게 돌아가겠소?"

성공건이 말했다.

"아마 屈春일 것이오."

경공이 화를 내며 말했다.

"국민들은 나에게 돌아올 것이라 생각하고 있소."

성공건이 말했다.

"그대의 人望은 적고 굴춘의 인망은 많으며, 子義獲은 천하의 지극히 염려스러운 사람인데 그대는 벗으로 삼았고, 鳴鶴과 芻狗는 지혜가 아주 적은데 그대는 玩臣(허물없이 희롱하며 총애하는 신하)으로 삼았소. 鴟夷子皮는 날마다 굴춘을 모시고 損頗는 친구가 되었으니, 두 사람의 지혜는 영윤이 되기에 충분하건만 감히 자기의 지혜를 제멋대로 쓰지 않고 굴춘에게 위임하였소. 그러므로 國政이 굴춘에게 돌아갈 것이라고 한 것이오."

07. 田子方渡西河하야 造翟黃하니 翟黃乘軒車[1)]하야 載[2)]華蓋하고 黃金之勒에 約鎭簟席[3)]하니 如此者 其駟八十乘이러라 子方望之하고 以爲人君也하야 道狹이어늘 下抵車而待之하다 翟黃至而睹하니 其子方也라 下車而趨하야 自投下風曰 觸이니이다 田子方曰 子與아 吾嚮者望子하고 疑以爲人君也러니 子至而人臣也로다 將何以至此乎아 翟黃對曰 此皆君之所以賜臣也니 積三十歲라 故至於此니이다 時以閒暇하야 祖之曠野[4)]라가 正逢先生이로소이다 子方曰 何子賜車轝之厚也오 翟黃對曰 昔者에 西河無守어늘 臣進吳起[5)]하야 而西河之外寧하고 鄴無令이어늘 臣進西門豹[6)]하야 而魏無趙患하고 酸棗[7)]無令이어늘 臣進北門可[8)]하야 而魏無齊憂하고 魏欲攻中山이어늘 臣進樂羊하야 而中山拔하고 〈中山已拔〉[9)]에 魏無使治之臣이어늘 臣進李克하야 而魏國大治[10)]라 是以로 進此五大夫者로 爵祿倍하니 以故至於此니이다 子方曰 可하다 子勉之矣어다 魏國之相은 不去子而之他矣리라 翟黃對曰 君母弟有公孫季成者하니 進子夏而君師之하시고 進段干木而君友之하시고 進先生而君敬之하시니이다 彼其所進은 師也며

友也며 所敬者也요 臣之所進者는 皆守職守祿之臣也니 何以至魏國相乎잇가 子方曰 吾聞身賢者賢也요 能進賢者亦賢也라하니 子之五擧者盡賢이니 子勉之矣어다 子終其次也리라

1) 軒車 : 휘장으로 둘러친 수레이다. 고대에 大夫 이상의 지위에 있는 사람이 탔다. 수레를 일반적으로 이르는 말로도 쓴다. ≪莊子 讓王≫·≪後漢書 劉盆子傳≫
2) 載 : '戴'와 통용한다.
3) 約鎭簟席 : 노끈으로 玉石을 연결하여 수레에 깐 대자리를 누른다는 뜻이다. '約'은 노끈으로 묶는다는 뜻이다. '鎭'은 玉鎭으로, 자리를 누르는 용구이다. ≪楚辭≫ 〈九歌 湘夫人〉의 "白玉으로 鎭을 삼고[白玉兮爲鎭]"라 한 구절의 朱熹 集注에 "鎭은 자리를 누르는 것이다.[鎭 壓坐席者也]"라 하였다.
4) 祖之曠野 : 광야에 간다는 뜻이다. ≪說苑校證≫의 "'祖'는 '徂'로 읽고, '之'는 '於'와 같다."는 설에 따라 번역하였다.
5) 吳起 : 전국 초기의 유명한 兵法家로 衛나라 사람이다. 처음 魯나라에서 장군이 되어 齊나라 군대를 大敗시켜 이름이 났으나 참소를 당하여 魏나라로 갔다. 魏 文侯에게 重用되어 西河郡守가 되고 명성을 드날렸으나 다시 참소를 당하여 楚나라로 달아났다. 楚 悼王이 재상에 임명하였는데, 뒤에 귀족들의 미움을 받아 피살되었다. ≪史記 孫子吳起列傳≫
6) 西門豹 : 西門은 複姓이고, 豹는 이름이다. 전국 초기 魏나라 사람이다. 魏 文侯의 개혁정치에 적극 참여하였고, 鄴의 令이 되어 河伯에게 해마다 처녀를 바치는 미신 행위를 폐지시키고 관개시설을 만들어 治績이 높았다. ≪史記 滑稽列傳≫·≪戰國策 魏策 1≫
7) 酸棗 : 옛 縣 이름이다. 춘추시대 鄭나라의 酸棗邑으로, 漢代에 縣을 두었다. 古城은 지금의 河南省 延津縣 서남쪽에 있는데, 酸棗山이 있어서 붙여진 이름이다. ≪春秋左氏傳 襄公 30년≫·≪漢書 地理志 上≫
8) 北門可 : 北門은 複姓이고, 可는 이름이다. 일생 행적은 자세히 알 수 없다.
9) 〈中山已拔〉 : 저본에는 '中山已拔'이 없으나, ≪太平御覽≫ 권632에 의거하여 보충한 ≪說苑校證≫을 따라 보충하였다.
10) 魏國大治 : ≪韓非子≫ 〈外儲說 下〉에는 "中山國을 얻고는 〈중산국을〉 다스릴 신하를 구하려고 걱정하시기에 제가 李克을 추천하자 중산국이 잘 다스려졌습니다.[得中山憂欲治之臣 臣薦李克而中山治]"라 하여 중산국이 잘 다스려진 것으로 되어 있다. 이극이 다스린 곳은 중산국이지, 魏나라가 아니다.

田子方이 西河를 건너 翟黃을 방문하니, 책황이 軒車에 타고서 화려한 수레 뚜껑을 덮고 황금으로 장식한 말굴레에 옥을 끈으로 묶어 대자리를 눌렀는데, 네 마리 말이 끄는 이와 같은 수레가 80채였다. 전자방이 바라보고 임금이라 여겨 길이 좁기에 내려

서 수레를 밀어놓고 기다렸다. 책황이 당도하여 보니 전자방이었다. 수레에 내려 종종걸음으로 나아가 스스로 전자방의 아래에 몸을 낮추면서 말했다.

"翟觸(翟黃)입니다."

전자방이 말했다.

"그대인가! 나는 조금 전에 그대를 바라보고 임금의 행차인가 하고 의심했었는데, 그대가 당도하고 보니 신하로구나. 도대체 어떻게 이런 대단한 지경에 이르렀는가?"

책황이 대답하였다.

"이것은 모두 임금이 저에게 하사한 것인데, 30년 동안 모아 쌓았기 때문에 이처럼 되었습니다. 때마침 한가한 틈을 타 광야에 가다가 바로 선생을 만난 것입니다."

전자방이 말했다.

"무엇 때문에 그대에게 이 많은 수레를 하사하였는가?"

책황이 대답하였다.

"전에 西河郡를 다스릴 太守가 없기에 제가 吳起를 추천하여 西河 이외 지역이 편안하였고, 鄴縣에 縣令이 없기에 제가 西門豹를 추천하여 魏나라에 趙나라가 침입하는 우환이 없어졌고, 酸棗縣에 縣令이 없기에 제가 北門可를 추천하여 위나라에 齊나라가 침입하는 우환이 없어졌고, 위나라가 中山國을 공격하려 하기에 제가 樂羊을 추천하여 중산국을 정복하였으며, 중산국을 이미 정복한 뒤에 위나라에 그곳을 다스리게 할 신하가 없기에 제가 李克을 추천하여 위나라가 잘 다스려졌습니다. 이 다섯 大夫를 추천한 일 때문에 벼슬과 녹봉이 배로 증가하니, 이 때문에 이렇게 많은 지경에 이른 것입니다."

전자방이 말했다.

"좋다. 그대는 노력하게! 위나라의 재상은 그대에게 가지 않고 다른 사람에게 갈 것이네."

책황이 대답하였다.

"임금의 동복아우에 公孫季成子가 있는데, 子夏를 추천하자 임금께서 스승으로 섬기셨고, 段干木을 추천하자 임금께서 벗으로 사귀셨으며, 선생을 추천하자 임금께서 존경하셨습니다. 저 사람이 추천한 사람은 임금의 스승이고 벗이며 존경하는 사람이고, 제가 추천한 사람은 모두 벼슬살이하며 녹봉을 받는 신하이니 어떻게 위나라의 재상에까지 오르겠습니까?"

전자방이 말했다.

"나는 들으니 '자신이 賢明한 사람은 현명한 사람에 속하고, 현명한 사람을 추천하는 사람도 현명한 사람이다.'라고 하니, 그대가 추천한 다섯 사람은 모두 현명한 사람이니 그대는 노력할지어다. 그대는 결국 그 다음에 될 것이다."

08. 齊威王遊於瑤臺[1]할새 成侯卿[2]來奏事호대 從車羅(綺)〔騎〕[3]甚衆이어늘 王望之하고 謂左右曰 來者何爲者也오 左右曰 成侯卿也니이다 王曰 國至貧也어늘 何出之盛也오 左右曰 與人者有以責之也요 受人者有以易之也니 王試問其說하소서 成侯卿至하야 上謁曰 忌也니이다 王不應한대 又曰 忌也니이다 王不應한대 又曰 忌也니이다 王曰 國至貧也어늘 何出之盛也오 成侯卿曰 赦其死罪하사 使臣得言其說하소서 王曰 諾다 對曰 忌擧田居子[4]爲西河한대 而秦梁弱하고 忌擧田解子[5]爲南城한대 而楚人抱羅綺而朝하고 忌擧黔涿子[6]爲冥州한대 而燕人給牲하며 趙人給盛하고 忌擧田種首子[7]爲卽墨[8]한대 而於齊足究하고 忌擧北郭(刁)〔刀〕勃子爲大士[9]한대 而九族益親하며 民益富하니이다 擧此數良人者하야 王枕而臥耳어늘 何患國之貧哉잇가

1) 瑤臺 : 아름다운 옥돌로 쌓은 누대로, 화려하게 장식한 누대를 두루 이른다.
2) 成侯卿 : 齊 威王의 재상 成侯 鄒忌이다. 成侯는 封號, 卿은 上卿이다. 陰陽家로 琴을 연주하며 제 위왕에게 유세하여 재상이 되었다. 유명한 〈鄒忌諷齊王納諫〉이라는 글에 관계 사적이 들어 있다. ≪戰國策 齊策 1≫
3) (綺)〔騎〕 : 저본에는 '綺'로 되어 있으나, ≪群書拾補≫에 '騎'로 교정하였고, ≪說苑校證≫에 "明鈔本・楚府本에 '騎'로 되어 있다." 한 것에 따라 '騎'로 바로잡았다.
4) 田居子 : 齊 威王 때의 장군이다. 자세한 행적은 알 수 없다. 子는 美稱이다.
5) 田解子 : 齊 威王의 신하로 檀子라고도 하는데, 자세한 행적은 알 수 없다.
6) 黔涿子 : 齊 威王의 신하로 ≪韓詩外傳≫ 권10과 ≪史記≫ 〈田敬仲完世家〉에는 '黔夫'로 되어 있다.
7) 田種首子 : 齊 威王의 신하로 田은 氏이다. ≪韓詩外傳≫ 권10과 ≪史記≫ 〈田敬仲完世家〉에는 種首로 되어 있다.
8) 卽墨 : 전국시대 齊나라의 邑 이름이다. 지금의 山東省 平度市 남동쪽 卽墨市 지역이다. 漢代에 縣을 두었다. ≪史記 田敬仲完世家≫・≪漢書 地理志 下≫
9) 北郭(刁)〔刀〕勃子爲大士 : 刀는 저본에 '刁'로 되어 있으나, ≪群書拾補≫에 "宋本・

元本에 모두 '刀'로 되어 있다." 하였고, ≪說苑校證≫에 張有의 ≪復古篇≫에 '刁'는 응당 '刀'로 써야 된다는 설을 인용하여 고쳤기에 이에 따라 '刀'로 바로잡았다. 北郭刀勃子는 齊 威王 때의 신하이다. 北郭은 複姓이고, 大士는 刑法을 주관하는 代理이다.

齊 威王이 瑤臺에서 놀 적에 成侯卿이 와서 政事를 보고하는데, 늘어서 따르는 수레가 매우 많았다. 威王이 바라보고 곁의 사람에게 물었다.

"오는 사람이 누구인가?"

곁의 사람이 말했다.

"성후경입니다."

위왕이 말했다.

"나라가 매우 困窮한데 어떻게 出行하면서 저렇게 성대하게 하는가?"

곁의 사람이 말했다.

"남에게 물건을 준 사람은 따져 물을 이유가 있고, 남의 물건을 받은 사람은 바꿀 만한 이유가 있습니다. 왕께서 그가 무슨 말을 하는지 물어보십시오."

성후경이 당도하여 위왕을 뵙고 말했다.

"鄒忌입니다."

위왕이 대답하지 않자 또 말했다.

"추기입니다."

위왕이 대답하지 않자 또 말했다.

"추기입니다."

위왕이 말했다.

"나라가 지극히 곤궁한데 어떻게 출행하면서 이렇게 성대하게 하는가?"

성후경이 대답했다.

"신의 죽을죄를 용서하시고 신에게 설명할 말을 하게 해주십시오."

위왕이 말했다.

"좋다."

성후경이 대답하였다.

"저 鄒忌가 田居子를 추천하여 西夏를 다스리게 하자 秦나라와 梁나라가 약화되었고, 제가 田解子를 추천하여 南城을 다스리게 하자 楚나라 사람이 비단을 안고 朝見하였고, 제가 黔涿子를 추천하여 冥州를 다스리게 하자 燕나라 사람은 犧牲을 보내왔으며 趙나라 사람은 粢盛(제사에 올리는 곡식)을 보내왔고, 제가 田種首子를 추천하여 卽墨을 다스리게 하자 齊나라의 재정이 충족되었으며, 제가 北郭刀勃子를 추천하여 大士로 삼자 九族이 더욱 친근해지고 백성은 더욱 부유해졌습니다. 제가 이 훌륭한 몇 사람을 추천하여 왕께서 베개를 높이 베고 누워 걱정이 없게 되었는데, 어찌 나라의 곤궁함을 걱정하십니까?"

09. **秦穆公使賈人載鹽〈於衛〉**[1]하야 **徵諸賈人**한대 **賈人買百里奚**[2]**以五羖羊之皮**하야 **使將車之秦**하다 **秦穆公觀鹽**할새 **見百里奚牛肥**하고 **曰 任重**하고 **道遠以險**이어늘 **而牛何以肥也**오 **對曰 臣飮食以時**하고 **使之不以暴**하며 **有險**이면 **先後之以身**하니 **是以**로 **肥也**니이다 **穆公知其君子也**하고 **令有司具沐浴爲衣冠與坐**하고 **公大悅**하다 **異日**에 **與公孫支**[3]**論政**이러니 **公孫支大不寧**하야 **曰 君耳目聰明**하시고 **思慮審察**하시니 **君其得聖人乎**잇가 **公曰 然**하다 **吾悅夫奚之言**하니 **彼類聖人也**니라 **公孫支遂歸**하야 **取雁以賀**하야 **曰 君得社稷之聖臣**하시니 **敢賀社稷之福**하노이다 **公不辭**하고 **再拜而受**하다 **明日**에 **公孫支乃致上卿**하고 **以讓百里奚**하야 **曰 秦國處僻民陋**하야 **以愚無知**하니 **危亡之本也**라 **臣自知不足以處其上**하니 **請以讓之**하노이다 **公不許**한대 **公孫支曰 君不用賓相**[4]하시고 **而得社稷之聖臣**하시니 **君之祿也**요 **臣見賢而讓之**하니 **臣之祿也**니이다 **今君旣得其祿矣**어시늘 **而使臣失祿**이면 **可乎**잇가 **請終致之**하노이다 **公不許**한대 **公孫支曰 臣不肖而處上位**는 **是君失倫也**요 **不肖失倫**은 **臣之過**니 **進賢而退不肖**는 **君之明也**니이다 **今臣處位**하야 **廢君之德**이면 **而逆臣之行也**니 **臣將逃**호리이다 **公乃受之**라 **故百里奚爲上卿以制之**하고 **公孫支爲次卿以佐之也**하다

1) 〈於衛〉: 저본에는 '於衛'가 없으나, ≪北堂書鈔≫ 권146과 ≪太平御覽≫ 권228을 인용하여 보충한 ≪說苑校證≫을 따라 보충하였다.
2) 百里奚 : 춘추시대 秦나라의 재상으로 字는 井伯이다. 본래 虞나라 大夫였으나 虞君의 어리석음을 보고 물러났다가, 秦 穆公에게 등용되어 목공이 霸業을 이루게 하였다. 일설에는 목공이 다섯 장의 羊가죽으로 贖罪시켜 데려왔다고 하여 五羖大夫라고 한다. ≪孟子 萬章 上≫·≪史記 秦本紀≫
3) 公孫支 : 춘추시대 秦나라 岐州 사람으로 字는 子桑이다. 支는 ≪春秋左氏傳≫에 '枝'

로 썼다. 일명 公叔文子이다. 大夫로 孟明을 穆公에게 추천하여 霸者가 되게 하였다. ≪春秋左氏傳 僖公 9・15년≫
4) 賓相 : 주인을 대신하여 손님을 인도하거나 禮를 돕는 사람을 가리킨다. '賓'은 '儐'과 같다.

秦 穆公이 장사꾼을 시켜 衛나라에서 소금을 실어오게 하기 위하여 장사꾼을 불러들였는데, 장사꾼이 다섯 마리 숫양가죽으로 百里奚를 사서 수레를 몰고 秦나라로 가게 하였다. 진 목공이 소금을 살펴볼 적에 백리해의 수레를 끌고 온 소가 살진 것을 보고 말했다.

"짐은 무겁고 길은 멀고도 험한데 소가 어떻게 살졌느냐?"

백리해가 대답했다.

"신은 때에 맞춰 물과 여물을 먹이고, 사납게 부리지 않으며, 험한 곳이 있으면 제 몸으로 앞뒤에서 잘 보살폈는데, 이 때문에 〈소가〉 살진 것입니다."

목공은 그가 君子인 줄을 알아보고 담당관에게 목욕을 시키고 衣冠을 차리게 한 다음 함께 坐談을 하고는, 목공이 크게 기뻐하였다. 다음날 公孫支와 政事를 의논했는데 공손지가 매우 불안해하면서 말했다.

"임금께서 귀와 눈이 밝으시고 일에 대한 생각이 周到綿密하시니, 임금께서는 어쩌면 聖人을 얻으셨나 봅니다."

목공이 말했다.

"그렇소. 나는 백리해의 말을 기쁘게 생각하니, 저 사람은 성인이오."

공손지는 마침내 돌아가 기러기를 가지고 와서 축하하면서 말했다.

"임금께서 社稷을 편안히 할 聖臣을 얻으셨으니 감히 사직의 福임을 축하드립니다."

목공이 사양하지 않고 두 번 절을 하면서 받았다. 이튿날 공손지는 곧 上卿 벼슬을 그만두고 백리해에게 양보하면서 말했다.

"秦나라는 궁벽한 곳에 위치하고 백성은 견문이 좁아 愚昧無知하니 이는 나라가 危亡하는 근본입니다. 신은 높은 자리에 있는 것이 부족함을 스스로 알고 있으니 사양하겠습니다."

목공이 하락하지 않자 공손지가 말했다.

"임금께서 賓相의 추천을 쓰지 않으시고 직접 社稷을 편안히 할 聖臣을 얻으셨으니 이것은 임금님의 복이고, 신은 賢人을 만나 제 벼슬을 양보하니 이것은 신의 복입니다. 지금 임금께서 이미 복을 얻으셨는데 신에게는 복을 잃게 하시면 되겠습니까? 저는 끝내 그만두고자 합니다."

목공이 허락하지 않자 공손지가 말했다.

"신이 현명하지 못한데 높은 지위에 있는 것은 바로 임금께서 정상적인 도리를 잃은 것이고, 신이 현명하지 못하고 임금께 도리를 잃게 하는 것은 신의 잘못이니, 賢人을 선발하여 임용하고 현명하지 못한 사람을 퇴출시키는 것은 임금의 밝은 덕목입니다. 지금 신이 높은 지위를 차지하여 임금의 덕을 폐기하면 이는 逆臣의 행위이니 신은 장차 도망가겠습니다."

목공이 마침내 그의 요청을 받아들였다. 이 때문에 백리해가 上卿이 되어 國政을 처리하고 공손지가 次卿이 되어 보좌하였다.

10. 趙簡(子)〔主〕[1)]從晉陽之邯鄲[2)]이라가 中路而止하니 引車吏進問호되 君何爲止잇고 簡主曰 董安于[3)]在後니라 吏曰 此三軍之事也어늘 君奈何以一人으로 留三軍也잇고 簡主曰 諾다 驅之百步라가 又止한대 吏將進諫이러니 董安于適至하다 簡主曰 秦道之與晉國交者를 吾忘令人塞之호라 董安于曰 此安于之所爲後也니이다 簡主曰 官之寶璧을 吾忘令人載之호라 對曰 此安于之所爲後也니이다 簡主曰 行人燭過[4)]年長矣요 言未嘗不爲晉國法也어늘 吾行忘令人辭且聘焉호라 對曰 此安于之所爲後也니이다 簡主는 可謂內省外知人矣哉인저 故身佚國安이로다 御史大夫周昌[5)]曰 人主誠能如趙簡主면 朝不危矣리라

1) 趙簡(子)〔主〕: 저본에는 '子'로 되어 있으나, ≪群書拾補≫와 ≪說苑校證≫에 모두 '主'로 고친 것을 따라 '主'로 바로잡았다. 趙簡主는 곧 趙簡子로, 춘추시대 晉나라의 正卿이다. 이름은 鞅, 簡은 諡號이다. 趙孟이라고도 한다. 衛나라를 쳐서 5백 家를 예속시켰고, 范氏와 中行氏를 격멸하고 鄭나라 군대를 물리치는 등 國政을 장악하여 뒷날 趙나라 開國의 기초를 다졌다. ≪春秋左氏傳 昭公 29년 · 定公 10 · 13년≫ · ≪史記 趙世家≫

2) 晉陽之邯鄲 : 晉陽은 춘추시대 晉나라 邑 이름이다. 지금의 山西省 太原市 남서쪽 지역이다. 춘추 말에 趙簡子의 아들 襄子가 智伯을 멸망시킨 곳으로 유명하다. ≪漢書 地理志 上 太原郡≫ · ≪讀史方輿紀要 山西 太原府≫

邯鄲은 전국시대 趙나라의 都邑으로 河北城 남부에 있었다. 춘추시대에는 衛나라의 邑이었다.

3) 董安于 : 춘추시대 晉나라 趙孟(趙簡子)의 家臣이다. 荀寅과 范吉射가 난을 일으켜 조맹을 치려 하자, 조맹에게 먼저 난을 일으켜 대비하도록 권하였다. 梁嬰父가 조맹이 먼저 난을 일으킨 죄를 물어 趙氏를 치려고 하자 목을 매어 죽음으로써 화를 면하게 하였다. ≪春秋左氏傳 定公 30・40년≫・≪史記 趙世家≫

4) 行人燭過 : 行人은 朝覲과 聘問 등을 주관하던 벼슬을 이른다. 燭過는 당시 行人 벼슬을 맡았던 사람이다.

5) 周昌 : 漢나라 沛 땅 사람이다. 漢 高祖를 따라 秦나라와 項羽를 격파하는 데 공을 세워 汾陰侯에 봉해지고, 벼슬은 御史大夫에 올랐다. ≪史記 張丞相列傳≫・≪漢書 張周趙任申屠傳≫

趙簡主가 晉陽에서 邯鄲으로 가다가 중도에서 멈추니, 수레를 끌고 가던 관리가 앞에 와서 물었다.

"主君은 무엇 때문에 멈추십니까?"

조간주가 말했다.

"董安于가 뒤에 있기 때문이다."

관리가 말했다.

"이는 三軍의 일인데 주군은 어찌 한 사람 때문에 삼군을 멈추게 하십니까?"

조간주가 말했다.

"옳다."

백 보쯤 몰아가다가 또 멈추자 관리가 앞에 가서 諫하려고 하였는데, 마침 동안우가 도착하였다. 조간주가 말했다.

"秦나라의 길이 晉나라와 통하는 곳을 내가 사람을 시켜 막는다는 것을 깜빡 잊었노라."

동안우가 말했다.

"이것이 저 安于가 뒤에 처진 원인입니다."

조간주가 말했다.

"관청의 보물을 내가 사람을 시켜 싣는다는 것을 깜빡 잊었노라."

동안우가 대답하였다.

"이것이 저 安于가 뒤에 처진 원인입니다."

조간주가 말했다.

"行人 燭過는 나이가 많고 그의 말은 일찍이 晉나라의 規範이 되지 않은 적이 없었는데, 내가 길을 떠나면서 사람을 시켜 하직과 안부를 묻는다는 것을 깜빡 잊었노라."

동안우가 대답하였다.

"이것이 저 安于가 뒤에 처진 원인입니다."

조간주는 안으로는 자신을 반성하고 밖으로는 사람을 알아보고서 잘 임용했다고 이를 만하니, 그 때문에 몸은 편안하고 국가는 안정되었다. 御使大夫 周昌이 말했다.

"임금이 진실로 조간주와 같으면 朝廷(국가)이 위태롭지 않을 것이다.

11. **晏子侍於景公**이러니 **〈公曰〉**[1] **朝寒**하니 **請進熱食**하라 **對曰 嬰非君之廚養臣**[2] **也**니 **敢辭**하노이다 **公曰 請進服裘**하라 **對曰 嬰非〈君〉田澤之臣**[3] **也**니 **敢辭**하노이다 **公曰 然**하다 **夫子於寡人**에 **奚爲者也**오 **對曰 社稷之臣也**니이다 **公曰 何謂社稷之臣**고 **對曰 社稷之臣**은 **能立社稷**하야 **辨上下之宜**[4]하야 **使得其理**하고 **制百官之序**하야 **使得其宜**하며 **作爲辭令**하야 **可分布於四方**이니이다 **自是之後**로 **君不以禮**면 **不見晏子也**러라

1) 〈公曰〉 : 저본에는 '公曰'이 없으나, ≪晏子春秋≫ 〈內篇 雜 上〉에 의거하여 보충한 ≪說苑校證≫을 따라 보충하였다.
2) 廚養臣 : 임금의 수라를 주관하는 벼슬을 이른다.
3) 〈君〉田澤之臣 : 저본에는 '君'이 없으나, 위 구절의 例와 ≪晏子春秋≫ 〈內篇 雜 上〉에 의해 보충하였다. 또 田澤은 ≪晏子春秋≫에 '茵席'으로 되어 있으니, '임금의 起居를 관리하는 사람'으로 해석해야 될 듯하다.
4) 宜 : '誼'·'義'와 같으며, 道義를 이른다.

晏子가 齊 景公을 모시고 있었는데 경공이 말했다.

"아침 기온이 차니 따뜻한 음식을 내오시오."

안자가 대답하였다.

"저 嬰은 임금의 수라를 관장하는 신하가 아니니 외람되지만 거절하겠습니다."

경공이 말했다.

"갖옷을 내오시오."

안자가 대답했다.

"저 嬰은 임금의 田澤을 관장하는 신하가 아니니 외람되지만 거절하겠습니다."

경공이 말했다.

"그렇다면 선생은 과인에게 어떤 사람이오?"

안자가 대답했다.

"社稷의 신하입니다."

경공이 말했다.

"어떤 것을 사직의 신하라 하는가?"

안자가 대답했다.

"사직의 신하는 사직을 바로 세워서 上下의 道義를 분별하여 情理에 합당하게 하고, 百官의 질서를 제정하여 職分을 알맞게 하며, 法令의 條例를 만들어 온 나라 사방에 반포할 수 있습니다."

이 뒤로부터 경공은 예절에 맞지 않으면 안자를 접견하지 않았다.

12. 齊侯問於晏子曰 忠臣之事其君何若고 對曰 有難不死하며 出亡不送이니이다 君曰 裂地而封之하고 疏爵而貴之어늘 (吾)〔君〕[1]有難不死하며 出亡不送이면 可謂忠乎아 對曰 言而見用이면 終身無難이니 臣何死焉이며 (謀)〔諫〕[2]而見從이면 終身不亡이니 臣何送焉이리잇가 若言不見用하야 有難而死之면 是妄死也요 諫而不見從하야 出亡而送〈之〉[3]면 是詐爲[4]也라 故忠臣者는 能納善於君이요 而不能與君陷難者也니이다

1) (吾)〔君〕: 저본에는 '吾'로 되어 있으나, ≪群書拾補≫에 "'吾'는 '君'자인 듯하다." 하였고, ≪說苑校證≫에 ≪晏子春秋≫ 〈內篇 問 上〉·≪新序≫ 〈雜事〉·≪論衡≫ 〈定賢〉에 모두 '吾'가 '君'으로 되어 있다." 한 것에 따라 '君'으로 바로잡았다.

2) (謀)〔諫〕: 저본에는 '謀'로 되어 있으나, 아래 글에서 '諫而不見從'이라 하였고, ≪新序≫ 〈雜事 5〉·≪論衡≫ 〈定賢〉·≪貞觀政要≫ 〈鑑戒〉·≪路史≫ 〈發揮 5〉에 모두 '諫'자로 썼다는 ≪說苑校證≫에 따라 '諫'으로 바로잡았다.

3) 〈之〉: 저본에는 '之'가 없으나, ≪晏子春秋≫ 〈內篇 問 上〉에 의거하여 보충하였다.

4) 爲 : '僞'와 통용한다. ≪晏子春秋≫·≪論衡≫에는 모두 '僞'자로 썼다.

齊侯가 晏子에게 물었다.

"忠臣은 어떤 도리로 그의 임금을 섬기는 것이오?"

안자가 대답하였다.

"임금에게 危難이 있어도 따라 죽지 않고, 임금이 도망을 쳐도 전송하지 않습니다."

제후가 말했다.

"땅을 떼어서 봉해주고 벼슬을 나눠주어 顯貴하게 하였는데, 임금에게 위난이 닥쳤는데도 따라 죽지 않으며 도망을 치는데도 전송하지 않는다면 충신이라고 할 수 있는가?"

안자가 대답했다.

"신하가 건의하는 말을 채용하면 죽을 때까지 위난을 만나지 않을 것이니 신하가 어찌 따라 죽으며, 신하가 간하는 말을 따르면 죽을 때까지 도망치는 일이 없을 것이니 신하가 어찌 전송하겠습니까? 만일 건의하는 말을 채용하지 않아 위난을 만나 따라 죽으면 이는 의미 없이 죽는 것이고, 〈바른 말로〉 諫하였으나 따르지 않아 도망치는데 전송하면 이는 속이는 행위입니다. 때문에 충신은 임금이 좋은 말을 받아들여 〈위난을 만나지 않게〉 하고, 임금과 함께 위난에 빠지지 않습니다."

13. 晏子朝할새 乘敝車하고 駕駑馬하니 景公見之하고 曰 嘻라 夫子之祿寡耶아 何乘不任之甚也오 晏子對曰 賴君之賜하야 得以壽三族[1]하고 及國交游 皆得生焉하니이다 臣得暖衣飽食하고 敝車駑馬하야 以奉其身하니 於臣足矣로소이다 晏子出커늘 公使梁丘據[2]遺之輅車乘馬한대 三返不受하다 公不悅하야 趣召晏子하다 晏子至어늘 公曰 夫子不受면 寡人亦不乘호리라 晏子對曰 君使臣臨百官之吏하시니 〈臣〉[3]節其衣服飮食之養하야 以先齊國之人이로되 然猶恐其侈靡而不顧其行也니이다 今輅車乘馬는 君乘之上이어늘 臣亦乘之下하면 民之無義하야 侈其衣食而不顧其行者를 臣無以禁之리이다 遂讓不受也하다

1) 壽三族 : 壽는 보존한다는 뜻이다. ≪國語≫ 〈楚語 下〉의 "臣은 자신을 보존하고 그 밖의 다른 것은 알지 못합니다.〔臣能自壽 不知其他〕"의 韋昭 注에 '壽는 保也'라 하였다. 三族은 父族・母族・妻族이다. 이 밖에 父・子・孫이나 父母・兄弟・妻子, 또는 아버지의 형제・자기의 형제・아들의 형제를 이르는 경우도 있다.

2) 梁丘據 : 춘추시대 齊나라 大夫이다. 景公이 1년 넘게 학질을 앓자 담당 관원을 사형시

키자고 주장하였고, 魯나라와 會盟하러 가는 景公을 수행하였다. ≪春秋左氏傳 昭公 20·26년, 定公 10년≫

3) 〈臣〉: 저본에는 '臣'이 없으나, ≪晏子春秋≫ 〈內篇 雜 下〉에 의해 보충하였다.

晏子가 朝廷에 갈 적에 낡은 수레를 타고 변변찮은 말이 수레를 끄니, 景公이 보고는 말했다.

"아, 선생의 祿俸이 적소? 어찌 이렇게 탈 수 없는 아주 나쁜 수레를 타는 게요?"

안자가 대답했다.

"임금께서 하사하신 것에 의지하여 저의 三族이 보존되고 국내의 저와 交遊하는 사람들이 모두 생활하고 있습니다. 臣이 따뜻이 입고 배불리 먹으며 변변찮은 말이 끄는 낡은 수레를 타면서 저의 몸을 유지하니, 신은 이것으로 만족합니다."

안자가 나가자 경공이 梁丘據를 보내어 임금이 타는 큰 수레〔輅車〕와 네 필의 말〔乘馬〕을 주었는데, 안자는 세 차례나 이를 되돌려 보내고 받지 않았다. 경공은 기분이 좋지 않아 급히 안자를 불렀다. 안자가 도착하자 경공이 말했다.

"선생이 이것을 받지 않으면 寡人도 수레를 타지 않겠소."

안자가 대답했다.

"임금께서 신이 모든 관리를 감독하게 하셨으니, 신이 衣服과 飮食의 공급을 절약하여 齊나라 백성들에게 앞장서 模範을 보이지만, 그래도 백성들이 사치하여 자신의 품행을 돌보지 않을까 걱정됩니다. 지금 네 필의 말이 끄는 큰 수레는 임금이 위에 계시면서 타는 것인데, 신도 아래에서 이것을 타면 백성들이 道義를 무시하여, 의복과 음식을 사치하며 자신의 품행을 돌보지 않는 자를 신은 금지할 방도가 없을 것입니다."

끝내 사양하고 받지 않았다.

14. 景公飮酒할새 陳桓子[1)]侍라가 望見晏子하고 而復於公曰 請浮[2)]晏子하소서 公曰 何故也오 對曰 晏子衣緇布之衣와 麋鹿之裘하고 棧軫之車[3)]에 而駕駑馬以朝하니 是隱君之賜也니이다 公曰 諾다 酌者奉觴而進之曰 君命浮子니이다 晏子曰 何故也오 陳桓子曰 君賜之卿位하사 以尊其身하시고 寵之百萬하사 以富其家하시니 群臣之爵이 莫尊於子하며 祿莫厚於子어늘 今子衣緇衣之衣와 麋鹿之裘하고 棧軫之車에 而駕駑馬以朝하니 則是隱君之賜也라 故浮子니라 晏子避席曰 請飮而後辭乎잇가 其辭而後飮

乎잇가 公曰 辭然後飮하라 晏子曰 君賜卿位以顯其身하시나 嬰不敢爲顯受也라 爲行君令也요 寵之百萬以富其家하시나 嬰不敢爲富受也라 爲通君賜也니이다 臣聞호니 古之賢〈君〉[4)]은 臣有受厚賜而不顧其國族[5)]이면 則過之하고 臨事守職하야 不勝其任이면 則過之라호이다 君之內隸는 臣之父兄이니 若有離散在於野鄙者면 此臣之罪也요 君之外隸는 臣之所職이니 若有播亡在四方者면 此臣之罪也며 兵革不完하고 戰車不修면 此臣之罪也니이다 若夫敝車駑馬以朝는 (主)〔意〕者[6)]컨대 非臣之罪也니이다 且臣以君之賜로 臣父之黨無不乘車者하고 母之黨無不足以衣食者하며 妻之黨無凍餒者요 國之簡士[7)] 待臣而後擧火者 數百家니 如此 爲隱君之賜乎잇가 彰君之賜乎잇가 公曰 善하다 爲我浮(桓子)〔無宇〕[8)]也하라

1) 陳桓子 : 齊 景公 때의 大夫로, 이름은 無宇, 桓은 諡號이다. 鮑氏와 연합하여 권력가인 欒氏와 高氏를 토벌하고 高唐의 땅을 받아 산 뒤로부터 陳氏가 강대해졌다. ≪春秋左氏傳 莊公 21년, 襄公 29년, 昭公 3・5・8・10년≫
2) 浮 : 罰酒를 먹인다는 뜻이다. ≪淮南子≫ 〈道應訓〉의 "蹇重이 벌주를 올리면서 '임금께서는 벌주를 드십시오.' 하고 말하였다.〔蹇重擧白而進之曰 請浮君〕"는 구절의 高誘注에 "浮는 벌이니, 술로 임금을 벌한 것이다.〔浮 罰也 以酒罰君〕"라 하였다.
3) 棧軫之車 : 차체에 가죽을 씌우지 않고 대로 엮어 만든 수레이다. 미천한 사람이 타거나 짐을 싣는 수레이다. 棧車라고 한다. ≪周禮 春官 巾車≫
4) 〈君〉 : 저본에는 '君'이 없으나, ≪群書拾補≫에 "아래의 '則過之'는 바로 君이 하는 일을 가리키는 것이기 때문에 '君'자를 보충해야 한다." 하였고, ≪晏子春秋≫도 '君'자로 된 本이 있어, 이에 따라 보충하였다.
5) 國族 : 邦族과 같은 말로 보아, 향리의 친족으로 해석하였다. ≪晏子春秋≫에는 '困族'으로 되어 있다.
6) (主)〔意〕者 : 저본에는 '主'로 되어 있으나, ≪晏子春秋≫에 '意'로 되어 있고, ≪群書拾補≫・≪經傳小記≫・≪讀書餘錄≫ 등이 모두 이를 따르고 있으므로, '意'로 바로잡았다.
7) 簡士 : 등용되지 못하고 버려진 선비를 이른다. ≪說苑纂註≫에는 "≪晏子春秋≫에는 '閒士'로 되어 있다." 하였다.
8) (桓子)〔無宇〕 : 저본에는 '桓子'로 되어 있으나, 劉台拱은 ≪經典小記≫에서 "응당 無宇로 써야 된다." 하였으며, 살아 있는 신하를 임금이 미리 諡號로 부르는 것은 합당치 않기 때문에 '無宇'로 바로잡았다.

景公이 술을 마실 적에 陳桓子가 모시고 있다가 晏子를 바라보고 경공에게 보고하

였다.

"안자에게 罰酒를 먹이겠습니다."

경공이 말했다.

"무슨 까닭이오?"

진환자가 대답했다.

"안자가 검은 베옷과 고라니가죽으로 만든 거친 갖옷을 입고, 앉는 자리를 대로 엮어 깐 수레에 변변찮은 말을 메워 끌게 하면서 朝廷에 나오니, 이는 임금께서 하사하신 것을 숨긴 것입니다."

경공이 말했다.

"좋다."

〈안자가 도착하자〉 술을 따르는 사람이 술잔을 받들고 안자에게 나아가 말했다.

"임금께서 당신에게 벌주를 들게 하셨습니다."

안자가 말했다.

"무슨 까닭인가?"

진환자가 말했다.

"임금께서 卿의 벼슬을 주시어 당신의 신분을 존귀하게 해주시고 많은 녹봉을 주시어 당신의 가정을 부유하게 하시니, 群臣 중에 벼슬이 당신보다 높은 이가 없으며 녹봉이 당신보다 많은 이가 없소. 그런데 지금 당신은 검은 베옷과 고라니가죽으로 만든 거친 갖옷을 입고, 앉는 자리를 대로 엮어 깐 수레에 변변찮은 말을 메워 끌게 하면서 조정에 나오니, 이는 임금께서 하사하신 것을 숨긴 것이오. 이 때문에 당신에게 벌주를 들게 하는 것이오."

안자가 자리에서 일어나 말했다.

"벌주를 마신 뒤에 말씀을 드릴까요? 아니면 말씀을 드린 뒤에 벌주를 마실까요?"

경공이 말했다.

"말을 한 뒤에 벌주를 마시시오."

안자가 말했다.

"임금께서 卿의 벼슬을 주시어 저의 신분을 높고 귀하게 해주셨으나 저 嬰은 감히 높고 귀한 벼슬을 위하여 받은 것이 아니라 임금의 명령을 받들어 행하기 위해 받은 것이고, 임금께서 많은 녹봉을 주시어 저의 집을 부유하게 해주셨으나 저 嬰은 감히 부유함을 위하여 받은 것이 아니라 임금께서 주신 것을 유통시키기 위하여 받은 것입니다.

신은 들으니 '예전의 어진 임금은 신하가 많은 녹봉을 받고도 鄕吏의 종족을 돌보지 않으면 책망하고, 일을 만나 벼슬만 지킨 채 자기의 임무를 감당하지 못하면 책망한다.' 하였습니다. 宮 안에 예속된 신하는 신의 父兄이니 만일 임금 곁을 떠나 먼 지역을 유랑하는 이가 있으면 이는 신의 잘못이고, 宮 밖에 예속된 신하는 신이 관할하는 직책에 있으니 만일 사방에 떠돌아다니는 이가 있으면 이는 신의 잘못이며, 무기와 갑옷이 완비되지 않고 戰車가 수리되지 않았으면 이는 신의 잘못입니다. 변변찮은 말이 끄는 낡은 수레를 타고 朝見하는 것과 같은 일은, 생각건대 신의 잘못이 아닙니다.

또 신은 임금께서 주신 녹봉으로 아버지의 친족이 수레를 타지 않는 사람이 없고, 어머니의 친족이 입고 먹는 데 충분하지 않는 사람이 없고, 아내의 친족이 추위에 얼고 굶주리는 자가 없으며, 나라 안의 벼슬 없는 선비가 신의 도움을 기다린 뒤에 밥을 짓는 자가 수백 집입니다. 이와 같은 것이 임금께서 주신 것을 숨긴 것입니까? 아니면 임금께서 주신 것을 闡揚한 것입니까?"

경공이 말했다.

"좋소. 나를 위해 대신 無宇에게 벌주를 먹이시오."

15. 晏子方食할새 君之使者至오니 分食而食之하야 晏子不飽하다 使者返하야 言之景公한대 景公曰 嘻라 夫子之家若是其貧也아 寡人不知也하니 是寡人之過也로다하고 令吏致千家之縣一於晏子한대 晏子再拜而辭曰 嬰之家不貧하야 以君之賜로 澤覆三族하고 延及交游하며 以振百姓하니 君之賜也厚矣라 嬰之家不貧也니이다 嬰聞之호니 厚取之君而厚施之人이면 代君爲君也니 忠臣不爲也요 厚取之君而藏之면 是筐篋存也니 仁人不爲也요 厚取之君而無所施之하야 身死而財遷〈於他人이면 是爲宰藏也〉[1]니 智者不爲也라호이다 嬰也聞호니 爲人臣하야 進不事上以爲忠하고 退不克下以爲廉이면 八升之布와 一豆之食이 足矣라호이다 使者三返호되 遂辭不受也하다

1) 〈於他人 是爲宰藏也〉: 저본에는 없으나, ≪晏子春秋≫ 〈內篇 雜 下〉에 의해 보충하

였다.

晏子가 막 밥을 먹을 때 임금이 보낸 使者가 오니, 밥을 나누어 먹어 안자가 배불리 먹지 못하였다. 사자가 돌아가서 景公에게 이를 말하자 경공이 말했다.

"아, 선생의 집이 이와 같이 가난한가? 과인은 그런 정황을 알지 못했으니 이는 과인의 잘못이다."

관리에게 명하여 천 戶가 사는 한 縣을 안자에게 주었는데, 안자는 再拜한 뒤에 사양하면서 말했다.

"저 嬰의 집은 가난하지 않아 임금께서 주신 녹봉으로 三族에게 두루 恩澤을 베풀고 交遊하는 친구에게까지 미쳤으며 백성들을 구제하였으니 임금께서 주신 것이 많습니다. 저 嬰의 집은 가난하지 않습니다.

저는 들으니 '임금에게 많이 받아서 남에게 많이 베풀면 이는 임금을 대신하여 임금 행세를 하는 것이니 忠臣은 이렇게 하지 않고, 임금에게 많이 받아서 자기 집에 저장하면 이는 상자에 담아놓는 것이니 仁人은 이렇게 하지 않으며, 임금에게 많이 받아서 남에게 베푼 것이 없어 죽고 난 뒤에 재산이 다른 사람에게 옮겨가면 이는 관리하여 저장만 하는 것이 되니 智慧로운 사람은 하지 않는다.'고 합니다.

저는 들으니 '신하가 되어서 조정에 나아가 忠誠으로 임금을 섬기지 못하고, 조정에서 물러나 아랫사람을 淸廉으로 잘 대하지 못하면, 여덟 새〔升〕 베와 한 그릇〔豆〕의 밥이면 충분하다.'고 합니다."

사자가 세 차례나 갔다가 돌아왔으나 끝내 거절하고 받지 않았다.

16. 陳成子[1)]謂鴟夷子皮[2)]曰 何與常也오 對曰 君死吾不死하고 君亡吾不亡호리이다 陳成子曰 然이면 子何以與常고 對曰 未死去死하고 未亡去亡호리니 其有何死亡矣리잇가

1) 陳成子 : 춘추시대 齊나라의 正卿으로, 이름은 陳恒이다. 田成子・田常이라고도 한다. 齊 簡公 때 闞止와 함께 左右丞相이 되었는데, 無道한 簡公을 시해하고 간공의 아우 驁를 세운 뒤 齊나라는 田氏(陳氏)가 장악하게 되었다. ≪春秋 哀公 14년≫・≪春秋左氏傳 哀公 14년≫

2) 鴟夷子皮 : 사람 이름이다. 陳成子의 부하인 듯한데 자세한 것은 알 수 없다. 越의 范蠡가 越을 떠나면서 성명을 鴟夷子皮라 고쳤는데 여기의 치이자피는 范蠡가 아니다.

陳成子가 鴟夷子皮에게 말했다.

"무엇으로 나를 도우려는가?"

치이자피가 대답하였다.

"主君이 죽더라도 저는 죽지 않고, 주군이 도망치더라도 저는 도망치지 않겠습니다."

진성자가 말했다.

"그렇다면 그대는 무엇으로 나를 도우려는가?"

치이자피가 대답하였다.

"주군이 죽지 않았을 때 죽게 될 우환을 제거하고, 주군이 도망치지 않았을 때 도망치게 될 우환을 제거할 것이니, 어찌 죽거나 도망칠 일이 있겠습니까!"

17. **從命利君**을 **爲之順**이요 **從命病君**을 **爲之諛**요 **逆命利君**을 **謂之忠**이요 **逆命病君**을 **謂之亂**이라 **君有過**로되 **不諫諍**이면 **將危國殞社稷也**라 **有能盡言於君**하야 **用則留之**하고 **不用則去之**를 **謂之諫**이요 **〈有能盡言於君〉**[1]하야 **用則可{生}**[2]하고 **不用則死**를 **謂之諍**이요 **有能比(和)〔知〕同力**[3]하야 **率群下相與彊矯君**이면 **君雖不安**이나 **不能不聽**이니 **遂解國之大患**하고 **除國之大害**하야 **成於尊君安國**을 **謂之輔**요 **有能亢君之命**하고 **反君之事**하며 **竊君之重**하야 **以安國之危**하고 **除主之辱**하며 **攻伐**[4] **足以成國之大利**를 **謂之弼**이라 **故諫諍輔弼之人**은 **社稷之臣也**니 **明君之所尊禮**하고 **而闇君以爲己賊**이라 **故明君之所賞**이요 **闇君之所殺也**라 **明君好問**하고 **闇君好獨**하나니 **明君上賢使能而享其功**하고 **闇君畏賢妬能而滅其業**이라 **罰其忠而賞其賊**이면 **夫是之謂至闇**이니 **桀紂之所以亡也**라 **詩云 曾是莫聽**하야 **大命以傾**[5]이라하니 **此之謂也**[6]니라

1) 〈有能盡言於君〉 : 저본에는 없으나, ≪荀子≫ 〈臣道〉에 의거하여 보충하였다.
2) {生} : 衍文으로 처리하였다. '則可'와 '則死'를 상대적인 문장구조로 보아야 한다. ≪荀子≫ 〈臣道〉에도 '生'자가 없다.
3) 比(和)〔知〕同力 : 지혜와 힘을 합한다는 뜻이다. '比'는 '合'의 뜻이다. 저본에는 '和'로 되어 있으나, ≪荀子≫ 〈臣道〉에 의거하여 '知'로 바로잡았다.
4) 攻伐 : 공로. '攻'은 '功'의 假借字이고, '伐'은 '功'과 같은 뜻이다.
5) 詩云……大命以傾 : ≪詩經≫ 〈大雅 蕩〉에 보인다.
6) 從命利君……此之謂也 : 저본에는 앞 章에 연결되어 있으나, ≪說苑纂注≫를 따라 나누었다는 ≪說苑校證≫에 의거하여 章을 나누었다.

命令을 좇아 임금을 이롭게 하는 것을 順이라 이르고, 명령을 좇아 임금을 해롭게 하는 것을 諛라 이르고, 명령을 거슬러 임금을 이롭게 하는 것을 忠이라 이르고, 명령을 거슬러 임금을 해롭게 하는 것을 亂이라 이른다.

임금에게 잘못이 있으나 諫諍하지 않으면 앞으로 나라는 위태롭고 社稷은 망한다. 임금에게 할 말을 다하여 임금이 쓰면 머물러 있고 쓰지 않으면 떠나는 것을 諫이라 이르고, 임금에게 할 말을 다하여 임금이 쓰면 괜찮고 쓰지 않으면 죽는 것을 諍이라 이른다.

지혜를 합하고 힘을 함께하여 群臣을 거느리고 함께 임금의 잘못을 강력히 바로잡으면 임금의 〈마음은〉 비록 편안치 않으나 따르지 않을 수 없으니, 끝내 나라의 큰 患難을 해결하고 나라의 큰 弊害를 제거하여 임금을 존귀하게 하고 나라를 편안하게 하는 것을 輔라 이른다.

임금의 명령에 저항하고 임금이 하는 일을 반대하며 임금의 권력을 빌려서 나라의 위태로운 정세를 편안히 하고 임금의 치욕을 제거하며 공로는 나라의 큰 이익을 이루게 할 수 있는 것을 弼이라 한다.

그러므로 諫·諍·輔·弼하는 사람은 사직을 편안히 하는 신하이니, 賢明한 임금은 존중하여 예우하고 昏君은 자기의 賊이라 여긴다. 그러므로 현명한 임금이 상을 주는 대상이고, 혼군이 살해하는 대상이다.

현명한 임금은 묻기를 좋아하고 혼군은 독단하기를 좋아하니, 현명한 임금은 賢人을 존중하고 재능 있는 사람을 사용하여 그들이 세운 功을 향유하고, 혼군은 현인을 꺼리고 재능 있는 사람을 시기하여 그들이 세운 공을 없애버린다. 忠臣은 벌을 주고 奸賊은 상을 주면, 이를 지극히 우매한 임금이라 하는 것이니 桀王과 紂王이 망한 원인이다. ≪詩經≫에 "일찍이 諫하는 말을 듣지 아니하여 국가의 命運이 기울어졌다." 하였는데, 이를 이른 말이다.

18. 簡子[1)]有臣尹綽赦厥[2)]이러니 簡子曰 厥愛我하야 諫我必不於衆人中하고 綽也不愛我하야 諫我必於衆人中이로다 尹綽曰 厥也는 愛君之醜하고 而不愛君之過也어니와 臣은 愛君之過하고 而不愛君之醜니이다 孔子曰 君子哉라 尹綽이여 面訾하고 不面譽也로다

1) 簡子 : 趙簡子이다. 본편 10 주1) 참고.

2) 尹綽赦厥 : 둘 다 趙簡子의 家臣이다. 尹綽은 바로 尹鐸이다.

趙簡子에게 尹綽과 赦厥이라는 家臣이 있었는데 簡子가 말했다.

"赦厥은 나를 아껴서 반드시 많은 사람들이 있는 데에서 나에게 諫하지 않고, 尹綽은 나를 아끼지 않아서 반드시 많은 사람들이 있는 데에서 나에게 간하는구나."

윤작이 말했다.

"사궐은 임금의 추한 모습이 드러날까 봐 애석해하고 임금이 過誤를 범하는 것은 애석해하지 않았거니와, 저는 임금이 과오를 범하는 것을 애석해하고 임금의 추한 모습이 드러나는 것은 애석해하지 않았습니다."

孔子께서 말씀하셨다.

"君子로구나. 윤작이여! 면전에서 비판은 하고, 면전에서 칭찬은 하지 않는구나."

19. **高繚仕於晏子**하야 **〈三年無故〉**[1]어늘 **晏子逐之**하다 **左右諫曰 高繚之事夫子三年**에 **曾無以爵位**하고 **而逐之**하니 **其義可乎**잇가 **晏子曰 嬰**은 **仄陋**[2]**之人也**라 **四維**[3]**之然後能直**이어늘 **今此子事吾三年**토록 **未嘗弼吾過**라 **是以**로 **逐之也**로라

1) 〈三年無故〉 : 저본에는 없으나, ≪北堂書鈔≫ 권32의 인용문에 의거하여 보충하였다는 ≪說苑校證≫에 따라 보충하였다.
2) 仄陋 : 지위가 낮고 미천하다는 뜻이다.
3) 四維 : 나라를 다스리는 네 가지 綱領으로, 곧 禮·義·廉·恥를 이른다. ≪管子 牧民≫·≪史記 管晏列傳≫

高繚가 晏子 아래에서 벼슬하면서 3년 동안 아무 사고가 없었는데 안자가 내쫓았다. 안자의 측근들이 諫하였다.

"고료가 3년간 당신을 섬기는 동안에 일찍이 爵位는 주지 않고 쫓아내니 이것이 옳은 도리입니까?"

안자가 말했다.

"나 嬰은 식견이 천박한 사람이라, 四維로 표준을 세운 뒤에야 바른 道를 행할 수 있는데, 지금 이 사람은 나를 섬긴 3년 동안 일찍이 나의 잘못을 바로잡아 도운 적이 없기 때문에 쫓아낸 것이다."

20. 子貢問孔子曰 賜爲人下어늘 而未知所以爲人下之道也로소이다 孔子曰 爲人下者는 其猶土乎인저 種之則五穀生焉하고 掘之則甘泉出焉하며 草木植焉하고 禽獸育焉하며 生人立焉하고 死人入焉하야 多其功而不言하니 爲人下者는 其猶土乎인저

子貢이 孔子께 여쭈었다.

"저 賜는 남의 아랫사람이 되었는데도, 남의 아랫사람이 되는 도리를 알지 못하고 있습니다."

공자께서 말씀하셨다.

"남의 아랫사람이 된 사람은 흙의 역할과 같이 해야 할 것이다. 씨를 뿌리면 五穀이 나고 아래를 파면 샘물이 나오며, 그 위에 草木을 심고 짐승을 기르며, 산 사람은 그 위에서 살고 죽은 사람은 그 밑에 묻어서, 功이 많으면서도 공을 말하지 않으니, 아랫사람이 된 자는 흙과 같아야 될 것이다."

21. 孫卿[1)]曰 少事長하며 賤事貴하며 不肖事賢은 此天下之通義也라 有人貴而不能爲人上하고 賤而羞爲人下면 此姦人之心也라 身不離姦心하고 而行不離姦道요 然而求見譽於衆이면 不亦難乎아

1) 孫卿 : 荀子이니, 이름은 況이다. 원래 荀卿인데 孫과 荀의 음이 近似하여 孫卿이라고도 한다. 일설에는 漢 宣帝의 諱 詢을 피하여 孫이라 했다고 한다. 전국시대 趙나라 사람으로, 儒家 思想家의 한 사람이다. 학문은 孔子로 표준을 삼았으나, 性惡說을 주장하여 孟子의 性善說과 배치된다. 저서에 ≪荀子≫ 20편이 전한다. ≪史記 孟子荀卿列傳≫

孫卿이 말했다.

"젊은이가 어른을 섬기고, 微賤한 사람이 尊貴한 사람을 섬기며, 不肖한 사람이 賢人을 섬기는 것은 바로 천하의 通行하는 도리이다. 사람이 존귀하면서도 남의 윗사람 된 도리를 하지 못하고, 미천하면서도 남의 아랫사람 된 것을 부끄럽게 여기면, 이것은 奸惡한 사람의 마음이다. 몸에서 간악한 마음을 떼어버리지 못하며, 행위에서 간악한 도리를 떼어버리지 못하고서, 많은 사람에게 칭찬받기를 구한다면 또한 어렵지 않겠는가?"

22. 公叔文子[1)]問於史(叟)〔臾〕[2)]曰 武子勝[3)]事趙簡子久矣어늘 其寵不解는 奚也오 史(叟)〔臾〕曰 武子勝博聞多能而位賤하야 君親而近之면 致敏以遜하고 貌而疏之면 則恭而無怨色하며 入與謀國家하고 出不見其寵하며 君賜之祿을 知足而辭라 故能久也니라

1) 公叔文子 : 춘추시대 衛나라 大夫 公叔發로, 衛 獻公의 손자이다. 시호가 貞惠文子이므로 대개 文子라 한다. ≪論語 憲問≫·≪禮記 檀弓≫·≪春秋左氏傳 襄公 29년≫
2) 史(叟)〔臾〕: 저본에는 '叟'로 되어 있으나, ≪群書拾補≫와 ≪經傳小記≫에 의거하여 '臾'로 바로잡았다. 춘추시대 衛나라 大夫로, 字는 子魚. 史鰌·史鰍로도 쓴다. 衛 靈公이 蘧伯玉을 재상으로 임용하지 않고 彌子瑕를 퇴출시키지 않자, 죽을 때 아들에게 "내 살아서 거백옥을 등용시키지 못하고 미자하를 퇴출시지 못하였으니, 正堂에 殯을 하지 말고 방에 殯하라."고 유언하였다. 조문을 온 靈公이 그 까닭을 물으니, 아버지의 유언을 들려주자 영공은 자기의 잘못이라 하고 바로 거백옥을 등용하고 미자하를 퇴출시켰다 한다. 이를 죽어서 시체로 諫하였다 하여 '屍諫'으로 일컫는다. ≪韓詩外傳 7≫·≪大戴禮記 保傅≫
3) 武子勝 : 춘추시대 趙簡子의 家臣이다.

公叔文子가 史臾에게 물었다.

"武子 勝이 趙簡子를 섬긴 지 오래되었는데 그의 총애가 해이해지지 않은 것은 무엇 때문이오?"

사유가 말했다.

"武子 勝은 見聞이 넓고 才能이 많으면서 地位가 낮아 主君이 친근히 하면 민첩함을 다하면서 겸손하고 소원히 하면 공손하면서 원망하는 기색이 없으며, 조정에 들어와서는 함께 국가의 일을 의논하고 조정에서 나가서는 총애받는 것을 드러내지 않으며, 임금이 주는 祿俸에 만족할 줄을 알아서 많이 주는 것을 사양하였소. 이 때문에 총애가 오래 이어진 것이오."

23. 泰誓[1)]曰 附下而罔上者는 死하고 附上而罔下者는 刑하며 與聞國政하야 而無益於民者는 退하고 在上位하야 而不能進賢者는 逐이라하니 此所以勸善而黜惡也라 故傳曰 傷善者는 國之殘也요 蔽善者는 國之讒也며 愬無罪者는 國之賊也라하니라

1) 泰誓 : ≪書經≫ 〈周書〉의 篇名이다. 그러나 현재의 〈泰誓〉에는 이 글이 없다.

≪書經≫〈泰誓〉에 말했다.

"낮은 사람에게 빌붙어 높은 사람을 속이는 자는 죽고, 높은 사람에게 빌붙어 낮은 사람을 속이는 자는 형벌을 받으며, 國政에 참여하면서도 백성에게 이익이 됨이 없는 자는 물러나야 하고, 높은 지위에 있으면서 賢人을 추천하지 않는 자는 퇴출시킨다."

이 말은 善한 사람을 권장하고 惡한 사람을 내친다는 것이다. 그러므로 傳에 말했다.

"선한 사람을 傷害하는 자는 국가를 해치는 사람이고, 선한 사람을 埋沒시키는 사람은 국가를 讒害하는 사람이며, 죄 없는 사람을 謀陷하는 사람은 국가를 危害하는 사람이다."

24. 王制[1)]曰 假於鬼神時日卜筮하야 以疑於衆者는 殺也라하니라

1) 王制 : ≪禮記≫의 篇名이다. 先王의 나라 다스리는 제도를 기록하였다. 현재의 ≪예기≫에는 '者'자와 '也'자가 없다.

≪禮記≫〈王制〉에 말하였다.

"鬼神·時日·卜筮 등을 빌려서 뭇사람을 의혹시키는 사람은 사형에 처해야 한다."

25. 子路爲蒲令[1)]하야 備水災하야 與民春修溝瀆하니 爲人煩苦라 故予人一簞食(사)와 一壺漿하다 孔子聞之하시고 使子貢復之[2)]하신대 子路忿然不悅하야 往見夫子하고 曰 由也以暴雨將至면 恐有水災라 故與人修溝瀆以備之어늘 而民多匱於食이라 故人與一簞食一壺漿이어늘 而夫子使賜止之하시니 何也잇고 夫子止由之行仁也로소이다 夫子以仁敎하시고 而禁其行仁也하시니 由也不受하노이다 子曰 爾以民爲餓어든 何不告於君하여 發倉廩以給食(사)之하고 而以爾私饋之오 是汝不明君之惠하고 見汝之德義也니 速已則可矣어니와 否則爾之受罪不久矣리라 子路心服而退也[3)]하니라

1) 子路爲蒲令 : 子路는 孔子의 제자로, 姓은 仲, 이름은 由, 字는 子路, 또는 季路이다. 춘추시대 魯나라 卞 땅 사람이다. 孔門四科의 政事科에 들었다. 용기를 좋아하고 자신의 잘못을 들으면 기뻐하였고, 효성이 뛰어나 부모를 위해 백 리 밖에서 쌀을 지고 왔다. 처음 노나라에서 벼슬하다가 뒤에 衛나라에서 벼슬하였으나 蒯聵의 亂에 죽었다. ≪春秋左氏傳 定公 12년·哀公 15년≫·≪史記 仲尼弟子列傳≫

蒲는 춘추시대 衛나라의 邑 이름이다. 지금의 河南省 長垣縣 지역이다. 令은 邑宰

이다. ≪春秋 桓公 3년≫

2) 使子貢復之 : ≪韓非子≫ 〈外儲說 右 上〉에는 "子貢을 보내 가서 그 밥을 엎어버리게 했다.〔使子貢往覆其飯〕"로 되어 있고, ≪孔子家語≫ 〈致思〉에는 "子貢을 보내어 만류하게 했다.〔使子貢止之〕"로 되어 있다. ≪한비자≫를 따르면 '復'은 응당 '覆'으로 읽어야 되는데, ≪太平御覽≫ 권190에 이 글을 인용하면서 "'止'자로 써서 ≪공자가어≫와 같으니, 두 가지 本이 있었던 듯하다. 아래에서 '使賜止之'라 하였으니 '止'자도 通한다."라 하였다.

3) 子路爲蒲令……子路心服而退也 : 저본에는 앞 章에 연결되어 있으나 ≪群書拾補≫와 ≪說苑校證≫을 따라 장을 나누었다.

子路가 蒲의 邑宰가 되어 水災를 대비하여 봄에 백성들과 함께 도랑을 정비하니, 사람들이 고통스러워하였기 때문에 사람마다 한 도시락의 밥과 한 병의 음료수를 지급하였다. 孔子께서 이를 들으시고 子貢을 보내 엎어버리게 하니, 자로는 화가 나고 기분이 좋지 못하여 가서 공자를 뵙고 말했다.

"저 由는 앞으로 暴雨가 오면 수재가 발생할까 걱정되었기 때문에 백성들과 함께 도랑을 정비하여 수재에 대비하였는데, 백성들이 대부분 먹을 것이 떨어졌습니다. 때문에 사람마다 한 도시락의 밥과 한 병의 음료수를 지급하였는데, 선생님께서 賜(子貢)를 보내어 저지하셨으니 무엇 때문입니까? 선생님께서는 저 由가 仁을 행하는 일을 저지하셨습니다. 선생님께서는 저에게 仁을 가르치시고 도리어 仁을 행하는 일을 금지하셨으니, 저는 수용하지 못하겠습니다."

공자께서 말씀하셨다.

"너는 백성들이 굶주리거든 어찌 임금께 보고하여 창고를 열어서 밥을 먹이지 않고 너의 개인 식량으로 먹이느냐? 이는 네가 임금의 은혜를 宣揚하지 않고 너의 恩德을 드러내는 것이니, 빨리 그만두면 괜찮지만 그렇지 않으면 너는 오래지 않아 죄를 받을 것이다."

자로는 마음속으로 복종하면서 물러갔다.

卷3 建本　根本을 세움

이 卷은 근본을 세워야 하는 문제를 提示하였다. 무슨 일을 하는 데 있어 근본 문제가 해결되어야 그 처리 결과가 좋은 것이므로 근본을 수립하는 것이 중요함을 강조하였다. 일곱 가지로 일에 따른 근본을 나누어 제시하였다.

첫째는 시작을 신중히 해야 되니, 좋은 시작이 성공의 기초가 됨을 천명하였다. 다음은 사람을 만드는 근본은 孝이고, 셋째 成長의 근본은 勤學이며, 넷째 나라를 다스리는 근본을 들었고, 다섯째 백성은 나라의 근본임을 들었다. 여섯째 나라를 다스리는 근본으로 백성의 衣食을 해결한 다음 敎化를 행해야 하고, 일곱째 世子는 나라를 편안히 하는 근본임을 사례를 통하여 제시하였다.

01. **孔子曰 君子務本**이니 **本立而道生**[1]이라하시니 **夫本不正者末必倚**요 **始不盛者終必衰**라 **詩云 原隰旣平**하며 **泉流旣淸**[2]이라하니 **本立而道生**이라 **春秋之義**는 **有正春者無亂秋**요 **有正君者無危國**이라 **易曰 建其本而萬物理**하나니 **失之毫釐**에 **差以千里**[3]라하니 **是故**로 **君子貴建本而重立始**니라

1) 孔子曰……本立而道生 : ≪論語≫ 〈學而〉에는 '有子曰'로 되어 있다. 務本은 근본에 힘씀을 이른다.
2) 詩云……泉流旣淸 : ≪詩經≫ 〈小雅 黍苗〉에 보인다.
3) 易曰……差以千里 : 현재의 ≪周易≫에는 이 말이 없다. ≪說苑校證≫과 左松超의 ≪說苑集證≫에 "≪易緯通卦驗 上≫에 보이는데, 단 '建'은 '正'으로 되어 있다."라 하였다.

孔子께서 "君子는 근본을 힘써야 하니 근본이 확립되면 道가 생긴다." 하셨으니, 뿌리가 바르지 않으면 가지가 반드시 굽어지고, 처음이 성대하지 않으면 끝에 가서 쇠퇴하는 것이다.

≪詩經≫에 "높은 곳과 낮은 곳이 이미 고르게 되고 샘물이 이미 맑다." 하였으니,

근본이 확립되면 道가 생긴다는 것이다.

≪春秋≫의 大義는 봄을 바르게 시작한 자는 혼란한 가을이 없고, 임금을 바르게 한 자는 위태로운 나라가 없다는 것이다.

≪周易≫에 "근본을 세우면 만물이 잘 다스려지니, 처음에 털끝만큼이라도 잘못되면 끝에는 천 리만큼이나 어긋나게 된다." 하였다.

이 때문에 君子는 근본 세우는 일을 귀중히 여기고 처음 시작을 중요하게 여기는 것이다.

02. 魏武侯[1]問元年於吳子[2]한대 吳子對曰 言國君必愼始也니이다 愼始奈何오 曰 正之니이다 正之奈何오 曰 明智니 智不明이면 何以見正이릿가 多聞而擇焉이 所以明智也라 是故로 古者君始聽治할새 大夫而一言하고 士而一見하며 庶人有謁이면 必達하니이다 公族請問이면 必語하며 四方至者勿距면 可謂不壅蔽矣요 分祿必及하고 用刑必中하며 君心必仁하야 思(君)〔民〕[3]之利하고 除民之害면 可謂不失民衆矣요 君身必正하고 近臣必選하며 大夫不兼官하고 執民柄者不在一族이면 可謂不權勢矣니 此皆春秋之意요 而元年之本也니이다

1) 魏武侯 : 전국시대 魏나라 임금으로, 文侯의 아들이다. 이름은 擊이다. ≪史記 魏世家≫
2) 吳子 : 吳起이다. 본서 권2 〈臣術〉 7의 주5) 참고.
3) (君)〔民〕: 저본에는 '君'으로 되어 있으나, ≪說苑校證≫과 ≪說苑纂注≫에 의거하여 '民'으로 바로잡았다.

魏 武侯가 吳子에게 元年의 의미에 대해 묻자, 오자가 대답했다.

"임금이 반드시 처음 시작할 때 愼重히 해야 함을 말한 것입니다."

"어떻게 하는 것이 처음 시작할 때 신중히 하는 것이오?"

"일처리를 바르게 하는 것입니다."

"어떻게 하는 것이 일처리를 바르게 하는 것이오?"

"밝은 智慧가 있어야 하니, 지혜가 밝지 못하면 어떻게 바른 것을 보겠습니까? 많은 의견을 들어 좋은 의견을 선택하는 것이 지혜를 밝게 하는 것입니다. 이 때문에 옛날 임금이 처음 政事를 처리할 때 大夫는 한 번 諫言을 하고 士는 한 번 만나고 庶人이 謁見하기를 요청하면 반드시 통하게 합니다. 公族이 물으면 반드시 말하며 사방에서

오는 사람들을 막지 않으면, 막고 가리지 않았다고 이를 만합니다.

祿俸을 반드시 公平하게 나눠주고 刑罰을 반드시 맞게 하며 임금의 마음은 반드시 仁慈하여 백성의 利益을 생각하고 백성의 害惡을 제거하면, 백성의 마음을 잊지 않았다고 이를 만합니다.

임금은 몸가짐을 반드시 바르게 하고 가까이 둘 신하를 반드시 嚴選하며 大夫는 兼職을 시키지 않고 백성을 다스리는 권력을 동일한 親族에 몰아주지 않으면, 權勢를 부리지 않는다고 이를 만합니다. 이것이 ≪春秋≫에 들어 있는 뜻이고, 元年의 意義입니다."

03. 孔子曰 行身有六本하니 本立焉이라야 然後爲君子니라 立體有義矣하니 而孝爲本이요 處喪有禮矣하니 而哀爲本이요 戰陣有隊矣하니 而勇爲本이요 治政有理矣하니 而農爲本이요 居國有禮矣하니 而嗣爲本이요 生才[1)]有時矣하니 而力爲本이니라 置本不固면 無務豐末이요 親戚不悅이면 無務外交요 事無終始면 無務多業이요 聞記不言이면 無務多談이요 比近不說(열)이면 無務修遠이라 是以로 反本修邇 君子之道也니라

1) 才 : '財'와 통용한다.

孔子께서 말씀하셨다.

"몸을 바르게 하여 處世하는 데에 여섯 가지 根本이 있으니, 근본을 확립하여야 그런 뒤에 君子가 된다.

몸을 바르게 處世하는 데 準則이 있으니 孝가 근본이 되고, 喪을 치르는 데 禮儀가 있으니 슬픔이 근본이 되고, 전쟁에 임하여 隊伍가 있으니 勇敢함이 근본이 되고, 정치하는 데 條理가 있으니 農業이 근본이 되고, 나라를 유지하는 데 禮法이 있으니 後嗣를 세우는 것이 근본이 되고, 財物을 생산하는 데 時期가 있으니 부지런히 힘쓰는 것이 근본이 된다.

근본을 세우는 일이 견고하지 못하면 枝葉을 무성하게 하는 데 힘쓰지 말며, 친척이 기쁘게 따르지 않으면 외부 사람과 사귀는 데 힘쓰지 말며, 하는 일에 시작은 있으나 결말이 없으면 여러 가지 사업에 힘쓰지 말며, 기억하는 것은 많으나 말로 표현해내지 못하면 말을 많이 나누는 것에 힘쓰지 말며, 가까이 있는 사람이 좋아하지 않으면 먼 지방 사람과 교제하는 데 힘쓰지 말아야 한다.

이 때문에 근본을 돌이켜 가까운 신변을 修養하는 것이 君子가 처세하는 도리이다."

04. 天之所生과 地之所養에 莫貴乎人하니 人之道는 莫大乎父子之親과 君臣之義라 父道聖이요 子道仁이요 君道義요 臣道忠이니라 賢父之於子也에 慈惠以生之하고 敎誨以成之하야 養其誼하며 藏其僞하며 時其節하며 愼其施니라 子年七歲以上이어든 父爲之擇明師하고 選良友하야 勿使見惡하고 少漸之以善하야 使之早化라 故賢子之事親에 發言陳辭에 應對不悖乎耳하며 趨走進退에 容貌不悖乎目하며 卑體賤身에 不悖乎心하나니 君子之事親以積德이니라 子者는 親之本也라 無所推而不從命이니 推而不從命者는 惟害親者也라 故親之所安을 子皆供之니라 賢臣之事君也에 受官之日에 以主爲父하고 以國爲家하며 以士人爲兄弟라 故苟有可以安國家利民人者면 不避其難하며 不憚其勞하야 以成其義라 故其君亦有助之하야 以遂其德이니라 夫君臣之與百姓은 轉相爲本하야 如循環無端이라 夫子亦云 人之行이 莫大於孝[1]라하시니 孝行成於內하야 而嘉號布於外라 是謂建之於本이면 而榮華自茂矣니라 君以臣爲本하고 臣以君爲本하고 父以子爲本하고 子以父爲本이니 棄其本면 榮華槁矣[2]니라

1) 人之行 莫大於孝 : ≪孝經≫ 〈孝德之本〉장에 보인다.
2) 天地所生……榮華槁矣 : 이 章은 저본과 四部備要本에는 위의 章과 연결되어 孔子의 말이 이어지는 것으로 되어 있으나, ≪群書拾補≫와 ≪說苑纂注≫에서 別段으로 정한 것을 따랐다.

하늘이 낳은 것과 땅이 기른 것 중에 사람보다 尊貴한 것은 없으니, 사람의 도리는 父子간의 親愛와 君臣간의 義理보다 중대한 것이 없다. 아버지의 도리는 슬기롭고, 자식의 도리는 사랑하고, 임금의 도리는 正義롭고, 신하의 도리는 忠誠하는 데 있다. 현명한 아버지는 자식에 대하여 사랑과 은혜로 기르고 가르치고 타일러 성취시켜, 도덕규범을 기르며 거짓된 행위를 단속하며 節操를 때에 맞게 하며 베풀기를 신중히 하게 한다.

자식의 나이 일곱 살 이상이 되면 아버지는 자식을 위하여 賢明한 스승을 가리고 善良한 벗을 뽑아 사악한 일을 보지 못하게 하고 조금씩 善에 물들어 조기에 교화되도록 한다. 그러므로 어질고 착한 아들이 부모를 섬길 때, 말을 하고 생각을 표현하는 사이

에 대답하는 말이 부모의 귀에 거슬리지 않으며, 빨리 걷고 進退하는 사이에 용모가 부모의 눈에 거슬리지 않으며, 몸을 낮추고 겸손히 하여 부모의 마음에 거슬리지 않으니, 君子는 부모를 섬김으로써 德行을 쌓는 것이다.

자식은 부모의 근본이다. 미루면서 명을 따르지 않는 일이 없어야 되니, 미루면서 명을 따르지 않는 자는 부모를 해치는 자이다. 그 때문에 부모가 편안한 것을 자식은 모두 제공해야 한다.

현명한 신하가 임금을 섬길 적에 벼슬을 받는 날 임금을 아버지로 여기고 나라를 집으로 여기며 士人을 형제로 여긴다. 그러므로 만일 나라를 안정시키고 백성을 이롭게 할 만한 일이 있으면 어려움을 회피하지 않으며 수고로움을 꺼리지 않고서 신하로서의 의리를 이루는 것이다. 그 때문에 임금도 그를 도와서 德을 이루게 한다.

君臣과 백성은 서로서로 근본이 되어 돌고 돌아 끝이 없는 것이다. 孔子도 "사람의 행실이 孝道보다 위대한 일이 없다." 하셨다. 孝行이 집안에서 이루어져 좋은 이름이 밖에 전파되니, 이것을 일러 뿌리를 북돋아 세우면 꽃이 저절로 무성해진다고 하는 것이다. 임금은 신하를 근본으로 삼고 신하는 임금을 근본으로 삼으며, 아버지는 자식을 근본으로 삼고 자식은 아버지를 근본으로 삼아야 되니, 뿌리를 폐기하면 꽃이 말라 시드는 것이다.

05. 子路曰 負重道遠者는 不擇地而休하고 家貧親老者는 不擇祿而仕니라 昔者由事二親之時에 常食藜藿[1]之實하고 而爲親負米百里之外러니 親沒之後에 南遊於楚하야 從車百乘하고 積粟萬鍾[2]하야 累茵而坐[3]하고 列鼎而食[4]이나 願食藜藿爲親負米之時호되 不可復得也라 枯魚銜索이면 幾何不蠹리오 二親之壽는 忽如過隙하니 草木欲長이나 霜露不使하고 賢者欲養이나 二親不待라 故曰 家貧親老면 不擇祿而仕也니라

1) 藜藿 : 명아주와 콩잎이라는 뜻으로, 변변찮은 거친 음식을 이른다. ≪韓非子 五蠹≫ · ≪文選 曹植 七啓≫

2) 萬鍾 : 많은 祿俸을 이른다. 鍾은 용량 단위이다. 1鍾은 6斛 4斗, 8斛, 10斛의 여러 설이 있다.

3) 累茵而坐 : 여러 겹의 자리를 깔고 앉는다는 뜻으로, 부유한 생활을 형용한다. 茵은 왕골이나 부들로 만든 자리나 깔개를 가리킨다.

4) 列鼎而食 : 음식을 담은 솥을 늘어놓고 먹는다는 뜻으로, 권세와 富를 가진 사람의 호

사스런 생활을 형용한다.

子路가 말했다.

"무거운 짐을 지고 먼 길을 가는 사람은 땅을 가려서 쉬지 않고, 집이 가난하고 늙은 父母를 모시는 사람은 祿俸의 많고 적음을 가리지 않고 벼슬하는 것이다.

예전에 내가 부모를 섬길 때 항상 명아주와 콩잎의 거친 음식을 먹고 부모를 위하여 백 리 밖에서 쌀을 지고 왔었다. 부모가 돌아가신 후에 남쪽의 楚나라에 가 벼슬하여 백 채의 수레가 뒤를 따르고 萬鍾의 곡식을 저장하여 여러 겹으로 깐 자리에 앉고 많은 음식을 벌려놓고 먹었으나, 명아주와 콩잎을 먹고 부모를 위하여 쌀을 짊어지고 싶어도 다시는 되지 않는다.

새끼에 꿰어놓은 마른 물고기는 얼마 동안이나 좀이 슬지 않겠는가? 부모님의 壽命은 말이 틈새를 지나가는 것처럼 빠르다. 草木이 크고 싶어도 서리와 이슬이 크지 못하게 하고, 어진 이가 부모를 봉양하고 싶어도 부모는 기다려주지 않는다. 그래서 '집이 가난하고 부모가 늙으면 녹봉의 많고 적음을 가리지 않고 벼슬하는 것이다.' 하고 말한 것이다."

06. 伯禽與康叔封[1)]朝於成王하고 見周公[2)]한대 三見而三笞어늘 康叔有駭色하야 謂伯禽曰 有商子[3)]者하니 賢人也니 與子見之호리라 康叔封與伯禽見商子하고 曰 某某也 日에 吾二子者 朝乎成王하고 見周公한대 三見而三笞하시니 其說何也오 商子曰 二子는 盍相與觀乎南山之陽고 有木焉하니 名曰橋니라 二子者 往觀乎南山之陽하니 見橋竦焉하야 實而仰이러라 反以告乎商子한대 商子曰 橋者는 父道也니라 商子曰 二子는 盍相與觀乎南山之陰고 有木焉하니 名曰梓니라 二子者 往觀乎南山之陰하니 見梓勃焉하야 實而俯러라 反以告商子한대 商子曰 梓者는 子道也니라 二子者 明日에 見乎周公할새 入門而趨하고 登堂而跪한대 周公拂其首하고 勞而食之曰 安見君子오 二子對曰 見商子하니이다 周公曰 君子哉라 商子也여

1) 康叔封 : 周 武王의 아홉째 아우로 封은 이름이다. 처음 康에 봉해졌다가 뒤에 衛君으로 改封되어 衛나라의 시조가 되었다. ≪史記 衛世家≫

2) 周公 : 周나라의 禮樂 制度를 정비한 聖人으로, 文王의 아들이며, 武王의 아우이다. 성

은 姬, 이름은 旦이다. 무왕을 보좌하여 殷나라를 멸한 후 魯나라에 봉해져 魯公이 되었으나, 封地로 가지 않고 王都에 머물러 무왕을 도왔다. 무왕이 죽고 어린 조카 成王이 즉위하자 攝政하여 周나라의 기초를 튼튼히 하였다. 孔子가 가장 尊崇한 聖人으로 추앙받는다. ≪禮記 文王世子·明堂位≫·≪史記 魯世家≫

3) 商子 : 西周시대 사람이다. 자세한 행적은 알 수가 없고, 이 章의 내용으로 미루어 賢人인 듯하다.

伯禽이 康叔 封과 함께 成王께 朝見하고 周公을 뵈었는데, 세 번 뵐 적마다 세 차례 매를 쳤다. 강숙 봉이 놀라는 안색을 띠면서 백금에게 말했다.

"商子라는 사람이 있는데 賢人이다. 자네와 함께 만나보리라."

강숙 봉이 백금과 함께 상자를 만나고 말했다.

"저희들 아무 아무가 일전에 둘이서 성왕께 조현하고 주공을 뵈었는데, 세 번 뵐 적마다 세 차례 매를 쳤으니, 그것은 무슨 뜻입니까?"

상자가 말했다.

"두 분은 어찌 함께 남산 남쪽에 가보지 않습니까? 그곳에 나무가 있으니 이름을 橋라고 합니다."

두 사람이 남산의 남쪽에 가서 살펴보니 橋木이 높이 솟아서 열매가 달려 위로 향하고 있는 것을 보았다. 돌아와 상자에게 본 대로 보고하자, 상자가 말했다.

"橋木은 아버지의 도리입니다."

상자가 다시 말했다.

"두 분은 어찌 함께 남산 북쪽에 가보지 않습니까? 그곳에 나무가 있으니 이름을 梓라고 합니다."

두 사람이 남산의 북쪽에 가서 살펴보니 梓木이 무성하여 열매가 달려 숙이고 있는 것을 보았다. 돌아와 상자에게 본 대로 보고하자, 상자가 말했다.

"梓木은 아들의 도리입니다."

두 사람이 이튿날 주공을 뵐 때 문에 들어가면서는 종종걸음을 하고, 堂에 올라서는 무릎을 꿇었다. 주공이 머리를 쓰다듬고 위로하며 음식을 먹게 하고 말했다.

"어떤 君子를 만났느냐?"

두 사람이 대답하였다.

"상자를 만났습니다."

주공이 말했다.

"君子로구나, 상자여!"

07. 曾子[1)]芸瓜而誤斬其根한대 曾晳[2)]怒하야 援大杖擊之하니 曾子仆地하다 有頃에 〈乃〉[3)]蘇하야 蹶然而起하야 進曰 曩者에 參得罪於大人하야 大人用力敎參하시니 得無疾乎잇가하고 退屛鼓琴而歌하야 欲令曾晳聽其歌聲하야 令知其平也하다 孔子聞之하시고 告門人曰 參來어든 勿內(납)也하라 曾子自以無罪라하야 使人謝孔子한대 孔子曰 汝〈不〉[4)]聞瞽叟[5)]有子名曰舜가 舜之事父也에 索而使之어든 未嘗不在側하고 求而殺之어든 未嘗可得하니 小箠則待하고 大箠則走하야 以逃暴怒也니라 今子委身以待暴怒하야 立體而不去하야 殺身以陷父不義하니 不孝孰是大乎아 汝非天子之民邪아 殺天子之民이면 罪奚如리오하시니 以曾子之材로 又居孔子之門이어늘 有罪不自知하니 處義難乎인저

1) 曾子 : 춘추시대 魯나라 사람으로, 이름은 參, 字는 子輿이다. 孔子의 제자이다. 지극한 효도로 부모를 섬겼고, 노둔하였으나 공자의 학문을 子思에게 전하고 자사는 孟子에게 전하여 후세에 宗聖으로 추앙받았다. ≪大學≫과 ≪孝敬≫을 지었다 한다. ≪史記 仲尼弟子列傳≫・≪高士傳 上≫

2) 曾晳 : 춘추시대 魯나라 사람으로, 이름은 點, 字는 晳이다. 曾子의 아버지이다. 孔子의 제자이다. 사물에 얽매이지 않고 物外에서 노닐려는 뜻이 있어 공자가 이를 許與하였다. ≪論語 先進≫・≪史記 仲尼弟子列傳≫

3) 〈乃〉 : 저본에는 '乃'가 없으나, ≪北堂書鈔≫ 권106・≪孔子家語≫・≪藝文類聚≫ 권413 등의 인용문에 '乃'자가 있고, ≪韓詩外傳≫ 권8에는 '有間乃蘇'라고 되어 있어서 보충하였다.

4) 〈不〉 : 저본에는 '不'이 없으나, ≪太平御覽≫ 권413에는 '汝不聞'으로, ≪孔子家語≫〈六本〉에는 '汝不聞乎 昔瞽叟有子曰舜'으로, ≪韓詩外傳≫ 권8에는 '汝不聞昔者舜爲人子乎'로 되어 있어 보충하였다.

5) 瞽叟 : 舜의 아버지의 별명으로 눈이 멀어서 瞽叟라 불렀다. 성질이 우둔하고 사나워 後妻와 후처 소생의 아들 象의 말만 믿고 舜을 죽이려 하였으나, 舜의 至孝에 感化되어 善人이 되었다 한다. '叟'는 '瞍'로도 쓴다. ≪書經 虞書 大禹謨≫・≪孟子 離婁 上≫・≪論衡 吉驗≫

曾子가 외밭의 풀을 매다가 잘못하여 외의 뿌리를 자르고 말았다. 그의 아버지 曾晳

이 화를 내어 큰 몽둥이를 가지고 내리치니 증자는 땅바닥에 고꾸라졌다. 한참 후에 깨어난 증자는 벌떡 일어나 아버지께 말씀드렸다.

"조금 전에 제가 아버님께 죄를 지어 아버님께서 힘을 써서 저를 가르쳐주셨습니다. 피곤하시지나 않으십니까?"

그러고는 물러나와 琴을 타며 노래를 불러 증석이 자기의 노래를 듣게 하여 자기의 평안함을 알게 하려고 하였다. 孔子께서 이 소문을 들으시고 門人에게 이르셨다.

"曾參이 여기 오거든 들여보내지 마라."

증자는 자신은 죄가 없다고 여겨 사람을 보내 공자에게 따지게 하였다. 공자께서 말씀하셨다.

"너는 瞽叟에게 舜이라는 아들이 있었음을 듣지 못했느냐? 순이 그의 아버지를 섬길 때 자기를 찾아 일을 시키려 하면 일찍이 곁에 없었던 적이 없었고, 자기를 찾아 죽이려고 하면 일찍이 찾을 수가 없었다. 작은 회초리로 칠 때는 그 매를 맞았고, 큰 몽둥이로 칠 때는 달아나서 아버지의 激怒에는 도망쳤다. 지금 너는 격노한 아버지에게 몸을 맡겨 몸을 곧추 세운 채 피해 가지 않아서 네 몸을 죽여 아버지를 不義에 빠뜨리려 하였으니, 이보다 큰 不孝가 어디 있겠느냐? 너는 天子의 백성이 아니더냐? 천자의 백성을 죽이면 그 죄가 얼마나 크겠느냐?"

증자의 材質로 게다가 공자 문하에 있었는데도 죄가 되는 것을 스스로 몰랐으니, 義理를 지키기는 어렵구나!

08. **伯兪**[1]**有過**하야 **其母笞之**한대 **泣**이어늘 **其母曰 他日**에 **笞子**호되 **未嘗見泣**이러니 **今泣**은 **何也**오 **對曰 他日**에 **兪得罪**하야 **笞**면 **嘗痛**이러니 **今母之力〈衰〉**[2]하야 **不能使痛**이라 **是以**로 **泣**하노이다하니 **故曰 父母怒之**어시든 **不作於意**하고 **不見於色**하야 **深受其罪**하야 **使可哀憐**이 **上也**요 **父母怒之**어시든 **不作於意**하고 **不見其色**이 **其次也**요 **父母怒之**어시든 **作於意**하고 **見於色**이 **下也**니라

1) 伯兪 : 西漢의 효자로, 姓은 韓이다. 伯은 柏, 兪는 瑜로도 쓴다.
2) 〈衰〉 : 저본에는 '衰'가 없으나, ≪太平御覽≫ 권649에 의거하여 보충하였다.

伯兪가 잘못을 저지른 일이 있어서 그의 어머니가 매질을 하자 흐느껴 울었다. 그의

어머니가 말했다.

"전날에는 너를 때려도 우는 것을 볼 수 없었는데, 지금 우는 것은 무슨 까닭이냐?"

백유가 대답했다.

"전날에는 제가 죄를 지어 매를 맞으면 아픔을 느꼈었는데 지금은 어머니의 힘이 쇠약하여 아픔을 주지 못하기 때문에 우는 것입니다."

그래서 이런 말이 있다.

"부모가 화를 내시거든 마음에 원망을 일으키지 않고 顔色에 불만을 드러내지 않으면서 깊이 자기의 죄를 받아들여 부모가 자기를 가엾게 여기도록 하는 것이 最上의 태도요, 부모가 화를 내시거든 마음에 원망을 일으키지 않고 안색에 불만을 드러내지 않는 것이 次善의 태도요, 부모가 화를 내시거든 마음에 원망을 일으키고 안색에 불만을 내타내는 것이 最下의 태도이다."

09. 成人有德하고 小子有造[1] 大(태)學之敎也라 時禁於其未發之曰預요 當其可之曰時요 相觀而善之曰磨요 學不陵節而施之曰馴이니 發然後禁하면 則扞格而不勝이요 時過然後學이면 則勤苦而難成이요 雜施而不遜이면 則壞亂而不治요 獨學而無友면 則孤陋而寡聞이라 故曰 有昭辟雍[2]하며 有賢泮宮[3]하야 田里周行에 濟濟鏘鏘하야 而相從執質(지)[4]하야 有族[5]以文이니라

1) 成人有德 小子有造 : ≪詩經≫ 〈大雅 思齊〉에 보인다.
2) 辟雍 : 周代 天子國의 學宮, 곧 太學으로 원형의 터에 주위를 연못으로 만들고 전면 밖에 다리를 놓아 통행하였다. 後漢 이후의 역대 王朝에도 두어, 이곳에서 鄕飮酒禮·大射禮 등을 거행하거나 제사 장소로도 삼았다. ≪白虎通 辟雍≫·≪水經注 穀水≫
3) 泮宮 : 周代 제후의 學宮이다. 춘추시대 魯 僖公이 泮水 가에 세워 음주가무·무예 단련과 공로를 축하하는 장소로 삼았다는 說이 있다. 漢代에 들어 제후의 學宮이 되었다고 하며, 學宮을 두루 이르는 말로 썼다. ≪詩經 魯頌 泮水≫·≪漢書 郊祀志 上≫·≪文獻通考 太學≫
4) 質(지) : 폐백. '贄'와 같다.
5) 族 : '동류, 무리'를 뜻한다.

成年이 된 사람은 德을 이룸이 있고 어린아이는 학문을 익힘이 있는 것이 太學의 교육이다. 나쁜 일이 발생하지 않았을 때 금지하는 것을 預防이라 하고, 가능한 때를 따

라 가르치는 것을 適時라 하며, 서로 좋은 점을 보고 따르는 것을 講磨라 하고, 배움에 절도를 넘지 않고 가르치는 것을 馴이라 한다.

나쁜 일이 발생한 뒤에 금지하면 서로 부딪쳐서 극복하지 못하고, 시기가 지난 뒤에 배우면 애만 쓰지 이루기 어려우며, 잡다하게 가르쳐서 순서를 따르지 않으면 혼란하여 다스려지지 않고, 혼자서 공부하여 도와주는 벗이 없으면 학식이 좁고 견문이 적다. 그 때문에 이런 말이 있다.

"天子에게는 밝은 辟雍이 있고 제후에게는 좋은 泮宮이 있어서, 마을과 큰길에 威儀가 훌륭한 학자가 많아 폐백을 가지고 서로 따라 文學으로 同類를 모은다."

10. 周召公[1)]年十九에 見正而冠하니 冠則可以爲方伯[2)]諸侯矣라 人之幼稚童蒙之時에 非求師正本이면 無以立身全性이니라 夫幼者必愚니 愚者妄行이요 愚者妄行이면 不能保身이라 孟子曰 人皆知以食愈飢나 莫知以學愈愚[3)]라 故善材之幼者는 必勤於學問以修其性이니라 今人誠能砥礪其材하야 自誠其神明이면 睹物之應하고 通道之要하며 觀始卒之端하고 覽無外之境하야 逍遙乎無方之內하고 彷徉乎塵埃之外하야 卓然獨立하고 超然絶世니 此上聖之所〈以〉[4)]遊神也라 然晩世之人은 莫能이니라 閒居(心)〔靜〕[5)]思하야 鼓琴讀書하며 追觀上古하야 友賢大夫하며 學問講辯하야 日以自虞하며 疏遠世事하야 分明利害하며 籌策得失하야 以觀禍福하며 設義[6)]立度하야 以爲法式하며 窮追本末하야 究事之情하며 死有遺業하야 生有榮名이니 此皆人材之所能(建)〔逮〕[7)]也라 然莫能爲者는 偸慢懈墮하야 多暇日之故也라 是以로 失本而無名이니라 夫學者는 崇名立身之本也니 儀狀齊等이면 而飾貌者好요 質性同倫이면 而學問者智라 是故로 砥礪琢磨는 非金也로되 而可以利金이요 詩書辟(立)〔言〕[8)]은 非我也로되 而可以厲心이니라 夫問訊之士는 日夜興起하야 厲中益知하야 (以分別理)〔以別分理〕[9)]라 是故로 處身則全하야 立身不殆니라 士苟欲深明博察하야 以垂榮名호되 而不好問訊之道면 則是伐智本而塞智原也라 何以立軀也리오 騏驥雖疾이나 不遇伯樂[10)]이면 不致千里요 干將[11)]雖利나 非人力이면 不能自斷焉이요 烏號[12)]之弓雖良이나 不得排檠[13)]이면 不能自(任)〔正〕[14)]이요 人才雖高나 不務學問이면 不能致聖이니라 水積成川이면 則蛟龍生焉하고 土積成山이면 則豫樟[15)]生焉하고 學積成聖이면 則富貴尊顯至焉이니라 千金

之裘는 非一狐之皮요 臺廟之榱는 非一木之枝요 先王之法은 非一士之智也라 故曰 訊問者는 智之本이요 思慮者는 智之道也라 中庸曰 好問[16]은 近乎智하고 力行은 近乎仁하고 知恥는 近乎勇이라하니라 積小之能大者는 其惟仲尼乎신저 學者는 所以反情治性盡才者也라 親賢學問은 所以長德也요 論交合友는 所以相致也라 詩云 如切如瑳[17]하며 如琢如磨라하니 此之謂也니라

1) 周召公 : 周 文王의 아들로, 이름은 奭, 시호는 康이다. '召'는 '邵'로도 쓴다. 형 武王이 紂를 擊滅한 뒤 北燕에 봉하여 燕나라의 시조가 되었고, 成王 때 三公이 되어 周公과 함께 어린 성왕을 도와 善政을 행하였다. ≪詩經 召南 甘棠≫·≪史記 周本紀≫
2) 方伯 : 殷周시대 한 방면을 다스리는 제후들의 우두머리를 이른다. 뒤에는 지방 장관을 이르는 말로 썼다. ≪禮記 王制≫·≪史記 周本紀≫
3) 孟子曰……莫知以學愈愚 : 현재의 ≪孟子≫에는 없다. ≪群書拾補≫에 "≪孟子外書≫ 〈性善辨〉에 나온다." 했는데, 지금의 ≪孟子外書≫는 僞書로, 이 구절을 표절한 것이다.
4) 〈以〉 : 저본에는 '以'가 없으나, ≪淮南子≫ 〈修務訓〉에 의해 보충하였다.
5) (心)〔靜〕 : 저본에는 '心'으로 되어 있으나, ≪淮南子≫ 〈修務訓〉을 따라 '靜'으로 바로잡았다.
6) 義 : 儀와 통용하며, 법도를 이른다. ≪淮南子≫ 〈修務訓〉에는 '儀'로 썼다.
7) (建)〔逮〕 : 저본에는 '建'으로 되어 있으나, ≪淮南子≫ 〈修務訓〉에 따라 '逮'로 바로잡았다.
8) 辟(立)〔言〕 : '立'을 ≪說苑纂注≫와 ≪說苑校證≫에 '言'의 오자라 하였고, ≪詩經≫ 〈小雅 雨無正〉의 "어찌 하늘은 법도에 맞는 말을 믿지 않는가.〔如何昊天 辟言不信〕"의 〈毛傳〉에 "辟 法也"라 하였으므로, '辟立'을 '法言'으로 번역하였다.
9) (以分別理)〔以別分理〕 : 저본에는 '以分別理'로 되어 있으나, ≪說苑校證≫에 의거하여 바로잡았다.
10) 伯樂 : 춘추시대 秦 穆公 때 사람으로, 姓은 孫, 이름은 陽이다. 말의 상을 잘 보아, 伯樂이 한 번 말을 돌아보면 값이 10배나 뛰었다 한다. 뒤에 인재를 잘 알아본다는 뜻으로, '伯樂相馬'·'伯樂一顧'라는 말이 생겼다.
11) 干將 : 고대의 名劍 이름으로, 良劍을 두루 이르는 말로 쓴다. 원래는 춘추시대 吳나라의 劍을 만드는 匠人의 이름인데, 그의 아내 莫邪(야)와 함께 吳王 闔閭에게 陽劍인 干將, 陰劍인 莫邪를 만들어 바쳤다고 한다. ≪呂氏春秋 當務≫·≪吳越春秋 闔閭內傳≫
12) 烏號 : 고대의 良弓 이름이다. 원래는 까마귀가 앉았다가 날려고 하면 휘어졌다 펴지는 반동의 힘으로 까마귀가 날지 못하고 운다는 뽕나무의 이름인데, 그 나무로 만든 활의 이름이 되었다. 일설에는 黃帝가 신선이 되어 용을 타고 昇天하는데 황제를 내려오게 하려고 신하가 활을 쏘았으나 맞히지 못해 활을 안고 '烏號' 하며 울었다 하여 붙

여진 이름이라고 한다. ≪淮南子 原道訓(高誘 注)≫

13) 排檠 : 도지개. 틈이 가거나 뒤틀린 활을 바로잡는 기구를 가리킨다.

14) (任)〔正〕: 저본에는 '任'으로 되어 있으나, ≪管子≫ 〈輕重 甲〉에 "十鈞의 무거운 쇠뇌도 도지개를 얻지 못하면 스스로 바르게 되지 못한다.〔十鈞之弩 不得檠橵 不能自正〕"라 되어 있고, ≪荀子≫ 〈性惡〉에도 "繁弱과 鉅黍는 고대의 좋은 활이지만 도지개를 얻지 못하면 스스로 바르게 되지 못한다.〔繁弱鉅黍 古之良弓也 不得排橵 不能自正〕"로 되어 있어, 이 글의 근본이므로 '正'으로 바로잡았다.

15) 豫樟 : 枕木과 樟木이다. 일설에는, 樟木만을 이른다고 한다. 좋은 나무로, 재능이 있는 사람을 비유하는 말로도 쓴다. ≪戰國策 宋衛策≫ · ≪史記 司馬相如傳≫

16) 問 : 현재의 ≪中庸≫ 20章에는 '學'으로 되어 있다.

17) 瑳 : 현재의 ≪詩經≫ 〈衛風 淇奧〉에는 '磋'로 되어 있는데 통용이다.

周나라 召公의 나이 19세에 바른 품성이 드러나고 冠禮를 행하니, 관례를 하면 諸侯의 方伯이 될 수 있다. 사람이 어린 童蒙일 때에 스승을 찾아 근본을 바르게 하지 않으면, 수양하여 몸을 바르게 세우고 本性을 온전히 할 수가 없다.

어린이는 반드시 어리석으니 어리석은 사람은 함부로 행동하고, 어리석은 사람이 함부로 행동하면 몸을 보전하지 못한다. 孟子는 "사람은 모두 밥을 먹어서 배고픔을 면할 줄은 알지만, 배워서 어리석음을 고칠 줄은 모른다."고 하였다. 그 때문에 좋은 재질을 가진 어린이는 반드시 부지런히 학문에 힘써서 본성을 수양해야 한다.

지금 사람이 진실로 자기의 재질을 갈고 닦아 스스로 자기의 精神을 성실히 하면 사물의 호응함을 보고 道義의 요체를 통하며, 사물의 처음과 끝의 端緖를 관찰하고 광대하여 끝이 없는 세계를 보게 되어, 한계가 없는 그 안에서 逍遙하고 세상의 티끌이 없는 밖에서 徘徊하여 우뚝 혼자 나아가고 초연히 세속에서 벗어나니, 이것이 최고의 성인이 마음이 얽매이지 않고 자유로운 것이다.

그러나 근세 사람은 잘하지 못한다. 한가롭게 거처하고 고요히 사색하면서 琴을 타고 책을 읽으며 上古의 성인을 돌이켜 관찰하여 현명한 大夫와 벗하며, 학문하고 강론·변별하여 날마다 스스로 즐기며, 세상일을 멀리하여 利害를 분명히 하며, 得失을 헤아려서 禍福을 미리 관찰하며, 法度를 세워 法式으로 삼으며, 本末을 철저히 추구하여 사물의 실정을 찾으며, 죽어서는 事業을 남기고 살아서는 영광된 名聲이 있어야 되니, 이는 모두 인재라면 미칠 수 있는 것이다. 그러나 잘하지 못하는 이유는 소홀하고 게을러서 일없이 한가롭게 지내는 날이 많기 때문이니, 이러므로 근본을 잃어서 좋은 명성이 없는 것이다.

학문은 명성을 높이고 수양하여 몸을 바로 세우는 근본이다. 儀表와 容貌가 똑같은 경우라면 용모를 꾸민 사람이 더욱 아름답고, 資質과 品性이 같은 경우라면 학문한 사람이 더욱 지혜롭다. 이 때문에 연장을 가는 숫돌은 쇠가 아니지만 쇠를 날카롭게 할 수 있고, ≪詩經≫·≪書經≫의 법도에 맞는 말은 내가 쓴 것이 아니지만 내 마음을 갈고 닦을 수 있다.

묻고 배우기를 좋아하는 사람은 밤낮으로 마음을 진작하여 마음을 갈고 닦아 더욱 지혜로워져서 事理를 구별한다. 이 때문에 처신을 완전하게 하고 수양하여 몸을 바로 세워 위태로워지지 않는다.

사람이 만일 깊이 밝히고 널리 살펴서 영광된 명성을 전하려고 하면서 배우고 묻는 도리를 좋아하지 않으면, 이것은 지혜의 근본을 해치고 지혜의 근원을 막는 것이다.

어떻게 수양하여 몸을 바로 세우겠는가. 천리마는 빠르지만 伯樂을 만나지 못하면 천리를 갈 수가 없고, 干將은 날카로운 劍이지만 사람의 힘을 빌리지 않으면 제 스스로는 물건을 자르지 못하고, 烏號는 아주 좋은 활이지만 도지개를 얻지 못하면 스스로 감당하지 못하고, 사람은 재주가 높더라도 학문에 힘쓰지 않으면 聖人에 이르지 못한다.

많은 물이 모여 큰 내를 이루면 蛟龍이 생존하고, 많은 흙이 쌓여 산을 이루면 좋은 豫樟나무가 자라고, 많은 학문이 쌓여 성인을 이루면 富貴와 尊顯한 지위가 오게 된다. 千金의 값을 가진 갖옷은 한 마리 여우 가죽으로 만든 것이 아니고, 樓閣과 宗廟의 서까래는 한 나무의 가지로 지은 것이 아니고, 先王의 禮法은 한 지식인의 지혜로 제정한 것이 아니다. 그래서 이런 말이 있다.

"묻고 배우는 것은 지혜의 근본이고, 思考를 잘하는 것은 지혜를 소유하는 길이다."

≪中庸≫에 말했다.

"묻기를 좋아하는 일은 智에 가깝고, 힘써 실천하는 일은 仁에 가깝고, 부끄러움을 아는 것은 勇에 가깝다."

작은 일을 쌓아 위대하게 된 사람은 孔子일 것이다.

학문을 탐구하는 것은 바른 性情을 회복하고 品性을 수양하며 재능을 다하는 것이다. 어진 이를 친근히 하여 배우고 묻는 것은 德이 자라게 하는 것이고, 친구와 토론하여 의기가 투합하는 것은 서로 도와 이루어주는 것이다. ≪詩經≫에 "자르듯이 갈듯이 하며, 쪼듯이 갈듯이 한다.” 하였는데, 이를 이르는 말이다.

11. 今夫辟地殖穀하야 以養生送死하며 銳金石하고 雜草藥以攻疾하며 各知構室屋以避暑雨하며 累臺榭以避潤濕이라 入知親其親하고 出知尊其君하며 內有男女之別하고 外有朋友之際하니 此聖人之德教라 儒者 受之傳之하야 以教誨於後世니라 今夫晩世之惡人은 反非儒者하야 曰 何以儒爲오하나니 如此人者는 是非本也라 譬猶食穀衣絲호되 而非耕織者也요 載於船車하야 服而安之호되 而非工匠者也요 食於釜甑하야 須以生活호되 而非陶冶者也니 此言違於情而行矇於心者也라 如此人者는 骨肉不親也하며 秀士不友也하나니 此三代之棄民也라 人君之所不赦也하나니 故詩云 投畀豺虎호리라 豺虎不食이어든 投畀有北[1]호리라 有北不受어든 投畀有昊[2]리라하니 此之謂也니라

1) 有北 : 북방의 춥고 황량한 지역을 이르며, 有는 말머리의 助辭이다.
2) 詩云……投畀有昊 : ≪詩經≫ 〈小雅 巷伯〉에 보인다.

토지를 개간하고 곡식을 심어 살았을 적에는 봉양하고 죽었을 적에는 후하게 장례를 치러 보내며, 쇠와 돌을 날카롭게 갈고 여러 藥草를 혼합하여 病을 치료하며, 사람마다 집을 지어 더위와 비를 피하고 누각을 쌓아서 습기를 피할 줄을 안다. 집에 들어와서는 부모를 親愛하고 조정에 나가서는 임금을 尊敬하며, 집 안에서는 남녀 사이의 분별이 있고 집 밖에서는 친구와 사귐이 있으니, 이것이 道德으로 사람을 인도하는 聖人의 가르침이다. 儒者는 이를 받아 전하여 후세 사람을 가르치고 깨우쳐주는 것이다.

근세 이후의 惡人은 도리어 儒者를 비난하여 “무엇하러 儒家를 하느냐?”라고 하니, 이와 같은 사람은 바로 근본을 비난하는 것이다. 비유하면 곡식을 먹고 織物을 입으면서도 농사짓고 길쌈하는 사람을 비난하고, 배나 수레를 타면서 사용하고 편안함을 누리면서도 工匠을 비난하고, 가마솥과 시루에 밥을 지어 이것에 의지하여 살면서도 陶工과 대장장이를 비난하는 사람과 같다. 이는 常情을 위배하고 마음이 蒙昧한 사람을 말하는 것이다.

이와 같은 사람은 부자・형제를 친애하지 않으며, 뛰어난 인재와 벗하지 않으니, 이것은 三代時代의 버린 사람으로 임금이 용서하지 않는다. 그래서 ≪詩經≫에 “승냥이

나 호랑이에게 던져주리라. 승냥이나 호랑이가 잡아먹지 않거든, 추운 북방에 던져버리리라. 추운 북방이 받아들이지 않거든, 멀리 하늘에 던져버리리라." 하였으니, 이를 이르는 말이다.

12. 孟子曰 人知糞其田호되 莫知糞其心하나니 糞田은 莫過利苗得粟이나 糞心이면 易行而得其所欲이니라 何謂糞心고 博學多聞이니라 何謂易行고 一性止淫也[1]니라

1) 孟子曰……一性止淫也 : 이 문단은 ≪孟子外書≫ 〈性善辨〉에 보인다. 다만 앞부분에 "사람들은 모두 음식을 먹어 허기를 채울 줄은 알되 학문을 하여 어리석음을 고칠 줄은 모른다.〔人皆知以食愈飢 莫知以學愈愚〕"라는 말이 더 있다.

孟子가 말했다.

"사람은 자기의 밭에 거름을 주어 가꿀 줄은 알되, 자기의 마음은 거름을 주어 가꿀 줄은 모른다. 밭에 거름을 주어 가꾸는 것은 곡식의 싹이 잘 자라 많은 곡식을 얻는 데 지나지 않으나, 마음에 거름을 주어 가꾸면 행실을 改善하여 원하는 바를 얻게 된다.

무엇을 마음에 거름을 주어 가꾼다고 하는가? 널리 배우고 많은 見聞을 하는 것이다. 무엇을 행실을 改善한다고 하는가? 純一한 본성을 지키고 邪惡한 행위를 금지하는 것이다."

13. 子思[1]曰 學은 所以益才也요 礪는 所以致刃也라 吾嘗幽處而深思호되 不若學之速이요 吾嘗跂而望호되 不若登高之博見이라 故順風而呼면 聲不加疾而聞者衆하고 登丘而招면 臂不加長而見者遠이라 故魚乘於水하고 鳥乘於風하고 草木乘於時니라

1) 子思 : 춘추시대 魯나라 사람으로 孔子의 손자이다. 이름은 伋이고, 子思는 字이다. 曾子에게 수학하여 공자의 학문을 이었으며, 魯 穆公의 스승이 되었다. ≪子思≫ 23篇을 지었다 하나 지금 전하지 않고, ≪中庸≫을 지어 공자의 학문을 전하였다. ≪漢書 匡張孔馬傳≫

子思가 말했다.

"배움은 재주를 높이는 수단이고, 숫돌은 칼날을 날카롭게 세우는 도구이다. 내 일찍이 깊고 고요한 곳에 처하여 깊이 사색해보았으나 배워서 빨리 효과를 얻는 것만 못하고, 내 일찍이 발뒤꿈치를 들고 바라보았으나 높은 곳에 올라가서 널리 보는 것만 못하

였다. 그래서 바람이 부는 방향을 따라 소리치면 소리를 더욱 빠르게 하지 않아도 듣는 이가 많고, 높은 언덕에 올라 손짓하여 부르면 팔을 더욱 길게 하지 않아도 먼 곳에 있는 사람도 보게 된다. 그래서 물고기는 물을 타고 헤엄치며, 새는 바람을 타고 날며, 草木은 節氣를 타고 生長하는 것이다."

14. 孔子曰 可以與人終日而不倦者는 其惟學乎인저 其身體不足觀也며 其勇力不足憚也며 其先祖不足稱也며 其族姓不足道也나 然而可以(開)〔聞〕[1]四方而昭於諸侯者는 其惟學乎인저 詩曰 不愆不亡하야 率由舊章[2]이라하니 夫學之謂也니라

1) (開)〔聞〕: 저본에는 '開'로 되어 있으나, ≪韓詩外傳≫ 권6과 ≪孔子家語≫ 〈致思〉에 의거하여 '聞'으로 바로잡았다.
2) 不愆不亡 率由舊章 : ≪詩經≫ 〈大雅 假樂〉에 보인다. 현재의 ≪詩經≫에는 '亡'이 '忘'으로 되어 있는데, '亡'은 '忘'과 통용이다.

孔子께서 말씀하셨다.

"사람과 함께 온종일 이야기하여도 권태롭지 않은 것은 아마 學問일 것이다. 그의 身體는 볼 만한 것이 없으며, 그의 勇力은 두려울 만한 것이 없으며, 그의 先祖는 칭송할 만한 것이 없으며, 그의 門閥은 말할 만한 것이 없으나, 그럼에도 사방에 이름이 알려지고 제후에게 드러나는 것은 다만 학문일 것이다."

≪詩經≫에 "잘못하지도 않고 잊지도 않아서, 先王의 옛 典章을 따른다." 하였으니, 학문함을 이르는 말이다.

15. 孔子曰 鯉[1]야 君子不可以不學이요 見人不可以不飾이니 不飾則無(根)〔貌〕[2]요 無(根)〔貌〕則失(理)〔敬〕[3]요 失理(敬)則不忠이요 不忠則失禮요 失禮則不立이니라 夫遠而有光者는 飾也요 近而逾明者는 學也니 譬之如汚池하야 水潦注焉이면 菅蒲生之하나니 從上觀之에 〈誰〉[4]知其非源也리오

1) 鯉 : 孔子의 아들 孔鯉로, 字는 伯魚이다. 출생할 때 魯 昭公이 孔子에게 鯉魚(잉어)를 선물로 보냈기 때문에 이를 영광으로 여겨 이름으로 삼았다 한다. 나이 50세에 孔子보다 먼저 죽었다. ≪史記 孔子世家≫
2) (根)〔貌〕: 저본에는 '根'으로 되어 있으나, ≪尙書大傳≫ 〈略說〉과 ≪大戴禮記≫ 〈勸

學〉에 '貌'로 되어 있어서 따랐다.

3) (理)〔敬〕: 저본에는 '理'로 되어 있으나, ≪尚書大傳≫ 〈略說〉과 ≪大戴禮記≫ 〈勸學〉에 '敬'으로 되어 있어서 따랐다.

4) 〈誰〉: 저본에는 '誰'가 없으나, ≪尚書大傳≫ 〈略說〉·≪大戴禮記≫ 〈勸學〉에 '誰'자가 있고, ≪孔子家語≫ 〈致思〉에는 '孰'자가 있어 '誰'를 보충하였다.

孔子께서 말씀하셨다.

"鯉야! 君子는 배우지 않으면 안 되고, 사람을 만날 때는 꾸미지 않으면 안 된다. 꾸미지 않으면 좋은 容貌가 없고, 좋은 용모가 없으면 恭敬함을 잃고, 공경함을 잃으면 마음을 다하지 않고, 마음을 다하지 않으면 禮를 잃고, 禮를 잃으면 세상에 서지 못한다. 먼 곳에 있으면서 빛이 나는 것은 꾸민 효과이고, 가까운 곳에 있으면서 더욱 밝은 것은 學問의 효과이다. 비유하면 학문은 연못과 같아서 빗물이 흘러들면 왕골이나 부들이 자라니, 물길의 위에서 볼 때 그 누가 源泉이 아님을 알겠느냐!"

16. 公扈子[1)]曰 有國者는 不可以不學春秋라 生而尊者는 驕하고 生而富者는 傲하니 生而富貴하고 又無鑑而自得者 鮮矣니라 春秋는 國之鑑也라 春秋之中에 弑君三十六이요 亡國五十二요 諸侯奔走不得保其社稷者 甚衆하니 未有不先見而後從之者也니라

1) 孔扈子 : 춘추시대 사람으로 생평 행적은 자세히 알 수 없다.

公扈子가 말했다.

"나라를 소유한 君主는 ≪春秋≫를 배우지 않으면 안 된다. 나면서부터 尊貴한 사람은 驕慢하고, 나면서부터 富裕한 사람은 傲慢하니, 나면서부터 富貴하고, 또 거울로 자신을 비춰보듯이 警戒하지 않으면서 자신을 보전한 사람은 드물다. ≪춘추≫는 나라의 거울이다. ≪춘추≫의 기록 중에 임금을 시해한 사건이 36건이고, 멸망한 나라가 52국이며, 도망쳐서 社稷을 보전하지 못한 諸侯가 매우 많으니, 먼저 그런 나라들을 보고 난 뒤에 자기도 그 길을 따르는 자는 있지 않다.

17. 晉平公이 問於師曠[1)]曰 吾年七十이니 欲學호되 恐已暮矣로라 師曠曰 何不炳燭乎잇가 平公曰 安有爲人臣而戲其君乎아 師曠曰 盲臣[2)]이 安敢戲其君乎잇가 臣聞

之호니 少而好學은 如日出之陽이요 壯而好學은 如日中之光이요 老而好學은 如炳燭之明이라하니 炳燭之明이 孰與昧行乎잇가 平公曰 善哉로다

1) 師曠 : 춘추시대 晉나라의 樂師이다. 음률의 변별에 밝아 '師曠之聰'이라는 말이 전한다. ≪孟子 離婁 上≫·≪莊子 齊物論≫
2) 盲臣 : 師曠이 자칭한 말이다. 고대의 樂師는 모두 소경이었기 때문에 이른 말이다.

晉 平公이 師曠에게 물었다.

"내 나이 70이니 배우고 싶으나 이미 늦지 않았을까 걱정된다."

사광이 말했다.

"어찌 촛불을 밝히지 않으십니까?"

평공이 말했다.

"어찌 신하가 되어 그 임금을 희롱하느냐."

사광이 말했다.

"눈이 먼 신하가 어떻게 감히 임금님을 희롱하겠습니까! 臣은 들으니 '젊어서 학문을 좋아하는 것은 막 떠오르는 햇빛과 같고, 壯年에 학문을 좋아하는 것은 正午의 햇빛과 같고, 늙어서 학문을 좋아하는 것은 촛불을 켠 밝음과 같다.'고 합니다. 촛불을 켜서 밝히고 가는 것과 어둠 속에서 가는 것 중에 어느 것이 낫습니까?"

평공이 말했다.

"훌륭한 말이다."

18. 河間獻王曰 湯稱學聖王之道者는 譬如日焉이요 靜居獨思는 譬如火焉이라하니 夫捨學聖王之道는 若舍日之光이라 何乃獨思若火之明也리오 可以見小耳요 未可用大知니 惟學問이라야 可以廣明德慧也니라

河間獻王이 말했다.

"湯王이 말하기를 '聖王의 道를 배우는 것은 비유하면 태양과 같고, 조용한 곳에 거처하며 홀로 사색하는 것은 불과 같다.' 하였다. 성왕의 도를 배우는 일을 버리는 것은 마치 태양의 빛을 버리는 것과 같다. 어찌 불의 밝음과 같은, 홀로 사색하는 일을 하리오? 불의 밝음은 작은 것만을 볼 수 있을 뿐이고, 큰 지혜를 얻는 데는 쓸 수가 없다.

오직 學問이라야 도덕과 지혜를 넓히고 밝게 할 수 있다."

19. 梁丘據[1)]謂晏子曰 吾至死不及夫子矣로소이다 晏子曰 嬰聞之호니 爲者常成하고 行者常至라하니 嬰非有異於人也라 常爲而不置하고 常行而不休者라 故難及也니라

1) 梁丘據 : 춘추시대 齊나라 大夫로, 景公의 寵臣이다. ≪春秋左氏傳 昭公 26년·定公 10년≫

梁丘據가 晏子에게 말했다.

"저는 죽어도 선생께 미치지 못하겠습니다."

안자가 말했다.

"나는 들으니 '끊임없이 하는 사람은 항상 성공하고, 끊임없이 가는 사람은 항상 도달한다.' 했소. 나는 남과 다른 점이 있지 않소. 늘 일을 하여 놓지 않았고, 늘 가면서 쉬지 않았기 때문에 나에게 미치기 어려운 것이오."

20. 甯越[1)]은 中牟[2)]鄙人也라 苦耕之勞러니 謂其友曰 何爲而可以免此苦也오 友曰 莫如學이니 學(二)〔三〕[3)]十年이면 則可以達矣리라 甯越曰 請十五歲하노니 人將休어든 吾將不休하고 人將臥어든 吾不敢臥호리라 十(三)〔五〕[4)]歲學에 而周威公[5)]師之하다 夫走者之速也나 而〈不〉[6)]過二里止하고 步者之遲也나 而百里不止하나니 今甯越之材而久不止하니 其爲諸侯師 豈不宜哉아

1) 甯越 : 전국시대 趙나라 사람이다. 농사짓는 괴로움에서 벗어나기 위해 15년 동안 열심히 공부하여 출세하였다. ≪呂氏春秋 博志≫·≪文選 博奕論≫

2) 中牟 : 전국시대 趙나라의 邑이다. 춘추시대에는 晉나라의 邑이었으나 晉나라가 분열된 이후에 趙나라 영토가 되어 한때 首都가 되었다. 현재의 河南省 鶴壁 서쪽이다. ≪史記 趙世家≫

3) (二)〔三〕: 저본에는 '二'로 되어 있으나, ≪呂氏春秋≫ 〈博志〉에 의거하여 '三'으로 바로잡았다.

4) (三)〔五〕: 저본에는 '三'으로 되어 있으나, ≪呂氏春秋≫ 〈博志〉에 의거하여 '五'로 바로잡았다.

5) 周威公 : 전국시대 西周의 제후이다. ≪史記≫ 〈周本紀〉에 "周 考王이 아우를 河南에 봉하니 이 사람이 桓公인데 周公의 관직을 이었다. 桓公이 죽은 뒤 威公이 代立하였

다." 하였다.

6) 〈不〉: 저본에는 '不'이 없으나, ≪呂氏春秋≫ 〈博志〉에 의거하여 보충하였다.

甯越은 中牟의 시골 사람이다. 농사짓는 노고를 괴롭게 여겼는데, 그의 친구에게 이렇게 말했다.

"어떻게 하면 이 괴로움에서 벗어날 수 있을까?"

친구가 말했다.

"공부하는 것보다 좋은 것이 없으니 30년 동안만 공부하면 顯達할 것이다."

영월이 말했다.

"15년 동안만 공부하겠으니, 남이 쉬거든 나는 쉬지 않고 남이 누워 자거든 나는 감히 누워 자지 않고 공부할 것이다."

영월은 15년 동안 공부하여 周나라 威公이 그를 스승으로 삼았다.

달리는 사람은 속도가 빠르지만 2리 길을 지나지 못하여 멈추고, 걸어가는 사람은 속도가 느리지만 백 리를 가도 멈추지 않는다. 지금 영월의 재능으로 오랫동안 멈추지 않고 공부하였으니, 그가 諸侯의 스승이 된 것은 어쩌면 당연한 일이 아니겠는가?

21. 孔子謂子路曰 汝何好오 子路曰 好長劍하노이다 孔子曰 非此之問也라 (請)〔謂〕[1]以汝之所能으로 加之以學이면 豈可及哉아 子路曰 學亦有益乎잇가 孔子曰 夫人君이 無諫臣則失政하고 士無教友則失(德)〔聽〕[2]이니라 狂馬不釋其策하고 (操)〔燥〕[3]弓不返於檠이라 木受繩則直하고 人受諫則聖이니 受學重問이면 孰不順成이리오 毁仁惡士면 且近於刑이니 君子不可以不學이니라 子路曰 南山有竹하니 弗揉自直하야 斬而射之하면 通於犀革하나니 又何學爲乎리잇가 孔子曰 括而羽之하고 鏃而砥礪之면 其入不益深乎아 子路拜曰 敬受教哉호리이다

1) (請)〔謂〕: 저본에는 '請'으로 되어 있으나, ≪孔子家語≫ 〈子路初見〉에 의거하여 '謂'로 바로잡았다.

2) (德)〔聽〕: 저본에는 '德'으로 되어 있으나, ≪孔子家語≫ 〈子路初見〉에 '聽'으로 되어 있고, 이 두 句와 아래 글이 모두 協韻으로 되어 있어서 '聽'으로 바로잡았다.

3) (操)〔燥〕: 저본에는 '操'로 되어 있으나, "'操'는 '燥'의 誤字인 듯하다."는 ≪說苑校證≫에 의거하여 '燥'로 바로잡았다.

孔子께서 子路에게 말씀하셨다.

"너는 무얼 좋아하느냐?"

자로가 말했다.

"저는 長劍을 좋아합니다."

공자께서 말씀하셨다.

"이것을 물은 게 아니다. 너의 타고난 재능으로 배우는 일을 더한다면 남이 어찌 너에게 미칠 수 있겠느냐는 말이다."

자로가 말했다.

"배우는 것도 이익됨이 있습니까?"

공자께서 말씀하셨다.

"임금에게 諫하는 신하가 없으면 정치를 잘못하게 되고, 士에게 가르쳐주는 친구가 없으면 좋은 말을 듣지 못한다. 미친 듯이 달리는 말은 채찍을 놓을 수 없고, 말려서 굳어진 활은 도지개에 되돌려 바로잡지 못한다. 나무는 먹줄을 받으면 곧아지고 사람은 諫하는 말을 받아들이면 거룩하고 슬기로워지니, 학문을 하고 묻는 일을 중시하면 누군들 순조롭게 이루지 않겠느냐! 仁을 헐뜯고 士를 미워하면 장차 형벌을 받는 데에 가까울 것이니, 君子는 학문을 하지 않으면 안 된다."

자로가 말했다.

"南山에 대나무가 있는데 바로잡지 않아도 절로 곧아서, 베어다가 화살을 만들어 쏘면 코뿔소의 가죽도 뚫는데 학문을 해서 뭐하겠습니까?"

공자께서 말씀하셨다.

"오늬를 만들어 깃을 붙이고 살촉을 박아 날카롭게 갈면 더욱 깊이 뚫고 들어가지 않겠느냐?"

자로가 절을 하며 말했다.

"삼가 가르침을 받겠습니다."

22. 子路問於孔子曰 請釋古之學하고 而行由之意하노니 可乎잇가 孔子曰 不可하다 昔者에 東夷慕諸夏[1)]之義러니 有女하야 其夫死커늘 爲之內私壻[2)]하고 終身不嫁하니 不嫁則不嫁矣나 然非貞節之義也라 蒼梧[3)]之弟 娶妻而美好어늘 請與兄易하니 忠則

忠矣나 然非禮也라 今子欲釋古之學하고 而行子之意면 庸知子用非爲是하고 用是爲非乎아 不順[4]其初면 雖欲悔之나 難哉인저

1) 諸夏 : 周代에 中原 지역에 分封한 각 諸侯國으로, 中原 지역을 두루 이른다.
2) 私壻 : 딸을 위하여 정식으로 혼인하지 않고 들인 사위를 이른다. 예전에 東夷族의 여자는 남편이 죽으면 다시 정식으로 혼인을 하지 않고 남자를 불러들여 짝을 지었는데, 여자 집에서 불러들인 사람을 私壻라 불렀다 한다.
3) 蒼梧 : 사람 이름이다. ≪孔子家語≫ 〈六本〉에는 '蒼梧嬈'로, ≪淮南子≫ 〈氾論訓〉에는 '蒼梧繞'로 되어 있다.
4) 不順 : '順'은 예전에 '愼'과 통용하였다.

子路가 孔子께 여쭈었다.

"옛사람의 학문을 버리고 저의 뜻에 내키는 대로 행하고자 하는데 괜찮겠습니까?"

공자께서 말씀하셨다.

"안 된다. 예전에 東夷가 중국의 道義를 사모했었는데, 딸이 있어서 딸의 남편이 죽자 딸을 위해 私壻를 들이고 죽을 때까지 시집보내지 않았다. 그러니 시집을 가지 않은 것은 안 간 것이지만, 그러나 貞節에 맞는 도의는 아니다. 蒼梧의 아우가 장가를 들었는데 그 아내가 매우 아름답기에 형에게 아내를 바꾸자고 요청하였으니, 형을 위한 忠心은 충심이지만, 그러나 禮義에 맞는 일은 아니다.

지금 네가 옛사람의 학문을 버리고 너의 뜻에 내키는 대로 행하고자 한다면, 네가 그른 것을 옳다고 여기고 옳은 것을 그르다 여길는지 어떻게 알겠느냐? 처음 시작을 신중히 하지 않으면 뒤에 뉘우쳐도 만회하기 어려울 것이다."

23. 豐牆墝下라도 未必崩也나 流{行}[1]潦至면 壞必先矣요 樹(本)〔木〕{淺}根(垓)〔核〕不深[2]이라도 未必(橛)〔撅〕[3]也나 飄風起하고 暴雨至면 拔必先矣니라 君子居於是國하야 不崇仁義하고 不尊賢臣이라도 未必亡也나 然一旦有非常之變하야 車馳人走하야 指而禍至어든 乃始乾喉燋脣하야 仰天而歎하야 庶幾焉天其救之라도 不亦難乎아 孔子曰 不愼其前而悔其後면 雖悔無及矣[4]니라하고 詩曰 啜其泣矣나 何嗟及矣[5]리오하니 言不先正本이면 而成憂於末也니라

1) {行} : ≪韓詩外傳≫ 권8에 '流潦至'라 하여 '行'자가 없고, ≪讀書餘錄≫과 ≪說苑校

證≫의 衍文이라는 說을 따랐다.

2) 樹(本)〔木〕{淺}根(垓)〔核〕不深 : ≪群書拾補≫에 "垓는 宋本에 '核'으로 되어 있는데, ≪漢書≫ 〈五行志〉 '孕毓根核'의 顔師古 注에 '核 또한 荄자이니, 풀뿌리를 荄라 한다.〔核 亦荄字也 草根曰荄〕'라 하였다."고 하였다. 또 ≪說苑校證≫에 "'樹本淺根核不深'은 文義가 중복되니, 本은 곧 木의 형태가 잘못된 것이고, 淺은 곧 교정하는 사람이 ≪韓詩外傳≫의 곁에 써놓은 글자를 잘못 기입한 것으로 ≪韓詩外傳 2≫에 '草木根荄淺'이라 하였으니 不深이 곧 淺이다." 하였다. 이 두 說을 따라 수정하였다.

3) (橛)〔撅〕 : 저본에는 '橛'로 되어 있으나, ≪韓詩外傳≫ 권2에 긔거하여 '撅'로 바로잡았다.

4) 不愼其前而悔其後 雖悔無及矣 : ≪韓詩外傳≫ 권2에는 "不愼其前而悔其後 嗟乎 雖悔無及矣"로, ≪孔子家語≫ 〈六本〉에는 '不愼其初而悔其後 何嗟及矣'라 보인다.

5) 詩曰……何嗟及矣 : ≪詩經≫ 〈王風 中穀有蓷〉에 보인다.

높고 두터운 담이 밑바닥이 고르지 않더라도 반드시 무너지는 것은 아니지만, 땅바닥에 일렁이는 물이 닿으면 반드시 먼저 무너진다. 나무의 뿌리가 깊이 뻗지 않았더라도 반드시 쓰러지지는 것은 아니지만, 회오리바람이 일어나고 폭우가 쏟아지면 반드시 먼저 뽑혀버린다.

君子가 어느 나라에 살면서 仁義를 숭상하지 않고 賢臣을 존경하지 않더라도 반드시 멸망하는 것은 아니지만, 그러나 어느 날 갑자기 非常한 변고가 발생하여 수레와 사람이 우왕좌왕 내달려 갑자기 禍가 닥치면, 그제야 목구멍이 마르고 입술이 타들어가 하늘을 우러러 탄식하면서 행여 하늘이 구원해주기를 바란들 또한 어렵지 않겠는가?

孔子는 "처음에 삼가지 않고 뒤에 뉘우치면, 뉘우쳐도 미치지 못한다." 하셨고, ≪詩經≫에는 "눈물을 삼키며 울더라도 어찌 미치리오!" 하였으니, 먼저 근본을 바로 세우지 않으면 끝에 가서 근심을 이루게 됨을 말한 것이다.

24. 虞君[1)]이 問益成子[2)]曰 今工者久而巧하고 色者老而衰니라 今人不及壯之時하야 益積心技之術하야 以備將衰之色이니라 色者必盡乎老之前하고 知謀無以異乎幼之時라 可好之色은 彬彬乎且盡이어늘 洋洋乎安託無能之軀哉아 故有技者는 不累身而未嘗滅이나 而色不得以常茂니라

1) 虞君 : 사람 이름이다. 虞나라 임금은 아니나 자세한 것은 알 수 없다. ≪說苑校證≫에 "이 虞君은 아마 虞卿인 듯하다." 하였다.

2) 盆成子 : 사람 이름으로, 盆成은 複姓이다. 일생 행적은 알 수 없다. ≪晏子春秋≫와 ≪孟子≫에 盆成括(適)이 있는데 여기의 盆成子는 別人인 듯하다.

虞君이 盆成子에게 물었다.

"지금 匠人의 기술은 시간이 오래될수록 정교해지고 美色은 늙으면 쇠퇴한다. 지금 사람이 壯年에 이르지 않았을 때 마음속에 기술을 더욱 축적하여 장차 늙어서 쇠퇴할 미색에 대비해야 한다. 미색은 반드시 늙기 전에 다하고 智謀는 어릴 때 닦은 것과 다를 것이 없게 된다. 사람들이 좋아하는 미색은 매우 아름답지만 장차 다 쇠할 텐데, 어찌 일정함이 없는 無能한 몸뚱이에 의탁하겠는가! 그래서 기술이 있는 사람은 몸에 얽매이지 않고 명성이 없어지지 않으나, 미색은 항상 아름다움을 보존할 수 없다."

25. 齊桓公問管仲曰 王者何貴오 曰 貴天이니이다 桓公仰而視天한대 管仲曰 所謂天者는 非謂蒼蒼莽莽之天也니 君人者는 以百姓爲天이니이다 百姓與之則安하고 輔之則彊하며 非之則危하고 背之則亡이니이다 詩云 人而無良은 相怨一方[1)]이라하니 民怨其上이어늘 不遂亡者는 未之有也니이다

1) 詩云……相怨一方 : ≪詩經≫ 〈小雅 角弓〉에 보인다. 단, '人而'가 현재의 ≪詩經≫에는 '民之'로 되어 있다.

齊 桓公이 管仲에게 물었다.

"王者는 무엇을 貴重하게 여기는가?"

관중이 말했다.

"하늘을 귀중하게 여겨야 합니다."

환공이 머리를 들고 하늘을 보자, 관중이 말했다.

"제가 말한 하늘은 푸르고 아득한 하늘을 말한 것이 아닙니다. 임금 노릇하는 사람은 백성을 하늘로 삼아야 합니다. 백성이 따르면 안정되고 백성이 도와주면 강대해지며, 백성이 비난하면 위태로워지고 백성이 배반하면 멸망합니다."

≪詩經≫에 "사람이 선량하지 않은 이는 한쪽에서 서로 원망하네."라 하였으니, 백성이 윗사람을 원망하는데 끝내 멸망하지 않는 자는 있지 않다.

26. 河間獻王曰 管子稱 倉廩實이라야 知禮節하고 衣食足이라야 知榮辱[1)]이라하니 夫穀者는 國家所以昌熾하고 士女所以姣好하며 禮義所以行하고 而人心所以安也니라 尙書五福[2)]에 以富爲始하고 子貢問爲政한대 孔子曰 富之니라 旣富어든 乃敎之也[3)]라하니 此治國之本也니라

1) 倉廩實……知榮辱 : ≪管子≫ 〈牧民〉에 보인다.
2) 尙書五福 : ≪書經≫ 〈周書 洪範〉에 "아홉째 오복은 첫째는 장수, 둘째는 부유, 셋째는 건강하고 편안함, 넷째는 덕을 좋아함, 다섯째는 제명대로 살다가 죽는 것이다.〔九五福 一曰壽 二曰富 三曰康寧 四曰攸好德 五曰考終命〕" 했는데, 아래 글의 '以富爲始'는 어디에 근거했는지 알 수 없다.
3) 子貢問爲政……乃敎之也 : ≪論語≫ 〈子路〉에 보인다. 단, 원문의 질문한 사람은 子貢이 아니고 冉有이다.

河間獻王이 말했다.

"管子는 '창고가 가득 차야 禮節을 알고, 衣食이 풍족해야 榮辱을 안다.'고 하였다." 곡식은 국가를 昌盛하게 하고 남녀가 아름다워지며 예의가 시행되고 민심이 안정되는 것이다. ≪尙書≫에서 말한 五福 중에 富를 제일 앞에 말하였고, 子貢(冉有)이 정치하는 방법을 묻자, 孔子는 "부유하게 해주어야 한다. 부유하게 되었거든 곧 가르쳐야 한다." 하셨으니, 이것이 나라를 다스리는 근본이다.

27. 文公見咎季[1)]한대 其廟傅於西牆이러라 公曰 孰處而西오 對曰 君之老臣也니이다 公曰 西益而宅하라 對曰 臣之忠이 不如老臣之力이요 其牆壞而不築이니이다 公曰 何不築고 對曰 一日不稼면 百日不食일새니이다 公出而告之僕하다 僕頓首於軫曰 呂刑[2)]云 一人有慶이면 兆民賴之라하니 君之明은 群臣之福也니이다 乃令於國曰 毋淫宮室하야 以妨人宅하며 板築以時하야 無奪農功하라하다

1) 咎季 : 춘추시대 晉나라 大夫로, 姓은 胥, 이름은 臣이다. 食邑이 臼이고, 字가 季이기 때문에 臼季, 또는 咎季라고 하며, 司空을 지내 司空季子라고도 한다. 文公(重耳)이 망명 생활을 할 때 수행하였고, 城濮의 전투에서 下軍佐가 되어 전공을 세웠다. ≪春秋左氏傳 僖公 28·33년, 文公 元年≫·≪國語 晉語 4·5≫
2) 呂刑 : ≪書經≫ 〈周書〉의 篇名이다. 甫刑이라고도 한다.

晉 文公이 咎季를 찾아가서 만나봤는데, 그 집의 사당이 서쪽 담에 붙어 있었다. 문공이 말했다.

"담 서쪽에는 누가 살고 있소?"

구계가 대답했다.

"임금님의 늙은 신하가 살고 있습니다."

문공이 말했다.

"집을 서쪽으로 더 넓혀 지으시오."

구계가 대답했다.

"신의 충성이 임금님의 늙은 신하가 힘을 다하는 것보다 못하고, 그 집은 담이 무너졌는데도 수리하지도 못합니다."

문공이 말했다.

"어째서 수리하지 않는 게요?"

구계가 대답했다.

"하루라도 농사일을 하지 않으면 100일을 먹지 못하기 때문입니다."

문공이 나와서 마부에게 그 말을 일러주었다. 마부는 수레 뒤쪽의 가로나무〔軫〕에 머리를 조아리면서 말했다.

"≪書經≫ 〈呂刑〉에 '〈王〉 한 사람에게 경사가 있으면 억만 백성이 의지한다.' 하였으니, 임금의 현명함은 群臣의 복입니다."

이에 문공은 전국에 명령하였다.

"집을 과도하게 지어 남의 집을 방해하지 말며, 건축공사를 農閑期에 맞춰 하여 농사일 할 때를 빼앗지 말라."

28. 楚恭王[1)]多寵子하야 而世子之位不定하다 屈建[2)]曰 楚必多亂하리라 夫一兎走於街어든 萬人追之하고 一人得之면 萬人不復走하나니 分未定이면 則一兎走라 使萬人擾요 分已定이면 則雖貪夫라도 知止니라 今楚多寵子하야 而嫡位無主하니 亂自是生矣리라 夫世{太}[3)]子者는 國之基也요 而百姓之望也니 國旣無基하고 又使百姓失望이면 絶其本矣라 本絶則撓亂이니 猶兎走也니라 恭王聞之하고 立康王[4)]爲太子러니 其後에 猶有令尹圍와 公子棄疾之亂[5)]也하니라

1) 楚恭王 : 춘추시대 楚나라 임금이다. '恭'은 '共'으로도 쓴다. 이름은 審, 莊王의 아들이다. ≪史記 楚世家≫
2) 屈建 : 춘추시대 楚나라 사람으로 恭王의 신하이다.
3) {太} : ≪群書拾補≫와 ≪說苑校證≫을 따라 衍文으로 처리하였다.
4) 康王 : 楚 恭王의 아들로 이름은 招이다. ≪史記 楚世家≫
5) 令尹圍 公子棄疾之亂 : 令尹은 춘추전국시대 楚나라의 執政 벼슬로, 宰相에 해당한다. 圍는 恭王의 아들 이름이다. 康王의 아들 郟敖(이름은 員) 때 令尹에 임명되었다. 棄疾 역시 恭王의 아들 이름이다. 亂은, 圍가 郟敖를 시해하고 스스로 靈王이 되었다가, 在位 12년 만에 棄疾이 그의 태자 祿를 죽이고 公子 比를 세웠다가 自立하여 平王이 된 일을 이른다. ≪春秋左氏傳 昭公 13년≫·≪史記 楚世家≫

楚 恭王은 총애하는 아들이 많아서 世子의 자리를 정하지 못하고 있었다. 屈建이 말했다.

"楚나라는 반드시 내란이 많을 것이다. 토끼 한 마리가 길거리를 달려가면 많은 사람이 잡으려고 쫓아갈 것이고, 한 사람이 토끼를 잡으면 많은 사람이 다시 잡으려고 달려가지 않을 것이다. 명분이 정해지지 않으면 달아나는 한 마리 토끼여서 많은 사람이 잡으려고 소란할 것이고, 명분이 이미 정해지면 탐욕스런 사람일지라도 그칠 줄을 알 것이다.

지금 초나라에는 총애하는 아들이 많아서 세자의 자리에 주인이 없으니 내란이 여기서부터 일어날 것이다. 세자는 국가를 이을 기틀이고, 백성의 희망인데, 나라에 기틀이 없고 또 백성이 실망하게 하면 국가의 근본을 끊어버리는 것이다. 근본이 끊어지면 혼란스럽게 되니 이는 토끼가 길거리를 달려가는 것과 같다."

공왕이 이 말을 듣고 康王을 세워 太子로 삼았는데, 그럼에도 그 뒤에 令尹 圍와 公子 棄疾의 난이 일어났다.

29. 晉襄公[1]薨하고 嗣君少하니 趙宣子[2]相하야 謂大夫曰 立少君하면 懼多難하니 請立雍[3]하노라 雍長하고 出在秦하니 秦大하야 足以爲援하리라 賈季[4]曰 不若公子樂[5]하니 樂有寵於國하고 先君愛而仕之翟[6]하시니 翟足以爲援하리라 穆嬴[7]抱太子[8]하고 以呼於庭曰 先君奚罪며 其嗣亦奚罪오 舍嫡嗣不立而外求君乎아 出朝하야 抱以見宣子曰 惡難也라 故欲立長君하니 長君立而少君壯이면 難乃至矣리라 宣子患之라가 遂立

太子也하다

1) 晉襄公 : 춘추시대 晉나라 임금으로 文公의 아들이다. 이름은 歡이다. ≪史記 晉世家≫
2) 趙宣子 : 춘추시대 晉나라 正卿으로, 이름은 盾, 시호는 宣, 趙衰의 아들이다. 趙宣孟이라고도 한다. ≪春秋左氏傳 文公 6·7·9·12·13·14·17년≫·≪史記 晉世家≫
3) 雍 : 晉 文公의 아들이다. 당시 秦나라에 人質로 가 있었다. ≪史記 晉世家≫
4) 賈季 : 춘추시대 晉나라 사람으로 文公의 외삼촌 狐偃(舅犯)의 아들 狐射(역)姑이다. 字는 季陁이다. 食邑이 賈였기 때문에 賈季라고도 한다. ≪春秋左氏傳 文公 6·7·13년≫
5) 公子樂 : 晉 文公의 아들, 雍의 아우이다.
6) 翟 : 고대 중국 북부에 살던 민족의 하나로, '狄'과 같다.
7) 穆嬴 : 晉 襄公의 夫人으로 靈公의 어머니이다.
8) 太子 : 이름은 夷皐이다. 襄公의 아들로 즉위하여 靈公이 되었으나, 無道하여 在位 14년 만에 趙穿에게 시해되었다. ≪春秋左氏傳 文公 6·7년≫·≪史記 晉世家≫

晉 襄公이 죽고 뒤를 이을 太子의 나이가 어리니, 趙宣子가 재상이 되어 大夫들에게 말했다.

"어린 임금을 세우면 患難이 많을까 두려우니 雍을 세웁시다. 雍은 나이가 많고 秦나라에 볼모로 나가 있으니, 秦나라는 강대하여 후원이 되기에 충분할 것이오."

賈季가 말했다.

"公子 樂을 세우는 것만 못하니, 樂은 나라 사람의 사랑을 받고 先君께서 총애하여 翟(狄)에서 벼슬하게 하였으니, 翟이 바로 후원을 할 것이오."

穆嬴이 태자를 안고 조정에 나와 부르짖었다.

"先君은 무슨 죄이며, 그 뒤를 이을 태자는 무슨 죄인가? 嫡子인 태자를 세우지 않고 밖에서 임금을 찾느냐?"

그러고는 조정을 나와 태자를 안고 조선자를 만나서 말했다.

"患難을 두려워하기 때문에 나이 많은 임금을 세우려고 하는데, 나이 많은 임금을 세웠다가 어린 태자가 壯年이 되면 환난이 바로 닥칠 것이오."

조선자가 이를 걱정하다가 마침내 태자를 임금으로 세웠다.

30. 趙簡子以襄子[1)]爲後한대 董安于曰 無恤不才어늘 今以爲後는 何也잇고 簡子曰

是其人能爲社稷忍辱이니라 異日에 智伯[2]與襄子飮이라가 而灌襄子之首하니 大夫請殺之한대 襄子曰 先君之立我也에 曰能爲社稷忍辱이라하시니 豈曰能刺人哉아 處十月에 智伯圍襄子於晉陽[3]이어늘 襄子疏隊而擊之하야 大敗智伯하고 漆其首하야 以爲飮器하다

1) 襄子 : 趙簡子의 아들로, 이름은 無恤, 시호는 襄이다. 토지를 달라는 智伯의 요청을 거절하고 晉陽에서 지백에게 포위당했으나 지백을 돕던 韓·魏를 설득, 그들과 연합하여 지백을 멸망시키고 그 영토를 나누어 가졌다. ≪春秋左氏傳 哀公 20년≫·≪史記 趙世家≫
2) 智伯 : 춘추시대 晉나라의 世族으로 姓은 荀, 이름은 瑤이다. 智瑤·知伯으로도 쓴다. 시호는 襄이다. 晉나라의 국정을 독단하고 함부로 날뛰며 大夫들을 모욕하였다. 뒤에 趙襄子에게 토지를 달라고 요구하였으나 주지 않자, 조씨를 공격하다가 韓·魏·趙의 연합군에게 섬멸되어 이 三家가 晉나라를 분할 소유하는 계기가 되었다. ≪春秋左氏傳 哀公 23·27년≫·≪史記 趙世家≫
3) 晉陽 : 춘추시대 晉나라 邑이다. 현재의 山西省 太原市이다.

趙簡子가 襄子를 후계자로 삼자 董安于가 말했다.

"無恤은 재주가 없는데 지금 후계자로 삼은 것은 무엇 때문입니까?"

조간자가 말했다.

"이 사람은 社稷을 위해서 능히 侮辱을 참을 수 있기 때문이다."

그 뒤 어느 날 智伯과 襄子가 술을 마실 적에, 〈지백이〉 양자의 머리에 술을 부었다. 大夫들이 〈지백을〉 죽이자고 요청하니, 양자는 말했다.

"先君이 나를 후계자로 세울 때 '능히 사직을 위하여 모욕을 참을 것이다.'라고 하셨지, 어찌 '능히 사람을 찔러 죽일 수 있다.'고 말씀하셨느냐?"

열 달이 지난 뒤에 지백이 晉陽에서 양자를 포위했는데, 양자가 군대를 나누어 공격해서 지백을 크게 패배시키고 그의 머리에 옻칠을 하여 술잔을 만들었다.

卷4 立節　節義를 세움

이 卷은 節義를 생명보다 중요시한 사람들의 행위를 모아 밝힌 내용으로 되어 있다. 忠臣은 두 임금을 섬기지 않는다는 전통적 관념과 백성에게 해독을 끼치는 군주에게는 충성하지 않는다는 民本思想의 기초 위에서 忠節을 제시하였다.

위기에 처했을 때 국가에 충성하고 백성에게 충성하며 임금에게 충성하여 진리와 정의를 지키는 것이 자신의 절의를 세우는 일임을 천명하였다. 정의와 진리를 위해 昏君을 향하여 두려움 없이 直言하여 匡正함으로써 절의를 다한 대표적인 人物의 사례를 소개하고 있다. 이는 진리가 제왕이나 권세보다 높은 위치에 있음을 일깨워주는 교훈이라 하겠다.

01. 士君子之有勇而果於行者라도 不以立節行誼하고 而以妄死非名이면 豈不痛哉아 士有殺身以成仁하고 觸害以立義하야 倚於節理하고 而不議死地라 故能身死名流於來世하나니 非有勇斷이면 孰能行之리오

士・君子로서 용기가 있고 행위에 과감한 자라도, 節義를 세워 道義를 행하지 않고 명분 없이 함부로 죽으면 어찌 슬픈 일이 아닌가! 士는 자기의 몸을 희생하여 仁을 이루고, 危害를 무릅쓰고 절의를 세워 志節과 道理에 의거하고 죽을 곳을 따지지 않는다. 그 때문에 몸은 죽어도 이름은 후세에 流傳되니, 勇氣와 果斷함이 있지 않으면 누가 능히 이를 행하랴!

02. 子路曰 不能〈甘〉[1]勤苦하며 不能恬貧窮하며 不能輕死亡이요 而曰我能行義라하면 吾不信也라하니라 昔者에 申包胥[2]立於秦庭하야 七日七夜를 哭不絶聲하야 遂以存楚하니 不能〈甘〉勤苦면 安能行此리오 曾子布衣縕袍[3]未得完하고 糟糠之食과 藜藿之羹未得飽호되 義不合則辭上卿[4]하니 不恬貧窮이면 安能行此리오 比干[5]將死而諫逾忠하고 伯夷叔齊[6]餓死于首陽[7]而志逾彰하니 不輕死亡이면 安能行此리오 故夫士

欲立義行道인댄 **毋論難易而後能行之**요 **立身著名**인댄 **無顧利害而後能成之**니라 **詩曰 彼其之子**여 **碩大且篤**[8)]이라하니 **非良篤修激之君子**면 **其誰能行之哉**[9)]리오

1) 〈甘〉 : ≪太平御覽≫ 권421에 '甘'자가 있고, 아래의 '不能恬貧窮'의 文例로 보아 '甘'자가 있는 것이 합당하여 보충하였다.
2) 申包胥 : 춘추시대 楚나라 大夫로 姓은 公孫이다. 申에 封해졌기 때문에 申包胥라고 한다. 伍子胥와 친하게 지냈는데 吳나라로 망명한 오자서가 吳나라 군대와 함께 수도인 郢까지 쳐들어와 楚나라가 거의 망하게 되었다. 이에 신포서가 秦나라에 가서 7일 동안 哭聲을 그치지 않고 구원을 호소하자 秦나라는 구원병을 보내 楚나라를 구하였다. ≪春秋左氏傳 定公 4・5년≫・≪史記 伍子胥列傳≫
3) 縕袍 : 삼〔麻〕을 삼을 때 골라내거나 잘라내고 남은 것을 솜처럼 만들어 안을 둔 웃옷을 이른다. ≪論語≫ 〈子罕〉에 "해진 삼 솜을 둔 옷을 입고 여우나 담비 가죽옷을 입은 자와 함께 서 있으면서도 부끄럽게 여기지 않을 이는 아마 由일 것이다.〔衣敝縕袍 與衣狐貉者 立而不恥者 其由也與〕"라 하였다.
4) 義不合則辭上卿 : ≪孔子家語≫ 〈弟子行〉에 "曾參은 齊나라가 언젠가 초빙하여 卿으로 삼으려 하였으나 취임하지 않았다." 하였다.
5) 比干 : 商나라 紂王의 叔父이다. 紂王이 無道한 짓을 계속하자 3일 동안 떠나지 않고 諫하자 紂王이 怒하여 "내 들으니, 聖人의 심장엔 일곱 개의 구멍이 있다고 한다." 하고는 심장을 갈라보았다 한다. ≪史記 殷本紀≫
6) 伯夷叔齊 : 商나라 孤竹君 墨胎初의 두 아들로 姓은 墨胎氏이다. 伯夷의 이름은 元, 字는 公信이다. 叔齊의 이름은 智, 또는 致, 자는 公達이다. 임금 자리를 서로 양보하였고, 周 武王이 商나라를 정벌하자 이를 반대하여 首陽山에 들어가 고사리를 먹고 지내다가 굶어 죽었다 한다. ≪論語 公冶長≫・≪孟子 公孫丑 上≫・≪史記 伯夷列傳≫
7) 首陽 : 山西省 永濟縣 남서쪽에 있는 산 이름이다. 일명 雷首山이다. 伯夷・叔齊가 은거하여 고사리를 먹고 살다가 굶어 죽은 곳이라고 전한다. 일설에는 河南省 偃師縣 북서쪽에 있는 산이라고 한다. ≪論語 季氏≫・≪史記 伯夷列傳≫
8) 詩曰……碩大且篤 : ≪詩經≫ 〈唐風 椒聊〉에 보인다.
9) 子路曰……其誰能行之哉 : 저본에는 위의 章과 이어져 있으나, ≪群書拾補≫에 따라 章을 나누었다.

子路가 말했다.

"애써 부지런히 노력함을 달가워하지 않으며, 가난을 편안히 여기지 않으며, 죽음을 가볍게 여기지 않고, '나는 능히 義를 행할 수 있다.'라고 하면 나는 믿지 못하겠다."

예전에 申包胥는 秦나라 조정에 서서 7일 동안 晝夜에 울음소리를 그치지 않고 울어

서 마침내 楚나라를 보존하였으니, 애써 부지런히 노력함을 달가워하지 않는다면 어떻게 이런 일을 했겠는가?

曾子는 베옷과 지스러기 삼을 둔 옷조차 제대로 입지 못하고, 술지게미와 쌀겨로 지은 밥과 명아주와 콩잎으로 끓인 국조차 배불리 먹지 못했으나, 의리에 부합하지 않으면 上卿의 벼슬도 사양하였으니, 가난을 편안히 여기지 않았으면 어찌 이를 실천했겠는가?

比干은 죽게 되었으면서도 더욱 충성스럽게 諫하였고, 伯夷·叔弟는 首陽山에서 굶어죽으면서도 지조가 더욱 드러났으니, 죽음을 가볍게 여기지 않았다면 어떻게 이를 실천했겠는가?

그래서 士가 의리를 세우고 道를 행하려고 한다면 어렵고 쉬움을 따지지 말아야 그런 뒤에 능히 실천할 수 있다. 수양하여 몸을 바로 세워 명성을 드러내려 한다면 利害를 고려하지 말아야 그런 뒤에 능히 이루는 것이다.

≪詩經≫에 "저기 저 사람, 크고 또 독실하네."라 하였으니, 선량하고 독실하며 수양하고 분발하는 君子가 아니면 그 누가 능히 행하겠는가!

03. 王子比干이 殺身以成其忠하고 伯夷叔齊殺身以成其廉하고 〈尾生殺身以成其信〉[1)]하니 此三子者는 皆天下之通士也라 豈不愛其身哉리오마는 以爲夫義之不立하고 名之不著는 是士之恥也라 故殺身以遂其行이니라 因此觀之컨대 卑賤貧窮은 非士之恥也니라 夫士之所恥者는 天下擧忠而士不與焉하며 擧信而士不與焉하며 擧廉而士不與焉이니 三者在乎身이면 名傳於後世하야 與日月竝而不息하야 雖無道之世라도 不能汚焉이라 然則非好死而惡生也요 非惡富貴而樂貧賤也라 由其道하며 遵其理하야 尊貴及己면 士不辭也니라 孔子曰 富而可求인댄 雖執鞭之士라도 吾亦爲之어니와 而不可求인댄 從吾所好[2)]하리라하시니 大聖之操也니라 詩云 我心匪石이라 不可轉也며 我心匪席이라 不可卷也[3)]라하니 言不失己也라 能不失己라야 然後可與濟難矣니 此士君子之所以越衆也[4)]니라

1) 〈尾生殺身以成其信〉: 저본에는 이 구절이 탈락되었으나, ≪說苑校證≫의 "이 구절이 없으면 아래의 '天下擧信'句와 맞지 않고 明鈔本에도 이 구절이 있다."는 說에 따라 보충하였다. 尾生은 어떤 여자와 다리 아래에서 만나기로 약속을 했는데 여자는 오지 않고 큰 비에 물이 불어오는데도 떠나지 않고 橋脚을 안고 익사하였다는 사람이다. 흔히

'尾生之信'이라 하여 신의를 굳게 지키거나 융통성 없이 우직한 사람을 비유한다. ≪莊子 盜蹠≫ · ≪淮南子 氾論訓 · 說山訓≫

2) 孔子曰……從吾所好 : ≪論語≫ 〈述而〉에 보인다. 다만 '而'자는 '如'자로 되어 있는데 통용이다.

3) 詩云……不可卷也 : ≪詩經≫ 〈邶風 柏舟〉에 보인다.

4) 王子比干……此士君子之所以越衆也 : 저본에는 앞 章에 연결되어 있으나, ≪說苑校證≫에 따라 章을 나누었다.

王子 比干은 자신의 몸을 희생하여 忠誠을 이루고, 伯夷 · 叔弟는 몸을 희생하여 淸廉을 이루고, 尾生은 몸을 희생하여 信義를 이루었으니, 이 세 사람은 모두 천하의 사리에 통달한 사람이다. 어찌 자기의 몸을 아끼지 않겠는가마는 義理를 세우지 못하고 名聲을 드러내지 못하는 것은 士의 수치라고 여겼다. 그래서 자기의 몸을 희생함으로써 자신의 품행을 이룩한 것이다. 이를 따라 보건대 卑賤과 가난은 士의 수치가 아니다.

士가 수치로 여기는 것은, 천하 사람들이 모두 충성스런 사람을 추천할 때 士로서 여기에 참여하지 못하며, 신의 있는 사람을 추천할 때 士로서 여기에 참여하지 못하며, 청렴한 사람을 추천할 때 士로서 여기에 참여하지 못하는 것이다. 이 세 가지가 자기의 몸에 있으면 좋은 명성이 후세에 전해져서 해 · 달과 함께 없어지지 않아 無道한 시대일지라도 더럽히지 못할 것이다. 그렇다면 죽기를 좋아하고 살기를 싫어하며, 부귀를 싫어하고 빈천을 즐거워하는 것은 아니다. 正道를 따르며 도리를 준수하여 尊貴함이 자기에게 미쳐 오면 士는 사양하지 않는 것이다.

孔子는 "富를 구하여 얻을 수 있다면 채찍을 잡고 말을 모는 천한 일일지라도 나는 이것 역시 하겠지만, 만일 富를 구하여 얻을 수 없다면 내가 좋아하는 것을 따를 것이다." 하셨으니, 이것이 위대한 聖人의 節操이다.

≪詩經≫에 "내 마음 돌이 아니기에 굴릴 수가 없으며, 내 마음 자리가 아니기에 말 수가 없다."라 하였으니, 자기의 마음을 잃지 않음을 이른 말이다. 자기의 마음을 잃지 않아야 그런 뒤에 함께 患難을 구제할 수 있으니, 이것이 士 · 君子가 일반 사람을 뛰어넘는 까닭이다.

04. 楚伐陳[1]하야 陳西門燔하고 因使其降民修之하다 孔子過之라가 不軾[2]한대 子路曰 禮에 過三人則下車하고 過二人則軾이니이다 今陳修門者人數衆矣어늘 夫子何爲

不軾이니잇고 孔子曰 丘聞之호니 國亡而不知는 不智요 知而不爭은 不忠이요 忠而不死는 不廉이라 今陳修門者는 不行一於此하니 丘故不爲軾也하노라

1) 楚伐陳 : 이 일은 ≪春秋左氏傳≫ 哀公 9년에 보인다.
2) 軾 : 옛날 수레의 사람이 타는 곳〔車廂〕 앞 부분에 설치한 가로막대로, 기대거나 잡고 몸을 숙여 공경을 표시하였다. 여기서는 몸을 숙여 공경을 표시하는 動詞로 쓰였다.

楚나라가 陳나라를 토벌하면서 진나라 都城의 西門을 불태우고, 이어 진나라의 항복한 백성을 부려 수리하게 하였다. 孔子께서 마침 이곳을 지나시다가 軾에 기대어 경의를 표하는 예를 행하지 않았는데, 子路가 말했다.

"예의 규정에, 세 사람 앞을 지나면 수레에서 내려 예를 행하고, 두 사람 앞을 지나면 식에 기대어 예를 행하는 것입니다. 지금 진나라의 성문을 수리하는 사람들이 저렇게 많은데 선생님께서는 어째서 軾에 기대어 예를 행하지 않으십니까?"

공자께서 말씀하셨다.

"나는 들으니 '나라가 멸망했는데도 애통해할 줄 모르는 것은 智慧롭지 못하고, 애통해할 줄 알면서도 抗爭하지 않는 것은 忠誠스럽지 못하고, 충성하면서도 나라를 위해 죽지 못하는 것은 剛直하지 못해서이다.' 하였다. 지금 진나라의 성문을 수리하는 사람들은 이 중 한 가지도 실행한 것이 없다. 나는 그래서 軾에 기대어 행하는 예를 하지 않은 것이다."

05. 孔子見齊景公하신대 景公致廩丘[1)]以爲養이어늘 孔子辭不受하시다 出[2)]하야 謂弟子曰 吾聞君子는 當功以受祿이라하니 今說景公호되 景公未之行하고 而賜我廩丘하니 其不知丘亦甚矣로다하시고 遂辭而行하시다

1) 廩丘 : 춘추시대 齊나라의 邑이다. 지금의 山東省 鄆城縣 북서쪽에 있었다. ≪墨子≫ 〈非儒篇〉에는 '尼谿'로, ≪晏子春秋≫ 〈外篇〉에는 '爾稽'로 되어 있다. ≪春秋左氏傳 襄公 26년·定公 8년≫
2) 出 : ≪呂氏春秋≫ 〈高義〉와 ≪孔子家語≫ 〈六本〉에는 '入'으로 되어 있다.

孔子께서 齊 景公을 만나시자 景公은 廩丘를 봉양하는 식읍으로 주었는데 孔子는 거절하고 받지 않으셨다. 문에 나와서 제자들에게 이렇게 말씀하셨다.

"나는 들으니 '君子는 공로에 상당해야 녹봉을 받는다.'고 한다. 지금 경공을 설득하였

으나 경공은 시행하지 않고 나에게 廩丘를 주겠다 하니, 그가 나를 알지 못함이 심하다."

그리고는 마침내 하직하고 떠나가셨다.

06. 曾子衣弊衣以耕이러니 魯君使人往致邑焉하야 曰 請以此修衣하노라 曾子不受하시다 反이라가 復往호되 又不受하시니 使者曰 先生非求於人이요 人則獻之어늘 奚爲不受오 曾子曰 臣聞之호니 受人者는 畏人하고 予人者는 驕人이라하니 縱君有賜에 不我驕也나 我能勿畏乎아하시고 終不受하시다 孔子聞之하시고 曰 參之言은 足以全其節也[1]로다

1) 曾子衣弊衣以耕……足以全其節也 : 저본에는 앞 章에 연결되어 있으나, ≪群書拾補≫에는 "宋本에 別行하였다." 하였고, ≪說苑校證≫에는 "明鈔本과 關嘉本에도 별행하였다."고 하면서 章을 별행하였기에 이에 따라 장을 나누었다.

曾子가 해어진 옷을 입고 밭을 갈고 있었는데 魯君이 사람을 보내어 食邑을 주면서 말했다.

"이것을 가지고 옷을 수선하기 바라오."

증자는 이를 받지 않았다. 使者가 돌아갔다가 다시 가서 주었으나 또 받지 않으니, 사자가 말했다.

"선생이 남에게 요구한 게 아니라 남이 바친 것인데 어째서 받지 않는 게요?"

증자가 말했다.

"나는 들으니 '남에게 물건을 받은 사람은 그 사람을 두려워하고, 남에게 물건을 준 사람은 남에게 교만하게 군다.'고 합니다. 임금께서는 저에게 주시면서 교만하지 않으셨겠지만 저는 두려운 마음이 없겠습니까?"

그러고는 끝내 받지 않았다. 孔子께서 들으시고 말씀하셨다.

"參이 한 말은 節操를 보전하기에 충분하겠다."

07. 子思居於衛하실새 縕袍無表하고 二旬而九食하시다 田子方聞之하고 使人遺狐白之裘[1]호되 恐其不受하야 因謂之曰 吾假人엔 遂忘之하고 吾與人也엔 如棄之라하라 子思辭而不受하시다 子方曰 我有子無어늘 何故不受오 子思曰 伋聞之호니 妄與인댄 不如遺棄物於溝壑이라하니 伋雖貧也나 不忍以身爲溝壑이라 是以로 不敢當也[2]로라

1) 狐白之裘 : 狐白裘. 여우 겨드랑이의 흰 털가죽으로 만든 갖옷이다. ≪禮記 玉條≫ · ≪史記 孟嘗君列傳≫

2) 子思居於衛……不敢當也 : 저본에는 앞 章과 연결되어 있으나, ≪群書拾補≫에는 "宋 · 元本에 모두 別行하였다." 하였고, ≪說苑校證≫에는 "明鈔本과 關嘉本에 모두 別行하였다." 하면서 별행하였기에 이에 따라 장을 나누었다.

子思가 衛나라에 있을 때 덧옷이 없는 삼 지스러기를 둔 웃옷을 입고 20일에 고작 아홉 끼만을 먹었다. 田子方이 이 소식을 듣고 사람을 보내 狐白裘를 주려고 하였으나, 그가 받지 않을까 걱정하여 그 때문에 이렇게 말하게 했다.

"나는 남에게 물건을 빌려줄 경우엔 즉시 잊어버리고, 나는 남에게 물건을 줄 경우엔 버리는 것과 같이 한다."

그러나 자사는 거절하고 받지 않았다. 전자방이 말했다.

"나는 있고 그대는 없는데 무엇 때문에 받지 않소?"

자사가 말했다.

"나 伋은 들으니 '남에게 함부로 물건을 줄 바엔 물건을 구렁텅이에 버리는 것만 못하다.'라 하였소. 내가 가난하지만 차마 내 몸을 구렁텅이로 만들 수는 없소. 이 때문에 감히 받지 못하는 것이오."

08. 宋襄公茲父[1] 爲桓公[2]太子러니 桓公有後妻子하니 曰 公子目夷[3]라 公愛之하니 茲父爲公愛之也는 欲立之라하야 請於公曰 請使目夷立하소서 臣爲之相{兄}[4]以佐之호리이다 公曰 何故也오 對曰 臣之舅在衛하야 愛臣이어늘 若終立이면 則不可以往이니 絶迹於衛면 是背母也요 且臣自知不足以處目夷之上이로소이다 公不許어늘 彊以請公하니 公許之하다 將立公子目夷러니 目夷辭曰 兄立而弟在下는 是其義也어늘 今弟立而兄在下면 不義也니 不義而使目夷爲之면 目夷將逃호리이다하고 乃逃之衛하니 茲父從之하다 三年에 桓公有疾하야 使人召茲父호되 若不來면 是使我以憂死也라하니 茲父乃反한대 公復立之하야 以爲太子하니 然後目夷歸也하다

1) 宋襄公茲父 : 춘추시대 宋나라 임금으로 茲父는 그의 이름이다. 宋 桓公의 아들이다. 齊 桓公이 죽은 뒤 여러 諸侯와 연합하여 齊 孝公을 세우는 등 霸者가 되려고 노력하였다. 泓水에서 楚軍과 전투할 때 楚軍이 강을 건너기 전에 공격하자는 目夷의 주장을 듣지

않고 仁義를 주장하다가 大敗하였다. ≪春秋左氏傳 僖公 8년≫ · ≪史記 宋微子世家≫

2) 桓公 : 춘추시대 宋나라 임금으로 이름은 禦說이다. 襄公의 아버지이고, 閔公의 아우이다. ≪春秋左氏傳 閔公 2년, 僖公 8 · 9년≫ · ≪史記 宋微子世家≫

3) 目夷 : 춘추시대 宋 桓公의 아들로 子는 子魚이다. 襄公의 庶兄이며, 일설에는 이복동생이라고 한다. ≪春秋左氏傳 僖公 8 · 22년≫ · ≪史記 宋微子世家≫

4) {兄} : 저본에는 '兄'이 있으나, ≪群書拾補≫와 ≪說苑校證≫에 따라 衍文으로 처리하였다.

宋 襄公 茲父가 桓公의 태자가 되었었는데 환공에게 후처가 낳은 아들이 있으니 公子 目夷라고 한다. 환공이 목이를 사랑하니 자보는 환공이 목이를 사랑하는 것은 목이를 태자로 삼으려는 것이라 생각하여 이렇게 요청하였다.

"목이를 태자로 세우십시오. 저는 재상이 되어 보좌하겠습니다."

환공이 말했다.

"무슨 까닭이냐?"

자보는 대답하였다.

"제 외삼촌은 衛나라에 있으면서 저를 사랑하는데, 만일 끝내 제가 태자가 되면 위나라에 갈 수가 없을 것이니, 제가 위나라에 발길을 끊으면 이는 어머니를 背反하는 것입니다. 또 저는 목이의 위에 있는 것은 才德이 부족하다고 스스로 알고 있습니다."

환공이 허락하지 않았는데, 자보가 강력히 요청하니 환공이 허락하였다. 공자 목이를 태자로 세우려 하자 목이가 사양하며 말했다.

"형이 태자가 되고 아우가 그 아래에 있는 것은 바로 합당한 道義인데, 지금 아우가 태자가 되고 형이 그 아래에 있게 되면 이는 도의가 아닙니다. 도의가 아닌데 저를 태자로 삼으신다면 저는 도망치겠습니다."

그러고는 위나라로 도망치니 자보도 따라가버렸다.

3년이 지나 환공이 병이 들어 사람을 보내 자보를 불러오게 하면서 "만일 오지 않으면 이는 나를 근심으로 죽게 만드는 것이다."라고 이르게 하였다. 자보가 마침내 돌아오자 환공은 그를 다시 세워 태자로 삼으니, 그런 뒤에야 목이가 돌아왔다.

09. 晉驪姬[1]譖太子申生[2]於獻公[3]하니 獻公將殺之하다 公子重耳[4]謂申生曰 爲此者는 非子之罪也[5]니 子胡不進辭오 辭之하면 必免於罪하리라 申生曰 不可하다 我

辭之하면 驪姬必有罪矣요 吾君老矣라 微驪姬면 寢不安席하시고 食不甘味하시니 如何使吾君으로 以恨終哉리오 重耳曰 不辭則不若速去矣니라 申生曰 不可하다 去而免於死면 是惡吾君也라 夫彰父之過하야 而取美諸侯면 孰肯納之리오 入困於宗[6]하고 出困於逃하리니 是重吾惡也라 吾聞之호니 忠不暴君하고 智不重惡하며 勇不逃死라하니 如是者를 吾以身當之호리라하고 遂伏劍死하다 君子聞之하고 曰 天命矣夫인저 世子여하고 詩曰 萋兮斐兮여 成是貝錦이로다 彼譖人者여 亦已太甚[7]이라하니라

1) 驪姬 : 춘추시대 驪戎君의 딸이다. 晉 獻公이 驪戎을 攻伐할 때 얻어 부인으로 삼았다. 獻公의 총애를 받아 아들 奚齊와 卓子를 낳자, 해제를 太子로 세우기 위하여 太子 申生을 무고하여 죽이고, 公子 重耳와 夷吾를 축출하였다. 헌공이 죽고 해제가 즉위하였으나 里克에게 살해되고 驪姬도 피살되었다. ≪春秋左氏傳 僖公 4년≫·≪史記 晉世家≫
2) 申生 : 춘추시대 晉 獻公의 太子로, 어머니는 齊薑이다. 驪姬의 무고를 당해 자살하였다.
3) 獻公 : 춘추시대 晉나라 임금으로, 이름은 佹諸, 曲沃武公의 아들이다. 晉의 公子들을 모두 죽이고 絳으로 遷都하였다. 처음으로 二軍을 만들어 虢과 虞를 멸망시키고 河西 땅을 빼앗아 동쪽으로 秦과 국경을 마주하였다. ≪春秋左氏傳 閔公 元年, 僖公 4년≫·≪史記 晉世家≫
4) 重耳 : 춘추시대 晉 文公의 이름으로 獻公의 둘째 아들이다. 헌공이 驪姬를 총애하여 태자 申生을 죽이자 외국으로 망명하여 19년 동안 여러 나라를 전전하며 고생하다가 秦 穆公의 도움으로 귀국하여 즉위하였다. 狐偃·趙衰 등의 賢臣을 등용하여 국정을 바로잡고 周 王室의 난에 襄王이 쫓겨나자 王子 帶를 죽이고 襄王을 복위시키고 宋나라를 구원하는 등 齊 桓公의 뒤를 이어 春秋五霸의 한 사람이 되었다. ≪春秋左氏傳 僖公 9·24·28·33년, 文公 7년, 宣公 12년, 成公 11·13년, 襄公 8·14·25·31년, 昭公 4·13·15·17·29년≫·≪史記 晉世家≫
5) 爲此者 非子之罪也 : 祭肉과 술에 毒藥을 넣은 일이다. 驪姬가 申生을 모함해 죽이려고 신생의 어머니 齊薑에게 제사를 지내게 하고는 신생이 보낸 祭肉과 술에 毒藥을 넣은 다음, 사냥에서 돌아온 獻公에 주면서 외부에서 온 음식은 믿을 수가 없으니 개와 내시에게 먼저 먹여보라고 하였다. 제육을 먹은 개와 내시는 즉사하고 술을 땅에 부었더니 땅이 부풀어 오르자, 헌공은 申生과 重耳·夷吾가 공모하여 자기를 죽이려 했다는 여희의 무고를 믿고 신생을 죽였다. ≪春秋左氏傳 僖公 5년≫
6) 宗 : 본래의 뜻은 宗族이나 여기서는 부모, 곧 獻公과 驪姬를 이른다.
7) 詩曰……亦已太甚 : ≪詩經≫〈小雅 巷伯〉에 보인다.

晉나라 驪姬가 獻公에게 태자 申生을 讒訴하니 헌공이 신생을 죽이려고 하였다. 公子 重耳가 신생에게 말했다.

"이 일은 그대의 죄가 아니니, 그대는 어찌 解明하는 말씀을 드리지 않소? 해명하면 반드시 죄를 면할 것이오."

신생이 말했다.

"안 되오. 내가 해명하면 반드시 여희가 죄를 받을 것이오. 우리 임금님은 늙으셨소. 여희가 곁에 없으면 잠자리가 편안하지 않으시고 음식을 달게 드시지 못하오. 어떻게 우리 임금님이 섭섭한 마음을 품고 돌아가시게 하겠소?"

중이가 말했다.

"해명하지 않으려거든 빨리 떠나가는 것만 못하오."

신생이 말했다.

"안 되오. 내가 떠나서 죽음을 면하면 이는 우리 임금님의 惡行을 드러내는 것이오. 아버지의 허물을 드러내면서 제후에게 찬미를 받는다면 누가 나를 즐거이 받아주겠소? 나라 안에 있으면 宗族에게 곤경을 당하고, 밖에 나가 있으면 도망 다니느라 곤경에 처할 것이니, 이는 나의 罪惡을 거듭 더하는 것이오. 나는 들으니 '忠臣은 임금의 허물을 드러내지 않고, 智慧로운 사람은 죄악을 거듭하지 않으며, 勇氣 있는 사람은 죽음을 피하지 않는다.'고 하였소. 이와 같은 상황을 나는 몸으로 감당하겠소."

그러고는 마침내 劍을 안고 엎어져 자살하였다. 君子는 이를 듣고 "하늘이 정한 命이로구나. 世子여!" 하였고, ≪詩經≫에는 "알록달록 빛나는 무늬, 조개 문양으로 비단을 짜네. 저 참소하는 사람은, 너무나도 심하구나."라 하였다.

10. **晉獻公之時**에 **有士焉**하니 **曰 狐突**[1]이니 **傅太子申生**하다 **公立驪姬爲夫人**하야 **而國多憂**하니 **狐突稱疾不出**하다 **六年**에 **獻公以譖誅太子**하니 **太子將死**에 **使人謂狐突曰**[2] **吾君老矣**요 **國家多難**하니 **傅一出以輔吾君**이면 **申生受賜以死不恨**하리라하고 **再拜稽首而死**하다 **狐突乃復事獻公**이러니 **三年**에 **獻公卒**하다 **狐突辭於諸大夫曰 突受太子之詔**러니 **今事終矣**라 **與其久生亂世也**론 **不若死而報太子**라하고 **乃歸**하야 **自殺**[3]하다

1) 狐突 : 춘추시대 晉나라 大夫로, 晉 文公의 外祖父이다. 惠公(夷吾)이 죽고 懷公이 즉위한 뒤 重耳를 따라 망명한 그의 두 아들을 불러들이라는 명령을 따르지 않아 죽임을 당하였다. ≪春秋左氏傳 僖公 24년≫

2) 使人謂狐突曰 : ≪國語≫ 〈晉語 2〉에는 "猛足을 시켜 말하게 하였다."로 되어 있다.

3) 自殺 : 申生이 狐突에게 당부한 말이 ≪國語≫ 〈晉語 2〉와 ≪禮記≫ 〈檀弓〉에 모두 실려 있으나, 호돌이 자살했다는 말은 없다. ≪春秋左氏傳≫ 僖公 24년에는 "狐突이 狐毛와 狐偃 두 아들을 부르려고 하지 않자 懷公이 살해하였다."로 되어 있다.

晉 獻公 때에 선비가 있었으니 이름을 狐突이라 하였는데 太子 申生의 스승〔傅〕이었다. 獻公이 驪姬를 세워서 夫人으로 삼자, 이 때문에 나라에 많은 우환이 생기니 호돌이 병을 핑계로 집에서 나가지 않았다.

6년이 지나 헌공이 참소를 믿고 태자를 죽이려고 하였다. 태자가 죽음에 임하여 사람을 보내 말했다.

"우리 임금님은 늙으셨고 나라에는 患難이 많으니, 스승께서 한번 나와서 우리 임금님을 보필해주시면 申生은 죽음을 받아 죽더라도 遺恨이 없겠습니다."

그러고는 두 번 절하면서 머리를 땅에 닿도록 조아리고 죽었다. 호돌이 마침내 다시 헌공을 섬겼는데 3년 만에 헌공이 죽었다. 호돌이 여러 大夫에게 하직하면서 말했다.

"나 호돌은 태자의 명을 받아 나왔었는데 이제 일이 끝났소. 亂世에 오래 사느니보다 죽어서 태자에게 보답하는 낫겠소."

그리고는 곧 돌아가서 자살하였다.

11. 楚平王[1)]이 使奮揚[2)]殺太子建[3)]이어늘 未至而遣之하니 太子奔宋하다 王召奮揚하고 使城父[4)]人執之以至하다 王曰 言出於予口하야 入於爾耳어늘 誰告建也오 對曰 臣告之하니이다 王初命臣曰 事建如事余하라커시늘 臣不佞이나 不能貳也일새 奉初以還이라 故遣之하고 已而悔之나 亦無及也니이다 王曰 而敢來는 何也오 對曰 使而失命하고 召而不來면 是重過也니 逃無所入이니이다 王乃赦之하다

1) 楚平王 : 춘추시대 楚나라 임금으로, 처음 이름은 棄疾, 뒤에 熊貲·熊居로 고쳤다. 武王의 아들이다. 鄧을 멸망시키고 蔡를 쳐서 哀侯를 사로잡았다. ≪史記 楚世家≫

2) 奮揚 : 춘추시대 楚나라 大夫이다. 당시 城父의 司馬로 있었는데, 太子 建을 죽이라는 平王의 명을 받았으나 죽이지 않고 망명하게 하였다. ≪春秋左氏傳 昭公 20년≫

3) 太子建 : 춘추시대 楚 平王의 太子로, 建은 이름이다. 平王이 秦나라 여자를 太子 建의 妃로 삼게 하였는데, 여자가 미인이라는 費無忌(일명 費無極)의 말을 듣고 스스로 취하여 아들 熊珍을 낳자 총애하여 建을 멀리하고 城父에서 변방을 순시하게 하였다. 뒤에 반역을 도모한다는 비무기의 참소를 믿고 奮揚을 시켜 죽이게 하자 吳員(伍子胥)

과 함께 외국으로 달아났다. ≪春秋左氏傳 昭公 19·20·26년≫·≪史記 楚世家≫

4) 城父 : 춘추시대 楚나라 邑이다. 원래 陳나라 夷邑이었는데, 楚나라가 陳을 멸한 후 楚나라 땅이 되었다. 지금의 安徽省 亳州市 譙城區 동남쪽 끝에 있는 城父鎭이다.

楚 平王이 奮揚을 시켜 太子 建을 죽이게 했는데, 분양이 이르기 전에 사람을 시켜 알려주며 가게 하니 태자 건은 宋나라로 달아났다. 평왕이 분양을 소환하고 城父에 사는 사람을 시켜 분양을 잡아 오게 하였다. 평왕이 말했다.

"태자를 죽이라는 말은 내 입에서 나와 네 귀에밖에 들어가지 않았는데, 누가 건에게 일러주었느냐?"

분양이 대답했다.

"臣이 일러주었습니다. 王께서 처음 신에게 '건을 섬기기를 나를 섬기듯이 하라.'고 명하셨는데, 신이 재주는 없지만 두 마음을 두지 못하기 때문에 왕께서 처음 명하신 대로 봉행하고 돌아왔습니다. 그래서 태자를 가게 하고 조금 뒤에 뉘우쳤으나 역시 미칠 수가 없었습니다."

평왕이 말했다.

"네가 감히 내 앞에 온 것은 무엇 때문이냐?"

분양이 대답하였다.

"使命을 받고도 수행하지 못하고, 소환을 당하고도 오지 않으면, 이는 거듭 罪過를 범하는 일이니, 도망쳐도 들어갈 곳이 없습니다."

평왕은 마침내 赦免하였다.

12. **晉靈公**[1]**暴**하니 **趙宣子驟諫**한대 **靈公患之**하야 **使鉏之彌**[2]**賊之**하다 **鉏之彌晨往**하니 **則寢門闢矣**요 **宣子盛服將朝**라가 **尙早**하야 **坐而假寢**이러라 **之彌退**하야 **歎而言曰 不忘恭敬**하니 **民之主也**라 **賊民之主**면 **不忠**이요 **棄君之命**이면 **不信**이니 **有一於此**하니 **不如死也**라하고 **遂觸槐而死**하다

1) 晉靈公 : 춘추시대 晉나라 임금으로 이름은 夷皐이다. 襄公과 穆嬴 사이에 낳은 아들로, 사치하고 포악하여 마구 사람을 죽였다. ≪春秋左氏傳 文公 7·8·13·15·17년, 宣公 2년≫·≪史記 晉世家≫

2) 鉏之彌 : 춘추시대 晉나라 力士이다. 趙盾을 죽이라는 靈公의 명을 받았으나 어진 인

물을 죽일 수도 없고, 임금의 명령을 저버릴 수도 없다고 한탄하며 회화나무에 머리를 들이받아 죽었다. 鉏之彌를 ≪春秋左氏傳≫에는 '鉏麑', ≪呂氏春秋≫ 〈過理〉에는 '沮麛', ≪國語≫ 〈晉語〉와 ≪史記≫ 〈晉世家〉에는 '鉏麑', ≪漢書≫ 〈古今人表〉에는 '鉏麛'로 되어 있다. ≪春秋左氏傳 宣公 2년≫

晉 靈公이 포악하니 趙宣子(趙盾)가 여러 차례 諫하자, 영공은 〈조선자를〉 혐오하여 鉏之彌를 시켜 죽이게 하였다. 서지미가 새벽에 〈조선자의〉 집에 가보니 침실의 문은 열려 있고, 조선자는 朝服을 잘 차려 입고 朝會에 나가려다가 아직 너무 일러서 앉아 졸고 있었다. 서지미는 그만 물러나와 탄식하며 말했다.

"〈집에서도 임금에 대한〉 恭敬을 잊지 않고 있으니 참으로 백성을 위하는 주인이다. 백성을 위하는 주인을 죽이면 忠誠이 아니고, 임금의 명을 저버리는 것은 信義가 아니다. 여기에 한 가지 길이 있으니, 죽는 것만 못하다."

그러고는 마침내 회화나무를 들이박고 죽었다.

13. 齊人有子蘭子[1]者하야 事白公勝[2]이러니 勝將爲難하야 乃告子蘭子曰 吾將擧大事於國하노니 願與子共之하노라 子蘭子曰 我事子而與子殺君이면 是助子之不義也요 畏患而去子면 是遁子於難也라 故不與子殺君하여 以成吾義하고 契領[3]於庭하야 以遂吾行호리라

1) 子蘭子 : 춘추시대 齊나라 사람이다. 일생 행적은 알 수 없다.
2) 白公勝 : 춘추시대 楚 平王의 태자 建의 아들로 이름은 勝이다. 伍子胥를 따라 吳로 망명했다가 惠王 때 귀국하여 白邑에 봉해져 白公이 되었다. 뒤에 난을 일으켜 子西와 子期를 죽이고 惠王을 습격하였으나 葉公 子固에게 패하여 자살하였다. ≪春秋左氏傳 哀公 16·17년≫·≪國語 楚語 下≫·≪史記 伍子胥列傳≫
3) 契領 : 斷領. 契는 '끊다'의 뜻이다.

齊나라에 子蘭子라는 사람이 있어서 白公 勝을 섬겼는데, 勝이 難을 일으키려고 하면서 자란자에게 일렀다.

"내가 나라에서 큰일을 일으키려고 하니, 그대도 함께하기 바란다."

자란자가 말했다.

"제가 그대를 섬기면서 그대와 함께 임금을 죽이면 이는 그대의 不義를 돕는 것이고,

환난을 두려워하여 그대의 곁을 떠나면 이는 그대의 환난에서 도망치는 것입니다. 그래서 그대와 함께 임금을 죽이지 아니하여 저의 義理를 이루고, 이 뜰에서 목을 끊어 저의 義行을 이룰 것입니다."

14. 楚有士申鳴[1)]者하야 在家而養其父하야 孝聞於楚國하니 王欲授之相한대 申鳴辭不受하다 其父曰 王欲相汝어늘 汝何不受乎아 申鳴對曰 舍父之孝子하고 而爲王之忠臣이면 何也잇고 其父曰 使有祿於國하고 立義於庭[2)]하야 汝樂이면 吾無憂矣리니 吾欲汝之相也하노라 申鳴曰 諾다하고 遂入朝하니 楚王因授之相하다 居三年에 白公爲亂하야 殺司馬子期[3)]하다 申鳴將往死之하니 父止之曰 棄父而死면 其可乎아 申鳴曰 聞夫仕者는 身歸於君하고 而祿歸於親이라하니 今旣去(子)〔父〕[4)]事君하니 得無死其難乎잇가하고 遂辭而往하야 因以兵圍之하다 白公謂石乞[5)]曰 申鳴者는 天下之勇士也라 今以兵圍我하니 吾爲之奈何오 石乞曰 申鳴者는 天下之孝子也라 往劫其父以兵하면 申鳴聞之必來하리니 因與之語하소서 白公曰 善하다하고 則往取其父하야 持之以兵하고 告申鳴曰 子與吾면 吾與子分楚國이어니와 子不與吾면 子父則死矣리라 申鳴流涕而應之曰 始吾父之孝子也나 今吾君之忠臣也라 吾聞之也호니 食其食者는 死其事하고 受其祿者는 畢其能이라하니 今吾已不得爲父之孝子矣요 乃君之忠臣也니 吾何得以全身이리오하고 援桴鼓之하야 遂殺白公이나 其父亦死하다 王賞之金百斤한대 申鳴曰 食君之食하고 避君之難이면 非忠臣也요 定君之國하야 殺臣之父하니 非孝子也니이다 名不可兩立이요 行不可兩全也니 如是而生이면 何面目으로 立於天下리오하고 遂自殺也하다

1) 申鳴 : 춘추시대 楚나라 사람이다. 孝行이 있어 楚王이 左司馬로 삼았다. 白公 勝의 난 때 白公 勝을 죽여 楚王이 상을 내렸으나, 孝와 忠을 모두 지키지 못했다고 비관하며 자결하였다. ≪韓詩外傳 10≫·≪尙友錄 4≫

2) 立義於庭 : ≪韓詩外傳≫ 권10에는 '有位於廷'으로 되어 있다.

3) 司馬子期 : 춘추시대 楚나라 司馬 벼슬을 한 사람으로, 令尹 子西의 아우이다. 白公의 난에 형 令尹 子西와 함께 죽었다. ≪春秋左氏傳 16년≫·≪韓詩外傳 10≫

4) (子)〔父〕 : 저본에는 '子'로 되어 있으나, ≪冊府元龜≫ 권739에 의거하여 '父'로 바로잡았다.

5) 石乞 : 白公 勝의 家臣이다.

楚나라에 申鳴이라는 선비가 있어, 집에 있으면서 아버지를 봉양하여 효성이 온 초나라에 소문이 났다. 王이 재상을 제수하려고 하자 신명은 사양하고 받지 않았다. 그의 아버지가 물었다.

"왕이 너를 재상으로 삼으려 하는데 너는 어찌 받지 않느냐?"

신명이 대답하였다.

"아버지를 봉양하는 孝子를 버리고 왕의 忠臣이 되면 뭐하겠습니까!"

그의 아버지는 말했다.

"가령 국가의 俸祿을 먹고 조정에서 義理를 세워 네가 즐거우면 나는 걱정이 없을 것이니, 나는 네가 재상이 되기를 바란다."

신명이 "좋습니다." 하고 마침내 조정에 들어가니, 楚王이 그대로 재상에 제수하였다.

3년이 지난 뒤, 白公이 난을 일으켜 司馬 子期를 죽였다. 신명이 난이 일어난 곳에 가서 죽으려 하니 아버지가 만류하며 말했다.

"아비를 버리고 가서 죽으면 그것이 옳겠느냐?"

신명이 말했다.

"들으니 '벼슬하는 사람은, 몸은 임금에게 귀속시키고 봉록은 어버이에게 귀속시킨다.'고 합니다. 저는 지금 아버지를 버리고 임금을 섬기고 있으니, 임금의 難에 죽지 않을 수 있겠습니까?"

그러고는 마침내 아버지를 하직하고 難이 일어난 곳으로 가서 즉시 군대를 거느리고 백공을 포위하였다. 백공이 石乞에 말했다.

"신명은 천하의 勇士다. 지금 군대를 거느리고 나를 포위하고 있으니 나는 어쩌면 좋겠나?"

석걸이 말했다.

"신명은 천하의 孝子입니다. 가서 그의 아버지를 武力으로 협박하면 신명이 소문을 듣고 반드시 올 것이니, 그 기회를 이용하여 그와 담판을 하십시오."

백공이 "좋다." 하고는 즉시 가서 그의 아버지를 잡아서 무기로 위협하고 신명에게 알렸다.

"그대가 나를 도우면 나는 그대와 초나라를 나누어 소유하겠지만, 그대가 나를 돕지 않으면 그대의 아비는 죽게 될 것이다."

신명은 눈물을 흘리며 응답하였다.

"처음에는 내가 우리 아버지의 孝子였으나, 지금은 우리 임금의 忠臣이다. 나는 들으니 '남의 밥을 먹는 사람은 그 사람의 일을 위해 죽고, 남의 봉록을 받는 사람은 자기의 재능을 다한다.' 하였다. 지금 나는 이미 아버지의 효자가 되지 못하고, 바로 임금의 충신이 되었으니 내 어찌 몸을 보전하겠는가?"

북채를 잡고 진격의 북을 쳐서 마침내 백공을 죽였으나 그의 아버지도 죽었다. 왕이 상으로 金 백 근을 주자, 신명이 말했다.

"임금의 밥을 먹고 임금의 患難을 피하면 충신이 아니고, 임금의 국가를 안정시킨다 하여 저의 아버지를 죽였으니 효자가 아닙니다. 名分은 두 가지를 같이 세울 수가 없고, 行實은 두 가지를 온전히 할 수가 없습니다. 이와 같이 하고 산다면 무슨 면목으로 천하에 설 수 있겠습니까?"

그러고는 마침내 자살하였다.

15. 齊莊公[1)]且伐莒[2)]할새 爲{車}五乘之賓[3)]호되 而杞梁華舟[4)]獨不與焉이라 故歸而不食하니 其母曰 汝生而無義하고 死而無名이면 則雖{非}[5)]五乘이나 孰不汝笑也리오 汝生而有義하고 死而有名이면 則五乘之賓이 盡汝下也리라하니 趣(촉)食乃行하다 杞梁華舟同車하야 侍於莊公而行至莒하니 莒人逆之어늘 杞梁華舟下鬭하야 獲甲首[6)]三百하다 莊公止之曰 子止하면 與子同齊國하리라 杞梁華舟曰 君爲五乘之賓호되 而舟梁不與焉하니 是少吾勇也요 臨敵涉難이어늘 止我以利하니 是汚吾行也니이다 深入多殺者는 臣之事也니 齊國之利는 非吾所知也로소이다 遂進鬭하야 壞軍陷陣하니 三軍弗敢當이러라 至莒城下하니 莒人以炭置地어늘 二人立有間하야 不能入하다 隰侯重爲右[7)]러니 曰 吾聞古之士 犯患涉難者는 其去遂於物也[8)]라하니 來하라 吾踰子호리라 隰侯重仗楯伏炭이어늘 二子乘而入하야 顧而哭之하더니 華舟後息하다 杞梁曰 汝無勇乎아 何哭之久也오 華舟曰 吾豈無勇哉리오 是其勇與我同也어늘 而先吾死라 是以로 哀之호라 莒人[9)]曰 子毋死하라 與子同莒國호리라 杞梁華舟曰 去國歸敵은 非忠臣也요 去長受賜는 非正行也며 且鷄鳴而期하고 日中而忘之는 非信也라 深入多殺者는 臣之事也니 莒國之利는 非吾所知也니라하고 遂進鬭하야 殺二十七人而死하다 其妻聞

之而哭[10)]하니 **城爲之**阤하야 **而隅爲之崩**하니 **此非所以起也**[11)]라

1) 齊莊公 : 춘추시대 齊나라 임금으로, 이름은 光, 靈公의 아들이다. 大夫 崔杼에 의해 즉위하였다가 뒤에 최저의 아내와 私通하여 최저에게 시해되었다. ≪春秋左氏傳 襄公 21~24년≫ · ≪史記 齊世家≫

2) 莒 : 西周시대 諸侯國의 하나이다. 전국시대 楚나라에 멸망되었다. 지금의 山東省 莒縣 지역이다. ≪墨子 非攻≫ · ≪文獻通考 封建考 莒≫

3) 爲{車}五乘之賓 : 五乘之賓은 수레 다섯 채의 봉양을 받는 賓客으로, 용사를 우대하기 위하여 만든 벼슬〔勇爵〕이다. ≪春秋左氏傳≫ 襄公 21년에 "장공이 용작을 만들었다.〔莊公爲勇爵〕" 하였으니, 이는 五乘으로 한 사람을 봉양하는 것으로 이해하였다. '車'는 ≪後漢書≫ 〈袁紹傳〉의 "슬프게 곡을 하여 성이 무너지게 한 자가 있었다.〔悲哭而崩城者〕"의 注에 '車'자가 없어 衍文으로 처리하였다.

4) 杞梁華舟 : 둘 다 춘추시대 齊나라 大夫이다. 杞梁의 이름은 殖(또는 植)이고, 梁은 字이다. 華舟는 華周 · 華州 · 華還으로도 쓴다. 둘이 함께 莊公을 따라 莒를 치다가 전사하였다. ≪春秋左氏傳 襄公 23년≫ · ≪禮記 檀弓 下≫

5) {非} : 文義에 '非'가 없어야 되겠기에 衍文으로 처리하였다.

6) 甲首 : 갑옷을 입고 무장한 군사의 首級을 이른다.

7) 隰侯重爲右 : 隰侯重은 사람 이름이다. 일생 행적은 未詳이다. '右'는 兵車의 말을 모는 사람 오른쪽에 타는 武士로, '車右'라고 한다.

8) 其去遂於物也 : 이 구절은 의미가 명확하지 않으나, '去'는 '자기의 몸을 버리다'로, '遂'는 '이루다'로, '物'은 '일' 곧 '功名'으로 해석하였다.

9) 莒人 : ≪春秋左氏傳≫ 襄公 23년에는 '莒子'로 되어 있다.

10) 其妻聞之而哭 : '其妻'는 ≪列女傳≫ 권4 〈齊杞梁妻〉에 杞梁의 아내만을 말하였다. 그러나 ≪孟子≫ 〈告子 下〉에는 "화주 · 기량의 아내가 그 남편의 죽음에 곡을 잘하자 나라의 풍속이 변하였다. 안에 든 것이 있으면 반드시 밖에 나타나는 것이다.〔華周杞梁之妻 善哭其夫 而變國俗 有諸內 必是形諸外〕"라 하여 華周의 아내를 아울러 말하였다.

11) 此非所以起也 : 이 구절은 여러 가지 해석이 있다. ① 淸 盧文弨의 ≪群書拾補, 說苑≫에는 "非자는 아마 琴曲이란 두 글자의 잘못인 듯하다." 하였다. 이는 "杞梁의 아내 琴曲에 관한 起源이다."라는 뜻으로, ≪琴操≫에 〈芑(杞와 通)梁妻歎〉이 있다. ② 日本 關嘉의 ≪說苑纂註≫에는 "용사를 총애하면서 용사를 죽였으니, 용사를 진작하는 것이 아니라는 말이다.〔言寵勇士而殺勇士 非所以振起勇士也〕" 하였다. ③ 日本 桃源藏(桃白鹿)의 ≪說苑考≫에는 "이 한 구절은 아마 다른 章 구절이 錯簡된 듯하다." 라 하였다.

齊 莊公이 莒나라를 치려고 할 때, 五乘으로 봉양하는 賓客을 선출하였으나, 杞梁과 華舟만 여기에 참여하지 못했다. 그래서 집에 돌아가서도 밥을 먹지 못하니 그의 어머

니가 말했다.

"네가 살아서 道義를 행한 일이 없고 죽어서 좋은 名聲이 없으면, 오승을 탈 수 있는 빈객이 되더라도 누가 너를 비웃지 않겠느냐? 네가 살아서 도의를 행한 일이 있고 죽어서 좋은 명성이 있으면, 오승을 탈 수 있는 빈객이 모두 네 밑에 있을 것이다."

그러자 빨리 밥을 먹고는 곧 길을 떠났다. 기량과 화주는 함께 兵車를 타고 장공을 모시면서 길을 떠나 莒나라에 당도하니, 거나라 사람들이 맞아 싸움이 벌어졌다. 기량과 화주는 兵車에서 뛰어내려 전투하여 甲首 3백 명을 베어버렸다. 장공이 제지하며 말했다.

"자네들이 싸움을 그치면 자네들과 齊나라를 함께 享有할 것이다."

이에 기량과 화주는 말했다.

"임금님께서 오승을 누릴 수 있는 빈객을 선출하였으나 화주와 기량은 참여하지 못했습니다. 이는 우리의 용기를 輕視한 것이고, 적과 맞서서 危難을 겪고 있는데 利益으로 우리의 싸움을 제지하니 이는 바로 우리의 행위를 더럽히는 것입니다. 적진에 깊이 들어가 많은 적군을 죽이는 것은 신들의 일이니, 제나라를 함께 향유하는 이익은 우리들이 알 바 아닙니다."

그러고는 마침내 진격하여 적의 軍陣을 무너뜨리니 적의 三軍이 감히 당해내지 못하였다. 거나라 都城 아래에 당도하니 거나라 사람들이 땅에 숯불을 깔아놓았는데, 두 사람이 한동안 그대로 서 있으면서 들어가지 못하였다. 이때 隰侯重은 車右였는데, 나서서 말했다.

"나는 들으니 '옛날 戰士 중에 위험을 무릅쓰고 어려움을 헤쳐나간 자는 자기의 몸을 버리어 功을 이룬다.' 하였소. 오시오. 내가 그대에게 이 숯불을 넘어가게 해주겠소."

그리고는 습후중이 방패를 잡고 숯불 위에 엎드리자 두 사람이 그 위를 타고 들어가서는, 돌아보며 哭을 하다가 화주가 나중에 그쳤다. 기량이 말했다.

"너는 용기가 없느냐? 왜 그리 오래 곡을 하느냐?"

화주가 대답했다.

"내가 왜 용기가 없겠느냐! 이 습후중의 용기는 우리와 같은데 우리보다 먼저 죽었기 때문에 슬퍼한 것이라네."

거나라 사람이 말했다.

"그대들은 우리를 죽이지 마시오. 그러면 그대들과 함께 거나라를 향유하겠소."

기량과 화주가 말했다.

"祖國을 저버리고 敵國에 귀순하는 것은 충신이 아니고, 임금을 저버리고 賞을 받는 것은 바른 행위가 아니며, 게다가 닭이 우는 새벽에 약속을 하고 한낮에 이를 잊는 것은 信義가 아니다. 敵陣에 깊이 들어가 많은 적군을 죽이는 것은 신하의 일이니, 거나라를 향유하는 이익은 우리가 알 바 아니다."

그러고는 마침내 진격해 싸워 27명을 죽이고 자신들도 죽었다. 그의 아내가 이 소식을 듣고는 痛哭하니 城이 기울어 모퉁이가 무너졌다. 이는 기량의 아내에 관한 琴曲이 생기게 된 근원이다.

16. **越甲至齊**하니 **雍門子狄**[1]**請死之**한대 **齊王曰 鼓鐸**[2]**之聲未聞**하고 **矢石未交**하며 **長兵未接**이어늘 **子何務死之**오 **爲人臣之禮邪**아 **雍門子狄對曰 臣聞之**호니 **昔者**에 **王田於囿**할새 **左轂鳴**이어늘 **車右**[3]**請死之**한대 **而王曰 子何爲死**오 **車右對曰 爲其鳴吾君也**니이다 **王曰 左轂鳴者**는 **工師**[4]**之罪也**어늘 **子何事之有焉**이리오 **車右曰 臣不見工師之乘**이요 **而見其鳴吾君也**니이다하고 **遂刎頸而死**하니 **知有之乎**잇가 **齊王曰 有之**하니라 **雍門子狄曰 今越甲至**하니 **其鳴吾君也 豈左轂之下哉**잇가 **車右可以死左轂**이어늘 **而臣獨不可以死越甲也**잇가 **遂刎頸而死**하다 **是日**에 **越人引甲而退七十里曰 齊王有臣**이 **鈞如雍門子狄**이면 **擬使越社稷不血食**이리라하고 **遂引甲而歸**하니 **齊王葬雍門子狄以上卿**[5]**之禮**하다

1) 雍門子狄 : 전국시대 齊나라의 열사이다. ≪文選 曹植 求自試表≫
2) 鼓鐸 : 고대 軍中에서 사용하던 악기이다. ≪周禮 地官 鄕師≫
3) 車右 : 兵車의 말을 모는 사람의 오른쪽에 타고 비상사태에 대비하는 武士이다. 왼쪽에는 임금이나 장수가 탄다. 그냥 '右'라고도 한다. ≪禮記 曲禮 上≫·≪春秋穀梁傳 成公 5년≫
4) 工師 : 司空의 밑에서 百工을 거느리며 營建과 工匠의 일을 주관하던 벼슬이다. ≪禮記 月令≫·≪荀子 王制≫
5) 上卿 : 三代시대 天子와 諸侯가 두었던 벼슬로, 上·中·下 三卿 중에 가장 존귀하였다. ≪春秋左氏傳 成公 3년≫

越나라 군대가 齊나라를 공격해 들어오니 雍門子狄이 나라를 위해 죽겠다고 요청했

다. 齊王이 말했다.

"鼓鐸의 소리가 아직 들리지 않았고, 화살과 돌을 아직 발사하지 않았으며, 창 같은 긴 무기가 아직 부딪치지 않고 있는데, 그대는 어찌 굳이 죽으려 하는가? 이것이 신하된 사람의 예절인가?"

옹문자적이 대답했다.

"臣은 들으니, 예전에 王께서 園囿에서 사냥을 하실 적에 수레의 왼쪽 바퀴에서 삐걱거리는 소리가 났는데 車右가 죽겠다고 요청하자, 王께서 '그대는 무엇 때문에 죽으려 하느냐?'라고 물으셨지요. 거우는 '삐걱거리는 소리를 내어 우리 임금을 놀라게 했기 때문입니다.'라고 대답했습니다. 王께서 '왼쪽 수레바퀴가 삐걱거리는 소리를 낸 것은 工師의 죄인데, 그대와 무슨 관계되는 일이 있느냐?'고 되물으셨습니다. 거우는 '臣은 工師가 수레를 만드는 것은 보지 못했고, 삐걱거리는 소리를 내어 우리 임금을 놀라게 한 것만 보았습니다.'라 대답하고는 마침내 목을 찔러 죽었다 합니다. 이런 사실을 알고 계십니까?"

제왕이 말했다.

"이런 사실이 있다."

옹문자적이 말했다.

"지금 월나라의 군대가 공격해 왔으니, 삐걱거리는 소리를 내어 우리 임금을 놀라게 한 일이 어찌 왼쪽 수레바퀴보다 못한 일이겠습니까? 거우는 삐걱거리는 왼쪽 수레바퀴 때문에 죽을 수 있었는데, 신만은 침입한 월나라 군대 때문에 죽을 수가 없단 말입니까?"

그러고는 마침내 목을 찔러 죽었다. 이날 월나라 사람들이 군대를 인솔하고 70리를 퇴각하면서 말했다.

"제왕의 신하들이 모두 옹문자적과 같다면 아마도 월나라의 社稷에 祭祀를 받들지 못하게 할 것이다."

그러고는 마침내 군대를 인솔하고 돌아가니, 제왕이 上卿의 禮를 갖추어 옹문자적을 장례하였다.

17. 楚人將與吳人戰할새 楚兵寡而吳兵衆하다 楚將軍子囊[1)]曰 我擊此國必敗하야 辱君虧地리니 忠臣不忍爲也라하고 不復於君하고 黜兵而退하다 至於國郊하야 使人復於君

曰 臣請死하노이다 君曰 子大夫之遁也는 以爲利也라 而今誠利하니 子大夫毋死하라 子囊曰 遁者無罪면 則後世之爲君臣者 皆入不利之名而效臣遁하리이다 若是면 則楚國終爲天下弱矣리니 臣請死하노이다 退而伏劍하다 君曰 誠如此면 請成子大夫之義호리라 하고 乃爲桐棺三寸하야 加斧質其上[2)]하고 以徇於國하다

1) 子囊 : 춘추시대 楚 莊王의 아들 公子貞으로, 子囊은 字이다. 共王 때 令尹이 되었고, 죽을 때에도 社稷의 안위를 걱정하여 아들 庚에게 도성 郢의 성곽을 完築하라고 유언하였다. ≪春秋左氏傳 襄公 7·8·10·12·14년≫

2) 加斧質其上 : 死刑에 처했음을 표시한 일이다. 斧는 도끼, 質은 쇠 모탕인데, 사형을 집행할 때 죄인을 모탕 위에 올려놓고 도끼로 찍었다. '質'은 '鑕'과 통용이다. ≪晏子春秋 問 下≫·≪呂氏春秋 貴直≫

楚나라 사람이 吳나라 사람과 戰爭을 하려고 할 때, 초나라 군대는 적고 오나라 군대는 많았다. 초나라 장군 子囊이 말했다.

"우리가 이 오나라를 공격하면 반드시 패배하여 임금은 치욕을 당하고 국토는 줄어들게 될 것이니, 忠臣은 차마 이런 전쟁은 하지 못한다."

그러고는 임금에게 보고하지 않고 군사를 거두어 퇴각하였다. 國都의 교외에 당도하여 사람을 보내 임금에게 이렇게 보고하게 하였다.

"臣을 죽여주십시오."

임금이 말했다.

"그대 大夫가 도망쳐 돌아온 것은 국가에 이로움이 있기 때문이오. 지금 보기에 참으로 이로움이 있으니 그대 대부는 죽지 마시오."

자낭이 말했다.

"도망쳐 온 사람을 죄주지 않으면, 後世에 임금의 신하 된 자가 모두 不利하다는 명분을 빌려 신이 도망쳐 온 것을 본받을 것입니다. 이같이 되면 초나라는 마침내 천하의 弱小國이 될 것이니, 신을 죽여주십시오."

그러고는 물러 나와서 칼을 안고 엎어져 죽었다. 임금이 말했다.

"진실로 이와 같다면 그대 대부의 忠義를 이루어줄 것이오."

이에 세 치〔寸〕 두께의 오동나무 棺을 만들어 〈刑具인〉 도끼와 모탕〔質〕을 그 위에 올려놓고 온 나라 사람들에게 돌려 보여주었다.

18. 宋康公攻阿[1]하고 屠單父(선보)[2]하다 成公趙[3]曰 始吾不自知하야 以爲在千乘이면 則萬乘不敢伐이요 在萬乘이면 則天下不敢圖러니 今趙在阿而宋屠單父하니 則是趙無以自立也라 且往誅宋〈王〉[4]호리라하고 趙遂入宋이나 三月不得見하다 或曰 何不因隣國之使而見之오하니 成公趙曰 不可하다 吾因隣國之使而刺之면 則使後世之使不信이니 苟[5]節之信不用이면 皆曰趙使之然也라하리니 不可로다 或曰 何不因群臣道徒處之士[6]而刺之오 成公趙曰 不可하다 吾因群臣道徒處之士而刺之면 則後世之忠臣不見信이요 辯士不見顧하야 皆曰趙使之然也라하리니 不可로다 吾聞古之士는 怒則思理하고 危不忘義하야 必將正行以求之耳라호라 期年에 宋康公病死하니 成公趙曰 廉士는 不辱名이요 信士는 不惰行이라 今吾在阿어늘 宋屠單父하니 是辱名也요 事誅宋王호되 期年不得하니 是惰行也라 吾若是而生이면 何面目으로 而見天下之士리오하고 遂立槁於彭山[7]之上하다

1) 宋康公攻阿 : 宋 康公은 전국시대 宋나라 임금으로, 곧 康王이다. 이름은 偃이다. 형 剔成을 축출하고 王이 되어 無道한 짓을 많이 하였으며, 齊·魏·楚와 전쟁을 벌이다가 齊 湣王에게 멸망당하였다. ≪戰國策 宋策≫
   阿는 춘추시대 齊나라 땅으로, 곧 柯이다. 지금의 山東省 東阿縣과 陽穀縣 사이에 있는 阿城鎭 지역이다. ≪春秋 莊公 13년≫·≪史記 司馬穰苴列傳≫
2) 單父(선보) : 춘추시대 魯나라 邑이다. 지금의 山東省 單縣 경내에 있었다. ≪逸論語 知道≫·≪漢書 地理志 上≫
3) 成公趙 : 전국시대 齊나라 사람으로, 成公은 複姓, 趙는 이름이다. 일생 행적은 미상이다.
4) 〈王〉 : 저본에는 '王'이 없으나, ≪說苑校證≫에 "'宋'자 아래에 '王'자가 빠진 것 같으니, 아래의 '事誅宋王'이 증거이다."라 한 것에 따라 보충하였다.
5) 苟 : 兪樾의 ≪讀書餘錄≫에 "'苟'는 '符'자의 오자인 듯하다." 하였다.
6) 道徒處之士 : 道는 '인도하다, 이용하다'의 뜻이다. 徒處之士는 '隱士, 處士'의 뜻이다.
7) 彭山 : 錢穆의 ≪先秦諸子繫年 附戰國時宋都彭城考≫에는 지금의 徐州 동북쪽 3里에 있는 彭城山이라 하였다.

宋 康公이 阿邑을 공격하고 單父 사람들을 도륙하였다. 成公趙가 말했다.

"당초에 나는 스스로 事理를 알지 못하여 千乘의 諸侯國에 살고 있으면 萬乘의 天子國이 감히 정벌하지 못하고, 萬乘의 天子國에 살고 있으면 천하 사람이 감히 도모하지 못한다고 생각하였다. 지금 내가 아읍에 살고 있는데 宋나라가 선보 사람들을 도륙하였으니, 이 때문에 내가 세상에 自立할 수가 없다. 장차 송나라에 가서 宋王을 죽이겠다."

성공조는 마침내 송나라에 들어갔으나 3개월 동안 송왕을 만나지 못했다. 어떤 이가 말했다.

"어찌 이웃 나라에서 온 使臣을 이용하여 송왕을 만나지 않는 게요?"

성공조가 말했다.

"안 되오. 내가 이웃 나라에서 온 사신을 이용하여 송왕을 만나 찔러 죽이면 後世의 사신에게 信任을 받지 못하게 하는 것이오. 지니고 온 符節의 信憑이 쓸모없게 되면 모두들 '성공조가 그렇게 만든 것이다.' 할 것이니, 이는 안 되오."

그러자 어떤 이가 말했다.

"어찌 群臣이 隱士를 인도하여 뵙게 하는 기회를 이용하여 찔러 죽이지 않는 게요?"

성공조가 말했다.

"안 되오. 내가 군신이 은사를 인도하여 뵙게 하는 기회를 이용하여 찔러 죽이면 후세의 忠臣은 신임을 받지 못할 것이고, 辯士는 관심을 받지 못하여 모두들 '성공조가 그렇게 만든 것이다.' 할 것이니, 이는 안 되오. 내 들으니, 옛날의 선비는 화를 낼 때면 事理를 생각하고, 위험에 처했을 때에도 義理를 잊지 아니하여, 반드시 정당한 행위로 구할 따름이라 하였소."

그러고 1년 만에 송 강공이 병들어 죽었다. 성공조는 이렇게 말했다.

"清廉潔白한 선비는 자기의 名節을 욕되게 하지 않고, 誠信한 선비는 자기의 행동을 게을리 하지 않는다. 지금 내가 아읍에 살고 있는데 송나라가 선보 사람들을 도륙하였으니 이는 내 명절을 욕되게 한 것이고, 송왕을 죽이는 일에 나섰으나 1년이 되도록 이루지 못했으니 이는 내 행동이 게으른 것이다. 내가 이처럼 하고 산다면 무슨 면목으로 천하의 선비들을 보겠는가!"

그러고는 마침내 彭山 위에 서서 말라 죽었다.

19. 佛肹(필힐)用中牟之縣畔[1)]하야 設祿邑炊鼎[2)]하고 曰 與我者는 受邑하고 不與我者는 其烹하리라 中牟之士皆與之하다 城北餘子田基[3)]獨後至하야 袪衣將入鼎曰 基聞之호니 義者는 軒冕[4)]在前이라도 非義弗乘하며 斧鉞於後라도 義死不避라호라 遂袪衣將入鼎하니 佛肹播而〈止〉之[5)]하다 趙簡子屠中牟하야 得而取之하고 論有功者할새 用田基爲始하니 田基曰 吾聞廉士는 不恥人이라하니 如此而受中牟之功이면 則中牟之

士 終身慙矣리라하고 襁負其母하야 南徙於楚하니 楚王高其義하야 待以司馬하다

1) 佛肸(필힐)用中牟之縣畔 : 佛肸은 춘추시대 晉나라 趙簡子의 邑宰이다. 中牟는 춘추시대 晉나라의 邑이다. ≪論語≫ 〈陽貨〉에 '佛肸以中牟畔'이라 보인다. ≪史記 晉世家≫
2) 設祿邑炊鼎 : 賞으로 줄 食邑과 烹刑할 刑具를 준비한다는 뜻이다.
3) 餘子田基 : 餘子는 백성의 집에서 每戶에 한 명씩 군대에 복무하는 사람 이외의 子弟를 이르는 말이다. ≪周禮 地官 小司徒≫
   田基는 춘추시대 晉나라 中牟 사람이다. ≪新序≫ 〈義勇〉에는 '田卑'로 되어 있다.
4) 軒冕 : 고대에 大夫 이상이 타는 수레와 冕服으로, 벼슬과 俸祿을 대신 이르기도 한다. ≪管子 立政≫
5) 播而〈止〉之 : 저본에는 '止'가 없으나, ≪太平御覽≫ 권421에는 '播而' 두 글자는 없고 '止之'로 되어 있는데, ≪說苑校證≫에 "'止'자를 보충하여 '播而止之'로 써야 된다." 하여 '止'를 보충하였다.

佛肸이 中牟縣을 근거지로 삼아 배반하여 祿邑과 가마솥을 설치하고 말했다.

"나를 돕는 사람은 祿邑을 받고, 나를 돕지 않는 사람은 솥에 넣어 삶아 죽이겠다."

그러자 중모현의 사람들은 모두 그를 도왔다. 城北에 사는 餘子 田基만 남들보다 늦게 도착해서 옷을 걷고 솥 안으로 뛰어들려고 하면서 말했다.

"나는 들으니 '義로운 사람은 軒車와 冠冕을 내 앞에 늘어놓아도 義롭지 않으면 타지 않으며, 형벌하는 도끼를 내 뒤에 들이대도 義로우면 죽음을 회피하지 않는다.' 하였소."

그러고는 마침내 옷을 걷고 솥 안으로 뛰어들려고 하니, 필힐이 손을 저어 제지하였다. 뒤에 趙簡子가 중모현을 도살하여 그곳을 다시 취하고 功이 있는 사람을 評定할 때 전기를 첫째로 꼽았다. 이에 전기가 말했다.

"나는 들으니 '청렴결백한 선비는 남을 부끄럽게 하지 않는다.'고 합니다. 이와 같이 하고서 중모를 평정한 공을 받으면 중모의 선비들은 죽을 때까지 부끄러움을 느낄 것이오."

그러고는 마침내 어머니를 포대기에 싸서 업고 남쪽 楚나라로 옮겨 가 살았다. 楚王은 그의 義로움을 높이 사서 司馬 벼슬로 대우하였다.

20. 齊崔杼弑莊公[1]이어늘 邢蒯聵[2]使晉而反하니 其僕曰 崔杼弑莊公이라하니 子將奚如오 邢蒯聵曰 驅之하라 將入死而報君호리라 其僕曰 君之無道也는 四隣諸侯莫

不聞也하니 以夫子而死之 不亦難乎잇가 邢蒯聵曰 善하다 能言也[3]나 然亦晩矣로다 子早言{我}[4]이런들 我能諫之요 諫不聽이면 我能去어니와 今旣不諫하고 又不去하니 吾聞食其祿者는 死其事라하니 吾旣食亂君之祿矣라 又安得治君而死之리오 遂驅車入死하다 其僕曰 人有亂君호되 人猶死之어늘 我有治長하니 可毋死乎아하고 乃結轡自刎於車上하다 君子聞之하고 曰 邢蒯聵는 可謂守節死義矣니 死者는 人之所難也라 僕夫之死也는 雖未能合義나 然亦有志士之意矣로다 詩云 夙夜匪懈하야 以事一人[5]이라하니 邢生之謂也요 孟子曰 勇士는 不忘喪其元[6]이라하니 僕夫之謂也니라

1) 齊崔杼弑莊公 : 崔杼는 춘추시대 齊나라 大夫이다. 齊 莊公이 그의 아내 棠薑과 私通하자 莊公을 시해하고 景公을 세워 스스로 재상이 되었으나 뒤에 慶封의 공격을 받자 자살하였다. ≪春秋左氏傳 宣公 10년, 成公 17년, 襄公 6・9・10・14・19・23・24・25・27・28년≫

2) 邢蒯聵 : 춘추시대 齊나라 大夫로 일생 행적은 미상이다.

3) 善 能言也 : ≪韓詩外傳≫ 권4에는 "좋구나. 네 말이여.〔善哉 而言也〕"로 되어 있다.

4) {我} : ≪說苑校證≫에 "≪韓詩外傳≫에는 '我'자가 없으니 衍文인 듯하다."라 하였는데, 그 설을 따랐다.

5) 詩云……以事一人 : ≪詩經≫ 〈大雅 蒸民〉에 보인다.

6) 孟子曰 勇士不忘喪其元 : ≪孟子≫ 〈滕文公 下〉에 보인다.

齊나라 崔杼가 莊公을 시해하였는데, 邢蒯聵가 晉나라에 사신으로 갔다가 돌아오게 되었다. 그의 마부가 말했다.

"최저가 장공을 시해했다는데 당신은 어떻게 하시렵니까?"

형괴외가 말했다.

"수레를 빨리 몰아라. 내 들어가서 죽음으로 임금께 보답할 것이다."

그의 마부는 다시 말했다.

"임금의 無道한 행위는 사방 이웃 나라 제후까지도 듣지 못한 사람이 없습니다. 주인께서 이런 사람을 위해 죽는다면 이해하기 어렵지 않겠습니까?"

형괴외는 말했다.

"좋다. 말을 잘했지만 또한 이미 늦었다. 네가 좀 더 일찍 말해주었더라면 내가 잘 諫했을 것이고, 간하는 말을 따르지 않으면 나는 떠났을 것이다. 그러나 지금은 이미 간하지 못했고 떠나지도 못했다. 나는 들으니 '그 사람의 俸祿을 먹은 사람은 그 사람

의 일에 죽어야 된다.'고 했다. 내 이미 亂君의 봉록을 먹었으니, 또 어떻게 현명한 임금을 만나 죽겠느냐?"

그렇게 말하고는 마침내 수레를 빨리 몰아 도성으로 들어가 죽었다. 그의 마부가 말했다.

"어떤 사람은 亂君을 두었는데도 오히려 그를 위해 죽었는데, 나는 현명한 주인을 두었으니 죽지 않을 수 있겠는가?"

그렇게 말하고는 마침내 말고삐로 목을 매어 수레 위에서 자살하였다. 君子는 이 소문을 듣고 말했다.

"형괴외는 忠節을 지켜 義理를 위해 죽었다고 이를 만하니, 죽는 것은 사람이 하기 어려운 일이다. 마부의 죽음은 의리에 부합하지는 않으나 역시 志士의 意志가 있다."

≪詩經≫에 "밤낮으로 게으르지 아니하여, 한 사람을 섬기리!" 하였으니, 형괴외 같은 사람을 이른 말이다. 孟子는 "勇士는 머리를 잃을 각오를 잊지 않는다." 하였으니, 이 마부 같은 사람을 이른 말이다.

21. **燕昭王使樂毅伐齊**하니 **閔王**[1]**亡**하다 **燕之初入齊也**에 **聞蓋**(합)**邑人王歜**[2]**賢**하고 **令於軍曰 環蓋三十里毋入**하라하니 **以歜之故**러라 **已而**요 **使人謂歜曰 齊人多高子之義**하니 **吾以子爲將**하고 **封子萬家**호리라 **歜固謝燕人**한대 **燕人曰 子不聽**하면 **吾引三軍而屠蓋邑**호리라 **王歜曰 忠臣**은 **不事二君**이요 **貞女**는 **不更二夫**라 **齊王不聽吾諫**이라 **故退而耕於野**라 **國旣破亡**이로되 **吾不能存**이어늘 **今又劫之以兵**하니 **爲君將**이면 **是助桀爲暴也**라 **與其生而無義**론 **固不如烹**이로다 **遂懸其軀於樹枝**하고 **自奮絶脰而死**하다 **齊亡大夫聞之**하고 **曰 王歜布衣**로되 **義猶不背齊向燕**이어든 **況在位食祿者乎**아 **乃相聚如莒**하야 **求諸公子**[3]하야 **立爲襄王**하다

1) 閔王 : 전국시대 齊나라 임금이다. '閔'은 '湣'으로도 쓴다. 재위한 지 40년에 燕나라의 樂毅가 秦·楚·趙 등의 연합군을 이끌고 齊나라를 쳐서 首都 臨淄에 들어가자, 閔王이 衛나라로 망명하였다. ≪史記 田敬仲完世家·樂毅列傳≫

2) 蓋(합)邑人王歜 : 蓋邑은 전국시대 齊나라 邑이다. 원래는 魯나라 땅이었으나 뒤에 齊나라에 소속되었다. ≪史記≫ 〈樂毅田單列傳〉에는 '畫'자로 되어 있고, ≪水經注≫ 〈淄水〉에는 '澅'으로 되어 있다. 지금의 山東省 沂源縣 남동쪽의 蓋冶 지역이다. 王歜

은 전국시대 齊나라 사람이다. '歜'은 ≪史記≫에 '蠋'으로 썼다. ≪史記 燕召公世家·田敬仲完世家≫·≪漢書 古今人表≫

3) 公子：太子 法章을 이른다. ≪史記≫에는 '公'자가 없다.

燕 昭王이 樂毅를 보내어 齊나라를 토벌하게 하니 齊 閔王이 도망쳤다. 燕나라 군대가 처음 제나라에 들어갔을 때 蓋邑 사람 王歜이 어질다는 소문을 듣고 군중에 명령을 내려, "합읍의 30리 주위 안에는 들어가지 말라." 하니, 이는 왕촉 때문이었다. 이윽고 사람을 보내어 왕촉에게 이렇게 이르도록 하였다.

"제나라 사람들이 대부분 그대의 道義를 높이 존경하고 있으니, 내 그대를 장군으로 삼고 그대를 萬戶의 고을에 봉해주겠소."

왕촉이 연나라 사신에게 확고히 거절하자, 연나라 사신은 다시 위협하는 말을 전했다.

"그대가 따르지 않으면 내 삼군을 이끌고 합읍을 도륙할 것이다."

왕촉은 말했다.

"忠臣은 두 임금을 섬기지 않고, 貞女는 두 남자에게 시집가지 않는 법이오. 齊王이 내가 諫하는 말을 따르지 않았기 때문에 나는 물러나 草野에서 농사를 짓고 있었소. 나라가 이미 결딴나 망하게 되었으나 나는 나라를 보존하지 못하였는데 지금 또 군대로 위협하니 내가 연나라 임금의 장군이 되면, 이것은 桀王을 도와 포악한 짓을 하는 것이오. 이처럼 의리 없이 사는 것보다는 차라리 삶겨 죽는 것이 낫겠소."

그러고는 마침내 몸을 나뭇가지에 매달고 스스로 목을 끊어 죽었다. 제나라의 도망쳤던 大夫들이 이 소식을 듣고 말했다.

"왕촉은 그저 平民이건만 의리를 지켜 제나라를 배신하고 연나라로 가지 않았는데, 더구나 벼슬하면서 俸祿을 먹는 우리들이랴!"

그리하여 서로 모여 莒나라에 가서 公子를 찾아 즉위시켜 襄王으로 삼았다.

22. 左儒友於杜伯하야 皆臣周宣王[1)]하다 宣王將殺杜伯而非其罪也어늘 左儒爭之於王하야 九復之而王弗許也하다 王曰 別君而異友 斯汝也로다 左儒對曰 臣聞之호니 君道友逆이면 則順君以誅友하고 友道君逆이면 則率友以違君이라호이다 王怒曰 易而言則生이어니와 不易而言則死하리라 左儒對曰 臣聞古之士는 不枉義以從(死)〔邪〕[2)]하고 不易言以求生이라 故臣能明君之過하고 以死杜伯之無罪호리이다 王殺杜伯하니 左儒死之하다

1) 周宣王 : 西周의 王으로, 이름은 靜, 또는 靖이다. 厲王의 아들이다. 厲王의 衰亂한 정치를 이어받아 尹吉甫·方叔 등의 名臣을 등용하여 中興을 이루었다. ≪史記 周本紀≫
2) (死)〔邪〕: 저본에는 '死'로 되어 있으나, ≪群書拾補≫에서 ≪太平御覽≫ 권421·455를 따라 '邪'로 고쳤기에 이를 따랐다.

左儒는 杜伯과 사이좋은 친구가 되어 함께 周 宣王의 신하가 되었다. 선왕이 죄가 없는 두백을 죽이려고 하자, 좌유가 선왕에게 변론하여 아홉 번 거듭 변론하였으나 선왕은 동의하지 않았다. 선왕이 말했다.

"임금을 위배하고 친구를 특별히 여기는 것이 바로 너로구나!"

좌유는 대답했다.

"臣은 들으니 '임금은 옳고 친구가 그르면 임금에게 순종하여 친구를 꾸짖고, 친구는 옳고 임금이 그르면 친구를 따라 임금을 거역한다.' 하였습니다."

선왕이 노하여 말했다.

"네 말을 바꾸면 살려주겠지만 네 말을 바꾸지 않으면 죽이겠다."

좌유는 대답했다.

"신이 들으니 '옛날의 선비는 의리를 위배하면서 사악함을 따르지 않고, 말을 바꾸면서 살기를 구하지 않았다.' 합니다. 그래서 신은 임금의 잘못을 밝히고 죽음으로써 두백의 無罪를 변론하는 것입니다."

선왕이 두백을 죽이니, 좌유도 〈따라〉 죽었다.

23. 莒穆公[1]有臣하니 曰 朱厲附[2]라 事穆公호되 不見識焉하니 冬處於山林하야 食杼栗하고 夏處洲澤하야 食蔆藕하다 穆公以難死어늘 朱厲附將往死之한대 其友曰 子事君而不見識焉이러니 今君難에 吾子死之하니 意者컨대 其不可乎인저 朱厲附曰 始我以爲君不吾知也나 今君死而我不死면 是果{不}[3]知我也라 吾將死之하야 以激天下不知其臣者호리라 遂往死之하다

1) 莒穆公 : 西周시대 莒나라 임금이다. ≪列子≫ 〈說符〉·≪呂氏春秋≫ 〈恃君〉에는 '莒敖公'으로 되어 있다.
2) 朱厲附 : 莒 穆公의 신하이다. ≪列子≫ 〈說符〉·≪呂氏春秋≫ 〈恃君〉에는 '柱厲叔'으로 되어 있다.

3) {不} : ≪群書拾補≫ · ≪說苑纂注≫ · ≪說苑校證≫의 說을 따라 衍文으로 처리하였다.

莒 穆公에게 신하가 있으니, 朱厲附라고 한다. 목공을 섬겼으나 인정을 받지 못하니 겨울에는 산속에 살면서 도토리와 밤을 주워 먹고, 여름에는 늪이나 못가에 살면서 마름과 연뿌리를 먹고 살았다.

목공이 患難을 만나 죽었는데, 주여부가 가서 목공을 위해 죽으려 하자 그의 친구가 말했다.

"자네가 임금을 섬겼으나 인정을 받지 못했는데, 지금 임금이 만난 환난에 그대가 가서 죽으려고 하니, 아무래도 옳지 않은 듯하네."

그러자 주여부는 말했다.

"처음에 나는 임금이 나를 몰라준다고 여겼으나, 지금 임금이 죽었는데도 내가 따라 죽지 않으면 이는 정말로 임금이 나를 알아본 것이네. 나는 죽어 천하에서 그 신하를 알아보지 못하는 자를 격려하려고 한다."

그리하여 마침내 가서 따라 죽었다.

24. 楚莊王獵於雲夢[1)]하야 射科雉[2)]하야 得之러니 申公子倍[3)]攻而奪之어늘 王將殺之하다 大夫諫曰 子倍自好〈者〉[4)]也어늘 爭王雉하니 必有說이니이다 王姑察之하소서 不出三月하야 子倍病而死하다 邲之戰[5)]에 楚大勝晉하고 歸而賞功할새 申公子倍之弟進請賞於王曰 人之有功也는 賞於車下[6)]니이다 王曰 奚謂也오 對曰 臣之兄이 讀故記하니 曰 射科雉者는 不出三月하야 必死리하니이다 臣之兄이 爭而得之라 故夭死也니이다 王命發乎府而視之하니 於記果有焉이어늘 乃厚賞之하다

1) 雲夢 : 고대의 호수 이름이다. 湖北省 江漢 평원에 있던 여러 호수의 총칭이다.
2) 科雉 : 특이한 꿩이다. ≪正字通≫에 "둥지를 갓 나온 어린 꿩〔始出科之雉〕"이라고 되어 있으나, 꿩 새끼는 괴이한 물건이 아니기 때문에 따르지 않았다. ≪呂氏春秋≫ 〈至忠〉에는 隨兕로 되어 있고, 虞兆漋의 ≪天香樓偶得≫에 "수시는 곧 외뿔소 중의 괴이한 것이고, 과치는 곧 꿩 중의 괴이한 것이다.〔隨兕乃兕中之異者 科雉乃雉中之異者〕"라 한 說을 따랐다.
3) 申公子倍 : 춘추시대 楚 莊王의 신하이다. 申公은 申邑의 宰인지, 複姓인지 자세하지 않다. '倍'는 ≪呂氏春秋≫ 〈至忠〉에는 '培'로 썼다.
4) 自好〈者〉 : 저본에는 '者'가 없으나, ≪說苑校證≫에 "≪呂氏春秋≫에 '子培賢者也'로

되어 있어서 보충하였다." 하여 이를 따랐다. 自好는 자신의 몸을 아껴 自重함을 이른다. ≪孟子 萬章 下≫

5) 邲之戰 : 춘추시대 魯 宣公 12년에 楚나라와 晉나라가 邲에서 전쟁한 일을 가리킨다. '邲'은 ≪春秋左氏傳≫의 杜預 注에 "鄭나라 땅이다." 하였고, 지금의 河南省 鄭州市 동쪽에 있다. ≪呂氏春秋≫ 〈至忠〉에는 '兩棠'으로 되어 있고, ≪춘추좌씨전≫에는 楚나라가 晉나라에 크게 패한 것으로 기록되어 있어서 이 章의 楚나라가 승리한 내용과 맞지 않는다.

6) 人之有功也 賞於車下 : 이 문장은 誤脫이 있는 듯하여 뜻이 통하지 않는다. ≪太平御覽≫ 권417에 ≪呂氏春秋≫ 〈至忠〉의 인용문에 "남들은 전장에서 공을 세웠고, 신의 형은 왕의 사냥하는 수레 아래에서 공을 세웠습니다.〔人之有功也於軍旅 臣兄之有功也於車下〕"로 되어 있어서 이를 따라 번역하였다. 그러나 원래의 ≪太平御覽≫ 인용문에 '臣兄之有功也於車下'가 '臣之兄有功也於車下'로 되어 '之兄'이 바뀌어 있다. 畢沅本 ≪呂氏春秋≫에는 '臣兄之有功也於車下'로 되어 있다.

楚 莊王이 雲夢에서 사냥하면서 科雉를 쏘아 잡았는데, 申公 子倍가 달려들어 빼앗자 장왕이 그를 죽이려 하였다. 大夫들이 이렇게 諫하였다.

"자배는 처신을 깨끗이 하며 자신을 아끼는 사람인데, 王께서 잡은 꿩을 강제로 빼앗은 데는 필시 이유가 있을 것입니다. 왕께서는 우선 여유를 가지고 살펴보십시오."

그런 뒤 석 달이 지나지 않아 자배는 병이 들어 죽어버렸다. 邲의 전쟁에서 楚나라가 晉나라에 크게 승리하고 돌아와 戰功을 따져 賞을 줄 때, 신공 자배의 아우가 장왕에게 나아가 상을 내리라고 요청하면서 말했다.

"남들은 戰場에서 공을 세웠고, 臣의 형은 왕의 사냥하는 수레 아래에서 공을 세웠습니다."

그러자 장왕이 물었다.

"이 말은 무슨 뜻이냐?"

자배의 아우가 대답했다.

"신의 형이 古書를 읽어보니 '科雉를 쏘아 잡은 사람은 석 달이 지나지 않아 반드시 죽는다.'라는 구절이 있었습니다. 신의 형은 이것을 알고 강제로 王께서 잡은 과치를 빼앗았기 때문에 夭折한 것입니다."

이 말을 들은 장왕은 書庫를 뒤지게 하여 책을 찾아다가 보니, 고서에 정말로 그런 기사가 있기에 곧 후한 상을 내렸다.

卷5 貴德　德을 귀중히 여김

이 篇에서 말하는 德은 統治者가 涵養해야 할 政治의 德을 말한다. 통치자는 時世의 어려움을 슬퍼하며 백성의 疾苦를 가엽게 여기는 마음으로 백성을 사랑하는 덕을 갖추어야 한다는 것이다. 德政을 行하는 구체적인 방법을 대략 여덟 가지로 요약하여 제시하고 있다.

첫째 백성의 衣食을 해결해야 함, 둘째 백성을 사랑하되 보답을 구하지 않음, 셋째 遺亡을 당한 사람이 없이 모든 백성이 즐거워야 함, 넷째 사람을 함부로 죽여서는 안 됨, 다섯째 백성들과 즐거움을 함께 누려야 됨, 여섯째 刑罰을 너그럽게 시행해야 함, 일곱째 백성들의 농사철을 빼앗지 않아야 됨, 여덟째 貪慾을 경계하고 榮辱을 알아 소박하고 성실한 마음을 지켜야 한다는 것이다. 끝으로 智伯이 멸망한 교훈을 제시하여 경계함으로써 德의 貴함을 천명하였다.

01. 聖人之於天下百姓也에 其猶赤子乎인저 饑者則食(사)之하고 寒者則衣之하며 將[1]之養之하고 育之長之하야 唯恐其不至於大也라 詩曰 蔽芾甘棠[2]을 勿剪勿伐하라 召伯所茇[3]이라하고 傳曰 自陝[4]以東者는 周公主之하고 自陝以西者는 召公主之[5]라하니 召公述職하야 當桑蠶之時엔 不欲變民事라 故不入邑中하고 舍于甘棠之下而聽斷焉하야 陝間之人이 皆得其所라 是故로 後世思而歌詠之하니라 善之라 故言之하고 言之不足이라 故嗟歎之하고 嗟歎之不足이라 故歌詠之하니라 夫詩는 思然後積하고 積然後滿하고 滿然後發하나니 發由其道하야 而致其位焉이라 百姓歎其美而致其敬하야 甘棠之不伐也니 政教 惡乎不行이리오 孔子曰 吾於甘棠에 見宗廟之敬也甚호니 尊其人이면 必敬其位라 順安萬物이면 古聖之道幾哉인저

1) 將 : 보살펴주다. 도와주다.

2) 甘棠 : 팥배나무로, 장미과에 속하는 낙엽 활엽 교목의 하나이다.

3) 詩曰……召伯所茇：≪詩經≫〈召南 甘棠〉에 보인다.
4) 陝：옛 땅 이름으로, 지금의 河南省 陝縣의 남서쪽에 있었다. 周 成王 때 周公과 召公이 이곳을 경계로 하여 東西로 나누어 다스렸다.
5) 傳曰……召公主之：≪春秋公羊傳≫ 隱公 5년에 보인다.

聖人은 천하의 백성에 대하여 마치 어린아이를 대하는 것과 같이 한다. 굶주린 사람은 밥을 먹여주고 추운 사람은 옷을 입혀주며, 보살피고 살게 하며 길러주고 성장시켜서 長大하게 되지 못할까 걱정한다.

≪詩經≫에 "무성한 팥배나무를 자르지 말고 베지 말라. 召伯이 시골에서 묵던 집이다." 하였고, ≪春秋公羊傳≫에 "陝縣에서 동쪽 지방은 周公이 주관하고, 섬현에서 서쪽 지방은 召公이 주관한다." 하였다.

소공이 직무를 맡아서 뽕잎을 따 누에를 칠 때를 당해서는 백성의 농사일에 영향을 주지 않으려고 했다. 그 때문에 邑 안에 들어가지 않고 팥배나무 아래에 초막을 짓고 있으면서 訟事를 판결하여 陝 지방 사람들이 모두 살 곳을 얻으니, 이 때문에 후세 사람들이 그를 사모하여 칭송하는 노래를 하였다. 훌륭히 여겼기 때문에 稱讚하였고, 칭찬하는 것만으로는 부족하게 여겼기 때문에 贊嘆하였고, 찬탄만으로는 부족하게 여겼기 때문에 노래를 지어 불러 칭송한 것이다.

詩는 사모한 뒤에 쌓이고 쌓인 뒤에 가득 차고 가득 찬 뒤에 터져 나오게 되니, 바른 도리를 따라 터져 나와서 그 노래가 정당한 지위에 이르는 것이다. 백성이 그의 미덕을 찬탄하며 그에 대한 恭敬을 지극히 하여 팥배나무까지도 베지 못하게 하였으니, 그의 政令과 教化가 어찌 시행되지 않을 수 있으랴!

孔子께서 말씀하셨다.

"나는 이 〈甘棠〉 詩에서 그들이 宗廟에서 매우 공경했다는 것을 알았으니, 그 사람을 존경하면 반드시 그의 神位를 존경하는 것이다. 만물을 和順하고 便安하게 하면 옛 聖人의 도에 가까울 것이다."

02. 仁人之德教也는 誠惻隱於中하고 悃愊於內하야 不能已於其心이라 故其治天下也에 如救溺人이니라 見天下強陵弱하고 衆暴寡하며 幼孤羸露하고 死傷係虜하면 不忍其然이라 是以로 孔子歷七十二君하사 冀道之一行하야 而得施其德하야 使民生{於}[1)]

全育하야 烝庶安土하고 萬物熙熙하야 各樂其終이러시니 卒不遇라 故睹麟而泣[2)]하사 哀道不行하고 德澤不洽하시니라 於是에 退作春秋하사 明素王[3)]之道하야 以示後人하시니 思施其惠에 未嘗輟忘이라 是以로 百王尊之하고 志士法焉하야 誦其文章하야 傳今不絶하니 德及之也라 詩曰 載馳載驅하야 周爰咨謀[4)]라하니 此之謂也[5)]니라

1) {於} : '於'자는 文義上 없어야 될 듯하다.
2) 睹麟而泣 : 孔子가 때가 아닌 때에 기린이 나타난 것을 보고 눈물을 흘리며 슬퍼했다는 일을 이른다. ≪春秋公羊傳≫ 哀公 14년의 '西狩獲麟'조에 "기린은 어진 짐승이니 王者가 있으면 오고 王者가 없으면 오지 않는다. 공자에게 알리는 자가 '노루〔麐〕이면서 뿔이 있습니다.' 하였다. 공자가 '어찌 왔느냐! 어찌 왔느냐!' 하고는 소매를 뒤집어 얼굴을 닦았는데 눈물이 웃옷을 적셨다." 하였다.
3) 素王 : 제왕의 자리에는 있지 않지만 제왕이 될 만한 德을 갖춘 사람을 이르는 말이다. 주로 孔子를 이른다. ≪莊子 天道≫ · ≪論衡 定賢≫
4) 詩曰……周爰咨謀 : ≪詩經≫ 〈小雅 皇皇者華〉에 보인다.
5) 仁人之德敎也……此之謂也 : 이 章은 저본에 위의 章과 이어져 있었으나, ≪群書拾補≫와 ≪說苑校證≫의 分章에 따라 別章으로 하였다.

어진 사람이 펴는 德敎는 진실로 心中에 측은하고 內心에 至誠을 지녀 그 마음에 그만두지 못해서이다. 그래서 천하를 다스릴 때 물에 빠진 사람을 구해내는 것처럼 하는 것이다. 천하의 强者가 弱者를 능멸하고, 多數가 小數에게 횡포를 부리며, 어린 고아가 수척하고 죽거나 다치고 포로가 된 사람을 보면 그런 고난을 차마 그냥 넘기지 못한다.

이 때문에 孔子께서 72명의 제후에게 두루 遊說하시어 자기가 지닌 道를 한번 실행하고 德政을 베풀어 백성이 보전되고 양육되어, 뭇 백성이 本土에서 편안히 살며 만물이 和樂하여 각기 즐겁게 마치도록 하기를 바랐다. 그러나 끝내 이런 임금을 만나지 못했다.

그래서 麒麟을 잡은 것을 보고 눈물을 흘리며 울면서 자기의 道가 실현되지 못하고 德澤이 충분히 미치지 못한 것을 슬퍼하셨다. 이리하여 물러나 ≪春秋≫를 지어 素王의 道를 밝혀서 후세 사람에게 보여주셨으니, 德政을 펴 은혜를 베풀어야겠다는 생각을 중지하거나 잊은 적이 없었다. 그래서 후세의 모든 帝王이 존경하고 志士들이 법도로 삼아 그 문장을 읽어서 지금까지 전승되어 끊어지지 않았으니, 그의 높은 德이 여기

에 이른 것이다. ≪詩經≫에 "달리고 몰아서, 두루 묻고 의논했네."라 하였으니, 이를 이른 말이다.

03. 聖王布德施惠는 非求報於百姓也요 郊望禘嘗[1)]은 非求報於鬼神也라 山致其高면 雲雨起焉하고 水致其深이면 蛟龍生焉하고 君子致其道德이면 而福祿歸焉하나니라 夫有陰德者는 必有陽報하고 有隱行者는 必有昭名이니라 古者에 溝防不修하야 水爲人害어늘 禹鑿龍門[2)]하고 闢伊闕[3)]하야 平治水土하야 使民得陸處하니라 百姓不親하고 五品不遜이어늘 契(설)敎以君臣之義와 父子之親과 夫婦之辨과 長幼之序하니라 田野不修하야 民食不足이어늘 后稷敎之闢地墾草하고 糞土樹穀하야 令百姓家給人足이라 故三后之後 無不王者는 有陰德也라 周室衰에 禮義廢하니 孔子以三代之道로 敎導於後世하사 繼嗣至今不絶者는 有隱行也[4)]라

1) 郊望禘嘗 : 고대의 제왕이 지내는 네 가지 제사 이름이다. 郊는 郊祀로, 冬至에 南郊에서 하늘에 지내는 南郊祀와 夏至에 北郊에서 땅에 지내는 北郊祀가 있었다. 望은 山川·日月·星辰을 멀리 바라보면서 지내는 望祭이다. 禘는 여름에 선조에게 지내는 大祭이다. 嘗은 가을에 宗廟에 지내는 제사이다.
2) 禹鑿龍門 : 禹王이 治水하면서 물길을 막고 있던 龍門山을 파서 뚫었다는 일을 가리킨다. 龍門은 黃河 중류에 있는 여울목으로, 山西省 河津市 북서쪽과 陝西省 韓城市 북동쪽에 있다. ≪書經 禹貢≫·≪藝文類聚 96≫
3) 伊闕 : 지금의 河南省 洛陽市 남쪽에 있는 산 이름이다. 두 산이 闕門처럼 마주보고 서 있고 그 사이로 伊水가 흘러가기 때문에 붙여진 이름이다. 춘추시대 周나라의 闕塞(伊闕의 別名)이다. ≪春秋左氏傳 定公 8년≫
4) 聖王布德施惠……有隱行也 : 저본에는 앞 章과 연결되어 있으나, ≪群書拾補≫와 ≪說苑校證≫에 따라 장을 나누었다.

聖王이 仁德을 펼치고 恩惠를 베푸는 것은 백성에게 보답을 구하기 위해서가 아니고, 郊祀·望祭·禘祭·嘗祭를 지내는 것은 귀신에게 보답을 구하기 위해서가 아니다. 山이 일정한 높이에 이르면 구름과 비가 발생하고, 물이 일정한 깊이에 이르면 蛟龍이 생기고, 군자가 일정한 道德에 이르면 福祿이 절로 돌아온다. 남모르게 쌓은 德이 있는 사람은 반드시 공공연한 보답이 있고, 남모르게 행한 善行이 있는 사람은 반드시 드러난 명성이 있게 마련이다.

옛날 水路와 堤防을 정비하지 않아 물이 인간에게 재해를 끼쳤는데, 大禹가 龍門을 뚫고 伊闕을 열어 물과 땅을 고르게 다스려 백성들이 육지에서 편안히 살게 하였다. 백성이 서로 친애하지 않고 五品이 和順하지 않았는데, 契이 君臣간의 義理와 父子간의 親愛와 夫婦간의 分別과 長幼간의 次序를 가르쳤다. 田野가 정리되지 않아 백성의 양식이 부족하였는데, 后稷이 황무지를 개간하여 풀을 제거하고 거름을 주어 곡식을 심는 법을 가르쳐서 백성들이 집집마다 풍족하도록 하였다.

그래서 〈禹・契・后稷의〉 세 后의 후예가 王 노릇하지 못한 경우가 없는 것은 남모르게 쌓은 德이 있어서이다. 周나라 왕실이 쇠퇴하여 禮義가 폐기되니, 孔子께서 三代의 道로 후세를 敎導하시어 계승하는 사람이 지금까지 끊어지지 않는 것은 남모르게 행한 善行이 있어서이다.

04. 周頌[1)]曰 豐年에 多黍多稌하야 亦有高廩이 萬億及秭[2)]로다 爲酒爲醴하야 烝畀祖妣하고 以洽百禮하니 降福孔偕[3)]라하고 禮記曰 上牲損則用下牲하고 下牲損則祭不備物[4)]이라하니 以其舛之爲不樂也라 故聖人之於天下也에 譬猶一堂之上也하시니 今有滿堂飮酒者에 有一人獨索然[5)]向隅而泣이면 則一堂之人이 皆不樂矣라 聖人之於天下也에 譬猶一堂之上也하야 有一人不得其所者면 則孝子不敢以其物薦進[6)]이니라

1) 周頌 : ≪詩經≫ 三頌의 하나로, 周나라 때 宗廟 제사에서 부르던 樂章이다. 주로 先王의 德을 칭송하는 말로 지었다. 여기서의 내용은 ≪詩經≫ 〈周頌 豐年〉에 보인다.

2) 萬億及秭 : 양이 무척 많음을 표현하는 말이다. 億은 萬의 萬, 秭는 億의 億이라 한다.

3) 偕 : 현재의 ≪詩經≫에는 '皆'로 되어 있다.

4) 禮記曰……下牲損則祭不備物 : 이 구절은 현재의 ≪大戴禮記≫와 ≪小戴禮記≫에 없다. 후세의 禮說書에는 ≪說苑≫의 이 부분을 인용하고 있다. ≪禮記≫ 〈雜記 下〉에 "공자가 말씀하셨다. '凶年에는 노둔한 말을 타고 등급이 낮은 희생으로 제사를 지낸다.'〔孔子曰 凶年則乘駑馬 祀以下牲〕"라고만 보인다.

上牲은 가장 上等의 犧牲으로 牛・羊・豕를 갖춘 太牢 따위이고, 下牲은 降等한 犧牲으로 羊・豕의 小牢, 또는 特牲의 特豚 따위이다. ≪禮記 曾子問≫・≪孔子家語 曲禮子貢問≫・≪淮南子 氾論訓≫

5) 索然 : 눈물을 흘리는 모양을 가리킨다. ≪莊子 徐無鬼≫

6) 周頌曰……則孝子不敢以其物薦進 : 저본에는 앞 章과 연결되어 있으나, ≪群書拾補≫와 ≪說苑校證≫에 따라 장을 나누었다.

≪詩經≫ 〈周頌〉에서 "풍년에 기장과 벼가 많아서, 창고에 높이 쌓인 곡식이, 억만 섬이나 되네. 술을 빚고 단술을 만들어, 할아버지・할머니께 올리고, 온갖 禮를 빠짐없이 갖추니, 내리는 福 두루 미치리."라 하였고, ≪禮記≫에 "上牲이 부족하면 下牲을 쓰고, 下牲마저도 부족하면 祭祀에 祭物을 다 갖추지 않는다." 하였으니, 이는 수확이 좋지 못한 때에 제사하면 神이 즐거워하지 않기 때문이다.

그래서 聖人이 천하를 다스릴 적에, 비유하면 한 堂 위에 있는 사람과 같게 여겼다. 지금 堂에 가득한 사람들이 술을 마시는데, 한 사람만 눈물을 흘리면서 한쪽 모퉁이를 향해 울고 있다면 온 堂의 사람들이 모두 즐겁지 않을 것이다. 성인이 천하를 다스릴 적에, 비유하면 한 堂 위에 있는 사람과 같게 여겨서, 한 사람이라도 살 곳을 얻지 못하면 孝子라도 감히 제물을 드리지 못할 것이다.

05. **魏武侯浮西河而下**할새 **中流**에 **顧謂吳起曰 美哉**라 **河山之固也**여 **此**는 **魏國之寶也**로다 **吳起對曰 在德**이요 **不在險**이니이다 **昔三苗氏**[1]는 **左洞庭**[2]이요 **右彭蠡**[3]로되 **德義不修**하야 **而禹滅之**하시고 **夏桀之居**는 **左河濟**요 **右太華**[4]요 **伊闕在其南**하고 **羊腸**[5] **在其北**호되 **修政不仁**하야 **湯放之**하시고 **殷紂**[6]**之國**은 **左孟門**[7]이요 **而右太行**[8]이요 **常山**[9]**在其北**하고 **太河經其南**호되 **修政不德**하야 **武王**[10]**伐之**하시니 **由此觀之**컨대 **在德**이요 **不在險**이니이다 **若君不修德**하시면 **船中之人**이 **盡敵國也**리이다 **武侯曰 善**하다

1) 三苗氏 : 중국 고대의 나라 이름이다. 縉雲氏의 후예로 江淮 유역에 있었다 한다. ≪書經 舜典≫・≪史記 五帝紀≫
2) 洞庭 : 湖南省 북동쪽에 있는 호수이다. 본명은 八百里洞庭이다. ≪韓非子 初見秦≫
3) 彭蠡 : 江西省 북쪽에 있는 호수이다. 鄱陽湖의 다른 이름으로, 중국 5대 호수의 하나이다. ≪書經 禹貢≫・≪讀史方輿紀要 江西 饒州府 鄱陽湖≫
4) 太華 : 陝西省 華陰縣 남쪽에 있는 산이다. 곧 西嶽 華山으로 그 남서쪽에 少華山이 있기 때문에 붙여진 이름이다. ≪書經 禹貢≫・≪山海經 西山經≫
5) 羊腸 : 羊腸坂의 준말이다. 山西省 壺關縣 남동쪽과 山西省 晉城市 남쪽의 두 곳에 있는 길이다. 羊의 창자처럼 꼬불꼬불하다 하여 붙여진 이름이다. ≪史記 魏世家≫・≪史記 孫子吳起列傳≫
6) 殷紂 : 殷나라의 마지막 임금으로, 이름은 帝辛, 紂는 시호이다. 지혜와 힘이 뛰어났으나 暴虐과 亂政을 일삼다가 周 武王에게 살해되었다. ≪墨子 非命 中≫・≪史記 殷本紀≫
7) 孟門 : 山西省 吉縣의 서쪽, 陝西省 宜川縣의 북동쪽에 있는 산이다. 龍門上口라고도

한다. ≪山海經 北山經≫·≪水經注 河水 4≫

8) 太行 : 중국 山西高原과 河北平原 사이에 있는 산이다. 동쪽은 가파르며 황하에 잘려 험준한 계곡이 많고, 동서 교통의 요지로 太行八陘의 이름이 있다. ≪讀史方輿紀要 河南 1 太行≫

9) 常山 : 恒山이다. 五嶽 중의 北嶽으로, 山西省 大同市 渾源縣에 있다. ≪書經 禹貢≫·≪水經注 禹貢山水澤地所在≫

10) 武王 : 周나라 제1대 王으로, 이름은 發, 文王의 아들이다. 문왕의 뒤를 이어 西伯이 되었다가 紂王을 토벌하여 殷나라를 멸하고 周 王朝를 세웠다. 鎬에 도읍하고 子月(동짓달)을 歲首로 삼고 천하에 많은 제후를 세웠다. ≪史記 周本紀≫

魏 武侯가 西河에서 배를 타고 내려올 때에, 중간쯤에 이르러 吳起를 돌아보면서 말했다.

"좋구나. 강과 산의 견고함이여. 이것은 魏나라의 보물이로구나!"

그러자 오기가 대답하였다.

"나라를 유지하는 것은 德에 있지, 地勢의 險固에 있지 않습니다. 예전에 三苗氏는 왼쪽은 洞庭이요 오른쪽은 彭蠡였으나, 德義를 修行하지 아니하여 禹王이 멸망시켰습니다. 夏나라 桀王의 거주지는 왼쪽은 黃河·濟水요 오른쪽은 太華이며, 伊闕이 그 남쪽에 있고 羊腸이 그 북쪽에 있었으나, 仁政을 행하지 않아 湯王이 쫓아냈습니다. 殷나라 紂王의 국도는 왼쪽은 孟門이요 오른쪽은 太行이며, 常山이 그 북쪽에 있고 큰 黃河가 그 남쪽으로 흘러갔으나, 德政을 펴지 않아 周 武王이 토벌하였습니다. 이에 근거하여 살펴보면 나라를 유지하는 것은 德에 있지, 地勢의 險固에 있지 않습니다. 만일 임금께서 德政을 修行하지 않으시면 이 배 안에 있는 사람들이 모두 敵國의 사람이 될 것입니다."

위 무후가 말했다.

"좋은 말이오."

06. 武王克殷하시고 召太公而問曰 將奈其士衆何오 太公對曰 臣聞愛其人者는 兼屋上之烏하고 憎其人者는 惡其餘胥[1]라하니 咸劉厥敵하야 使靡有餘면 何如하니잇고 王曰 不可하다 太公出하고 邵公[2]入하니 王曰 爲之奈何오 邵公對曰 有罪者를 殺之하고 無罪者를 活之면 何如하니잇고 王曰 不可하다 邵公出하고 周公入하니 王曰 爲之奈何오

周公曰 使各居其宅하며 **田其田**하고 **無變舊新**하야 **唯仁是親**하며 **百姓有過**어든 **在予一人**하소서 **武王曰 廣大乎**라 **平天下矣**로다 **凡所以貴士君子**[3] **者**는 **以其仁而有德也**라

1) 餘胥 : 담벼락을 이른다. ≪尙書大傳≫ 권3에는 '胥餘'로 되어 있는데, 鄭玄의 注에 "胥餘는 마을의 담벼락이다.〔胥餘 里落之壁〕"라 하였다.
2) 邵公 : '召公'과 같다. 본서 권3 〈建本〉의 10의 주1) 참고.
3) 士君子 : 학문이 있으면서 品性과 德이 고상한 사람을 이른다.

周 武王이 殷나라를 토벌하여 이기고 나서 太公을 불러 물었다.

"앞으로 은나라의 士大夫와 백성을 어떻게 처리해야 되겠소?"

태공이 대답하였다.

"臣은 들으니 '누군가를 사랑하는 사람은 그 집 지붕에 앉은 까마귀조차 같이 사랑하고, 누군가를 미워하는 사람은 그 집의 담벼락조차 같이 미워한다고 합니다. 敵人들을 모두 죽여서 남은 사람이 없게 하면 어떻겠습니까?"

무왕이 말했다.

"안 되오."

태공이 나가고 召公이 들어오자 무왕이 말했다.

"〈은나라의 사대부와 백성을〉 어떻게 처리해야 되겠는가?"

소공이 대답하였다.

"죄 있는 사람은 죽이고 죄 없는 사람은 살려주면 어떻겠습니까?"

무왕이 말했다.

"안 된다."

소공이 나가고 周公이 들어오자 무왕이 말했다.

"〈은나라의 사대부와 백성을〉 어떻게 처리해야 되겠는가?"

주공이 말했다.

"그들이 각자 자기 집에서 살고 자기의 농토에서 농사짓게 하며 옛 백성과 새 백성을 변함없이 대하여, 오직 仁德으로 친근히 하며 백성에게 過失이 있거든 나에게 잘못이 있다고 여기십시오."

무왕이 말했다.

"도량이 넓고도 크구나. 천하를 태평하게 하겠다."

士君子를 귀중하게 여기는 까닭은 그 사람이 仁愛하면서 德을 갖추었기 때문이다.

07. 孔子曰 里仁爲美하니 擇不處仁이면 焉得智[1]리오하시니 夫仁者는 必恕[2]然後行이니 行一不義하며 殺一無罪면 雖以得高官大位라도 仁者不爲也니라 夫大仁者는 愛近以及遠하나니 及其有所不諧면 則虧小仁以就大仁이라 大仁者는 恩及四海하고 小仁者는 止於妻子니 妻子者는 以其知營利하고 以婦人之恩撫之하야 飾其內情하고 雕畫其僞하니 孰知其非眞이리오 雖當時蒙榮이나 然士君子以爲大辱이라 故共工, 驩兜, 符里, 鄧析[3]은 其智非無所識也로되 然而爲聖王所誅者는 以無德而苟利也요 豎刁易牙[4]는 毁體殺子以干利호되 卒爲賊於齊라 故人臣不仁이면 簒弑之亂生하고 人臣而仁이면 國治主榮하고 明主察焉이면 宗廟大寧이라 夫人臣猶貴仁이온 況於人主乎아 故桀紂는 以不仁失天下하고 湯武는 以積德有海土라 是以로 聖王貴德而務行之니라 孟子曰 推恩이면 足以及四海요 不推恩이면 不足以保妻子니 古人所以大過人者는 無他焉이라 善推其所有而已라하시니라

1) 孔子曰……焉得智 : ≪論語≫ 〈里仁〉에 보인다.

2) 恕 : 자기의 마음을 미루어 남의 마음을 알고, 仁愛로써 남을 대하는 일을 이른다. ≪論語≫ 〈里仁〉에 "曾子가 말했다. '부자의 도는 忠과 恕일 뿐이다.'〔曾子曰 夫子之道 忠恕而已〕"라 하였고, 〈衛靈公〉에 "子貢이 물었다. '한 말씀으로 일생 동안 행할 만한 것이 있습니까?' 공자께서 대답하셨다. '그것은 恕일 것이다. 자기가 하고 싶지 않는 일을 남에게 베풀지 말라는 것이다.'〔子貢問曰 有一言而可以終身行之者乎 子曰 其恕乎 己所不欲 勿施於人〕"라 하였다.

3) 共工・驩兜・符里・鄧析 : 모두 추방되거나 잘못 죽은 사람들이다. 共工과 驩兜는 堯・舜의 신하로서 四凶에 들어 共工은 幽州로, 驩兜는 崇山으로 流放되었다. ≪書經≫ 〈舜典〉에 "共工을 幽州에 유배시키고, 驩兜를 崇山에 내쳤다.〔流共工于幽州 放驩兜于崇山〕"라 하였다. 符里는 史附里로도 쓰며, 춘추시대 사람인데 管仲에게 죽임을 당했다 한다. 본서 권15 〈指武〉에 "管仲이 史附里를 주살하였다.〔管仲誅史附里〕"라 보인다. 鄧析은 춘추시대 鄭나라 大夫이다. 名家를 공부하여 法家의 先驅로, 子產이 만든 刑書가 未盡하다 하여 스스로 刑書를 지어 竹簡에 쓴 竹刑을 만들었다. 執政한 駟歂에게 죽임을 당하였다. 일설에는 子產에게 죽임을 당했다 한다. ≪春秋左氏傳 定公 9년≫・≪荀子 非十二子≫・≪呂氏春秋 離謂≫

4) 豎刁易牙 : 춘추시대 齊 桓公의 宦官과 寵臣이었던 두 사람을 이른다. 豎刁는 寺人貂

를 멸시하여 일컫는 말로, 간사한 환관을 이르는 말로도 쓰인다. 竪刀·竪貌라고도 한다. 易牙는 요리를 잘하고 비위를 잘 맞추어 그 아들로 국을 끓여 환공에게 바치기까지 하였다. 狄牙·雍巫라고도 한다. ≪春秋左氏傳 僖公 17년≫·≪史記 齊太公世家≫

孔子께서 말씀하셨다.

"마을은 仁厚한 풍습 있는 곳이 아름다우니 인후한 마을을 가려서 살지 않는다면 어찌 지혜롭다 하랴!"

仁은 반드시 恕한 뒤에 시행되니, 한 가지라도 不義한 일을 행하거나 한 사람이라도 죄 없는 이를 죽인다면 비록 높고 큰 벼슬을 얻을지라도 仁者는 하지 않는다. 큰 인자는 가까운 사람을 사랑하여 멀리 있는 사람에게 미치니, 和諧하지 못한 곳이 있으면 작은 仁을 희생하여 큰 仁을 이룬다. 큰 인자는 은택이 四海에 미치고 작은 인자는 은택이 아내와 자식에만 그치고 만다. 은택이 아내와 자식에만 그치고 마는 사람은 그의 지혜로 이익을 꾀하고 부인 같은 작은 은혜로 남을 다독이는 척하면서 마음속의 진정을 꾸미고 虛僞를 아름답게 수식하니, 그것이 진실이 아님을 누가 알겠는가?

당시에는 영광을 얻을지라도 士君子는 큰 치욕으로 여기는 것이다. 그래서 共工·驩兜·符里·鄧析 등은 그들의 지혜가 모르는 것이 없지만, 그럼에도 聖王에게 죽임을 당한 것은 어진 德은 없고 이익만을 추구했기 때문이다.

竪刁·易牙는 자신의 신체를 훼손하고 자식을 죽여가면서 이익을 구하였으나, 끝내 齊나라에 危害를 당하고 말았다. 그 때문에 신하가 어진 마음이 없으면 찬탈하고 시해하는 환난이 일어나고, 신하가 어진 마음이 있으면 나라는 잘 다스려지고 임금은 영광을 누리며, 명철한 임금이 이런 사리를 잘 살피면 宗廟가 대단히 평안하게 된다.

신하 된 사람도 오히려 인후한 마음을 귀중히 여겨야 되는데 더구나 임금 된 사람이겠는가! 그래서 夏桀·商紂는 인후하지 못했기 때문에 천하를 잃었고, 湯王·武王은 仁德을 쌓았기 때문에 천하를 얻었다. 이 때문에 聖王은 인덕을 귀중히 여겨 실행에 힘을 쓰는 것이다.

孟子는 "恩德을 널리 베풀면 천하를 보유할 수 있고, 은덕을 베풀지 않으면 妻子도 보전할 수 없다. 옛사람이 남보다 크게 뛰어난 까닭은 다른 이유가 없다. 자기가 가진 어진 마음을 잘 베풀었을 뿐이다." 하였다.

07. 晏子飮景公酒할새 令器必新한대 家老[1]曰 財不足하니 請斂於民하노이다 晏子曰 止하라 夫樂者는 上下同之라 故天子는 與天下하고 諸侯는 與境內하고 自大夫以下는 各與其僚하야 無有獨樂하니 今上樂其樂하고 下傷其費면 是는 獨樂者也니 不可니라

1) 家老 : 춘추시대 卿大夫의 家臣을 이르던 말이다.

晏子가 齊 景公을 청하여 술을 마시려 할 적에 필요한 그릇들을 반드시 새것으로 준비하게 하였다. 家臣이 말했다.

"마련할 돈이 부족하니 백성들에게 징수하시기 바랍니다."

안자가 말했다.

"그만두게. 즐거움이란 윗사람과 아랫사람이 함께하는 것이다. 그래서 天子는 천하 사람들과 함께 즐거움을 누리고, 諸侯는 경내의 백성들과 함께 즐거움을 누리며, 大夫로부터 이하 사람은 각기 자기에게 딸린 관료와 함께 즐거움을 누려서, 혼자만 즐거움을 누리는 일이 없어야 된다. 지금 윗사람만 즐거움을 즐기고 아랫사람은 그 비용으로 재산에 손해를 입으면, 이는 혼자만 즐기는 것이니 안 된다."

08. 齊桓公北伐山戎氏[1]할새 其道過燕하니 燕君逆而出境하다 桓公問管仲曰 諸侯相逆에 固出境乎아 管仲曰 非天子면 不出境이니이다 桓公曰 然則燕君이 畏而失禮也라 寡人不道하야 而使燕君失禮로다하고 乃割燕君所至之地하야 以與燕君하다 諸侯聞之하고 皆朝於齊하니 詩云 靖恭爾位하야 好是正直하면 神之聽之하야 介爾景福[2]이라하니 此之謂也니라

1) 山戎氏 : 옛 종족 이름이다. 北戎氏·無終氏라고도 한다. 춘추시대 지금의 山西省 太原 지역에 분포되어 살다가 뒤에 河北省 지역으로 옮겨 살았다. 세력이 강성해지자 鄭·齊·燕 등을 침공하였으며, 뒤에 趙나라에 멸망되었다. ≪春秋左氏傳 隱公 10년≫·≪史記 鄭世家≫

2) 詩云……介爾慶福 : ≪詩經≫ 〈小雅 小明〉에 보인다.

齊 桓公이 북쪽의 山戎氏를 정벌하러 갈 때 燕나라 길을 지나가게 되었는데, 연나라 임금이 국경 밖에까지 나와서 맞이하였다. 환공이 管仲에게 물었다.

"諸侯끼리 서로 맞이할 때 본디 국경 밖에까지 나오는 것이오?"

관중이 말했다.

"天子가 아니면 국경을 나가지 않는 것입니다."

환공이 말했다.

"그렇다면 연나라 임금이 나를 두려워하여 禮에 벗어난 것이오. 寡人이 正道를 행하지 못하여 연나라 임금이 禮에 벗어나게 하였구려."

그러고는 곧 연나라 임금이 넘어온 만큼의 땅을 할양하여 연나라 임금에게 주었다. 제후들이 이 소문을 듣고 모두 齊나라에 와 朝見하였다.

≪詩經≫에 "네 職位를 공경히 수행하여, 이 정직한 사람을 좋아하면, 神이 이를 듣고서, 네게 큰 복을 주리라!" 하였으니, 이런 일을 이른 말이다.

09. **景公探爵鷇**(구)[1]라가 **鷇弱**이라 **故反之**하다 **晏子聞之**하고 **不待請而入見**한대 **景公汗出惕然**이러라 **晏子曰 君胡爲者也**잇고 **景公曰 我探爵鷇**라가 **鷇弱**이라 **故反之**호라 **晏子逡巡北面再拜而賀之 吾君有聖王之道矣**로소이다 **景公曰 寡人探爵鷇**로대 **鷇弱**이라 **故反之**어늘 **其當聖王之道者**는 **何也**오 **晏子對曰 君探爵鷇**라가 **鷇弱**이라 **故反之**하시니 **是**는 **長幼**[2]**也**니이다 **吾君仁愛**는 **禽獸之加焉**이어든 **而況於人乎**잇가 **此聖王之道也**니이다

1) 爵鷇(구) : 참새 새끼를 이른다. '爵'은 '雀'과 통용이다.
2) 長幼 : 어린 것을 어여삐 여겨 길러준다는 뜻이다.

齊 景公이 참새 새끼를 잡았다가 새끼가 너무 어리기 때문에 도로 둥지에 넣어주었다. 晏子가 이 일을 듣고 부름을 기다리지 않고 들어가 뵙자, 경공은 긴장하여 땀을 흘리며 두려워하였다. 안자가 말했다.

"임금께서는 어찌 그렇게 하고 계십니까?"

경공은 말했다.

"내가 참새 새끼를 잡았다가 새끼가 너무 어리기 때문에 도로 둥지에 넣어주었소."

안자는 뒤로 물러나 북쪽을 향하여 두 번 절하고 축하의 말을 올렸다.

"우리 임금님께서는 聖王의 道를 지니셨습니다."

그러자 경공이 말했다.

"寡人이 들어오다가 참새 새끼를 잡았으나 새끼가 너무 어리기 때문에 도로 둥지에

넣어주었는데, 그것이 성왕의 도에 해당한다는 것은 무슨 뜻이오?"

안자는 대답하였다.

"임금께서 참새 새끼를 잡았다가 새끼가 너무 어리기 때문에 도로 둥지에 넣어주셨으니, 이는 어린 새끼를 불쌍히 여겨 키워준 것입니다. 우리 임금님의 仁愛는 禽獸에까지 미쳤는데 더구나 사람이겠습니까! 이것이 바로 성왕의 도인 것입니다."

10. 景公覩嬰兒有乞於途者하고 公曰 是無歸夫아 晏子對曰 君存하시니 何爲無歸리잇고 使養之하면 可立而以聞하리이다

齊 景公이 어린아이가 길에서 빌어먹는 것을 보고 公이 말했다.

"이 아이는 돌아갈 곳이 없는가?"

晏子가 대답하였다.

"임금께서 계시니 어찌 돌아갈 곳이 없겠습니까? 사람을 시켜 기르도록 하면 즉시 잘 기르고 보고할 것입니다."

11. 景公遊於壽宮[1]이라가 覩長年이 負薪而有饑色하고 公悲之하야 喟然歎曰 令吏養之하라 晏子曰 臣聞之호니 樂賢而哀不肖는 守國之本也라호이다 今君愛老而恩無不逮하니 治國之本也니이다 公笑有喜色이러라 晏子曰 聖王見賢以樂賢하고 見不肖以哀不肖하나니 今請求老弱之不養과 鰥寡之不室者하야 論而供秩焉[2]하노이다 景公曰 諾다 於是에 老弱有養하고 鰥寡有室하니라

1) 壽宮 : 춘추전국시대 齊나라의 離宮이다. 胡宮이라고도 하는데 桓公이 여기서 죽었다 한다. ≪晏子春秋 諫 上≫

2) 論而供秩焉 : 생활의 실정을 평가하여 생활용품을 공급함이다.

齊 景公이 壽宮에서 놀다가 나이 많은 사람이 땔나무를 지고 가는데 굶주린 안색이 있는 것을 보고, 公이 슬퍼하면서 한숨을 쉬고 탄식하며 말했다.

"관리를 시켜 봉양하게 하라."

晏子가 말했다.

"臣은 어진 이를 좋아하고 不肖한 사람을 가엾게 여기는 것은 나라를 지키는 근본이

라고 들었습니다. 지금 임금님께서 노인을 사랑하여 은혜가 미치지 않는 곳이 없으니, 이것이 나라를 다스리는 근본입니다."

경공이 이 말을 듣고 웃으면서 기쁜 안색이 있었다. 이에 안자는 말했다.

"聖王은 어진 이를 보면 어진 이를 좋아하고, 불초한 이를 보면 불초한 이를 가엾게 여기셨습니다. 이제 봉양하는 사람이 없는 늙고 어린 사람과 집이 없는 홀아비와 과부를 찾아 그들의 실정을 평가하여 생활용품을 공급해주시기 바랍니다."

경공이 말했다.

"좋소."

이리하여 늙고 어린 사람은 봉양하는 사람이 있게 되었고, 홀아비와 과부는 집이 있게 되었다.

12. 桓公之平陵[1)]하야 見家人有年老而自養者하고 公問其故한대 對曰 吾有子九人호되 家貧하야 無以妻之하고 吾使傭而未返也니이다 桓公取外御者[2)]五人하야 妻之하다 管仲入見曰 君之施惠 不亦小矣니잇가 公曰 何也오 對曰 公待所見而施惠焉이면 則齊國之有妻者少矣리이다 公曰 若何오 管仲曰 令國丈夫(三)〔二〕[3)]十而室하고 女子十五而嫁하소서

1) 平陵 : 춘추시대 齊나라 邑이다. 옛 城은 山東省 歷城縣 동쪽에 있었다. ≪讀史方輿紀要 山東 濟南府 歷城縣≫
2) 外御者 : 宮女로 있으나 잠자리를 모시지 못한 여자이다. 御는 모신다는 뜻이다.
3) (三)〔二〕 : ≪群書拾補≫에는 "三은 元本에 '二'로 되어 있다." 하였고, ≪說苑校證≫에는 "明鈔本·楚府本에 모두 '二'로 되어 있고, ≪韓非子≫에도 '二'로 되어 있다." 하였기에 따랐다.

齊 桓公이 平陵에 가서 백성의 집에 나이 늙었는데도 자기 혼자 살아가는 사람이 있는 것을 보고, 桓公이 그 까닭을 물었다. 노인은 대답하였다.

"저는 아홉 명의 자식을 두었으나 집이 가난하여 장가들이지 못하고 품팔이를 보냈는데 아직 돌아오지 않았습니다."

환공이 잠자리를 함께하지 않은 궁녀 다섯 사람을 골라 노인의 아들에게 시집을 보냈다. 管仲이 들어와 환공을 뵙고 말했다.

“公께서 베푸는 은혜가 너무 작지 않습니까?”

환공이 말했다.

“무엇 때문이오?”

관중이 대답했다.

“공께서 〈장가들지 못한 사람을〉 직접 보고 은혜를 베푼다면, 齊나라에는 아내가 있는 사람이 적을 것입니다.”

환공이 말했다.

“어쩌면 되겠소?”

관중은 말했다.

“전국의 남자는 스무 살이면 장가들고, 여자는 열다섯 살이면 시집가도록 명령하십시오.”

13. 孝宣皇帝[1] 初卽位에 守廷尉(吏)〔史〕路溫舒[2] 上書하야 言尙德緩刑하다 其詞曰 陛下初卽至尊하시니 與天合符라 宜改前世之失하시고 正始受之統이니이다 滌煩文하시고 除民疾하시며 存亡繼絶하사 以應天德하시면 天下幸甚이니이다 臣聞往者秦有十失이러니 其一尙存이라하니 治獄吏是也니이다 昔秦之時에 滅文學하고 好武勇하며 賤仁義之士하고 貴治獄之吏하야 正言謂之誹謗하고 謁過謂之妖言이라 故盛服先生[3]이 不用於世하니 忠良切言은 皆鬱於胸하고 譽諛之聲이 日滿於耳하니이다 虛美薰心하고 實禍蔽塞하니 此乃秦之所以亡天下也니이다 方今海內 賴陛下厚恩하야 無金革之危와 饑寒之患하야 父子夫婦 戮力安家하니 天下幸甚이로소이다 然太平之未洽者는 獄亂之也니이다 夫獄은 天下之命이라 死者는 不可生이요 斷者는 不可屬이니 書曰 與其殺不辜론 寧失不經[4]이라하니이다 今治獄吏則不然하야 上下相驅하야 以刻爲明하야 深者獲公名하고 平者多後患이라 故治獄吏皆欲人死는 非憎人也요 自安之道 在人之死니이다 是以로 死人之血이 流離於市하고 被刑之徒 比肩而立하며 大辟之計 歲以萬數하니 此聖人所以傷이요 太平之未洽이 凡以是也니이다 人情安則樂生하고 痛則思死하나니 捶楚之下에 何求而不得이리오 故囚人不勝痛이면 則飾誣詞以示之하니 吏治者利其然이면 則指道以明之하고 上奏恐却이면 則鍛煉而周內之하나니이다 蓋奏當之成이면 雖皐陶聽之라도 猶以爲死

有餘罪라하리니 何則고 成鍊之者衆하고 而文致之罪明也니이다 是以로 獄吏專爲深刻하야 殘賊而無極하고 偸爲一切하여 不顧國患하니 此世之大賊也니이다 故俗語云 畫地作獄이라도 議不可入이요 刻木爲吏라도 期不可對라하니 此皆疾吏之風이요 悲痛之辭也라 故天下之患이 莫深於獄이요 敗法亂政하야 離親塞道 莫甚於治獄之吏하니 此臣所謂一尙存也로소이다 臣聞烏鷇之卵不毁라야 而後鳳皇集하고 誹謗之罪不誅라야 而後良言進이라호이다 故傳曰 山藪藏疾하고 川澤納汚하며 國君含垢는 天之道也[5)]라하니이다 臣昧死上聞하노니 願陛下察誹謗하시고 聽切言하사 開天下之口하시고 廣箴諫之路하시며 改亡秦之一失하시고 遵文武之嘉德하사 省法制하시고 寬刑罰하사 以廢煩獄하시면 則太平之風을 可興於世하야 福履和樂을 與天地無極하리니 天下幸甚이니이다 書奏에 皇帝善之러니 後卒於臨淮[6)]太守하다

1) 孝宣皇帝 : 漢 宣帝이다. 이름은 詢인데 初名은 病已이다. 武帝의 증손으로 戾太子 據의 손자이다. 재위 25년 동안 관리의 행정과 치적을 중시하여 政績이 드러났다. ≪漢書 宣帝紀≫

2) 守廷尉(吏)〔史〕路溫舒 : '吏'는 ≪漢書≫ 〈路溫舒傳〉에 '史'로 되어 있어서 따랐다. 守廷尉史는 刑獄을 주관하는 벼슬이다. 秦나라 때 처음 둔 九卿의 하나로, 漢初에도 그대로 쓰다가 景帝 때 大理로 고쳤다. 守는 품계는 높고 관직이 낮은 경우에 쓴다. ≪漢書 百官公卿表 上≫

3) 盛服先生 : 儒生을 이른 말이다. 유생은 자락이 넓은 옷을 입고 큰 冠을 쓰기 때문에 盛服先生이라 하였다. ≪漢書 路溫舒傳(王先謙 補注)≫

4) 書曰……寧失不經 : ≪書經≫ 〈虞書 大禹謨〉에 보인다.

5) 傳曰……天之道也 : ≪春秋左氏傳≫ 宣公 15년의 伯宗이 한 말에 보이는데, 다만 "川澤은 더러운 물을 받아들이고 산과 늪은 毒蟲이 숨어 살도록 하며 아름다운 玉도 하자를 숨기고 있으니 임금도 치욕을 견디는 것이 하늘의 常道이다.〔川澤納汚 山藪藏疾 瑾瑜匿瑕 國君含垢 天之道也〕"로 되어 있다.

6) 臨淮 : 漢代에 둔 郡으로, 後漢 때 폐지되었다. 지금의 安徽省 盱眙縣 지역에 있었다. ≪漢書 地理志 上≫

孝宣皇帝가 처음 즉위했을 때 守廷尉史 路溫舒가 皇帝에게 上書하여 德政을 숭상하고 형벌을 너그럽게 하라고 말했다. 상서의 내용은 다음과 같다.

"폐하께서 처음 至尊의 자리에 오르시니 하늘의 뜻과 부합합니다. 응당 전대의 잘못

된 정사를 고치시고 처음 받으신 一統의 뜻을 바로잡아야 합니다. 번잡한 법조문을 걸러내시고 백성의 고통을 제거하시며, 멸망한 이를 보존시키고 뒤가 끊어진 이를 이어주시어 天德에 호응하시면 천하 백성들이 매우 행복함을 느낄 것입니다.

臣은 들으니 '지난날 秦나라가 열 가지 잘못한 것이 있었는데, 그중 하나가 아직까지 남았다.'고 하니, 刑獄을 다스리는 관리가 바로 그것입니다. 옛날 秦나라 때에 文學을 없애고 武勇을 좋아하며 仁義를 주장하는 선비는 천시하고 형옥을 다스리는 관리는 귀중하게 여겨, 바른말을 誹謗이라 하고 罪過를 밝히는 말을 요망한 말이라고 하였습니다. 그래서 衣冠이 단정한 선비가 세상에 중용되지 못하였습니다. 忠良하고 간절한 말은 모두 가슴속에 쌓여 나오지 않고, 칭찬하여 아부하는 말은 날마다 황제의 귀에 가득 들리게 되었습니다. 허위로 찬미하는 말이 마음을 미혹시키고 실제의 災禍는 가려져 드러나지 않았으니, 이것이 바로 秦나라가 천하를 잃은 까닭입이다.

지금 천하의 백성들이 폐하의 큰 은혜에 힘입어 전쟁의 위험과 굶주림과 추위의 근심이 없어서, 父子와 夫婦가 힘을 합해 집안을 편안하게 하니 천하 사람들이 매우 행복을 느끼고 있습니다. 그러나 太平이 되기에 미흡한 것은 형옥이 혼란을 조성하는 것입니다. 형옥은 천하 백성들의 목숨에 관계되는 일입니다. 죽은 사람은 다시 살릴 수가 없고, 끊어진 四肢는 다시 이을 수가 없으니, ≪書經≫에 '죄 없는 사람을 죽이는 것보다는 차라리 법을 준수하지 않는 잘못을 범하는 것이 낫다.' 하였습니다.

지금 형옥을 다스리는 관리는 그렇지 않아서, 위아래 사람이 서로 몰아붙여 엄혹하게 하는 것으로 명쾌함을 삼아, 더욱 엄혹한 사람은 공평하다는 명성을 얻고 공평한 사람은 많은 후환이 따릅니다. 그 때문에 형옥을 다스리는 관리들은 모두 죄인을 죽음에 몰아 넣으려고 하니, 이는 그 사람을 미워해서가 아니라, 자기를 편안히 보전하는 방법이 죄인을 죽이는 데 달렸기 때문입니다. 이래서 죽은 사람의 피가 저자를 적시고, 형벌을 받은 무리가 어깨를 부딪치면서 섰으며, 사형에 처해진 사람의 숫자가 해마다 만 단위로 헤아릴 정도입니다. 이것을 聖人이 슬퍼하는 것이고, 태평이 되기에 미흡한 것이 모두 이것 때문입니다.

사람의 보통 마음은 편안하면 즐겁게 살고 고통스러우면 죽었으면 하는 생각을 하게 됩니다. 채찍과 몽둥이로 고문하는 아래에서 무엇을 구한들 얻지 못하겠습니까? 그래서 고문을 당하는 죄수가 고통을 이겨내지 못할 지경이면 사실이 아닌 말을 꾸며 보이게 됩니다. 형옥을 다스리는 관리는 그것이 유리하면 지시하고 인도하여 罪案을 명확히 하고, 죄안을 上奏하여 기각될까 걱정되면 없는 罪名을 꾸며 빈틈없이 만들어 바칩니다. 상주하여 죄를 판결할 案件이 완성되면 皐陶가 판결하더라도 오히려 사형에 처해도 남는 죄가 있다고 여길 것입니다.

이는 무엇 때문이겠습니까? 사실이 아닌 죄명을 꾸민 사람이 많고 法文을 적용하여 구성한 죄가 명확하기 때문입니다. 이러므로 형옥을 다스리는 관리는 오로지 〈형벌을〉 엄혹하게 하여 끝없이 잔인하고 포학하게 다루어 일체를 구차스럽게 처리하면서 나라의 근심은 고려하지 않으니, 이것이 세상의 크게 해로운 사람입니다.

그 때문에 속담에 "땅에 금을 그어 감옥을 만들더라도 들어가면 안 된다고 수군거리고, 나무를 깎아 獄吏라 해도 기필코 대면하지 않는다." 하였으니, 이는 모두 옥리를 미워하는 諷刺이고 悲痛한 말입니다. 그래서 천하의 우환이 형옥보다 심한 것이 없고, 법이 파괴되고 정치가 혼란하여 친척을 離散시키고 正道를 막는 일이 형옥을 다스리는 관리보다 심한 경우가 없습니다. 이것이 臣이 이른바 아직 秦나라의 한 가지 잘못이 남았다고 하는 것입니다.

臣은 들으니 '새알을 훼손시키지 않은 뒤에야 鳳凰이 모이고, 비방한 죄를 벌주지 않은 뒤에야 忠良한 말이 나온다.'고 합니다. 그래서 ≪春秋左氏傳≫에 '山藪는 해독을 끼치는 짐승을 숨겨주고 川澤은 더러운 물건을 받아들이며 임금은 추악한 것을 포용해야 되니, 이것이 하늘의 법도이다.'라 하였습니다.

臣은 죽음을 무릅쓰고 이 말씀을 올립니다. 폐하께서는 비방하는 말을 밝게 살피시고 간절한 말을 따르시어 천하 사람들의 言路를 여시고 경계하여 諫하는 길을 여시며, 멸망한 秦나라가 행한 〈열 가지 잘못 중 아직도 남아 있는〉 한 가지 잘못을 고치시고 文王・武王의 아름다운 德政을 따르소서. 法制를 줄이시고 刑罰을 완화하시어 번잡한 獄事를 폐기하시면, 천하가 태평한 기풍을 당세에 일으켜 福祿을 받고 화락한 생활을 천지와 함께하여 다함이 없을 것이니, 천하 백성들이 매우 행복을 느낄 것입니다."

上書가 황제에게 올라가자, 황제는 이를 훌륭하게 여겼다. 路溫舒는 뒤에 臨淮太守로 재직 중에 죽었다.

14. 晉平公春築臺한대 叔向[1)]曰 不可하니이다 古者에 聖王貴德而務施하며 緩刑辟而

趨民時어늘 **今春築臺**면 **是奪民時也**니이다 **夫德不施**면 **則民不歸**하고 **刑不緩**이면 **則百姓愁**하나니 **使不歸之民**하고 **役愁怨之百姓**하며 **而又奪其時**면 **是重竭也**니이다 **夫牧百姓養育之**어늘 **而重竭之**면 **豈所以定命安存**하야 **而稱爲人君於後世哉**잇가 **平公曰 善**하다 **乃罷臺役**하다

1) 叔向 : 춘추시대 晉나라 大夫 羊舌肹의 字로, 일명 叔肹이다. 博學하였으며 禮讓으로 나라를 다스렸다. 鄭나라에서 刑書를 주조하자, 子産에게 편지를 보내 잘못을 고치게 하였다. ≪春秋左氏傳 襄公 16년·昭公 5년≫·≪國語 周語 下·晉語 7≫

晉 平公이 봄에 樓臺를 修築하자, 叔向이 말했다.

"안 됩니다. 옛날 聖王은 德을 귀중히 여겨 덕을 베푸는 데 힘써서 刑罰을 완화하고 농사철에는 농사를 짓게 하였는데, 지금 봄에 누대를 수축하면 이는 농사철을 빼앗는 것입니다. 덕을 베풀지 않으면 백성들이 따르지 않고, 형벌을 완화하지 않으면 백성들이 근심하고 원망합니다. 따르지 않는 백성을 부리고 근심하고 원망하는 백성을 사역시키며 또 농사철을 빼앗으면, 이는 거듭 백성의 힘을 고갈시키는 것입니다. 다스리는 것은 백성을 養育하는 일인데 거듭 그들의 힘을 고갈시키면, 어떻게 그들의 생명을 안정시키고 몸을 편안히 보존하여 후세 사람들이 임금이라 일컫겠습니까!"

평공이 말했다.

"좋다."

그러고는 이내 누대 수축하는 공사를 중지하였다.

15. **趙簡子春築臺於邯鄲**할새 **天雨而不息**이어늘 **謂左右曰 可無趨種乎**아 **尹鐸**[1] **對曰 公事急**하야 **厝種而懸之臺**하니 **夫雖欲趨種**이나 **不能得也**로소이다 **簡子惕然**이러니 **乃釋臺罷役曰 我以臺爲急**이 **不如民之急也**로다 **民以不爲臺故**로 **知吾之愛也**리라

1) 尹鐸 : 춘추시대 晉나라 사람이다. 趙簡子가 晉陽을 다스리게 하자, 戶數를 줄여 세금을 감면하고 너그러운 행정으로 민심을 얻어, 뒤에 智伯에게 포위당한 趙襄子가 승리하는 토대를 제공하였다. ≪國語 晉語 9≫

趙簡子가 봄에 邯鄲에 누대를 건축할 때 비가 그치지 않고 내리자 측근에게 말했다.

"어찌 백성들에게 播種하라고 재촉하지 않는가?"

尹鐸이 대답했다.

"누대를 건축하는 公事가 급하여 파종하는 일은 놔두고 누대를 건축하는 일에 매달려 있으니, 파종을 재촉하고 싶어도 되지 않습니다."

이 말을 들은 조간자는 두려운 기색을 보이더니 이내 누대를 건축하는 일을 버려두고 공사를 중지시키면서 말했다.

"내가 누대 건축을 급한 일로 여기는 것이 백성이 농사일을 급히 여기는 것만 못하다. 백성들은 내가 누대를 짓지 않는 연유로써 내가 백성을 사랑한다는 것을 알 것이다."

16. **中行獻子**[1]**將伐鄭**[2]한대 **范文子**[3]**曰 不可**하니이다 **得志於鄭**이면 **諸侯讐我**하리니 **憂必滋長**하리라 **郤至**[4]{又}[5]**曰 得鄭**이면 **是兼國也**요 **兼國則王**이니 **王者**는 **固多憂乎**아 **文子曰 王者**는 **盛其德而遠人歸**라 **故無憂**어니와 **今我寡德**이어늘 **而有**[6]**王者之功**이라 **故多憂**니 **今子見無土而欲富者**면 **樂乎哉**아

1) 中行獻子 : 춘추시대 晉나라 大夫 荀偃이다. 中行은 氏, 獻子는 시호이고, 荀林父의 손자이다. 厲公 때 上軍 佐가 되어 欒西와 함께 厲公을 시해하고 悼公을 세워 中軍將이 되었다. ≪春秋左氏傳 襄公 元·9·10·13·14·16·18·19년≫·≪國語 晉語 6≫

2) 將伐鄭 : ≪說苑校證≫에 "≪春秋左氏傳≫ 成公 16년에는 '晉侯가 鄭나라를 정벌하려고 하였다.〔晉侯將伐鄭〕'로, ≪晉語 6≫에는 '厲公이 鄭나라를 정벌하려고 하였다.〔厲公將伐鄭〕'로, ≪史記≫ 〈晉世家〉에는 '厲公이 직접 군사를 거느리고〔厲公自將〕'로 되어 있으니, 이 章이 ≪晉語≫의 내용을 인용한 것인 만큼 '中行獻子'는 '厲公'의 잘못이다."라 하였다.

3) 范文子 : 춘추시대 晉나라 大夫 士燮으로, 士會의 아들이다. 아버지가 范을 食邑으로 받았기 때문에 范氏가 되었다. 文子는 시호이다. 景公 때 郤克을 따라 齊나라 군대를 격파하였고, 厲公 때 鄢陵에서 楚나라 군대를 크게 패배시켰다. ≪春秋左氏傳 成公 2·4·8·12~17년≫·≪史記 晉世家≫

4) 郤至 : 춘추시대 晉나라 大夫이다. 景公 때 溫大夫가 되었기 때문에 溫季라고도 한다. 楚나라와 鄢陵 전투에서 功을 세웠고, 厲公이 여러 大夫들을 제거할 때 피살되었다. ≪春秋左氏傳 成公 2·6·8·11·12·13·15·16·17년≫·≪史記 晉世家≫

5) {又} : ≪國語≫ 〈晉語 6〉에는 '又'자가 없으니, 衍文인 듯하다.

6) 有 : ≪國語≫ 〈晉語 6〉에는 '求'자로 되어 있다.

中行獻子가 鄭나라를 토벌하려고 하자 范文子가 말했다.

"안 됩니다. 정나라 토벌에 뜻을 이룬다면 諸侯들이 우리를 원수로 삼을 것이니, 근심이 반드시 더욱 커질 것입니다."

그러자 郤至는 말했다.

"정나라를 얻으면 이는 다른 나라를 兼倂하는 것이고, 다른 나라를 겸병하면 王 노릇할 수 있습니다. 왕 노릇하는 사람은 본디 근심이 많은 것입니까?"

범문자는 이렇게 설명했다.

"왕 노릇하는 사람은 성대한 德을 쌓아서 먼 지방의 사람들까지 歸附하기 때문에 근심이 없습니다. 그러나 지금 우리는 덕이 부족한데 왕 노릇하는 사람의 功業을 소유하려 하기 때문에 근심이 많다는 것입니다. 지금 그대는 토지가 없으면서 부유하기를 바라는 자가 즐겁게 사는 것을 보았소?"

17. 季康子[1)]謂子游[2)]曰 仁者愛人乎아 子游曰 然하니이다 人亦愛之乎아 子游曰 然하니이다 康子曰 鄭子産死에 鄭人丈夫는 舍玦珮[3)]하고 婦人은 舍珠珥[4)]하며 夫婦巷哭하야 三月不聞竽瑟之聲이러니라 仲尼之死에 吾不聞魯國之愛夫子하니 奚也오 子游曰 譬子産之與夫子는 其猶浸水之與天雨乎인저 浸水所及則生하고 不及則死니이다 斯民之生也는 必以時雨나 旣以生이면 莫愛其賜라 故曰 譬子産之與夫子也는 猶浸水之與天雨乎인저하니라

1) 季康子 : 춘추시대 魯나라 正卿 季孫肥로, 康子는 시호이다. 哀公 때의 執政者였다. ≪春秋左氏傳 哀公 3년≫·≪論語 爲政·雍也·先進≫
2) 子游 : 춘추시대 魯나라 사람이다. 일설에는 吳나라 사람이라고도 한다. 성명은 言偃, 子游는 字이다. 孔子의 제자로, 孔門四科에서 文學에 들었다. 魯나라에서 벼슬하여 武城宰가 되었을 때 禮樂으로 백성들을 가르치자, 孔子가 칭찬하였다. ≪論語 學而·公冶長≫·≪史記 仲尼弟子列傳≫
3) 玦珮 : 둥근 모양으로 만들어 한쪽을 터놓은 玉佩이다. 허리에 차는 장식물로, 決斷이나 永別의 뜻을 상징한다.
4) 珠珥 : 진주 따위의 구슬을 꿰어 만든 귀걸이이다.

季康子가 子游에게 말했다.

"어진 사람은 남을 사랑합니까?"

자유는 말했다.

"그렇습니다."

계강자가 말했다.

"그럼 남도 그를 사랑합니까?"

자유는 말했다.

"그렇습니다."

계강자가 말했다.

"鄭나라 子産이 죽었을 때 정나라의 남자는 玦珮를 풀었고 부인은 귀걸이를 떼어놓았으며, 부부가 골목에 나와 哭을 하여 3개월 동안 樂器를 연주하는 소리를 듣지 못했었소. 그런데 仲尼(孔子)가 죽었을 때에 나는 魯나라 사람들이 孔子를 이렇게 사랑했다는 말을 듣지 못했으니, 이는 무엇 때문이오?"

자유는 말했다.

"비유하면, 자산과 공자는 논에 대는 물과 하늘에서 내리는 비와 같을 것입니다. 논에 대는 물이 미치는 곳은 벼가 生長하고, 미치지 못하는 곳은 벼가 죽고 맙니다. 이 백성들의 삶에는 반드시 때맞춰 비가 내려야 하나, 백성들이 이미 살게 되면 〈하늘이〉 내려주는 〈비를〉 사랑하지 않습니다. 그래서 비유하면, 자산과 공자는 논에 대는 물과 하늘에서 내리는 비와 같다고 말한 것입니다."

18. **中行穆子圍鼓**[1)]한대 **鼓人有以城反者**로되 **不許**하다 **軍吏曰 師徒不勤〈而〉**[2)]**可得城**이어늘 **奚故不受**잇고 **曰 有以吾城反者**면 **吾所甚惡也**어늘 **人以城來**에 **我獨奚好焉**이리오 **賞所甚惡**면 **是失賞也**니 **若所好**에 **何**오 **若不賞**이면 **是失信也**니 **奚以示民**이리오 **鼓人又請降**한대 **使人視之**하니 **其民尙有食也**어늘 **不聽**하다 **鼓人告食盡力竭**이어늘 **而後取之**하니 **克鼓而反**에 **不戮一人**하다

1) 中行穆子圍鼓 : 中行穆子는 춘추시대 晉나라 大夫이다. 이름은 荀吳, 穆子는 시호이며, 中行獻子 荀偃의 아들이다. 無終과 群狄을 太原에서 격파하였고, 鼓나라를 취했으며, 陸渾의 戎을 멸하였다. ≪春秋左氏傳 昭公 元・11・12・13・15・17・21・22년≫・≪國語 晉語 9≫

鼓는 춘추시대 나라 이름이다. 白狄의 일족으로, 지금의 河北省 晉縣 서쪽에 있었다. ≪春秋左氏傳 昭公 15년≫

2) 〈而〉 : 저본에는 '而'가 없으나, ≪春秋左氏傳≫ 昭公 15년과 ≪國語≫ 〈晉語 9〉에 의

거하여 보충하였다.

中行穆子가 鼓나라 城을 포위하고 공격하자, 고나라 사람이 성을 가지고 謀反하기를 원하는 사람이 있었으나 허락하지 않았다. 軍吏가 말했다.

"군대를 고생시키지 않고도 성을 얻을 수 있는데 무엇 때문에 접수하지 않습니까?"

중항목자는 말했다.

"우리의 성을 가지고 모반하는 사람이 있으면 우리도 그를 매우 미워할 텐데, 남이 성을 가지고 온다고 우리만 어찌 좋아하겠는가? 매우 미워하는 사람을 상주면 이는 상을 잘못 주는 것이니, 좋아하는 사람에게는 어떻게 대해야 하는가? 좋아하는 사람에게 상을 주지 않으면 이는 信義를 잃는 것이니, 무엇을 백성에게 보여주겠는가!"

고나라 사람이 또 항복하겠다고 요청하자, 중항목자가 사람을 보내 〈정황을〉 살펴보게 하니, 성 안의 백성들이 아직 먹을 밥이 있기에 요청을 들어주지 않았다. 고나라 사람들이 먹을 것이 다 떨어지고 힘을 다 썼다고 알려오자, 그런 뒤에 고나라를 취하니, 고나라를 이기고 돌아오면서 한 사람도 죽이지 않았다.

19. 孔子之楚러시니 有漁者獻魚甚强호되 孔子不受하시다 獻魚者曰 天暑市遠하고 賣之不售하야 思欲棄之나 不若獻之君子로소이다 孔子再拜受하사 使弟子掃除將祭之[1]하신대 弟子曰 夫人將棄之어늘 今〈夫子〉[2]將祭之하시니 何也잇고 孔子曰 吾聞之호니 務施而不腐餘財者는 聖人也라하니 今受聖人之賜하고 可無祭乎아

1) 祭之 : 고대에 음식을 먹기 전에 음식을 처음 만든 神에게 드리는 禮를 이른다.

2) 〈夫子〉 : 저본에는 '夫子'가 없으나, ≪太平御覽≫ 권478에는 '今夫子'로, ≪孔子家語≫ 〈致思〉에는 '而夫子'로 되어 있어서 보충하였다.

孔子께서 楚나라에 가셨는데 고기 잡는 사람이 잡은 물고기를 아주 억지로 드렸으나 공자께서 받지 않으셨다. 물고기를 드리는 사람이 말했다.

"날씨는 덥고 시장은 먼데 팔아도 팔리지 않아 버리려고 생각했으나, 君子께 드리느니만 못하다고 여겨 드리는 것입니다."

공자는 두 번 절한 뒤 받으시어 제자에게 땅을 쓸고 제사 지낼 준비를 하게 하셨다. 제자가 여쭈었다.

"저 사람이 버리려고 하던 것인데 지금 선생님께서 제사를 지내려 하시니 무슨 까닭입니까?"

공자께서 대답하셨다.

"나는 들으니 〈남에게〉 베풀기를 힘써서 남은 재물을 썩게 하지 않는 사람은 聖人이라고 한다. 지금 성인이 주는 것을 받고는 제사를 지내지 않을 수 있겠는냐?"

20. 鄭伐宋하니 宋人將與戰할새 華元[1]殺羊食士호되 其御羊斟[2]不與焉하다 及戰에 曰 疇昔之羊羹은 子爲政하니 今日之事는 我爲政호리라 與華元馳入鄭師하니 宋人敗績하다

1) 華元 : 춘추시대 宋나라 大夫이다. 文公・共公・平公 세 임금을 섬겼다. 平公 때 右師 蕩澤이 公室을 약화시키려고 公子 肥를 살해하자 晉나라로 달아나려다가 魚石의 만류로 되돌아와서, 蕩氏를 공격하여 탕택을 죽이고 向戌를 左師로 삼아 백성을 안정시켰다. ≪春秋左氏傳 文公 16년, 宣公 2・4년, 成公 4・8・15년, 襄公 元年≫

2) 羊斟 : 춘추시대 宋나라 사람으로 華元의 마부이다. 鄭나라와의 전쟁에서 양고기 국을 얻어먹지 못한 데에 앙심을 품고 화원을 수레에 싣고 정나라 군대 속으로 달려가서 화원이 사로잡히게 하였다. 뒤에 화원이 돌아오자 魯나라로 도망쳤다. ≪春秋左氏傳 宣公 2년≫

鄭나라가 宋나라를 討伐하니 송나라 사람이 맞아 싸우려 할 적에, 華元이 羊을 잡아 군사들을 먹였으나 그의 마부 羊斟은 먹는 데 참여하지 못하였다. 접전할 때에 이르러 양짐이 말했다.

"지난번 양고기 국물을 먹인 일은 그대가 주관하였으니, 오늘 兵車를 모는 일은 제가 주관하겠습니다."

그러고는 화원과 함께 정나라 군대 속으로 달려 들어가니 송나라 사람은 크게 패배하였다.

21. 楚王問莊辛[1]曰 君子之行奈何오 莊辛對曰 居不爲垣牆호되 人莫能毁傷하며 行不從周衛호되 人莫能暴害니 此君子之行也니이다 楚王復問호되 君子之富奈何오 對曰 君子之富는 假貸人에 不德也하고 不責也하며 其食飮(사임)人에 不使也하고 不役

也니이다 親戚愛之하고 衆人喜之하며 不肖者事之하야 皆欲其壽樂而不傷於惠하나니 此君子之富也니이다 楚王曰 善하다

1) 楚王問莊辛 : 楚王은 ≪戰國策≫ 〈楚策〉에는 '襄王'으로, ≪後漢書≫ 〈樊宏傳〉에는 '頃襄王'으로 되어 있다.
   莊辛은 전국시대 楚나라 사람으로, 封號는 陽陵君이다. 방탕과 사치를 일삼는 楚 襄王을 간하였으나 따르지 않자 趙나라로 망명하였다. 秦나라의 침략을 당한 襄王이 불러 계책을 묻자, 小人을 멀리하고 국정에 힘쓸 것을 건의하였다. ≪戰國策 楚策 4≫

楚王이 莊辛에게 물었다.

"君子의 品行은 어찌해야 하오?"

장신이 대답하였다.

"사는 집에 담을 만들지 않아도 傷害를 입히는 사람이 없으며, 다닐 때 주위를 호위하는 사람이 따르지 않아도 暴力을 행사하는 사람이 없어야 되니, 이것이 군자의 품행입니다."

초왕이 다시 물었다.

"군자가 富를 가진 경우는 어찌해야 하오?"

장신이 대답하였다.

"군자가 富를 가진 경우는 남에게 물건을 빌려주고 난 뒤에 恩德으로 삼지 않고 무엇을 요구하지 않으며, 남에게 먹고 마시게 한 뒤에 일을 시키거나 부리지 않아야 됩니다. 그렇게 하면 친척들은 사랑하고 많은 사람들이 좋아하며 不肖한 사람은 섬겨서 모두들 장수하고 즐겁게 살아서 은혜에 손상을 입히지 않기를 바랄 것이니, 이것이 군자가 富를 가진 경우의 태도입니다."

초왕이 듣고 나서 말했다.

"좋은 말이오."

22. 丞相西平侯于定國[1)]者는 東海下邳[2)]人也라 其父는 號曰于公이니 爲縣獄(吏)〔史〕[3)]決曹掾[4)]하야 決獄平法하야 未嘗有所冤이라 郡中離文法者 于公所決이면 皆不敢隱情하니 東海郡中이 爲于公生立祠하야 命曰于公祠라하다 東海有孝婦러니 無子하고 少寡하야 養其姑甚謹하니 其姑欲嫁之호되 終不肯이라 其姑告隣之人曰 孝婦養我甚

謹이나 我哀其無子하고 守寡日久로라 我老어늘 累丁壯이면 奈何오 其後에 (母)〔姑〕[5] 自經死하다 (母)〔姑〕女告吏曰 孝婦殺我母라한대 吏捕孝婦하니 孝婦辭不殺姑라호되 吏欲毒治한대 孝婦自誣服하다 具獄以上府하니 于公以爲養姑十年하야 以孝聞하니 此不殺姑也라호되 太守不聽이어늘 數爭不能得이라 於是에 于公辭疾去{吏}[6]하니 太守竟殺孝婦하다 郡中枯旱三年이러니 後太守至하야 卜求其故한대 于公曰 孝婦不當死어늘 前太守强殺之하니 咎當在此니이다 於是에 殺牛祭孝婦冢할새 太守以下自至焉하니 天立大雨하야 歲豐熟하니 郡中이 以此로 益敬重于公이러라 于公築治廬舍할새 謂匠人曰 爲我高門하라 我治獄에 未嘗有所冤하니 我後世에 必有興者하리니 令容高蓋駟馬車호리라하더니 及子하야 封爲西平侯하다

1) 于定國 : 漢나라 郯 사람으로 벼슬은 丞相, 封號는 西平侯, 시호는 安侯이다. 獄吏로 獄事를 공정하게 처리하여 張釋之와 병칭된다. ≪漢書 71≫
2) 東海下邳 : 東海는 秦代에 둔 郡으로, 治所는 山東省 郯城 북쪽에 있었다. ≪讀史方輿紀要 歷代州域形勢≫
   下邳는 진대에 둔 縣이다. 옛 邳國으로, 韓信이 楚王이 되어 도읍했던 곳이다. 옛 城은 江蘇省 邳縣의 동쪽에 있었다. ≪漢書 地理志 上≫·≪讀史方輿紀要 江南 淮安府 邳州≫
3) 獄(吏)〔史〕 : ≪漢書≫ 〈于定國傳〉에 '獄史'로 되어 있고, ≪漢書≫ 〈路溫舒傳〉에도 "차츰 익숙하여 잘하게 되자 獄의 하급 관리가 되고 이어 律令을 배워 옮겨 獄史가 되니 縣 안의 의심스러운 일을 모두 물었다.〔稍習善 求爲獄小吏 因學律令 轉爲獄史 縣中疑事皆問焉〕"로 되어 있어서 '史'로 고쳤다.
4) 決曹掾 : 決曹에 속한 하급 관리로, 決曹는 漢代에 縣의 刑法을 주관하던 벼슬이다. 掾은 그 결조의 屬官이다. ≪後漢書 百官志 1≫
5) (母)〔姑〕 : 저본에는 '母'로 되어 있으나, ≪漢書≫ 〈于定國傳〉에 의거하여 '姑'로 바로잡았다. 아래의 '母女'도 같다.
6) {吏} : ≪漢書≫ 〈于定國傳〉에는 '吏'자가 없어 衍文으로 처리하였다.

승상 西平侯 于定國은 東海 下邳 사람이다. 그의 아버지는 于公이라 하니 縣 獄史의 決曹掾이 되어 소송을 법에 의해 공정하게 판결하여 억울하게 판결한 적이 없었다. 東海郡 안에서 법에 걸린 사람은 우공이 판결을 맡게 되면 아무도 감히 眞相을 숨기지 못했다. 그래서 동해군에 사는 사람들은 우공을 위해 그가 살아 있을 때 사당을 세워 于公祠라 이름하였다.

동해군에 孝婦가 있었는데 자식도 없고 일찍 과부가 되어 정성을 다해 시어머니를 봉양하니, 그 시어머니가 再嫁시키고자 하였으나 끝내 따르지 않았다. 그의 시어머니는 이웃 사람에게 말했다.

"나의 효부가 정성을 다해 나를 봉양하고 있으나, 나는 며느리가 자식도 없고 과부로 지낸 지가 오래된 것을 애처롭게 생각한다. 나는 늙었는데 젊은 며느리가 나에게 얽매어 있으면 어쩌겠나?"

그런 뒤에 그의 시어머니는 목을 매어 자살해버렸다. 그러자 시어머니의 딸이 관리에게 고발하면서 말했다.

"효부가 우리 어머니를 살해했습니다."

관리가 효부를 체포하자, 효부는 시어머니를 살해하지 않았다고 진술하였으나 관리가 혹독하게 고문하려고 하자, 효부는 스스로 거짓 자백을 하고야 말았다. 관리가 사건의 결론을 문서로 꾸며 상부에 보고하니, 우공이 말했다.

"효부가 시어머니를 10년 동안이나 봉양하여 효성으로 소문이 났으니 이 사람은 시어머니를 살해하지 않았다."

그러나 太守가 그의 말을 따르지 않아 여러 차례 다투어 말했으나 뜻을 이루지 못했다. 이리하여 우공이 병을 핑계로 사직하고 떠나니, 태수는 끝내 효부를 사형에 처하였다. 그 뒤 동해군은 3년 동안 큰 가뭄이 들었다.

후임 태수가 부임하여 가뭄이 든 까닭을 점쳐 묻자, 우공이 말했다.

"효부는 사형에 해당하지 않았는데 전임 태수가 억지로 죽였으니, 가뭄이 든 탓이 여기에 있습니다."

이에 소를 잡아 효부의 무덤에 제사를 지낼 때 태수 이하의 관리들이 직접 제사에 참여하였다. 그러자 바로 큰비가 내려 그해에 풍년이 드니, 郡民들이 이 때문에 더욱 우공을 공경하여 존중하였다.

우공이 집을 지을 적에 목수에게 당부하였다.

"나를 위해 대문을 높게 지어라. 내가 소송을 판결하면서 일찍이 억울하게 판결한 일이 없다. 나의 후대에 반드시 흥성할 사람이 있을 것이니, 높은 덮개에 駟馬가 끄는 수레가 드나들게 하련다."

그러더니 아들에 이르러 西平侯에 봉해졌다.

23. 孟簡子相梁[1)]하야 幷衛호되 有罪而走齊하다 管仲迎而問之曰 吾子相梁幷衛之時에 門下使者幾何人矣오 孟簡子曰 門下使者 有三千餘人이러니라 管仲曰 今與幾何人來오 對曰 臣與三人俱로라 仲曰 是何也오 對曰 其一人은 父死無以葬일새 我爲葬之하고 一人은 母死無以葬일새 亦爲葬之하고 一人은 兄有獄이어늘 我爲出之라 是以로 得三人來니라 管仲上車曰 嗟茲乎라 我窮必矣로다 吾不能以春風風人하고 吾不能以夏雨雨人하니 吾窮必矣리라

1) 孟簡子相梁 : 孟簡子는 춘추시대 魏(梁)나라 재상을 지낸 사람인 듯한데, 자세한 사적은 미상이다. 梁은 魏惠王이 大梁으로 遷都한 이후에 魏나라를 梁나라라 하였다.

孟簡子가 梁나라의 재상이 되어 衛나라를 합병하였으나, 죄가 있어 齊나라로 달아났다. 管仲이 맞이하여 물었다.

"그대는 양나라의 재상이 되어 위나라를 합병할 때 門下에 부리는 사람이 몇 명이나 되었소?"

맹간자가 대답하였다.

"문하에 부리는 사람이 3천여 명이 있었지요."

관중이 다시 물었다.

"지금 몇 사람과 함께 왔소?"

맹간자가 대답했다.

"저는 세 사람과 함께 왔습니다."

관중은 또 물었다.

"이들은 어떤 사람들이오?"

맹간자는 대답했다.

"그중 한 사람은 아버지가 죽었으나 장례를 치를 형편이 못 되었기 때문에 내가 장례를 치러주었고, 한 사람은 어머니가 죽었으나 장례를 치를 형편이 못 되었기 때문에 내가 또 장례를 치러주었으며, 한 사람은 형이 감옥에 갇혀 있었는데 내가 나오게 해주었지요. 이 때문에 세 사람을 얻어 온 것이오."

관중은 수레를 타면서 말했다.

"아, 나는 반드시 困窮하게 되겠구나! 나는 봄바람처럼 남에게 불어주지 못했고, 나

는 여름에 내리는 비처럼 남에게 적셔주지 못했으니, 나는 반드시 곤궁해질 것이다."

24. 凡人之性이 莫不欲善其德이나 然而不能爲善德者는 利敗之也라 故君子羞言利名하나니 言利名도 尙羞之어든 況居而求利者也아

사람의 本性이 자기의 德을 善하게 하려고 하지 않는 이가 없다. 그러나 善한 德을 행하지 못하는 것은, 利益을 추구하는 마음이 그것을 깨뜨리기 때문이다. 그래서 君子는 利益과 名譽에 대해 말하는 것을 부끄럽게 여긴다. 이익과 명예를 말하는 일도 오히려 부끄럽게 여기는데, 하물며 높은 지위에 있으면서 이익을 추구하는 사람이랴!

25. 周天子使家父毛伯으로 求金於諸侯[1)]하니 春秋譏之라 故天子好利則諸侯貪하고 諸侯貪則大夫鄙하고 大夫鄙則庶人盜하나니 上之變下 猶風之靡草也라 故爲人君者는 明貴德而賤利以道下니라 下之爲惡을 尙不可止어늘 今隱公貪利而身自漁濟上[2)]하고 而行八佾[3)]하야 以此化於國人하니 國人安得不解於義리오 解於義而縱其欲이면 則災害起而臣下僻矣라 故其元年에 始書螟[4)]하니 言災將起하고 國家將亂云爾[5)]라

1) 周天子使家父毛伯 求金於諸侯 : 춘추시대에 周王이 제후에게 재물을 요구한 일이 세 차례 있었다. 첫 번째는 魯 隱公 3년에 平王을 장사하려고 大夫 武氏의 아들이 와서 賻儀를 요구하였고, 두 번째는 魯 桓公 15년에 家父가 와서 수레를 요구하였고, 세 번째는 魯 文公 9년에 毛伯이 와서 金을 요구하였는데, ≪春秋公羊傳≫에서 이를 모두 禮에 맞지 않는 행위라 하였다. ≪說苑校證≫에 "'求金' 앞에 '求賻' 두 글자가 빠졌으니 보충해야 한다."고 하였다.

2) 今隱公貪利而身自漁濟上 : 魯 隱公이 먼 棠邑에 가서 물고기를 잡은 일을 이른다. ≪春秋≫ 隱公 5년에 "봄에 공이 棠에 가서 물고기 잡는 도구를 진열해놓고 구경하였다.〔春公矢魚于棠〕"라 하였는데, ≪春秋公羊傳≫에서 "≪春秋≫에 이를 왜 기재하였나? 이는 隱公을 비난한 것이다. 왜 비난하였나? 은공이 국도에서 먼 지방에 왔기 때문이다. 은공은 왜 먼 곳에 와서 觀魚하였나? 값이 百金에 해당하는 물고기를 그물을 펼쳐 잡은 것이다.……棠은 어디인가? 濟水 가의 邑이다." 하였다. 이것은 은공이 직접 물고기를 잡아 백성들과 이익을 다투려고 했기 때문에 비난한 것으로 해석한 것이다.

3) 行八佾 : ≪春秋≫ 魯 隱公 5년 9월에 "仲子의 사당을 완성하고 처음으로 六羽를 바쳤다.〔考仲子之宮 初獻六羽〕"라 하였는데, ≪春秋公羊傳≫에서 이를 "천자의 禮를 僭用하여 八佾舞를 춘 것인데 魯 隱公의 惡을 숨기기 위하여 '六羽'라고 표현했다." 하였다. '六羽'는 춤추는 사람이 여섯 줄로 늘어서서 羽를 잡고 춘다는 뜻으로, '六佾'과 같은

말이다. 禮에 천자는 八佾, 제후는 六佾, 대부는 四佾, 士는 二佾인데, 줄마다 8인씩 이라는 설과 줄의 수와 같은 수로 한다는 두 설이 있다.

4) 始書螟 : ≪春秋≫ 隱公 元年에는 螟의 발생을 쓰지 않았고, 隱公 5년에 처음으로 螟의 발생을 썼으니, '元年'은 '五年'의 잘못인 듯하다.

5) 周天子使家父毛伯……國家將亂云爾 : ≪群書拾補≫는 "이 章은 위의 章과 연결되어야 한다." 하였고, ≪說苑校證≫에 "董仲舒의 ≪春秋繁露 玉英≫에 '況求利乎' 다음에 '故天王使人求賻求金……'으로 되어 있으니 당연히 한 조항으로 합해야 하는 증거이나 대번에 고치지는 않는다." 하였다.

周나라가, 天子가 家父와 毛伯을 파견하여 제후에게 재물을 요구하니 ≪春秋≫에서 이 일을 넌지시 비난하였다. 그래서 천자가 利益을 좋아하면 諸侯는 貪慾을 부리고 제후가 탐욕을 부리면 大夫는 鄙陋해지고, 대부가 비루해지면 庶民은 도둑질하게 된다.

위에 있는 사람이 아랫사람을 변화시키는 것은 마치 바람이 풀을 눕게 하는 것과 같다. 그래서 임금이 된 사람은 德을 귀중히 여기고 이익을 천시함을 밝힘으로써 아랫사람을 인도해야 하는 것이다.

〈이렇게 해도〉 아랫사람의 나쁜 행위를 오히려 제지할 수가 없는데, 지금 隱公은 이익을 탐하여 몸소 濟水에서 물고기를 잡고 八佾舞를 거행하면서 이런 것을 가지고 백성을 敎化하였으니, 백성들이 어떻게 道義를 행하는 데에 게으르지 않겠는가? 도의를 행하는 데에 게으르면서 자기의 욕망대로 마구 하면 災害가 발생하고 신하는 邪僻해질 것이다. 그 때문에 그의 元年에 螟蟲의 재해를 기록하였으니, 앞으로 재해가 발생하고 국가가 어지러워질 것임을 예언한 것이다.

26. 孫卿曰 夫鬪者는 忘其身者也요 忘其親者也며 忘其君者也라 行須臾之怒하야 而鬪[1]終身之禍나 然乃爲之하니 是忘其身也요 家室離散하고 親戚被戮이나 然乃爲之하니 是忘其親也요 君上之所致惡며 刑法之所大禁也나 然乃犯之하니 是忘其君也라 今禽獸도 猶知近父母하야 不忘其親也어늘 人而〈下〉[2]忘其身하고 內忘其親하며 上忘其君이면 是不若禽獸之仁也라 凡鬪者는 皆自以爲是하고 而以他人爲非하니 己誠是也요 人誠非也면 則是己君子而彼小人也라 夫以君子而與小人相賊害면 是人之所謂以狐白補犬羊[3]이요 身塗其炭이니 豈不過甚矣哉아 以爲智乎인댄 則愚莫大焉이요 以爲利乎인댄 則害莫大焉이요 以爲榮乎인댄 則辱莫大焉이니라 人之有鬪는 何哉오 比

之狂惑疾病乎면 則不可하니 面目人也면 而好惡多同이라 人之鬪는 誠愚惑失道者也라 詩云 式號式呼하야 俾晝作夜[4)]라하니 言鬪行也니라

1) 鬪 : '모으다'의 뜻이다.
2) 〈下〉 : 저본에는 '下'가 없으나, ≪荀子≫ 〈榮辱〉에 '憂'로 되어 있는데, 楊倞의 注에 或者의 말을 인용하여 "下자로 써야 마땅하다." 한 것을 따라 보충하였다.
3) 狐白補犬羊 : 여우 겨드랑이의 흰 털가죽을 써서 개나 양의 가죽에 대어 기운다는 말로, 곧 존귀한 사람이 미천한 사람에게 더럽힘을 당함을 비유한다.
4) 詩云……俾晝作夜 : ≪詩經≫ 〈大雅 蕩〉에 보인다.

孫卿(荀子)이 말했다.

"싸움을 좋아하는 사람은 자기의 몸을 잊은 사람이고, 자기의 부모를 잊은 사람이며, 자기의 임금을 잊은 사람이다. 잠시의 노여움을 풀어서 죽을 때까지의 禍亂을 모으게 되지만 그런데도 싸움질을 하니 이것은 자기의 몸을 잊은 것이요, 집안사람이 흩어지고 친척이 죽임을 당하지만 그런데도 싸움질을 하니 이것은 자기의 부모를 잊은 것이며, 임금이 싫어하며 형법에서도 크게 금지하는 것이지만 그런데도 이를 범하니 이것은 자기의 임금을 잊은 것이다. 지금 禽獸도 오히려 부모를 친근히 할 줄을 알아서 자기의 부모를 잊지 않는데, 사람이면서 아래로는 자기의 몸을 잊고 안으로는 자기의 부모를 잊으며 위로는 자기의 임금을 잊는다면, 이는 금수의 仁愛만도 못한 것이다.

싸움을 좋아하는 사람은 모두 자기는 옳고 남은 그르다고 여기니, 자기는 진실로 옳고 남은 진실로 그르다면 이는 자기는 君子이고 남은 小人이라는 것이다. 군자로서 소인과 서로 싸워 해친다면 이는 사람들이 이른바 여우 겨드랑이의 흰 털가죽으로 개나 양의 가죽을 꿰매고 몸에 숯가루를 바르는 격이니, 어찌 매우 잘못된 일이 아닌가? 〈이것을〉 智慧로 여긴다면 이보다 큰 어리석음이 없고, 利益으로 여긴다면 이보다 큰 손해가 없고, 榮光으로 여긴다면 이보다 큰 치욕이 없다.

그런데도 사람들이 싸움질을 하는 것은 무엇 때문인가? 정신이 착란한 병에 견준다면 옳지 않다. 얼굴 생김새가 사람이면 좋아하고 싫어하는 것이 대부분 똑같다. 그런데 사람들이 싸우는 것은 진실로 어리석고 미혹해서 도리를 잃어서이다. ≪詩經≫에 '부르짖고 외쳐서 낮을 밤으로 삼는다.' 하였으니, 싸움질함을 이른 말이다."

27. 子路[1]持劍이어늘 孔子問曰 由야 安用此乎아 子路曰 善(古)〔吾〕[2]者는 固以善之하고 不善(古)〔吾〕者는 固以自衛하노니이다 孔子曰 君子는 以忠爲質하고 以仁爲衛하야 不出環堵之內라도 而聞千里之外하나니 不善은 以忠化하고 寇暴는 以仁圍어늘 何必持劍乎아 子路曰 由也 請攝齊以事先生矣호리이다

1) 子路 : 姓은 仲, 이름은 由이며, 子路는 字이다.
2) (古)〔吾〕: 저본의 '古'자를 ≪群書拾補≫에는 '吾'자로 고치고, 아래의 '古'자도 같다 하였다. ≪說苑校證≫에는 "≪韓詩外傳≫ 권9에 '남이 나를 잘 대해주면 나 역시 잘 대해주고, 남이 나를 잘 대해주지 않으면 나 역시 잘 대해주지 않는다.〔人善我 我亦善之 人不善我 我亦不善之〕'라 하였으니, ≪群書拾補≫에 '吾'로 고친 증거가 된다." 하였다.

子路가 劍을 지니고 있었는데 孔子께서 물으셨다.

"由야! 이 검을 어디에 쓰려느냐?"

자로가 대답하였다.

"저를 友好로 대하는 사람은 저도 진실로 우호로 대하고, 저를 우호로 대하지 않는 사람은 진실로 이것을 가지고 스스로 지키려는 것입니다."

공자께서 말씀하셨다.

"君子는 忠으로 바탕을 삼고 仁으로 自衛를 삼아, 담 안에서 나가지 않아도 천 리 밖에까지 이름이 난다. 우호하지 않는 사람은 忠으로 感化시키고 포학한 사람은 仁으로 막아야 되는데, 어찌 꼭 검을 지녀야 되느냐!"

자로가 말했다.

"저 由는 옷자락을 여미고 공경한 자세로 선생님을 섬기겠습니다."

28. 樂羊爲魏將하야 以攻中山할새 其子在中山이러니 中山懸其子하야 示樂羊호되 樂羊不爲衰志하고 攻之愈急하다 中山因烹其子而遺之하니 樂羊食之盡一杯하다 中山見其誠也하고 不忍與之戰하야 果下之어늘 遂爲魏文侯開地하다 文侯賞其功호되 而疑其心이러라 孟孫[1]獵得麑하야 使秦西巴[2]持歸러니 其母隨而鳴이어늘 西巴不忍하야 縱而與之하다 孟孫怒하야 而逐秦西巴라가 居一年에 召以爲太子傅하다 左右曰 夫秦西巴有罪於君이어늘 今以爲太子傅는 何也잇고 孟孫曰 夫以一麑而不忍이어니 又將能

忍吾子乎아 故曰 巧詐不如拙誠이라하니 樂羊은 以有功而見疑하고 秦西巴는 以有罪而益信하니 由仁與不仁也니라

1) 孟孫 : 魯나라의 世卿인 三桓의 하나이다. 魯 桓公의 아들 慶父의 후손으로 원래는 中孫인데, 慶父의 후손 중 맏집이라 하여 孟孫으로 고쳤다. 뒤에 複姓이 되었다. ≪論語 季氏≫・≪元和姓纂≫

2) 秦西巴 : 魯나라 孟孫의 家臣이다. ≪淮南子 人間訓≫

樂羊이 魏나라의 장수가 되어 中山을 공격할 때 그의 아들이 중산에 있었는데, 중산 사람이 그의 아들을 높이 매달아서 악양에게 보여주었으나 악양은 투지가 약화되지 않고 더욱 급히 공격하였다. 중산 사람이 이 때문에 그의 아들을 삶아 보내니, 악양은 한 잔의 국을 다 마셔버렸다. 중산 사람들이 그의 誠心을 보고 차마 그들과 교전하지 못하여 결국 항복하자, 마침내 魏 文侯를 위해 영토를 개척하였다. 그런데 문후는 악양의 戰功에 대한 상을 내리면서도 그의 마음을 의심하였다.

孟孫은 사냥을 나가 어린 사슴 한 마리를 잡아 秦西巴에게 가지고 돌아가게 하였다. 그런데 사슴의 어미가 따라오면서 슬피 울자 진서파는 차마 볼 수가 없어서 놓아주고 말았다. 맹손이 노하여 진서파를 내쫓았다가 1년이 지난 뒤에 불러서 太子의 스승으로 삼았다. 그러자 측근이 물었다.

"진서파는 主君에게 지은 죄가 있는데 지금 태자의 스승으로 삼은 것은 무슨 이유입니까?"

맹손은 대답했다.

"어린 사슴 한 마리도 차마 하지 못하는 마음이 있는데, 또 어찌 내 아들에게 차마 하는 하는 마음이 있겠느냐?"

그래서 "교묘하고 간사함은 졸렬하고 성실함보다 못하다."라고 하는 것이다. 악양은 전공이 있는데도 의심을 받았고, 진서파는 죄가 있는데도 더욱 신임을 받았으니, 仁과 不仁에 연유한 것이다.

29. 智伯還自衛[1]하니 三卿燕于藍臺[2]하다 智襄子戲韓康子[3]하고 而侮段規[4]하다 智果[5]聞之하고 諫曰 主弗備難이면 難必至하리이다 曰 難將由我니 我不爲難이면 誰敢興之리오 對曰 異於是하니 夫郤氏有車轅之難[6]하고 趙有孟姬之讒[7]하고 欒有叔祁

之訴[8)]하고 范中行有函冶之難[9)]하니 皆主之所知也로소이다 夏書有之하니 曰 一人三失이어니 怨豈在明이리오 不見是圖[10)]라하고 周書有之하니 曰 怨不在大하며 亦不在小[11)]라하니 夫君子能勤小物이라 故無大患이니이다 今主一謀[12)]而媿人君相이어늘 又弗備하고 曰不敢興難이라하시니 毋乃不可乎잇가 嘻라 不可不懼니 蚋蟻蜂蠆도 皆能害人이온 況君相乎잇가 不聽이러니 自是五年에 而有晉陽之難[13)]하야 段規反而殺智伯于師하고 遂滅智氏하다

1) 智伯還自衛 : 魯 悼公 4년(B.C. 464)에 智伯이 鄭나라를 토벌하여 衛나라의 鐵(지금의 河南省 濮陽市 북쪽)에서 鄭나라 군대를 격파하고 돌아온 일을 가리킨다. ≪國語 晉語 9≫·≪史記 鄭世家≫

2) 三卿燕于藍臺 : 三卿은 晉나라의 세 卿으로, 智伯·韓康子·魏桓子를 이른다. 藍臺는 晉나라의 地名이다.

3) 智襄子戲韓康子 : 智襄子는 곧 智伯으로, 襄은 시호이다. 韓康子는 전국 초기 晉나라의 卿으로, 이름은 韓虎, 康은 시호이다. 韓宣子의 증손이며 韓莊子의 아들이다. ≪國語 晉語 9≫·≪戰國策 韓策 1≫·≪史記 晉世家≫

4) 段規 : 전국 초기 晉나라의 卿 韓康子의 家臣이다. 뒤에 韓나라의 相이 되었다. ≪國語 晉語 9≫·≪韓非子 十過≫·≪戰國策 韓策 1≫

5) 智果 : 晉나라 大夫로, 智氏의 종족이다. ≪韓非子≫ 〈十過〉에는 '智過'로 되어 있고, ≪國語≫ 〈晉語 9〉에는 '知伯國'으로 되어 있다.

6) 郤氏有車轅之難 : 郤氏가 長魚矯(蟜)에게 멸망당한 재난을 이른다. 郤氏는 晉나라의 大族으로, 郤犨·郤錡·郤至가 모두 大夫였다. 郤犨가 長魚矯와 전답을 다투었는데, 郤犨가 長魚矯를 잡아 수갑을 채우고, 그의 부모와 처자까지 한 대의 수레 끌채에 함께 묶어두어 욕을 보인 일이 있었다. 이에 앙심을 품은 長魚矯는 뒤에 晉 厲公의 총애를 받게 되자, 三郤으로 불리던 세 郤氏를 모두 멸망시켰다. ≪春秋左氏傳 成公 17년≫·≪國語 晉語 6≫

7) 趙有孟姬之讒 : 孟姬의 참소로 趙同과 趙括이 죽은 일을 이른다. 孟姬는 趙文子의 어머니 莊姬로, 晉 景公의 누이동생이다. 맹희가 媤叔父가 되는 趙嬰과 간통하자 嬰의 형 同과 括이 嬰을 쫓아냈다. 이를 원망한 맹희가 景公에게 참소하자, 景公이 趙同과 趙括을 죽였다. ≪春秋左氏傳 成公 4·5·8년≫·≪國語 晉語 9 韋昭 注≫·≪史記 晉世家≫

8) 欒有叔祁之訴 : 叔祁가 친정아버지에게 참소하여 欒氏 집안을 멸망시킨 일을 이른다. 欒은 당시 晉나라의 세력가 欒盈이다. 叔祁는 欒盈의 어머니로 范宣子의 딸이다. 叔祁가 家臣의 長인 州賓과 간통하자, 아들 盈이 이를 근심하였는데, 叔祁가 范宣子에게 참소하여 欒氏 집안을 멸망시켰다. ≪春秋左氏傳 襄公 21년≫·≪國語 晉語 8≫

9) 范中行有函冶之難 : 范皐夷가 范氏와 中行氏를 멸망시킨 일을 이른다. 范은 范吉射이다. 中行은 中行寅이다. 函冶는 范皐夷의 食邑으로 지금의 河南省 孟縣 북쪽에 있었다. 范吉射의 庶子인 皐夷는 아버지의 총애를 받지 못하자, 韓氏・魏氏와 연합하여 아버지의 지위를 빼앗으려고 난을 일으켜 魯 定公 13년(B.C. 497)에 그들을 축출하였다. '函冶'는 ≪國語≫에 '亟冶'로 썼다. ≪春秋左氏傳 定公 13・14・15년≫・≪國語 晉語 9≫

10) 夏書有之……不見是圖 : ≪書經≫ 〈夏書 五子之歌〉에 보인다.

11) 周書有之……亦不在小 : ≪書經≫ 〈周書 康誥〉에 보인다.

12) 諜 : ≪國語≫ 〈晉語 9〉에는 '晏'자로 썼다. ≪說苑校證≫에 "'諜'는 본래 '讌'자였는데, 모양이 비슷하여 諜자가 되었고, '燕'・'讌'과 '晏'이 모두 통용이다."라 하였다.

13) 晉陽之難 : 晉나라의 六卿 중 세력이 가장 강대했던 智伯(智瑤, 智襄子)이 趙襄子(無恤)에게 땅을 달라고 요구하였으나 듣지 않자, 智伯이 韓康子・魏桓子와 연합하여 趙襄子를 晉陽에서 포위한 일을 이른다. 이 싸움에서 趙氏가 멸망하고 나면 그 같은 화가 장차 자신들에게 미칠 것을 염려한 韓康子와 魏桓子의 배신으로 결국 智氏는 멸망하였다. ≪國語 晉語 9≫・≪資治通鑑 周紀≫

智伯이 衛나라에서 돌아오니 三卿이 藍臺에서 잔치를 열었다. 智襄子(智伯)가 韓康子를 희롱하고 또 段規에게 모욕을 주었다. 智果가 이를 듣고 諫하였다.

"主君께서 災難을 미리 대비하지 않으면 반드시 재난이 닥칠 것입니다."

그러자 지백이 말했다.

"재난은 나를 따라 일어나니 내가 재난을 일으키지 않으면 누가 감히 일으킨단 말이냐."

지과는 대답하였다.

"하신 말씀과는 다릅니다. 郤氏는 車轅의 災難이 있었고, 趙氏는 孟姬의 讒訴가 있었으며, 欒氏는 叔祁의 誣陷이 있었고, 范氏・中行氏는 函冶의 災難이 있었으니, 모두 주군께서 아시는 바입니다.

≪書經≫ 〈夏書〉에는 '한 사람의 잘못이 많은데 그 원한이 어찌 밝게 드러난 데 있으랴. 드러나지 않았을 때 미리 도모해야 한다.'라는 말이 있습니다. ≪書經≫ 〈周書〉에는 '원한은 큰 일에만 있는 것이 아니며, 작은 일에만 있는 것도 아니다.' 하였습니다. 君子는 작은 일을 부지런히 살피기 때문에 큰 환난이 없는 것입니다.

지금 주군은 한 번의 잔치에서 남의 주군과 家臣의 長을 부끄럽게 만들었는데도 미리 방비하지 않고 '감히 재난을 일으키지 못한다.'라고 말하시니, 옳지 않은 일이 아니겠습니까? 아, 두려워하지 않으면 안 되니, 모기・개미・벌・전갈도 모두 사람을 해치는데 더구나 주군과 가신의 長이겠습니까?"

智伯은 이 말을 따르지 않았다. 이로부터 5년 뒤에 晉陽의 난이 일어나 단규가 지백을 배반하여 軍中에서 지백을 죽이고 마침내 智氏를 멸망시켰다.

30. 智襄子爲室美러니 士茁夕焉[1)]하다 智伯曰 室美矣夫인저 對曰 美則美矣나 抑臣亦有懼也로소이다 智伯曰 何懼오 對曰 臣以秉筆事君이라 記有之하니 曰 高山(浚源)〔峻原〕[2)]은 不生草木이요 松柏之地는 其土不肥라하니 今土木勝하니 臣懼其不安人也하노이다 室成三年에 而智氏亡하다

1) 士茁夕焉 : 士茁은 智伯의 家臣이다. 夕은 저녁에 찾아뵙는다는 뜻이다.
2) (浚源)〔峻原〕: ≪國語≫ 〈晉語 9〉에 '峻原'으로 되어 있고, ≪藝文類聚≫ 권88 · ≪太平御覽≫ 권174 · 458 등에 모두 '峻原'으로 되어 있어 고쳤다.

智襄子가 집을 아름답게 지었는데 士茁이 저녁에 〈지양자를〉 찾아뵈었다. 智伯(智襄子)이 자랑스레 말했다.

"집이 아름답구나!"

그러자 사줄이 대답했다.

"아름답기는 아름답습니다만 도리어 저는 두려움이 있습니다."

지백이 물었다.

"무엇이 두려운가?"

사줄은 대답했다.

"臣은 붓을 잡고 문서를 담당하는 일로 主君을 모시고 있습니다. 옛 기록에 '높은 산과 가파른 언덕에는 草木이 자라지 않고, 松柏이 자라는 땅은 그 토양이 기름지지 않다.'라는 말이 있습니다. 지금 이 집은 흙과 나무가 〈사람을〉 압도하고 있으니, 신은 그것들이 사람을 편안히 해주지 못할까 걱정이 되는 것입니다."

집을 완성한 지 3년 만에 智氏는 멸망하였다.

卷6 復恩　은혜에 보답함

이 篇에서 말한 復恩은 임금과 신하, 主人과 奴僕 사이의 관계를 위주로 제시하였다. 신하가 임금의 은혜에 보답하지 않고 자신의 私利만을 도모하는 것은 禍를 초래하는 근원이고, 반대로 임금이 신하의 공로에 보답하지 않고 賞을 주는 것을 꺼리는 것도 혼란을 부르는 기틀이라는 것이다. 그러므로 復恩은 국가의 安定과 盛衰에 미치는 영향이 큰 일이다.

임금이 된 사람은 祿俸을 懸示하여 기다리고, 신하가 된 사람은 자기의 능력을 다하여 그 은혜를 갚아야 君臣은 和協하고 국가는 안정을 이룰 수 있음을 말하였다. 이런 관점에 부합하는 例事를 두루 뽑아 그 결과를 보이고 있다. 또한 남에게 은덕을 베풀지 않을 뿐 아니라, 荒淫無道하여 報應을 받는 反面的 例事도 提示하였다.

01. 孔子曰 德不孤라 必有隣[1]이라하시니 夫施德者는 貴不德이요 受恩者는 尙必報라 是故로 臣勞勤以爲君호되 而不求其賞하고 君持施以牧下호되 而無所德이라 故易曰 勞而不伐하며 有功而不德 厚之至也[2]라하니라 君臣相與는 以市道接이니 君懸祿以待之하면 臣竭力以報之하고 逮臣有不測之功이면 則主加之以重賞하며 如主有超異之恩이면 則臣必死以復之니라 孔子曰 北方有獸하니 其名曰蟨[3]이라 前足鼠요 後足兔니 是獸也 甚矣其愛蛩蛩巨虛[4]也하야 食得甘草면 必齧以遺蛩蛩巨虛하고 蛩蛩巨虛見人將來면 必負蟨以走하니 蟨非性之愛蛩蛩巨虛也라 爲其假足之故也요 二獸者도 亦非性之愛蟨也라 爲其得甘草而遺之故也니 夫禽獸昆蟲도 猶知比假而相報也어든 況於士君子之欲興名利於天下者乎아 夫臣不復君之恩하고 而苟營其私門이면 禍之原也요 君不能報臣之功하고 而憚(刑)〔行〕[5]賞者도 亦亂之基也라 夫禍亂之原基[6]는 由不報恩生矣니라

1）孔子曰……必有隣：≪論語≫〈里仁〉에 보인다.

2) 勞而不怨……厚之至也 : ≪周易≫ 〈繫辭 上〉에 보인다.
3) 蟨 : 전설상의 짐승 이름이다. 蛩蛩·巨虛와 항상 짝을 지어 다닌다고 한다. ≪爾雅≫ 〈釋地〉에는 "서쪽 먼 지방에 어깨를 나란히 붙이고 다니는 짐승이 있다." 하여, 여기의 "북쪽 먼 지방에 있다."는 말과 차이가 있다.
4) 蛩蛩巨虛 : 전설상의 두 짐승 이름이다. 蛩蛩은 푸른색의 짐승으로 말같이 생겼고, 巨虛는 距虛로도 쓰며 노새같이 생겼는데 작다고 한다. ≪山海經 海外北經≫
5) (刑)〔行〕: ≪群書拾補≫에는 '行'자로 교정하였고, ≪說苑校證≫에는 "明鈔本·楚府本·范本에 모두 '行'자로 썼는데, '行'자가 맞다." 하여 이에 따라 바로잡았다.
6) 夫禍亂之原基 : ≪說苑校證≫에 '原'과 '基'의 뜻이 중복된다 하여 '原'에 구두를 끊어 '基'자를 아래로 붙였으나 따르지 않았다.

孔子께서는 말씀하셨다.

"德이 있는 사람은 외롭지 않으니, 반드시 친한 이웃이 있다."

恩德을 베푼 사람은 은덕으로 여기지 않는 것을 귀중히 여기고, 은덕을 받은 사람은 반드시 報答하기를 숭상해야 한다. 이 때문에 신하는 임금을 위해 부지런히 노력하되 賞 주기를 바라지 않으며, 임금은 은덕 베풀기를 주장하여 아랫사람을 다스리되 은덕을 베푼 것으로 여기지 않아야 한다. 그래서 ≪周易≫에 "수고로워도 원망치 않으며 공로가 있어도 德으로 여기지 않는 것이 지극히 厚德한 일이다." 하였다.

君臣이 교제하는 도리는 물건을 사고파는 시장의 방식으로 이어지는 것이다. 임금이 녹봉을 제시하여 신하를 대우하면 신하는 있는 힘을 다해 보답하며, 신하가 뜻밖의 큰 공을 세운 데에 이르면 임금은 重賞을 내려주며, 만일 임금이 특별한 은혜를 주었으면 신하는 반드시 죽음으로써 보답해야 된다.

孔子께서 말씀하셨다.

"북쪽 먼 지방에 짐승이 있는데 이름을 蟨이라고 한다. 앞발은 쥐와 같고 뒷발은 토끼와 같아 〈잘 달리지 못한다.〉 이 짐승을 蛩蛩·巨虛가 매우 사랑하여 맛있는 풀을 만나 먹게 되면 반드시 이 풀을 씹어서 공공·거허에게 먹여주고, 공공·거허는 사람이 오는 것을 보면 반드시 蟨을 업고 달아난다. 이는 蟨의 천성이 공공·거허를 사랑하는 것이 아니라 그 공공·거허의 발을 빌리기 위한 것 때문이고, 공공·거허 두 짐승도 천성이 蟨을 사랑하는 것이 아니라 그 蟨이 맛있는 풀을 먹여주기 때문이다. 금수와 곤충도 서로 친하고 도움을 주면서 서로 보답할 줄을 아는데 하물며 士君子로서 천하에 名利를 세우려는 사람이랴!"

신하가 임금의 은혜를 보답하지 않고 구차하게 자기 개인의 이익만을 추구하면 이는 禍亂을 초래하는 근원이요, 임금이 신하의 공로에 보답하지 않고 상 주기를 꺼리는 것도 화란을 초래하는 기틀이다. 화란을 초래하는 근원과 기틀은 은혜에 보답하지 않는 데서 생기는 것이다.

02. **趙襄子見圍於晉陽**이라가 **罷圍**하야 **賞有功之臣五人**할새 **高赫**[1]은 **無功而受上賞**하니 **五人皆怒**하다 **張孟談**[2]**謂襄子曰 晉陽之中**에 **赫無大功**이어늘 **今與之上賞**은 **何也**잇고 **襄子曰 吾在拘厄之中**에 **不失臣主之禮**는 **唯赫也**라 **子雖有功**이나 **皆驕**하니 **寡人與赫上賞**이 **不亦宜乎**아 **仲尼聞之**하시고 **曰 趙襄子**는 **可謂善賞士乎**인저 **賞一人而天下之人臣**이 **莫敢失君臣之禮矣**로다

1) 高赫 : 전국시대 趙나라 사람이다. 趙襄子가 晉陽에서 智伯에게 포위당했을 때 공을 세웠다. ≪淮南子 氾論訓≫

2) 張孟談 : 전국시대 趙나라 사람으로 襄子의 家臣이다. 智伯이 襄子를 晉陽에 포위하고 압박하자 韓·魏와 함께 智氏 멸하고 그의 토지를 분할하기로 약정하였다. ≪史記≫ 〈趙世家〉에는 張孟同으로 되어 있는데, 司馬遷이 아버지의 이름 談을 피하여 同으로 썼다 한다. ≪戰國策 趙策≫·≪史記 趙世家≫

趙襄子가 晉陽에서 포위를 당했다가 포위를 풀고 나서 공로가 있는 신하 다섯 사람을 포상할 때, 高赫은 공로가 없는데도 최고의 賞을 받으니 다섯 사람이 다 화를 내었다. 張孟談이 襄子에게 말했다.

"진양의 포위를 푸는 전투 중에 고혁은 큰 공로가 없는데 지금 최고의 상을 준 것은 무슨 까닭입니까?"

양자는 대답했다.

"내가 곤경에 처했을 때 君臣간의 禮를 잃지 않은 사람은 오직 고혁뿐이었다. 그대들은 공로가 있으나 모두 교만하였으니, 寡人이 고혁에게 최고의 상을 주는 것이 또한 마땅하지 않겠는가!"

仲尼께서 이를 듣고 말씀하셨다.

"조양자는 賢士에게 상을 잘 줄 줄 안다고 말할 만하다. 한 사람에게 상을 주어 천하의 신하된 사람들이 감히 군신간의 예를 잃지 않게 하였구나."

03. 晉文公亡時에 陶叔狐[1]從이러니 文公反國하야 行三賞而不及陶叔狐하다 陶叔狐見咎犯[2]하고 曰 吾從君而亡十有三年에 顏色黧黑하고 手足胼胝[3]어늘 今君反國하야 行三賞而不及我也하니 意者컨대 君忘我與아 我有大故與아 子試爲我言之君하라 咎犯言之文公한대 文公曰 嘻라 我豈忘是子哉리오 夫高明至賢하고 德行全誠하야 耽我以道하고 說我以仁하며 暴浣[4]我行하고 昭明我名하야 使我爲成人者를 吾以爲上賞호라 防我以禮하고 諫我以誼하며 蕃援我하야 使我不得爲非하고 數引我而請於賢人之門을 吾以爲次賞호라 夫勇壯强禦하야 難在前則居前하고 難在後則居後하야 免我於患難之中者를 吾又以爲之次호라 且子獨不聞乎아 死人者는 不如存人之身하고 亡人者는 不如存人之國이라하니 三行賞之後에 而勞苦之士次之니라 夫勞苦之士는 是子固爲首矣니 〈吾〉[5]豈敢忘子哉리오 周內史叔興[6]聞之하고 曰 文公其霸乎인저 昔聖王先德而後力이러니 文公其當之矣로다 詩云 率履不越[7]이라하니 此之謂也니라

1) 陶叔狐 : 춘추시대 晉나라 사람이다. 文公(重耳)이 公子로서 망명하여 여러 나라를 떠돌 때 수종하였다. 陶叔은 複姓이다.

2) 咎犯 : 춘추시대 晉나라 사람이다. 文公의 외삼촌이라 하여 舅犯으로도 쓴다. 이름은 狐偃, 字는 子犯이다. 문공이 망명하여 여러 나라를 떠돌 때 19년 동안 고락을 함께하였으며, 문공이 즉위하여 霸者가 될 때까지 많은 공을 세웠다. ≪春秋左氏傳 僖公 23~25, 27~30년, 宣公 12년, 昭公 13년≫·≪韓非子 外儲說 右 上≫

3) 胼胝 : 손바닥과 발바닥에 오랜 노동으로 굳은살이 박이는 현상이다. ≪荀子 子道≫·≪史記 李斯列傳≫

4) 暴浣 : 볕에 쬐고 물에 빨아서 깨끗하게 변화시키는 것을 이른다.

5) 〈吾〉 : ≪群書拾補≫에 "≪太平御覽≫ 권633에 '吾'자가 있다." 하였고, ≪說苑校證≫에는 "≪群書治要≫에도 '吾'자가 있어 보충하였다." 하였기에 따라 보충하였다.

6) 周內史叔興 : 內史는 西周 때 처음 둔 벼슬을 이른다. 爵祿의 廢置 등에 관한 정사를 관장하였다. ≪周禮 春官 內史≫·≪春秋左氏傳 襄公 10년≫
叔興은 당시 周나라의 內史인데 평생 행적은 자세하지 않다. ≪春秋左氏傳 僖公 16·28년≫·≪國語 周語 上≫

7) 詩云 率履不越 : ≪詩經≫〈商頌 長發〉에 보인다. '履'는 '禮'와 통용한다.

晉 文公이 亡命할 때 陶叔狐가 따라갔었는데, 문공이 귀국하여 즉위한 뒤 공이 있는 신하에게 세 차례나 상을 내리면서도 도숙호에게는 상을 내리지 않았다. 도숙호는 咎犯을 만나 말했다.

"나는 임금을 따라 13년 동안 망명하면서 온갖 고생에 얼굴색은 새까맣게 타고 손발에는 굳은살이 박였소. 그런데 지금 임금이 귀국하여 세 차례나 상을 내리면서 나에게는 내리지 않았으니, 생각건대 임금이 나를 잊은 것인가요? 아니면 나에게 무슨 큰 잘못이 있는 것인가요? 그대는 나를 위해 한번 임금께 말해보시오."

구범이 문공에게 이 말을 하자, 문공은 말했다.

"아, 내 어찌 이 사람을 잊었겠소. 총명하고 매우 현명하며 德行이 완전하고 성실하여 나를 道로써 즐겁게 하고 仁으로써 설득하며, 나의 행위를 高潔하게 변화시키고 나의 명성을 밝게 드러내어 나를 완전한 사람으로 만들어준 사람에게 나는 최고의 상을 주었소.

禮로써 나의 잘못을 예방하고 道義로써 나의 잘못을 諫하며, 나를 보호하고 도와서 내가 잘못을 저지르지 않도록 하고, 자주 나를 인도하여 賢人의 집에 가서 가르침을 요청하게 한 사람에게 나는 次賞을 주었소.

용감하고 강하며 굳세어 患難이 앞에 닥치면 앞에 나서 처리하고, 환난이 뒤에 있으면 뒤에 남아 막아 나를 환난 중에서 벗어나게 한 사람에게 나는 또 그 다음의 상을 주었소.

또 그대만 이런 말을 듣지 못했소? 남을 위해 죽은 사람은 남의 생명을 보존시킨 것만 못하고, 남을 도망치게 한 사람은 남의 나라를 보존시킨 것만 못하다 하였소. 세 차례 상을 내린 뒤에 수고하고 애써 고생한 사람에게 그 다음의 상을 내리게 된 것이오. 수고하고 애써 고생한 사람 중에는 이 사람이 단연 으뜸이 되니, 내가 어찌 감히 이 사람을 잊었겠소?"

周나라의 內史 叔興이 이 일을 듣고 말하였다.

"문공은 앞으로 霸者가 될 것이다. 예전에 聖王은 德을 먼저로 삼고 勇力을 뒤로 삼았는데, 문공이 여기에 해당한다."

≪詩經≫에 "예를 따라 행하여 법도에 벗어나지 않았다." 하였으니, 이를 두고 이른 말이다.

04. 晉文公入國할새 至於河하야 令棄籩豆茵席[1)]하고 顔色黎黑하며 手足胼胝者在後러라 咎犯聞之하고 中夜而哭한대 文公曰 吾亡也 十有九年矣라 今將反國이어늘 夫

子不喜而哭은 何也오 其不欲吾反國乎아 對曰 籩豆茵席은 所以官者也[2)]어늘 而棄之하고 顔色黎黑하며 手足胼胝는 所以執勞苦〈者也〉[3)]어늘 而皆後之하니 臣聞國君蔽士[4)]면 無所取忠臣이요 大夫蔽遊[5)]면 無所取忠友라호이다 今至於國이어늘 臣在所蔽之中矣하니 不勝其哀라 故哭也니이다 文公曰 禍福利害를 不與咎氏同之者면 有如白水[6)]로다 祝之하고 乃沈璧而盟하다 介子推[7)]曰 獻公[8)]之子九人에 唯君在耳니 天未絶晉인댄 必將有主하리니 主晉祀者는 非君而何오 唯二三子者 以爲己力이면 不亦誣乎아 文公卽位하야 賞不及推하니 推母謂曰 盍亦求之오 推曰 尤而效之면 罪又甚焉이요 且出怨言하니 不食其食이니이다 其母曰 亦使知之하라 推曰 言은 身之文也니 身將隱이어늘 安用文이리잇가 其母曰 能如是면 與若俱隱호리라 至死不復見하다 推從者憐之하야 乃懸書宮門曰 有龍矯矯[9)]러니 頃失其所로다 五蛇[10)]從之하야 周徧天下로다 龍饑無食이어늘 一蛇割股로다 龍反其淵하야 安其壤土하고 四蛇入穴하야 皆有處所어늘 一蛇無穴하야 號於中野로다 文公出見書하고 曰 嗟라 此介子推也로다 吾方憂王室하야 未圖其功이라하고 使人召之호되 則亡이라 遂求其所在하니 聞其入綿上[11)]山中이라 於是文公表綿上山中而封之하야 以爲介推田하고 號曰介山이라하다

1) 籩豆茵席 : 그릇과 바닥에 까는 자리이다. 籩은 대오리를 엮어 만들어 과일을 담고, 豆는 나무로 만들어 고기 따위를 담는 祭器인데, 여기서는 음식을 담는 그릇의 뜻으로 썼다. 茵席은 풀을 엮어 만든 자리이다.

2) 所以官者也 : ≪太平御覽≫ 권487에는 '이용했던 것〔所資者也〕'이라 하였고, 일설에는 "'官'자는 곧 '館'의 古字이니, 먹고 눕는 것이 모두 館中의 일이다." 하였다. 곧 망명생활 중에 쓰던 물건을 이른 말인 듯하다.

3) 〈者也〉 : ≪太平御覽≫에 '者也' 두 글자가 있어서 보충하였다는 ≪說苑校證≫을 따라 보충하였다.

4) 蔽士 : '蔽'는 '屛'의 뜻과 같고, '屛'은 '물리치다, 廢棄하다'의 뜻이 있다.

5) 蔽遊 : 벗과 사귐을 폐기함을 이른다.

6) 有如白水 : 맹세하는 말이다. 白水의 神이 있어 증인이 된다는 뜻으로, ≪詩經≫ 〈王風 大車〉의 "밝은 해가 있어 증인이 될 것이다.〔有如皦日〕"와 같은 뜻이다. '有如'는 맹서하는 말에 많이 쓰는 복합동사로 증명할 대상을 이른다.

7) 介子推 : 춘추시대 晉나라 사람이다. 子는 어조사이다. 推는 이름이다. 晉 文公(重耳)이 公子로서 망명했을 때 19년 동안 따라다니며 온갖 고생을 다하며 모셨으나, 귀국하여 즉위한 뒤 봉록을 주지 않자 綿上의 介山에 은거하였다. 뒤늦게 깨달은 문공이 산에서

나오도록 산에 불을 질렀으나 나오지 않고 불에 타 죽었다. ≪春秋左氏傳 僖公 24년≫·≪史記 晉世家≫

8) 獻公 : 춘추시대 晉나라 임금이다. 이름은 詭諸로 武公의 아들이다. 晉의 公子들을 몰살하고 도읍을 絳으로 옮겼다. 二軍을 만들어 虢나라와 虞나라를 멸망시키고, 河西 땅을 빼앗아 秦나라와 국경을 마주하였다. ≪史記 晉世家≫

9) 有龍矯矯 : 龍은 晉 文公을 비유한 말이다. 용은 임금을 상징하기 때문이다. 矯矯는 날래고 씩씩한 모습이다.

10) 五蛇 : 晉 文公이 망명생활을 할 때 따르던 다섯 신하를 비유한 말이다. 곧 狐偃·趙衰·魏武子·司空季子·介子推을 이른다. ≪史記 晉世家(司馬貞 索隱)≫ 일설에는 趙衰·狐偃·賈他·魏犨·介子推라고 한다. ≪呂氏春秋 介立(高誘 注)≫

11) 綿上 : 춘추시대 晉나라의 땅이다. 山西省 介休縣 남동쪽 介山 아래에 있다. 介子推가 은거하다가 죽은 곳이라고 한다. ≪春秋左氏傳 僖公 24년≫·≪史記 晉世家≫

晉 文公이 晉나라로 들어올 때 河水 가에 이르러 그동안 사용했던 그릇과 자리를 버리게 하고, 안색이 새까맣고 손발에 굳은살이 박인 사람들을 뒷자리에 있게 하였다. 咎犯이 이를 듣고 한밤중에 哭을 하자 문공이 말했다.

"내가 亡命한 지 19년이나 되었소. 이제야 나라로 돌아가려고 하는데 그대가 기뻐하지 않고 哭을 하는 것은 무슨 까닭이오? 내가 나라로 돌아가는 것을 바라지 않는 게요?"

구범이 대답하였다.

"그릇과 자리는 館舍에서 늘 쓰던 것인데 버리고, 안색이 새까맣고 손발에 굳은살이 박인 것은 수고롭고 고생스런 일을 한 사람들인데 모두 뒷자리에 있게 했습니다. 저는 들으니, 임금이 선비를 버리면 忠臣을 얻을 수 없고, 大夫가 벗을 버리면 忠直한 벗을 얻을 수 없다고 합니다. 지금 나라로 가게 되었는데 제가 버림받을 사람들 속에 있으니, 그 슬픔을 견디지 못하겠기에 곡을 한 것입니다."

문공은 말하였다.

"禍福과 利害를 외삼촌과 共有하지 않는다면 저 맑은 물의 神이 있어 증인이 될 것이오."

이렇게 축원하고 곧 璧玉을 강물에 빠뜨려 맹세하였다.

介子推가 말했다.

"獻公의 아들 아홉 명 중에 公子만 남아 있을 뿐이오. 하늘이 진나라를 斷絶하려 않는다면 반드시 계승할 임금을 둘 것이니, 진나라의 祭祀를 주관할 사람은 공자가 아니고 누구이겠소. 다만 그대들이 자기의 공로라고 여긴다면 속이는 일이 아니겠소?"

문공이 즉위하여 賞이 개자추에게는 내리지 않으니, 개자추의 어머니가 말했다.

"왜 상을 요구하지 않느냐?"

개자추는 말했다.

"〈자기의 공로라고 여기는 사람을〉 나무라고서 본받으면 죄가 더욱 심하고, 또 원망하는 말을 하였으니 그의 祿俸을 먹지 못합니다."

그의 어머니는 다시 말했다.

"그래도 임금이 알도록 해라."

개자추는 말했다.

"말은 사람의 몸을 修飾하는 것입니다. 몸을 감추려고 하는데 수식을 해서 뭐하겠습니까?"

그의 어머니는 말했다.

"능히 이같이 한다면 나는 너와 함께 隱居하겠다."

그리하여 죽을 때까지 다시는 보지 못하였다.

개자추를 따르던 사람이 이를 가련하게 여겨 마침내 이런 글을 宮門에 걸어놓았다.

"날래고 씩씩한 龍이 있었는데, 잠시 제자리를 잃었구나. 다섯 마리 뱀이 그를 따라, 천하를 두루 다녔다네. 용은 굶었으나 먹을 것이 없자, 뱀 한 마리가 허벅지 살을 베어 먹였다네. 용은 연못으로 돌아와, 옛 땅에서 편안히 지내고, 뱀 네 마리는 굴에 들어가, 모두 살 곳이 있건만, 뱀 한 마리는 굴이 없어서, 들에서 울고 있구나!"

문공이 궁문을 나서다가 이 글을 보고 말했다.

"아, 이는 개자추로구나! 내가 한창 王室의 일에 마음을 쓰느라 그의 공로를 고려하지 못했다."

그리고는 사람을 보내 불러오게 하였으나 그는 달아나고 없었다. 마침내 그가 있는 곳을 찾으니, 그가 綿上의 산속에 들어갔다는 말을 들었다. 이에 문공은 면상의 산속에 있는 땅을 표시하고 封하여 개자추의 祭田으로 삼고 介山이라 불렀다.

05. **晉文公出亡**하야 **周流天下**할새 **舟之僑去**(虞)〔虢〕[1)]**而從焉**하다 **文公反國**하야 **擇**

可爵而爵之하고 擇可祿而祿之호되 舟之僑獨不與焉하다 文公酌諸大夫酒하야 酒酣에 文公曰 二三子는 盍爲寡人賦乎아 舟之僑進曰 君子爲賦하니 小人請陳其辭호리이다 曰 有龍矯矯러니 頃失其所로다 一蛇從之하야 周流天下로다 龍反其淵하야 安寧其處어늘 一蛇耆乾하야 獨不得其所로다 文公瞿然曰 子欲爵耶아 請待旦日之期하고 子欲祿耶아 請今命廩人호리라 舟之僑曰 請而得其賞은 廉者不受也요 言盡而名至는 仁者不爲也니이다 今天油然作雲하야 沛然下雨면 則苗草興起하나니 莫之能禦[2)]리이다 今爲一人言에 施一人은 猶爲一塊土下雨也하야 土亦不生之矣리이다 遂歷階而去하다 文公求之不得하야 終身誦甫田[3)]之詩하다

1) 舟之僑去(虞)〔虢〕: 舟之僑는 춘추시대 虢나라 大夫이다. ≪春秋左氏傳≫ 閔公 2년에 "虢公이 渭汭에서 犬戎을 패배시키자, 주지교는 '德이 없으면서 福을 받는 것은 재앙이니, 장차 재앙이 올 것이다.' 하고 晉나라로 달아났다." 하였으니, '虞'는 '虢'으로 고쳐야 한다.
2) 今天油然作雲……莫之能禦 : ≪孟子≫ 〈梁惠王 上〉에 보인다.
3) 甫田 : ≪詩經≫에는 〈齊風〉과 〈小雅〉 두 곳에 〈甫田〉章이 있는데, 여기서는 멀리 있는 사람을 그리워하여 슬퍼한 〈齊風〉의 〈甫田〉章인 듯하다.

晉 文公이 亡命하여 천하를 두루 떠돌 적에 舟之僑가 虢나라를 떠나 문공을 따라다녔다. 문공이 晉나라로 돌아와 爵位를 줄 만한 사람을 골라 작위를 주고 祿俸을 줄 만한 사람을 골라 녹봉을 주었으나 주지교만 여기에 끼지 못하였다. 문공이 여러 大夫와 술을 마시면서 술이 얼큰히 취했을 때 문공이 말했다.

"그대들은 어찌 寡人을 위해 詩를 읊지 않는가?"

주지교가 말했다.

"君子는 시를 읊으니 小人은 말로 진술하겠습니다."

그리고는 다음과 같은 내용을 불렀다.

"날래고 씩씩한 龍이 있었는데, 잠시 제자리를 잃었구나. 뱀 한 마리 그를 따라 천하를 두루 떠돌았다네. 용은 연못으로 돌아와, 예전 처소에서 편안히 살건만, 뱀 한 마리는 늙고 말라서, 그만이 살 곳을 얻지 못했다네."

이를 들은 문공은 화들짝 놀라면서 말했다.

"그대는 작위를 원하는가? 그러면 내일 아침때까지 기다려라. 그대는 녹봉을 원하는

가? 그러면 지금 당장 창고 관리인에게 명하겠다."

주지교는 말했다.

"요청하여 받는 賞은 淸廉한 사람은 받지 않고, 말을 다하고 나서야 오는 名位는 어진 이는 하지 않는 법입니다. 지금 하늘에 먹구름이 가득 일어나 큰비가 좍좍 쏟아지면 곡식 싹과 풀들이 쑥쑥 자랄 것이니 아무도 이를 막을 수 없을 것입니다. 지금 한 사람이 말한 것 때문에 그 한 사람에게만 베푼다면 이는 한 덩이의 흙에만 비가 내리는 것과 같아서 이 땅에서도 싹이 자라지 않을 것입니다."

말을 마치고는 마침내 계단을 내려가 떠나버렸다. 문공은 주지교를 찾았으나 찾지 못하여 죽을 때까지 ≪詩經≫ 〈甫田〉章의 시를 외웠다.

06. 邴吉有陰德於孝宣皇帝微時[1)]러니 孝宣皇帝卽位호되 衆莫知하고 吉亦不言하다 吉從大將軍長史로 轉遷至御史大夫하니 宣帝聞之하고 將封之러니 會吉病甚이어늘 將使人加紳而封之하야 及其生也하다 太子太傅夏侯勝[2)]曰 此未死也리이다 臣聞之호니 有陰德者는 必饗其樂하야 以及其子孫이라호이다 今此未獲其樂而病甚하니 非其死病也니이다 後病果愈하니 封爲博陽侯하야 終饗其樂하다

1) 邴吉有陰德於孝宣皇帝微時 : 邴吉은 西漢 魯나라 사람이다. 字는 少卿으로 원래는 魯나라 獄史였으나 廷尉에 이르렀고, 宣帝가 즉위한 뒤에 魏相을 대신하여 丞相이 되고 博陽侯에 봉해졌다. '邴'은 ≪漢書≫ 〈丙吉傳〉에 '丙'으로 썼다. 孝宣皇帝는 곧 漢 宣帝로, 출생한 지 몇 달 안 되어 衛太子의 사건이 일어나 獄에 갇혔으나 邴吉의 보호로 목숨을 보전하였다. 陰德은 남에게 드러나지 않게 하는 덕행을 이른다. 微時는 제왕이 즉위하기 전의 微賤할 때이다.

2) 夏侯勝 : 西漢 魯나라 사람이다. 어려서 族父 始昌을 따라 ≪尙書≫를 배우고, 또 歐陽氏를 따라 배웠다. 陰陽·災異로 時政의 得失을 논하고 禮服에 밝아 ≪今文尙書≫의 大夏侯學의 개창자가 되었다. 博士가 되었다가 여러 벼슬을 거쳐 太子太傅가 되었다. 宣帝의 명으로 ≪尙書論語說≫을 지었고, 90세에 죽었다. ≪漢書 夏侯勝傳·儒林傳≫

邴吉이 孝宣皇帝가 微賤할 때 陰德을 베푼 일이 있었는데, 효선황제가 즉위하였으나 뭇사람 중에 이를 아는 이가 없었고 병길도 이를 말하지 않았다. 병길이 大將軍 長史에서 御使大夫로 승진하니, 宣帝가 이를 듣고 爵位를 봉하려고 하였다. 마침 병길의 병이 심해지자 사람을 보내 그가 살았을 때 띠〔紳〕를 몸에 올려놓고 봉하게 하였다.

太子太傅 夏侯勝이 말했다.

"이 사람은 죽지 않을 것입니다. 臣은 들으니, 음덕이 있는 사람은 반드시 즐거움을 누려 자손에게까지 미친다고 합니다. 지금 이 사람은 그 즐거움을 받지 못한 채 병이 심하니, 이는 죽을병이 아닙니다."

그런 뒤에 정말 병이 나으니, 博陽侯에 봉해져서 마침내 그 즐거움을 누렸다.

07. 魏文侯攻中山에 樂羊將이러니 已得中山하고 還反報文侯할새 有喜功之色이러라 文侯命主書曰 群臣賓客所獻書를 操以進하라 主書者 擧兩篋以進한대 令將軍視之하니 盡難攻中山之事也리라 將軍還走北面而再拜曰 中山之擧也는 非臣之力이요 君之功也로소이다

魏 文侯가 中山國을 공격할 때 樂羊이 장군이었는데, 이미 중산국을 차지하고 돌아와 문후에게 보고할 때 功을 세워 기뻐하는 기색이 있었다. 문후는 문서를 주관하는 관리에게 "群臣과 賓客들이 올린 글을 가져오라."고 명하였다.

문서를 주관하는 관리가 두 상자의 글을 바치자, 장군 악양에게 보도록 하니 모두 중산국을 공격하며 일어난 일을 비난하는 글들이었다. 장군 악양은 몸을 돌려 달려가 북쪽을 향해 두 번 절을 올리고 말했다.

"중산국을 정복한 것은 臣의 공로가 아니라, 君主의 공로입니다."

08. 平原君既歸趙[1)]하니 楚使春申君[2)]으로 將兵救趙하고 魏信陵君[3)]도 亦矯奪晉鄙[4)]軍하야 往救趙하다 未至에 秦急圍邯鄲하니 邯鄲急且降이어늘 平原君患之하다 邯鄲傳舍吏[5)]子李談이 謂平原君曰 君不憂趙亡乎잇가 平原君曰 趙亡卽勝虜어늘 何爲不憂리오 李談曰 邯鄲之民이 炊骨易子而食之하니 可謂至困이어늘 而君之後宮百數요 婦妾荷綺縠하고 廚餘粱肉이니이다 士民兵盡하야 或剡木爲矛戟이어늘 而君之器物鍾磬自恣니이다 若使秦破趙면 君安得有此리오 使趙而全이면 君何患無有리오 君誠能令夫人以下로 編於士卒間하야 分功而作之하고 家所有를 盡散以饗食士하소서 方其危苦時에 易爲惠耳니이다 於是에 平原君如其計하니 而勇敢之士三千人이 皆出死하야 因從李談赴秦軍하다 秦軍爲却三十里하고 亦會楚魏救至하니 秦軍遂罷하다 李談死하니

封其父爲(孝)〔李〕[6)]侯하다

1) 平原君旣歸趙 : 平原君은 전국시대 趙나라 公子이다. 이름은 勝, 武靈王의 아들로 惠文王의 아우이다. 平原에 봉해졌고, 食客이 매우 많았다. 惠文王과 孝成王을 도와 여러 차례 국가의 위기를 구하여 孟嘗君・春申君・信陵君과 함께 戰國 四公子로 일컬어진다. 歸趙는 혜문왕 9년(B.C. 292년)에 秦나라 군대가 조나라 수도 邯鄲을 포위하자 楚나라에 가서 구원을 요청하여 合從하는 맹약을 맺고 조나라로 돌아온 일을 이른다. ≪史記 平原君列傳≫
2) 春申君 : 전국시대 楚나라 재상 黃歇의 封號로 莊王의 아우이다. 20년간 재상으로 있으면서 3천여 명의 食客을 두었다. ≪史記 春申君列傳≫
3) 信陵君 : 전국시대 魏나라 公子로 이름은 無忌이며 昭王의 아들이다. 3천여 명의 食客을 두었고, 어질다는 소문을 듣고 諸侯들이 위나라를 침입하지 않았다. 侯嬴의 계책을 이용하여 趙나라 平原君을 도와 조나라의 위기를 구하였다. ≪史記 魏公子列傳≫
4) 晉鄙 : 전국시대 魏나라 장군이다. 邯鄲이 포위당한 趙나라의 위기를 구원하려는 信陵君의 속임수에 兵權을 빼앗기고 力士 朱亥에게 살해당했다. ≪戰國策 魏策≫・≪史記 魏公子列傳≫
5) 傳舍吏 : 驛站의 客舍를 관리하는 하급관리를 이른다. 傳舍는 行人들이 쉬거나 묵어가도록 역참에 지은 객사이다. ≪戰國策 魏策 4≫
6) (孝)〔李〕: ≪群書拾補≫에 "≪太平御覽≫ 권201에 '李'자로 썼다." 하였고, ≪說苑校證≫에 '李'자로 교정하였기에 따라 고쳤다. ≪史記≫ 〈平原君列傳〉에 '李侯'로 썼는데, 徐廣은 "河內의 成皐에 李城이 있다." 하였다.

平原君이 이미 趙나라에 돌아오니 楚나라는 春申君을 파견하여 군사를 거느리고 조나라 구원하고 魏나라의 信陵君도 晉鄙의 군대를 속임수로 빼앗아 조나라를 구원하러 갔다. 이들이 아직 도착하지 않았을 때 秦나라 군대가 더욱 급하게 邯鄲을 포위하니 한단이 위급하여 항복해야 할 처지가 되자 평원군이 근심하였다. 邯鄲 傳舍吏의 아들 李談이 평원군에게 말했다.

"당신은 조나라가 망하는 것을 걱정하지 않습니까?"

평원군은 대답했다.

"조나라가 망하면 나 勝은 곧 포로가 될 텐데 어떻게 걱정이 되지 않겠느냐?"

이담은 말했다.

"한단의 백성들은 사람의 뼈를 태워 밥을 짓고 서로 자식을 바꾸어 먹고 있으니, 극도로 어려운 상태에 있다고 하겠습니다. 그런데 당신의 後宮에는 백 명쯤의 여인이 있고, 妻妾들은 비단옷을 걸치고 있으며, 부엌에는 양식과 고기가 남아돌고 있습니다. 병사와 백성들은 무기가 다하여 나무를 깎아 창을 만들어 쓰기도 하는데 당신은 器物과 鐘磬을 자기 마음대로 쓰고 있습니다. 만일 진나라가 조나라를 격파한다면 당신은 어떻게 이것들을 소유하겠습니까? 만일 조나라가 보전된다면 당신은 어찌 이런 물건들이 없을까 봐 걱정하겠습니까? 당신은 진실로 夫人 이하의 사람들을 士卒 중에 편입시켜 工作을 나누어 담당시키고 집안에 있는 재물을 모두 풀어서 병사를 먹이십시오. 한창 어렵고 고통스러운 때에 은혜를 베풀기는 쉬운 법입니다."

이에 평원군이 그가 일러준 계책대로 시행하니 용감한 병사 3천 명이 모두 죽기를 각오하고 나서 그대로 이담을 따라 진나라 군대에게 달려들었다. 진나라 군대는 이 때문에 30리를 퇴각하였고, 또 마침 초나라와 위나라의 구원병이 도착하니 진나라 군대는 마침내 전쟁을 중지하였다. 이담이 戰死하니 그의 아버지를 李侯에 봉하였다.

09. **秦繆**(목)**公嘗出**이라가 **而亡其駿馬**하고 **自往求之**러니 **見人已殺其馬**하야 **方共食其肉**하다 **繆公謂曰 是吾駿馬也**니라하니 **諸人皆懼而起**하다 **繆公曰 吾聞食駿馬肉**하고 **不飮酒者殺人**호라하고 **即以次飮**(임)**之酒**하니 **殺馬者 皆慙而去**하다 **居三年**에 **晉攻秦**하야 **繆公圍之**하니 **往時食馬肉者相謂曰 可以出死**하야 **報食馬得酒之恩矣**로다하고 **遂潰圍**하다 **繆公卒得以解難**하야 **勝晉**하고 **獲惠公以歸**하니 **此德出而福反也**라

秦 繆公이 언젠가 출타했다가 자기의 駿馬를 잃고 직접 나가 찾았는데, 사람들이 이미 그 말을 잡아 막 함께 그 고기를 먹는 것을 보았다. 목공이 말했다.

"이것은 나의 준마이다."

그러자 이 사람들은 모두 놀라 일어났다. 목공이 말했다.

"나는 들으니, 준마의 고기를 먹고 술을 마시지 않은 자는 중독되어 그 사람이 죽는다고 한다."

그리고는 즉시 차례대로 술을 마시게 하니, 말을 잡은 자들이 모두 부끄러워하면서 떠나갔다.

3년이 지난 뒤 晉나라가 秦나라를 공격하여 목공을 포위하였다. 지난날 준마의 고기를 먹은 사람들이 서로 말하였다.

"나가 죽기로 싸워서 말고기를 먹으면서 술까지 마시게 해준 은혜에 보답하는 것이

옳겠다.”

그리고는 마침내 晉나라의 포위를 무너뜨렸다. 목공이 마침내 어려운 위기를 해결하여 晉나라 군대에 승리하고 晉 惠公을 사로잡아 돌아가니, 이는 恩德을 베풀어 福으로 되돌아온 것이다.

10. 楚莊王賜群臣酒할새 日暮하고 酒酣에 燈燭滅하니 乃有人引美人之衣者한대 美人援絶其冠纓하고 告王曰 今者燭滅에 有引妾衣者어늘 妾援得其冠纓持之하니 趣(촉)火來上하야 視絶纓者하소서 王曰 賜人酒하야 使醉失禮어늘 奈何欲顯婦人之節而辱士乎아하고 乃命左右曰 今日與寡人飮하야 不絶冠纓者는 不懽이로다 群臣百有餘人이 皆絶去其冠纓而上火하고 卒盡懽而罷하다 居(三)〔二〕[1]年에 晉與楚戰[2]할새 有一臣常在前하야 五合五(奮)〔獲〕[3]首하고 却敵하야 卒得勝之하다 莊王怪而問曰 寡人德薄하고 又未嘗異子어늘 子何故出死不疑如是오 對曰 臣當死니이다 往者醉失禮어늘 王隱忍不(加)〔暴〕〈而〉[4]誅也하시니 臣終不敢以蔭蔽之德으로 而不顯報王也하야 嘗願肝腦塗地하고 用頸血湔敵久矣니 臣乃夜絶纓者也로소이다 遂敗[5]晉軍하고 楚得以强하니 此有陰德者는 必有陽報也라

1) (三)〔二〕: ≪群書拾補≫에 ‘三’을 ‘二’로 고쳤고, ≪說苑校證≫에도 ‘二’로 고치면서 “≪藝文類聚≫ 권33과 ≪太平御覽≫ 권281에 모두 ‘二’로 되어 있다.” 하여 따라 고쳤다.
2) 晉與楚戰 : ≪韓詩外傳≫ 권7에는 “오나라가 군대를 일으켜 초나라를 공격하였다.〔吳興師攻楚〕”로 되어 있다.
3) (奮)〔獲〕: ≪群書治要≫ · ≪藝文類聚≫ 권33 · ≪蒙求≫〈卷下 注〉· ≪太平御覽≫ 권281에 의거하여 ‘獲’으로 고친 ≪說苑校證≫을 따라 고쳤다.
4) (加)〔暴〕〈而〉: ≪群書拾補≫에는 “‘暴而’ 두 글자가 빠졌다.” 하였고, ≪說苑校證≫에는 “≪群書治要≫ · ≪藝文類聚≫ · ≪太平御覽≫ 권281의 인용문에 모두 ‘不暴而誅’로 되어 있다.” 하여 따라 고치고 보충하였다.
5) 敗 : ≪藝文類聚≫ 권33에는 ‘平’으로, ≪太平御覽≫ 권281과 宋本 · 明鈔本에는 ‘斥’으로 되어 있다.

楚 莊王이 群臣에게 술을 내려 잔치를 하는데, 날이 저물고 술이 얼큰하게 취했을 때 등불이 꺼졌다. 이때 어떤 사람이 美人의 옷을 잡아끄는 일이 있었는데, 미인은 그의 갓끈을 잡아당겨 끊어놓고 왕에게 말했다.

“지금 촛불이 꺼진 사이에 妾의 옷을 잡아끄는 자가 있기에 첩이 그의 갓끈을 잡아당겨 끊어 가지고 있으니 빨리 불을 가져오게 하여 갓끈이 끊어진 사람을 살펴보십시오.”

그러자 장왕이 말했다.

“사람들에게 술을 내려 취하여 失禮하게 했는데 어찌 婦人의 貞節을 드러내고자 하여 士에게 모욕을 주겠는가?”

그러고는 이내 주위 사람들에게 명하였다.

“오늘 寡人과 함께 술을 마시면서 갓끈을 끊지 않는 사람은 즐거움을 다하지 않은 것이다.”

그러자 백여 명의 群臣이 모두 그들의 갓끈을 끊고는 불을 밝히고 마침내 즐거움을 한껏 누리고 나서 잔치를 파하였다.

2년이 지난 뒤 晉나라와 楚나라가 전쟁을 할 때, 한 신하가 항상 앞에 나서서 다섯 차례 交戰하여 다섯 번 적군의 머리를 베고 적군을 물리쳐 끝내 승리하였다. 장왕이 괴이하게 여겨 물었다.

“과인은 德이 적고 또 일찍이 그대를 특별히 대하지도 않았는데, 그대는 무슨 까닭으로 이처럼 목숨을 내놓고 조금도 망설임 없이 싸웠는가?”

그 신하는 대답했다.

“臣은 당연히 죽을 목숨이었습니다. 전에 제가 술에 취하여 失禮를 범했는데 대왕께서 감정을 누르고 참으셔서 드러내지 않은 채 죽음을 내리지 않으셨습니다. 신은 끝내 대왕께서 신의 죄를 가려주신 은덕을 드러나게 보답하지 않을 수가 없어 항상 肝臟과 腦髓가 땅을 적시고 목의 피를 적군에게 뿌려서 은혜 갚기를 원한 지가 오래되었으니, 신은 바로 예전 밤에 갓끈이 끊겼던 사람입니다.”

마침내 晉나라 군대를 격파하였고 楚나라는 이 때문에 강성해졌으니, 이로 보면 陰德이 있는 사람에겐 반드시 이 세상에서 받는 보답이 있는 것이다.

11. **趙宣孟**[1)]**將上之絳**이라가 **見**翳**桑下有臥餓人**하야 **不能動**하다 **宣孟止車**하고 **爲之下**飡하야 **自含而**餔**之**하니 **餓人再咽而能視**러라 **宣孟問**호되 **爾何爲饑若此**오 **對曰 臣居於絳**이라가 **歸而糧絶**이나 **羞行乞而憎自致**하야 **以故至若此**로소이다 **宣孟與之壺**飡과 **脯二**朐한대 **再拜頓首受之**호되 **不敢食**이러라 **問其故**한대 **對曰 向者食之而美**하니 **臣**

有老母일새 將以貢之하노이다 宣孟曰 子斯食之하라 吾更與汝호리라하고 乃復爲之簞食(사)와 以脯二束與錢百하고 去之絳하다 居三年에 晉靈公欲殺宣孟하야 置伏士於房中하고 召宣孟而飮之酒하다 宣孟知之하고 中飮而出한대 靈公命房中士하야 疾追殺之하다 一人追疾하야 (旣)〔先〕[2]及宣孟하야 向宣孟之面하고 曰 (今)〔吁〕[3]라 固是君耶잇가 請爲君反死호리이다 宣孟曰 子名爲誰오 (及是)〔反走〕[4]且對曰 何以名爲리오 臣是翳桑下之餓人也니이다 (遂)〔還〕[5]鬭而死하니 宣孟得以活하다 此所謂德惠也라 故惠君子하면 君子得其福하고 惠小人하면 小人盡其力이라 夫德一人이라도 活其身이온 而況置惠於萬人乎아 故曰 德無細하고 怨無小[6]라하니 豈可無樹德而除怨하고 務利於人哉아 利施者는 福報하고 怨往者는 禍來하나니 形於內者는 應於外라 不可不愼也니 此書之所謂德無小[7]者也라 詩云 赳赳武夫여 公侯干城[8]이라하고 濟濟多士 文王以寧[9]이라하니 人君胡可不務愛士乎아

1) 趙宣孟 : 춘추시대 晉나라 正卿 趙盾이다. 본서 권3 〈建本〉 29의 주2) 참고.
2) (旣)〔先〕 : ≪群書拾補≫의 교정과 ≪說苑校證≫에 의해 고쳤다. ≪呂氏春秋 報更≫에도 '先'으로 되어 있다.
3) (今)〔吁〕 : ≪群書拾補≫의 교정에 따라 고쳤다. ≪呂氏春秋≫에는 '噫'로 썼다.
4) (及是)〔反走〕 : ≪群書拾補≫의 교정에 따라 고쳤다.
5) (遂)〔還〕 : ≪群書拾補≫의 교정에 따라 고쳤다. ≪呂氏春秋≫에도 '還'으로 썼다.
6) 德無細 怨無小 : 德이 작다 하여 베풀지 않으면 안 되고, 원한이 작다 하여 맺으면 안 된다는 뜻이다. 곧 작은 은덕이라도 베풀어야 하고, 작은 원한이라도 맺어서는 안 됨을 이른 말이다.
7) 此書之所謂德無小 : 현재의 ≪書經≫ 〈商書 伊訓〉에는 '惟德罔小'라 보인다.
8) 詩云……公侯干城 : ≪詩經≫ 〈周南 兎罝〉에 보인다.
9) 濟濟多士 文王以寧 : ≪詩經≫ 〈大雅 文王〉에 보인다.

趙宣孟이 絳으로 올라가다가 무성한 뽕나무 아래에 굶어서 움직이지 못하는 사람이 누워 있는 것을 보았다. 宣孟이 수레를 멈추고 그를 위해 음식을 내려 스스로 씹어서 먹이니 굶주린 사람이 두 번 삼키고 난 뒤에 눈을 뜨고 보았다. 선맹이 물었다.

"너는 어찌하여 이렇게까지 굶었느냐?"

그는 대답했다.

"저는 絳에 머물다가 집으로 돌아가는 길에 糧食이 떨어졌으나 乞食하는 것이 부끄

럽고 스스로 음식 조달하는 것을 싫어하여 이 때문에 이 지경에 이르렀습니다."

선맹이 한 병의 국과 밥, 그리고 두 가닥의 脯를 주자, 그는 두 번 절을 하고 이마를 땅에 닿도록 예를 표한 뒤 받았으나 감히 먹지는 못하였다. 선맹이 먹지 않는 까닭을 묻자, 그는 대답했다.

"조금 전 주신 음식을 먹으니 맛이 좋은데 저는 老母가 계시기 때문에 갖다 드리려고 합니다."

선맹은 다시 말했다.

"너는 이것을 먹어라. 내가 다시 너에게 음식을 주겠다."

그러고는 곧 다시 그를 위해 한 도시락의 밥과 포 두 묶음, 그리고 백 文의 돈을 주고 絳으로 갔다.

3년이 지난 뒤, 晉 靈公이 선맹을 죽이려고 방 안에 武士를 매복시키고 선맹을 불러 술을 마셨다. 선맹이 이런 음모를 알아차리고 술을 마시던 중간에 나가버리자, 영공이 방 안에 매복시킨 무사에게 명하여 빨리 쫓아가서 죽이게 하였다. 어떤 사람이 빠르게 쫓아가서 먼저 선맹을 따라잡아 선맹의 얼굴을 보고 말했다.

"아, 진실로 당신이었군요! 당신을 위하여 돌아가 싸우다 죽겠습니다."

선맹이 물었다.

"그대의 이름은 무엇이오?"

그는 몸을 돌려 달려가면서 다시 말했다.

"이름을 물어 뭐하겠습니까? 저는 바로 뽕나무 아래에서 굶어 죽을 뻔했던 사람입니다."

그러고는 되돌아가서 싸우다가 죽으니, 선맹은 이 때문에 살 수 있었다. 이것이 이른바 恩德을 보답한 것이다.

그 때문에 君子에게 은혜를 베풀면 군자는 福을 얻게 되고 小人에게 은혜를 베풀면 소인은 있는 힘을 다해 은혜를 갚는 것이다. 한 사람에게 德을 베풀어도 자신의 생명을 살리는데, 하물며 萬人에게 은혜를 베풀어둔 경우이겠는가!

그래서 "덕은 작게 여기지 말고, 원한은 작다 여기지 말라."고 하는 것이니, 어찌 은덕을 세우고 원한을 제거하며 남을 이롭게 하는 데에 힘을 쓰지 않겠는가? 이로움을 베푼 사람은 복의 보답을 받고 원한을 보낸 사람은 재앙이 오는 것이니, 마음에 형성된 것은 외부에 응해 오는 것이다. 삼가지 않을 수 없으니, 이것이 ≪書經≫에서 이른 "덕은 작다고 여기지 말라."는 것이다.

≪詩經≫에 "씩씩하고 씩씩한 무사여! 公侯의 干城이구나."라 하고, "많고 많은 선비들, 文王이 평안해지셨네."라 하였으니, 임금이 어찌 선비를 사랑하는 데 힘쓰지 않겠는가!

12. 孝景[1)]時에 吳楚反[2)]이어늘 袁盎[3)]以太常使吳러니 吳王欲使將호되 不肯하니 欲殺之하야 使一都尉로 以五百人圍守盎하다 盎爲吳相時에 從史[4)]與盎侍兒私通하니 盎知之호되 不泄하고 遇之如故하다 人有告從史하니 從史懼하야 亡歸어늘 盎自追하야 遂以侍兒賄之하고 復爲從史하다 及盎使吳하야 見圍守에 從史適爲守盎校司馬러라 夜引盎起曰 君可以去矣니 吳王期旦日斬君이니이다 盎不信하고 曰 公은 何爲者也오 司馬曰 臣故爲君從(使)〔史〕[5)]하야 盜侍兒者也니이다 盎乃(敬對)〔驚謝〕[6)]曰 公(見)〔有〕[7)]親하니 吾不足以累公이니라 司馬曰 君去하면 臣亦且亡하야 避吾親호리니 君何患이니잇가 乃以刀決帳하고 (率徒)〔從醉〕[8)]卒道出하야 (令皆)〔分背〕[9)]去하니 盎遂歸報하다

1) 孝景 : 漢나라 제5대 황제 景帝이다. 이름은 劉啓이며, 文帝의 長子이다. 아버지를 이어 善政을 베풀어 文景之治를 이루었다. ≪史記 孝景本紀≫ · ≪漢書 景帝紀≫
2) 吳楚反 : 漢 景帝 때 吳王 劉濞와 楚王 劉戊 등 일곱 제후들이 연합하여 "천자의 측근을 청소한다."는 명분과 鼂錯를 죽이겠다는 구실로 일으킨 반란사건이다. ≪史記 鼂錯傳≫ · ≪漢書 景帝紀≫
3) 袁盎 : 漢나라 때 楚나라 사람이다. 景帝 때 吳相으로 있을 때 御史大夫 鼂錯에 의해 庶人으로 쫓겨났다. 뒤에 吳楚七國의 반란이 일어나자 반란의 빌미를 제공한 조조를 죽일 것을 건의하여 처형하였다. 梁孝王을 천자의 후계로 삼는 일을 반대하다가 양효왕의 자객에게 살해되었다. ≪史記 袁盎鼂錯列傳≫ · ≪漢書 袁盎鼂錯傳≫
4) 從史 : 하급관리이다. 곧 屬吏로, 國相이나 郡의 장관에 딸린 僚屬이다.
5) (使)〔史〕: 저본에는 '使'로 되어 있으나, 위에 모두 '史'로 썼으니 '史'가 옳을 듯하여 고쳤다.
6) (敬對)〔驚謝〕: ≪史記≫ · ≪漢書≫에 모두 '驚謝'로 되어 있어서 따라 고쳤다.
7) (見)〔有〕: ≪群書拾補≫에 '有'자로 고쳤고, ≪史記≫ · ≪漢書≫에는 '公幸有親'으로 되어 있어서 따라 고쳤다.

8) (率徒)〔從醉〕: ≪群書拾補≫에 "宋本에 醉從으로 되어 있는데, 잘못되어 거꾸로 놓였다"하였고, ≪史記≫에는 '從醉卒隧出'로, ≪漢書≫에는 '道從醉卒直出'로 되어 있어서 따라 고쳤다.
9) (令皆)〔分背〕: ≪史記≫·≪漢書≫에 모두 '分背'로 되어 있어서 따라 고쳤다.

孝景皇帝 때에 吳·楚 두 나라가 반란을 일으키자, 袁盎이 太常으로서 오나라에 使臣 갔는데 吳王이 원앙을 장수로 삼고자 하였으나 받아들이지 않았다. 오왕이 그를 죽이려고 한 사람의 都尉를 시켜 군사 5백 명을 거느리고 원앙을 포위하여 지키게 하였다.

원앙이 오나라 相으로 있을 때 從史가 원앙의 侍女와 몰래 情을 통했는데 원앙이 알면서도 누설하지 않고 예전대로 대하였다. 어떤 이가 종사에게 원앙이 알고 있다고 말해주니 종사는 두려워하여 도망쳐 집으로 돌아갔는데, 원앙이 직접 쫓아가서 마침내 시녀를 그에게 주고 다시 종사로 삼았다.

원앙이 오나라에 사신으로 가 포위되어 지킴을 당하는 곤경에 처했을 때 그 종사가 마침 원앙을 지키는 校司馬가 되어 있었다. 밤에 원앙을 끌어 일으키고는 말했다.

"당신은 이곳을 떠나야 되니 오왕이 내일 아침에 당신을 處斬하려고 합니다."

원앙은 믿지 않고 물었다.

"그대는 어떤 사람이오?"

司馬는 대답했다.

"저는 예전에 당신의 종사가 되어 몰래 시녀와 정을 통한 사람입니다."

원앙이 이에 깜짝 놀라 거절하며 말했다.

"그대는 어버이가 계시니 나는 그대를 연루시킬 수가 없다."

이에 사마는 말했다.

"당신이 이곳을 떠나면 저도 도망쳐서 우리 어버이를 피신시킬 것이니 당신은 무엇을 걱정하십니까?"

그러고는 곧 칼로 장막을 찢고 취해 자빠진 병졸 사이로 인도하여 빠져나와 서로 나뉘어 떠나니, 원앙이 마침내 돌아와 보고하였다.

13. 智伯與趙襄子로 **戰於晉陽下而死**하니 **智伯之臣豫讓**[1]**者怒**하야 **以其精氣能使**

襄子動心이라하야 乃漆身變形하고 呑炭更聲하다 襄子將出할새 豫讓僞爲死人하야 處於梁下러니 駟馬[2)]驚不進이라 襄子動心하야 使使視梁下하야 得豫讓호되 襄子重其義하야 不殺也하다 又盜爲抵罪하야 被刑人赭衣하고 入繕宮이러니 襄子動心하야 則曰必豫讓也라하고 襄子執而問之曰 子始事中行君하야 智伯殺中行(항)君[3)]이어늘 子不能死하고 還反事之러니 今吾殺智伯에 乃漆身爲癘하고 呑炭爲啞하야 欲殺寡人하니 何與先行異也오 豫讓曰 中行君은 衆人畜臣하니 臣亦衆人事之하고 智伯은 朝士待臣하니 臣亦朝士爲之用이니라 襄子曰 非義也나 子壯士也로다 乃自置車庫中하고 水漿毋入口者三日하야 以禮豫讓하니 讓自知하고 遂自殺也하다

1) 豫讓 : 춘추시대 晉나라 사람이다. 처음에 范中行氏를 섬기다가 智伯이 범중항씨를 멸하자 지백을 섬겨 총애를 받았다. 뒤에 지백이 趙襄子에게 죽자, 그의 원수를 갚으려다가 뜻을 이루지 못하고 잡혀 죽었다. ≪呂氏春秋 論威≫·≪史記 刺客列傳≫
2) 駟馬 : 한 채의 수레를 끄는 네 마리의 말을 이른다. 顯貴한 사람이 타는 높은 수레를 이른다. ≪史記 管晏列傳≫·≪淮南子 說山訓≫
3) 中行(항)君 : 춘추시대 晉나라의 卿 荀寅이다. 中行을 氏로 삼기 때문에 이르는 말로, 中行文子라고도 한다. 荀吳의 아들로 晉나라 六卿의 하나인데, 晉 定公 15년에 趙鞅에게 패하여 齊나라로 달아났다. ≪春秋左氏傳 昭公 29년, 定公 4·8·13년, 哀公 3·4·5년≫

智伯이 趙襄子와 晉陽城에서 싸우다가 죽으니, 지백의 신하 豫讓이 분노하여 〈원수를 갚으려 하였으나〉 자신의 精氣가 襄子의 마음을 움직여 느끼게 할 수 있다고 여겨, 마침내 몸에 옻을 발라 형체를 변경하고 숯불을 입에 물어 목소리를 바꾸고 벙어리가 되었다. 양자가 出行하려 할 적에 예양은 거짓으로 죽은 사람처럼 꾸며 다리 아래에 있었는데, 駟馬가 놀라면서 앞으로 나아가지 않았다. 양자는 마음이 움직여 느낌이 들자 사람을 보내 다리 밑을 살펴보게 하여 예양을 잡았으나 양자는 그의 義理를 존중하여 죽이지 않았다.

예양은 또 도둑질을 해 죄를 지어 붉은 죄수복을 입고 양자의 궁중에 들어가 집을 수리하고 있었는데, 양자는 이번에도 마음이 움직여 느낌이 들자 "틀림없이 예양일 것이다." 하고 양자가 잡아다가 물었다.

"그대는 처음에 中行君을 섬겨 智伯이 중항군을 죽였는데, 그대는 그를 위해 죽지

않고 도리어 지백을 섬겼다. 지금 내가 지백을 죽이자, 이내 몸에 옻을 발라 문둥이가 되고 숯불을 입에 물어 벙어리가 되어 寡人을 죽이려고 하니 어째서 앞의 행동과 다른가?"

예양은 대답했다.

"중항군은 나를 보통 사람으로 대하였으니 나도 보통 사람의 신분으로 섬겼고, 지백은 나를 조정의 士로 대하였으니 나도 조정의 士 신분으로 그에게 쓰임이 된 것이오."

양자는 "의리에는 맞지 않으나 그대는 壯士로구나!" 하고는 스스로 車庫 안에 들어가 3일 동안 물도 입에 대지 않으면서 예양에게 敬意를 표하니, 예양이 이를 알고 마침내 자살하였다.

14. 晉逐欒盈[1)]之族하야 命其家臣有敢從者死라하더니 其臣曰 辛兪[2)]從之라한대 吏得而將殺之하다 君曰 命汝無得從이어늘 敢從은 何也오 辛兪對曰 臣聞三世仕於家者는 君之하고 二世者는 主之라호이다 事君以死하고 事主以勤은 爲其賜之多也니이다 今臣三世於欒氏하니 受其賜多矣라 臣敢畏死而忘三世之恩哉잇가 晉君釋之하다

1) 欒盈 : 춘추시대 晉나라 大夫이다. ≪史記≫에는 '盈'을 '逞'으로 썼다. 黶의 아들로 시호는 懷子이다. 어머니의 淫行을 근심하다가 어머니의 무함으로 외조부 范宣子에게 쫓겨나 楚·齊로 망명하였다. 뒤에 晉나라로 들어와 난을 일으켰다가 패하여 종족이 멸망당하였다. ≪春秋左氏傳 襄公 21·23년≫·≪史記 晉世家≫
2) 辛兪 : 欒盈의 家臣이다.

晉나라가 欒盈의 종족을 축출하면서 그의 家臣들에게 감히 그를 따르는 자가 있으면 죽이겠다고 명령하였다. 그의 가신이 "辛兪가 따라갔다." 하자, 관리가 신유를 잡아다가 죽이려고 하였다. 晉君이 물었다.

"너희에게 난영을 따르지 말라고 명령했는데 네가 감히 따른 것은 무슨 이유이냐?"

신유가 대답했다.

"臣은 들으니, 3대에 걸쳐 그 大夫家의 가신이 된 사람은 그 大夫를 임금으로 모시고, 2대에 걸쳐 가신이 된 사람은 그 대부를 主人으로 모신다고 합니다. 죽음으로써 임금을 섬기고 근면으로써 주인을 섬기는 것은 그에게 받은 것이 많기 때문입니다. 지금 신은 3대째 欒氏를 모시고 있으니 받은 것이 많습니다. 신이 감히 죽음을 두려워하

여 3대에 받은 은혜를 잊겠습니까?"

이 말을 들은 진군은 신유를 석방하였다.

15. 留侯張良之大父開地[1)]는 相韓昭侯宣惠王襄哀王[2)]하고 父平[3)]은 相釐(희)王悼惠王[4)]하다 悼惠王二十三年에 平卒하고 二十歲에 秦滅韓하니 良年少하야 未宦事韓하다 韓破에 良家僮三百人이어늘 弟死不葬하고 良悉以家財로 求刺客刺秦王하야 爲韓報仇하니 以大父父 五世相韓故러라 遂學禮淮陽[5)]하고 東見滄海君[6)]하야 得力士하고 爲鐵椎하니 重百二十斤이러라 秦皇帝東遊어늘 良與客狙擊秦皇帝於博浪沙[7)]라가 誤中副車하니 秦皇帝大怒하야 大索天下하고 求購甚急이라 良更易姓名하고 深亡匿이라가 後卒隨漢報秦하다

1) 留侯張良之大父開地：留侯는 漢나라 사람 張良의 封號이다. 장량은 漢 高祖 劉邦의 謀臣으로 字는 子房, 시호는 文成이다. 원래 韓나라의 여러 대 재상을 지낸 가문으로, 韓나라가 秦나라에 멸망당하자 원수를 갚으려고 力士를 구해 博浪沙에서 秦始皇을 저격하였으나 실패하였다. 뒤에 黃石公에게 병법을 전수받고 한 고조를 도와 楚나라를 평정하여 蕭何・韓信과 함께 三傑로 일컬어진다. 大父는 祖父, 開地는 張良의 조부 이름이다. ≪史記 留侯世家≫・≪漢書 張良傳≫
2) 韓昭侯宣惠王襄哀王：전국시대 韓나라의 三代 군주이다.
3) 父平：張良의 아버지 張平을 이른다.
4) 釐(희)王悼惠王：전국시대 韓나라의 二代 군주이다. 悼惠王은 桓惠王이라고도 한다.
5) 淮陽：漢나라 때의 땅 이름이다. 지금의 河南省 淮陽縣 남서쪽에 있었다. 隋代에는 郡을 두었다. ≪讀史方輿紀要 河南 開封府 陳州≫
6) 滄海君：秦代에 살았다는 한 賢人의 號이다. 일설에는 가탁한 이름이라고 한다. 滄은 倉으로도 쓴다. ≪史記 留侯世家≫・≪漢書 張良傳≫
7) 博浪沙：옛 땅 이름이다. 지금의 河南省 原陽縣 東關에 있었다. 浪은 狼으로도 쓴다. ≪史記 留侯世家≫

留侯 張良의 할아버지 開地는 韓나라 昭侯・宣惠王・襄哀王의 재상이 되었고, 아버지 張平은 釐王・悼惠王의 재상이 되었다. 도혜왕 23년에 장평이 죽고, 장평이 죽은 뒤 20년에 秦나라가 韓나라를 멸망시키니 장량은 나이가 어려서 벼슬하여 韓나라를 섬기지 못했다.

韓나라가 파멸했을 때 장량의 집에는 3백 명의 奴僕이 있었는데 아우가 죽었는데도

장례를 치르지 않고, 장량은 집안의 재물을 모두 털어 刺客을 구해 秦王을 죽여 韓나라를 위해 원수를 갚으려 하였다. 이는 자기의 할아버지와 아버지 등 5대 동안 韓나라의 재상을 지냈기 때문이었다.

마침내 淮陽에서 禮를 배우고 동쪽에 가서 滄海君을 만나 力士를 얻고 무게가 120근이나 되는 쇠망치를 만들었다. 秦始皇이 東方을 巡遊하였는데, 장량이 자객과 함께 博浪沙에서 진시황을 저격했다가 잘못하여 여벌로 따라가는 수레〔副車〕를 맞히고 말았다. 진시황이 크게 노하여 온 천하에 크게 수색을 벌이고, 현상금을 걸어 매우 급하게 자객을 잡으러 나섰다. 장량은 성명을 바꾸고 깊은 곳으로 도망쳐 숨었다가 후일 마침내 漢나라를 따라 秦나라를 멸망시켜 보복하였다.

16. 鮑叔死에 管仲擧上衽[1]而哭之하야 泣下如雨하다 從者曰 非君父子也어늘 此亦有說乎잇가 管仲曰 非夫子所知也라 吾嘗與鮑子로 負販於南陽할새 吾三辱於市호되 鮑子不以我爲怯하니 知我之欲有所明也요 鮑子嘗與我有所說王者하야 而三不見聽호되 鮑子不以我爲不肖하니 知我之不遇明君也요 鮑子嘗與我臨財分貨할새 吾自取多者三이로되 鮑叔不以我爲貪하니 知我之不足於財也라 生我者는 父母요 知我者는 鮑子也니 士爲知己者死어든 而況爲之哀乎아

1) 擧上衽 : 深衣의 앞섶을 허리띠에 꽂다. 擧는 꽂는다는 뜻이고, 上衽은 深衣의 앞섶이다. ≪禮記≫ 〈問喪〉에 "어버이가 처음 죽거든 비녀를 꽂아 천으로 머리를 싸고 맨발을 하며 심의의 앞섶을 허리띠에 꽂고 손을 마주 잡고 곡한다.〔親始死 鷄斯 徒跣 扱上衽 交手哭〕"라 하였다.

鮑叔이 죽었을 때 管仲이 深衣의 앞섶을 걷어 올려 띠에 꽂고 통곡하여 눈물이 비오듯이 흘러내렸다. 그를 시종하는 사람이 물었다.

"이 사람은 君臣과 父子 사이가 아닌데, 이렇게 비통해하는 이유를 말할 수 있습니까?"

관중은 말했다.

"자네는 알지 못한다. 내가 일찍이 포숙과 함께 南陽에서 봇짐장사를 할 때 내가 세 차례나 저자에서 모욕을 당하였으나 포숙은 나를 겁쟁이라 여기지 않았으니, 이는 내가 表明하려고 하는 뜻이 있음을 알아주었기 때문이다.

포숙이 일찍이 나와 세 차례 王에게 遊說하여 세 번 다 따라주지 않았으나 포숙은 나를 賢明치 못하다고 여기지 않았으니, 이는 내가 현명한 임금을 만나지 못했음을 알아주었기 때문이다.

포숙이 일찍이 나와 함께 財物을 두고 돈을 나눌 적에 내가 세 번이나 많이 가졌으나 포숙은 나를 貪慾스럽다 여기지 않았으니, 이는 내가 재물이 부족함을 알아주었기 때문이다.

나를 낳아준 사람은 부모요, 나를 알아준 사람은 포숙이니, 선비는 자기를 알아주는 사람을 위해 죽기도 하는데, 하물며 그를 위해 애통해하는 일이겠느냐!"

17. 晉趙盾(돈)[1)]擧韓厥[2)]하니 晉君以爲中軍尉러니 趙盾死에 子朔嗣爲卿[3)]하다 至景公[4)]三年하야 趙朔爲晉將하고 朔取成公姊[5)]爲夫人이러니 大夫屠岸賈[6)] 欲誅趙氏하다 初에 趙盾在〈時〉[7)]에 夢見叔帶[8)]持{龜}[9)]要而哭하야 甚悲라가 已而笑하고 拊手且歌하다 盾卜之한대 占兆絶而後好러라 趙史援[10)]占曰 此甚惡하니 非君之身이면 及君之子나 然亦君之咎也니이다 至子趙朔하야 世益衰하다 屠岸賈者는 始有寵於靈公이러니 及至於晉景公하야 而賈爲司寇하다 將作難할새 乃治靈公之賊[11)]하야 以致趙盾하고 遍告諸將曰 趙穿弑靈公[12)]에 盾雖不知나 猶爲首賊이라 臣殺(시)君이어늘 子孫在朝면 何以懲罪리오 請誅之하노라 韓厥曰 靈公遇賊에 趙盾在外하니 吾先君以爲無罪라 故不誅어늘 今諸君將誅其後하니 是非先君之意而後妄誅라 妄誅면 謂之亂臣이요 有大事而君不聞이면 是無君也니라 屠岸賈不聽하다 厥告趙朔趨(촉)亡호되 趙朔不肯하야 曰 子必不絶趙祀면 朔死且不恨호리라 韓厥許諾하고 稱疾不出하다 賈不請하고 而擅與諸將攻趙氏於下宮하야 殺趙朔〈趙同〉[13)]趙括趙嬰齊[14)]하고 皆滅其族하다 朔妻成公姊有遺腹하야 走公宮匿이라가 後生男하니 乳에 朔客程嬰[15)]이 持亡匿山中하다 居十五年에 晉景公疾하야 卜之하니 曰 大業[16)]之後 不遂者爲祟라하야늘 景公疾問韓厥한대 韓厥知趙孤在하고 乃曰 大業之後 在晉絶祀者는 其趙氏乎인저 夫自中衍[17)]으로 皆嬴姓也니 中衍人面鳥喙로 降佐殷帝大戊하고 及周天子하야 皆有明德하니이다 下及幽厲[18)]無道하야 而叔帶去周適晉하야 事先君文侯[19)]하고 至于成公하야 世有立功하야 未嘗有絶祀러니이다 今及吾君하야 獨滅趙宗하니 國人哀之라 故見龜

策[20]하니 唯君圖之하소서 景公問云 趙尙有後子孫乎아 韓厥具以實對하다 於是景公乃與韓厥로 謀立趙孤兒하고 召而匿之宮中하다 諸將入問疾한대 景公因韓厥之衆하야 以脅諸將而見趙孤하니 孤名曰武[21]라 諸將不得已하야 乃曰 昔下宮之難은 屠岸賈爲之하야 矯以君令하고 幷命群臣하니 非然이면 孰敢作難이리잇가 微君之疾이면 群臣固且請立趙後러니 今君有令하시니 群臣之願也로소이다 於是召趙武程嬰하야 徧拜諸將軍하다 將軍遂返하야 與程嬰趙武攻屠岸賈하야 滅其族하고 復與趙武田邑如故하다 故人安可以無恩이리오 夫有恩於此면 攻[22]復於彼하나니 非程嬰이면 則趙孤不全이요 非韓厥이면 則趙後不復이니 韓厥可謂不忘恩矣로다

1) 趙盾(돈) : 趙宣子이다. 본서 권3 〈建本〉 29의 주2) 참고.

2) 韓厥 : 춘추시대 晉나라 卿이다. 시호는 獻이고, 韓獻子라 한다. 齊나라에 승리한 공으로 新中軍將이 되었고, 都岸賈가 趙氏를 멸할 때 살아남은 趙朔의 아들 趙武를 도와 조씨의 田邑을 되찾게 하였다. 悼公 때 국정을 맡아 옛 패업을 회복하였다. ≪春秋左氏傳 成公 2・3・8년≫・≪史記 韓世家≫

3) 子朔嗣爲卿 : 趙盾의 아들 趙朔이 아버지의 직위를 계승하여 卿이 되었다. 조삭은 시호가 莊이고, 趙莊子라 한다. 邲 땅에서 벌어진 晉나라와 楚나라의 전투에서 下軍을 거느리고 鄭나라를 구원하였다. 都岸賈가 조씨를 멸할 때 살해되었는데, 그의 유복자 趙武가 살아남아 재기하였다. ≪春秋左氏傳 宣公 8・12년, 成公 8년≫・≪史記 趙世家≫

4) 景公 : 춘추시대 晉나라 군주이다. 이름은 據이고, 成公의 아들이다. 처음으로 晉나라에 六軍을 만들었다. ≪春秋左氏傳 成公 13년≫・≪史記 晉世家≫

5) 成公姊 : 晉 成公의 누이이다. 成公은 춘추시대 晉나라 군주이다. 이름은 黑臀, 文公의 아들이다. ≪春秋左氏傳 成公 2년, 宣公 2・3・6・7・9년≫・≪史記 晉世家≫

6) 屠岸賈 : 춘추시대 晉나라 大夫이다. 屠岸은 複姓이다. 여러 장수들과 결탁하여 靈公을 시해했다는 죄목으로 趙氏의 종족을 멸하였으나 뒤에 趙武와 程嬰의 공격을 받아 멸족당하였다. ≪史記 趙世家≫・≪新序 節士≫

7) 〈時〉 : ≪群書拾補≫에는 "宋本・元本・楚府本에 모두 '時'자가 있다." 하였고, ≪說苑校證≫에는 "明鈔本에 '時'자가 있고, ≪史記≫ 〈趙世家〉에도 있어 보충한다." 하여 보충하였다.

8) 叔帶 : 西周 사람이다. 趙氏의 시조인 趙造父의 7대손이다. 周 幽王이 무도하자, 周나라를 떠나 晉나라에 들어와 文侯를 섬겨 조씨를 처음 晉나라에 세웠다. ≪春秋左氏傳 僖公 7・11・12・22・24년, 昭公 26년≫

9) {龜} : ≪說苑校證≫에 兪樾의 說을 따라 衍文으로 보았기에 연문으로 처리하였다. ≪史記≫ 〈趙世家〉에도 '龜'자가 없다.

10) 趙史援 : 趙氏 집의 史官으로 있는 援으로, 援은 이름이다.

11) 靈公之賊 : 晉 靈公을 시해한 역적이다. 趙盾의 從弟(일설에는 從姪) 趙穿을 이르는데, 屠岸賈는 趙盾을 비롯한 趙氏의 종족을 이 사건에 연루시켜 제거하였다. ≪史記 趙世家≫

12) 趙穿弑靈公 : 魯 宣公 2년(B.C. 607)에 晉나라 大夫 趙穿이 자기의 君主인 靈公을 시해한 일이다. 영공의 이름은 夷皐인데 임금 노릇을 잘하지 못했다. 영공이 趙盾(돈)을 죽이려고 하자 조돈은 달아났다. 조돈의 아우인 趙穿이 영공을 시해한 뒤에 돌아와 영공의 동생 黑臀(成公)을 옹립하였다. ≪春秋左氏傳 宣公 2년≫

13) 〈趙同〉 : ≪史記≫ 〈趙世家〉와 ≪新序≫ 〈節士〉에 '趙同' 두 글자가 있어 이를 따라 보충하였다.

14) 趙朔〈趙同〉趙括趙嬰齊 : 모두 趙盾의 아우이다. 趙同은 원래 趙談이다. ≪史記 趙世家≫

15) 程嬰 : 趙朔의 門客이다. 일설에는 친구라고 한다. 조삭의 문객 公孫杵臼와 程嬰이 모의하고 공손저구가 다른 사람의 어린아이를 조삭의 유복자로 가장하여 산중에 숨었는데, 정영이 이를 조삭의 유복자라고 고발하여 공손저구와 그 어린아이는 살해되었다. 그 뒤 정영이 조삭의 진짜 유복자를 데려다가 산중에서 길렀고, 堵岸賈가 피살된 뒤에 정영은 자살하여 공손저구의 죽음을 갚았다. ≪史記 趙世家≫

16) 大業 : 秦나라와 趙나라의 시조이다. ≪史記≫ 〈秦本紀〉에 의하면 "顓頊의 苗裔 女孫은 修이며, 修가 베를 짜는데 제비가 알을 떨어뜨리자 修가 그 알을 먹어 아들 大業을 낳았다" 한다.

17) 中衍 : 殷나라 사람으로 秦나라의 조상이다. 사람의 말을 하는 새 모양의 몸을 가졌다고 한다. ≪史記 秦始皇本紀≫

18) 幽厲 : 周나라 幽王과 厲王을 이른다. 幽王은 宣王의 아들로 周나라 12대왕이다. 이름은 宮涅, 포학한 昏君으로 아들 平王이 洛陽으로 東遷하여 東周時代가 열렸다. ≪史記 周本紀≫ 厲王은 周나라 10대왕으로 이름은 胡이다. 재물을 탐하고 비방하는 사람을 감시하는 등 포학과 사치로 폭동이 일어나자 彘로 달아나 그곳에서 죽었다. 그가 달아난 후 周·召 두 公이 협의하여 다스린 시기를 共和라 한다. ≪史記 周本紀≫

19) 文侯 : 춘추시대 晉의 군주로 이름은 仇이다. 부친이 죽고 동생 殤叔이 즉위하자, 망명했다가 4년 뒤에 殤叔을 축출하고 즉위하였다. ≪史記 晉世家≫

20) 龜策 : 거북점〔卜〕과 주역점〔筮〕을 아울러 이르는 말이다. 거북점은 거북의 등딱지를 불에 지져서 생기는 균열로 吉凶을 점치고, 주역점은 蓍草로 卦를 만들어 길흉을 점치는데 시초를 策이라고 한다.

21) 武 : 趙武로, 趙盾의 손자이다. 趙孟이라고도 한다. 趙朔의 유복자로 程嬰·公孫杵臼의 도움으로 살아남아 뒤에 卿이 되고 趙氏를 중흥하였다. 시호는 文子이다. ≪春秋左氏傳 成公 18년, 襄公 9·11·13·18·25·26·27·28·29·30·31년, 昭公

元・3・20년≫
22) 攻 : ≪群書拾補≫에는 오자라 하여 '故'로 고쳤다.

晉나라 趙盾이 韓厥을 천거하니 晉君이 中軍尉로 삼았는데, 조돈이 죽자 그 아들 趙朔이 계승하여 卿이 되었다. 景公 3년에 이르러 조삭은 진나라의 장군이 되었고, 晉 成公의 누이에게 장가들어 부인으로 삼았는데, 大夫 屠岸賈가 趙氏를 誅滅하려고 하였다. 애초에 조돈이 살아 있을 때 꿈에 叔帶가 손으로 허리를 잡고 매우 슬피 哭하다가 이윽고 웃고 손뼉을 치면서 또 노래를 부르는 것을 보았다. 조돈이 占을 치자 점에 나타난 균열이 끊어졌다가 뒤에 좋아졌다. 조씨의 史官 援이 占兆를 이렇게 풀이하였다.

"이 점은 매우 나쁘니 主君의 신상에 응험하지 않으면 주군의 아들에게 응험이 미치겠지만 이는 주군의 과오로 오는 것입니다."

그의 아들 조삭에 이르러 家世가 더욱 쇠약해졌다.

屠岸賈는 처음에 靈公의 총애를 받았는데, 晉 景公 때에 이르러 도안가를 司寇로 삼았다. 난을 일으키려고 할 때 영공을 시해한 賊을 다스리면서 조돈에 연루시키고 여러 장수에게 두루 알리며 말하였다.

"趙穿이 영공을 시해할 때 조돈은 이를 알지 못했으나 그래도 逆賊의 우두머리요. 신하로서 임금을 시해하였는데 그의 자손이 조정에 있다면 어떻게 죄 있는 사람을 懲罰하겠는가? 그들을 誅殺할 것을 청하오."

이에 韓厥이 말했다.

"영공이 적에게 해를 당할 때 조돈은 도망쳐 外地에 있었으니, 우리 先君께서 그는 죄가 없다 하였소. 그래서 그를 죽이지 않았는데 지금 여러분들이 그의 後代를 죽이려고 하니 이는 선군의 뜻이 아닌데 함부로 죽이는 것이오. 함부로 죽이면 이를 亂臣이라 하고 큰일을 저지르면서 임금께 보고하지 않으면 이는 임금을 무시하는 것이오."

이 말을 듣고도 도안가는 따르지 않았다.

한궐이 조삭에게 빨리 도망치라고 말했으나 조삭은 따르려 하지 않으면서 말했다.

"그대가 기필코 趙氏의 제사를 단절시키지 않는다면 나는 죽어도 유감이 있지 않을 것이오."

한궐은 그렇게 하겠다고 허락하고 병을 핑계로 밖에 나가지 않았다. 도안가는 임금에게 요청하지도 않고 제 마음대로 여러 장수와 下宮에서 조씨를 공격하여 趙朔·趙同·趙括·趙嬰齊를 죽이고 그들의 종족을 모두 멸하였다. 조삭의 아내 成公의 누이는 遺腹子를 임신하고 있어서 公宮으로 달아나 숨어 있다가 나중에 아들을 낳으니, 젖먹이 때에 조삭의 門客 程嬰이 이 아이를 데리고 산중으로 들어가 숨어 살았다.

15년이 지난 뒤에 晉 景公이 병들어 점을 치니, 점괘에 "大業의 후예로서 뜻을 이루지 못한 사람이 빌미가 되었다."라 하였다.

경공이 급히 한궐에게 묻자, 한궐은 조씨의 孤兒가 살아 있음을 알고 대뜸 말했다.

"大業의 후예로 晉나라에 있으면서 제사가 끊어진 것은 아마 조씨일 것입니다. 中衍으로부터 모두 嬴氏인데, 중연은 사람의 얼굴에 새의 부리로 탄생하여 殷帝 太戊를 돕고 周 天子까지 도와 모두 밝은 德行이 있었습니다. 아래로 내려와 幽王·厲王의 無道한 때에 이르러 叔帶가 周나라를 떠나 晉나라로 와서 先君 文侯를 섬겼고 成公대에까지 대대로 세운 功이 있어서 일찍이 제사가 끊어진 적이 없었습니다. 지금 우리 임금대에 이르러 유독 조씨의 종족을 멸하니 나라 사람들이 애통해합니다. 그래서 점괘에 나타난 것이니, 군주께서는 고려하십시오."

이에 경공이 물었다.

"조씨는 아직 후대 자손이 있소?"

한궐이 사실대로 빠짐없이 대답하였다. 이에 경공이 한궐과 함께 조씨의 고아를 세우기로 謀議하고 불러다가 宮中에 숨겨두었다. 여러 장수가 들어와 문병하자, 경공이 한궐의 병력을 이용하여 여러 장수를 협박해서 조씨의 고아를 가서 보게 하니 고아의 이름을 武라 하였다. 여러 장수는 부득이 말했다.

"종전의 下宮에서 있었던 난은 도안가가 주관하여 임금의 명령이라 속이고 아울러 群臣을 호령한 것이니, 그렇지 않았다면 누가 감히 난을 일으키겠습니까? 임금께서 병이 나지 않았으면 群臣이 본디 조씨의 후손을 찾아 세울 일을 요청하려 했는데, 지금 임금께서 이렇게 명령하시니 群臣의 소원입니다."

이렇게 하여 趙武와 程嬰을 불러와서 여러 장수에게 두루 절을 올리게 하였다. 장수들이 마침내 돌아가서 정영·조무와 함께 도안가를 공격하여 그의 종족을 멸하고 다시 조무의 田地와 采邑을 원래와 똑같이 주었다.

그러므로 사람이 어떻게 은혜를 베풀지 않을 수 있겠는가? 이곳에서 은혜를 베풀면 저곳에서 보답을 받게 되는 것이다. 정영이 있지 않았으면 조씨의 고아는 보전되지 못했을 것이고, 한궐이 있지 않았으면 조씨의 후예는 다시 회복되지 못했을 것이니, 한궐은 은혜를 잊지 않았다고 이를 만하다.

18. 〈蘧伯玉[1]得罪於衛君하야 走而之晉하니 晉大夫有木門子高[2]者하야 蘧伯玉舍其家하다 居二年에 衛君赦其罪而反之한대 木門子高使其子送之하야 至於境하다 蘧伯玉曰 鄙夫之하리니 子反矣어다 木門子高後得罪於晉君하야 歸蘧伯玉한대 伯玉言之衛君曰 晉之賢大夫木門子高 得罪於晉君하니 願君禮之하소서 於是衛君郊迎之하야 竟以爲上卿하다〉[3]

1) 蘧伯玉 : 춘추시대 衛나라 사람으로 이름은 瑗이다. 伯玉은 字이다. 靈公 때의 大夫이다. 50세에 지난 49년간의 잘못을 깨달았다고 하며, 자신에게 엄격하여 자기 계발과 改過에 힘썼다. ≪論語 憲問≫·≪孔子家語 弟子行≫·≪淮南子 原道訓≫
2) 木門子高 : 木門은 晉나라 邑 이름이다. ≪春秋左氏傳 襄公 27년≫ 子高는 複姓인데 평생 행적은 미상이다.
3) 〈蘧伯玉得罪於衛君……竟以爲上卿〉 : 저본에는 이 章이 없으나, ≪群書拾補≫에서 宋本에 의거하여 보충하였기에 이에 따라 보충하였다. ≪說苑校證≫에는 明鈔本에도 이 장이 있다." 하였다.

蘧伯玉이 衛君에게 죄를 얻어 달아나 晉나라로 가니, 진나라 大夫 중에 木門子高라는 사람이 있어서 거백옥이 그의 집에 묵었다. 2년이 지난 뒤에 衛君이 그의 죄를 사면하고 衛나라로 돌아오게 하자, 목문자고는 그의 아들에게 거백옥을 전송하여 국경까지 가게 하였다. 거백옥이 말했다.

"내가 스스로 갈 테니 자네는 그만 돌아가라."

후일 목문자고가 晉君에게 죄를 얻어 거백옥에게 돌아오자, 거백옥은 衛君에게 말했다.

"진나라의 賢大夫 목문자고가 晉君에게 죄를 얻어 〈위나라에 왔으니,〉 군주께서는 禮遇하십시오."

이에 衛君이 郊外에 나가 맞이하여 마침내 上卿으로 삼았다.

19. 北郭騷[1)]踵見晏子하고 曰 竊悅先生之義하노니 願乞所以養母者하노라 晏子使人分倉粟府金而遺之한대 辭金而受粟하다 有間에 晏子見疑於景公하야 出奔하다 北郭子召其友而告之하야 曰 吾悅晏子之義하야 而嘗乞所以養母者러니라 吾聞之호니 曰 養及親者는 身更其難이라 今晏子見疑하니 吾將以身白之호리라하고 遂造公庭하야 求復者曰 晏子는 天下之賢者也니이다 今去齊國하니 齊國必侵矣리이다 方必見國之侵也인댄 不若先死니 請絶頸以白晏子호리이다 逡巡而退하야 因自殺也하다 公聞之하고 大駭하야 乘(馳)〔馹〕[2)]而自追晏子하야 及之國郊[3)]하야 請而反之하다 晏子不得已而反之하야 聞北郭子之以死白己也하고 太息而歎曰 嬰不肖하니 罪過固其所也어늘 而士以身明之하니 哀哉로다

1) 北郭騷 : 춘추시대 齊나라 사람으로 北郭은 複姓, 騷는 이름이다. 행적은 이 장에 보이는 것에 불과하다. ≪呂氏春秋 士節≫

2) (馳)〔馹〕 : ≪群書拾補≫에서 ≪呂氏春秋≫에 의거하여 '馹'로 고쳤고, ≪晏子春秋≫ 〈雜 上〉에도 '馹'로 되어 있어 이에 따라 고쳤다.

3) 國郊 : ≪晏子春秋≫ 〈雜 上〉의 高誘 注의 '郊 境也'를 따라 '국경'으로 번역하였다.

北郭騷가 晏子의 집에 가서 안자를 만나 말하였다.

"저는 선생의 道義를 좋아하오니 어머니를 봉양할 것을 주시기 바랍니다."

안자가 사람을 시켜 창고의 곡식과 府庫의 돈을 나누어주게 하자, 그는 돈은 사양하고 곡식만 받았다. 얼마 뒤에 안자는 景公에게 의심을 받아 도망쳐 달아났다. 북곽소는 그의 친구를 불러 말했다.

"나는 안자의 도의를 좋아하여 언젠가 그에게 어머니를 봉양할 것을 달라고 요구한 일이 있었다. 나는 들으니 '어버이를 봉양하게 해준 사람에게는 자신의 몸으로 그의 患難을 대신 막아야 한다.' 하였다. 지금 안자가 경공에게 의심을 받고 있으니 나는 내 몸으로 그의 억울함을 밝혀야 되겠다."

그러고는 마침내 경공의 宮廷에 나아가 말을 전달할 사람을 찾아 말했다.

"안자는 천하의 賢人입니다. 지금 齊나라를 떠나 있으니 제나라는 반드시 다른 나라의 侵攻을 받을 것입니다. 앞으로 다른 나라의 침공을 당하게 될 바에는 차라리 먼저 죽는 것만 못하니, 저의 목을 끊어 안자의 억울함을 밝히겠습니다."

말을 마치고는 몇 걸음 뒤로 물러나 그대로 자살하였다. 경공은 이 일을 듣고 크게 놀라 역말을 타고 직접 안자를 쫓아가 國境에서 그를 따라잡아 그에게 돌아갈 것을 요청하였다. 안자는 부득이 돌아와서 북곽소가 죽음으로써 자신의 억울함을 밝혔다는 말을 듣고 길게 한숨을 쉬며 탄식하였다.

"나는 不肖하니 죄를 받는 것이 당연한데, 선비가 자신의 몸으로 나의 억울함을 밝혔으니 슬픈 일이다."

20. 吳赤市(불)使於智氏[1)]할새 假道於衛러니 甯文子[2)]具紵絺三百製[3)]하야 將以送之하다 大夫豹曰 吳雖大國也나 不壤交하니 假之道로도 則亦敬矣어늘 又何禮焉고 甯文子不聽하고 遂致之하다 吳赤市至於智氏하야 旣得事하고 將歸吳할새 智伯命造舟爲梁[4)]하다 吳赤市曰 吾聞之호니 天子濟於水에 造舟爲梁하고 諸侯維舟爲梁[5)]하며 大夫方舟[6)]라 方舟는 臣之職也요 且敬太甚이니 必有故리라하고 使人視之하니 視則用兵在後矣하야 將以襲衛러라 吳赤市曰 衛假吾道하고 而厚贈我어늘 我見難而不告면 是與爲謀也라하고 稱疾而留하야 使人告衛하니 衛人警戒하다 智伯聞之하고 乃止하다

1) 吳赤市(불)使於智氏 : 吳나라의 赤市이 晉나라의 智伯에게 사신으로 갔다는 말이다. 赤市은 吳나라 大夫로 평생 행적은 미상이다. 智氏는 智伯이다. 본서 권3 〈建本〉의 30 주2) 참고.
2) 甯文子 : 전국시대 衛나라 大夫이다. ≪戰國策≫ 〈衛策〉·≪說苑≫ 〈權謀〉에는 南文子로 되어 있다. 晉나라의 智伯이 衛나라를 치려는 생각으로 野馬 네 필과 白璧 한 쌍을 보내왔을 때, 이를 간파하고 衛軍에 수비를 갖추게 하자 지백의 군대는 돌아갔다. ≪戰國策 衛策≫
3) 紵絺三百製 : 紵는 모시베이다. 絺는 올이 가는 葛布이다. 製는 制와 통용으로, 고대 布帛의 길이를 재는 단위이며, 1丈 8尺이 1制이다. ≪禮記 王制≫
4) 造舟爲梁 : 물가에서 배를 만들어 나란히 물에 띄운 다음 그 위에 널빤지를 깔아 다리를 만들어 통행하는 것으로, 후대의 浮橋이다. 일설에는, 배를 나란히 연결시키는 것을 造舟라고 한다. ≪詩經 大雅 大明≫
5) 維舟爲梁 : 네 척의 배를 나란히 매어 연결해 浮橋를 만든다는 뜻이다. ≪爾雅 釋水≫
6) 方舟 : 두 척의 배를 나란히 매어 연결함을 이른다. ≪莊子 山木≫

吳나라의 赤市이 晉나라 智氏에게 사신 갈 때 衛나라에 길을 빌려 지나갔는데 위나라 大夫 甯文子가 모시와 細葛布 3백 制를 마련하여 보내주려고 하였다. 大夫 豹가

말했다.

"오나라가 大國이기는 하지만 우리나라와 국토가 맞닿아 있지 않으니, 길을 빌려준 것만으로도 敬意를 표한 것인데 또 무슨 禮物을 보낸단 말이오?"

甯文子는 이 말을 따르지 않고 즉시 준비한 예물을 보내주었다. 오나라의 적불이 지씨가 있는 곳에 도착하여 일을 마치고 오나라로 돌아가려고 할 때 智伯이 배다리를 만들라고 명하였다. 오나라의 적불은 말했다.

"나는 들으니, 天子는 물을 건널 때 배다리를 만들고, 諸侯는 네 척의 배로 다리를 만들며, 大夫는 두 척의 배를 이어서 건넌다고 한다. 두 척의 배를 이어 건너는 것이 나의 신분에 맞고, 그것도 과분하게 敬待하는 것이니, 〈지금 이렇게 하는 것은〉 필시 어떤 이유가 있을 것이다."

그리고는 사람을 보내 살펴보게 하였다. 살펴보니 後面에 전쟁을 할 군대를 배치하여 위나라를 습격하려는 것이었다. 오나라의 적불이 말했다.

"위나라는 나에게 길을 빌려주고 많은 선물까지 주었는데, 내가 위나라에 災難이 닥칠 것을 알면서 알려주지 않는다면 이는 지백의 계책에 참여한 게 된다."

이렇게 말하고는 병을 핑계로 머물면서 사람을 위나라에 보내 알려주니, 위나라 사람이 警戒를 강화하였다. 지백은 이 소식을 듣고 이내 위나라를 습격하려던 계획을 중지하였다.

21. **楚魏會於晉陽**하야 **將以伐齊**하니 **齊王患之**하야 **使人召淳于髡**[1]**曰 楚魏謀欲伐齊**하니 **願先生與寡人共憂之**하노라 **淳于髡大笑而不應**이어늘 **王復問之**호되 **又復大笑而不應**하고 **三問而不應**하다 **王怫然作色曰 先生以寡人國爲戲乎**아 **淳于髡對曰 臣不敢以王國爲戲也**로소이다 **臣笑臣隣之祠田也**에 **以一奩飯與一鮒魚**하야 **其祝曰 下田洿邪**[2]는 **得穀百車**하고 **蟹堁**[3]**者**는 **宜禾**라하더이다 **臣笑其所以祠者少**어늘 **而所求者多**로소이다 **王曰善**하다 **賜之千金**과 **革車百乘**하고 **立爲上卿**하다

1) 淳于髡 : 전국시대 齊나라 사람이다. 滑稽를 잘하여 여러 차례 제후에게 사신으로 갔으나 굴욕을 당하지 않았다. 은미한 말로 齊 威王을 설득하여 따르게 하고, 제후들이 齊나라를 침략하지 못하게 하자 諸侯主客으로 삼았다. ≪史記 孟子荀卿列傳·滑稽列傳≫

2) 洿邪 : 지세가 낮고 우묵하여 물이 고이기 쉬운 토질이 나쁜 농지를 이른다. ≪大戴禮

記 勸學≫

3) 蟹堁 : 지세가 높은 땅을 이른다. 蟹螺로도 쓴다. ≪荀子 儒效≫

楚나라와 魏나라 사람이 晉陽에서 會盟하여 齊나라를 토벌하려고 하니, 齊王이 이를 걱정하여 사람을 보내 淳于髡을 불러오게 하여 말했다.

"초나라와 위나라가 제나라를 토벌하려고 謀議하니, 선생은 寡人과 근심을 함께하기 바라오."

순우곤이 크게 웃기만 하고 대답하니 않으니, 왕이 다시 물었으나 또 크게 웃기만 하고 대답하지 않았으며, 세 번 물었으나 대답하지 않았다. 왕은 발끈 화를 내고 얼굴을 붉히며 말했다.

"선생은 과인의 나라를 가지고 장난으로 삼는 것이오?"

이에 순우곤은 대답했다.

"臣은 감히 大王의 나라를 가지고 장난으로 삼지 못합니다. 신이 웃은 것은, 신의 이웃 사람이 農地를 향해 제사 지내는데 한 그릇의 밥과 한 마리의 붕어를 祭物로 써서 기도하면서 '낮은 곳의 나쁜 농지에는 백 수레의 곡식을 얻게 하시고, 높은 곳의 농지에는 벼가 잘 자라게 해주십시오.' 하는 것이었습니다. 그래서 신은 그의 제사 지내는 제물은 적은데 요구하는 것이 많은 것을 웃은 것입니다."

이 말을 들은 왕은 "좋소." 하고는 4金과 兵車 백 乘을 하사하고, 당장 上卿으로 삼았다.

22. 陽虎[1)]得罪於衛하야 北見簡子하고 曰 自今以來로 不復樹人矣리이다 簡子曰 何哉오 陽虎對曰 夫堂上之人은 臣所樹者過半矣요 朝廷之吏는 臣所立者亦過半矣며 邊境之士는 臣所立者亦過半矣니이다 今乃堂上之人은 親郤臣於君하고 朝廷之吏는 親危臣於(衆)〔法〕[2)]하고 邊境之士는 親劫臣於兵하니이다 簡子曰 唯賢者라야 爲能報恩이요 不肖者는 不能이니라 夫樹桃李者는 夏得休息하고 秋得食焉이로되 樹蒺藜者는 夏不得休息하고 秋得其刺焉이니라 今子之所樹者는 蒺藜也요 〈非桃李也〉[3)]니 自今以來로 擇人而樹하고 毋已樹而擇之하라

1) 陽虎 : 춘추시대 魯나라 사람이다. 陽貨라고도 한다. 季氏의 家臣으로 季平子를 섬기

다가 平子가 죽자 전권을 장악하였고, 季桓子를 협박하여 맹약을 체결하였다. 뒤에 三桓(孟孫・叔孫・季孫)을 제거하려다 실패하여 陽關으로 달아났고, 齊나라와 晉나라를 전전하다가 趙簡子의 謀臣이 되었다. ≪春秋左氏傳 定公 5~9년≫・≪史記 孔子世家≫・≪淮南子 人間訓≫

2) (衆)〔法〕: ≪群書拾補≫에 "≪太平御覽≫ 권997에 '法'으로 썼다." 하였고, ≪說苑校證≫에 "'法'이 옳다. ≪韓詩外傳≫에 '나를 법에 얽어넣었다.〔中我於法〕'라 쓴 것이 바로 증거이다." 하여 따라 고쳤다.

3) 〈非桃李也〉: ≪群書拾補≫에 "≪太平御覽≫에 '非桃李也' 네 글자가 있다." 하였고, ≪說苑校證≫에는 "≪群書治要≫와 ≪資治通鑑外紀≫의 인용문에 이 네 글자가 탈락되지 않았다." 하여 따라 고쳤다.

陽虎가 衛나라에 죄를 얻어 북쪽에 가서 趙簡子를 만나 말했다.

"지금부터 이후로 다시는 사람을 배양하지 않겠습니다."

조간자가 물었다.

"무엇 때문이오?"

양호가 대답했다.

"朝堂 위에 있는 사람은 제가 배양한 사람이 절반이 넘고, 朝廷의 관리는 제가 배양한 사람이 역시 절반이 넘으며, 邊境의 將士는 제가 배양한 사람이 역시 절반이 넘습니다. 지금 조당 위에 있는 사람은 직접 임금에게 저를 배제하였고, 조정의 관리는 직접 法으로 저를 위협하였으며, 변경의 장사는 직접 武力으로 저를 협박하였습니다."

이에 조간자는 다음과 같이 말해주었다.

"어진 이라야 능히 은혜를 갚지, 어질지 못한 사람은 은혜를 갚지 못하는 것이오. 복숭아와 자두를 심은 사람은 여름에 그 아래에서 쉬고 가을에 그 과실을 먹을 수 있으나, 찔레를 심은 사람은 여름에 그 아래에서 쉬지 못하고 가을에 그 가시를 얻게 되는 것이오. 지금 그대가 심은 것은 찔레이고 복숭아와 자두가 아니니, 지금부터 이후로는 사람을 가려서 배양하고 이미 배양하고 나서 가리지 마시오."

23. 魏文侯與田子方語할새 有兩僮子衣靑白衣하고 而侍於君前이러라 子方曰 此君之寵子乎잇가 文侯曰 非也라 其父死於戰하니 此其幼孤也라 寡人收之로라 子方曰 臣以君之賊心爲足矣러니 今滋甚하니이다 君之寵此子也하시니 又且以誰之父殺之乎잇가

文侯愍然曰 寡人受令矣로라 **自是以後**로 **兵革不用**하다

魏 文侯가 田子方과 말을 나눌 때 푸른 옷과 흰 옷을 입은 두 어린아이가 임금의 앞에서 모시고 있었다. 전자방이 물었다.

"이 아이는 임금께서 사랑하시는 아들입니까?"

文侯가 말했다.

"아니오. 그의 아비는 전쟁에서 죽었으니, 이 아이는 그의 어린 고아요. 그래서 寡人이 거두어 기르는 것이오."

전자방이 말했다.

"臣은 임금께서 그렇게 사람을 죽였으면 마음에 만족하시리라 여겼는데 지금 보니 더욱 심하십니다. 임금께서 이 아이들을 사랑하시니 장차 또 누구의 아비를 죽이시렵니까?"

이 말을 듣고 문후는 가엾어하면서 말하였다.

"寡人은 가르침을 받겠습니다."

이로부터 이후로 전쟁을 하지 않았다.

24. **吳起爲魏將**하야 **攻中山**할새 **軍人有病疽者**어늘 **吳子自吮其膿**하니 **其母泣之**러라 **旁人曰 將軍於而子如是**어늘 **尙何爲泣**고 **對曰 吳子吮此子父之創**하야 **而(役)〔殺〕之於(注)〔涇〕水之戰**[1]하니 **戰不旋踵而死**하니라 **今又吮之**하니 **安知是子何戰而死**리오 **是以哭之矣**로라

1) (役)〔殺〕之於(注)〔涇〕水之戰 : 저본에는 '役'과 '注'로 되어 있으나, ≪說苑校證≫과 ≪藝文類聚≫ 권59에서 ≪韓非子≫를 인용하여 "吳子가 그 아버지의 상처를 입으로 빨아 낫게 하자 경수 가의 싸움에서 죽었다.〔吳子吮其父之傷 而殺之涇水之上〕"라 한 것을 근거로 校證한 것에 따라 '殺'과 '涇'으로 바로잡았다.

吳起가 魏나라 장군이 되어 中山國을 공격할 때 軍人 중에 腫氣를 앓는 자가 있었는데 오기가 직접 그 고름을 빨아내니, 그의 어머니가 흐느껴 울었다. 곁에 있던 사람이 물었다.

"장군이 그대의 아들을 이처럼 돌봐주는데 그대는 무엇 때문에 오히려 흐느껴 우는 게요?"

그 어머니가 대답했다.

"吳子가 이 아이의 아버지 상처를 빨아주어 涇水의 전쟁에서 죽었는데, 전투가 벌어지자 발을 돌릴 틈도 없이 대번에 전사하였소. 그런데 지금 또 아이의 종기를 빨아내었으니 이 아이가 어느 전쟁에서 죽을지 어찌 알겠소? 이 때문에 내가 흐느껴 우는 것이오."

25. 東閭子[1]嘗富貴而後乞이어늘 人問之曰 公何爲如是오 曰 吾自知로라 吾嘗相六七年호되 未嘗薦一人也하고 吾嘗富三千萬者再호되 未嘗富一人也하니 不知士出身之咎然也니라 孔子曰 物之難矣니 小大多少 各有怨惡(오)는 數之理也니 人而得之는 在於外假之也라하시니라

1) 東閭子 : 사람 이름이다. 평생 행적은 미상이다.

東閭子가 일찍이 富貴를 누리다가 뒤에 빌어먹고 살았다. 어떤 사람이 그에게 물었다.

"公은 어쩌다가 이와 같이 되었소?"

그는 대답했다.

"나는 스스로 안다오. 내 일찍이 6, 7년 동안 宰相을 지냈으나 한 사람도 추천하지 못했고, 내 일찍이 두 차례 3천만의 富裕함을 누렸으나 한 사람도 부유하게 해주지 못했소. 이는 士이면서 獻身할 줄을 몰랐던 탓에 이렇게 된 것이오."

孔子께서 말씀하셨다.

"事物이란 헤아리기 어렵다. 크고 작고 많고 적음에 각기 원한과 싫어함이 있는 것은 운명의 규칙이니, 사람이 이를 얻는 것은 外物을 빌려 쓰는 데 달려 있다."

26. 齊懿公[1]之爲公子也에 與邴歜[2]之父爭田[3]이라가 不勝하다 及卽位하야 乃掘而刖之하고 而使歜爲僕하며 奪庸織[4]之妻하고 而使織爲參乘[5]하다 公游于申池[6]할새 二人浴于池러니 歜以鞭抶織한대 織怒하다 歜曰 人奪女妻로되 而不敢怒러니 一抶女庸何傷고 織曰 {孰}[7]與刖其父而不病으론 奚若고 乃謀殺(시)公하야 納之竹中하다

1) 齊懿公 : 춘추시대 齊나라 군주로 이름은 商人이다. 桓公의 아들이고, 昭公의 아우이

다. 환공이 죽은 뒤 齊侯의 자리를 차지하려 하였으나 성공하지 못하자 비밀히 賢士들과 結交하였다. 昭公이 죽고 태자 舍가 즉위하였으나 세력이 약하여 고립되자 舍를 죽이고 스스로 즉위하였다. ≪春秋左氏傳 文公 14~18년≫·≪史記 齊太公世家≫

2) 邴歜 : 사람 이름이다. 평생 행적은 미상이다.

3) 爭田 : 田地를 차지하기 위하여 다툰다는 뜻이다. 田을 사냥으로 보아 사냥하여 잡은 짐승을 차지하기 위하여 다툰 일로 해석하기도 하나, 楊伯峻의 ≪春秋左傳注≫를 따라 '田地'로 번역하였다.

4) 庸織 : 사람 이름이다. ≪春秋左氏傳≫ 文公 18년에는 '閻織'으로 되어 있다. 평생 행적은 미상이다.

5) 參乘 : 고대에 수레를 탈 때, 尊者는 왼쪽, 마부는 중앙, 모시는 사람이 오른쪽에 타는데, 이를 參乘이라 한다. 驂乘으로도 쓰며, 陪乘이라고도 한다.

6) 申池 : 춘추전국시대 齊나라 수도 臨淄의 申門 밖에 있던 연못을 이른다. 지금의 山東省 淄博市 북서쪽에 있었다.

7) {孰} : ≪說苑纂注≫와 ≪說苑校證≫에 모두 ≪春秋左氏傳≫에 '孰'자가 없는 데 의거하여 삭제하였기에 따라 삭제하였다.

齊 懿公이 公子였을 때 邴歜의 아버지와 田地를 빼앗으려 다투다가 이기지 못했다. 즉위한 뒤에 그 아버지의 시체를 파내어 발목을 자르고 병촉을 마부〔僕〕로 삼았으며, 庸織의 아내를 빼앗고 용직을 參乘으로 삼았다. 懿公이 申池에서 놀 적에 이 두 사람도 신지에서 목욕하고 있었는데, 병촉이 말채찍으로 용직을 치자 용직이 노하였다. 병촉이 물었다.

"남이 네 아내를 빼앗아가도 감히 노하지 않더니 너를 한 번 친 것이 뭐가 해로우냐?"

그러자 용직이 대답했다.

"자기 아버지의 발목을 잘랐는데도 원한 품지 않는 것과 비교하여 어떠하냐?"

두 사람이 마침내 의공을 계획적으로 弑害하여 시체를 대밭 속에 버렸다.

27. 楚人獻黿於鄭靈公[1]이러니 公子家[2]見公하다 子宋[3]之食指動하니 謂公子家曰 我如是면 必嘗異味니라 及食大夫黿할새 召公子宋而不與하니 公子宋怒하야 染指於鼎하야 嘗之而出한대 公怒하야 欲殺之하다 公子宋與公子家謀先하야 遂殺(시)靈公하다 子夏曰 春秋者는 記君不君하며 臣不臣하며 父不父하며 子不子者也라 此非一日之事也요 有漸以至焉이니라

1) 鄭靈公 : 춘추시대 鄭나라 군주로 이름은 夷이며, 穆公의 아들이다. 子公(公子宋)에게 시해당하여 1년밖에 在位하지 못했다. ≪春秋左氏傳 宣公 4년≫
2) 公子家 : 춘추시대 鄭나라 公子로 이름은 歸生, 字는 子家이다. 靈公이 公子宋(子公)을 죽이려 하자, 공자송이 영공을 시해하려고 하였다. 공자가는 이를 말렸으나 공자송이 도리어 참소를 하는 바람에 할 수 없이 함께 영공을 시해하였는데, ≪春秋左氏傳≫에서 "鄭나라 公子 歸生이 그 임금 夷를 시해하였다 하였으니, 그의 권력이 부족했음을 말한 것이다.〔鄭公子歸生 弑其君夷 權不足也〕"라 하였다. ≪春秋左氏傳 文公 2년, 宣公 2·4년≫
3) 子宋 : 춘추시대 鄭나라 公子로 字는 子公이다. 이 章에 보이는 이외의 행적은 알 수 없다. ≪春秋左氏傳 宣公 4년≫

楚나라 사람이 鄭 靈公에게 큰 자라를 바쳤는데, 公子家가 靈公을 뵙게 되었다. 公子宋의 食指가 움직이니 공자가에게 말했다.

"내 손가락이 이 같으면 반드시 특별한 음식을 먹게 된다."

영공이 大夫들과 자라 요리를 먹을 적에 공자송을 부르기만 하고 요리는 주지 않았다. 공자송이 노하여 솥 안에 손가락을 넣어서 맛을 본 다음 나가버리자, 영공이 노하여 죽이려고 하였다. 공자송과 공자가가 선수를 쳐서 영공을 시해하였다. 子夏는 말했다.

"≪春秋≫는 임금이 임금답지 못하며 신하가 신하답지 못하며 아비가 아비답지 못하며 자식이 자식답지 못한 일을 기록한 것이다. 이런 일은 하루에 형성된 것이 아니라, 차츰차츰 변화하여 그런 지경에 이르는 것이다."

卷7 政理　나라를 다스리는 도리

〈政理〉篇은 국가를 다스리는 도리를 闡明한 내용이다. 정치에는 王道와 霸道가 있는데 왕도는 重하고 패도는 輕하다는 思想에서 출발하고 있다.

왕도의 핵심은 仁政과 敎化로써 君子의 德은 바람과 같고 小人의 德은 풀과 같아서 풀 위에 바람이 불면 풀이 쓰러지는 것처럼 교화의 作用을 提高하였다. 한편 패도는 刑法을 중시하고 교화를 輕視하지만 그렇다고 무조건 刑法을 否定하는 것이 아니다. 형법의 重要性을 인정하면서도 다만 先後와 主客의 문제로 보았다. 이는 先王이 德敎를 편 뒤에 刑罰은 부차적으로 사용하여 '가르치지 않고 형벌하는 것을 포학이라 한다'는 孔子의 사상과 부합하는 것으로 인식하였다.

국가를 다스리는 요건으로 백성의 생활이 보장되어야 하고, 賞罰을 實情에 맞게 시행해야 하며, 자신의 德을 수양해야 됨을 밝혔다. 그래서 賢君이 나라를 다스릴 적에 정치가 淸明하고, 관리는 가혹하지 않으며, 세금을 절약하고 자신의 봉양은 薄하게 하여 좋은 治世를 이룬다는 것이다.

01. 政有三品하니 王者之政化之요 霸者之政威之요 (彊者)〔彊國〕[1]之政脅之라 夫此三者는 各有所施로되 而化之爲貴矣니라 夫化之不變而後威之하고 威之不變而後脅之하고 脅之不變而後刑之하나니 夫至於刑者는 則非王者之所得已也라 是以聖王이 先德敎而後刑罰하고 立榮恥而明防禁하며 崇禮義之節以示之하고 賤貨利之弊[2]以變之하며 修道理內하야 政橛機[3]之禮하고 壹妃(배)匹之際하니 則莫不慕義禮之榮하고 而惡貪亂之恥라 其所由致之者는 化使然也니라

1) (彊者)〔彊國〕: 저본에 '彊者'로 되어 있었으나, ≪說苑校證≫에 "≪群書治要≫와 ≪北堂書鈔≫ 권35・≪長短經≫ 〈君德〉에 모두 '彊國'으로 되어 있어 고쳤다." 하였고, 또 ≪藝文類聚≫ 〈論政〉에도 '彊國'으로 되어 있어서 '彊國'으로 바로잡았다.

2) 弊 : '幣'와 통용한다.

3) 橛機 : 문의 안, 곧 宮庭이다. 橛은 문지방, 機는 문장부이기 때문에 이른다.

政治에는 세 등급이 있으니, 王者의 정치는 德으로 백성을 敎化하고, 霸者의 정치는 威力으로 백성을 두렵게 하며, 强國의 정치는 刑罰로 백성을 威脅한다. 이 세 가지 정치 형태는 각기 시행하는 방법이 있으나 덕으로 교화하는 정치가 가장 귀중한 것이다. 교화하여도 백성들이 변하지 않으면 그 다음에 위력을 쓰고 위력을 써도 변하지 않으면 그 다음에 형벌로 위협하는 방법을 써야 한다. 형벌을 쓰는 데까지 이르는 것은 王者가 할 수 있는 것이 아니다.

이 때문에 聖王은 덕으로 교화하는 일을 먼저 하고 형벌은 어쩔 수 없게 된 뒤에 쓰며, 榮光과 恥辱의 표준을 세우고 防備와 禁止하는 일을 밝히며, 禮義의 節度를 존중하여 제시하고 財物과 利益을 천시하여 백성의 마음을 변화시키며, 신변을 닦고 마음을 다스려 집 안의 禮를 바르게 하고 后妃의 관계를 전일하게 한다. 그러면 義禮의 영광됨을 사모하고 탐욕과 혼란을 수치로 여기지 않는 백성이 없을 것이다. 이런 현상을 이루는 원인은 덕으로 베푼 교화가 그렇게 하는 것이다.

02. 季孫[1)]問於孔子曰 如殺無道하야 以就有道인댄 何如하니잇고 孔子曰 子爲政에 焉用殺이리오 子欲善이면 而民善矣리니 君子之德은 風也요 小人之德은 草也라 草上之風이면 必偃이니라하시니 言明其化而已也라

1) 季孫 : 이 단락은 ≪論語≫ 〈顔淵〉에 보이는데, 季孫은 季康子로 되어 있다. 계강자의 姓은 季, 이름은 肥이며, 康은 시호이다. 魯 哀公 때 아버지 季桓子를 이어 相이 되었다.

季孫이 孔子께 물었다.

"만일 無道한 사람을 죽여서 道義 있는 사람을 오게 하면 어떻습니까?"

공자께서 대답하셨다.

"그대는 정치를 하면서 어찌 죽이는 방법을 쓰려 합니까? 그대가 善을 행하려고 하면 백성들도 善을 행하는 법입니다. 君子의 德은 바람과 같고 小人의 덕은 풀과 같으니, 풀 위에 바람이 불면 풀은 반드시 쓰러집니다."

이것은 敎化를 밝게 시행해야 할 뿐임을 말한 것이다.

03. 治國有二機하니 刑德是也라 王者는 尙其德而希其刑하고 霸者는 刑德竝湊하고 彊國은 先其刑而後德이니라 夫刑德者는 化之所由興也니 德者는 養善而進闕者也요 刑者는 懲惡而禁後者也라 故德化之崇者는 至於賞하고 刑罰之甚者는 至於誅라 夫誅賞者는 所以別賢不肖하고 而列有功與無功也라 故誅賞을 不可以繆니 誅賞繆면 則善惡亂矣니라 夫有功而不賞이면 則善不勸하고 有過而不誅면 則惡不懼하나니 善不勸惡不懼하고 而能以行化乎天下者는 未嘗聞也로라 書曰 畢協賞罰[1]이라하니 此之謂也[2]니라

1) 畢協賞罰 : ≪書經≫ 〈周書 康王之誥〉에 보인다.
2) 治國有二機……此之謂也 : 이 章은 저본에 위의 章과 연결되어 있으나, ≪群書拾補≫와 ≪群書治要≫에 의거하여 別章으로 나누었다.

나라를 다스리는 데에는 두 가지 중요한 조건이 있으니 刑罰과 德教가 이것이다. 王者는 덕교를 숭상하고 형벌은 적게 쓰며, 霸者는 형벌과 덕교를 아울러 쓰고, 强暴한 나라는 형벌을 먼저 쓰고 덕교는 뒤에 쓴다. 형벌과 덕교는 教化가 일어나는 근본이니, 덕교는 善을 길러 缺點을 補完하여 나아가게 하는 것이고, 형벌은 惡行을 懲戒하여 뒷사람의 악행을 금지하는 것이다. 그래서 德化를 숭상하게 하는 방법은 賞을 주고, 형벌을 심하게 하는 방법은 誅罰하는 것이다.

주벌하고 상을 주는 것은 어진 이와 어질지 못한 이를 구별하고 功이 있는 이와 공이 없는 이를 나누어 세우는 방법이다. 그 때문에 주벌하고 상을 주는 일을 잘못 시행해서는 안 되니, 주벌하고 상을 주는 일을 잘못 시행하면 善과 惡이 혼란해진다. 공이 있는데도 상을 주지 않으면 善한 사람이 권장되지 않고, 잘못이 있는데도 주벌하지 않으면 惡한 사람이 두려워하지 않는다. 善한 사람이 권장되지 않고 惡한 사람이 두려워하지 않고서 천하에 교화를 잘 행했다는 사람은 일찍이 듣지 못했다.

≪書經≫에 "상과 벌을 모두 합당하게 한다." 하였으니, 이를 두고 이른 말이다.

04. 水濁則魚困하고 令苛則民亂하며 城峭則必崩하고 岸竦則必阤라 故夫治國은 譬若張琴하야 大絃急則小絃絶矣라 故曰 急轡銜者는 非千里御也라하니라 有聲之聲은 不過百里요 無聲之聲은 延及四海라 故祿過其功者는 損하고 名過其實者는 削이라 情行合而(民)〔名〕[1]副之하나니 禍福不虛至矣라 詩云 何其處也오 必有與也로다 何其

久也오 **必有以也**[2)]로다하니 **此之謂也**니라

1) (民)〔名〕 : 저본에는 '民'으로 되어 있으나, ≪淮南子≫ 〈繆稱〉篇에 의거하여 '名'으로 바로잡았다.
2) 詩云……必有以也 : ≪詩經≫ 〈邶風 旄丘〉에 보인다.

물이 흐리면 물고기가 살기 어렵고, 法令이 가혹하면 백성이 난을 일으키고, 城이 높으면 반드시 무너지며, 언덕이 높이 솟아 있으면 반드시 무너지게 마련이다. 그래서 나라 다스리는 일은 琴의 絃을 조절하는 것과 같아서 큰 絃을 지나치게 팽팽히 당기면 작은 絃이 끊어지게 된다. 그래서 "말고삐와 재갈을 팽팽히 당기며 빨리 모는 자는 천리를 잘 달릴 수 있는 마부가 아니다."라고 말하는 것이다.

들리는 소리가 있는 소리는 백 리에 지나지 못하고, 들리는 소리가 없는 소리는 온 四海에 퍼져 미친다. 그래서 功勞보다 祿俸을 많이 받는 자는 결국 損害를 받게 되고, 實際보다 名聲이 지나치게 높은 자는 끝내 깎이게 된다. 실제 정황과 행위가 부합해야 명성이 부응하는 것이니, 禍福은 공연히 찾아오는 것이 아니다.

≪詩經≫에 "어떻게 편안히 사시는가? 반드시 돕는 자가 있네. 어떻게 오래 머무는가? 반드시 원인이 있네."라 하였으니, 이런 경우를 두고 이른 말이다.

05. **公叔文子爲楚令尹三年**호되 **民無敢入朝**하니 **公叔子**[1)]**見**하야 **曰 嚴矣**로다 **文子曰 朝廷之嚴也**를 **寧云妨國家之治哉**아 **公叔子曰 嚴則下喑**하고 **下喑則上聾**하나니 **聾喑不能相通**이어늘 **何國之治也**리오 **蓋聞之也**호니 **順針縷者成帷幕**하고 **合升斗者實倉廩**하며 **并小流而成江海**라호라 **明主者**는 **有所受命而不行**이언정 **未嘗有所不受也**니라

1) 公叔子 : 人名인데, 平生 行蹟은 알 수 없다.

公叔文子가 楚나라의 令尹이 된 지 3년이나 되었으나 감히 朝廷에 들어와 의견을 말하는 사람이 없으니, 公叔子가 만나서 말했다.

"너무 嚴합니다."

공숙문자는 대답하였다.

"조정이 엄한 것을 어찌 국가를 다스리는 일에 방해가 된다 하겠소."

이에 공숙자가 말했다.

"엄하면 아랫사람들이 입을 다물고, 아랫사람들이 입을 다물면 윗사람은 귀머거리가 됩니다. 귀머거리와 벙어리는 서로의 생각을 통하지 못하는데 어떻게 국가가 다스려지겠습니까? 저는 들으니, 바늘과 실을 순서대로 사용하는 자는 帳幕을 만들 수 있고, 한 되나 한 말의 곡식을 모으는 자는 倉庫를 가득 채울 수 있으며, 작은 물이 모여 쌓여야 강과 바다를 이룬다고 합니다. 賢明한 임금은 의견을 받아 실행하지 못하는 경우는 있을지언정 의견을 받아들이지 않는 경우는 없습니다."

06. 衛靈公[1]謂孔子曰 有語寡人호되 爲國家者는 謹之於廟堂之上이면 而國家治矣라하니 其可乎잇가 孔子曰 可하니이다 愛人者는 則人愛之하고 惡(오)人者는 則人惡之하며 知得之己者는 亦知得之人하나니 所謂不出於環堵[2]之室하야 而知天下者니 知反之己者也니이다

1) 衛靈公 : 춘추시대 衛나라 君主로 이름은 元이다. 獻公의 손자로 齊豹・北宮喜 등의 난에 망명하였다가 복귀하였다. 재위는 42년이다. ≪春秋左氏傳 昭公 20년, 定公 8년≫・≪史記 衛康叔世家≫

2) 環堵 : 사방이 각각 1丈 정도 되는 토담으로 빙 둘러 쌓은 집이다. 비좁고 누추하며 가난한 집을 형용한다. ≪禮記≫〈儒行〉에 "유자는 1묘의 宮(담)과 사방 1丈의 벽으로 둘러친 방이 있다.〔儒者有一畝之宮 環堵之室〕"라 하였다.

衛 靈公이 孔子께 말했다.

"어떤 이가 寡人에게 '국가를 다스리는 사람이 廟堂에서 삼가고 조심하면 국가는 잘 다스려진다.'고 하는데, 이 말이 가능합니까?"

공자께서 대답하셨다.

"가능합니다. 남을 사랑하는 사람은 남도 그 사람을 사랑하고, 남을 미워하는 사람은 남도 그 사람을 미워하며, 자신에게 有益함을 얻는 도리를 아는 사람은 남의 유익함을 얻는 도리도 압니다. 이른바 '사방을 흙담으로 둘러친 작은 집에서 나오지 않고서도 천하의 일을 안다.'는 것이니, 자신에게 돌이켜볼 줄을 아는 것입니다."

07. 子貢問治民於孔子한대 孔子曰 懍懍焉如以腐索御奔馬니라 子貢曰 何其畏也니잇고 孔子曰 夫通達之國에 皆人也니 以道導之면 則吾畜[1]也요 不以道導之면 則

吾讐也니 若何而毋畏리오

1) 畜 : '좋아하다, 기뻐하다'의 뜻이다. ≪呂氏春秋≫ 〈適威〉에 "≪주서≫에 말했다. '백성을 잘 대해주면 좋아하고, 잘 대해주지 않으면 원수로 여긴다.〔周書曰 民善之則畜也 不善則讎也〕'"라 한 구절의 高誘 注에 "畜은 好의 뜻이다."라 하였다.

子貢이 孔子께 백성을 다스리는 법을 여쭙자, 공자께서 말씀하셨다.

"썩은 새끼줄로 달리는 말을 다루는 것처럼 조심하고 두려워해야 된다."

자공이 또 여쭈었다.

"어찌 그렇게 두려운 것입니까?"

공자께서 다시 일러주셨다.

"四通八達의 國都는 도처에 모두 사람이니 道義로 그들을 인도하면 나를 좋아하고, 도의로 인도하지 않으면 나를 원수로 여길 것이니 어떻게 두렵지 않겠느냐?"

08. 齊桓公謂管仲曰 吾欲擧事於國호되 昭然如日月하야 無愚夫愚婦히 皆曰善하노니 可乎아 仲曰 可하니이다 然非聖人之道니이다 桓公曰 何也오 對曰 夫短綆은 不可以汲深井이요 知鮮은 不可以與聖人之言이니 慧士可與辨物이요 智士可與辨無方이며 聖人可與辨神明이니이다 夫聖人之所爲는 非衆人之所及也니 民知十己면 則尙與之爭하야 曰不如吾也라하고 百己則疵其過하고 千己則唯而不信이라 是故로 民不可(稍)〔稱〕而(掌)〔賞〕[1]也니이다 可并而牧也나 不可暴而殺也요 可麾而致也나 衆不可戶說也니 可擧而示也니이다

1) 民不可(稍)〔稱〕而(掌)〔賞〕也 : 저본에는 '稍'와 '掌'으로 되어 있으나, ≪說苑校證≫에 의거하여 '稱'과 '賞'으로 고쳐 번역하였다.

齊 桓公이 管仲에게 말했다.

"나는 국내에서 일을 처리하되 마치 日月처럼 밝게 하여 어리석은 남자와 여자 할 것 없이 다들 '잘한다.'라고 말하게 하고 싶은데 가능하겠소?"

관중이 말했다.

"가능합니다. 그러나 聖人의 도리는 아닙니다."

환공이 말했다.

"무엇 때문이오?"

관중은 대답하였다.

"짧은 두레박줄로는 깊은 샘물을 길어올릴 수 없고, 知識이 적은 사람은 聖人과 말할 수가 없습니다. 聰明한 사람은 함께 사물을 변별할 수 있고, 智慧로운 사람은 함께 한정 없는 사물을 변별할 수 있으며, 聖人은 함께 神明을 변별할 수 있습니다. 성인이 하는 일은 일반 사람이 미치지 못합니다. 일반 사람은 남이 자기보다 열 배 나은 것을 알면 오히려 그와 다투면서 '나보다 못하다.'라 하고, 자기보다 백 배 나은 것을 알면 그의 허물을 들추어내며, 자기보다 천 배 나으면 대답만 하고는 믿지 않습니다. 이 때문에 일반 사람은 칭찬하여 상을 줄 수 없습니다. 모두 합병하여 관리할 수는 있으나 폭력을 행사하여 죽일 수는 없으며, 지휘하여 불러 쓸 수는 있으나 많은 사람을 집집마다 설득할 수는 없으니, 일의 정황을 들어 보여주어야 합니다."

09. 衛靈公問於史鰌曰 政孰爲務오 對曰 大理[1]爲務니 聽獄不中이면 死者不可生也요 斷者不可屬也라 故曰 大理爲務라하노이다 少焉에 子路見公이어늘 公以史鰌言告之한대 子路曰 司馬[2]爲務니 兩國有難하야 兩軍相當이어든 司馬執枹以行之니 一鬭不當이면 死者數萬이니이다 以殺人爲非也인댄 此其爲殺人亦衆矣라 故曰 司馬爲務라하노이다 少焉에 子貢入見이어늘 公以二子言告之한대 子貢曰 不識哉라 昔禹與有扈氏戰에 三陳而不服이어늘 禹於是修敎一年한대 而有扈氏請服이라 故曰 去民之所(事)〔爭〕[3]면 奚獄之所聽이며 兵革之不陳이면 奚鼓之所鳴이리오 故曰 敎爲務也라하노이다

1) 大理 : 刑法을 주관하는 벼슬이다. 秦代에는 廷尉라 하였는데, 漢 景帝 6년에 大理로 고쳤고, 武帝 때 다시 廷尉로 바꾸었다. 北齊 이후에는 大理卿이라 하였다. 여기서는 司法으로 번역하였다.

2) 司馬 : 軍政과 軍役을 주관하는 벼슬이다. 周代에 六卿의 하나로 夏官에 속하여 大司馬라 하였다. 여기에서는 軍政으로 해석하였다.

3) (事)〔爭〕: 저본에는 '事'로 되어 있으나, ≪讀書餘錄≫과 ≪說苑纂注≫에 의거하여 '爭'으로 바로잡았다.

衛 靈公이 史鰌에게 물었다.

"정치에는 무엇을 가장 힘써야 되지요?"

사추가 대답하였다.

"司法에 가장 힘써야 합니다. 재판의 판결이 公正하지 않으면 죽은 사람은 다시 살릴 수가 없고, 四肢가 잘린 사람은 다시 이을 수가 없습니다. 그래서 사법에 가장 힘써야 한다고 말한 것입니다."

잠시 뒤에 子路가 靈公을 뵈었는데 영공이 사추가 한 말을 말해주자 자로는 말했다.

"軍政에 가장 힘써야 합니다. 두 나라에 전쟁이 일어나 두 나라의 군대가 서로 대치하면 司馬가 북채를 잡고 진격시켜야 되는데, 한 번의 전투에서 당해내지 못하면 수만 명이 죽게 됩니다. 사람을 죽이는 일이 잘못된 것이라면 이것은 수많은 사람을 죽이는 것입니다. 그래서 군사 문제에 가장 힘써야 된다고 말한 것입니다."

잠시 뒤에 子貢이 들어와 뵈었는데 영공이 두 사람이 한 말을 말해주자 자공은 말했다.

"저들은 識見이 없군요. 옛날 禹王과 有扈氏가 전쟁할 때 세 차례 공격했으나 복종하지 않았는데, 우왕이 1년 동안 教化를 시행하자 유호씨가 복종하겠다고 요청하였습니다. 그래서 백성들이 싸울 일을 없애면 무슨 訟事를 판결할 일이 있으며, 武器를 늘어놓지 않으면 무슨 진격하는 북을 울릴 일이 있겠습니까? 그래서 교화에 가장 힘써야 된다고 말하는 것입니다."

10. 齊桓公出獵하야 逐鹿而走入山谷之中이라가 見一老公而問之曰 是爲何谷고 對曰 爲愚公之谷이니이다 桓公曰 何故오 對曰 以臣名之니이다 桓公曰 今視公之儀狀호니 非愚人也어늘 何爲以公名고 對曰 臣請陳之호리이다 臣故畜牸牛러니 生子而大어늘 賣之而買駒하니이다 少年曰 牛不能生馬라하고 遂持駒去하니 傍隣聞之하고 以臣爲愚라 故名此谷爲愚公之谷이니이다 桓公曰 公誠愚矣로다 夫何爲而與之오 桓公遂歸하야 明日朝에 以告管仲하다 管仲正衿再拜曰 此夷吾之愚也니이다 使堯在上하고 咎繇(고요)[1] 爲理런들 安有取人之駒者乎잇가 若有見暴如是叟者면 又必不與也리이다 公知獄訟之不正이라 故與之耳니 請退而修政하노이다 孔子曰 弟子야 記之하라 桓公은 霸君也요 管仲은 賢佐也어늘 猶有以智爲愚者也어든 況不及桓公管仲者也리오

1) 咎繇(고요) : 皐陶의 다른 표기이다. 帝舜시대의 司法官이다.

齊 桓公이 사냥을 나가 사슴을 쫓아 산골짜기 안으로 들어갔다가 한 노인을 만나서

물었다.

"이곳을 무슨 골짜기라고 하오?"

노인은 대답했다.

"愚公골짜기라고 합니다."

환공은 다시 물었다.

"무엇 때문에 그렇게 부르오?"

노인은 대답했다.

"저 때문에 이렇게 부릅니다."

환공은 다시 물었다.

"지금 그대의 모습을 보니 어리석은 사람이 아닌데 무엇 때문에 그대의 이름으로 命名하였소?"

노인은 대답하였다.

"臣이 설명해드리겠습니다. 신은 원래 어미 소를 한 마리 길렀는데 송아지를 낳아 크게 자랐기에 송아지를 팔아서 망아지를 한 마리 샀습니다. 그랬더니 少年이 말하기를 '소는 망아지를 낳지 못한다.' 하고는 마침내 망아지를 끌고 가버렸습니다. 이웃 사람들이 이 일을 듣고는 저를 어리석다고 여겼기 때문에 이 골짜기의 이름을 愚公골짜기라고 부르게 되었습니다."

환공은 말했다.

"그대는 참으로 어리석구려. 무엇 때문에 망아지를 주었단 말이오?"

환공이 마침내 돌아와서 이튿날 아침에 이 일을 管仲에 말해주었다. 관중은 옷깃을 여미고 두 번 절을 하면서 말했다.

"이것은 저 夷吾가 어리석어서 생긴 일입니다. 만일 堯 같은 聖君이 위에 계시고 咎繇 같은 분이 法을 맡아 다스렸다면 어떻게 남의 망아지를 빼앗아가는 일이 일어나겠습니까? 만일 이 노인처럼 능멸을 당하는 일이 있더라도 반드시 주지 않을 것입니다. 愚公은 訟事의 판결이 공정하지 못함을 알았기 때문에 망아지를 주고 말았을 뿐이니, 저는 물러가서 정치하는 도리를 밝게 닦겠습니다."

이 말을 들은 孔子께서 말씀하셨다.

"제자들아, 기록하라. 桓公은 霸業을 이룬 군주이고 管仲은 훌륭한 보좌이건만 도리어 지혜로움을 가지고도 어리석은 사람이 되었는데, 더구나 환공과 관중에 미치지 못하는 사람이겠느냐!"

11. 魯有父子訟者한대 康子[1)]曰 殺之하라 孔子曰 未可殺也니이다 夫民不知子父訟之不善者久矣니 是則上過也라 上有道면 是人亡矣리이다 康子曰 夫治民은 以孝爲本이니 今殺一人以戮不孝면 不亦可乎잇가 孔子曰 不(孝)〔教〕[2)]而誅之면 是虐殺不辜也니이다 三軍大敗를 不可誅也요 獄訟不治를 不可刑也니이다 上陳之教而先服之면 則百姓從風矣니 躬行不從이어든 而後俟之以刑이면 則民知罪矣니이다 夫一仞之牆을 民不能踰로되 百仞之山을 童子升而遊焉은 陵遲故也니이다 今是仁義之陵遲久矣니 能謂民弗踰乎잇가 詩曰 俾民不迷[3)]로다하니 昔者에 君子導其百姓하야 不使迷라 是以威厲而不至하고 刑錯而不用也하니이다 於是訟者聞之하고 乃請無訟하다

1) 康子 : 季康子이다. 본편 02의 주1) 참고.
2) (孝)〔教〕: ≪群書拾補≫에는 ≪孔子集語≫에 의거하여 "不孝者不教而誅之"로 고쳤고, ≪說苑校證≫에는 ≪韓詩外傳≫의 "不教而聽其獄"을 들어 '孝'는 '教'의 오자라 하였으므로 따라 고쳤다.
3) 俾民不迷 : ≪詩經≫ 〈小雅 節南山〉에 보인다.

魯나라에 父子간에 訴訟을 벌이는 사람이 있었는데, 康子가 "죽이라."고 말했다. 이에 孔子께서 말씀하셨다.

"죽여서는 안 됩니다. 백성들이 부자간에 소송하는 일이 좋지 않은 것임을 모른 지 오래되었으니, 이는 윗사람의 잘못입니다. 윗사람이 道義가 있었다면 이런 사람은 없었을 것입니다."

강자는 다시 말했다.

"백성을 다스리는 일은 孝道로 근본을 삼아야 되니 만일 不孝한 것 때문에 한 사람을 죽인다면 옳지 않겠습니까?"

공자는 다음과 같이 설명하였다.

"가르치지 않고 죽이면 이는 無辜한 사람을 虐殺하는 것입니다. 三軍이 크게 패배했다 하여 그들을 죽일 수 없고, 訴訟을 잘못 판결했다 하여 그 사람을 刑罰할 수 없는 것입니다. 윗사람이 가르침을 베풀면서 자신이 먼저 실행하면 백성들은 바람에 풀이

쓰러지듯이 따를 것입니다. 윗사람이 몸소 실행하는데도 백성들이 따르지 않거든 그런 뒤에 형벌로 대비하고 있으면 백성들이 자기의 죄를 알 것입니다. 한 길 되는 담을 사람들은 넘지 못하지만 백 길이나 되는 산을 어린아이가 올라가서 노는 것은 경사가 완만하기 때문입니다. 지금은 仁義가 쇠퇴한 지 오래되었으니 백성들에게 넘지 말라고 할 수가 있겠습니까? ≪詩經≫에 '백성들이 미혹하지 않도록 해야 한다.' 하였으니, 예전에 君子는 그의 백성을 인도하여 미혹하지 않도록 하였습니다. 이 때문에 威嚴이 있어도 미치게 하지 않았고, 刑罰을 버려두고 쓰지 않았습니다."

이리하여 소송하는 사람이 이 말을 듣고는 소송을 않겠다고 요청하였다.

12. **魯哀公問政於孔子**한대 **對曰 政(有)〔在〕[1]使民富且壽**니이다 **哀公曰何謂也**잇고 **孔子曰 薄賦斂則民富**하고 **無事則遠罪**니 **遠罪則民壽**니이다 **公曰 若是則寡人貧矣**니이다 **孔子曰 詩云 凱悌君子**여 **民之父母[2]**라하니 **未見其子富而父母貧者也**로소이다

1) (有)〔在〕: 저본에는 '有'로 되어 있으나, ≪讀書餘錄≫과 ≪說苑纂注≫에 의거하여 '在'로 바로잡았다.

2) 凱悌君子 民之父母 : ≪詩經≫ 〈大雅 泂酌〉에 보인다.

魯 哀公이 孔子께 정치에 대하여 묻자, 공자는 대답하셨다.

"정치란 백성들을 富裕하고 長壽하게 하는 데 달려 있습니다."

그러자 哀公이 말했다.

"어떻게 해야 된다는 말씀입니까?"

공자는 대답하셨다.

"세금을 적게 거두면 백성이 부유해지고, 일을 만들어내지 않으면 백성이 죄를 범하는 데에서 멀어지게 되니, 죄를 범하는 데에서 멀어지면 백성들이 장수하게 됩니다."

애공은 다시 말했다.

"이렇게 하면 寡人이 가난해집니다."

공자는 이렇게 해명하셨다.

"≪詩經≫에 '화락한 군자여! 백성의 부모일세.'라 하였으니, 그 아들이 부유한데 부모가 가난한 사람은 보지 못했습니다."

13. 文王問於呂望曰 爲天下若何오 對曰 王國富民하고 霸國富士하며 僅存之國은 富大夫하고 亡道之國은 富倉府하나니 是謂上溢而下漏니이다 文王曰 善하다 對曰 宿善不祥이니이다 是日也에 發其倉府하야 以振[1)]鰥寡孤獨하다

1) 振 : '賑'과 통용하며, '구제하다'는 뜻이다.

文王이 呂望(太公)에게 물었다.

"천하를 어떻게 다스려야 합니까?"

여망이 대답하였다.

"王道로 다스리는 나라는 백성이 부유하고, 霸道로 다스리는 나라는 武士가 부유하고, 겨우 존재하는 나라는 大夫가 부유하며, 無道한 나라는 국가의 창고만 부유하니, 이를 일러 윗사람은 재물이 넘치고 아랫사람은 물이 새듯이 아무것도 없다고 하는 것입니다."

문왕이 말했다.

"좋은 말이오."

그러자 여망은 다시 대답하였다.

"좋은 일인 줄 알면서 묵혀두고 행하지 않으면 좋지 않습니다."

그날로 창고를 열어서 홀아비·과부·고아·자식 없는 노인을 구제하였다.

14. 武王問於太公曰 治國之道若何오 太公對曰 治國之道는 愛民而已니이다 曰 愛民若何오 曰 利之{而}[1)]勿害하며 成之勿敗하며 生之勿殺하며 與之勿奪하며 樂之勿苦하며 喜之勿怒니 此治國之道요 使民之誼也니 愛之而已矣니이다 民失其所務면 則害之也요 農失其時면 則敗之也요 有罪者重其罰이면 則殺之也요 重賦斂者는 則奪之也요 多徭役以罷民力이면 則苦之也요 勞而擾之면 則怒之也니이다 故善爲國者는 遇民을 如父母之愛子와 兄之愛弟하야 聞其饑寒이면 爲之哀하고 見其勞苦면 爲之悲하나니이다

1) {而} : 아래 글의 예에 비추어 '而'자는 없어야 되겠고, ≪吳越春秋≫에는 '而'가 없다는 ≪說苑校證≫을 따라 衍文으로 처리하였다.

武王이 太公에게 물었다.

"나라를 다스리는 방법은 어떠해야 합니까?"
태공이 대답하였다.
"나라를 다스리는 방법은 백성을 사랑하는 것일 뿐입니다."
무왕이 다시 물었다.
"백성을 어떻게 사랑해야 합니까?"
태공이 대답하였다.
"이롭게 하고 해롭게 하지 말며, 成功하게 하고 失敗하게 하지 말며, 살게 하고 죽이지 말며, 필요한 물품을 주고 빼앗지 말며, 즐겁게 해주고 괴롭게 하지 말며, 기쁘게 해주고 怒하게 하지 말아야 합니다. 이것이 나라를 다스리는 방법이고 백성을 부리는 적절한 도리이니 백성을 사랑하는 것일 뿐입니다.

백성이 本業을 잃으면 해롭게 하는 것이고 농사지을 때를 잃으면 실패하게 하는 것이며, 죄 있는 사람에게 무거운 형벌을 내리면 죽이는 것이고 세금을 무겁게 부과하면 빼앗는 것이며, 徭役을 많게 하여 백성의 힘을 피곤하게 하면 괴롭히는 것이고 피로하게 하고서 소란하게 하면 노하게 하는 것입니다.

그래서 나라를 잘 다스리는 사람은 부모가 자식을 사랑하는 것처럼, 형이 아우를 사랑하는 것처럼 백성을 대우하여 굶주리고 추위에 떤다는 말을 들으면 안타깝게 여기고 勞苦하는 것을 보면 슬퍼하는 것입니다."

15. 武王問於太公曰 賢君은 治國何如잇고 對曰 賢君之治國에 其政平하고 其吏不苛하며 其賦斂節하고 其自奉薄하니이다 不以私善害公法하야 賞賜不加於無功하고 刑罰不施於無罪하며 不因喜以賞하고 不因怒以誅하나니이다 害民者有罪하고 進賢擧過者有賞하며 後宮不荒하고 女謁不聽하며 上無婬慝하고 下不陰害하며 不華宮室以費財하고 不多觀游臺池以罷民하며 不彫文刻鏤以逞耳目하고 官無腐蠹之藏하며 國無流餓之民하나니 此賢君之治國也니이다 武王曰 善哉로다

武王이 太公에게 물었다.
"賢明한 君主는 나라를 어떻게 다스립니까?"
태공이 대답하였다.
"현명한 군주가 나라를 다스릴 적에 정치는 公平하고 관리는 苛酷하지 않으며 세금

징수는 절제하고 자신을 받드는 비용은 적게 하였습니다. 개인적으로 좋아하는 것 때문에 국가의 法을 해치지 아니하여 공로가 없는 사람에게 상을 내리지 않고 죄 없는 사람에게 형벌을 시행하지 않으며, 기쁨 때문에 상을 주지 않고 노여움 때문에 죽이지 않습니다. 백성을 해친 자는 죄를 주고 어진 이를 추천하거나 잘못을 적발한 자는 상을 내리며, 後宮의 荒淫에 빠지지 않고 寵愛하는 여인의 請託을 따르지 않습니다. 윗사람은 邪惡한 행위가 없고 아랫사람은 남을 陰害하지 않으며, 宮室을 화려하게 꾸미기 위해 재물을 허비하지 않고 遊興을 위한 누대나 연못을 많이 만들어 백성을 피곤하게 하지 않으며, 눈과 귀를 즐겁게 하기 위해 화려한 조각을 하지 않고 官衙에 썩거나 좀이 먹는 물건이 없으며, 나라 안에 떠돌아다니며 굶주리는 백성이 없어야 합니다. 이것이 현명한 군주가 나라를 다스리는 방법입이다."

말을 듣고 난 무왕은 말하였다.

"훌륭한 말입니다."

16. 武王問於太公曰 爲國而數(삭)更法令者는 何也오 太公曰 爲國而數更法令者는 不法法[1)]이니 以其所善爲法者也라 故令出而亂하고 亂則更爲法하나니 是以其法令數更也니이다

1) 不法法 : '法을 법으로 여지지 않다.'는 뜻으로, 법령을 준수하지 않음을 이른다. 앞의 法자는 동사로 '법으로 여겨 준수하다.'이다.

武王이 太公에게 물었다.

"나라를 다스리면서 여러 차례 法令을 바꾸는 것은 무엇 때문입니까?"

태공이 대답하였다.

"나라를 다스리면서 여러 차례 법령을 바꾸는 것은 법령을 법령으로 여기지 않기 때문이니, 자기가 좋게 여기는 것으로 법을 만들기 때문입니다. 그래서 법령이 나오면 昏亂해지고 혼란해지면 법령을 고쳐 만드는 것이니, 이 때문에 법령을 여러 차례 고치는 것입니다."

17. 成王問政於尹逸[1)]曰 吾何德之行이라야 而民親其上고 對曰 使之以時而敬順

之하며 忠而愛之하며 布令信而不食言이니이다 王曰 其度安至오 對曰 如臨深淵하며 如履薄氷[2]이니이다 王曰 懼哉로다 對曰 天地之間 四海之內에 善之則畜[3]也하고 不善則讐也니이다 夏殷之臣이 反讐桀紂而臣湯武하고 夙沙[4]之民이 自攻其主而歸神農氏하니 此는 君之所明知也라 若何其無懼也리잇고

1) 尹逸 : 周나라 때의 史官이다. 周 成王이 오동잎으로 圭를 만들어 아우 叔虞에게 이것으로 너를 封해주겠다고 실없이 놀렸다. 尹逸이 "天子는 실없이 놀리는 말이 없어야 한다."고 하자, 成王이 叔虞를 唐에 봉하였다 한다. 逸은 佚로도 쓰며 史佚이라고도 한다. ≪史記 晉世家≫·≪淮南子 道應訓≫
2) 如臨深淵 如履薄氷 : ≪詩經≫ 〈小雅 小旻〉에 보인다.
3) 畜 : '기뻐하다, 좋아하다'의 뜻이다. ≪孟子≫ 〈梁惠王 下〉에 "임금을 기쁘게 하는 것이 어찌 허물이겠는가? 임금을 기쁘게 하는 것은 임금을 좋아하는 것이다.〔畜君何尤 畜君者 好君也〕"라 하였다. ≪孟子注疏≫에는 '畜'을 "임금을 기쁘게 하다.〔悅君〕"라 하였다.
4) 夙沙 : 고대의 나라 이름이다. 지금의 山東省 膠東 지역에 있었다. 宿沙로도 쓴다. ≪呂氏春秋 用民≫·≪淮南子 道應訓≫

成王이 尹逸에게 政治에 대해 물었다.

"내가 무슨 德을 시행하여야 백성들이 윗사람을 친근히 하겠소?"

윤일이 대답했다.

"백성을 때에 맞게 부리고 恭敬하여 따르며 忠心으로 사랑하며 반포하는 命令을 믿게 하여 약속한 말을 어기지 않아야 합니다."

성왕이 다시 말했다.

"그 정도는 어디까지로 해야 합니까?"

윤일이 대답하였다.

"깊은 연못가에 도달한 듯, 얇은 얼음을 밟은 듯이 조심해야 합니다."

성왕이 다시 말했다.

"두렵군요!"

윤일이 대답했다.

"天地 사이와 四海 안의 백성을 잘 대해주면 기뻐하고, 잘 대해주지 않으면 怨讐처럼 여기는 것입니다. 夏나라와 殷나라의 백성이 도리어 桀王과 紂王을 원수로 여기어

湯王과 武王에게 臣服하였고, 夙沙國의 백성이 스스로 그의 임금을 공격하여 神農氏에게 귀순하였으니, 이는 임금께서도 분명히 아시는 일입니다. 어찌 두려워하지 않겠습니까?"

18. 仲尼見梁君[1)]하신대 梁君問仲尼曰 吾欲長有國하며 吾欲列都之得하며 吾欲使民安不惑하며 吾欲使士竭其力하며 吾欲使日月當時하며 吾欲使聖人自來하며 吾欲使官府治하노니 爲之奈何잇고 仲尼對曰 千乘之君과 萬乘之主 問於丘者多矣로되 未嘗有如{主}[2)]君問丘之術也라 然而盡可得也니이다 丘聞之호니 兩君相親이면 則長有國이요 君惠臣忠이면 則列都之得이요 毋殺不辜하며 毋釋罪人이면 則民不惑이요 益士祿賞이면 則竭其力이요 尊天敬鬼면 則日月當時요 善爲刑罰이면 則聖人自來요 尙賢使能이면 則官府治니이다 梁君曰 豈有不然哉리오

1) 梁君 : 孔子 당시에는 梁君이 없었다. ≪孔子家語≫ 〈賢君〉에는 宋君으로 되어 있는데, 史書에 孔子와 宋君이 問答한 사실을 기록한 내용을 볼 수 없다.

2) {主} : ≪群書拾補≫에 ≪孔子家語≫에 '主'자가 없는 것을 근거로 衍文이라 하였으므로 衍文으로 처리하였다.

仲尼께서 梁君을 만나셨는데 양군이 중니께 물었다.

"나는 길이 이 나라를 보유하며, 나는 여러 都城을 얻으며, 나는 백성이 안정되어 미혹되지 않도록 하며, 나는 士人들이 그들의 능력을 다하도록 하며, 나는 日月이 때에 맞게 運行하도록 하며, 나는 聖人이 스스로 찾아오게 하며, 나는 官府가 잘 다스려지게 하고 싶은데, 어떻게 하면 되겠습니까?"

중니께서 대답하셨다.

"千乘의 諸侯와 萬乘의 天子가 저 丘에게 묻는 사람이 많습니다. 그렇지만 임금처럼 저 丘에게 그 방법을 세세히 묻는 사람은 없었습니다. 그러나 모두 다 이룰 수가 있는 일입니다. 저 丘는 들으니, 이웃의 두 임금과 서로 친하면 길이 나라를 보유하고, 임금은 은혜를 베풀고 신하는 충성하면 여러 都城을 얻고, 죄 없는 사람을 죽이지 않으며 죄 있는 사람을 놓아주지 않으면 백성이 미혹되지 않고, 士人에게 祿俸과 賞을 더 많이 주면 그들의 능력을 다하게 되고, 하늘을 尊崇하고 귀신을 恭敬하면 日月이 때에 맞게 운행하고, 刑罰을 꼭 맞게 잘 집행하면 성인이 저절로 오고, 어진 이를 존경하고

능력 있는 사람을 임용하면 官府가 잘 다스려질 것입니다."

다 듣고 난 뒤, 양군이 말하였다.

"어찌 그렇지 않겠습니까?"

19. 子貢曰 葉(섭)公[1]問政於夫子한대 夫子曰 政在附近而來遠이라하시고 魯哀公問政於夫子한대 夫子曰 政在於(諭)〔論〕[2]臣이라하시고 齊景公問政於夫子한대 夫子曰 政在於節用이라하시니 三君問政於夫子어늘 夫子應之不同하시니 然則政有異乎잇가 孔子曰 夫荊之地廣而都狹하야 民有離志焉이라 故曰 在於附近而來遠이라하니라 哀公有臣三人하야 內比周{公}[3]以惑其君하고 外障距諸侯賓客以蔽其明이라 故曰 政在(諭)〔論〕臣이라하니라 齊景公奢於臺榭하고 淫於苑囿하야 五官之樂不解[4]하고 一旦而賜人百乘之家者三이라 故曰 政在於節用이라하니라 此三者政也니 詩不云乎아 亂離斯瘼하니 爰其適歸[5]오하니 此傷離散以爲亂者也요 匪其止共이라 惟王之卬[6]이라하니 此傷姦臣蔽主以爲亂者也요 相亂蔑資라 曾莫惠我師[7]라하니 此傷奢侈不節以爲亂者也니 察此三者之所欲하면 政其同乎哉아

1) 葉(섭)公 : 춘추시대 楚나라 大夫로 이름은 沈諸梁, 자는 子高이다. 葉縣의 尹인데 참칭하여 葉公이라 하였다. 令尹 子西를 죽이고 惠王을 협박한 白公 勝을 죽이고 令尹과 司馬를 겸직하였다. ≪春秋左氏傳 哀公 16·17년≫·≪新序 雜事≫

2) (諭)〔論〕: 저본에는 '諭'로 되어 있으나, ≪群書拾補≫와 ≪說苑校證≫에 따라 '論'으로 바로잡았다. '論'은 '掄'과 통용으로 '가려 뽑다'라는 뜻이다.

3) {公} : ≪尙書大傳≫, ≪韓非子≫, ≪孔子集語≫에 모두 '公'자가 없다고 한 ≪群書拾補≫에 의거하여 衍文으로 처리하였다.

4) 解 : 懈와 통용한다.

5) 亂離斯瘼 爰其適歸 : ≪詩經≫ 〈小雅 四月〉에 보인다. 단 '斯瘼'이 현재의 ≪詩經≫에는 '瘼矣'로 되어 있다. ≪韓詩≫에는 '斯莫'으로, ≪魯詩≫에는 '斯瘼'으로 되어 있으나, 여기서는 ≪魯詩≫를 따른 것이다.

6) 匪其止共 惟王之卬 : ≪詩經≫ 〈小雅 巧言〉에 보인다. '惟'는 현재의 ≪詩經≫에 '維'로 되어 있다.

7) 相亂蔑資 曾莫惠我師 : ≪詩經≫ 〈大雅 板〉에 보인다. '相'은 현재의 ≪詩經≫에 '喪'으로 되어 있다.

子貢이 孔子께 여쭈었다.

"葉公이 夫子께 政治에 대하여 묻자, 부자께서는 '정치는 가까운 곳에 사는 사람은 歸附하게 하고 먼 곳에 사는 사람은 스스로 오게 하는 데 달려 있다.' 하셨습니다. 그리고 魯 哀公이 부자께 정치에 대하여 묻자, 부자께서는 '정치는 신하를 가려 뽑는 데 달려 있다.' 하셨습니다. 또 齊 景公이 부자께 정치에 대하여 묻자, 부자께서는 '정치는 支出을 절약하는 데 달려 있다.' 하셨습니다. 세 君主가 부자께 정치에 대하여 물었는데, 부자께서 대답하신 말씀은 다 같지 않습니다. 그렇다면 정치는 각각 다른 것입니까?"

공자께서 설명하셨다.

"楚〔荊〕나라는 땅은 넓은데 都市는 협소하여 백성들의 마음이 흩어져 있다. 그래서 가까운 곳에 사는 사람은 귀부하게 하고 먼 곳에 사는 사람은 스스로 오게 하는 데 달려 있다고 하였다.

哀公은 세 사람의 신하가 있어서 안으로는 作黨하여 임금을 미혹시키고 밖으로는 諸侯들이 보내는 賓客을 막아서 임금의 聰明을 가리고 있다. 그래서 정치는 신하를 가려 뽑는 데 달려 있다고 하였다.

齊 景公은 樓臺와 亭子를 사치스럽게 짓고 苑囿에서 향락에 빠져서 五官의 즐거움을 게을리 하지 않고 하루아침에 百乘의 벼슬을 받은 사람이 셋이나 된다. 그래서 정치는 지출을 절약하는 데 달려 있다고 하였다.

이 세 가지는 다 정치하는 방법이니, ≪詩經≫에 이렇게 말하지 않았더냐? '난리를 만나 고통스러우니, 내 어디로 가야 하나?'라고 하였으니, 이는 흩어져서 혼란하게 된 것을 슬퍼한 것이다. 또 '맡은 職分을 수행하지 않는지라, 왕을 근심스럽게 하네.'라 하였으니, 이는 奸臣이 임금의 총명을 가려 혼란을 일으킨 일을 슬퍼한 것이다. 또 '혼란한 세상을 만나 재물이 없어졌건만, 우리 백성에게 은혜를 베푸는 사람이 없구나.' 하였으니, 이는 사치하여 재물을 절약하지 않아 혼란을 일으킨 일을 슬퍼한 것이다. 이 세 임금의 慾望을 관찰하면 정치하는 방법이 같겠느냐?"

20. 公儀休[1)]相魯에 魯君死어늘 左右請閉門한대 公儀休曰 止하라 池淵吾不稅하고 蒙山[2)]吾不賦하며 苛令吾不布하니 吾已閉心矣라 何閉於門哉아

1) 公儀休 : 전국시대 魯 穆公 때의 재상이다. 淸廉하여 祿俸을 받는 사람은 백성들과 이익을 다투지 못하게 하고 큰 것을 받은 사람은 작은 것을 취하지 못하게 하는 등 法과

道理에 따르고 벗어나는 일이 없자 모든 관리들이 바르게 되었다고 한다. ≪循吏傳≫

2) 蒙山 : 山東省 蒙陰縣 남서쪽에 있는 산이다.

公儀休가 魯나라의 재상이 되었을 때 노나라 임금이 죽었는데 측근들이 대문을 잠그자고 요청하자 공의휴는 말했다.

"그만두시오. 나는 못에서 나오는 이익에 세금을 징수하지 않았고 蒙山에서 나오는 이익에 세금을 부과하지 않았으며, 가혹한 法令을 반포하지 않았소. 나는 이미 私心을 닫고 욕심을 버렸는데 무엇 때문에 문을 닫는단 말이오."

21. 子産相鄭에 簡公[1]謂子産曰 內政毋出하고 外政毋入하라 夫衣裘之不美와 車馬之不飾과 子女之不潔은 寡人之醜也요 國家之不治와 封疆之不正은 夫子之醜也니라 子產相鄭하야 終簡公之身토록 內無國中之亂하고 外無諸侯之患也하다 子產之從政也에 擇能而使之하니 馮簡子[2]善斷事하고 子太叔[3]善決而文하고 公孫揮[4]知四國之爲하며 而辨於其大夫之族姓班位能否하고 又善爲辭令하다 裨諶[5]善謀하야 於野則獲하고 於邑則否라 有事면 乃載裨諶하고 與之適野하야 使謀可否하야 而告馮簡子斷之하고 使公孫揮爲之辭令하다 成이어든 乃受子太叔行之하야 以應對賓客이라 是以鮮有敗事也하니라

1) 簡公 : 춘추시대 鄭나라 군주로, 이름은 嘉이다. 즉위 초에 여러 公子의 政變과 晉·楚의 침공으로 나라가 혼란스러웠으나 子產을 중용하여 국가의 안정을 이루었다. ≪春秋左氏傳 襄公 8~11·16·18·24~31년, 昭公 元·3~8·10·12년≫·≪史記 鄭世家≫

2) 馮簡子 : 춘추시대 鄭나라 大夫이다. 子產이 집정할 때 국가의 큰일을 함께 결단하였다. ≪春秋左氏傳 襄公 31년≫

3) 子太叔 : 춘추시대 鄭나라 正卿이다. 이름은 游吉, 자는 太叔, 존칭으로 子太叔·世叔이라고 한다. 典故에 밝고 應對에 능하였다. ≪春秋左氏傳 昭公 20·30년≫

4) 公孫揮 : 춘추시대 鄭나라 大夫로 자는 子羽이다. 外交辭令에 능하여 行人(外交官)이 되었다. ≪春秋左氏傳 襄公 24·26·30·31년≫

5) 裨諶 : 춘추시대 鄭나라 大夫이다. 子產이 집정할 때 정사에 관한 文辭의 초안은 늘 맡아 작성하였고, 국가의 큰일에 대한 계책도 잘 마련하였다. ≪春秋左氏傳 襄公 29·31년≫·≪論語 憲問≫·≪淮南子 說山訓≫

子産이 鄭나라에서 재상 노릇을 할 때 簡公이 자산에게 말했다.

"宮中에 관한 일은 밖에 내어다 처리하지 말고, 궁중 밖의 政務는 궁중에 들여서 처

리하지 마시오. 衣服이 아름답지 못함과 車馬가 잘 꾸며지지 않은 것과 子女의 品行이 高潔하지 않은 것은 寡人의 수치가 될 것이오. 國家가 잘 다스려지지 못함과 領土의 경계가 바르게 지켜지지 못함은 그대의 수치가 될 것이오."

자산이 정나라의 재상이 되어 간공이 죽을 때까지 안으로는 國內에 혼란한 사태가 없었고, 밖으로는 諸侯가 침입하는 환난이 없었다. 자산이 정사를 처리할 때 賢能한 사람을 뽑아서 일을 시켰다. 馮簡子는 큰일의 결단을 잘하고, 子太叔은 판결을 잘하면서 文辭가 있고, 公孫揮는 사방 諸侯國의 정황을 알며 게다가 그 나라 大夫의 가족 성씨와 관직·작위와 재능 따위를 명백히 알고 또 外交의 應對를 잘하였다. 裨諶은 계책을 잘 내었는데 野外에서 계책을 세우면 딱 들어맞고 북적대는 邑에서 계책을 세우면 맞지 않았다. 무슨 일이 있으면 비심을 수레에 태우고 함께 야외에 가서 계책의 可否를 정하여 풍간자에게 말해주어 결단하고 공손휘에게 외교의 응대를 정하게 하였다. 이것이 완성되면 마침내 자태숙에게 주고 집행하여 外國의 賓客을 응대하게 하였다. 이 때문에 실패하는 일이 드물었다.

22. 董安于治晉陽할새 問政於蹇老[1]한대 蹇老曰 曰忠曰信曰敢이니라 董安于曰 安忠乎아 曰 忠於主니라 曰 安信乎아 曰 信於令이니라 曰 安敢乎아 曰 敢於不善人이니라 董安于曰 此三者足矣로다

1) 蹇老 : 사람 이름이다. 평생 행적은 미상이다.

董安于가 晉陽을 다스릴 때 蹇老에게 政治하는 방법을 묻자, 건로는 말했다.

"忠과 信과 敢이라는 것이오."

동안우는 다시 말했다.

"어떻게 하는 것이 忠이오?"

건로는 대답했다.

"임금에게 忠誠하는 것이지요."

동안우는 다시 물었다.

"어떻게 하는 것이 信이오?"

건로는 대답했다.

"政令을 백성들이 믿게 하는 것이지요."
동안우는 다시 물었다.
"어떻게 하는 것이 敢이오?"
건로는 대답했다.
"나쁜 사람을 제거하는 데 과감히 하는 것이지요."
이에 동안우는 말했다.
"이 세 가지면 충분합니다."

23. 魏文侯使西門豹로 往治於鄴하고 告之曰 必全功成名布義하라 豹曰 敢問全功成名布義는 爲之奈何니잇고 文侯曰 子往矣어다 是無邑不有賢豪辯博者也요 無邑不有好揚人之惡하며 蔽人之善者也라 往커든 必問豪俊者하야 因而親之하고 其辯博者는 因而師之하며 問其好揚人之惡하고 蔽人之善者하야 因而察之요 不可以特聞從事니라 夫耳聞之不如目見之요 目見之不如足踐之요 足踐之不如手辨之니라 人始入官이 如入晦室하야 久而愈明이니 明乃治하고 治乃行이니라

魏 文侯가 西門豹를 鄴에 보내 다스리게 하고 당부했다.
"반드시 완전한 功을 세우고 좋은 이름을 이루며 道義를 펼치시오."
서문표는 말했다.
"감히 여쭙겠습니다. 어떻게 해야 완전한 공을 세우고 좋은 이름을 이루며 도의를 펼칠 수 있습니까?"
문후는 말해주었다.
"그대는 가시오. 어느 고을이건 어질고 호걸스럽고 말 잘하고 博識한 사람이 없지 않소. 또 어느 고을이건 남의 나쁜 점을 들추어내고 남의 좋은 점을 은폐하기를 좋아하는 사람이 없지 않소.

그곳에 가거든 반드시 어질고 호걸스런 사람을 물어서 그대로 친근히 지내고 말 잘하고 박식한 사람은 그대로 스승으로 삼으며, 남의 나쁜 점을 들추어내고 남의 좋은 점을 은폐하기를 좋아하는 사람이 누구인지 물어서 그대로 자세히 살펴야 하고 단지 소문만 듣고 일을 처리해서는 안 되오. 귀로 듣는 것은 눈으로 직접 보느니만 못하고, 눈으로 보는 것은 발로 밟아 經驗하느니만 못하며, 발로 밟아 경험하는 것은 손으로

자세히 辨別하는 것만 못한 것이오.

사람이 처음 벼슬길에 들어가는 것은 마치 어두운 방에 들어가는 것과 같아서 오래 되어야 더욱 밝게 보게 되니, 밝게 보아야 다스리게 되고 다스려야 위에서 말한 목표를 실행할 수 있다오."

24. 宓子賤治單父(선보)[1)]할새 彈鳴琴하고 身不下堂而單父治하다 巫馬期[2)]亦治單父할새 以星出하고 以星入하야 日夜不處하고 以身親之어늘 而單父亦治하다 巫馬期問其故於宓子賤한대 宓子賤曰 我之謂任人이요 子之謂任力이니 任力者固勞하고 任人者固佚이니라 人曰 宓子賤則君子矣라 佚四肢하고 全耳目하며 平心氣而百官治하니 任其數而已矣요 巫馬期則不然하야 弊性事[3)]情하고 勞煩敎詔하니 雖治나 猶未至也니라

1) 宓子賤治單父(선보) : 宓子賤은 춘추시대 魯나라 사람이다. 이름은 不齊이고, 子賤은 字이다. 孔子의 제자로, 공자가 君子라 칭찬하였다. 單父宰를 지낸 뒤에 單父侯에 追封되었다. ≪史記 仲尼弟子列傳≫·≪漢書 藝文志≫
   單父는 춘추시대 魯나라의 邑이다. 옛 城은 지금의 山東省 單縣 남쪽에 있었다. 舜임금의 스승 單卷이 살았기 때문에 붙여진 이름이라고 한다.
2) 巫馬期 : 춘추시대 魯나라 사람으로, 자는 子期, 巫馬는 複姓이고, 이름은 施인데, 일설에는 陳나라 사람이라고 한다. 孔子의 제자로, 單父宰가 되어 선정을 베풀었다. ≪史記 仲尼弟子列傳≫
3) 事 : 剚와 통용한다. 사람을 찌른다는 뜻이다. 여기서는 '해치다'로 번역하였다.

宓子賤이 單父를 다스릴 때 그저 琴만 타고 몸이 公堂에서 내려오지 않았는데도 선보가 잘 다스려졌다. 巫馬期도 선보를 다스릴 때 별이 지지 않은 새벽에 나오고 별이 뜨는 저녁에 들어가 밤낮으로 쉬지 않고 몸소 일을 처리하였는데 선보가 역시 잘 다스려졌다. 무마기가 복자천에게 그 까닭을 묻자, 복자천은 다음과 같이 대답했다.

"나의 방법은 남에게 맡겼다는 것이고, 그대의 방법은 자기의 힘에 맡겼다는 것이니, 자기의 힘에 맡긴 사람은 본래 疲困하고, 남에게 맡긴 사람은 본래 便安한 것이지요."

사람들은 이렇게 평하였다.

"복자천은 君子라서 온몸이 편안하고 귀와 눈이 온전하며 心氣가 평안하면서도 모든 관리들이 잘 다스려졌으니, 다스리는 規律에 맡겼을 뿐이다. 무마기는 그렇지 않아서 性情을 損傷시키고 고달프게 직접 敎化하였으니, 다스려지기는 하였으나 그래도 지극

한 경지에는 이르지 못했다."

25. 孔子謂宓子賤曰 子治單父而衆說(열)하니 語丘所以爲之者하라 曰 不齊父其父하고 子其子하며 恤諸孤而哀喪紀하니이다 孔子曰 善이나 小節也라 小民附矣니 猶未足也니라 曰 不齊之所父事者三人이요 所兄事者五人이며 所友者十一人이니이다 孔子曰 父事三人이면 可以敎孝矣요 兄事五人이면 可以敎弟矣요 友十一人이면 可以敎學矣나 中節也라 中民附矣니 猶未足也니라 曰 此地民有賢於不齊者五人하야 不齊事之하니 皆敎不齊所以治之術하니이다 孔子曰 欲[1]其大者 乃於此在矣라 昔者에 堯舜淸微其身하야 以聽觀天下하야 務來賢人하니라 夫擧賢者는 百福之宗也요 而神明之主也라 不齊之所治者小也니 不齊所治者大면 其與堯舜繼矣리라

1) 欲 : ≪群書拾補≫에는 "≪孔子家語≫ · ≪孔子集語≫에 모두 '欲'자가 없다." 하였다. ≪說苑校證≫에는 "'欲'자는 의미가 없으나 ≪群書治要≫의 인용문에 '欲'자가 있으니, 衍文은 아니고 아마 '歆'의 誤字인 듯하다." 하였다. '歆'는 喜의 古字인데, 이를 따르지 않고 '원하다'로 번역하였다.

孔子께서 宓子賤에 말씀하셨다.

"자네가 單父를 다스릴 적에 모든 사람들이 즐거워하였다 하니 나 丘에게 그렇게 된 원인을 말해보게."

복자천은 대답했다.

"저 不齊는 남의 아버지를 제 아버지처럼 섬기고 남의 자식을 제 자식처럼 사랑하며 모든 고아를 위로하여 돕고 喪事를 당하면 슬퍼하였습니다."

공자께서 말씀하셨다.

"좋기는 하나 이는 작은 사항이라, 일반 백성들만 따를 것이니 아직 부족하다."

복자천은 다시 말했다.

"저 不齊는 아버지처럼 섬긴 이가 세 사람이고, 형처럼 섬긴 이가 다섯 사람이며, 벗으로 대한 이가 열한 사람입니다."

공자께서 말씀하셨다.

"아버지처럼 섬긴 이가 세 사람이면 孝를 가르칠 수 있고, 형처럼 섬긴 이가 다섯

사람이면 友愛를 가르칠 수 있으며, 벗으로 대한 이가 열한 사람이면 學問을 가르칠 수 있다. 그러나 이는 중간 정도의 사항이라, 중간 정도의 사람이 따를 것이니 아직 부족하다."

복자천은 또 말했다.

"이곳의 백성 중에 저 不齊보다 어진 이가 다섯 사람이 있어서 저 부제가 섬기니 모두들 저 부제에게 다스리는 방법을 가르쳐주었습니다."

공자께서 말씀하셨다.

"큰일을 하기를 원한 것이 바로 여기에 있다. 예전에 堯·舜이 자기의 몸을 청렴하게 하고 낮추어 천하의 일을 듣고 관찰하여 賢人이 오게 하는 데 힘썼다. 어진 이를 등용하는 것은 모든 福을 얻는 근본이고, 神明에 이르는 主體이다. 不齊가 다스리는 곳이 單父처럼 작은 고을이니, 부제가 다스리는 곳이 천하처럼 컸으면 堯·舜의 다스림을 이었을 것이다."

26. 宓子賤爲單父宰하야 **辭於夫子**한대 **夫子曰 毋迎而距也**하며 **毋望而許也**니 **許之則失守**요 **距之則閉塞**이니라 **譬如高山深淵**하야 **仰之不可極**이요 **度之不可測也**니라 **子賤曰 善**하니 **敢不承命乎**잇가

宓子賤이 單父의 수령이 되어 孔子께 하직 인사를 하자, 공자는 다음과 같이 당부하셨다.

"맞이하고서 마구 拒絶하지 말며, 바라보고서 마구 許諾하지 말아야 된다. 마구 허락하면 지켜야 할 原則을 잃게 되고, 마구 거절하면 아랫사람의 實情이 막히게 된다. 비유하면 마치 높은 산과 깊은 연못 같아서 우러러보아도 다 볼 수 없고 헤아려보아도 헤아릴 수 없다."

복자천은 말했다.

"좋은 말씀이니, 감히 가르침을 받들지 않겠습니까!"

27. 宓子賤爲單父宰하야 **過於陽晝**[1]**曰 子亦有以送僕乎**아 **陽晝曰 吾少也賤**하야 **不知治民之術**이나 **有釣道二焉**하니 **請以送子**하노라 **子賤曰 釣道奈何**오 **陽晝曰 夫**(扱)〔**投**〕[2]**綸錯餌**하야 **迎而吸之者**는 **陽橋**[3]**也**니 **其爲魚〈也〉**[4] **薄而不美**요 **若存若**

亡하며 若食若不食者는 魴也니 其爲魚也 博而厚味니라 宓子賤曰 善하다 於是未至單父어늘 冠蓋迎之者 交接於道러라 子賤曰 車驅之하라 車驅之하라 夫陽晝之所謂陽橋者至矣로다 於是至單父하야 請其耆老尊賢者하야 而與之共治單父[5)]하다

1) 陽晝 : 춘추시대 사람이다. 單父宰 宓子賤에게 治民의 道를 낚시하는 방법에 비유하여 말해주었다. ≪尙友錄 10≫
2) (扱)〔投〕: ≪說苑纂注≫에는 "一本에 '投'로 되어 있으니 옳다." 하였고, 劉台拱의 ≪經傳小記≫에는 "扱은 '投'의 誤字이다." 하였다. 또 ≪群書拾補≫와 ≪說苑校證≫도 같으므로 따라 고쳤다.
3) 陽橋 : 물고기 이름이다. '陽鱎'로도 쓴다.
4) 〈也〉: 저본에는 '也'가 없으나, ≪太平御覽≫ 권834에 '也'자가 있고, 아래 글의 例와도 부합하여 보충하였다.
5) 宓子賤爲單父宰……而與之共治單父 : 저본에는 앞 章과 연결되어 있으나 ≪群書拾補≫와 ≪說苑校證≫을 따라 장을 나누었다.

宓子賤이 單父의 수령이 되어 陽晝를 방문하여 말했다.

"그대도 나를 餞送하며 해줄 말이 있소?"

양주는 말했다.

"내가 어릴 적에 微賤하여 백성을 다스리는 방법은 알지 못하지만 낚시하는 방법에는 두 가지가 있으니 이걸로 그대를 전송하려고 하오."

복자천은 물었다.

"낚시하는 방법은 어떻게 하는 것이오?"

그러자 양주는 말했다.

"낚시줄에 미끼를 꿰어 물에 드리우면 바로 미끼를 무는 것은 陽橋라는 물고기입니다. 그 물고기는 살이 적고 맛이 좋지 않지요. 있는 것도 같고 없는 것도 같으며 미끼를 문 것 같기도 하고 물지 않은 것 같기도 한 것은 魴魚라는 물고기입니다. 그 물고기는 살이 두텁고 맛이 좋습니다."

복자천은 말하였다.

"좋은 말이오."

이렇게 하여 길을 떠나 아직 선보에 도착하지도 않았는데 官服을 입고 수레를 타고 맞이하는 官吏들이 길에 이어져 있었다. 복자천은 말했다.

"수레를 빨리 몰아라. 수레를 빨리 몰아라. 양주가 말한 양교라는 물고기가 오는구나!"

그렇게 하여 선보에 도착하여 德望이 많은 老人과 尊貴하고 어진 이를 초청하여 그들과 함께 선보를 다스렸다.

28. 孔子(弟)〔兄〕[1)]子有孔蔑者하야 與宓子賤皆仕러니 孔子往過孔蔑하사 問之曰 自子之仕者로 何得何亡고 孔蔑曰 自吾仕者로 未有所得이요 而有所亡者三이니이다 曰 王事若襲하니 學焉得習이리오 以是學不得明也하니 所亡者一也니이다 奉祿少하야 (鬻)〔饘〕(전)[2)]鬻不足及親戚하야 親戚益疏矣니 所亡者二也니이다 公事多急하야 不得弔死視病하야 是以朋友益疏矣니 所亡者三也니이다 孔子不說(열)하사 而復往見子賤曰 自子之仕로 何得何亡이오 子賤曰 自吾之仕로 未有所亡이요 而所得者三이니이다 始誦之文을 今履而行之하니 是學日益明也라 所得者一也니이다 奉祿雖少나 (鬻)〔饘〕鬻得及親戚하야 是以親戚益親也라 所得者二也니이다 公事雖急이나 夜勤弔死視病하야 是以朋友益親也하니 所得者三也이니이다 孔子謂子賤曰 君子哉라 若人이여 君子哉라 若人이여 魯無君子者면 斯焉取斯[3)]리오

1) (弟)〔兄〕: 저본에는 '弟'로 되어 있으나, ≪孔子家語≫ 〈子路初見〉에 '弟'자가 '兄'자로 되어 있고, 孔蔑은 ≪史記≫ 〈仲尼弟子列傳〉에 '孔忠'으로 되어 있는데, ≪孔子家語≫ 〈七十二弟子解〉에 "忠의 字는 子蔑이니 孔子 형의 아들이다."로 되어 있어서 '兄'으로 고쳤다.

2) (鬻)〔饘〕(전) : 저본에는 '鬻'으로 되어 있으나, ≪群書拾補≫에는 "'鬻鬻'은 '鬻鬻'의 誤字이다." 하였고, ≪孔子家語≫ 〈子路初見〉에는 '饘鬻'으로 되어 있는데, '鬻'은 '饘'의 古字이므로 고쳤다.

3) 君子哉……斯焉取斯 : ≪論語≫ 〈公冶長〉에 보인다.

孔子 형의 아들에 孔蔑이란 사람이 있어서 宓子賤과 함께 벼슬하고 있었다. 공자께서 공멸이 있는 곳을 방문하시어 물으셨다.

"네가 벼슬을 한 이후로 무엇을 얻고 무엇을 잃었느냐?"

공멸은 대답했다.

"제가 벼슬한 이래로 얻은 것은 없고 잃은 것이 세 가지입니다. 公務가 옷을 껴입은 듯 쌓였으니 배운 것을 어떻게 익히겠습니까? 이 때문에 배운 것을 밝게 터득하지 못

하였으니, 첫 번째 잃은 것입니다. 받는 祿俸이 적어서 멀건 죽도 親戚에게 공급하기 부족하여 친척들이 더욱 멀어졌으니, 두 번째 잃은 것입니다. 급히 처리할 공무가 많아서 죽은 이를 弔喪하고 병든 이를 問病하지 못하여 이 때문에 벗들이 더욱 멀어졌으니, 세 번째 잃은 것입니다."

공자는 이 말을 듣고 기쁘지 아니하여 가서 복자천을 보고 물으셨다.

"자네가 벼슬을 한 이후로 무엇을 얻고 무엇을 잃었느냐?"

복자천은 대답하였다.

"제가 벼슬한 이래로 잃은 것은 없고 얻은 것이 세 가지입니다. 전에 읽었던 글을 지금 이행하여 시행하니 이 때문에 배운 것이 더욱 밝아졌으니, 첫 번째 얻은 것입니다. 받는 녹봉이 적기는 하지만 멀건 죽이라도 친척들에게 공급하여 이 때문에 친척들이 더욱 친해졌으니, 두 번째 얻은 것입니다. 급히 처리할 공무가 많기는 하나 밤에도 부지런히 죽은 이를 조상하고 병든 이를 문병하여 이 때문에 벗들이 더욱 친해졌으니, 세 번째 얻은 것입니다."

이 말을 들은 공자는 복자천에게 말씀하셨다.

"君子로구나, 이 사람은. 군자로구나, 이 사람은. 魯나라에 군자가 없었다면 어디서 이런 德을 얻었겠는가!"

29. 晏子治東阿[1)]三年에 景公召而數之曰 吾以子爲可하야 而使子治東阿러니 今子治而亂하니 子退而自察也하라 寡人將加大誅於子호리라 晏子對曰 臣請改道易行而治東阿호리니 三年不治어든 臣請死之호리이다 景公許之하다 於是明年上計[2)]한대 景公迎而賀之曰 甚善矣로다 子之治東阿也여 晏子對曰 前臣之治東阿也에 屬託不行하고 貨賂不至하며 陂池之魚는 以利貧民하니 當此之時하야 民無飢者어늘 而君反以罪臣하시니이다 今臣之後治東阿也에 屬託行하고 貨賂至하며 竝(會)〔曾〕[3)]賦斂하고 倉庫少內하며 便事左右하고 陂池之魚는 入於權家하니 當此之時하야 飢者過半矣어늘 君乃反迎而賀臣하시니이다 愚는 不能復治東阿니 願乞骸骨[4)]하야 避賢者之路하노이다 再拜便辟하다 景公乃下席而謝之曰 子彊復治東阿하라 東阿者는 子之東阿也니 寡人은 無復與焉호리라

1) 東阿 : 춘추시대 齊나라 땅 이름이다. 옛터는 지금의 山東省 陽谷縣 동북쪽의 阿城鎭

이다.

2) 上計 : 전국시대와 秦・漢 때 地方官이 연말에 관할 지역의 戶口・賦稅・盜賊・獄訟 등을 장부에 적어 조정에 보고하던 統計이다. 조정에서는 이것을 고찰하여 관리의 성적을 評定하였다. ≪淮南子 人間訓≫・≪後漢書 百官志 5≫

3) (會)〔曾〕: 저본에는 '會'로 되어 있으나, ≪說苑校證≫에 "'會'자는 '曾'자의 誤字인 듯하다. '曾'은 ≪說文≫에 '더하다〔益〕'라 하였고, ≪晏子春秋≫에 '重'으로 썼으니 '曾'과 뜻이 같다." 하였으므로, '曾'으로 바로잡았다.

4) 乞骸骨 : 옛날 관리가 스스로 退職을 요청하는 일이다. 骸骨이 고향에 돌아가 장례 지내도록 해달라는 뜻이다. ≪史記 平津侯主父列傳≫

晏子가 東阿를 다스린 지 3년이 되었을 때 齊 景公이 불러서 죄를 꾸짖었다.

"내가 그대를 가능하다고 생각하여 그대를 보내 동아를 다스리게 하였는데, 지금 그대가 다스리면서 어지러워졌으니 그대는 물러나 스스로 살펴보시오. 寡人이 그대에게 큰 벌을 내릴 것이오."

안자는 대답하였다.

"臣은 다스리는 방법을 바꾸어 동아를 다스려보겠으니, 3년이 되어도 다스려지지 않거든 신은 죽음을 요청하겠습니다."

경공은 이를 허락하였다. 이렇게 하여 이듬해에 다스린 결과를 보고하자, 경공은 안자를 맞이하여 祝賀하여 말했다.

"그대가 동아를 다스린 결과가 매우 좋군요."

이에 안자는 대답했다.

"전번에 신이 동아를 다스릴 적에는 請託도 행해지지 않고 賂物도 오지 않았으며, 못의 물고기로 얻는 利益은 가난한 백성들이 차지하였습니다. 이때에는 굶주리는 백성이 없었는데 임금께서는 도리어 신에게 죄를 주셨습니다. 현재 신이 다음번에 동아를 다스릴 적에는 청탁이 횡행하고 뇌물이 들어오며, 게다가 稅金을 더 많이 징수하고 國庫에 들어오는 수입은 감소되었으며, 임금의 측근을 阿諂으로 섬기고 못의 물고기로 얻는 이익은 모두 權勢 있는 집에 들어갔습니다. 이때에는 굶주리는 사람이 반을 넘었는데 임금께서는 도리어 신을 맞이하면서 축하하셨습니다. 어리석은 신은 다시는 동아를 다스리지 못하겠으니, 辭職하고 고향에 돌아가서 어진 이의 진출할 길을 비켜주고 싶습니다."

그러고는 두 번 절하고 바로 자리를 떠났다. 경공은 곧 자리에서 내려와 사과하였다.

"그대는 다시 힘써 동아를 다스리시오. 동아는 그대의 것이니, 과인은 다시 간여하지 않을 것이오."

30. 子路治蒲[1]할새 見於孔子曰 由願受教하노이다 孔子曰 蒲多壯士하고 又難治也라 然吾語汝호리라 恭以敬이면 可以攝[2]勇이요 寬以正이면 可以容衆이요 恭以潔이면 可以親上이니라

1) 蒲 : 춘추시대 衛나라 邑이다. 전국시대에는 魏나라에 속하였다. 지금의 河南省 長垣縣 지역에 있었다.
2) 攝 : '懾'과 통용한다. '두렵게 하다'는 뜻이다.

子路가 蒲를 다스리려고 할 적에 孔子를 뵙고 말했다.

"저 由는 가르침을 받고 싶습니다."

공자께서 말씀하셨다.

"蒲에는 壯士가 많고 또 다스리기 어렵다. 그러나 내 너에게 말해주마. 일을 恭遜하고 恭敬하게 하면 勇猛한 사람을 두렵게 하고, 너그럽고 바르게 하면 많은 사람을 包容하며, 공손하고 潔白하게 하면 윗사람과 親近해질 수 있다."

31. 子貢爲信陽[1]令하야 辭孔子而行할새 孔子曰 力之順之하며 因(子)〔天〕[2]之時하며 無奪無伐하며 無暴無盜하라 子貢曰 賜少(日)〔而〕[3]事君子호니 君子固有盜者邪잇가 孔子曰 夫以不肖伐賢을 是謂奪也요 以賢伐不肖를 是謂伐也요 緩其令하고 急其誅를 是謂暴也요 取人善以自爲己를 是謂盜也니 君子之盜는 豈必當財幣乎아 吾聞之호니 曰知爲吏者는 奉法利民하고 不知爲吏者는 枉法以侵民이라하니 此皆怨之所由生也니라 臨官莫如平이요 臨財莫如廉이니 廉平之守는 不可攻也니라 匿人之善者를 是謂蔽賢也요 揚人之惡者를 是謂小人也요 不內相教而外相謗者를 是謂不足親也니라 言人之善者는 有所得而無所傷也요 言人之惡者는 無所得而有所傷也라 故君子愼言語矣니 毋先己而後人하고 擇言出之하야 令口如耳니라

1) 信陽 : 춘추시대 楚나라 邑이다. 옛 城은 지금의 河南省 信陽縣 남쪽에 있었다.

2) (子)〔天〕: 저본에는 '子'로 되어 있으나, ≪群書拾補≫에 '子'를 '天'으로 고치면서 "≪孔子家語≫ 〈辨政〉에 '奉天子之時'라 하였는데 '子'는 衍文이다." 하였고, ≪先聖大訓≫ 권5와 ≪太平御覽≫ 권499에 "因天之時"라 하였으므로 '天'으로 바로잡았다.
3) (日)〔而〕: 저본에는 '日'로 되어 있으나, ≪群書拾補≫에 "宋本에 '而'로 되어 있다." 하였고, ≪說苑校證≫에는 "明鈔本·楚府本에 모두 '而'로 써서 ≪孔子家語≫와 합치한다." 하였으므로 '而'로 바로잡았다.

子貢이 信陽令이 되어 孔子께 하직인사를 하고 떠날 적에 공자께서 당부하여 말씀하셨다.

"힘써서 하고 順理대로 하며 天時를 따르고 强制로 빼앗지 말며 武力으로 討伐하지 말고 사납게 굴지 말며 도둑질하지 말아야 한다."

그러자 자공은 말했다.

"저 賜가 어릴 적부터 君子를 섬겼는데 군자도 본래 도둑질하는 일이 있습니까?"

공자께서 말씀하셨다.

"不肖한 사람으로 어진 이를 공격하는 것을 '빼앗는다〔奪〕' 이르고, 어진 이로 불초한 사람을 공격하는 것을 '친다〔伐〕' 이르고, 命令은 느슨하게 해놓고 誅殺하기를 긴급히 하는 것을 '사납다〔暴〕' 이르고, 남의 잘하는 것을 가져다가 자기 것으로 삼는 것을 '도둑질〔盜〕'이라 이른다. 군자의 도둑질이 어찌 꼭 財物에만 해당되겠느냐? 나는 들으니 관리 노릇하는 도리를 아는 자는 法을 奉行하여 백성을 이롭게 하고, 관리 노릇하는 도리를 모르는 자는 법을 歪曲하여 백성의 이익을 侵害한다고 하였다. 그러니 이것은 백성의 모든 怨望이 따라 일어나는 것이다.

관리가 되어서는 公平보다 더 나은 것은 없고 재물을 대해서는 淸廉보다 더 나은 것이 없으니, 청렴하고 공평을 지키는 사람은 공격할 수가 없다. 남이 잘하는 것을 숨기는 것을 '어진 이를 가린다〔蔽賢〕' 이르고, 남의 나쁜 점을 들춰내는 것을 '小人'이라 이르고, 내면으로는 서로 訓戒하지 않고 외부에서 誹謗하는 자를 '친하지 못할 사람'이라 이른다. 남이 잘하는 일을 말하는 사람은 나에게 얻는 것은 있고 잃는 것은 없으며, 남의 나쁜 일을 말하는 사람은 나에게 얻는 것은 없고 잃는 것만 있다. 그래서 君子는 말을 愼重히 하는 것이니, 자기를 앞세우고 남을 뒤에 두지 말며, 잘 골라 말하여 말하는 입과 듣는 귀가 일치하도록 하라."

32. 楊朱[1)]見梁王하야 言治天下如運諸掌然하다 梁王曰 先生有一妻一妾不能治하고 三畝之園不能芸이어늘 言治天下如運諸手掌이라하니 何以오 楊朱曰 臣有之하니 君不見夫〈牧〉[2)]羊乎잇가 百羊而群을 使五尺童子로 荷杖而隨之하야 欲東而東하고 欲西而西하니 君且使堯牽一羊하고 舜荷杖而隨之면 則亂之始也니이다 臣聞之호니 夫呑舟之魚는 不遊淵하고 鴻鵠高飛에 不就汙池하나니 何則고 其志極遠也니이다 黃鍾大呂[3)]는 不可從繁奏之舞하나니 何則고 其音疏也니이다 將治大者는 不治小하고 成大功者는 不小苛라하니 此之謂也니이다

1) 楊朱 : 전국시대 魏나라 사람이다. 爲我說을 주장하여 墨子의 兼愛說과 반대되는 학설을 이루었다. 孟子는 이를 배척하여 異端이라 하였다. 일반적으로 楊子·楊生이라 칭한다. ≪孟子 滕文公 下≫·≪列子 楊朱≫
2) 〈牧〉 : 저본에는 '牧'이 없으나, ≪說苑纂注≫에는 "≪列子≫에 '君見其牧羊者乎'로 되어 있다." 하였고, ≪說苑校證≫에는 "'牧'자가 탈락되었다." 하였으므로 보충하였다.
3) 黃鍾大呂 : 黃鍾은 十二律 가운데 陽律의 제1律인데 소리가 크고 맑다. 大呂는 陰律의 제1律이다. 음악이나 문장이 莊嚴·正大·高妙함을 형용한다. ≪周禮 春官 大司樂≫

楊朱가 梁王을 만나 말했다.

"天下를 다스리는 일은 마치 物件을 손바닥에 올려놓고 움직이는 것처럼 쉽습니다."

양왕은 대꾸하였다.

"한 명의 아내와 한 명의 첩이 있으나 그도 다스리지 못하고 3畝의 園地가 있으나 그곳의 풀도 매지 못하면서 천하를 다스리는 일은 물건을 손바닥에 올려놓고 움직이는 것처럼 쉽다고 하니, 무슨 말이오?"

양주는 대답하였다.

"臣은 그럴 만한 이유가 있습니다. 임금께서는 양 치는 일을 보지 못했습니까? 백 마리쯤 되는 양떼를 키가 다섯 자밖에 안 되는 어린아이에게 막대기를 메고 따르게 하여 동쪽으로 가고 싶으면 동쪽으로, 서쪽으로 가고 싶으면 서쪽으로 가게 할 수 있습니다. 임금께서 만일 堯에게 양 한 마리만 끌게 하고 舜에게 막대기를 메고 따르게 하면 昏亂이 시작될 것입니다.

신은 들으니, 배를 삼킬 만한 큰 물고기는 연못에서는 헤엄치지 않고, 鴻鵠은 높이 날 때 웅덩이 근처에는 내려앉지 않는다 합니다. 이는 무엇 때문이겠습니까? 그 뜻이

지극히 遠大하기 때문입니다. 黃鐘과 大呂는 번잡한 춤을 따라 연주할 수 없습니다. 왜 그렇겠습니까? 그 音節이 느리고 크기 때문입니다. 큰 일을 다스리려는 사람은 작은 일은 다스리지 않고, 큰 功을 세우는 사람은 자질구레한 일에 얽매이지 않는다고 하니, 이를 가리켜 한 말입니다.

33. **景差**[1]**相鄭**할새 **鄭人**이 **有冬涉水者 出而脛寒**이러라 **後景差過之**라가 **下陪乘**[2]**而載之**하고 **覆以上衽**하다 **晉叔向聞之**하고 **曰 景子爲人國相**이어늘 **豈不固哉**아 **吾聞良吏居之**면 **三月而溝渠修**하고 **十月而津梁成**하야 **六畜且不濡足**이온 **而況人乎**아

1) 景差 : 춘추전국시대 楚나라 사람으로 평생 행적은 미상이다. 宋玉과 같은 시대의 사람으로 ≪楚辭≫〈大招〉의 작가라고 한다. ≪史記 屈原列傳≫

2) 陪乘 : 옛날 수레를 탈 때 尊貴한 사람을 侍衛하는 사람이다. 수레에 존귀한 사람이 중앙에 앉고 수레를 모는 사람은 좌측, 侍衛하는 사람은 우측에 타는데 이를 陪乘, 혹은 驂乘·車右라고도 한다. ≪周禮 夏官 齊右≫

景差가 鄭나라 宰相이었을 때 정나라 사람 중에 겨울에 물을 건넌 사람이 물에서 나와 종아리가 시려 떨고 있었다. 조금 뒤에 경차가 그곳을 지나다가 陪乘을 내리게 한 뒤 그를 태우고 겉옷을 벗어 덮어주었다. 晉나라 叔向이 그 所聞을 듣고 말하였다. "景子는 남의 國相이 되었는데 어찌 固陋하지 않은가! 나는 들으니, 훌륭한 관리는 국상의 자리에 있으면, 3개월이면 도랑을 수리하고 10개월이면 나루와 다리를 완성하여 六畜도 발에 물을 적시지 않게 한다는데, 하물며 사람이랴?"

34. **魏文侯問李克曰 爲國如何**오 **對曰 臣聞爲國之道**는 **食**(사)**有勞而祿有功**하고 **使有能而賞必行**하며 **罰必當**이라호이다 **文侯曰 吾賞罰皆當**이어늘 **而民不與**는 **何也**오 **對曰 國其有淫民**[1]**乎**인저 **臣聞之**호니 **曰 奪淫民之祿**하야 **以來四方之士**라하니이다 **其父有功而祿**이면 **其子無功而食之**하야 **出則乘車馬**하고 **衣美裘**하야 **以爲榮華**하며 **入則修竽琴鍾石之聲**하야 **而安其子女之樂**하야 **以亂鄕曲之敎**하니이다 **如此者**는 **奪其祿**하야 **以來四方之士**니 **此之謂奪淫民也**니이다

1) 淫民 : 노력하지 않고 놀면서 향락을 탐하는 사람이다.

魏 文侯가 李克에게 물었다.

"나라는 어떻게 다스리는 것이오?"

이극은 대답했다.

"臣은 들으니, 나라를 다스리는 방법은 수고한 사람은 밥을 먹여주고 功勞가 있는 사람은 祿俸을 주며, 能力 있는 사람은 부리되 賞을 줄 경우는 반드시 시행하고 罰을 줄 경우는 반드시 합당해야 한다고 했습니다."

그러자 문후는 물었다.

"나는 상과 벌을 모두 합당하게 시행하는데 백성들이 따르지 않는 것은 무엇 때문이오?"

이극은 대답했다.

"나라에 놀면서 享樂을 탐하는 사람이 있기 때문일 것입니다. 신은 들으니 '놀면서 향락을 탐하는 사람의 녹봉을 빼앗아 그걸로 四方의 人材를 오게 하면 된다.'고 합니다. 아버지가 국가에 공로가 있어서 녹봉을 받으면 그의 아들은 아무 공로도 없이 이를 누리면서 외출할 때는 車馬를 타고 좋은 갓옷을 입어 榮華로 여기며, 집에 들어와서는 악기를 연주하여 음악 소리를 들으면서 子女들과 편안한 즐거움을 누려 鄕里의 敎化를 어지럽힙니다. 이와 같은 자는 그 녹봉을 빼앗아 그걸로 사방의 인재를 오게 해야 되니, 이것이 놀면서 향락을 탐하는 사람의 녹을 빼앗는다는 것입니다."

35. 齊桓公問於管仲曰 〈治〉[1]國何患고 管仲對曰 患夫社鼠[2]니이다 桓公曰 何謂也오 管仲對曰 夫社는 束木而塗之하야 鼠因往託焉하니 燻之則恐燒其木이요 灌之則恐敗其塗니 此鼠所以不可得殺者는 以社故也니이다 夫國亦有社鼠하니 人主左右是也니이다 內則蔽善惡於君上하고 外則賣權重於百姓하나니 不誅之則爲亂하고 誅之則爲人主所(容)〔案〕[3]據하야 腹而有之[4]하니 此亦國之社鼠也니이다 人有酤酒者하야 爲器甚潔清하고 置表[5]甚長이로되 而酒酸不售어늘 問之里人其故한대 里人云 公之狗猛 人挈器而入하야 且酤公酒면 狗迎而噬之하니 此酒所以酸不售之故也라하니이다 夫國亦有猛狗하니 用事者也니이다 有道術之士 欲明萬乘之主호되 而用事者迎而齕之하니 此亦國之猛狗也니이다 左右爲社鼠하고 用事者爲猛狗면 則道術之士不得用矣니 此治國之所患也니이다

1) 〈治〉 : 저본에는 '治'가 없으나, ≪說苑校證≫의 "≪韓非子≫와 ≪晏子春秋≫에 의거하여 '治'자를 보충해야 된다."는 說에 의거하여 보충하였다.
2) 社鼠 : 社廟 안에 서식하는 쥐로, 권력에 의지하는 小人을 비유한다. ≪晏子春秋 問上 9≫
3) (容)〔案〕 : 저본에는 '容'으로 되어 있으나, 劉台拱의 ≪經傳小記≫에 "≪晏子春秋≫에 '案'으로 썼으니 이를 따라야 된다." 하였고, ≪說苑校證≫에는 "≪群書治要≫에 정작 '案'으로 썼으니 고쳐야 한다. '案'은 '依'의 뜻과 같다." 하였으므로, '案'으로 바로잡았다.
4) 腹而有之 : ≪韓詩外傳≫에 '覆而育之'로 되어 있어서 이를 따라 번역하였다.
5) 置表 : 술집임을 알리는 표시를 건다는 말이다. 表는 酒帘(렴)의 뜻이다.

齊 桓公이 管仲에게 물었다.

"나라를 다스리는 데 무엇을 걱정해야 되는지요?"

관중이 대답하였다.

"祠堂에 사는 쥐를 걱정해야 됩니다."

환공은 다시 물었다.

"이 말은 무슨 뜻이오?"

관중은 대답하였다.

"사당은 나무를 묶고 흙을 발라 만들어서 쥐가 거기에 의탁해 살고 있습니다. 불로 지지자니 나무가 탈까 걱정되고 물을 부어 쫓자니 바른 흙이 무너질까 걱정됩니다. 이 쥐를 잡아 죽이지 못하는 까닭은 그곳이 사당이기 때문입니다. 나라에도 사당의 쥐 같은 사람이 있으니, 바로 임금의 측근에 있는 사람이 이것입니다. 안으로는 임금이 善惡을 분별하지 못하게 聰明을 가리고, 밖으로는 백성에게 자기가 가지고 있는 權力을 팔아먹습니다. 이들을 죽이지 않으면 禍亂을 일으키고 죽이려고 하면 임금이 이들의 의지가 되어 감싸 길러주니, 이들 역시 나라의 사당에 사는 쥐 같은 존재입니다.

술을 파는 사람이 있어서 술그릇을 깨끗이 닦고 술집을 표시하는 깃발을 길게 걸었으나 술이 팔리지 않아 쉬어버렸습니다. 그래서 마을 사람에게 술이 팔리지 않는 까닭을 묻자, 마을 사람은 이렇게 일러주었습니다. '당신 집의 개가 사나워서 사람이 그릇을 지니고 들어가 당신의 술을 사려고 하면 개가 먼저 맞이하여 물어버리니, 이것이 술이 쉬어지도록 팔리지 않는 까닭이오.'라 하였습니다. 나라에도 사나운 개가 있으니 바로 權力을 장악한 자입니다. 道德과 學問이 있는 사람이 萬乘의 帝王에게 나라를 다스리는 도리를 밝히고자 하되 권력을 장악한 자가 먼저 맞이하여 물어버리니 이 역시 나라의 사나운 개입니다.

측근의 신하는 사당의 쥐가 되고 권력을 장악한 자는 사나운 개가 되면 도덕과 학문이 있는 사람은 등용되지 못할 것이니, 이것이 나라를 다스리는 데 걱정해야 될 일입니다."

36. **齊侯問於晏子曰 爲政何患**고 **對曰 患善惡之不分**이니이다 **公曰 何以察之**오 **對曰 審擇左右**니 **左右善**이면 **則百僚各得其所宜而善惡分**이니이다 **孔子聞之**하시고 **曰 此言也信矣**로다 **善{言}**[1]**進**이면 **則不善無由入矣**요 **不善{言}進**이면 **則善無由入矣**니라

1) 善{言} : ≪晏子春秋≫ 〈問 上 3〉과 ≪群書治要≫에 '言'자가 없어 衍文으로 처리하였다. '善'은 善人을 말한다. 아래도 같다.

齊侯가 晏子에게 물었다.

"政治를 할 때 무엇을 걱정해야 하오?"

안자는 대답했다.

"善한 사람과 惡한 사람을 구분하지 못하는 것을 걱정해야 합니다."

公이 다시 물었다.

"선한 사람과 악한 사람을 어떻게 살펴야 하오?"

안자는 대답했다.

"측근을 자세히 살펴 가려야 되니 측근이 선하면 百官이 각기 알맞은 職務를 얻게 되어 선한 사람과 악한 사람이 구분될 것입니다."

孔子는 이 말을 듣고 이렇게 말씀하셨다.

"이 말이 명확하구나. 선한 사람을 등용하면 선하지 못한 사람이 들어올 길이 없고, 선한 사람을 등용하지 않으면 선한 사람이 들어올 길이 없게 된다."

37. **復槀**[1]**之君朝齊**어늘 **桓公問治民焉**하다 **復槀之君不對**하고 **而循口**[2]**操衿抑心**이러라 **桓公曰 與民共甘苦饑寒乎**아 **夫以我爲聖人也**라 **故不用言而諭**로다 **因禮之千金**하다

1) 復槀 : 小國 이름이다. 역사적 사실은 미상이다.

2) 循口 : 손으로 입을 쓰다듬는다는 뜻이다.

復槀의 임금이 齊나라에 朝見하였는데 齊 桓公이 백성을 다스린 실정을 물었다. 복고의 임금은 대답을 하지 않고 입을 쓰다듬으며 옷깃을 잡고 가슴을 눌렀다. 환공은 말했다.

"즐거움과 괴로움, 굶주림과 추위를 백성들과 함께했다는 것인가? 저 사람은 나를 聖人으로 여겼기 때문에 말을 하지 않아도 내가 이해한다고 여기는구나!"

그러고는 千金을 禮物로 주었다.

38. 晉文公時에 翟人[1]有〈獻〉[2]封狐文豹之皮者하다 文公喟然歎曰 封狐[3]文豹何罪哉오 以其皮爲罪也로다 大夫欒枝曰 地廣而不平하고 財聚而不散이면 獨非狐豹之罪乎잇가 文公曰 善哉로다 說之여 欒枝曰 地廣而不平이면 人將平之하고 財聚而不散이면 人將爭之리이다 於是에 列[4]地以分民하고 散財以賑貧[5]하다

1) 翟人 : 고대 중국의 북방에 거주하던 민족 이름으로, 中原 사람이 각 소수민족을 두루 이르는 말로도 쓴다. 翟은 狄과 통용한다.
2) 〈獻〉 : 저본에는 '獻'이 없으나, ≪說苑校證≫의 "≪韓非子≫와 ≪金樓子≫에 모두 '獻' 자가 있다."는 說에 따라 보충하였다.
3) 封狐 : 큰 여우를 가리킨다. '封'은 '크다'는 뜻이다. ≪楚辭≫ 〈離騷〉에 "또 큰 여우를 쏘아 잡기 좋아했다.〔又好射夫封狐〕"의 王逸 注에 "封狐는 大狐이다."라 하였다.
4) 列 : '裂'과 통용한다.
5) 晉文公時……散財以賑貧 : 저본에는 앞 章에 연결되어 있으나, ≪群書拾補≫에는 宋·元本에 모두 別行하였다 하였고, ≪說苑校證≫에는 明鈔本·楚府本·關嘉本에 모두 別行하였다고 하면서 別行한 것을 따라 장을 나누었다.

晉 文公 때에 翟人 중에 큰 여우 가죽과 표범 가죽을 바친 자가 있었다. 文公이 한숨을 쉬고 탄식하면서 말했다.

"큰 여우와 표범은 무슨 죄가 있겠나! 좋은 가죽 때문에 죄가 된 것이지."

그러자 大夫 欒枝가 말했다.

"땅이 넓은데도 고루 分配하지 않고 財物이 모였는데도 흩어주지 않으면 어찌 여우와 표범이 당한 죄와 같지 않겠습니까?"

문공은 말했다.

"훌륭하구나. 그 말이."

그러자 난지는 다시 말했다.

"땅이 넓은데도 고루 분배하지 않으면 백성들이 고른 분배를 요구할 것이고, 재물이 모였는데도 흩어주지 않으면 백성들이 爭奪하려고 할 것입니다."

이에 땅을 分割하여 백성들에게 나누어주고 재물을 흩어서 가난한 사람을 구제하였다.

39. 晉文侯問政於舅犯한대 舅犯對曰 分熟不如分腥이요 分腥不如分地니 割以分民하고 而益其爵祿이라 是以上得地而民知富하고 上失地而民知貧하나니 古之所謂致師而戰者는 其此之謂也니이다

晉 文侯가 舅犯에게 政治에 대하여 묻자, 구범은 대답하였다.

"익힌 음식을 나누어주는 것이 날곡식을 나누어주는 것만 못하고, 날곡식을 나누어주는 것이 땅을 나누어주는 것만 못하니, 땅을 쪼개 백성에게 나누어주고 그들의 爵祿을 늘려주는 것입니다. 이 때문에 임금이 땅을 얻으면 백성은 자기들도 富裕해질 것을 알고, 임금이 땅을 잃으면 자기들도 가난해질 것을 알게 됩니다. 예전에 이른바 용감히 도전하여 싸웠다는 것은, 바로 이런 방법을 이르는 것입니다."

40. 晉侯問於士文伯[1]曰 三月朔에 日有蝕之하니 寡人學惛焉호라 詩所謂 (彼)〔此〕日而蝕이여 于何不臧[2]者는 何也오 對曰 不善政之謂也니 國無政하고 不用善이면 則自取謫於日月之災라 故不可不愼也니이다 政有三而已니 一曰因民이요 二曰擇人이요 三曰從時니이다

1) 士文伯 : 춘추시대 晉나라 大夫로 이름은 士匄, 字는 伯瑕이다. 文伯이 이름이라고도 한다. ≪春秋左氏傳 襄公 30년·昭公 6년≫

2) (彼)〔此〕日而蝕 于何不臧 : ≪詩經≫ 〈小雅 十月之交〉에 보인다. 다만 今本 ≪詩經≫에는 '彼'는 '此', '蝕'은 '食'으로 되어 있어, '彼'는 '此'로 바로잡았고, '蝕'은 '食'과 통용이다.

晉侯가 士文伯에게 물었다.

"3월 초하루에 日蝕이 일어났는데 寡人은 學問이 흐려서 이해하지 못하겠소. ≪詩經≫에서 '이 일식을 함이여, 어찌하여 좋지 못한가?'라고 한 것은 무엇 때문이오?"

사문백은 대답하였다.

"政治를 잘하지 못한 것을 이른 것입니다. 나라에 좋은 정치가 없고 좋은 사람을 등용하지 않으면 스스로 日月의 견책을 받는 것입니다. 그래서 정치를 신중히 하지 않으면 안 됩니다. 정치에는 세 가지 중요한 것이 있을 뿐이니, 첫째는 백성의 뜻을 따르고, 둘째는 어진 이를 가려서 쓰고, 셋째는 天時를 따르는 것입니다."

41. **延陵季子**[1]**游於晉**할새 **入其境**하야 **曰** 嘻라 **暴哉國乎**여하고 **入其都**하야 **曰** 嘻라 **力屈哉國乎**여하고 **立其朝**하야 **曰** 嘻라 **亂哉國乎**여하다 **從者曰 夫子之入晉境未久也**어늘 **何其名之不疑也**오 **延陵季子曰 然**하다 **吾入其境**호니 **田畝荒穢而不休**[2]하야 **雜增崇高**하니 **吾是以知其國之暴也**요 **吾入其都**호니 **新室惡而故室美**하고 **新牆卑而故牆高**하니 **吾是以知其民力之屈也**요 **吾立其朝**호니 **君能視而不下問**하고 **其臣善伐而不上諫**하니 **吾是以知其國之亂也**로라

1) 延陵季子 : 춘추시대 吳나라 公子 季札이다. 吳王 壽夢의 네 아들 중에 계찰이 막내아들이었는데 가장 현명하였다. 수몽은 長男을 廢하고 막내를 세우려 했으나 계찰은 사양하며 옳지 않다 하였다. 수몽이 죽은 뒤 여러 형제들이 큰아들에게 傳位하지 않고 막내아우에게 전위하기로 약속하여 결국은 계찰에게 나라를 맡기려 하였다. 이에 계찰은 오나라를 떠나 延陵에 들어가 죽을 때까지 오나라에 들어가지 않았으므로 延陵季子라 일컫는다. ≪春秋公羊傳 ·襄公 29년≫ · ≪史記 吳太伯世家≫
2) 休 : ≪群書拾補≫의 "'休'는 '茠'로 써야 되니, '茠'는 '薅'와 같고 除草함이다."라는 설에 따라 '김매다'로 번역하였다.

延陵季子가 晉나라를 유람할 적에 國境에 들어가서는 "아, 暴惡하구나! 이 나라는."이라 하고, 都城에 들어가서는 "아, 民力이 다했구나! 이 나라는."이라 하고, 朝廷에 들어가 서서는 "아, 어지럽구나! 이 나라는."이라고 하였다.

그러자 시종하는 사람이 물었다.

"선생님께서 晉나라 경내에 들어오신 지 오래되지 않았는데 어떻게 전혀 의심도 없이 이렇게 평가하십니까?"

연릉계자는 대답했다.

"그렇다. 내가 이 나라의 국경에 들어왔더니, 農土가 거칠게 묵었는데도 김을 매지 않아 잡초가 번성하여 크게 자랐기에 나는 이 때문에 이 나라가 포악한 줄을 알았다.

내가 도성에 들어갔더니 새로 지은 집은 열악한데 옛날에 지은 집은 아름답고, 새로 친 담은 낮은데 예전에 친 담은 높으니, 나는 이 때문에 이 나라의 민력이 다한 줄을 알았다. 내가 이 나라의 조정에 서보니 임금은 臣下를 보기만 하고 신하들에게 묻지 않으며, 신하들은 자기의 자랑만 하고 임금에게 諫言을 올리지 않으니, 나는 이 때문에 이 나라가 어지러운 줄을 알았다."

42. 齊之所以不如魯者는 太公之賢이 不如伯禽이라 伯禽與太公俱受封하야 而各之國三年에 太公來朝하다 周公問曰 何治之疾也오 對曰 尊賢하며 先疏後親하고 先義後仁也하니 此霸者之迹也니이다 周公曰 太公之澤은 及五世로다 五年에 伯禽來朝어늘 周公問曰 何治之難고 對曰 親親{者}[1)]하며 先內後外하고 先仁後義也하니 此王者之迹也니이다 周公曰 魯之澤은 及十世로다 故魯有王迹者하니 仁厚也요 齊有霸迹者하니 武政也라 齊之所以不如魯也는 太公之賢이 不如伯禽也[2)]니라

1) {者} : ≪群書拾補≫의 說에 의거하여 衍文으로 처리하였다.

2) 齊之所以不如魯者……不如伯禽也 : 저본에는 앞 章과 연결되어 있으나, ≪說苑校證≫의 別行에 따라 章을 나누었다.

齊나라가 魯나라보다 못한 것은 太公의 賢明함이 伯禽보다 못했기 때문이다. 백금과 태공이 함께 封地를 받아 각기 자기 나라에 가서 다스린 지 3년 만에 태공이 天子에게 朝見하러 왔다. 그때 周公이 물었다.

"어찌 이렇게 빨리 다스리셨소?"

태공은 대답했다.

"어진 이를 尊敬하며, 疏遠한 사람을 먼저 쓰고 친한 사람을 뒤에 쓰며, 道義를 먼저 시행하고 仁德을 뒤에 행하였으니, 이는 霸者의 남긴 자취입니다."

그러자 주공은 말하였다.

"태공의 恩澤은 5代까지 이어지겠구나."

5년이 지난 뒤에 백금이 朝見하러 오자, 주공이 물었다.

"어찌 다스림이 그렇게 어려웠느냐?"

백금은 대답하였다.

"자기의 親族을 먼저 친애하며, 안을 먼저 다스리고 밖을 뒤에 다스리며, 仁德을 먼저 행하고 道義를 뒤에 행하였으니, 이는 王者의 남긴 자취입니다."

이에 주공은 말하였다.

"魯나라의 은택은 10代까지 이어지겠구나."

그래서 노나라에는 仁厚한 王道政治의 자취가 있고, 제나라에는 武事를 힘쓰는 霸道政治의 자취가 있게 되었다. 제나라가 노나라보다 못한 까닭은 태공의 현명함이 백금보다 못했기 때문이다.

43. 景公好婦人而丈夫飾者하니 國人[1]盡服之어늘 公使吏禁之曰 女子而男子飾者는 裂其衣하고 斷其帶하라하니 裂衣斷帶 相望而不止러라 晏子見한대 公曰 寡人使吏禁女子而男子飾者하야 裂其衣하고 斷其帶하니 相望而不止者는 何也오 對曰 君之服之於內하고 而禁之於外하시니 猶懸牛首於門하고 而求(買)〔賣〕[2]馬肉也라 公胡不使內勿服이니잇고 則外莫敢爲也리이다 公曰 善하다 使內勿服한대 不旋月而國莫之服也러라

1) 國人 : 國都에 사는 사람이다. 國은 '國都'이다.

2) (買)〔賣〕: 저본에는 '買'로 되어 있으나, ≪晏子春秋≫에 의거하여 '賣'로 바로잡았다.

齊 景公이 宮中의 婦女들이 男子처럼 차리는 것을 좋아하니, 나라의 여인들이 모두 남자 옷을 입자 景公이 관리를 시켜 禁止하게 하면서 말하였다.

"여자이면서 남자처럼 차린 사람은 그 옷을 찢고 띠를 잘라버리라."

그러자 옷이 찢기고 띠가 잘린 여자들이 거리에 이어졌는데도 남자의 차림은 금지되지 않았다. 晏子가 경공을 뵙자 경공이 물었다.

"寡人이 관리를 시켜 여자이면서 남자처럼 차린 것을 금지하여 그 옷을 찢고 그 띠를 잘라버리라고 하였더니, 옷이 찢기고 띠가 잘린 여자들이 거리에 이어졌는데도 금지되지 않는 것은 무엇 때문이오?"

안자는 대답하였다.

"임금께서 宮內의 여자들은 입게 하시고 宮外의 여자들은 금지하시니, 이는 마치 門에 소머리를 달아놓고 말고기를 팔려는 것과 같습니다. 公께서는 어찌 궁내의 여자들부터 입지 말도록 하지 않습니까? 그렇게 하시면 궁외 사람은 감히 하지 못할 것입니다."

경공은 "좋은 말씀이오." 하고는 궁내에서 남자차림의 옷을 입지 말게 하자, 한 달이 안 되어 나라 안에 남자 옷을 입는 여자가 없었다.

44. 齊人甚好轂擊相犯以爲樂하야 禁之不止러라 晏子患之하야 乃爲新車良馬하야 出與人相犯也하고 曰 轂擊者不祥하니 臣其祭祀不順하고 居處不敬乎아 下車棄而去之하다 然後國人乃不爲라 故曰 禁之以制호되 而身不先行也면 民不肯止라 故化其心이 莫若教也라

齊나라 사람들이 수레바퀴의 굴대를 서로 부딪치며 즐기는 것을 매우 좋아하여 禁止하여도 그치지 않았다. 晏子가 이를 근심하여 새로 수레 한 채를 만들고 좋은 말이 끌게 하여 몰고 나가 남의 수레와 부딪치게 하고는 말했다.

"수레바퀴의 굴대가 부딪친 것은 祥瑞롭지 못하니, 내가 祭祀를 잘 지내지 못하고 평소의 생활을 恭敬히 하지 못해서 생긴 일인가 보다."

그러고는 수레에 내려서 수레를 버리고 가버렸다. 그러고 난 뒤에 나라 사람들이 마침내 수레바퀴 굴대를 부딪치며 즐기는 일을 하지 않았다. 그 때문에 금지하여 억제하되 몸소 먼저 행하지 않으면 백성들이 중지하려고 하지 않는다. 그래서 그 마음을 感化시키는 데에는 직접 教化하는 것보다 나은 것이 없다고 하는 것이다.

45. 魯國之法에 魯人有贖臣妾[1]於諸侯者는 取金於府라 子貢贖人於諸侯하고 而還其金한대 孔子聞之하시고 曰 賜失之矣로다 聖人之擧事也에 可以移風易俗하고 而教導可施於百姓이요 非獨適其身之行也니라 今魯國富者寡하고 而貧者衆하니 贖而受金則爲不廉이요 不受則後莫復贖이라 自今以來로 魯人不復贖矣리라 孔子는 可謂通於化矣라 故老子曰 見小曰明[2]이라하니라

1) 臣妾 : 노예이다. 남자 노예를 臣, 여자 노예를 妾이라 한다. ≪周易 遯卦≫ · ≪漢書 食貨志 上≫

2) 見小曰明 : ≪老子≫ 52章에 "작은 것을 살펴보는 것을 明이라 하고, 부드러움으로 지키는 것을 强이라 한다.〔見小曰明 守柔曰强〕"라 보인다.

魯나라의 法令에, 노나라 사람이 諸侯 나라에 臣妾이 된 사람을 贖還하는 일이 있는

경우는 官府에서 贖錢을 수령하게 되어 있다. 子貢이 제후 나라에서 사람을 속환하고 그 속전을 관부에 반납하자, 孔子께서 이를 들으시고 말씀하였다.

"賜(子貢의 이름)는 잘못을 저질렀구나! 聖人은 어떤 일을 처리할 때 風俗을 좋게 바꿀 만하고 백성에게 敎化하여 啓導할 만한 일을 베풀었지, 단지 자기의 몸에만 맞게 행하지는 않았다. 지금 노나라는 富者는 적고 가난한 사람이 많다. 신첩을 속환하면서 관부의 속전을 받으면 淸廉하지 못한 행위가 되고, 받지 않으면 이후로는 다시 속환하는 사람이 없게 된다. 지금 이후로 노나라 사람은 더 이상 속환하지 않을 것이다."

공자는 神化에 통했다고 이를 만하다. 그 때문에 老子는 "작은 것을 살펴보는 것을 明이라 한다."라 하였다.

46. 孔子見季康子하신대 康子未說(열)이어늘 孔子又見之하시다 宰予[1]曰 吾聞之夫子호니 曰 王公不聘이면 不動이라하시더니 今吾子之見司寇[2]也 少數矣로소이다 孔子曰 魯國以衆相陵하고 以兵相暴之日久矣어늘 而有司不治하니 聘我者孰大乎아 於是에 魯人聞之하고 曰 聖人將治시니 可以不先自(爲)〔遠〕[3]刑罰乎아하니 自是之後로 國無爭者러라 孔子謂弟子曰 違山十里라도 蟪蛄之聲이 猶尙存耳하니 政事無如膺之矣니라

1) 宰予 : 춘추시대 齊나라 사람이다. 字는 子我이다. 宰我라고도 한다. 孔子 제자로 孔門 十哲의 한 사람이다. 言辯에 능하여 공자에게 言語로 인정받았다. ≪論語 公冶長·先進≫·≪史記 仲尼弟子列傳≫

2) 司寇 : 刑法과 獄訟을 주관하던 벼슬이다. 夏·殷시대에도 있었고, 周代에는 六卿의 하나로 秋官大司寇라 하였다. 춘추시대 諸侯國에도 대부분 이 벼슬을 두었다. 여기서는 季康子를 가리킨 것이나 이는 잘못인 듯하다. ≪孔子家語≫ 〈子路初見〉에 "지금 부자께서 司寇가 되신 날짜가 얼마 안 되었다.〔今夫子之於司寇也日少〕"라 하여 孔子를 司寇라 하였다.

3) (爲)〔遠〕: 저본에는 '爲'로 되어 있으나, ≪孔子家語≫ 〈子路初見〉에 '遠'자로 되어 있고, ≪說苑校證≫에 "'爲'를 '遠'으로 읽을 수 있다." 한 것에 의거하여 '遠'으로 바로잡았다.

孔子께서 季康子를 만나려고 하셨는데 계강자가 기쁘게 여기지 않았으나 공자는 다시 만나려고 하셨다. 그러자 宰予가 여쭈었다.

"제가 선생님께 들으니 '王公이 招聘하지 않으면 움직이지 않는다.'고 하셨습니다. 그런데 지금 선생님께서 司寇를 만나시려는 것이 조금 빈번한 듯합니다."

그러자 공자는 말씀하였다.

"魯나라는 大衆의 힘을 믿고 서로 凌蔑하며 武力을 믿고 서로 暴力을 쓴 지가 오래 되었는데도 관리가 이를 다스리지 않는다. 나를 초빙하여 다스리게 하는 일보다 무엇이 더 크겠느냐?"

이에 노나라 사람들이 이 말을 듣고 말하였다.

"聖人이 앞으로 다스리실 것이니 어찌 스스로 먼저 刑罰을 멀리하지 않겠는가?"

이 이후로부터 나라 안에 다투는 일이 없게 되었다. 공자께서 제자들에게 말씀하셨다.

"산에서 10리를 벗어나도 매미 우는 소리가 아직 귀에 남아 있는 법이니, 政事는 백성들이 받아들이게 하는 일보다 나은 것이 없다."

47. 古之魯俗에 塗里之閭와 羅門之羅와 收門之漁 獨得於禮라 是以孔子善之하시니라 夫塗里之閭는 富家爲貧者出하고 羅門之羅는 有親者取多하고 無親者取少하며 收門之漁는 有親者取巨하고 無親者取小[1)]라

1) 古之魯俗……無親者取小 : 이 章은 저본에 위의 章과 이어져 있으나, ≪群書拾補≫와 ≪說苑纂注≫에 의거하여 章을 나누었다.

옛날 魯나라의 風俗에 塗里의 마을문을 지키는 일과, 羅門의 사냥감을 나누는 방식과, 收門의 잡은 물고기를 나누는 방식만이 禮에 맞았다. 이 때문에 孔子께서 이를 좋다고 여기셨다. 도리의 마을문을 지키는 일은 富裕한 집이 가난한 집을 위해 내었으며, 나문의 사냥감을 나누는 방식은 父母가 있는 사람은 많이 가져 가고 부모가 없는 사람은 적게 가져 가며, 수문의 잡은 물고기를 나누는 방식은 부모가 있는 사람은 큰 것을 가져 가고 부모가 없는 사람은 작은 것을 가져 가는 것이다.

48. 春秋曰 四民均이면 則王道興而百姓寧하나니 所謂四民者는 士農工商也라 婚姻之道廢면 則男女之道悖하야 而淫泆之路興矣니라

≪春秋≫에 말했다.

"四民이 均等하면 王道가 興盛하고 百姓이 便安해지니, 四民이란 士·農·工·商이다. 婚姻의 禮法이 폐기되면 남녀 사이의 規範이 어그러져서 淫亂하고 放蕩한 풍조가 일어난다.

卷8 尊賢 어진 사람을 존중함

賢士는 국가의 棟樑이기 때문에 하루라도 없어서는 안 된다는 것이 이 篇의 大義이다. 임금으로서 천하를 태평스럽게 다스려 後世에 榮名을 전하고자 하는 사람은 반드시 어진 이를 존경하고 선비를 예우해야 된다고 강조하고 있다. 尊賢에 대한 史料를 많이 뽑아 이를 설명하였다.

대체로 어진 이는 출신이 미천한 경우가 많으니 임금은 사람을 알아보는 眼目으로 출신의 貴賤高下로써 人才를 단정해서는 안 됨을 천명하였다. 어진 이가 중요한 것은 임금의 결함을 메워주어 功業을 이룰 수 있기 때문이다. 또 임금이 어진 이를 대할 적에는 깊이 믿어 의심하지 않고 전력으로 지지해야 하며, 平時에 어진 이를 厚待하여야 급박한 일이 닥쳤을 때 죽음을 아끼지 않고 보답하며, 어진 이를 쉽게 죽여서는 안 되며, 어진 이가 망명하는 임금을 따라가지 않더라도 원망하지 말고 자신이 어진 이의 의견을 따르지 않아 도망하게 된 것을 반성해야 된다는 등의 사례를 모아 어진 이를 존중해야 됨을 강조하였다.

01. 人君之欲平治天下而垂榮名者는 必尊賢而下士하나니 易曰 自上下下하니 其道大光[1)]이라하고 又曰 以貴下賤하니 大得民也[2)]라하니라 夫明王之施德而下下也는 將懷遠而致近也라 夫朝無賢人은 猶鴻鵠之無羽翼也하야 雖有千里之望이나 猶不能致其意之所欲至矣라 是故로 游江海者는 託於船하고 致遠道者는 託於乘하며 欲霸王者는 託於賢이니라 伊尹呂尙管夷吾百里奚는 此霸王之船乘也라 釋[3)]父兄與子孫은 非疏之也요 任庖人釣屠與仇讐僕虜[4)]는 非阿之也라 持社稷立功名之道에 不得不然也라 猶大匠之爲宮室也에 量小大而知材木矣요 比功校而知人數矣라 是故로 呂尙聘에 而天下知商將亡하야 而周之王也하고 管夷吾百里奚任에 而天下知齊秦之必霸也니 豈特船乘哉리오 夫成王霸는 固有人이요 亡國破家도 亦固有人이라 桀用干辛[5)]하고 紂用惡來[6)]하고 宋用唐鞅[7)]하고 齊用蘇秦하고 秦用趙高[8)]에 而天下知其亡也라 非其人

而欲有功은 **譬其若夏至之日**에 **而欲夜之長也**요 **射魚指天**하야 **而欲發之當也**라 **雖舜禹**라도 **猶亦困**이온 **而又況乎俗主哉**아

1) 自上下下 其道大光 : ≪周易≫ 益卦의 彖傳에 보인다.
2) 以貴下賤 大得民也 : ≪周易≫ 屯卦 初九의 象傳에 보인다.
3) 釋 : 버리고 돌보지 않다. 소원히 하다. 곧 重用하지 않음을 이른다.
4) 任庖人釣屠與仇讐僕虜 : 伊尹·呂尙·管夷吾(管仲)·百里奚 등이 처음에는 모두 미천한 신분이었음을 이른 말이다. 伊尹은 요리하는 신하라 하여 庖人, 呂尙은 渭水에서 낚시질하였다 하여 釣屠, 管仲은 일찍이 齊 桓公의 띠쇠〔鉤〕를 쏘아 맞혔다 하여 仇讐, 百里奚는 포로로 잡혔었고 또 시집가는 晉 獻公의 딸을 모시고 가는 종이었기 때문에 僕虜라 하였다.
5) 干辛 : 夏 桀王의 奸臣으로, 자세한 행적은 미상이다. ≪呂氏春秋 愼大≫
6) 惡來 : 殷나라 紂王의 신하이다. 飛廉의 아들로, 勇力이 대단하여 범이나 외뿔소를 찢어 죽였다 한다. ≪荀子 儒效≫·≪墨子 所染≫
7) 唐鞅 : 전국시대 宋 康王의 재상이다. 康王에게 신하들을 善한 사람이든 不善한 사람이든 모두 죽이라고 권했다 한다. ≪呂氏春秋 淫辭≫
8) 趙高 : 秦나라 때의 宦官이다. 始皇 때 中車府令에 임명되었고, 시황이 죽자 李斯와 공모하여 遺詔를 위조해 시황의 長子 扶蘇를 압박해 自殺하게 한 후 胡亥를 二世皇帝로 세웠다. 뒤에 이사마저 살해하고 정권을 장악하여 전횡하다가 3년 후 또 이세를 죽이고 子嬰을 세워 秦王으로 삼았다가 자영에게 죽임을 당하였다. ≪史記 秦始皇本紀≫

임금으로서 천하를 태평하게 다스려 영광된 이름이 후세에 전해지기를 바라는 자는 반드시 賢人을 존경하고 선비에게 몸을 낮춘다.

≪周易≫에 "지위가 높은 사람이 지위가 낮은 사람에게 몸을 낮추니 그 道가 크게 빛난다." 하였고, 또 "존귀한 사람이 미천한 사람에게 몸을 낮추니 백성의 마음을 크게 얻는다." 하였다.

현명한 帝王이 恩德을 베풀면서 낮은 사람에게 몸을 낮추는 것은 먼 지역의 사람을 회유하고 가까운 지역의 사람을 오게 하는 것이다.

조정에 賢人이 없는 것은 기러기와 고니에 날개가 없는 것과 같아서, 천 리를 날아가려는 소망은 있어도 도달하고자 하는 뜻을 이룰 수가 없다. 이 때문에 강과 바다를 가는 사람은 배에 의탁하고, 먼 길을 가는 사람은 수레에 의탁하며, 霸王이 되려는 사람은 賢人에게 의탁해야 한다.

伊尹·呂尙·管夷吾(管仲)·百里奚는 곧 霸王이 되게 하는 데에 배와 수레 역할을

하였다. 父兄과 子孫을 멀리하여 중용하지 않은 것은 소원하게 대해서가 아니고, 요리사·낚시꾼·백정·원수·노예·포로까지도 임용한 것은 그들에게 아부해서가 아니다. 社稷을 유지하고 功名을 세우는 방도에 그렇게 하지 않으면 안 되기 때문이다. 뛰어난 목수가 집을 지을 적에 집의 작고 큰 규모를 헤아려 써야 할 재목의 수량을 알고, 工程의 많고 적음을 따져서 써야 할 사람의 수를 아는 것과 같다. 이 때문에 呂尙을 초빙하자 천하 사람들은 商나라가 장차 망하여 周나라가 왕 노릇할 줄을 알았고, 管夷吾와 百里奚가 임용되자 천하 사람들은 齊나라와 秦나라가 반드시 霸者가 될 것임을 알았다. 어찌 단지 배와 수레일 뿐이랴!

王霸를 이룬 것은 본디 이루게 한 사람이 있었기 때문이고, 나라와 집을 패망시킨 것도 본디 패망하게 한 사람이 있었기 때문이다. 桀은 干辛을 등용하고, 紂는 惡來를 등용하고, 宋나라는 唐鞅을 등용하고, 齊나라는 蘇秦을 등용하고, 秦나라는 趙高를 등용하자 천하 사람들이 그들 나라가 망할 줄을 알았다. 적당한 사람이 아닌데 功業을 세우려는 것은 비유하면 마치 夏至날에 밤이 길기를 바라고, 하늘을 향해 물고기를 쏘면서 화살이 맞기를 바라는 것과 같다. 舜과 禹 같은 聖人이라도 곤란을 당할 텐데 더구나 世俗의 君主이겠는가!

02. 春秋之時에 天子微弱하니 諸侯力政[1)]하야 皆叛不朝라 衆暴寡하고 彊劫弱하며 南夷與北狄交侵하야 中國之不絶若線이러라 桓公於是에 用管仲鮑叔隰朋賓胥無[2)]甯戚하야 三存亡國[3)]하고 一繼絶世[4)]하며 救中國하고 攘戎狄하며 卒脅荊蠻하야 以尊周室하고 霸諸侯하다 晉文公用咎犯先軫陽處父(보)[5)]하야 彊中國하고 敗彊楚하야 合諸侯하고 朝天子하야 以顯周室하다 楚莊王用孫叔敖司馬子反將軍子重[6)]하야 征陳從鄭하고 敗彊晉하야 無敵於天下하다 秦穆公用百里子蹇叔子王子廖及由余[7)]하야 據有雍州하고 攘敗西戎하다 吳用延州來季子[8)]하야 幷冀州하고 揚威于雞父(보)하다 鄭僖公[9)]富有千乘之國하고 貴爲諸侯호되 治義[10)]不順人心하야 而取弒於臣者하니 不先得賢也라 至簡公하야 用子產裨諶世叔行人子羽하야 賊臣除하고 正臣進하며 去彊楚하고 合中國하니 國家安寧하야 二十餘年에 無彊楚之患이라 故虞有宮之奇[11)]에 晉獻公爲之終夜不寐하고 楚有子玉得臣[12)]에 文公爲之側席而坐하니 遠乎라 賢者之厭難折衝

也여 夫宋襄公은 不用公子目夷之言[13)]하야 大辱於楚하고 曹不用僖負羈之諫하야 敗死於戎[14)]이라 故共惟五始之要와 治亂之端이니 在乎審己而任賢也[15)]라 國家之任賢而吉하고 任不肖而凶하나니 案往世而視已事면 其必然也 如合符하니 此爲人君者不可以不愼也라 國家惛亂而良臣見하나니 魯國大亂에 季友之賢見[16)]이라 僖公卽位而任季子한대 魯國安寧하야 外內無憂하야 行政二十一年이러니 季子之卒後에 邾[17)]擊其南하고 齊伐其北하니 魯不勝其患하야 將乞師於楚以取全耳라 故傳曰 患之起必自此始也[18)]라하니라 公子買不可使戍衛[19)]하고 公子遂不聽君命而擅之晉[20)]하야 內侵於臣下하고 外困於兵亂하니 弱之患也라 僖公之性이 非前二十一年常賢이라가 而後乃漸變爲不肖也라 此季子存之所益이요 亡之所損也라 夫得賢失賢에 其損益之驗如此어늘 而人主忽於所用하니 甚可疾痛也로다 夫智不足以見賢이면 無可奈何矣어니와 若智能見之로되 而彊不能決하야 猶豫不用이면 而大者死亡하고 小者亂傾이니 此甚可悲哀也라 以宋殤公不知孔父(보)之賢乎[21)]아 安知孔父死면 己必死하야 趨而救之리오 趨而救之者는 是知其賢也라 以魯莊公[22)]不知季子之賢乎아 安知疾將死에 召季子而授之國政이리오 授之國政者는 是知其賢也라 此二君은 知能見賢而皆不能用이라 故宋殤公以殺死하고 魯莊公以賊嗣하니 使宋殤蚤任孔父하고 魯莊素用季子런들 乃將靖隣國이어든 而況自存乎아

1) 政 : 征과 통용한다. ≪說苑纂注≫에 瀧井孝德의 說을 인용하여 "'政'은 '征'이 되어야 마땅하다." 하였고, ≪說苑校證≫에 "≪淮南子≫ 〈要略〉에 '征'으로 썼다." 하였으므로 '정벌하다'로 번역하였다.

2) 賓胥無 : 춘추시대 齊 桓公 때의 賢臣이다. 無辜한 사람을 죽이지 않고, 죄 없는 사람을 誣陷하지 않았다 한다. 賓須無로도 쓴다. ≪管子 小匡≫・≪春秋左氏傳 昭公 13년≫

3) 三存亡國 : 망해가는 세 나라를 존속시켜 주다. 세 나라는 魯・衛・邢나라이다. ≪春秋左氏傳 僖公 19년≫

4) 一繼絶世 : ≪說苑纂注≫에 "襄王의 天子位를 안정시킨 일이다." 하였다.

5) 先軫陽處父(보) : 先軫은 춘추시대 晉나라 大夫이다. 城濮의 싸움에서 楚나라 군대를 크게 격파하였다. 原軫으로도 쓴다. ≪春秋左氏傳 僖公 27・28・33년, 文公 16년≫

陽處父는 춘추시대 晉나라 太傅이다. 蔡나라를 정벌하고 楚나라에 포위당한 江나라를 구원하였다. 襄公이 죽은 뒤 中軍師 賈季(狐射姑)에게 살해되었다. ≪春秋左氏傳 文公 6년≫・≪國語 晉語 5≫

6) 孫叔敖司馬子反將軍子重 : 孫叔敖는 춘추시대 楚나라 名臣이다. 蔿氏, 이름은 敖, 字는 孫叔이다. 令尹으로 세 번 등용되고 세 번 파면되었으나 기뻐하지도 근심하지도 않았으며, 훌륭한 정치를 하였다 한다. ≪孟子 告子 下≫ · ≪史記 循吏列傳≫ · ≪淮南子 人間訓≫

司馬子反은 楚나라 장군이다. 성은 芈(미), 熊氏, 이름은 側, 字는 子反이다. 莊王을 따라 晉나라 군대를 邲에서 패배시켰고, 共王 때 中軍將이 되어 장군 子重과 鄭나라를 구원하였다. 뒤에 鄢陵에서 晉나라 군대에 패배하여 자살하였다. ≪春秋公羊傳 宣公 15년≫ · ≪春秋左氏傳 成公 9년≫

將軍 子重은 춘추시대 楚나라 令尹이다. 성은 芈, 熊氏, 이름은 嬰齊, 字는 子重이다. 楚 莊王의 아우이다. 처음에 左尹이 되었다가 共王 때 令尹이 되었다. 또한 楚나라 名將으로서 宋나라를 토벌하였고, 晉과의 전쟁에서 승리하는 등 많은 전공을 세웠다. ≪春秋左氏傳 宣公 11 · 12년, 成公 2 · 7 · 9 · 11 · 16년, 襄公 2 · 3년≫

7) 百里子蹇叔子王子廖及由余 : 百里子는 곧 百里奚이다. 蹇叔은 춘추시대 秦나라 大夫이다. 백리해의 추천으로 穆公을 보좌하여 霸者가 되게 하였다. 목공이 鄭나라를 공격하려 할 때 패하게 되는 이유를 들어 간하였으나 듣지 않아 秦軍이 전멸하는 패배를 당했다. 王子廖는 춘추시대 晉 穆公의 內史이다. 西戎에서 使臣 온 由余를 항복하게 하는 꾀를 내어 진 목공을 도왔다. 由余는 춘추시대 진 목공을 도와 西戎에서 霸者를 일컫게 한 賢臣이다. 원래는 晉나라 사람이었으나, 秦나라에 使臣으로 갔다가 진 목공의 현명함을 보고 신하가 되어 西戎을 攻伐하는 책략을 내어 도왔다. ≪春秋左氏傳 僖公 32 · 33년≫ · ≪史記 秦本紀≫

8) 延州來季子 : 춘추시대 吳나라 公子 季札로, 吳王 壽夢의 넷째 아들이다. 延陵에 封해졌기 때문에 延陵季子라고 하며, 또 吳나라가 楚나라의 州來를 빼앗아 季札을 封했으므로 延陵來季子, 또는 延州來季子라고 하는데 줄여서 季子라고도 한다. 인품이 훌륭하여 후세 사람들에게 칭송되었다. ≪春秋左氏傳 襄公 14 · 31년, 昭公 27년≫ · ≪史記 吳泰伯世家≫

9) 鄭僖公 : 춘추시대 鄭나라 군주로 이름은 惲, 또는 髡頑이다. 太子가 되어 晉 · 楚나라에 갈 때 함께 간 大夫를 예우하지 않았고, 즉위한 뒤에 晉나라가 諸侯들과 鄭나라에서 회합할 때 子駟가 보좌하였는데 또 예우하지 않자 자사가 사람을 시켜 시해하였다. ≪春秋左氏傳 襄公 7년≫

10) 治義 : 正道로 다스리지 않다. 王引之의 ≪經義述聞≫ 〈尙書 下〉에서 인용한 王念孫의 〈立政〉에 나오는 "三宅無義民"의 '義'는 '俄'와 통용되며, '奸邪'의 뜻이라는 설과 兪樾의 ≪群經平議≫ 〈春秋左傳 1〉에서 인용한 "掩義與隱賊一律"의 '義'는 '不善'이라는 설을 따라 번역하였다.

11) 宮之奇 : 춘추시대 虞나라 大夫이다. 晉 獻公이 虞君에게 虢을 치러 갈 길을 빌려달라고 했을 때 우군에게 허락하지 말라고 諫하였으나 듣지 않자 가족을 데리고 曹나라

로 달아났다. 석 달 뒤 虞와 虢은 晉나라에 멸망되었다. ≪春秋左氏傳 僖公 2·5년≫

12) 子玉得臣 : 춘추시대 楚나라 令尹으로, 字는 子玉이다. 成王 때 陳나라를 토벌하여 공을 세웠다. 晉나라와의 城濮 전투에서 패배하자 자살하였다. ≪春秋左氏傳 僖公 23·26·27·28년, 文公 10년, 宣公 12년≫·≪史記 楚世家≫

13) 不用公子目夷之言 : 目夷는 곧 公子 子魚이다. 본서 권4 〈立節〉의 07 참조.

14) 曹不用僖負羈之諫 敗死於戎 : 僖負羈는 춘추시대 曹나라 大夫이다. 晉의 重耳(文公)가 망명하면서 曹나라에 갔을 때 曹伯이 목욕하는 重耳를 몰래 훔쳐보는 무례를 범하자 희부기가 諫한 일이 있다. 중이가 즉위한 뒤 조나라를 토벌하여 조백을 잡아 宋나라에 주었다. ≪春秋左氏傳 僖公 24·28년≫

敗死於戎은 曹나라의 賢大夫 曹羈의 일인데, 僖負羈의 일로 잘못 기록하였다. 曹羈가 諫한 일은 ≪春秋公羊傳≫ 僖公 24·26년에 보인다.

15) 共惟五始之要……在乎審己而任賢也 : ≪春秋≫의 記事는 元年·春·王·正月·公卽位 등의 다섯 가지 일로 시작하는데, 이를 五始라 한다. ≪漢書≫ 〈王褒傳〉에 "공손히 생각건대 ≪춘추≫에서 다섯 가지 시작의 중요함을 법으로 삼았으니, 자신을 성찰하여 왕통을 바로잡는 데 달려 있을 뿐입니다.〔共惟春秋法五始之要 在乎審己正統而已〕"라 하였는데, 顔師古 注에 "元은 氣의 시작, 春은 四時의 시작, 王은 受命의 시작, 正月은 正教의 시작, 公卽位는 一國의 시작이다."라 하였다.

16) 季友之賢見 : 季友는 춘추시대 魯 莊公의 아우이다. 成季라고도 한다. 장공이 죽은 뒤 公子般을 세웠는데 慶父가 般을 죽이자 陳나라로 달아났다. 경보가 장공의 아들 啓方을 세워 閔公이 되었는데, 계우가 魯나라로 돌아오자 경보는 또 민공을 죽였다. 계우는 다시 민공의 형 申을 데리고 도망쳤다가 경보가 백성들에게 용납받지 못하여 莒로 달아나자 돌아와 申을 세워 僖公으로 삼으니 경보는 자살하였다. 뒤에 費에 봉해지고 相이 되었는데, 그의 자손이 季孫氏로 魯나라 국정을 전담하였다. ≪春秋左氏傳 莊公 27·32년≫·≪史記 魯周公世家≫

17) 邾 : 춘추시대 지금의 山東省 鄒城市 지역에 있던 小國이다. 周 武王이 曹俠을 이곳에 봉하여 魯나라의 附庸國이 되었다. 爵位는 子이다.

18) 患之起必自此始也 : ≪春秋公羊傳≫ 僖公 26년에 보인다.

19) 公子買不可司戍衛 : 公子買가 衛나라 변경을 지키게 해서는 안 된다는 말이다. 공자매는 魯나라의 大夫로, 字는 子叢이다. 당시 晉·楚는 서로 사이가 나빴고, 楚·魯·衛는 우호적인 관계였는데, 魯 僖公이 공자매를 파견하여 衛나라를 지키게 하였다. 晉나라가 衛나라를 공격하자 楚나라가 구원에 나섰으나 패배하니, 晉나라의 미움을 받게 될까 두려워한 희공이 공자매를 죽여서 해명한 일을 이른다. ≪春秋左氏傳 僖公 28년≫

20) 公子遂不聽君命而擅之晉 : 公子遂가 임금의 명령을 따르지 않고 제멋대로 晉나라에 갔다는 말이다. 공자수는 魯 莊公의 아들로 僖公·文公 때 卿이 되어 국정을 맡았다. ≪春秋左氏傳≫에 보면 僖公 30·31년에 두 차례 晉나라에 갔고 모두 희공의 명으로

갔는데 여기서 "제 마음대로 갔다."는 것은 오해가 있는 듯하다.

21) 宋殤公不知孔父(보)之賢乎 : 宋 殤公은 춘추시대 宋나라 군주로, 이름은 與夷이며, 宣公의 아들이다. 孔父는 宋나라 大司馬로, 이름은 嘉이고, 孔子의 6대조이다. 상공이 전쟁을 좋아하여 10년 동안 11번이나 전쟁을 하자 백성들이 그 고통을 견디기 어려웠다. 太宰 華父督이 미모가 뛰어난 공보의 아내를 보고 전쟁의 책임이 공보에게 있다 선언하고 공보를 살해한 다음 그의 아내를 취하였다. 이에 상공이 노하자 화보독은 화가 미칠까 두려워하여 상공마저 시해하였다. ≪春秋左氏傳 隱公 3년, 桓公 2년≫

22) 魯莊公 : 춘추시대 魯나라 군주로, 이름은 同이고, 桓公의 아들이다. 즉위 후 9년에 齊 桓公의 요청으로 魯나라에 도망 온 齊 桓公의 형 子糾를 죽이고 管仲을 齊나라로 돌려보냈다. ≪春秋左氏傳 莊公 9년≫

춘추시대에 天子의 권력이 미약하니 諸侯들이 무력으로 서로 정벌하여 모두 周王을 배반하고 朝見하지 않았다. 군사가 많은 자는 적은 자를 능욕하고 강한 자는 약한 자를 겁박하며, 南夷와 北狄이 서로 번갈아 침략하여 중국의 운명이 겨우 한 올의 실처럼 끊어지지 않고 유지되고 있었다.

齊 桓公이 이때 管仲·鮑叔·隰朋·賓胥無·甯戚 등을 등용하여 망해가는 세 나라를 존속시켜 주고 한 차례 끊어지는 세대를 이어주었으며, 中原의 諸侯國을 구원하고 戎狄을 물리쳤으며, 마침내 荊蠻을 압박하여 周나라 왕실을 높이 받들게 하고 諸侯 중에 霸者가 되었다.

晉 文公은 咎犯·先軫·陽處父 등을 등용하여 中原의 諸侯國을 강력하게 하고 강대한 楚나라를 패퇴시켜 諸侯와 연합하고 천자에게 朝覲하여 周나라 왕실을 높이 드러나게 하였다.

楚 莊王은 孫叔敖·司馬子反과 장군 子重 등을 등용하여 陳나라를 토벌하고 鄭나라를 복종시켰으며, 강성한 晉나라를 패배시켜 천하에 상대할 적수가 없었다.

秦 穆公은 百里子·蹇叔子·王子廖와 由余 등을 등용하여 雍州를 차지하고 西戎을 물리쳤다.

吳나라는 延州來季子를 등용하여 冀州를 겸병하고 雞父에서 위세를 떨쳤다.

鄭 僖公은 千乘 나라의 부유함을 소유하고 諸侯의 존귀한 신분이 되었으나 正道로 다스리지 않고 백성의 마음을 따르지 않아 신하에게 시해를 당하였으니, 어진 이 얻는 것을 우선으로 하지 않았기 때문이다. 簡公 때에 이르러 子產·裨諶·世叔과 行人 子羽를 등용하여 賊臣을 제거하고 正臣을 임용하여 강한 초나라를 물리치고 中原의 제후

국과 연합하니, 국가가 평안하여 20여 년 동안 강한 楚나라가 침범하는 근심이 없게 되었다. 그래서 虞나라에 宮之奇가 있을 적에 晉 獻公은 밤새도록 잠을 이루지 못하였고, 초나라에 子玉과 得臣이 있을 적에 晉 文公은 불안하여 자리를 바로하고 앉지 못하였다. 深遠하구나. 어진 이가 환난을 극복하고 적을 제압하여 승리를 취함이여!

宋 襄公은 公子 目夷의 말을 받아들이지 않아 楚나라에 큰 치욕을 당했고, 曹나라는 僖負羈의 諫言을 받아들이지 않아 戎에게 패배하여 죽고 말았다. 그래서 五始의 요체와 혼란을 다스리는 근본을 공손히 생각해야 되니, 자신을 자세히 살피고 어진 이를 임용하는 데 달려 있다. 국가가 어진 이를 임용하면 吉하고 不肖한 사람을 임용하면 凶하니, 지난 시대를 고찰하고 지나간 일을 살펴보면 符節을 맞춘 것처럼 틀림없다. 이것이 임금 된 사람은 신중하지 않으면 안 되는 것이다.

국가가 혼란할 때에 良臣이 나타나는 것이니, 魯나라가 크게 혼란했을 때 季友 같은 어진 이가 나타났다. 僖公이 즉위하면서 계우를 등용하자 노나라가 평안해져서 내외에 근심이 없어 21년 동안 정치를 맡아 행하였다. 계우가 죽은 뒤에 邾나라는 노나라의 남쪽을 공격하고 齊나라는 북쪽을 공격하니, 노나라는 그 憂患을 견디지 못하여 楚나라에 군대를 요청하여 보전하려고 하였다. 그 때문에 ≪春秋公羊傳≫에 "환난이 반드시 여기서부터 일어날 것이다." 하였다. 公子買는 衛나라를 지키게 해서는 안 되는 일이었고, 公子遂는 임금의 명령을 따르지 않고 제 마음대로 晉나라에 가서 안으로는 신하에게 능멸을 당하고 밖으로는 전쟁에 시달렸으니 국력이 약화되어 초래한 환난이다. 僖公의 본성이 이전의 21년은 항상 현명하다가 그 뒤에 차츰 변하여 불초하게 된 것이 아니다. 이는 季子가 살아 있을 적에는 유익하였고, 죽고 나서는 손실을 초래했기 때문이다. 어진 이를 얻고 잃는 데 따라 그 損益의 결과가 이와 같은데 임금이 사람을 등용하는 일에 소홀하니 매우 가슴 아픈 일이다.

지혜가 어진 이를 알아보지 못한다면 어쩔 수 없는 일이다. 만일 알아볼 수 있는 지혜가 있는데도 강하게 결정하지 못하고 망설이며 등용하지 못하면, 크게는 자신은 죽고 나라는 멸망하며 작게는 혼란하여 나라가 기울어지니 이는 매우 슬퍼할 만한 일이다.

宋 殤公이 孔父가 현명한 줄을 몰랐겠는가? 〈몰랐다면〉 어찌 공보가 죽으면 자기도 반드시 죽을 것임을 알아서 달려가 구했겠는가? 달려가 그를 구한 것은 바로 그가 현명한 줄을 알았다는 증거이다. 魯 莊公이 季子가 현명한 줄을 몰랐겠는가? 〈몰랐다면〉

어찌 병이 들어 죽으려 할 적에 季子를 불러 國政을 맡겨줄 줄을 알았겠는가? 國政을 맡겨준 것은 바로 그가 현명한 줄을 알았다는 증거이다.

이 두 임금은 어진 이를 알아보는 지혜는 있으나 모두 어진 이를 重用하지 못했다. 그래서 宋 殤公은 죽임을 당하였고, 魯 莊公은 後嗣를 죽게 하였다. 만일 송 상공이 일찍 孔父를 임용하고 노 장공이 평상시에 季子를 중용했더라면 이웃 나라까지도 안정시켰을 것이니, 하물며 자신을 보존하는 일쯤이랴!

03. 鄒子說梁王[1]曰 伊尹은 故有莘氏[2]之媵臣[3]也로되 湯立以爲三公하야 天下之治太平하고 管仲은 故成(陰)〔陽〕[4]之狗盜也니 天下之庸夫也로되 齊桓公得之以爲仲父하니이다 百里奚는 (道之)〔乞食〕[5]於路라가 傳賣五羊之皮로되 秦穆公委之以政하고 甯戚은 故將車人[6]也니 叩轅行歌於康之衢한대 桓公任〈之〉[7]以國하니이다 司馬喜는 髕脚於宋[8]호되 而卒相中山하고 范雎(저)[9]는 折脅拉齒於魏로되 而後爲應侯하니이다 太公望은 故老婦之出夫也요 朝歌之屠佐[10]也며 棘津迎客之舍人[11]也로되 年七十而相周하고 九十而封齊하니이다 故詩曰 綿綿之葛이여 在於曠野로다 良工得之하야 以爲絺紵로다 良工不得이면 枯死於野[12]라하니이다 此七士者 不遇明君聖主런들 幾行乞丐라가 枯死於中野리니 譬猶綿綿之葛矣니이다

1) 鄒子說梁王 : 鄒子는 漢나라 臨淄 사람 鄒陽이다. 梁王은 漢 文帝의 次子 梁孝王 劉武이다. 추양이 처음 吳王에게 벼슬하면서 上書하여 오왕에게 諫하였으나 듣지 않자 양효왕에게 가 上客이 되었다. 뒤에 羊勝 등의 참소를 받고 옥에 갇히자 옥중에서 양왕에게 상서하여 진상을 설명하니 양효왕이 감동하여 석방하고 그대로 상객으로 삼았다. ≪史記 魯仲連鄒陽列傳≫·≪漢書 賈鄒梅路傳≫
2) 有莘氏 : 중국 고대의 部族 이름이다. 여러 곳으로 옮겨 다니다가 商代에 지금의 陝西省 合陽縣 지역에 定住하여 有莘國이 되었다. ≪春秋左氏傳 僖公 28년≫·≪史記 殷本紀≫
3) 媵臣 : 시집가는 여자를 따라가는 奴僕이다.
4) 成(陰)〔陽〕: '陰'은 '陽'의 誤字로, 成陽은 지금의 山東省 荷澤市 지역에 있었던 옛 지명이라고 한다.
5) (道之)〔乞食〕: 저본에는 '道之'로 되어 있으나, ≪群書拾補≫에 ≪太平御覽≫에 따라 '乞食'으로 고쳤고, ≪說苑校證≫에는 "≪文選≫ 〈上梁王書〉에 '百里奚乞食於道路'로 되어 있고, 李善 注에 本書를 인용하면서 역시 '乞食'으로 썼다." 한 것에 의거하여 '乞

食'으로 바로잡았다.

6) 將車人 : 수레를 모는 사람이다.

7) 〈之〉 : 저본에는 '之'가 없으나, ≪群書拾補≫에 ≪太平御覽≫을 따라 '之'자를 보충하였고, ≪說苑校證≫에는 "≪文選≫ 李善 注의 인용에도 '之'자가 있다." 한 것에 의거하여 보충하였다.

8) 司馬喜 髕脚於宋 : 司馬喜는 전국시대 사람이다. 처음에 宋나라에서 벼슬하였는데 무릎뼈를 잘라내는 형벌을 당하자 中山國에 가 세 차례 國相이 되었다. '髕'은 '臏'과 同字로 무릎뼈를 잘라내는 酷刑이다. ≪戰國策 中山策≫ · ≪史記 鄒陽列傳≫

9) 范睢(저) : 전국시대 魏나라 사람으로, 字는 叔이다. 저명한 정치가이며 군사전략가이다. 商鞅 · 張儀 · 李斯와 함께 先後로 秦나라 丞相이 되어 秦나라를 강성하게 하여 천하를 통일하는 데 기초를 다졌다. '睢'는 '且(저)', 또는 '睢(수)'로도 쓴다.

10) 朝家之屠佐 : 朝家는 商나라 때의 國都이다. 지금의 河南省 淇縣에 있었다. 屠佐는 白丁의 조수이다.

11) 棘津迎客之舍人 : 棘津은 지금의 河南省 滑縣 남서쪽에 있던 옛 黃河의 나루 이름이다. 舍人은 전국시대와 漢나라 초기에 王公과 貴族의 개인 집에 두었던 侍從이다. 여기서는 고용된 일꾼으로 쓰였다.

12) 詩曰……枯死於野 : 현재의 ≪詩經≫에는 없으니 逸詩인 듯하다.

鄒子가 梁孝王에게 권고하였다.

"伊尹은 원래 有莘氏의 媵臣이었으나 湯王이 등용하여 三公으로 삼자 천하가 태평하게 다스려졌고, 管仲은 원래 成陽의 좀도둑이니 천하의 가장 용렬한 사내였으나 齊桓公이 얻어서 仲父로 삼았습니다. 百里奚는 길에 다니며 밥을 빌어먹다가 다섯 마리 양가죽에 몸이 팔렸으나 秦 穆公이 정치를 맡겼고, 甯戚은 원래 수레를 몰던 사람인데 수레끌채를 두드리며 큰 거리를 가면서 노래하자 齊 桓公이 나라를 맡겼습니다. 司馬喜는 宋나라에서 무릎뼈가 잘리는 형벌을 받았으나 마침내 中山國의 재상이 되었고, 范睢는 魏나라에서 갈비뼈와 이가 부러지는 박해를 받았으나 뒤에 應侯가 되었습니다. 太公望은 원래 늙은 부인에게 쫓겨난 사내이고 朝歌에서 백정의 일을 도왔으며 棘津에서 손님이나 맞이하는 侍從이었으나 나이 일흔에 周나라의 재상이 되고 아흔에 齊나라에 봉해졌습니다.

이 때문에 ≪詩經≫에 '끊어지지 않고 뻗은 칡덩굴, 넓은 들판에 나 있구나. 좋은 織工 이를 얻어, 葛布와 麻布를 만들었지. 좋은 직공이 이를 얻지 않았다면, 들에서 말라 죽었을 거야.'라 하였습니다. 위에서 말한 일곱 사람이 明哲하고 거룩한 임금을 만나지 못했던들 아마 길에서 밥을 빌어먹다가 들판에서 말라 죽었을 것이니, 비유하자면 '끊어지지 않고 뻗은 칡덩굴'과 같았을 것입니다."

04. 眉睫之微나 接而形於色하고 聲音之風이나 感而動乎心이라 甯戚擊牛角而商歌[1]한대 桓公聞而擧之하고 鮑龍跪石而登嵯한대 孔子爲之下車[2]하시고 堯舜相見에 不違桑陰[3]하시고 文王擧太公에 不以日久라 故賢聖之接也에 不待久而親하고 能者之相見也에 不待試而知矣라 故士之接也에 非必與之臨財分貨라야 乃知其廉也요 非必與之犯難涉危라야 乃知其勇也라 擧事決斷이라 是以知其勇也요 取與有讓이라 是以知其廉也라 故見虎之尾면 而知其大於貍也요 見象之牙면 而知其大於牛也니 一節見則百節知矣라 由此觀之컨대 以所見으로 可以占未發이요 覩小節이면 固足以知大體矣니라

1) 商歌 : 슬프고 처량한 노래이다. 五音에서 商聲이 처량하고 悲切한 音이기 때문이다. 스스로 천거하여 벼슬을 구하는 일을 비유하는 말로 쓴다. ≪淮南子 道應訓≫ · ≪曹子建集 七啓≫
2) 鮑龍跪石而登嵯 孔子爲之下車 : 鮑龍은 人名인데 평생 행적은 미상이다. 嵯은 뾰족하게 솟은 산이다. ≪劉子≫ 〈知人〉에 "鮑龍跪石而吟 仲尼爲之下車"로 되어 있어서 이를 따라 번역하였다.
3) 不違桑陰 : 뽕나무의 그늘이 아직 옮겨가지 않은 짧은 시간이다. 違는 移의 뜻이다. ≪戰國策≫ 〈趙策〉에 "옛날 堯임금이 舜임금을 草野에서 만나 밭두둑에 자리를 깔고 뽕나무가 가려주는 곳에 앉아 뽕나무 그늘이 옮겨가자 천하를 받았다.〔昔者 堯見舜於草茅之中 席隴畝而蔭庇桑 陰移而受天下〕"라 하였다.

눈썹과 속눈썹은 미세하지만 서로 교접하면 顔色이 드러나고, 목소리는 바람결 같지만 듣는 사람의 마음을 감동시킨다.

甯戚이 쇠뿔을 두드리며 처량하게 노래를 부르자 齊 桓公이 듣고는 그를 등용하였고, 鮑龍이 돌 위에 꿇어앉아 탄식하자 孔子께서 그를 위해 수레에서 내리셨고, 堯임금이 舜을 만날 적에 뽕나무 그늘이 옮겨가지 않은 짧은 시간에 〈천하를 禪讓하였고,〉 文王이 太公을 등용할 때 오랜 시간이 걸리지 않았다. 그래서 賢人과 聖人이 서로 만났을 때 오랜 시간을 기다린 뒤에 친해지는 것이 아니며, 능력 있는 사람이 서로 만났을 때 시험하고 나서 알아보는 것이 아니다.

그래서 선비가 만났을 때 반드시 함께 재물을 대하여 이익을 나누고 나서야 비로소 그의 청렴함을 아는 것이 아니요, 반드시 함께 어려운 일을 무릅쓰고 위험한 일을 겪어야 비로소 그의 용감함을 아는 것이 아니다. 일 처리에 결단력이 있기 때문에 그의 용감함을 알고, 받고 주는 데에 사양하는 태도가 있기 때문에 그의 청렴함을 아는 것이다.

그래서 호랑이의 꼬리를 보면 살쾡이보다 큼을 알 수 있고, 코끼리의 어금니를 보면 소보다 큼을 알 수 있으니, 한 가지를 보면 백 가지를 알 수 있다. 이를 따라 살펴보면 이미 본 것을 가지고 아직 나타나지 않은 것을 점칠 수 있고, 작은 부분을 보면 진실로 大體를 알 수 있는 것이다.

05. 禹以夏王하고 桀以夏亡하며 湯以殷王하고 紂以殷亡이라 闔廬[1]以吳戰勝하야 無敵於天下호되 而夫差[2]以見禽於越하고 文公以晉國霸호되 而厲公以見弑於匠麗之宮[3]이라 威王以齊彊於天下호되 而湣王以弑死於廟梁[4]하고 穆公以秦顯名尊號호되 而二世以劫於望夷[5]하니 其所以君王者同이로되 而功迹不等者는 所任異也라 是故로 成王處襁褓而朝諸侯는 周公用事也요 趙武靈王年五十에 而餓死於沙丘[6]는 任李兌故也라 桓公得管仲하야 九合諸侯하야 一匡天下러니 失管仲하고 任豎刁易牙[7]하야 身死不葬하야 爲天下笑하니 一人之身에 榮辱俱施焉은 在所任也라 故魏有公子無忌[8]하야 削地復得하고 趙任藺相如[9]한대 秦兵不敢出하고 鄢陵任唐睢(저)[10]한대 國獨特立이라 楚有申包胥하야 而昭王反位[11]하고 齊有田單하야 襄王得國[12]하니 由此觀之컨대 國無賢佐俊士어늘 而能以成功立名하고 安危繼絶者는 未嘗有也라 故國不務大라 而務得民心하고 佐不務多라 而務得賢俊이니 得民心者는 民往之하고 有賢佐者는 士歸之라 文王請除炮烙之刑[13]하신대 而殷民從하고 湯去張網者之三面[14]하신대 而夏民從하고 越王不隳舊冢[15]한대 而吳人服하니 以其所爲之順於民心也라 故聲同則處異而相應하고 德合則未見而相親[16]하나니 賢者立於本朝면 則天下之豪 相率而趨之矣라 何以知其然也오 曰 管仲은 桓公之賊也어늘 鮑叔以爲賢於己라하야 而進之爲相하니 七十言而說乃聽하야 遂使桓公除報讎之心하고 而委國政焉하니 桓公垂拱無事어늘 而朝諸侯는 鮑叔之力也요 管仲之所以能{北}走桓公[17]하야 無自危之心者는 同聲於鮑叔也라 紂殺王子比干한대 箕子被髮而佯狂하며 陳靈公殺泄冶[18]한대

而鄧元去陳[19)]하니 自是之後로 殷兼於周하고 陳亡於楚하니 以其殺比干泄冶하야 而失箕子與鄧元也라 燕昭王得郭隗한대 而鄒衍樂毅以齊趙至하고 蘇子屈景以周楚至라 於是擧兵而攻齊하야 棲閔王於莒[20)]하니 燕校地計衆하면 非與齊均也라 然所以能信意[21)]至於此者는 由得士也라 故無常安之國하고 無恒治之民하니 得賢者則安昌하고 失之者則危亡은 自古及今에 未有不然者也라 明鏡은 所以照形也요 往古는 所以知今也니 夫知惡往古之所以危亡하고 而不務襲迹於其所以安昌이면 則未有異乎却走而求逮前人也라 太公知之라 故擧微子之後하고 而封比干之墓하니 夫聖人之於死에 尙如是其厚也어든 況當世而生存者乎아 則其弗失을 可識矣라

1) 闔廬 : 춘추 말기 吳나라 왕으로 이름은 光이다. 闔廬는 號이다. 闔閭로도 쓴다. 吳王 僚를 죽이고 즉위하고, 楚나라에서 망명한 伍子胥를 등용해 초나라를 토벌하여 수도 郢에까지 들어갔다. 뒤에 檇李에서 越王 句踐에게 패하여 重傷을 입고 죽었다. ≪史記 吳太伯世家≫ · ≪文選 吳都賦≫

2) 夫差 : 춘추 말기 吳나라 왕으로 闔閭의 아들이다. 越王 句踐에게 죽은 아버지의 원수를 갚는 데 뜻을 두어 越나라 군대를 크게 패배시켰으나, 伍子胥의 諫言을 듣지 않고 구천의 화평을 받아들였다가 끝내 구천에게 패하여 자살하였다. ≪國語 越語≫ · ≪史記 吳太伯世家≫

3) 厲公以見弑於匠麗之宮 : 厲公은 춘추시대 晉나라 군주로 이름은 壽曼이다. 匠麗는 여공의 寵臣이다. 여공은 專橫을 일삼고 교만하며 사치하였는데, 장려의 집에서 술 마시며 놀다가 欒書 · 中行偃 등에게 사로잡혀 살해되었다. ≪春秋左氏傳 成公 17 · 18년, 襄公 18년≫

4) 湣王以弑死於廟梁 : 湣王은 전국시대 齊나라 군주로, 田氏이며, 宣王의 아들이다. 燕나라 장군 樂毅에게 수도 臨淄가 함락되어 민왕이 莒로 달아나자, 楚 頃襄王이 淖齒에게 군대를 거느리고 가서 구원하게 하였다. 민왕은 요치를 중용하여 재상으로 삼았는데, 齊나라 정치는 어지럽게 되었고 민왕은 宗廟의 대들보에 매달려 심줄이 뽑혀 죽었다. ≪戰國策 楚策≫ · ≪史記 田敬仲完世家 · 田單列傳≫

5) 二世以劫於望夷 : 二世는 秦始皇의 둘째 아들 二世皇帝 胡亥이다. 望夷는 지금의 陝西省 涇陽縣 동남쪽에 있었던 二世의 別宮이다. 二世 3년에 趙高가 이 望夷宮에서 胡亥를 겁박하여 살해하였다. ≪史記 秦始皇本紀≫

6) 趙武靈王年五十 而餓死於沙丘 : 武靈王은 전국시대 趙나라 군주로 이름은 雍이다. 沙口는 지금의 河北省 廣宗縣 경내에 있던 趙王의 別宮이다.

7) 豎刁易牙 : 춘추시대 齊 桓公의 두 寵臣이다. 豎刁는 宦官인 寺人 貂이고, 易牙는 요리를 잘한 신하이다. 둘 다 환공을 아첨으로 섬겨 많은 총애를 받았다. 환공이 죽은 뒤

여러 公子들이 서로 즉위하려고 다투니, 이들이 총애를 믿고 권력을 다투어 많은 관리를 죽이고 公子 無虧를 세우자 齊나라는 내란에 빠졌다. ≪春秋左氏傳 僖公 17년≫·≪戰國策 魏策 2≫·≪史記 齊太公世家≫

8) 公子無忌 : 전국시대 4公子의 한 사람이다. 魏나라의 귀족으로 이름은 魏無忌이며, 魏釐王의 아우이다. 信陵에 封해졌기 때문에 信陵君이라 부른다. 선비를 우대하여 食客이 3천 명이나 되었다 한다. 秦나라가 趙나라의 수도 邯鄲을 포위했을 때 대장 晉鄙의 兵符를 훔쳐 그 군대를 거느리고 조나라를 구원하였다. 뒤에 秦나라가 魏나라를 공격했을 때 上將軍이 되어 다섯 나라와 연합해 秦나라 군대를 河外에서 격파하였다. ≪史記 魏公子列傳≫

9) 藺相如 : 전국시대 趙나라의 上卿이다. 秦 昭王이 자기의 15城과 趙나라의 和氏璧을 바꾸자고 강요하여 藺相如가 화씨벽을 가지고 갔으나, 소왕이 약속을 지키려 하지 않자 機智로 소왕을 속이고 화씨벽을 도로 찾아왔다. 또 대장 廉頗가 그의 인품에 감복하여 가시나무를 등에 지고 罪를 요청한 일이 있다. ≪史記 廉頗藺相如列傳≫

10) 鄢陵任唐雎(저) : 전국시대 魏나라의 附庸國이다. 安陵이라고도 하는데, 지금의 河南省 鄢陵縣 서북쪽에 있었다. 여기서는 안릉에 봉해진 魏 襄王의 아우 安陵君을 이른다. 唐雎는 전국시대 魏나라 사람이다. 당시 齊나라와 楚나라가 魏나라를 공격하자 당저가 90세의 나이로 秦王을 설득하여 魏나라를 구원하는 병력을 출동시켰다. ≪戰國策 魏策≫·≪史記 魏世家≫

11) 楚有申包胥 而昭王反位 : 申包胥는 춘추시대 楚나라 大夫이다. 그의 친구 伍子胥가 父兄의 원수를 갚기 위해 吳나라의 무력을 빌려 초나라의 수도 郢에 쳐들어오자 昭王이 도망쳤다. 신포서가 秦나라에 달려가 밤낮 7일 동안 울면서 구원해주기를 애원하니, 秦 哀公이 가엾게 여겨 전차 5백 대를 파견해 吳나라 군대를 격파하여 소왕이 다시 돌아왔다. ≪春秋左氏傳 哀公 4년≫·≪史記 伍子胥列傳≫

12) 齊有田單 襄王得國 : 田單은 전국시대 齊나라 장군이다. 제나라가 燕나라 樂毅의 침공을 받아 72城이 함락되고 莒와 卽墨만 함락되지 않았다. 전단은 종족들을 거느리고 城을 지키며 항전하다가 火牛計를 써서 燕나라 군대를 크게 격파하고 달아났던 襄王을 맞이해 復位시켰다. ≪史記 田敬仲完世家·田單列傳≫

13) 文王請除炮烙之刑 : 殷의 紂王이 炮烙이라는 酷刑을 쓰니 文王이 洛西의 땅을 바치면서 중지할 것을 요청하자 주왕이 허락한 일을 가리킨다. 炮烙은 기름칠을 한 구리기둥을 세우고 그 아래에 숯불을 피운 다음, 죄인이 구리기둥을 타고 오르다가 숯불 위로 떨어져 타죽게 하는 형벌이라 한다. ≪史記 殷本紀≫·≪史記 周本紀≫·≪列女傳 孼嬖傳 殷紂妲己≫

14) 湯去張網者之三面 : 湯王의 仁德이 禽獸에게 까지 미쳤다는 고사이다. 탕왕은 사냥을 할 때 세 방면에는 그물을 치고 한 방면은 그물을 치지 않고 터놓아 짐승들이 달아날 길을 만들어주었다 한다. ≪史記 殷本紀 ≫·≪大戴禮記 保傳≫

15) 越王不隳舊冢：越王 句踐이 吳王 夫差를 격파한 후 吳王 선대의 묘소를 파헤치지 않고 계속하여 제사를 받들게 한 일이다. ≪大戴禮記 保傅≫·≪新書 胎教≫
16) 聲同則處異而相應 德合則未見而相親：≪周易≫ 乾卦 九五 〈文言傳〉의 "같은 소리끼리 서로 응하며, 같은 기운끼리 서로 구한다.〔同聲相應 同氣相求〕"와 ≪莊子≫ 〈漁父〉의 "같은 종류끼리 서로 따르며, 같은 소리끼리 서로 응한다.〔同類相從 同聲相應〕"에서 유래하였다.
17) {北}走桓公：管仲이 子糾를 도와 齊侯로 옹립하려 했으나 실패하여 魯나라로 도망쳤다가 齊 桓公에게 귀의한 일이다. 賈誼의 ≪新書≫ 권10에 '北'자가 없어 衍文으로 처리하였다.
18) 陳靈公殺泄冶：본서 권1 〈君道〉의 04 참조.
19) 鄧元去陳：鄧元은 춘추시대 陳 靈公의 신하이다. 자세한 행적은 미상이다. ≪韓詩外傳 7≫·≪大戴禮記 保傅≫
20) 棲閔王於莒：閔王은 곧 齊 湣王이다. 莒는 춘추시대 邑 이름이다. 원래는 옛 莒나라의 領土로 뒤에 魯나라에 속했다가 다시 齊나라에 속했다. 지금의 山東省 莒縣에 있었다. ≪春秋左氏傳 昭公 3년≫·≪讀史方輿紀要 山東 6 青州府≫
21) 信意：'자기의 뜻을 펴다'라는 뜻이다. '信'은 '伸'과 통용이다.

禹王은 夏나라에 의지하여 왕 노릇하였고 桀은 夏나라를 가지고도 멸망하였으며, 湯王은 殷나라에 의지하여 왕 노릇하였고 紂는 殷나라를 가지고도 멸망하였다. 闔廬(闔閭)는 吳나라를 가지고 전쟁에 승리하여 천하에 겨룰 자가 없었으나 夫差는 越나라에 사로잡히고 말았다. 晉 文公은 晉나라에 의지해 霸者가 되었으나 晉 厲公은 匠麗氏의 집에서 시해당하였고, 齊 威王은 齊나라에 의지하여 천하에 강한 나라가 되었으나 齊 湣王은 宗廟의 들보에 매달려 심줄이 뽑혀 시해당하였다. 秦 穆公은 秦나라에 의지하여 이름을 드날려 존귀해졌으나 二世는 望夷宮에서 겁박을 받고 살해되었다. 그들은 똑같은 君王이었지만 功跡이 같지 않은 까닭은 임용한 신하가 달랐기 때문이다.

이 때문에 周 成王이 포대기 안에 있으면서 제후의 朝見을 받은 것은 周公이 정사를 맡아 처리했기 때문이고, 趙 武靈王이 나이 50세에 沙丘에서 굶어 죽은 것은 李兌를 임용했기 때문이다. 齊 桓公은 管仲을 얻어서 제후를 규합하여 한 번에 천하의 질서를 바로잡았는데, 관중을 잃고 豎刁와 易牙를 임용하여 자기가 죽은 뒤에는 제때에 장례를 치르지 못해 천하 사람들의 비웃음을 받았다. 그러니 같은 한 사람의 몸에 榮光과 恥辱이 함께 더해지는 것은 임용하는 사람에 달려 있는 것이다.

그 때문에 魏나라는 公子 無忌가 있어서 잃었던 땅을 다시 찾았고, 趙나라가 藺相如

를 임용하자 秦나라 군대가 감히 조나라로 나오지 못했으며, 鄢陵이 唐雎를 임용하자 나라가 우뚝 서게 되었다. 楚나라는 申包胥가 있어서 昭王이 復位하였고, 齊나라는 田單이 있어서 襄王이 나라를 되찾았다. 이를 따라 살펴보면 나라에 현명한 보좌와 뛰어난 인재가 없는데 功業을 이루고 名譽를 세우며 위태로운 나라를 안정시키고 끊어지는 世代를 잇게 한 경우는 있지 않았다.

그래서 나라를 크게 하는 데 힘쓸 것이 아니라 민심을 얻는 데 힘써야 하고, 보좌하는 신하를 많이 두는 데 힘쓸 것이 아니라 현명하고 뛰어난 인재를 얻는 데 힘써야 한다. 민심을 얻은 사람은 백성들이 스스로 그에게로 가고, 현명한 보좌를 둔 사람은 인재들이 그에게 귀의한다. 文王이 炮烙刑을 없애자고 요청하자 殷나라 백성들이 따랐고, 湯王이 三面에 쳤던 그물을 제거하자 夏나라 백성들이 따랐으며, 越王 句踐이 吳나라 조상의 묘를 훼손하지 않자 吳나라 백성들이 복종하였으니, 그들의 행위가 민심에 순응했기 때문이다. 그 때문에 소리가 서로 같으면 있는 곳이 달라도 서로 호응하고, 道德이 서로 일치하면 얼굴을 보지 않고서도 서로 친하게 마련이다. 어진 이가 그 나라 조정에 있으면 천하의 호걸들이 서로 연이어 달려오게 된다.

무엇으로 그렇게 됨을 아는가? 이렇게 말할 수 있다.

管仲은 桓公의 원수였지만 鮑叔이 자기보다 현명하다고 하여 추천하여 재상으로 삼게 하였는데, 70마디의 말에 기뻐하면서 즉시 그 말을 따라서 마침내 환공으로 하여금 복수하려는 마음을 없애고 國政을 맡기게 하였다. 환공이 옷소매를 늘어뜨리고 두 손을 맞잡은 채 아무 일도 하지 않는데도 제후들이 朝見한 것은 포숙의 공이다. 관중이 실패한 뒤에 환공에게 달려가서 자기를 위험하게 여기는 마음이 없었던 것은 포숙과 지향하는 것이 같았기 때문이다.

紂가 王子 比干을 죽이자 箕子는 머리를 풀어헤치고 거짓 미친 체하였으며, 陳 靈公이 泄冶를 죽이자 鄧元이 陳나라를 떠났다. 이 이후로 殷나라는 周나라에 겸병되었고, 陳나라는 楚나라에 멸망당했으니, 비간과 설야를 죽여 기자와 등원을 잃었기 때문이다.

燕 昭王이 郭隗를 얻자 鄒衍과 樂毅는 齊나라와 趙나라에서 왔고, 蘇秦과 屈景은 周나라와 楚나라에서 왔다. 이에 군사를 일으켜 齊나라를 공격해 齊 閔王을 莒에 머물게 하였으니, 燕나라는 땅과 백성을 따져보면 齊나라와 대등하지 않았다. 그러나 자기의 뜻을 이와 같이 편 것은 인재를 얻었기 때문이다.

그러므로 항상 안정된 나라는 없고, 언제나 잘 다스려지는 백성은 없다. 어진 이를 얻으면 안정되고 번창하며, 어진 이를 잃으면 위태로워지고 망하는 것은, 예부터 지금까지 그렇지 않은 경우가 없었다.

밝은 거울은 사물의 형체를 비추는 것이고, 지난 옛 일은 오늘을 알게 해주는 것이다. 옛날의 위태롭고 망한 원인을 알기 싫어하고, 안정되고 번창한 원인을 따라 행하는 데에 힘쓰지 않으면, 뒷걸음질치면서 앞에 가는 사람을 따라잡기를 구하는 일과 다르지 않다. 姜太公은 이런 이치를 알았다. 그래서 微子의 후손을 추천하였고, 比干 묘의 봉분을 높이 쌓았다. 聖人이 죽은 사람에 있어서도 이렇게 후하게 대하였는데, 하물며 당세에 살아 있는 어진 이에게 있어서랴! 그 어진 이를 잃지 않았음을 알 수 있다.

06. **齊景公問於孔子曰 秦穆公其國小**하고 **處僻而霸**는 **何也**잇고 **對曰 其國小而志大**하고 **雖處僻而其政中**이라 **其擧果**하고 **其謀和**하며 **其令不偷**하니이다 **親擧五羖大夫於係縲之中**[1]하야 **與之語三日而授之政**하니 **以此取之**하면 **雖王可也**니 **霸則小矣**니이다

1) 親擧五羖大夫於係縲之中 : 五羖大夫는 곧 百里奚이다. 본서 권2 〈臣術〉의 09 참조. 係縲는 결박의 뜻으로, 구속됨을 이른다.

齊 景公이 孔子께 물었다.

"秦 穆公은 나라가 작고 궁벽한 곳에 있었는데도 霸者 노릇을 한 것은 무엇 때문입니까?"

공자는 대답하였다.

"그 나라는 작지만 뜻은 크고, 궁벽한 곳에 있었으나 정치는 알맞았습니다. 그의 擧動은 과감했고 그의 謀略은 조화로웠으며 그의 命令은 구차하지 않았습니다. 감옥에 있는 五羖大夫를 직접 등용하여 3일 동안 함께 말을 나누고는 정치를 맡겨주었습니다. 이 방법으로 천하를 얻었다면 왕 노릇할 수 있었을 것이니 霸者는 작다고 하겠습니다."

07. **或曰 將謂桓公仁義乎**아 **殺兄而立**[1]하니 **非仁義也**니라 **將謂桓公恭儉乎**아 **與婦人同輿**하고 **馳於邑中**하니 **非恭儉也**니라 **將謂桓公清潔乎**아 **閨門之內**에 **無可嫁者**[2]하니 **非清潔也**니라 **此三者**는 **亡國失君之行也**라 **然而桓公兼有之**로되 **以得管仲隰朋**하야

九合諸侯하여 一匡天下하고 畢朝周室하야 爲五霸長하니 以其得賢佐也라 失管仲隰朋하고 任豎刁易牙하야 身死不葬하야 蟲流出戶하니 一人之身에 榮辱俱施者는 何者오 其所任異也라 由此觀之컨대 則任佐急矣라

1) 殺兄而立 : 형은 齊 桓公의 형 公子 糾이다. 공자 규가 公子 小白(桓公)과 王位를 다투다가 실패하여 魯나라로 달아났는데, 환공이 즉위한 뒤 노나라를 협박하여 공자 규를 죽이게 하였다. ≪春秋左氏傳 莊公 8년≫·≪論語 憲問≫·≪史記 齊太公世家≫
2) 閨門之內 無可嫁者 : 齊 桓公이 好色하여 여러 고모〔姑〕·누님〔姊〕·누이동생〔妹〕과 음란한 생활을 함으로써 집안에 출가하지 못한 고모·누님·누이동생이 7인이었다 한다. ≪管子 小匡≫·≪荀子 仲尼≫

어떤 이가 말했다.

"齊 桓公을 仁義롭다고 하겠는가? 형을 죽이고 즉위하였으니 仁義롭다고 할 수 없다. 환공을 공손하고 검소하다고 하겠는가? 부인과 함께 수레를 타고 城邑 중을 달리고 다녔으니 공손하고 검소하다고 할 수 없다. 환공을 맑고 깨끗하다고 하겠는가? 閨門 안에 시집 보낼 만한 여자가 없었으니 맑고 깨끗하다고 할 수 없다.

이 세 가지는 나라를 망치고 임금의 덕을 잃는 행위이다. 그런데도 환공은 이를 모두 가지고 있었으나 管仲과 隰朋을 얻어 제후를 규합하여 단번에 천하의 질서를 바로잡고 제후를 모두 周나라 王室에 朝見하게 하여 五霸 중의 으뜸이 되었으니, 그것은 어진 보좌를 얻었기 때문이다. 관중과 습붕을 잃고 豎刁와 易牙를 임용하여 자기가 죽은 뒤에 장례를 치르지 못해 시체에서 나온 벌레가 문밖에까지 흘러나왔다. 같은 한 사람의 몸에 榮光과 恥辱이 함께 더해진 것은 무엇 때문인가? 임용한 사람이 달랐기 때문이다. 이를 따라 살펴보면 보좌의 임용이 무엇보다 시급한 일이다."

08. 周公旦은 白屋之士[1]所下者七十人이러니 而天下之士皆至하고 晏子는 所與同衣食者百人이러니 而天下之士亦至하며 仲尼는 修道行하시고 理文章하신대 而天下之士亦至矣[2]니라

1) 白屋之士 : 彩色을 하지 않고 목재가 그대로 드러난 가난한 집에서 사는 선비라는 뜻으로, 빈궁한 선비를 이르는 말이다.
2) 周公旦……而天下之士亦至矣 : 저본에 앞의 章과 연결되어 있으나, ≪群書拾補≫와

≪說苑校證≫에 의거하여 別章으로 하였다.

周公 旦은 빈천한 선비에게 몸을 낮추어 예우한 자가 70명이었는데 천하의 선비들이 모두 왔고, 晏子는 옷과 음식을 같이한 사람이 백 명이었는데 역시 천하의 선비들이 왔으며, 仲尼는 道德·品行을 수양하시고 禮樂·法道를 정리하시자 역시 천하의 선비들이 왔다.

09. 伯牙子[1)]鼓琴할새 鍾子期[2)]聽之러니 方鼓而志在太山한대 鍾子期曰 善哉乎鼓琴이여 巍巍乎若太山이로다 少選之間에 而志在流水한대 鍾子期復曰 善哉乎鼓琴이여 湯湯乎若流水로다 鍾子期死에 伯牙破琴絶弦하고 終身不復鼓琴하니 以爲世無足爲鼓琴者라 非獨鼓琴若此也라 賢者亦然하니 雖有賢者라도 而無以接之면 賢者奚由盡忠哉리오 驥不自至千里者니 待伯樂[3)]而後至也라[4)]

1) 伯牙子 : 춘추시대 琴 연주의 名人, 곧 兪伯牙이다. 일찍이 成連先生에게 琴을 배웠으나 3년 동안 이루어지지 않자 成連을 따라 東海의 蓬萊山에 가서 파도소리와 새 울음소리를 듣고 깨달음이 있어 명인이 되었다 한다. ≪琴操 水仙操≫·≪荀子 勸學≫·≪呂氏春秋 本味≫

2) 鍾子期 : 춘추시대 楚나라 사람이다. 伯牙가 琴을 연주할 때 마음이 높은 산이나 흐르는 물에 가 있으면 연주 소리를 듣고 그의 마음을 알았다. 鍾子期가 죽은 뒤 백아는 세상에 音律을 아는 사람이 없다 하여 琴을 부수고 弦을 끊어버린 다음 다시는 琴을 연주하지 않았다 한다. ≪呂氏春秋 本味≫·≪淮南子 修務訓≫·≪七諫 謬諫≫

3) 伯樂 : 춘추시대 秦 穆公 때 사람으로, 이름은 孫陽이다. 말의 相을 잘 보는 것으로 유명하여 伯樂이 한번 지나가면 그 지방에 온전한 말이 없었다 한다. ≪列子 說符≫·≪莊子 馬蹄≫·≪呂氏春秋 觀表≫

4) 伯牙子鼓琴……待伯樂而後至也 : 이 章은 저본에 위의 章과 연결되어 있으나, ≪群書拾補≫와 ≪說苑校證≫에 의거하여 別章으로 하였다.

伯牙가 琴을 연주할 때 鍾子期가 듣고 있었는데, 백아가 막 연주하면서 마음이 太山에 가 있자, 종자기는 말했다.

"훌륭하구나, 琴을 연주하는 소리여. 높고 높은 태산 같구나."

잠깐 사이에 백아의 마음이 흐르는 물에 가 있자, 종자기는 다시 말했다.

"훌륭하구나, 琴을 연주하는 소리여. 넘실넘실 흐르는 물과 같구나."

종자기가 죽자 백아는 琴을 부숴 弦을 끊어버리고 죽을 때까지 다시는 琴을 연주하지 않았으니, 세상에 더 이상 琴을 연주하여 들려줄 만한 사람이 없다고 여겨서이다.

단지 琴을 연주하는 일만 이와 같을 뿐 아니라, 어진 이의 일도 이와 같다. 어진 이가 있더라도 예의를 갖추어 대접하지 않으면 어진 이가 어떻게 충성을 다하겠는가? 駿馬가 스스로 천 리를 가지 못하니, 伯樂이 배양하기를 기다린 뒤에 갈 수 있는 것이다.

10. 周威公問於甯子[1)]曰 取士有道乎아 對曰 有하니 窮者達之하고 亡者存之하며 廢者起之하시면 四方之士 則四面而至矣리이다 窮者不達하고 亡者不存하며 廢者不起하시면 四方之士 則四面而畔矣리이다 夫城固不能自守하고 兵利不能自保하며 得士而失之는 必有其間이니 夫士存則君尊하고 士亡則君卑니이다 周威公曰 士壹至如此乎아 對曰 君不聞夫楚(平)〔乎〕[2)]잇가 王有士하니 曰楚傒胥丘負客[3)]이라 王將殺之어늘 出亡之晉한대 晉人用之하니 是爲城濮之戰[4)]이니이다 又有士하니 曰苗賁皇[5)]이라 王將殺之어늘 出亡走晉한대 晉人用之니 是爲鄢陵之戰[6)]이니이다 又有士하니 曰上解于[7)]라 王將殺之어늘 出亡走晉한대 晉人用之하니 是爲兩堂(棠)之戰[8)]이니이다 又有士하니 曰伍子胥라 王殺其父兄이어늘 出亡走吳한대 闔閭用之하니 於是興師而襲郢이라 故楚之大得罪於梁鄭宋衛之君호되 猶未遽至於此也어늘 此四得罪於其士하야 三暴其民骨하고 一亡其國하니이다 由是觀之컨대 士存則國存하고 士亡則國亡이니이다 子胥怒而亡之하고 申包胥怒而存之하니 士胡可無貴乎잇가

1) 周威公問於甯子 : 본서 권3 〈建本〉의 20 참조.
2) (平)〔乎〕: 저본에는 '平'으로 되어 있으나, ≪群書拾補≫에 "宋本에 이미 '平'자로 잘못 써 아래와 연결하여 '平王'이라 하였다." 하였고, ≪困學紀聞≫〈諸子〉에 "城濮의 전쟁은 楚 成王 때의 일이니 平王이라 한 것은 잘못이다."라고 한 ≪說苑校證≫에 의거하여 '乎'로 고쳤다.
3) 楚傒胥丘負客 : 楚 傒胥와 丘負客은 사람 이름인데 자세한 것은 알 수 없다.
4) 城濮之戰 : 춘추시대 晉 文公이 齊·宋·秦의 연합군과 楚나라 군대가 城濮(지금의 山東省 鄄城縣 서남쪽 臨濮集)에서 전쟁하여 晉나라가 크게 승리한 전쟁이다. 晉 文公은 이 전쟁의 승리로 霸者가 되었다. ≪春秋左氏傳 僖公 28년≫
5) 苗賁皇 : 춘추시대 楚나라 사람으로, 若敖氏의 종족이며, 令尹 鬪椒의 아들이다. 투초가 亂을 일으켰다가 실패하여 楚 莊王이 약오씨의 종족을 멸하자 賁皇이 晉나라로 달

아났다. 晉나라는 苗邑(지금의 河南省 濟垣縣 서쪽)에 封했기 때문에 苗씨가 되었다. ≪春秋左氏傳 宣公 17년・成公 16년・襄公 26년・昭公 5년≫

6) 鄢陵之戰 : 楚 共王 16년(B.C. 575)에 鄢陵(지금의 河南省 鄢陵縣 서북쪽)에서 晉나라의 연합군과 싸워 크게 패배한 전쟁이다. 이 전쟁에서 苗賁皇이 晉 厲公에게 계책을 제공하여 승리하였다. ≪春秋左氏傳 成公 16년≫

7) 上解于 : 사람 이름인데 자세한 것은 알 수 없다.

8) 兩堂之戰 : '堂'은 '棠'과 통용한다. 兩棠은 곧 邲인데, 춘추시대 지금의 河南省 鄭州市 서북쪽에 있던 鄭나라의 지명이라는 설과 楚나라의 지명이라는 설이 있다. ≪春秋左氏傳≫ 宣公 12년에 "晉나라와 楚나라가 邲에서 전쟁하여 楚나라가 晉나라에 승리하였다."로 기록되어 있다. 여기서는 晉나라가 승리한 것으로 기록되어 있는데, ≪說苑校證≫에는 "혹시 晉나라와 楚나라가 邲에서 두 차례 전쟁을 한 것인가 보다." 하였다.

周 威公이 甯子에게 물었다.

"어진 인재를 뽑는 데 방법이 있소?"

甯子는 대답하였다.

"있습니다. 곤궁한 사람을 현달하게 하고 망하게 된 사람을 생존하게 하며 폐기된 사람을 기용하시면, 사방의 인재들이 사면에서 올 것입니다. 곤궁한 사람을 현달하게 하지 않고 망하게 된 사람을 생존하게·하지 않으며 폐기된 사람을 기용하지 않으면, 사방의 인재들이 사면에서 배반하고 떠날 것입니다. 성은 견고한데 스스로 지키지 못하고, 무기는 날카로운데 스스로 보전하지 못하며, 인재를 얻었으나 다시 잃는 것은 반드시 빈틈이 있기 때문입니다. 인재가 있으면 임금이 尊重받게 되고, 인재를 잃으면 임금이 卑賤하게 됩니다."

주 위공이 다시 물었다.

"인재는 이처럼 한결같이 귀중한 것입니까?"

영자는 다시 대답하였다.

"임금께서는 楚나라의 일을 듣지 못했습니까? 楚王에게 楚 傒胥와 丘負客이라는 인재가 있었습니다. 楚王이 이들을 죽이려고 하기에 망명하여 晉나라로 가자, 晉 文公이 이들을 등용하여 〈초나라를 격파하였으니〉 이것이 城濮의 전쟁입니다. 또 苗賁皇이라는 인재가 있었습니다. 초왕이 죽이려 하기에 망명하여 晉나라로 가자, 晉 厲公이 등용하여 〈초나라를 격파하였으니〉 이것이 鄢陵의 전쟁입니다. 또 上解于라는 인재가 있었습니다. 초왕이 죽이려 하기에 망명하여 晉나라로 가자, 晉君이 등용하여 〈초나라를 격파하였으니〉 이것이 兩堂의 전쟁입니다. 또 伍子胥라는 인재가 있었습니다. 초왕이 그의 아버지와 형을 죽였는데 망명하여 吳나라로 가자, 吳王 闔閭가 등용하여 이에 吳나라는 군사를 일으켜 초나라의 수도 郢을 습격하였습니다.

그래서 초나라가 梁·鄭·宋·衛나라 군주에게 큰 죄를 지었으나 이렇게 대번에 이런 지경에는 이르지 않았는데, 이 네 차례의 패배는 인재에게 죄를 얻어 세 번이나 그들 백성의 해골이 들판에 나뒹굴고 한 차례 國都를 잃었던 것입니다.

이를 따라 살펴보면 인재가 있으면 나라가 보존되고 인재를 잃으면 나라가 망하는 법입니다. 伍子胥는 노하여 楚나라 國都를 잃게 하였고 申包胥는 노하여 초나라를 보존하였으니, 인재가 어찌 귀중하지 않을 수 있겠습니까?"

11. 哀公問於孔子曰 人何若而可取也잇고 孔子對曰 毋取拑[1]者하며 毋取健者하며 毋取口銳者니이다 哀公曰 何謂也잇고 孔子曰 拑者는 大給利하니 不可盡用이요 健者는 必欲兼人하니 不可以爲法也요 口銳者는 多誕而寡信하니 後恐不驗也니이다 夫弓矢和調라야 而後求其中焉이요 馬慤愿順이라야 然後求其良材焉이요 人必忠信重厚이라야 然後求其知能焉이니이다 今人有不忠信厚重而多知能이면 如此人者는 譬猶豺狼與[2]니 不可以身近也라 是故로 先其仁信之誠者하고 然後親之요 於是有知能者하고 然後任之라 故曰 親仁而使能이라하니이다 夫取人之術也는 觀其言而察其行이니 夫言者는 所以抒其匈而發其情者也니이다 能行之士는 必能言之라 是故로 先觀其言而揆其行이니 夫以言揆其行이면 雖有姦軌[3]之人이라도 無以逃其情矣리이다 哀公曰 善하다

1) 拑 : ≪荀子≫ 〈哀公〉에 '詌'으로 썼고, ≪孔子家語≫ 〈五儀〉에 '鉗'으로 썼기에 '沈默'으로 번역하였다.
2) 與 : ≪荀子≫ 〈哀公〉에는 '也'로 썼다.
3) 姦軌 : 밖에서 일어나는 亂과 안에서 일어나는 亂이다. '軌'는 '宄'와 통용한다. ≪春秋左氏傳≫ 成公 17년에 "난이 밖에서 일어나는 것을 姦이라 하고, 안에서 일어나는 것을 軌라 한다.〔亂在外爲姦 在內爲軌〕" 하였다.

魯 哀公이 孔子께 물었다.

"어떤 사람이라야 뽑아 쓸 수 있습니까?"

공자는 대답하였다.

"沈默하는 사람을 뽑아 쓰지 말며, 雄建한 사람을 뽑아 쓰지 말며, 말을 잘하는 사람을 뽑아 쓰지 말아야 합니다."

노 애공이 다시 물었다.

"무슨 뜻입니까?"

공자는 대답하였다.

"침묵하는 사람은 큰 이익을 주기를 바라니 끝까지 다 쓸 수 없고, 웅건한 사람은 반드시 남을 이기려고 하니 본보기로 삼을 수 없고, 말을 잘하는 사람은 허황하여 믿음이 적으니 뒤에 그 말이 부합하지 않을까 걱정됩니다.

활과 화살이 조화를 이룬 뒤에야 명중을 구할 수 있고, 말〔馬〕은 온순하여 잘 길들여진 뒤에야 훌륭한 재질을 구할 수 있고, 사람은 반드시 忠信하고 鄭重하며 무게가 있고 난 뒤라야 지혜와 재능을 구할 수 있습니다. 만일 어떤 사람이 충신하지 않고 정중하지 않으며 무게가 없으면서 지혜와 재능이 많으면, 이런 사람은 비유하면 승냥이나 이리 같은 사람이니, 그런 사람을 가까이해서는 안 됩니다.

이 때문에 그 사람이 仁義를 성실히 행하는 사람인지를 살펴보고 난 다음에 친해야 하고, 여기에 지혜와 재능이 있는 사람인지를 안 다음에 임용하는 것입니다. 그래서 '仁義를 행하는 사람을 친히 하고 재능이 있는 사람을 부려야 된다.'고 말하는 것입니다.

인재를 뽑아 쓰는 방법은 그의 말을 들어보고 그의 행위를 관찰해야 합니다. 말은 가슴속의 생각을 표현하고 감정을 드러내는 것이기 때문입니다. 잘 실천하는 사람은 말도 신뢰할 수 있게 합니다.

이 때문에 먼저 그의 말을 들어보고 그의 행위를 살펴야 되니, 그가 한 말을 가지고 그의 행위를 살피면 법을 어기고 난을 일으키는 사람일지라도 자기의 진정을 숨기지 못할 것입니다."

이 말을 들은 애공은 말하였다.

"좋습니다."

12. 周公攝天子位七年에 布衣之士 執贄所師見者十二人이요 窮巷白屋所先見者四十九人이요 時進善者百人이요 教士者千人이요 官朝者萬人이러라 當此之時하야 誠使周公驕而且恡이면 則天下賢士至者寡矣요 苟有至者면 則必貪而尸祿[1)]者也니 尸

祿之臣은 不能存君矣라

1) 尸祿 : 자기의 職務는 다하지 않으면서 자리를 차지하고 祿俸만 받는 것을 이른다. '尸位素餐'이라고도 한다.

周公이 천자의 位를 攝行한 7년 동안 평민의 선비 중에 폐백을 가지고 스승의 예로 만난 이가 12명이고, 궁벽한 거리에 가난하게 사는 이를 먼저 나아가 만난 이가 49명이며, 때때로 좋은 말을 올린 이가 백 명이고, 敎化를 받은 선비가 천 명이며, 조정에서 벼슬한 이가 만 명이었다.

이때를 당하여 진실로 주공이 교만하고 또 인색하였다면 천하의 어진 선비로서 주공을 찾아온 사람이 적었을 것이고, 만일 찾아온 사람이 있다면 필시 탐욕스럽고 하는 일 없이 녹봉만 먹는 자들이었을 것이다. 하는 일 없이 녹봉만 먹는 신하는 임금을 보전할 수 없다.

13. 齊桓公設庭燎[1]하고 爲士之欲造見者러니 期年而士不至하다 於是東野鄙人이 有以九九之術見者어늘 桓公曰 九九何足以見乎아 鄙人對曰 臣非以九九爲足以見也로소이다 臣聞主君設庭燎以待士하사대 期年而士不至라호이다 夫士之所以不至者는 〈以〉[2]君天下賢君也니 四方之士 皆自以(論)〔爲〕{而}不及君[3]이라 故不至也니이다 夫九九薄能耳어늘 而君猶禮之어든 況賢於九九〈者〉[4]乎잇가 夫太山不辭壤石하고 江海不逆小流하니 所以成大也니이다 詩云 先民有言호되 詢於芻蕘[5]라하니 言博謀也니이다 桓公曰 善하다하고 乃因禮之하다 期月에 四方之士 相攜而竝至러라 詩曰 自堂徂基하며 自羊徂牛[6]라하니 言以內及外하며 以小及大也라

1) 庭燎 : 밤에 조명을 위하여 宮庭에 피우는 횃불이다.
2) 〈以〉 : 저본에는 '以'가 없으나, ≪太平御覽≫ 권871에 의거하여 보충하였다.
3) 皆自以(論)〔爲〕{而}不及君 : ≪太平御覽≫ 권474에는 "皆自爲不及君"이라 되어 있고, ≪文選≫에 수록된 王褒의 〈聖主得賢臣頌〉의 李善 注에 이 부분을 인용하면서 "皆自以爲不及君"이라 되어 있어서, 저본의 '論'을 '爲'로 바로잡고, '而'를 衍文으로 처리하였다.
4) 〈者〉 : 저본에는 '者'가 없으나, ≪群書拾補≫에 ≪太平御覽≫ 권474와 ≪韓詩外傳≫ 권3에 의거하여 '者'를 보충하였고, ≪說苑校證≫에도 ≪藝文類聚≫ 〈燎〉와 ≪群書治

要≫에 의거하여 보충하였으므로 이에 따라 보충하였다.

5) 詩云……詢於蒭蕘 : ≪詩經≫ 〈大雅 板〉에 보인다.

6) 詩曰……自羊徂牛 : ≪詩經≫ 〈周頌 絲衣〉에 보인다.

齊 桓公이 찾아와서 만나려는 어진 인재를 위해 宮庭에 횃불을 밝혀놓고 기다렸는데, 1년이 되도록 어진 인재가 찾아오지 않았다. 이때 東野에 사는 촌사람으로 九九法을 가지고 뵈려는 자가 있었다. 제 환공이 말했다.

"구구법으로 어떻게 만날 수 있다고 여기느냐?"

촌사람은 대답했다.

"신은 구구법으로 뵐 수 있다고 여긴 것이 아닙니다. 신이 듣자니, 主君께서 궁정에 횃불을 밝혀놓고 어진 인재를 기다리셨으나 1년이 되도록 어진 인재가 찾아오지 않는다고 합니다. 어진 인재가 찾아오지 않는 이유는 주군이 천하의 賢君이기 때문이니, 사방의 어진 인재들은 모두 스스로 주군의 현명함에 미치지 못한다고 생각하기 때문에 찾아오지 않는 것입니다. 구구법은 하찮은 재능이건만 주군께서 그런 사람도 예우하시는데, 더구나 구구법을 하는 자보다 훨씬 나은 재능이 있는 자이겠습니까?

太山은 흙 한 덩이 돌 하나라도 사양하지 않고 江海는 작은 물도 거절하지 않으니, 이 때문에 크게 된 것입니다. ≪詩經≫에 '옛 賢人의 말에, 꼴 베고 나무하는 이에게도 물어야 하네.'라 하였으니, 의견을 널리 구해야 한다고 말한 것입니다."

환공은 "좋은 말이다."라 하고 곧 그를 예우하였다.

그 뒤 한 달 만에 사방의 어진 인재들이 서로 손을 잡고 몰려왔다. ≪詩經≫에 "堂에서 문 곁의 堂에 가며, 羊에서 소에게 가네."라 하였으니, 안에서 밖에 미치며 작은 것에서 큰 것에 미침을 말한 것이다.

14. 齊景公伐宋할새 至於岐隄[1]之上하야 登高以望하고 太息而歎曰 昔我先君桓公은 長轂[2]八百乘으로 以霸諸侯어시늘 今我長轂三千乘이로되 而不敢久處於此者는 豈其無管仲歟아 弦章[3]對曰 臣聞之호니 水廣則魚大하고 君明則臣忠이라호이다 昔有桓公이라 故有管仲하니 今桓公在此시면 則車下之臣이 盡管仲也리이다

1) 岐隄 : 땅 이름이다. '隄'는 '堤'와 통용한다.

2) 長轂 : 兵車로, 수레바퀴의 굴대 길이를 길게 하여 적군을 타격하는 데 쓴다.

3) 弦章 : 齊나라 대부이다. 본서 권1 〈君道〉의 18 주4) 참조.

齊 景公이 宋나라를 토벌할 때 岐隄 위에 이르러 높은 곳에 올라가 바라보고 한숨을 쉬며 탄식하여 말했다.

"옛날 우리 先君 桓公께서는 長轂 8백 대로 제후의 패자가 되셨는데, 지금 나는 長轂이 3천 대인데도 감히 이 자리에 오래 있지 못하는 것은 어찌 管仲 같은 이가 없어서가 아니겠는가!"

弦章이 대답하였다.

"신은 듣자니 물이 넓으면 물고기가 크고, 임금이 현명하면 신하가 충성한다 하였습니다. 예전에 환공 같은 현명한 임금이 있었기 때문에 管仲 같은 어진 신하가 있었던 것입니다. 지금 환공이 여기에 계신다면 수레 아래에 있는 신하들이 모두 관중일 것입니다."

15. 趙簡子游於〈西〉河[1]而樂之러니 歎曰 安得賢士而與處焉고 舟人古乘[2]跪而對曰 夫珠玉無足이요 去此數千里어늘 而所以能來者는 人好之也니이다 今士有足而不來者는 此是吾君不好之乎인저 趙簡子曰 吾門左右客千人이라 朝食不足이면 暮收市征하고 暮食不足이면 朝收市征이어늘 吾尙可謂不好士乎아 舟人古乘對曰 鴻鵠高飛遠翔할새 其所恃者는 六翮也요 背上之毛와 腹下之毳는 無尺寸之數하니 去之滿把라도 飛不能爲之益卑요 益之滿把라도 飛不能爲之益高니이다 不知門下左右客千人者에 有六翮之用乎잇가 將盡毛毳也니이다

1) 趙簡子游於〈西〉河 : 趙簡子는 ≪韓詩外傳≫에 '晉 平公'으로 되어 있다. 또 저본에는 '河'가 없으나, ≪新序≫〈雜事 1〉·≪太平御覽≫ 권475·≪後漢書≫〈班彪傳〉 등에 '西河'로 되어 있어서 보충하였다.
2) 古乘 : 사람 이름으로, 평생 행적은 미상이다.

趙簡子가 西河에서 뱃놀이를 하면서 즐거워하다가 탄식하며 말했다.

"어쩌면 어진 선비를 얻어 함께 있을 수 있을까?"

뱃사공 古乘이 무릎을 꿇고 대답하였다.

"珍珠와 寶玉은 발이 없고 産地와의 거리가 수천 리나 되는데 이곳까지 올 수 있는

까닭은 사람들이 좋아하기 때문입니다. 지금 선비들이 발이 있는데도 오지 않는 것은 바로 우리 임금께서 선비를 좋아하지 않아서 그럴 것입니다."

이에 조간자는 말했다.

"내 門下의 좌우에 묵는 食客이 천 명이다. 아침밥의 공급이 부족하면 저녁에 시장에서 세금을 징수하고, 저녁밥의 공급이 부족하면 아침에 시장에서 세금을 징수하는데, 내가 그래도 선비를 좋아하지 않는다고 할 수 있느냐?"

그러자 뱃사공 고승은 대답하였다.

"鴻鵠이 높이 날아 멀리 갈 적에 믿는 것은 여섯 개의 깃촉입니다. 등 위의 털과 배 밑의 솜털은 尺寸 정도의 긴 것도 없으니, 한 줌 가득 그 털을 뽑더라도 더욱 낮게 나는 것이 아니고, 한 줌 가득 그 털을 보태주더라도 더욱 높게 나는 것이 아닙니다. 主君의 문하에 있는 천 명의 식객 중에 여섯 개의 깃촉 역할을 하는 사람이 있는지 모르겠습니다. 아마 등 위의 털과 배 밑의 털 같은 사람이 전부일 것입니다."

16. 齊宣王坐에 淳于髡侍러니 宣王曰 先生論寡人何好오 淳于髡曰 古者所好四러니 而王所好三焉이로소이다 宣王曰 古者所好와 何與寡人所好오 淳于髡曰 古者好馬러니 王亦好馬하시고 古者好味러니 王亦好味하시며 古者好色이러니 王亦好色하시고 古者好士러니 王獨不好士로소이다 宣王曰 國無士耳니 有則寡人亦說之矣니라 淳于髡曰 古者驊騮騏驥이러니 今無有어늘 王選於衆하시니 王好馬矣요 古者有豹象之胎러니 今無有어늘 王選於衆하시니 王好味矣요 古者有毛廧西施[1)]러니 今無有어늘 王選於衆하시니 王好色矣니이다 王必將待堯舜禹湯之士而後好之하시면 則〔堯舜〕禹湯之士도 亦不好王矣리이다 宣王嘿然無以應이러라

1) 毛廧西施 : 둘 다 고대의 美女 이름이다. 毛廧은 춘추시대 越나라의 美女이다. 越王 句踐의 애첩이라고 한다. 廧은 嬙으로도 쓴다. ≪管子·小稱≫·≪韓非子 顯學≫·≪莊子 齊物論≫·≪戰國策 齊策 4≫

西施는 춘추시대 越나라의 美女로, 본래 이름은 施夷光이며, 西子라고도 한다. 吳나라에 패하여 망하게 된 句踐이 서시를 吳王 夫差에게 바쳐, 서시에게 미혹된 부차를 패망시키고 월나라를 중흥하였다. ≪管子 君臣 下≫·≪戰國策 齊策 4≫·≪吳越春秋 句踐陰謀外傳 9≫·≪越絕書 內經九術≫

齊 宣王이 앉아 있을 때 淳于髡이 모시고 있었다. 이때 제 선왕이 물었다.
"선생은 寡人이 무엇을 좋아하는지 말해보겠소?"
순우곤이 말하였다.
"古人은 좋아하는 것이 네 가지였는데, 王께서 좋아하시는 것은 세 가지입니다."
제 선왕이 다시 말했다.
"고인이 좋아한 것과 과인이 좋아하는 것을 비교하면 어떠하오?"
순우곤은 대답하였다.
"고인은 말〔馬〕을 좋아했는데 왕께서도 말을 좋아하시고, 고인은 맛있는 음식을 좋아했는데 왕께서도 맛있는 음식을 좋아하시고, 고인은 女色을 좋아했는데 왕께서도 여색을 좋아하시며, 고인은 선비를 좋아했는데 왕께서만 유독 선비를 좋아하지 않으십니다."
제 선왕이 말했다.
"나라에 어진 선비가 없을 뿐이니, 어진 선비가 있다면 과인도 그를 좋아했을 것이오."
순우곤은 말했다.
"옛날에는 驊騮·騏驥 같은 名馬가 있었지만 지금은 없는데 왕께서 여러 말 중에서 골라 타시니 이는 왕께서 말을 좋아하시는 것입니다. 옛날에는 표범과 코끼리 胎로 만든 요리가 있었지만 지금은 없는데 왕께서 여러 음식 중에서 골라 드시니 이는 왕께서 맛있는 음식을 좋아하시는 것입니다. 옛날에는 毛廧과 西施 같은 미녀가 있었지만 지금은 없는데 왕께서 여러 여자 중에서 골라 즐기시니 이는 왕께서 여색을 좋아하시는 것입니다. 왕께서 반드시 堯·舜·禹·湯을 보필했던 어진 선비를 기다린 뒤에 좋아하신다면, 요·순·우·탕을 보필했던 어진 선비들도 왕을 좋아하지 않을 것입니다."
그러자 제 선왕은 잠자코 있으면서 응답하는 말이 없었다.

17. 衛君問於田讓[1)]曰 寡人封侯에 盡千里之地하고 賞賜에 盡御府繒帛이어늘 而士不至는 何也잇고 田讓對曰 君之賞賜는 不可以功及也요 君之誅罰은 不可以理避也하니 猶擧杖而呼狗하고 張弓而祝雞[2)]矣라 雖有香餌라도 而不能致者는 害之必也니이다

1) 田讓 : 사람 이름으로, 평생 행적은 미상이다.

2) 祝雞 : '구구' 하는 소리를 내며 닭을 부르다. '祝'은 '喌'와 통용하며, 닭을 부르는 소리이다.

衛君이 田讓에게 물었다.

"寡人은 천 리의 땅을 다 써서 諸侯를 봉하고, 宮中의 창고에 있는 비단을 다 써서 상을 주었건만, 어진 선비가 오지 않는 것은 무엇 때문이오?"

전양이 대답하였다.

"임금께서 주시는 상은 세운 功으로 미칠 수가 없고, 임금께서 주시는 형벌은 정당한 이유로 피할 수가 없습니다. 이는 마치 몽둥이를 들면서 개를 부르고, 활시위를 당기면서 닭을 '구구' 하며 부르는 것과 같습니다. 향기로운 미끼를 가지고 부르더라도 오게 하지 못하는 것은 틀림없이 해를 입히기 때문입니다."

18. 宗衛[1)]相齊라가 遇逐하야 罷歸舍하야 召門尉田饒[2)]等二十有七人而問焉曰 士大夫誰能與我赴諸侯者乎아 田饒等皆伏而不對하다 宗衛曰 何士大夫之易得而難用也오 饒對曰 非士大夫之難用也요 是君不能用也니이다 宗衛曰 不能用士大夫는 何若고 田饒對曰 廚中有臭肉이면 則門下無死士니이다 今夫三升之稷이 不足於士어늘 而君雁鶩有餘粟하고 紈素綺繡로 靡麗堂楯[3)]하야 從風(雨)〔而〕[4)]弊어늘 而士曾不得以緣衣[5)]하며 果園梨栗을 後宮婦人은 摭以相擿이어늘 而士曾不得一嘗하니이다 且夫財者는 君之所輕也요 死者는 士之所重也어늘 君不能用所輕之財하야 而欲使士致所重之死하니 豈不難乎哉잇가 於是에 宗衛面有慚色하고 逡巡避席而謝曰 此衛之過也로라

1) 宗衛 : 사람 이름으로, 평생 행적은 미상이다.
2) 田饒 : 사람 이름으로, 평생 행적은 미상이다.
3) 楯 : 난간의 가로나무로, 일반적으로 '난간'을 이른다.
4) (雨)〔而〕 : 저본에는 '雨'로 되어 있으나, ≪韓詩外傳≫에 '而'로 되어 있고, ≪新序≫ 〈雜事 2〉에 "수놓은 비단이 바람을 따라 나부끼어 낡아간다.〔錦繡隨風 飄飄而弊〕"로 되어 있어서 '而'로 바로잡았다.
5) 緣衣 : 가장자리에 선을 둘러 장식한 옷이다.

宗衛가 齊나라에서 재상 노릇을 하다가 추방당하여 罷職되자 집에 돌아와서 문을 지키는 門尉인 田饒 등 27인을 불러놓고 물었다.

“士大夫들 중에 누가 나와 함께 다른 諸侯를 찾아가겠소?”

전요 등이 모두 엎드린 채 대답하지 않았다. 종위는 말했다.

“어찌 사대부는 얻기는 쉬운데 쓰기는 어렵소?”

그러자 전요는 대답하였다.

“사대부를 쓰기 어려운 것이 아니라, 主君께서 쓰지 못하는 것입니다.”

종위는 다시 물었다.

“사대부를 쓰지 못한다는 것은 무엇 때문이오?”

전요는 대답하였다.

“부엌에 썩어서 냄새 나는 고기가 있으면 門下에 주군을 위해 죽음을 두려워하지 않고 희생하는 사람이 없는 법입니다. 지금 3되의 양식도 선비는 만족스럽게 먹지 못하는데, 주군의 기러기와 오리는 먹고 남는 곡식이 있습니다. 깨끗하고 고운 비단과 꽃무늬가 화려하게 수놓인 비단이 마루의 난간을 화려하게 장식하여 비바람에 날리며 낡아가고 있는데, 선비들은 옷의 가장자리에 선을 두르지도 못하고 있습니다. 과수원의 배와 밤은 後宮의 부인들이 주워서 서로 던지며 놀건만, 선비들은 한 번 맛을 보지도 못합니다. 또 재물은 주군께서 가볍게 여기는 것이고 죽음은 선비가 귀중하게 여기는 것인데, 주군께서는 가볍게 여기는 재물을 쓰지 않으면서 선비가 귀중하게 여기는 죽음을 바치게 하려 하니, 어찌 어렵지 않겠습니까?”

이에 종위는 얼굴에 부끄러운 기색을 띠고 뒷걸음쳐 자리에서 일어나 사과하였다.

“이것은 나의 잘못이오.”

19. 魯哀公問於孔子曰 當今之時하야 君子誰賢이니잇고 對曰 衛靈公이니이다 公曰 吾聞之호니 其閨門之內에 姑姊妹無別[1]이라호이다 對曰 臣觀於朝廷이요 未觀於堂陛之間[2]也로이다 靈公之弟曰公子渠牟니 其知足以治千乘之國이요 其信足以守之하니 而靈公愛之하니이다 又有士하니 曰王林이라 國有賢人이면 必進而任之하야 無不達也하고 不能達이면 退而與分其祿하니 而靈公尊之하니이다 又有士하니 曰慶足이라 國有大事면 則進而治之하야 無不濟也하니 而靈公說(열)之하니이다 史鰌去衛에 靈公邸舍하야 三月을 琴瑟不御라가 待史鰌之入也而後入하니 臣是以知其賢也로소이다

1) 姑姊妹無別 : 고모・누님・누이동생과 음란하게 지낸다는 뜻이다.
2) 堂陛之間 : 대청과 섬돌의 사이라는 뜻으로, 宮內를 이른다. 여기서는 後宮을 가리키는 말로 썼다.

魯 哀公이 孔子께 물었다.

"당대의 임금 중에 누가 賢明합니까?"

공자께서 대답하셨다.

"衛 靈公이지요."

노 애공이 말했다.

"나는 들으니 靈公은 閨門 안에서 고모・누님・누이의 분별이 없이 산다고 합니다."

이에 공자께서는 대답하셨다.

"저는 그의 조정의 政事만 보았지, 宮內 後宮의 개인적인 일은 보지 않았습니다. 公子 渠牟는 영공의 아우인데, 그의 지혜는 千乘의 제후국을 다스릴 만하고, 그의 信義는 나라를 지킬 만하니 영공이 사랑합니다. 또 王林이라는 어진 인재가 있는데, 나라에 賢人이 있으면 반드시 영공에게 추천하고 임용하여 현달하게 하지 않은 이가 없고, 현달시키지 못하면 물러나와 자기의 녹봉을 그에게 나누어주니, 영공이 존경하고 있습니다. 또 慶足이라는 어진 인재가 있는데, 나라에 큰 일이 있으면 나서서 이를 처리하여 성공하지 못하는 경우가 없으니, 영공이 좋아하고 있습니다. 史鰌가 衛나라를 떠나려 할 적에 영공은 그의 집에 묵으며 석 달 동안 음악을 연주하지 않다가, 사추가 조정에 들어오기를 기다린 뒤에 궁궐에 들어왔습니다. 이 때문에 저는 그의 현명함을 아는 것입니다."

20. 介子推[1]行年十五而相荊하니 仲尼聞之하시고 使人往視〈之〉[2]하시다 還曰 廊下에 有二十五俊士하고 堂上에 有二十五老人이러이다 仲尼曰 合二十五人之智하면 智於湯武요 幷二十五人之力하면 力於彭祖[3]리니 以治天下면 其固免矣乎인저

1) 介子推 : ≪孔子家語≫ 〈六本〉과 ≪北堂書鈔≫ 권49의 本書 인용문에 '荊公子'로 되어 있다. 荊은 楚나라의 본래 이름인데, 史書에 介子推가 楚나라의 재상이 되었다는 기록이 없으니, '荊公子'가 옳을 듯하다.
2) 〈之〉 : 저본에는 '之'가 없으나, ≪北堂書鈔≫에 의거하여 '之'자를 보충했다는 ≪說苑

校證≫에 따라 보충하였다.

3) 彭祖 : 전설상 8백 년을 살았다는 사람으로, 성은 籛, 이름은 鏗이다. 顓頊의 玄孫 陸終氏의 셋째 아들인데, 彭城에 봉해졌기 때문에 彭祖라고 한다. ≪列仙傳 彭祖≫·≪荀子 修身≫

介子推가 열다섯 살 때 楚〔荊〕나라의 재상이 되었는데, 仲尼(孔子)께서 들으시고 사람을 보내어 살펴보게 하셨다. 보냈던 사람이 돌아와서 말했다.

"그의 廊下에는 25인의 뛰어난 사람이 있고, 堂上에는 25인의 노인이 있었습니다."

중니는 말했다.

"25인의 智慧를 합하면 湯王과 武王의 지혜보다 나을 것이고, 25인의 力量을 모으면 彭祖의 역량보다 나을 것이다. 이렇게 천하를 다스리면 진실로 환난을 면할 것이다."

21. **孔子閒居**라가 喟**然而歎曰 銅鞮伯華**[1]**而無死**런들 **天下其有定矣**리라 **子路曰 願聞其爲人也**하노이다 **何若**이니잇고 **孔子曰 其幼也**에 **敏而好學**하고 **其壯也**에 **有勇而不屈**하고 **其老也**에 **有道而能以下人**하니라 **子路曰 其幼也**에 **敏而好學則可**요 **其壯也**에 **有勇而不屈則可**커니와 **夫有道**에 **又誰下哉**잇고 **孔子曰 由**는 **不知也**로다 **吾聞之**호니 **以衆攻寡**면 **{而}**[2]**無不消**[3]**也**요 **以貴下賤**이면 **無不得也**니라 **昔在周公旦制天下之政**하실새 **而下士七十人**이니 **豈無道哉**아 **欲得士之故也**라 **夫有道而能下於天下之士**면 **君子乎哉**인저

1) 銅鞮伯華 : 춘추시대 晉나라 사람으로, 이름은 赤, 字는 伯華이다. 封邑이 銅鞮(지금의 山西省 沁縣 남쪽)이기 때문에 이렇게 부른다. 孔子보다 앞 시대 사람으로 공자가 매우 어질다고 말했다. ≪史記 仲尼弟子列傳≫

2) {而} : ≪說苑校證≫에 따라 衍文으로 처리하였다. ≪通鑑外紀≫ 권9에도 '而'자가 없다.

3) 消 : ≪孔子家語≫ 〈賢君〉에는 '剋'으로 썼다.

孔子께서 집에서 한가롭게 계시다가 한숨을 쉬면서 탄식하셨다.

"銅鞮伯華가 만일 죽지 않았더라면 천하가 아마 안정을 얻었을 것이다."

子路가 말했다.

"그가 어떤 사람인지 듣고 싶습니다."

공자께서는 말해주셨다.

"그는 어렸을 때는 明敏하면서 學問을 좋아하였고, 壯年일 때는 勇氣가 있어서 不義에 굽히지 않았으며, 늙어서는 道德이 있으면서도 남에게 몸을 낮추어 謙讓했느니라."

자로가 다시 물었다.

"그가 어렸을 때 명민하면서 학문을 좋아한 것은 좋은 일이고, 장년일 때 용기가 있어서 불의에 굽히지 않은 것도 좋은 일입니다만, 도덕이 있으면서 또 누구에게 몸을 낮추어 겸양한 것입니까?"

공자께서는 말씀하셨다.

"由는 모르는구나. 나는 들으니 많은 무리를 거느리고 적은 무리를 공격하면 상대를 소멸시키고, 귀한 신분으로 미천한 사람에게 몸을 낮추면 人心을 얻는다 하였다. 옛날 周公 旦이 천하를 통치할 때 몸을 낮추어 겸양한 선비가 70인이었는데 어찌 도덕이 없어서 그랬겠느냐? 어진 인재를 얻으려 했기 때문이다. 도덕이 있으면서도 천하의 선비들에게 몸을 낮추어 겸양하면 진정한 君子일 것이다."

22. 魏文侯從中山奔命安邑할새 田子方從이러니 太子擊(過)〔遇〕之[1)]하야 下車而趨호되 子方坐乘如故하야 告太子曰 爲我請君호되 待我朝歌[2)]하라 太子不說하야 因爲子方曰 不識케이다 貧窮者驕人〈乎〉[3)]잇가 富貴者驕人乎잇가 子方曰 貧窮者驕人이니 富貴者安敢驕人이리오 人主驕人이면 而亡其國하나니 吾未見以國待亡者也요 大夫驕人이면 而亡其家하나니 吾未見以家待亡者也로라 貧窮者若不得意면 納履而去하나니 安往〔而〕不得貧窮乎리오 貧窮者驕人이니 富貴者安敢驕人이리오 太子及文侯하야 道田子方之語한대 文侯歎曰 微吾子之故런들 吾安得聞賢人之言이리오 吾下子方以行하야 得而友之하니 自吾友子方也로 君臣益親하고 百姓益附하니 吾是以(得)〔知〕[4)]友士之功호라 我欲伐中山하야 吾以武下樂羊한대 三年而中山을 爲獻於我하니 我是以(得)〔知〕(有)〔友〕武之功[5)]호라 吾所以不少進於此者는 吾未見以智驕我者也니 若得以智驕我者면 豈不及古之人乎아

1) 太子擊(過)〔遇〕之 : 太子擊은 魏 文侯의 아들로, 이름은 擊이다. 뒤에 魏 武侯가 되었다. 그리고 저본에는 '過'로 되어 있으나, 宋本・明鈔本・經廠本에 모두 '遇'로 되어 있

다는 ≪說苑校證≫에 의거하여 '遇'로 바로잡았다.

2) 朝歌 : 商나라 때의 國都로, 지금의 河南省 淇縣에 있었다.

3) 〈乎〉 : 저본에는 '乎'가 없으나, ≪群書治要≫·≪韓詩外傳≫·≪史記≫ 〈魏世家〉에 모두 '乎'자가 있어서 보충했다는 ≪說苑校證≫에 따라 보충하였다.

4) (得)〔知〕 : 저본에는 '得'으로 되어 있으나, ≪說苑校證≫에 ≪初學記≫ 권18과 ≪太平御覽≫ 권409에 의거하여 '知'로 고친 것에 의거하여 '知'로 바로잡았다.

5) (得)〔知〕(有)〔友〕武之功 : 위 주4)의 예에 따라 '得'은 '知'로 고치고, '有'는 ≪說苑校證≫의 ≪群書治要≫와 ≪明鈔本≫에 의거하여 '友'로 고친 데 따라 고쳤다. '武' 역시 '士'이니, 여기서는 武勇의 士를 이른다.

魏 文侯가 中山國에서 安邑으로 달려가 命을 내릴 때 田子方이 따라갔었는데, 太子 擊이 전자방을 만나 수레에서 내려 종종걸음으로 달려왔으나, 전자방은 여전히 수레에 앉아 있으면서 太子에게 일렀다.

"저를 대신해 임금께 朝歌에서 저를 기다려달라고 요청해주십시오."

태자는 불쾌하게 여기면서 그대로 전자방에게 물었다.

"모르겠습니다. 빈궁한 사람이 驕慢합니까? 부귀한 사람이 교만합니까?"

전자방이 말했다.

"빈궁한 사람이 교만하지요. 부귀한 사람이 어떻게 감히 교만하겠습니까! 임금이 교만하면 나라를 망치는 것인데, 저는 나라를 가지고 망하기를 기다리는 사람은 보지 못했습니다. 大夫가 교만하면 그의 집을 망치는 것인데, 저는 집을 가지고 망하기를 기다리는 사람은 보지 못했습니다. 빈궁한 사람은 뜻대로 이루어지지 못하면 신을 신고 떠나버리는 법이니, 어디를 간들 빈궁하게 지내지 못하겠습니까! 빈궁한 사람이 교만한 법이니, 부귀한 사람이 어떻게 감히 교만하게 행동하겠습니까!"

태자가 위 문후에게 가서 전자방이 한 말을 말하자 문후는 탄식하며 말했다.

"우리 태자의 잘못이 없었다면 내 어떻게 賢人의 말을 들을 수 있었겠는가! 내가 전자방에게 몸을 낮추어 행동하여 그와 벗하게 되었다. 내가 전자방과 벗한 이래로 임금과 신하 사이는 더욱 친밀해졌고, 백성들은 더욱 의지하여 따르게 되었으니, 나는 이 때문에 賢士와 벗한 공이 어떠한 줄을 안다. 나는 武力으로 中山國을 토벌하고자 武勇으로는 樂羊에게 몸을 낮추어 그를 예우했는데 3년 만에 중산국을 나에게 바쳤으니, 나는 이 때문에 武士를 벗한 공이 어떠한 줄을 안다. 내가 여기에서 좀 더 진보하지 못하는 까닭은 내가 지혜를 가지고 나에게 교만을 부리는 자를 만나지 못했기 때문이다. 만일 지혜를 가지고 나에게 교만을 부리는 자를 만난다면 어찌 옛사람에게 미치지 못하겠느냐!"

23. 晉文侯[1)]行地登隧할새 大夫皆扶之호되 隨會[2)]不扶하다 文侯曰 會야 夫爲人臣而忍其君者는 其罪奚如오 對曰 其罪重死니이다 文侯曰 何謂重死오 對曰 身死하고 妻子爲戮焉이니이다 隨會曰 君은 奚獨問爲人臣忍其君者하시고 而不問爲人君而忍其臣者耶잇고 文侯曰 爲人君而忍其臣者는 其罪何如오 隨會對曰 爲人君而忍其臣者는 智士不爲謀하며 辯士不爲言하며 仁士不爲行하며 勇士不爲死니이다 文侯援綏下車하야 辭大夫曰 寡人이 有腰髀之病하니 願諸大夫는 勿罪也어다

1) 晉文侯 : 곧 晉 文公 重耳이다. 본서 권4 〈立節〉 08 참조. ≪新序≫ 〈雜事 1〉에는 "조간자가 양장판에 올라갈 때〔趙簡子上羊腸之坂〕"로 되어 있다.
2) 隨會 : 춘추시대 晉나라 大夫로, 성은 祁, 士氏, 이름은 會이다. 隨와 范에 봉해졌기 때문에 邑 이름으로 氏를 삼아 별도로 范氏가 되었다. 字는 季이고, 시호는 武이다. 士季・隨會・隨季・范子・范會・武季・隨武子・范武子로도 부른다. 荀林父가 죽은 뒤 執政이 되어 오로지 敎化에 힘썼다. ≪春秋左氏傳 僖公 28년, 文公 6・7・12・13년, 宣公 2・3・10・12・16년≫・≪史記 晉世家≫

晉 文侯가 평지를 가다가 산길을 올라갈 때 大夫들이 모두 그를 부축하였으나 隨會는 부축하지 않았다. 진 문후가 말했다.

"수회야! 남의 신하가 되어 그 임금이 처한 困境을 참고 돕지 않는 자는 그 죄가 어디에 해당하는가?"

수회는 대답하였다.

"그 죄가 죽이고 또 죽이는 데 해당합니다."

진 문후는 다시 물었다.

"무엇을 죽이고 또 죽인다고 하는 것이냐?"

수회는 대답하였다.

"그 자신을 죽이고 처자까지도 죽이는 것입니다."

수회는 다시 말했다.

"임금께서는 왜 단지 남의 신하가 되어 그 임금에게 잔인하게 대한 데 대해서만 물으시고, 남의 임금이 되어 그의 신하에게 잔인하게 대한 데 대해서는 묻지 않으십니까?"

그러자 진 문후는 되물었다.

"남의 임금이 되어 그의 신하에게 잔인하게 대하면 그 죄가 어디에 해당하는가?"

수회는 대답하였다.

"남의 임금이 되어 그의 신하에게 잔인하게 대하는 자에게는, 智士는 임금을 위해 계책을 내지 않고, 辯士는 임금을 위해 말을 하지 않고, 어진 선비〔仁士〕는 임금을 위해 德을 행하지 않으며, 勇士는 임금을 위해 죽음을 바치지 않는 것입니다."

듣고 난 진 문후는 수레에 맨 줄을 잡고 수레에서 내려 大夫들에게 사과하였다.

"寡人이 허리와 넓적다리에 병이 있으니 여러 대부들은 허물하지 마시오."

24. 齊將軍田瞶[1)]出將할새 張生[2)]郊送曰 昔者에 堯讓許由以天下[3)]하신대 洗耳而不受하니 將軍知之乎아 曰 唯라 然하니 知之로라 伯夷叔齊辭諸侯之位而不爲하니 將軍知之乎아 曰 唯라 然하니 知之로라 於(오)陵仲子[4)]辭三公之位而傭하야 爲人灌園하니 將軍知之乎아 曰 唯라 然하니 知之로라 智過[5)]去君弟하야 變姓名하고 免爲庶人하니 將軍知之乎아 曰 唯라 然하니 知之로라 孫叔敖三去相而不悔하니 將軍知之乎아 曰 唯라 然하니 知之로라 此五大夫者는 名辭之而實羞之니라 今將軍方呑一國之權하야 提鼓擁旗하고 被堅執銳하야 旋回十萬之師하야 擅斧鉞之誅하니 愼毋以士之所羞者로 驕士어다 田瞶曰 今日諸君이 皆爲瞶祖道[6)]하야 具酒脯어늘 而先生獨敎之以聖人之大道하니 謹聞命矣로리라

1) 田瞶 : 齊나라 장군이다. 田氏의 종친이지만 자세한 것은 알 수 없다.
2) 張生 : 평생 행적은 미상이다.
3) 堯讓許由以天下 : 許由는 堯舜時代 箕山에 은거했다는 隱士로, 字는 武仲이다. 堯가 천하를 허유에게 양보하려고 하자 거절하고는 듣지 않아야 할 말을 들었다 하여 潁川에서 귀를 씻었다고 한다. ≪莊子 逍遙遊≫
4) 於(오)陵仲子 : 전국시대 齊나라 사람으로, 본래의 이름은 陳定이다. 陳仲子·陳仲·田仲이라고도 하며, 어머니와 형을 피하여 於陵에 살았기 때문에 於陵仲子라고 한다. 淸廉함으로 이름이 높았으나 孟子는 齊나라의 巨擘이라 인정하면서도 비판하였다. ≪孟子 滕文公 下≫·≪高士傳 中≫

5) 智過 : 곧 智果이다. 본서 권5 〈貴德〉의 29 참조.
6) 祖道 : 옛날에 길을 떠날 때 길의 神에게 제사를 드리고 술자리를 열어 전송하던 일이다. ≪春秋左氏傳 昭公 7년≫ · ≪史記 五宗世家≫ · ≪史記 滑稽列傳≫

齊나라 장군 田瞶가 군대를 거느리고 출정할 때, 張生이 교외에까지 나와 전송하며 말했다.

"옛날 堯임금이 천하를 許由에게 양보하려고 하자 허유는 潁川에 귀를 씻고 받지 않았다고 하는데 장군은 이를 알고 있소?"

전외가 말했다.

"예, 그렇소, 이 일을 알고 있소."

장생이 물었다.

"그럼 伯夷 · 叔齊는 諸侯의 지위를 사양하고 제후가 되지 않았다는데 장군은 이를 알고 있소?"

전외가 말했다.

"예, 그렇소, 이 일을 알고 있소."

장생이 물었다.

"그럼 於陵仲子는 三公의 지위를 사양하고 품팔이하여 남의 庭園에 물을 주며 살았다는데 장군은 이를 알고 있소?"

전외가 말했다.

"예, 그렇소, 이 일을 알고 있소."

장생이 물었다.

"그럼 智過는 임금의 아우 되는 지위를 떠나 성명을 바꾸고 귀족의 신분을 벗고 서인이 되었다는데 장군은 이를 알고 있소?"

전외가 말했다.

"예, 그렇소, 이 일을 알고 있소."

장생이 물었다.

"그럼 孫叔敖는 세 번이나 재상에서 떠났는데도 후회하지 않았다는데 장군은 이를 알고 있소?"

전외가 말했다.

"예, 그렇소, 이 일을 알고 있소."

이에 장생이 말했다.

"이 다섯 大夫는 名分은 사양한 것이지만 실상은 이런 지위를 받는 것을 부끄럽게 여긴 것이오. 지금 장군은 온 나라의 권력을 장악하여 북을 잡고 깃발을 세우며 견고한 갑옷을 입고 날카로운 무기를 잡고서 10만 명의 군대를 지휘하여 誅殺하는 권한을 독점하고 있소. 부디 조심하여 賢士들이 부끄럽게 여기는 권세를 가지고 현사에게 교만을 부리지 마시오."

전외는 듣고 말했다.

"오늘 여러분이 모두 술과 안주를 준비하여 나 전외를 전송하는데, 선생만 聖人의 큰 도리를 가르쳐주시니 삼가 가르침을 따르겠습니다."

25. **魏文侯見段干木**하야 **立倦而不敢息**하고 **及見翟**(책)**黃**하얀 **踞堂而與之言**하니 **翟黃不說**하다 **文侯曰 段干木**은 **官之則不肯**하고 **祿之則不受**어니와 **今汝欲官則相至**하고 **欲祿則上卿**하니 **既受吾(賞)〔實〕**[1]하고 **又責吾禮**하니 **毋乃難乎**아

1) (賞)〔實〕: 저본에는 '賞'으로 되어 있으나, ≪群書拾補≫에 "≪呂氏春秋≫〈下賢〉에 '賞'은 '實'로 썼다." 하였고, ≪說苑校證≫에는 "'賞'자는 의미가 없으니 '實'자의 자형이 잘못된 것이다. 高誘의 注에 '實'은 爵祿이라고 하였다." 하였고, ≪禮記≫〈表記〉의 "자기를 위해 허비함을 부끄럽게 여기고 재물을 가볍게 여긴다.〔恥費輕實〕"의 鄭玄의 注에 "實은 財貨를 이른다.〔實 謂財貨也〕"라 한 것에 의거하여 '實'로 바로잡고 재물(녹봉)으로 번역하였다.

魏 文侯가 段干木을 만나서는 서 있느라 피곤하여도 감히 쉬지 못하였고, 翟黃을 만나서는 두 다리를 뻗은 채 堂 위에 앉아서 말을 나누니 책황이 좋아하지 않았다. 이에 위 문후가 말했다.

"단간목은 벼슬을 주어도 하려 하지 않고 祿俸을 주어도 받지 않는다. 그러나 지금 그대는 벼슬은 宰相이 되기를 원하고 녹봉은 上卿의 녹봉을 원하고 있다. 이미 내가 주는 재물(녹봉)을 받고는 또 내가 禮로 대해주기를 요구하니 어려운 일이 아닌가?"

26. **孔子之郯**[1]이라가 **遭程子**[2]**於塗**하야 **傾蓋**[3]**而語終日**하시다 **有間**에 **顧子路曰 取**

束帛[4]一하야 以贈先生하라 子路不對하다 有間에 又顧曰 取束帛一하야 以贈先生하라 子路屑然對曰 由聞之也호니 士不中〈間〉[5]而見하고 女無媒而嫁는 君子不行也라호이다 孔子曰 由야 詩不云乎아 野有蔓草하니 零露溥兮로다 有美一人이여 淸揚婉兮로다 邂逅相遇하니 適我願兮[6]로다하니 今程子는 天下之賢士也라 於是不贈이면 終身不見하리라 大德毋踰閑이면 小德出入이라도 可也[7]니라

1) 郯 : 옛 나라 이름이며, 군주의 성은 己이다. 전국시대 초에 越나라에 의해 멸망되었다. 지금의 山東省 郯城縣 북쪽에 있었다. ≪春秋左氏傳 宣公 4년≫·≪漢書 地理志 上≫
2) 程子 : 춘추시대 晉나라 사람이다. 避難하여 齊나라로 가서 晏嬰과 친하게 지냈기 때문에 齊나라 사람이라고도 한다. 곧 子華子로, 이름은 本이다. 박식하고 言辯에 뛰어나 門徒를 모으고 著書하면서 自號를 程子라 하였다. 저서에 ≪子華子≫가 전한다. ≪呂氏春秋 誣徒≫·≪韓詩外傳 2·7≫
3) 傾蓋 : 수레를 타고 가다가 길에서 사람을 만나 말을 나누느라 수레 덮개가 기울어져 맞대고 있는 것을 이른다. 처음 만나거나 친구가 됨을 이르기도 한다. ≪史記 魯仲連鄒陽列傳≫·≪孔子家語 致思≫
4) 束帛 : 옛날 聘問하거나 交際할 때 보내는 禮物이다. 비단 다섯 필을 각각 양끝에서 말아 한데 묶기 때문에 이른다. ≪周易 賁卦≫·≪周禮 春官 大宗伯 賈公彦疏≫
5) 〈間〉 : 저본에는 '間'이 없으나, ≪群書拾補≫에 "≪太平御覽≫ 권402에 '間'자가 있고, ≪孔子家語≫ 〈致思〉의 注에 '中間은 소개함을 이른다.'고 하였다."라 한 것에 의거하여 보충하였다. ≪孔子集語≫ 上에는 '道'자로 되어 있다.
6) 野有蔓草……適我願兮 : ≪詩經≫ 〈鄭風 野有蔓草〉에 보인다.
7) 大德毋踰閑……可也 : ≪論語≫ 〈子張〉에 子夏가 한 말이며, ≪논어≫에는 '毋'자가 '不'자로 되어 있다.

孔子께서 郯나라로 가시다가 길에서 程子를 만나 수레의 덮개를 기울여놓고 온종일 이야기를 나누셨다. 잠시 뒤에 子路를 돌아보며 이르셨다.

"束帛 하나를 가져다가 이 선생께 드려라."

자로는 대답하지 않았다. 잠시 뒤에 또 자로를 돌아보며 이르셨다.

"속백 하나를 가져다가 이 선생께 드려라."

그러자 자로는 심드렁하여 말했다.

"저는 들으니 선비가 紹介하는 사람 없이 만나고, 여자가 仲媒하는 사람 없이 시집가는 일은 君子가 하지 않는다고 합니다."

이 말에 공자께서는 일러주셨다.

"由야! ≪詩經≫에 이렇게 말하지 않았더냐? '들에 덩굴풀이 있는데, 이슬이 흠뻑 내렸구나. 美人 한 사람, 얼굴이 맑고 아름답구나. 약속하지도 않고 만났으니, 내 소원에 꼭 들어맞았어라.'라고. 지금 정자는 천하의 賢士이다. 이때 드리지 않으면 일생을 마칠 때까지 만나지 못할 것이다. 큰 德이 범위를 벗어나지 않으면 작은 덕은 조금 차이가 나도 괜찮은 것이다."

27. 齊桓公使管仲治國한대 管仲對曰 賤不能臨貴로소이다 桓公以爲上卿호되 而國不治어늘 桓公曰 何故오 管仲對曰 貧不能使富로소이다 桓公賜之齊國市租一年호되 而國不治어늘 桓公曰 何故오 對曰 疏不能制親이로소이다 桓公立以爲仲父[1]하니 齊國大安하야 而遂霸天下하다 孔子曰 管仲之賢이라도 不得此三權者면 亦不能使其君으로 南面而霸矣리라

1) 仲父 : 부친의 바로 아래 아우를 부르는 호칭이다. 여기서는 齊 桓公이 管仲을 仲父처럼 존경한다는 뜻으로 준 호칭이다.

齊 桓公이 管仲을 시켜 나라를 다스리게 하자 관중이 대답하였다.

"微賤한 신분으로는 尊貴한 사람을 다스리지 못합니다."

그래서 제 환공이 관중을 上卿으로 삼았으나 나라는 여전히 잘 다스려지지 않았다. 제 환공이 말했다.

"무슨 까닭으로 〈잘 다스려지지 않는〉 게요?"

관중이 대답했다.

"가난한 사람은 부유한 사람을 부릴 수 없습니다."

제 환공이 齊나라의 시장에서 징수하는 1년 치의 세금을 관중에게 주었으나 나라는 여전히 잘 다스려지지 않았다. 제 환공이 물었다.

"무슨 까닭으로 〈잘 다스려지지 않는〉 게요?"

관중이 대답했다.

"임금과 疏遠한 관계로는 임금과 친한 사람을 통제하지 못합니다."

이에 제 환공이 관중을 세워 仲父로 삼으니, 齊나라가 크게 안정되어 마침내 천하의

霸者가 되었다. 이에 대해 孔子께서는 말씀하셨다.

"관중의 현명함으로도 이 세 가지 권한을 얻지 못했으면, 그의 임금이 남쪽을 향해 앉아서 霸者 노릇을 하게 하지 못했을 것이다."

28. 桓公問於管仲曰 吾欲使爵腐於酒[1)]하고 肉腐於俎하노니 得無害於霸乎아 管仲對曰 此極非其貴者耳나 然亦無害於霸也니이다 桓公曰 何如而害霸오 管仲對曰 不知賢이면 害霸요 知而不用이면 害霸요 用而不任이면 害霸요 任而不信이면 害霸요 信而復使小人參之면 害霸니이다 桓公曰 善하다

1) 爵腐於酒 : ≪說苑校證≫에 "≪貞觀政要≫에 '酒腐於爵'으로 되어 있어서 아래의 '肉腐於俎'와 句法이 같다." 하였기에 이에 따라 번역하였다.

齊 桓公이 管仲에게 물었다.

"나는 술이 잔 안에서 썩고 고기가 도마 위에서 썩게 하고 싶은데, 霸業을 이루는 데에 방해가 되지는 않겠소?"

관중이 대답했다.

"이는 지극히 高貴한 행위는 아닙니다. 그러나 패업을 이루는 데는 방해가 되지 않습니다."

제 환공이 다시 말했다.

"어떠해야 패업을 이루는 데 방해가 되는지요?"

관중은 대답했다.

"어진 이를 몰라보면 패업을 이루는 데 방해가 되고, 알아보고서도 등용하지 않으면 패업을 이루는 데 방해가 되고, 등용하고서도 重任하지 않으면 패업을 이루는 데 방해가 되고, 중임하고서도 信任하지 않으면 패업을 이루는 데 방해가 되며, 신임하면서도 다시 小人을 政事에 참여시키면 패업을 이루는 데 방해가 됩니다."

제 환공은 "좋은 말이오." 하였다.

29. 魯人攻鄪[1)]한대 曾子辭於鄪君曰 請出이라가 寇罷而後復來호리니 請姑毋使狗豕入吾舍하노이다 鄪君曰 寡人之於先生也는 人無不聞하니 今魯人攻我어늘 而先生去

我하시니 **我胡守先生之舍**리오 **魯人果攻鄪**하야 **而數之罪十**하니 **而曾子之所爭者九**러라 **魯師罷**커늘 **鄪君復修曾子舍而後迎之**하다

1) 鄪 : 곧 費이다. 춘추시대 魯나라 季氏의 采邑이다. 지금의 山東省 費縣 지역이다. 아래 句의 鄪君은 바로 季氏를 가리키는 듯하다. ≪論語≫ 〈季氏〉에는 "지금 顓臾는 견고하면서 費에 가깝다." 하였고, ≪孟子≫ 〈離婁 下〉에는 이 부분의 내용을 "越나라가 침입〔越寇〕했을 때의 일"이라 하였다.

魯나라 사람이 鄪를 공격하자 曾子가 鄪君에게 하직하면서 말했다.

"다른 곳으로 나갔다가 침략이 끝난 뒤에 다시 올 것이니, 우선 개와 돼지가 저의 집에 들어오지 말도록 해주십시오."

비군이 말했다.

"寡人이 선생을 어떻게 대우했는지는 들어 알지 못하는 사람이 없습니다. 지금 魯나라 사람이 우리를 공격하고 있는데 선생이 나를 버리시니, 내가 무엇 때문에 선생의 집을 지키겠습니까?"

노나라 사람이 鄪를 공격하여 열 가지 죄를 열거하니 아홉 가지가 증자가 諫爭했던 것이었다. 노나라 군대의 공격이 그치자 비군은 증자의 집을 다시 수리한 뒤에 증자를 맞이하였다.

30. **宋司城子罕之貴子韋**[1]**也**에 **入與共食**하고 **出與同衣**하다 **司城子罕亡**에 **子韋不從**이러니 **子罕來**하야 **復召子韋而貴之**하다 **左右曰 君之善子韋也**로되 **君亡不從**이어늘 **來**하야 **又復貴之**하시니 **君獨**[2]**不愧於君之忠臣乎**잇가 **子罕曰 吾唯不能用子韋**라 **故至於亡**이러니 **今吾之得復也**도 **尙是子韋之遺德餘敎也**니 **吾故貴之**니라 **且我之亡也**에 **吾臣之削迹拔樹**[3]**以從我者**는 **奚益於吾亡哉**오

1) 子韋 : 사람 이름인데, 평생 행적은 미상이다.
2) 獨 : '어찌'의 뜻으로, '何'와 같게 쓰인다.
3) 削迹拔樹 : 孔子가 困境에 처했던 일을 이르는 말이다. 衛나라에서는 공자가 타고 지나간 수레의 자취를 삭제하여 다시 등용하지 않겠다는 뜻을 보였고, 宋나라에 가서는 큰 나무 밑에서 제자들과 禮를 강습하고 있었는데 그 나무를 쓰러뜨려서 죽이려고 하였다. 여기서는 이 일을 빌려 곤경에 처한 상황을 말한 것이다. ≪莊子 讓王≫ · ≪史記 孔子世家≫ · ≪風俗通義 窮通≫

宋나라 司城 子罕이 子韋를 顯貴하게 했을 때 들어와서는 함께 밥을 먹고 나갈 적에는 같은 옷을 입었다. 사성 자한이 亡命할 때 자위가 따라가지 않았었는데 자한이 돌아와서 다시 자위를 불러 현귀하게 하였다. 이에 측근들이 말했다.

"主君은 자위에게 잘해주었으나 주군이 망명할 때 자위는 따라가지 않았는데 돌아와서 또다시 현귀하게 해주셨으니, 주군은 유독 주군의 忠臣에게 부끄럽지 않습니까?"

그러자 자한은 말했다.

"나는 자위를 잘 쓰지 못했다. 그래서 망명하기까지 했었는데 지금 내가 돌아온 것도 바로 자위가 남겨준 덕택과 가르침이니 나는 그 때문에 현귀하게 해준 것이다. 또 내가 망명할 때 내 신하로서 수레바퀴의 자취를 없애고 나무를 뽑아 넘어뜨림을 당하는 곤경에서 나를 따른 자들은 나의 망명에 무슨 도움이 되었느냐?"

31. 楊因[1)]見趙簡主하야 曰 臣居鄕三逐하고 事君五去러니 聞君好士라 故走來見하노이다 簡主聞之하고 絶食而歎하고 跽而行한대 左右進諫曰 居鄕三逐은 是不容衆也요 事君五去는 是不忠上也니 今君有士見過八矣니이다 簡主曰 子不知也로다 夫美女者는 醜婦之仇也요 盛德之士는 亂世所疏也요 正直之行은 邪枉所憎也니라 遂出見之하고 因授以爲相하야 而國大治하다 由是觀之컨대 遠近之人을 不可以不察也니라

1) 楊因 : 춘추시대 晉나라 사람으로, 평생 행적은 미상이다.

楊因이 趙簡主를 만나려 하면서 말했다.

"제가 마을에 살다가 세 번을 쫓겨나고 임금을 섬기다가 다섯 번을 떠났는데 主君은 선비를 좋아한다고 들었습니다. 그 때문에 달려와 뵙는 것입니다."

조간주가 이 말을 듣고 밥 먹기를 그치면서 탄식하고 무릎걸음으로 나가자 측근들이 간하였다.

"마을에 살다가 세 번 쫓겨난 것은 뭇사람을 包容하지 못한 것이요, 임금을 섬기다가 다섯 번 떠난 것은 윗사람에게 忠誠하지 못해서입니다. 그런데 현재 주군께서는 여덟 번 잘못을 범한 선비를 만나려는 것입니다."

조간주는 대답했다.

"그대들은 알지 못하는구나! 美女는 醜女의 원수이고, 덕이 높은 선비는 난세에 멀

리하는 존재이고, 정직한 행실은 사악한 사람이 미워하는 것이다."

마침내 나가 만나고 그대로 재상을 주어서 나라가 크게 잘 다스려졌다. 이를 따라 살펴보면 사람을 멀리하고 가까이하는 일을 자세히 살피지 않으면 안 된다.

32. 應侯與賈午子[1)]坐라가 聞其鼓琴之聲하고 應侯曰 今日之琴은 一何悲也오 賈午子曰 夫張急調下라 故使人悲耳니 (急張)〔張急〕[2)]者는 良材也요 調下者는 官卑也니이다 取夫良材而卑官之어니 安能無悲乎아 應侯曰 善哉로다

1) 賈午子 : 사람 이름인데, 평생 행적은 미상이다.
2) (急張)〔張急〕: 저본에는 '急張'으로 되어 있으나, ≪群書拾補≫와 ≪說苑校證≫에 의거하여 바로잡았다.

應侯가 賈午子와 함께 앉아 있다가 琴을 타는 소리를 듣고 응후가 말했다.

"오늘의 琴소리는 어찌 한결같이 슬픈 게요?"

가오자는 대답했다.

"琴의 弦을 팽팽히 하여 곡조가 낮게 가라앉았기 때문에 사람을 슬프게 하는 것입니다. 현을 팽팽히 한 것은 琴의 재목이 좋은 것을, 곡조가 낮게 가라앉은 것은 벼슬이 낮은 것을 표시합니다. 좋은 재목을 취하여 낮은 벼슬을 만들었는데 어떻게 슬픔이 없겠습니까?"

이 말은 들은 응후는 "좋은 말이다." 하였다.

33. 十三年[1)]에 諸侯擧兵以伐齊한대 齊王聞之하고 惕然而恐하야 召其群臣大夫하야 告曰 有智爲寡人用之하라 於是에 博士[2)]淳于髡仰天大笑而不應이러라 王復問之호되 又大笑不應하고 〈三問〉[3)]호되 三笑不應한대 王艴然作色不悅曰 先生以寡人語爲戲乎아 對曰 臣非敢以大王語爲戲也로소이다 臣笑臣隣之祠田也니 以一奩飯과 一壺酒와 三鮒魚로 祝曰 蟹堁者宜禾하고 洿邪者百車하야 傳之後世하야 洋洋有餘하라커늘 臣笑其賜鬼薄하고 而請之厚也로소이다 於是에 王乃立淳于髡爲上卿하고 賜之千金과 革車[4)]百乘하야 與平諸侯之事하니 諸侯聞之하고 立罷其兵하야 休其士卒하고 遂不敢攻齊하니 此非淳于髡之力乎아

1) 十三年 : ≪史記≫ 〈滑稽列傳〉에는 "威王八年"으로 되어 있고, 본서 권6 〈復恩〉의 21조에도 이 일이 실려 있다. 左松超의 ≪說苑集證≫에는 "齊 威王의 13년인 듯하다." 하였다.
2) 博士 : 고대의 學官 이름이다. 전국 六國時代에 博士를 두었는데, 秦나라가 그대로 따라 諸子·詩賦·術數·方伎 등에 모두 博士를 두었다. 漢 文帝는 一經博士를 두었고, 武帝 때 五經博士를 두었다. ≪史記 循吏列傳≫
3) 〈三問〉 : 저본에는 '三問'이 없으나, ≪群書拾補≫에서 宋本에 '三問'이 있는 데 의거하여 보충하였고, ≪說苑校證≫에도 明鈔本에 의거하여 보충하였으므로 따라 보충하였다.
4) 革車 : 고대 兵車의 일종이다. ≪春秋左氏傳 閔公 2년≫

13년에 諸侯가 군사를 일으켜 齊나라를 토벌하려 하자 齊王이 이를 듣고 두려워서 群臣과 大夫들을 불러 일렀다.

"지혜가 있으면 寡人을 위해 써달라."

이때 博士 淳于髡이 하늘을 우러러보고 크게 웃으면서 응답하지 않았다. 왕이 다시 물었으나 또 크게 웃으면서 응답하지 않았고, 세 번째도 웃으면서 대답하지 않자 왕이 노하여 안색이 변하고 불쾌히 여기면서 말했다.

"선생은 과인의 말을 농담으로 여기는 게요?"

순우곤은 대답했다.

"신은 감히 대왕의 말씀을 농담으로 여기지 않습니다. 신은 신의 이웃 사람이 農地의 신에게 제사 지내는 것을 웃은 것입니다. 그 사람은 한 찬합의 밥, 한 병의 술, 세 마리의 붕어의 祭物로 이렇게 축원하였습니다. '높은 땅에는 벼가 잘 되고 낮은 땅에는 백 수레를 수확하여, 후세에 전하여 많고 많아 넉넉함이 있게 해주오.'라 하기에, 신은 그가 귀신에게 주는 것은 적고 요청하는 것은 많음을 웃은 것입니다."

이에 왕은 이내 순우곤을 上卿으로 삼고 千金과 革車 백 대를 주어 제후와 화평하는 일을 하게 하였다. 제후가 이를 듣고 즉시 군대를 해산하여 병사들을 쉬게 하고 마침내 감히 제나라를 공격하지 못하였으니, 이는 순우곤의 공이 아니겠는가?

34. 田忌去齊奔楚[1)]하니 楚王郊迎至舍하야 問曰 楚는 萬乘之國也요 齊亦萬乘之國也라 常欲相幷하니 爲之奈何오 對曰 易知耳니 齊使申孺[2)]將이어든 則楚發五萬人하야 使上將軍將之하시면 至禽將軍首而反耳리이다 齊使田居將이어든 則楚發二十萬人하야

使上將軍將之하면 分別而相去也리이다 齊使眄子[3)]將이어든 〈則〉楚〈悉〉發四封之內[4)]하야 王自出將而忌從하고 相國上將軍爲左右司馬하면 如是則王僅得存耳리이다 於是齊使申孺將이어늘 楚發五萬人하야 使上將軍至하야 擒將軍首反하다 於是에 齊王忿然하야 乃更使眄子將하니 楚悉發四封之內하야 王自出將하고 田忌從하며 相國上將軍爲左右司馬하고 益王車屬九乘하야 僅得免耳하다 至舍하야 王北面正領齊袪하고 問曰 先生何知之早也오 田忌曰 申孺爲人이 侮賢者而輕不肖者하야 賢不肖者를 俱不爲用이라 是以亡也요 田居爲人이 尊賢者而賤不肖者하니 賢者負任하고 不肖者退라 是以分別而相去也요 眄子之爲人也는 尊賢者而愛不肖者하야 賢不肖俱負任이라 是以王僅得存耳니이다

1) 田忌去齊奔楚 : 田忌는 전국시대 齊나라의 公族이다. 徐州에 封해졌기 때문에 徐州子期라고도 한다. 威王 때 장군이 되어 孫臏을 齊王에게 추천하였다. 魏나라를 포위하여 趙나라를 구원하고, 桂陵에서 魏나라 군대를 패배시켰고, 또 馬陵에서 魏나라 군대를 패배시켰다. 鄒忌와 不和하여 楚나라로 달아났다가 齊 宣王이 즉위하여 다시 불러 장군에 임명하였다. ≪史記 魏世家≫·≪史記 田敬仲完世家≫

2) 申孺 : 전국시대 齊나라 장군이다. ≪戰國策≫〈齊策 1〉에는 申縛으로, ≪史記≫〈田敬仲完世家〉에는 申紀로 되어 있다.

3) 眄子 : 곧 田盼子로, 齊 宣王 때의 장군이다. ≪史記≫〈田敬仲完世家〉에는 盼子로 되어 있다.

3) 〈則〉楚〈悉〉發四封之內 : 저본에 '則'자와 '悉'자가 없으나, ≪群書治要≫에 있어서 보충했다는 ≪說苑校證≫에 의거하여 보충하였다.

田忌가 齊나라를 떠나 楚나라로 달아나니 楚王이 교외까지 나가 맞이하고 館舍에 당도하여 물었다.

"초나라는 萬乘의 나라이고, 제나라도 萬乘의 나라이지요. 그런데 항상 서로 상대를 兼倂하려고 하니 어떻게 대처하면 좋겠소?"

전기는 대답하였다.

"이 일은 알기 쉽습니다. 제나라가 申孺를 장수로 삼아 파견하거든 초나라는 군사 5만 명을 출동시켜 上將軍을 보내 거느리게 하면, 제나라 장군의 머리를 획득하여 돌아올 수 있을 것입니다. 제나라가 田居를 장수로 삼아 파견하거든 초나라는 군사 20만 명을 출동시켜 상장군을 보내 거느리게 하면, 〈승부가 나지 않아〉 서로 나뉘어 떠나갈

것입니다. 제나라가 昕子를 장수로 삼아 파견하거든 초나라는 사방 국경 안의 모든 군사를 출동시켜 왕께서 직접 나서 군사를 거느리시고 저 田忌도 따르며, 相國과 上將軍을 좌우의 司馬로 삼아야 됩니다. 이렇게 하면 왕은 〈겸병당하지 않고〉 겨우 보존될 것입니다."

이때 제나라가 申孺를 장수로 삼아 파견하자 초나라는 군사 5만 명을 출동시켜 상장군이 거느리고 맞아 싸우게 하여 제나라 장군의 머리를 획득하여 돌아왔다. 이에 齊王이 분노하여 다시 昕子를 파견해 군사를 거느리게 하였다. 초나라는 사방 국경 안의 군사를 모두 출동시켜 왕이 직접 나서 군사를 거느리고 田忌가 따랐으며, 相國과 上將軍이 좌우의 司馬가 되고, 왕의 수레에는 아홉 대의 兵車를 더 소속시켜서 겨우 〈제나라에 멸망당하는 수치를〉 면하였다. 館舍에 도착하여 왕은 북쪽을 향하여 옷깃과 소매를 바로 여미고 물었다.

"선생은 어떻게 이런 결과를 일찌감치 먼저 알았소?"

전기는 말했다.

"申孺는 사람됨이 어진 이를 업신여기고 不肖한 사람을 輕視하여 어진 이와 불초한 사람이 모두 그에게 쓰이지 않았기 때문에 망한 것입니다. 田居는 사람됨이 어진 이는 존경하지만 불초한 사람은 천시하니 어진 이는 임용되고 불초한 사람은 퇴출되기 때문에 〈승부가 나지 않아〉 서로 나뉘어 떠나가는 것입니다. 昕子의 사람됨은 어진 이를 존경하고 불초한 사람을 사랑하여 어진 이나 불초한 사람이 모두 임용되었기 때문에 왕께서 겨우 보존하게 된 것입니다."

35. **魏文侯觴大夫於曲陽**[1)]이러니 **飮酣**에 **文侯喟然歎曰 吾獨無豫讓以爲臣**이로다 **蹇重**[2)]**擧酒進曰 臣請浮**[3)]**君**하노이다 **文侯曰 何以**오 **對曰 臣聞之**호니 **有命之父母**는 **不知孝子**요 **有道之君**은 **不知忠臣**이라호이다 **夫豫讓之君**은 **亦何如哉**잇고 **文侯曰 善**하다하고 **受浮而飮之**하야 **嚼**[4)]**而不讓**하다 **曰 無管仲鮑叔以爲臣**이라 **故有豫讓之功也**라하니라

1) 曲陽 : 전국시대 趙나라 邑이다. 지금의 河北省 曲陽縣 서쪽에 있었다. ≪讀史方輿紀要 直隸 眞定府 定州≫
2) 蹇重 : 전국시대 魏나라 大夫이다. ≪淮南子 道應訓≫
3) 浮 : 남에게 罰酒를 마시게 한다는 뜻이다. ≪晏子春秋 雜 下 12≫ · ≪淮南子 道應訓≫

4) 嚼 : 잔에 있는 술을 모두 마신다는 뜻이다. ≪史記 游俠列傳≫

魏 文侯가 曲陽에서 大夫들과 술을 마셨는데 술이 얼큰히 취했을 때 위 문후가 한숨을 쉬면 탄식하였다.

"나만 豫讓 같은 사람을 신하로 삼지 못했구나!"

그러자 蹇重이 술잔을 들고 올리며 말했다.

"신이 罰酒를 드리겠습니다."

위 문후가 말했다.

"무엇 때문이오?"

건중이 대답했다.

"신이 듣자니 좋은 運命이 있는 부모는 자식이 孝子인 줄을 모르고, 道德이 있는 君主는 어떤 이가 忠臣인지 모른다고 합니다. 예양의 임금은 또 어떤 사람이었습니까?"

위 문후는 말했다.

"좋은 말이오."

그리고는 벌주를 받아 마시면서 사양하지 않고 한 번에 다 마셔버리고 말했다.

"管仲과 鮑叔 같은 이를 신하로 삼은 적이 없기 때문에 예양의 공로가 있게 된 것이다."

36. 趙簡子曰 吾欲得范中行(항)**氏**[1]**〈之〉**[2]**良臣**하노라 **史黶**[3]**曰 安用之**잇고 **簡子曰 良臣**은 **人所願也**어늘 **又何問焉**고 **曰** (君)〔臣〕[4]**以爲無良臣故也**니이다 **夫事君者**는 **諫過而薦可**하고 **章善而替否**하며 **獻能而進賢**하야 **朝夕誦善敗而納之**하야 **聽則進**하고 **否則退**니이다 **今范中行氏之良臣也**는 **不能匡相其君**하야 **使至於難**[5]하고 **出在於外**에 **又不能入**[6]하니이다 **亡而棄之**하니 **何良之爲**리오 **若不棄**면 **君安得之**리잇가 **夫良**은 **將營其君**하야 **使復其位**하야 **死而後止**니 **何**(曰)〔由〕[7]**以來**리오 **若未能**인댄 **乃非良也**니이다 **簡子曰 善**하다

1) 范中行(항)氏 : 范吉射와 中行寅이다. 范吉射는 范昭子·士吉射, 中行寅은 荀寅·中行文子라고도 한다. 둘 다 춘추시대 晉나라 大夫이다. 晉 定公 15년(B.C. 497)에 함께 趙鞅을 토벌하다가 실패하여 같이 朝歌로 달아났고, 뒤에 齊나라로 도망쳤다. ≪春秋左氏傳 昭公 29년, 定公 4·8·13년, 哀公 2~5년≫

2) 〈之〉 : 저본에는 '之'자가 없으나, ≪說苑校證≫에 의거하여 보충하였다.
3) 史黶 : 춘추시대 晉나라 太史이다. ≪國語≫ 〈晉語 9〉에는 '史黯'으로 되어 있는데, 韋昭 注에 "史黯은 晉나라 大夫 史墨이다."라 하였다. 일찍이 吳나라가 楚나라의 郢을 공격한다는 것과 越나라가 吳나라를 滅할 것임을 예언하였다. ≪春秋左氏傳 昭公 32년, 哀公 20년≫
4) (君)〔臣〕 : 저본에는 '君'으로 되어 있으나, ≪群書拾補≫에 '臣'자로 고쳤고, 宋本에 '臣'자로 썼으며, ≪國語≫ 〈晉語 9〉에는 "신은 良臣이 없다고 여기기 때문이다.〔臣以爲不良故也〕"라 한 것에 의거하여 '臣'으로 바로잡았다.
5) 使至於難 : 范氏와 中行氏가 趙鞅에게 敗하여 朝歌로 달아난 일을 이른다.
6) 出在於外 又不能入 : 范氏와 中行氏가 齊나라로 도망친 일을 이른다.
7) (曰)〔由〕 : 저본에는 '曰'로 되어 있으나, ≪群書拾補≫에 孫氏의 說을 인용하여 "'由'로 써야 한다." 하였고, ≪說苑校證≫에는 "范本에 '由'로 썼고, ≪國語≫ 〈晉語 9〉에는 '曰'자로 썼다." 한 것에 의거하여 '由'자로 바로잡았다.

趙簡子가 말했다.

"나는 范氏와 中行氏를 보좌했던 良臣을 얻고 싶다."

그러자 史黶이 말했다.

"어디에 쓰시려고요?"

조간자는 말했다.

"양신은 사람마다 얻기를 원하는 것인데 어찌 또 묻는가?"

사염은 말했다.

"신은 양신이 없다고 여기기 때문입니다. 임금을 섬기는 사람은 임금이 잘못하는 일은 諫하고 옳은 일은 권장하며, 善한 일은 드러내고 나쁜 일은 폐기하며, 재능이 있는 사람은 들이고 어진 사람은 추천하여, 아침저녁으로 成敗한 전례를 말씀드리고 採納하게 하여 채납하면 벼슬에 나가고 채납하지 않으면 물러가는 것입니다.

지금 범씨와 중항씨의 양신이라고 한 사람은 그의 임금을 도와서 바로잡지 못하여 患難에 빠지고 도망쳐 밖에 나가 있는데도 돌아오게 하지 못하였습니다. 임금이 도망치자 버리고 말았으니 어찌 양신이라 하겠습니까? 만일 버리지 않는다면 主君께서 어떻게 그들을 얻겠습니까? 양신은 그의 임금의 어려움을 구해 復位하도록 획책하여 죽고 난 뒤에 그만두는 것인데, 어떻게 이곳에 올 수 있겠습니까? 만일 그렇게 하지 못하면 양신이 아닙니다."

듣고 난 조간자는 "좋은 말이오." 하였다.

37. 子路問於孔子曰 治國何如잇고 孔子曰 在於尊賢而賤不肖니라 子路曰 范中行氏는 尊賢而賤不肖어늘 其亡은 何也잇고 曰 范中行氏는 尊賢而不能用也요 賤不肖而不能去也하니 賢者는 知其不己用而怨之하고 不肖者는 知其賤己而讐之라 賢者怨之하고 不肖者讐之하야 怨讐竝前하니 中行氏雖欲無亡이나 得乎아

子路가 孔子께 여쭈었다.

"나라는 어떻게 다스리는 것입니까?"

공자께서 대답하셨다.

"어진 이를 尊重하고 不肖한 사람을 輕視하는 데 있다."

자로는 다시 물었다.

"范氏와 中行氏는 어진 이를 존중하고 불초한 사람을 경시하였건만 그들이 멸망한 것은 무엇 때문입니까?"

이에 공자께서 말씀하셨다.

"범씨와 중항씨는 어진 이를 존중하면서도 重用하지 않고, 불초한 사람을 경시하면서도 물리치지 않았다. 어진 이는 자기를 중용하지 않는다는 것을 알아서 원망하고, 불초한 사람은 자기를 경시한다는 것을 알아서 원수로 여겼다. 어진 이는 원망하고 불초한 사람은 원수로 여겨 원망하는 사람과 원수로 여기는 사람이 함께 앞에 있는데 중항씨가 멸망하지 않으려고 하나 되겠느냐?"

38. 晉荊戰於邲[1]하야 晉師敗績하니 荀林父(보)[2]將歸請死어늘 (昭公)〔景公〕[3]將許之하다 士貞伯[4]曰 不可하니이다 城濮之役[5]에 晉勝於荊이로되 文公猶有憂色하야 曰 子玉猶存하니 憂未歇也라 困獸猶鬪어든 況國相乎아 及荊殺子玉에 乃喜曰 莫予毒也로다하시니 今天或者大警晉也니이다 林父之事君에 進思盡忠하며 退思補過하니 社稷之衛也어늘 今殺之하시면 是는 重荊勝也니이다 (昭公)〔景公〕曰 善하다하고 乃使復將하다

1) 晉荊戰於邲 : 춘추시대 晉나라와 楚나라가 邲에서 벌인 전쟁이다. 邲은 당시 鄭나라의 城邑이다. 지금의 河南省 鄭州市 서북쪽에 있었다. ≪春秋左氏傳 宣公 12년≫

2) 荀林父(보) : 춘추시대 晉나라 上卿으로, 姬姓이다. 中行(中軍)의 군대를 거느렸기 때

문에 中行을 氏로 삼았다. 또 諡號가 桓이므로 中行桓子·荀桓子라고도 한다. 晉 文公을 도와 城濮의 전쟁에서 楚나라 군대를 크게 무찔렀고, 晉 景公 3년에 邲에서 楚나라 군대와 싸워 크게 패배하였다. ≪春秋左氏傳 僖公 27·28년, 文公 7·12·17년, 宣公 元·5·9·12·15년≫

3) 昭公(景公) : '昭'는 '景'의 誤字이다. ≪太平御覽≫ 권323에는 '景公'으로 되어 있다.

4) 士貞伯 : 춘추시대 晉나라 大夫로, 성은 士이다. 史伯·史貞子·史渥濁이라고도 한다. ≪春秋左氏傳 宣公 12·15년, 成公 5·6·18년≫

5) 城濮之役 : 魯 僖公 28년(B.C. 632)에 晉나라와 楚나라가 城濮에서 전쟁하여 晉나라가 크게 승리한 전쟁이다. 이 전쟁의 승리로 晉 文公이 霸主가 되었다. 城濮은 지금의 山東省 鄄城縣 서남쪽에 있는 臨濮集이다. ≪春秋左氏傳 僖公 28년≫

晉나라와 楚〔荊〕나라가 邲에서 전쟁하여 晉나라 군대가 크게 패배하였다. 荀林父가 돌아와 죽겠다고 요청하니 景公이 허락하려고 하였다. 士貞伯이 말했다.

"안 됩니다. 城濮의 전쟁에서 진나라가 초나라에 승리하였으나, 文公은 오히려 걱정스런 안색을 띠면서 '초나라에는 子玉이 아직 살아 있으니 걱정이 끝나지 않았다. 궁지에 몰린 짐승도 오히려 싸우려고 달려드는 것인데 하물며 國相이겠는가?' 초나라가 子玉을 죽이게 되자 문공은 그제야 기뻐하면서 '우리 진나라를 危害할 사람이 없다.' 하셨습니다. 그러니 오늘의 패배는 하늘이 아마 우리 진나라를 크게 경계한 것인 듯합니다. 순임보가 임금을 섬길 적에 조정에 나와서는 충성을 다하기를 생각하고, 물러가서는 임금의 잘못을 보완하기를 생각하였습니다. 社稷을 保衛하는 인물인데 지금 죽이시면 이는 초나라가 거듭 승리하는 것입니다."

듣고 난 경공은 "좋은 말이오." 하고는 곧 다시 장수가 되게 하였다.

卷9 正諫 바른말로 直諫해야 함

諫言을 올리는 것은 신하 된 사람의 큰 책무로, 국가와 임금에게 忠誠을 體現하는 중요한 방법이다. 간언을 올리는 행위를 正諫・降諫・忠諫・戇諫・諷諫의 다섯으로 나누고 있다. 임금을 향해 諫하는 일은 회피해서는 안 되는 신하의 책무로, 이를 통해 忠誠과 姦佞을 구분할 수 있다. 그러나 進諫하는 사람은 殺身의 위험이 수반되기 때문에 세 번을 간해도 임금이 따르지 않으면 벼슬을 버리고 떠나는 원칙도 세워놓았다.

이 篇에서 임금의 잘못을 諫해야 하는 조목으로, 攻伐・淫游・聲色・玩物・土木・賦稅・濫殺・違禮 등에 대한 사례를 모아 제시하고 있다. 임금이 간언을 따르지 않다가 초래한 엄중한 결과를 보여줌으로써 後人을 깨우치는 효과를 기대하는 동시에, 進諫하다가 成功하지 못하는 사례도 함께 들고 있다.

01. 易曰 王臣蹇蹇이 匪躬之故[1]라하니 人臣之所以蹇蹇爲難하야 而諫其君者는 非爲身也요 將欲以匡君之過하고 矯君之失也라 君有過失者는 危亡之萌也니 見君之過失而不諫이면 是輕君之危亡也라 夫輕君之危亡者는 忠臣不忍爲也라 三諫而不用則去니 不去則(身亡)〔亡身〕[2]하나니 (身亡)〔亡身〕者는 仁人所不爲也라 是故로 諫有五하니 一曰正諫[3]이요 二曰降諫[4]이요 三曰忠諫[5]이요 四曰戇諫[6]이요 五曰諷諫[7]이라 孔子曰 吾其從諷諫矣乎[8]인저하시니라 夫不諫則危君이요 固諫則危身이니 與其危君으론 寧危身이라 危身而終不用이면 則諫亦無功矣라 智者는 度君權時하야 調其緩急而處其宜하야 上不敢危君하고 下不以危身이라 故在國而國不危하고 在身而身不殆라 昔陳靈公不聽泄冶之諫而殺之[9]하고 曹羈三諫曹君하야 不聽而去[10]하니 春秋序義에 雖俱賢而曹羈合禮니라

1) 易曰……匪躬之故：≪周易≫ 乾卦 六二爻辭에 보인다.
2) (身亡)〔亡身〕：저본에는 '身亡'으로 되어 있으나, ≪說苑校證≫에서 ≪太平御覽≫ 권

455를 근거로 고친 것에 의거하여 '亡身'으로 바로잡았다. 아래 句의 '身亡'도 같다.

3) 正諫 : 바른말로 곧장 諫하는 일이다. ≪管子 形勢≫·≪孔子家語 子路初見≫
4) 降諫 : 온화한 얼굴과 좋은 안색에 평온한 마음과 조용한 말로 諫하는 일이다. ≪孔子家語 辨政≫
5) 忠諫 : 충성스런 마음으로 諫하는 일이다. ≪莊子 至樂≫·≪孔子集語 上 六藝≫
6) 戇諫 : 어리석고 고지식하여 愚直하게 諫하는 일이다. ≪孔子家語 辨政≫
7) 諷諫 : 완곡한 말로 넌지시 諫하는 일이다. ≪史記 滑稽列傳≫·≪白虎通義 上 德論 諫諍≫
8) 孔子曰 吾其從諷諫矣乎 : ≪孔子集語≫ 〈上 六藝〉에 보인다.
9) 陳靈公不聽泄冶之諫而殺之 : 본서 권1 〈君道〉의 04 참조.
10) 曹羈三諫曹君 不聽而去 : 본서 권8 〈尊賢〉의 02 참조.

≪周易≫에 "王臣이 어려움을 피하지 않고 忠誠을 하는 것은 자신을 위하는 것 때문이 아니다."라 하였다. 신하가 어려움을 당하면서도 그의 임금에게 諫하는 것은 자신을 위해서가 아니라, 임금의 過誤를 바로잡고 임금의 잘못을 교정하기 위해서이다. 임금에게 過失이 있는 것은 나라가 危亡할 징조이니 임금의 과실을 보고서도 간하지 않으면 이는 임금의 위망을 경시하는 것이다. 임금의 위망을 경시하는 행위를 忠臣은 차마 하지 못한다. 세 번 간하여 따르지 않으면 떠나야 된다. 떠나지 않으면 몸이 죽는 화를 당하니, 몸이 죽는 것은 仁人이 하지 않는 것이다.

이 때문에 간하는 방식에는 다섯 가지가 있으니, 첫째는 正諫이요, 둘째는 降諫이요, 셋째는 忠諫이요, 넷째는 戇諫이요, 다섯째는 諷諫이다. 孔子는 "나는 諷諫을 따를 것이다." 하셨다.

간하지 않으면 임금이 위험해지고 고집스럽게 간하면 자신이 위험해지나, 임금이 위험해지는 것보다는 차라리 자신이 위험해지는 것이 낫다. 자신을 위험하게만 하고 끝내 채용되지 않으면 간해도 아무 공효가 없다. 지혜로운 사람은 임금의 마음을 헤아리고 時宜를 참작하여 緩急을 조절하고 적당하게 처리하여, 위로는 감히 임금이 위험해지지 않게 하고, 아래로는 자신을 위험에 빠뜨리지 않는다. 그러므로 그 나라는 나라대로 위험에 빠지지 않고, 자신은 자신대로 위태로워지지 않는다.

옛날 陳 靈公은 泄冶의 諫言을 따르지 않고 그를 죽였으며, 曹羈는 세 번이나 曹君에게 간하여 따르지 않자 떠나버렸다. ≪春秋≫의 의리를 서술한 데에 둘 다 현명하다 하면서도 조기의 행위가 禮에 맞는다.

02. 齊景公遊於海上而樂之하야 六月不歸하고 令左右曰 敢有先言歸者는 致死不赦호리라 顔燭趨[1)]進諫曰 君樂治海上하시고 〈不樂治國〉[2)]하사 而六月不歸하시니 彼儻有治國者면 君且安得樂此海也리잇가 景公援戟將斫之한대 顔燭趨進하야 撫衣待之曰 君奚不斫也잇고 昔者에 桀殺關龍逄(방)[3)]하고 紂殺王子比干하니 君之賢은 非此二主也요 臣之材도 亦非此二子也어늘 君奚不斫이니잇고 以臣參此二人者면 不亦可乎잇가 景公說하야 遂歸라가 中道에 聞國人謀不內(납)矣러라

1) 顔燭趨 : 춘추시대 齊나라 大夫이다. ≪春秋左氏傳≫에는 顔涿聚로, ≪史記≫ 〈古今人表〉에는 모두 顔濁鄒로 되어 있다.
2) 〈不樂治國〉 : 저본에는 없으나, ≪太平御覽≫ 권468에 의거하여 보충한 ≪說苑校證≫에 따라 보충하였다.
3) 關龍逄(방) : 夏나라 桀王의 賢臣이다. 直諫하다가 桀에게 죽임을 당하여 후세 사람들이 忠臣의 전범으로 일컫는다. '逄'은 '逢'으로도 쓴다. ≪莊子 胠篋≫

齊 景公이 바닷가에서 놀면서 즐거움에 빠져 6개월 동안 돌아가지 않고 측근들에게 명령하였다.

"감히 돌아가자고 먼저 말하는 사람이 있으면 용서하지 않고 죽이겠다."

이때 顔燭趨가 諫하였다.

"임금께서 바닷가에서 노는 일만 즐거워하시고 나라 다스리는 일은 즐거워하지 않으시어 6개월 동안 돌아가지 않으시니, 저 궁중 안에서 혹 나라를 다스리는 자가 나와 〈나라를 잃으면〉 임금께서 장차 어떻게 이 바닷가의 즐거움을 누리시겠습니까."

경공이 창을 잡고 쳐 죽이려고 하자, 안촉추가 달려 나가 옷을 여미고 찌르기를 기다리며 말하였다.

"임금께서는 어찌 치지 않으십니까. 옛날 桀은 關龍逄을 죽였고, 紂는 王子 比干을 죽였습니다. 임금님의 현명함은 이 두 임금(桀・紂)만 못하고, 臣의 재주 역시 이 두 사람(關龍逄・比干)만 못합니다. 임금께서는 어찌 저를 쳐 죽이지 않습니까. 臣을 이 두 사람에게 끼게 하신다면 어찌 좋지 않겠습니까."

이 말을 들은 경공은 기뻐하여 마침내 돌아가다가 중도에서, 都城 사람이 경공을 받아들이지 않으려고 모의한다는 소식을 들었다.

03. 楚莊王立爲君하야 三年不聽朝하고 乃令於國曰 寡人惡爲人臣하야 而遽諫其君者하노라 今寡人有國家하야 立社稷하니 有諫則死無赦호리라 蘇從[1]曰 處君之高爵하고 食君之厚祿하야 愛其死而不諫其君이면 則非忠臣也라하고 乃入諫하다 莊王立鐘鼓之間하야 左伏楊姬하고 右擁越姬하며 左裯衽[2]하고 右朝服하야 曰 吾鼓鍾之不暇어늘 何諫之聽이리오 蘇從曰 臣聞之호니 好道者多資하고 好樂者多迷하며 好道者多糧하고 好樂者多亡이라하니 荊國亡無日矣라 死臣敢以告王하노이다 王曰善하다 左執蘇從手하고 右抽陰刀[3]하야 刎鍾鼓之懸하고 明日授蘇從爲相하다

1) 蘇從 : 춘추시대 楚나라 大夫이다. ≪史記 楚世家≫
2) 裯衽 : 이불과 요이다.
3) 陰刀 : 호신용으로 옷 안에 지니고 다니는 短刀이다.

楚 莊王이 임금이 되어 3년 동안 조정에 나가 政務를 처리하지 않고, 나라에 명령을 내렸다.

"寡人은 남의 신하가 되어 갑자기 자기 임금에게 諫하는 자를 미워한다. 지금 과인이 나라를 소유하여 社稷을 세웠으니 간하는 사람이 있으면 용서하지 않고 죽일 것이다."

그러자 蘇從이 말했다.

"임금이 임명한 높은 벼슬에 있고 임금이 주는 많은 녹봉을 먹으면서, 죽음을 아껴 임금의 잘못을 간하지 않으면 忠臣이 아니다."

그러고는 곧 궁중에 들어가 간하였다. 장왕이 북과 종 사이에 서 있으면서, 왼쪽은 楊姬에게 기대고 오른쪽은 越姬를 껴안으며, 왼쪽에는 이불과 요를 펴놓고 오른쪽에는 朝服을 두고서 말했다.

"나는 종을 울리는 소리를 듣기에도 겨를이 없는데 무슨 시간이 있어 간하는 말을 듣겠느냐."

소종은 말했다.

"臣은 듣자니 道義를 좋아하는 사람은 재물이 많고 享樂을 좋아하는 사람은 미혹됨이 많으며, 도의를 좋아하는 사람은 良識이 많고 향락을 좋아하는 사람은 敗亡하는 일이 많다고 합니다. 楚나라는 망할 날이 얼마 남지 않았기에 죽음을 무릅쓴 신은 감히 大王께 말씀을 드립니다."

듣고 난 장왕은 “좋은 말이오.” 하였다. 그러고는 왼손으로는 소종의 손을 잡고 오른손으로는 속에 지녔던 칼을 꺼내어 매달았던 종과 북의 끈을 잘라버리고, 이튿날 소종을 임명하여 國相으로 삼았다.

04. 晉平公好樂하야 多其賦斂하고 (下)〔不〕[1]治城郭하며 曰 敢有諫者면 死호리라하니 國人憂之하다 有咎犯[2]者하야 見門大夫[3]하고 曰 臣聞主君好樂이라 故以樂見호리라 門大夫入言曰 晉人咎犯也 欲以樂見이니이다 平公曰 內(납)之하라 止坐殿上하니 則出鍾磬竽瑟이러라 坐有頃에 平公曰 客子爲樂이어다 咎犯對曰 臣不能爲樂이요 臣善隱[4]이로소이다 平公召隱士十二人하니 咎犯曰 隱臣竊(顧)〔願〕[5]昧死御하노이다 平公曰 諾다 咎犯申其左臂하야 而詘五指한대 平公問於隱官[6]曰 占之爲何오 隱官皆曰 不知로소이다 平公曰 歸之하라 咎犯則申其一指하고 曰 是一也니 便游赭(盡)〔畫〕[7]하고 (而)〔不〕[8]峻城闕이요 二也니 柱梁衣繡어늘 士民無褐이요 三也니 侏儒有餘酒어늘 而死士渴이요 四也니 民有饑色이어늘 而馬有粟秩이요 五也니 近臣不敢諫하고 遠臣不(敢)〔得〕[9]達이니이다 平公曰 善하다 乃屛鍾鼓除竽瑟하고 遂與咎犯參治國하다

1) (下)〔不〕: 저본에는 ‘下’로 되어 있으나, ≪群書拾補≫에서 ≪太平御覽≫ 권627에 ‘不’자로 썼다 하였고, ≪說苑校證≫에는 ≪太平御覽≫ 권456에도 ‘不’자로 썼다 하였기에 따라 고쳤다.
2) 咎犯 : 사람 이름이다. ≪群書拾補≫에 “晉 文公의 외삼촌 咎犯이 아니라, 별도의 咎犯이다.” 하였고, ≪說苑校證≫에는 ≪後漢書≫ 〈宦者傳〉의 呂强이 상소한 내용을 인용하여 “師曠의 잘못이다.” 하였다.
3) 門大夫 : 문을 지키는 일을 관장하는 관리이다. ≪史記 袁盎晁錯列傳≫
4) 善隱 : 隱語를 잘한다는 뜻이다. 隱語는 말하려는 본뜻을 곧바로 말하지 않고 다른 말을 빌려서 암시하는 말로, 지금의 수수께끼와 비슷하다. ≪史記 滑稽列傳≫ · ≪文心雕龍 諧隱≫
5) (顧)〔願〕: 저본에는 ‘顧’로 되어 있으나, ≪群書拾補≫에 ‘願’자인 듯하다 하였고, ≪說苑纂注≫에도 ‘願’자로 써야 된다 하였으며, 또 ≪說苑校證≫에는 ≪太平御覽≫ 권456에 ‘願’자로 썼다 하였기에 따라 고쳤다.
6) 隱官 : 궁중에서 수수께끼로 임금을 즐겁게 하는 일을 맡은 벼슬아치이다.
7) (盡)〔畫〕: 저본에는 ‘盡’으로 되어 있으나, ≪群書拾補≫에 ‘畫’자인 듯하다 하였고, ≪說苑校證≫에는 ≪太平御覽≫ 권456에 ‘畫’자로 썼다 하였기에 따라 고쳤다.

8) (而)〔不〕: 저본에는 '而'로 되어 있으나, 兪樾의 ≪讀書餘錄≫에 "응당 '不峻城闕'로 써야 위의 '不峻城郭'과 호응한다." 한 것에 의거하여 '不'로 바로잡았다.

9) (敢)〔得〕: 저본에는 '敢'으로 되어 있으나, ≪群書拾補≫에 '得'자로 고쳤고, 明鈔本과 ≪太平御覽≫ 권456에 똑같이 '得'자로 되어 있다는 ≪說苑校證≫을 따라 고쳤다.

晉 平公이 음악을 좋아하여 세금을 많이 걷고 성곽은 수리하지 않으며 말했다.

"諫하는 사람이 있으면 죽일 것이다."

그러자 나라 사람들이 근심하였다. 咎犯이라는 사람이 있어서 門大夫를 보고 말했다.

"나는 主君께서 音樂을 좋아하신다는 말을 들었기 때문에 음악을 가지고 뵈려고 합니다."

문대부가 들어가 평공에게 말했다.

"구범이라는 晉나라 사람이 음악을 가지고 뵙기를 원합니다."

평공은 말하였다.

"들어오게 하라."

구범이 殿 위에 가서 앉으니 鍾·磬·竽·瑟 등의 악기를 내어왔다. 자리에 앉고 나서 잠시 뒤에 평공이 말하였다.

"손님은 음악을 연주하라."

이에 구범이 대답하였다.

"臣은 음악을 연주하지는 못하고 수수께끼는 잘합니다."

그러자 평공이 열두 사람의 수수께끼를 잘하는 사람을 불러왔다. 구범이 말했다.

"수수께끼를 잘하는 신은 죽음을 무릅쓰고 작은 재주지만 바치기를 원합니다."

평공은 "좋다."라고 하였다. 이에 구범이 자기의 왼팔을 뻗어서 다섯 손가락을 굽히자, 평공이 隱官에게 물었다.

"무슨 뜻인지 알아맞혀 보라."

은관들이 모두 "알지 못하겠습니다."라고 하자, 평공은 "너희들은 돌아가라."고 하였다. 구범은 한 손가락을 펴고는 말하였다.

"이것은 하나이니, 임금께서 遊樂하는 곳의 기둥에는 붉은 칠을 하여 꾸미고 성곽과 망루는 수리하지 않음을 이르는 것입니다. 이것은 둘이니 기둥과 들보에는 수놓은 비단을 입혔는데 선비와 백성들은 거친 베옷도 입지 못함을 이르는 것입니다. 이것은 셋이니 배우와 악공들은 남는 술이 있는데 죽음을 무릅쓰는 勇士는 목말라 함을 이르는 것입니다. 이것은 넷이니 백성들은 얼굴에 굶주린 기색이 있는데 임금의 말〔馬〕은 곡식을 먹는 녹봉을 받음을 이르는 것입니다. 이것은 다섯이니 임금의 신변에 가까이 있는 신하는 감히 간하지 못하고 먼 곳에 있는 신하는 의견을 전달할 수 없음을 말하는 것입니다."

듣고 난 평공은 "좋은 말이다." 하고는, 곧 종과 북을 철거하며 竽와 瑟을 제거하고 마침내 구범과 함께 나라를 다스리는 일에 참여하였다.

05. 孟嘗君[1)]將西入秦할새 賓客諫之百通이나 則不聽也하고 曰 以人事諫我면 我盡知之어니와 若以鬼道諫我면 我則(殺)〔察〕[2)]之호리라 謁者[3)]入曰 有客[4)]以鬼道聞이니이다 曰 請客入하라 客曰 臣之來也에 過於淄水[5)]上이라가 見一土耦[6)]人이 方與木梗[7)]人語하니이다 木梗謂土耦人曰 子先은 土也라 (持)〔埏〕[8)]子以爲耦人하니 遇天大雨하야 水潦並至하면 子必沮壞리라 應曰 我沮면 乃反吾眞耳어니와 今子는 東園之桃也라 刻子以爲梗하니 遇天大雨하야 水潦並至하면 必浮子하야 泛泛乎不知所止리라하더이다 今秦은 四塞之國也라 有虎狼之心하니 恐其有木梗之患일가하노이다 於是에 孟嘗君逡巡而退하야 而無以應이러니 卒不敢西嚮秦하다

1) 孟嘗君 : 전국시대 齊나라 田文의 號이다. 전국시대 四公子의 한 사람이다. 지금의 山東省 滕州市 남쪽의 薛에 봉해져 薛公이라 한다. 재물을 아끼지 않고 인재를 예우하고 천하의 賢士를 모아 食客이 3천 명이나 되었다 한다. ≪戰國策 齊策 1·3·4≫·≪史記 孟嘗君列傳≫

2) (殺)〔察〕 : 저본에는 '殺'로 되어 있으나, 兪樾의 ≪讀書餘錄≫에 "어떤 本에는 '察' 자로 되어 있는데 '殺'과 '察'의 音이 비슷하여 誤字가 되었다."는 說에 따라 '察'로 고쳤다.

3) 謁者 : 賓客을 맞이하여 윗사람에게 인도하고 말을 전달하는 일을 맡은 사람이다. 원래는 춘추전국시대부터 두었던 벼슬이다. ≪國語 晉語 4≫

4) 客 : ≪戰國策≫〈趙策 1〉에는 '蘇秦'이 李兌에게 한 말로 되어 있고, ≪史記≫〈孟嘗君列傳〉에는 '蘇代'로 되어 있다.

5) 淄水 : 淄河이다. 山東省 淄博市 남쪽의 魯山에서 발원하여 북쪽으로 흘러 小淸河로 유입된다. ≪水經注 淄水≫·≪讀史方輿紀要 山東 6 靑州府 淄水≫

6) 土耦 : 土偶이다. 진흙으로 빚어 만든 사람의 形像이다.

7) 木梗 : 木偶이다. 나무로 깎아 만든 사람의 形像이다.
8) (持)〔埏〕: 저본에는 '持'로 되어 있으나, 兪樾의 ≪讀書餘錄≫에 ≪戰國策≫ 〈趙策1〉에 '埏'자로 썼다 하였고, ≪說苑校證≫에는 ≪風俗通義≫ 〈祀典〉의 인용에 '埏' 자로 썼다 하였기에 따라 고쳤다.

孟嘗君이 서쪽의 秦나라에 들어가려고 할 적에 賓客들이 백 번이나 諫하였건만 듣지 않고 말했다.

"사람의 일을 가지고 나에게 간한다면 내가 다 아는 일이지만, 만일 鬼神의 도리를 가지고 나에게 간한다면 내가 살펴볼 것이다."

謁者가 들어와서 말하였다.

"어떤 사람이 귀신의 도리를 가지고 들려드릴 말씀이 있다고 합니다."

맹상군은 말하였다.

"그 사람을 들어오게 하라."

그 사람이 들어와서 말했다.

"제가 올 적에 淄水 가를 지나다가 흙으로 만든 한 偶人이 나무로 만든 우인과 막 이야기하는 광경을 만났습니다. 나무로 만든 우인이 흙으로 만든 우인에게 말했습니다.

'이 앞의 그대는 흙이었다. 물과 흙을 섞어 우인을 만들었으니 큰비가 내려 평지에 물이 흘러넘치는 경우를 만나면 그대는 틀림없이 허물어질 것이다.'

그러자 흙으로 만든 우인은 대꾸했습니다.

'나는 허물어지면 바로 나의 참모습으로 돌아갈 뿐이지만 지금 그대는 東園의 복숭아나무였다. 너를 새겨 우인을 만들었으니 큰비가 내려 평지에 물이 흘러넘치는 경우를 만나면, 틀림없이 그대를 띄워 멈출 곳을 모른 채 둥둥 떠내려가게 하고 말 것이다.'

지금 진나라는 사방이 요새로 된 나라입니다. 호랑이와 이리처럼 탐욕스럽고 포학한 마음을 가졌으니, 〈秦나라에 들어갔다가는〉 나무로 만든 우인 같은 환란이 있을까 걱정됩니다."

그러자 맹상군은 머뭇거리며 물러나서 대답을 하지 못하더니, 마침내 감히 서쪽의 진나라로 향해 가지 못하였다.

06. 吳王欲伐荊하야 告其左右曰 敢有諫者면 死호리라 舍人有少孺子[1]者하야 欲諫

不敢이어늘 則懷丸操彈하고 遊於後園하야 露沾其衣하야 如是者三旦하다 吳王曰 子來하라 何苦沾衣如此오 對曰 園中有樹하고 其上有蟬하니 蟬高居하야 悲鳴飮露하야 不知螳螂在其後也요 螳螂委身曲附하야 欲取蟬하야 而不知黃雀在其傍也요 黃雀延頸欲啄螳螂하야 而不知彈丸在其下也하니이다 此三者는 皆務欲得其前利하고 而不顧其後之有患也니이다 吳王曰 善哉로다 乃罷其兵하다

1) 舍人有少孺子 : 舍人은 측근에서 侍從하는 벼슬이다. 少孺子는 사람 이름인데 평생 행적은 미상이다. ≪戰國策≫ 〈楚策 4〉에는 莊申, ≪韓詩外傳≫ 권10에는 孫叔敖로 되어 있다.

吳王이 楚〔荊〕나라를 토벌하려고 하면서 주변의 신하들에게 알렸다.

"감히 諫하는 자가 있으면 죽이겠다."

舍人에 少孺子라는 사람이 있어서 간하고 싶었으나 감히 하지 못하자, 彈丸을 지니고 彈弓을 잡은 채 옷이 이슬에 젖도록 後園을 쏘다니기를 3일 아침마다 이렇게 하였다. 오왕이 말했다.

"그대는 이리 오너라. 무슨 까닭에 이처럼 옷을 적시면서 고생하느냐?"

사인은 대답했다.

"후원에 나무가 있고 그 위에 매미가 있습니다. 매미는 높은 데서 살아 슬피 울며 이슬을 받아먹느라, 사마귀가 그 뒤에서 노리고 있는 줄을 알지 못합니다. 사마귀는 몸을 구부리고 바짝 붙어서 매미를 잡으려는 데 팔려 黃雀이 그 곁에 있는 것을 돌아보지 못합니다. 황작은 목을 늘여 사마귀를 쪼아 먹으려는 데 팔려 탄환을 가진 사람이 그 아래에 있는 것을 알지 못합니다. 이 세 동물은 모두 그 앞에 있는 利益만 얻으려 힘쓰고, 그 뒤에 있는 患難을 고려하지 않습니다."

이에 吳王은 "좋은 말이다." 하고는, 곧 전쟁하려는 계획을 취소하였다.

07. 楚莊王{欲}[1)]伐陽夏[2)]하야 師久而不罷하니 群臣欲諫而莫敢이러라 莊王獵於雲夢[3)]할새 椒擧[4)]進諫曰 王所以多得獸者는 馬也니 而王國亡이면 王之馬豈可得哉잇가 莊王曰 善하다 不穀[5)]知詘彊國之可以長諸侯也요 知得地之可以爲富也로되 而忘吾民之不用也로라 明日에 飮諸大夫酒할새 以椒擧爲上客하고 罷陽夏之師하다

1) {欲} : ≪說苑校證≫의 "'欲'자는, 아래 句에 '師久而不罷'라 하여 이미 토벌에 나선 것이니 '欲伐'이라 할 수가 없고, ≪太平御覽≫ 권456에 의거하여 삭제했다."는 說에 따라 '欲'을 衍文으로 처리하였다.
2) 陽夏 : 지금의 河南省 太康縣에 있던 지명으로, 夏나라 太康이 城을 쌓았다 한다.
3) 雲夢 : 湖北省의 長江과 漢水 일대 平原에 분포한 옛 호수들의 총칭이다. 楚 莊王의 遊獵 지역이었다 한다.
4) 椒擧 : 춘추시대 楚나라 大夫 伍擧로, 伍子胥의 조부이다. 食邑이 椒이기 때문에 椒擧라고도 한다. ≪國語 楚語 上≫·≪史記 楚世家≫
5) 不穀 : 不善이라는 뜻으로, 王侯가 자신을 겸사로 이르는 말이다. ≪春秋左氏傳 僖公 4년≫·≪史記 韓世家≫

楚 莊王이 陽夏를 정벌하여 군대가 출정한 지 오래되었는데도 중지하지 않으니, 群臣이 諫하고 싶었으나 감히 하지 못하였다. 장왕이 雲夢에서 사냥할 때 椒擧가 간하였다.

"왕께서 많은 짐승을 잡을 수 있는 것은 말이 있기 때문입니다. 그런데 왕의 나라가 망한다면 왕께서는 말을 어떻게 얻을 수 있겠습니까?"

이에 장왕이 말하였다.

"좋은 말이오. 나는 강한 나라를 굴복시키면 諸侯의 우두머리가 될 수 있다는 것을 알고, 땅을 얻으면 부유하게 될 수 있다는 것은 알았으나, 우리 백성을 잘 쓰지 못한다는 것은 잊고 있었소."

장왕은 이튿날 大夫들과 술을 마실 적에 초거를 上客으로 삼고 양하의 군대를 철수하였다.

08. 秦始皇帝太后不謹하야 幸郞嫪毐(로애)[1]하야 封以爲長信侯하고 爲生兩子하다 毐專國事하야 浸益驕奢하야 與侍中左右貴臣으로 俱博飮하다 酒醉하야 爭言而鬪하면 瞋目大叱曰 吾乃皇帝之假父[2]也어늘 窶人子何敢乃與我亢[3]고하니 所與鬪者走行하야 白皇帝한대 皇帝大怒하다 毐懼誅하야 因作亂하야 戰咸陽宮이라가 毐敗하다 始皇乃取毐하야 四肢車裂之하고 取其兩弟하야 囊撲殺之하다 取皇太后하야 遷之於萯陽宮[4]하고 下令曰 敢以太后事諫者는 戮而殺之하야 從蒺藜其脊{肉}[5]幹四肢하야 而積之闕下호리라 諫而死者二十七人矣러라 齊客茅焦[6] 乃往上謁曰 齊客茅焦 願上諫皇帝하노이다 皇帝使使者出問客호되 得無以太后事諫也아 茅焦曰然하다 使者還白曰 果以太后事諫이로소이다 皇

帝曰 走往告之호되 若[7])不見闕下積死人邪아하라 使者問茅焦한대 茅焦曰 臣聞之호니 天有二十八宿어늘 今死者已有二十七人矣니 臣所以來者는 欲滿其數耳라 臣非畏死人也니 走入白之하라 茅焦邑子同食者 盡負其衣物行亡하다 使者入白之한대 皇帝大怒曰 是子故來犯吾禁하니 趣炊鑊湯煮之하라 是安得積闕下乎아 趣召之入하라 皇帝按劍而坐하니 口正沫出이러라 使者召之入한대 茅焦不肯疾行하고 足趣相過耳어늘 使者趣之하니 茅焦曰 臣至前則死矣어늘 君獨不能忍吾須臾乎아 使者極哀之러라 茅焦至前하야 再拜謁起하고 稱曰 臣聞之호니 夫有生者는 不諱死하고 有國者는 不諱亡하나니 諱死者는 不可以得生이요 諱亡者는 不可以得存이니이다 死生存亡은 聖主所欲急聞也니 不審陛下欲聞之不잇가 皇帝曰 何謂也오 茅焦對曰 陛下有狂悖之行이어늘 陛下不自知邪잇가 皇帝曰 何等也오 願聞之하노라 茅焦對曰 陛下車裂假父하시니 有嫉妬之心이요 囊撲兩弟하시니 有不慈之名이요 遷母萯陽宮하시니 有不孝之行이요 從蒺藜於諫士하시니 有桀紂之治니이다 今天下聞之하고 盡瓦解無嚮秦者하니 臣竊恐秦亡하야 爲陛下危之하노이다 所言已畢하니 乞行就質[8])하노이다 乃解衣伏質하니 皇帝下殿하야 左手接之하고 右手麾左右曰 赦之하라 先生就衣어다 今願受事하노라 乃立焦爲仲父하고 爵之〈爲〉[9])上卿하다 皇帝立駕千乘萬騎하야 空左方하고 自行迎太后萯陽宮하야 歸於咸陽하다 太后大喜하야 乃大置酒하고 待茅焦하다 及飮에 太后曰 抗枉令直하고 使敗更成하야 安秦之社稷하고 使妾母子復得相會者는 盡茅君之力也라하다

1) 嫪毒(로애) : 전국 말기의 秦나라 사람이다. 거짓으로 거세하여 환관이 된 후 秦始皇의 생모 趙姬의 총애를 받고 私通하여 두 아들을 낳았다. 뒤에 권세를 남용하고 반란을 일으켰다가 처형당했다. ≪史記 呂不韋列傳≫

2) 假父 : 義父이다. 秦始皇의 母后 趙姬가 嫪毒와 私通하는 관계였기 때문에 과장하여 말한 것이다.

3) 亢 : '抗'과 통용하며, '대항하다. 항거하다'의 뜻이다.

4) 萯陽宮 : 秦漢時代 황실 離宮의 하나로, 위치는 미상이다. 棫陽宮이라야 된다고 한다. 저본의 原註에 "一本에 棫陽으로 썼다." 하였고, ≪群書拾補≫와 ≪說苑校證≫에 모두 棫陽宮이 옳다고 하였다.

5) 從蒺藜其脊{肉}幹四肢 : ≪說苑校證≫에 "'肉'자는 衍文이니 ≪史記≫ 〈秦始皇本紀〉에 '거열형에 처하여 시체를 전시하고 그 종족을 멸하였다.〔車裂以徇 滅其宗〕' 아래 張守節의 〈正義〉의 인용문에 '肉'자가 없다. '從'은 '縱'자로 읽어야 된다." 한 것에

의거하여 저본의 '肉'은 衍文으로 처리하였다. '棃'는 '藜'와 같다.
6) 茅焦 : 전국시대 齊나라 사람으로, 과감하게 諫하는 일로 이름이 있었다. ≪史記 秦始皇本紀≫·≪史記 呂不韋列傳≫
7) 若 : '너'의 뜻으로, '汝'와 같게 쓰인다.
8) 質 : '작두의 바탕'으로, '鑕'과 통용한다.
9) 〈爲〉 : 저본에는 '爲'가 없으나, ≪群書拾補≫의 "宋本과 元本에 '爲'자가 있고, ≪太平御覽≫ 권445에도 같다."는 說에 의거해 보충하였다.

秦始皇帝의 어머니 太后는 몸을 단속하지 아니하여, 郎官 嫪毐를 사랑하여 長信侯에 봉하고 두 아들을 낳았다. 노애는 국가의 정사를 전횡하여 점점 더욱 교만하고 사치하여 侍中 등 황제 측근의 존귀한 신하와 함께 도박하며 술을 마셨다. 술에 취하여 言爭하며 싸우게 되면 눈을 부릅뜨고 크게 꾸짖었다.

"나는 황제의 義父이거늘 가난뱅이 주제에 감히 나와 대항하느냐!"

그와 싸우던 사람이 달려가서 진시황제에게 이 사실을 아뢰자 진시황제가 크게 노하였다. 그러자 노애는 誅殺될까 두려워서 곧장 반란을 일으켜 咸陽宮을 공격하였다가 패배하였다. 진시황제는 즉시 노애를 잡아다가 四肢를 수레에 묶어 찢어 죽이고, 두 아우를 잡아 자루에 넣어 때려 죽였다. 그러고는 皇太后를 데려다가 萯陽宮에 옮겨 유폐시키고는 명령을 내렸다.

"감히 태후의 일로 간하는 자는 斬殺하여 가시나무로 등줄기와 사지를 꿰어 대궐 아래에 쌓아둘 것이다."

그래도 간하다가 죽은 사람이 27명이었다.

齊 지방에서 온 나그네 茅焦가 宮에 가서 이름을 말하고 뵙기를 청하였다.

"齊 지방에서 온 나그네 모초는 황제께 諫言을 올리기 원합니다."

진시황제가 使者를 보내 나그네에게 묻게 하였다.

"太后의 일을 간하려는 것이 아니냐?"

이에 모초는 대답하였다.

"그렇소."

사자는 돌아가서 보고하였다.

"정말 태후의 일을 간하려는 것이었습니다."

진시황제가 말했다.

"빨리 가서 그에게 말해주되 '너는 대궐 아래에 쌓여 있는 죽은 사람을 보지 못했느냐?'라고 하라."

사자가 가서 모초에게 묻자 모초는 말하였다.

"臣은 들으니 하늘에는 二十八宿가 있는데 지금 죽은 사람이 이미 27인이오. 신이 여기 온 까닭은 그 28이라는 숫자를 채우려는 것이오. 신은 죽음을 두려워하지 않는 사람이니 빨리 들어가서 그렇게 아뢰시오."

그러자 모초와 함께 밥을 먹던 同鄕 사람들이 모두 자기의 옷가지와 器物들을 짊어지고 도망쳐버렸다. 사자가 들어가 이 말을 아뢰자 진시황제는 크게 노하여 말하였다.

"이 사람이 고의로 와서 내가 금지한 명령을 어겼으니 속히 가마솥에 불을 지피고 물을 끓여 삶아 죽여라. 이 사람의 시체를 어찌 대궐 아래에 쌓아두랴. 속히 불러들여라."

진시황제가 劍을 잡고 앉아 있는데 입에는 거품이 흘러나오고 있었다. 사자가 불러들어오게 하자 모초는 빨리 가려고 하지 않으면서 한 걸음씩 발을 서로 스치며 걸을 뿐이었다. 사자가 재촉하자 모초는 말했다.

"저는 황제의 앞에 나가면 죽을 텐데, 그대는 다만 나를 위해 잠깐의 시간조차 참지 못하는가?"

그러자 사자가 몹시 측은히 여겼다. 모초가 황제 앞에 이르러 두 번 절하고 알현한 뒤 일어나 말했다.

"신은 들으니 살아 있는 사람은 죽음에 대한 말을 꺼리지 않아야 하고, 나라를 소유한 사람은 나라가 망하는 데 대한 말을 꺼리지 않아야 한다고 합니다. 죽음에 대한 말을 꺼리는 사람은 삶을 얻을 수 없고, 나라가 망하는 데 대한 말을 꺼리는 사람은 나라를 보전할 수 없는 법입니다. 死生存亡에 대한 말을 거룩한 君主는 시급히 듣기를 바라는 것입니다. 모르겠습니다만 陛下께서는 그 말을 듣기 바라십니까? 그렇지 않습니까?"

듣고 난 진시황제는 말했다.

"무슨 뜻으로 하는 말이냐?"

모초는 말했다.

"폐하에게는 狂亂하고 悖逆스런 행위가 있는데 폐하께서는 자신이 이를 모르십니까?"

진시황제는 말했다.

"어떤 것들이냐? 들어보련다."

이에 모초는 대답하였다.

"폐하께서 義父를 車裂刑에 처하셨으니 질투하는 마음이 있음을 보인 것이며, 두 아우를 자루에 넣어 때려 죽였으니 仁慈하지 못하다는 이름이 있게 되었습니다. 어머니를 萯陽宮에 옮겨 유폐시켰으니 不孝한 행위가 있게 되었고, 간하는 人士를 가시나무로 등줄기를 꿰었으니 桀·紂와 같은 暴政이 있음을 보인 것입니다. 지금 천하의 사람들이 이를 듣고 모두 마음이 瓦解되어 秦나라로 향하는 사람이 없게 되었습니다. 신은 진나라가 망하여 폐하께서 위험해질까 걱정됩니다. 할 말을 이미 마쳤으니 작두 위에 나아가 형을 받겠습니다."

그러고는 곧 옷을 벗고 작두 위에 엎드렸다. 이에 진시황제가 殿에서 내려와 왼손으로는 모초를 잡아 일으키고, 오른손은 주변 사람들에게 내저으며 말하였다.

"사면하라. 선생은 옷을 입으시오. 지금 가르쳐주는 일을 듣고 싶소."

곧 모초를 仲父로 삼고 벼슬을 내려 上卿으로 삼았다. 진시황제는 즉시 수많은 수레와 말을 준비시켜 왼쪽 자리를 비워두고, 직접 萯陽宮에 가서 太后를 맞이하여 咸陽에 돌아왔다. 태후는 크게 기뻐하여 곧 크게 酒宴을 베풀어 모초를 대접하였다. 술을 마실 때에 태후는 말했다.

"잘못된 일에 항거하여 바르게 하고 실패한 일을 고쳐 성공으로 만들어, 진나라의 社稷을 안정시키고 나의 母子가 다시금 서로 만나게 한 것은 모두 茅君의 공이다."

09. 楚莊王築層臺할새 延石千(重)〔里〕[1]하고 延壤百里하니 士有反三月之糧者라 大臣諫者七十二人이 皆死矣러라 有諸御己[2]者하야 違楚百里而耕이러니 謂其耦曰 吾將入見於王호리라 其耦曰 以身乎아 吾聞之호니 說(세)人主者는 皆閒暇之人也라 然且至而死矣어늘 今子特草茅之人耳니라 諸御己曰 若與子同耕則比力也어니와 至於說人主하얀 〈則〉[3]不與子比智矣니라 委其耕而入見莊王하다 莊王謂之曰 諸御己來하니 汝將諫邪아 諸御己曰 君有義之用하고 有法之行이로소이다 且己聞之호니 土負水者平하고 木負繩者正하며 君受諫者聖이라호이다 君築層臺하사 延石千(重)〔里〕하고 延壤百里하니

民之釁咎하야 血成於通[4]塗어늘 然且未敢諫也하니 己何敢諫乎잇가 顧臣愚는 竊聞昔者에 虞不用宮之奇而晉幷之[5]하고 陳不用子家羈而楚幷之[6]하고 曹不用僖負羈而宋幷之[7]하고 萊不用子猛而齊幷之[8]하고 吳不用子胥而越幷之[9]하고 秦人不用蹇叔之言而秦國危[10]하고 桀殺關龍逢而湯得之[11]하고 紂殺王子比干而武王得之[12]하고 宣王殺杜伯而周室卑[13]하니 此三天子六諸侯는 皆不能尊(賢用)〔用賢人〕[14]辯士之言이라 故身死而國亡하니이다 遂趨而出하니 楚王遽而追之하야 曰 己야 子反矣어다 吾將用子之諫호리라 先日說寡人者는 其說也 不足以動寡人之心하고 又危加諸寡人이라 故皆至而死어니와 今子之說는 足以動寡人之心하고 又不危加諸寡人이라 故吾將用子之諫호리라 明日에 令曰 有能入諫者면 吾將與爲兄弟호리라하고 遂解層臺而罷民하다 楚人歌之曰 薪乎萊乎아 無諸御己면 訖無子乎인저 萊乎薪乎아 無諸御己면 訖無人乎인저

1) (重)〔里〕: 저본에는 '重'으로 되어 있으나, ≪群書拾補≫의 "宋·元本과 ≪太平御覽≫ 권445(455의 잘못)에 모두 '里'자로 되어 있다."라는 說에 따라 고쳤다. 아래도 같다.
2) 諸御己 : 춘추시대 楚나라 사람으로, 자세한 것은 알 수 없다.
3) 〈則〉: 저본에는 '則'이 없으나, ≪說苑校證≫에 의거하여 보충하였다.
4) 於通 : ≪太平御覽≫ 권455에는 '通於'로 되어 있고, ≪說苑校證≫에는 "'於'는 衍文인 듯하다."라 하였다.
5) 虞不用宮之奇而晉幷之 : 본서 권8 〈尊賢〉의 02 참조.
6) 陳不用子家羈而楚幷之 : 이 일은 미상이다.
7) 曹不用僖負羈而宋幷之 : 본서 권8 〈尊賢〉의 02 참조.
8) 萊不用子猛而齊幷之 : 萊는 西周時代 諸侯國의 하나로, 지금의 山東省 黃縣 동남쪽에 있던 萊子城이 그 遺址이다. ≪春秋左氏傳≫ 襄公 6년에 "齊侯가 萊를 滅하였다."라고 보이는데, 子猛의 일은 알 수 없다.
9) 吳不用子胥而越幷之 : 본서 권8 〈尊賢〉의 09 참조.
10) 秦人不用蹇叔之言而秦國危 : 본서 권8 〈尊賢〉의 02 참조.
11) 桀殺關龍逢而湯得之 : 본편 02 참조.
12) 紂殺王子比干而武王得之 : 본서 권4 〈立節〉의 01 참조.
13) 宣王殺杜伯而周室卑 : 본서 권4 〈立節〉의 20 참조.
14) (賢用)〔用賢人〕: 저본에 '賢用'으로 되어 있으나, ≪太平御覽≫ 권455에 의거하여 '用賢人'으로 바로잡았다.

楚 莊王이 여러 층의 높은 누대를 지을 적에 천 리 밖에서 돌을 운반해 오고 백 리

밖에서 흙을 운반해 왔는데, 노역에 종사하는 사람들이 3개월 치의 양식을 휴대하였다. 이를 諫하던 大臣 72인이 모두 죽었다. 諸御己라는 사람이 있어서 楚나라 도성에서 백 리쯤 떨어진 곳에서 농사를 짓고 있었는데, 함께 밭을 갈던 사람에게 말했다.

"내 들어가 왕을 뵈어야겠다."

그러자 함께 밭을 갈던 사람이 말했다.

"자네의 신분으로 말인가? 나는 들으니 임금에게 遊說한 사람은 모두 한가한 사람이었네. 그런데도 가자마자 죽었는데 지금 자네는 단지 시골 사람일 뿐이네."

이에 제어기는 말했다.

"만일 자네와 함께 밭을 갈 경우에는 힘을 나란히 써야 되겠지만, 임금에게 유세하는 일은 자네와 智慧를 나란히 쓰지 않아도 된다네."

그러고는 농사일을 버려두고 궁궐에 들어가 장왕을 뵈었다. 장왕이 말했다.

"제어기 네가 왔으니, 너도 나에게 간하려는 것이냐?"

이에 제어기는 말했다.

"임금은 義를 따라 시행하고 法을 따라 집행함이 있어야 합니다. 또 저는 들으니 위에서 물이 씻어간 땅은 평탄해지고, 먹줄을 받은 나무는 곧게 다듬어지며, 諫言을 수용하는 임금은 슬기롭게 된다고 합니다. 임금께서 여러 층의 높은 누대를 지으시어 천 리 밖에서 돌을 운반해 오고 백 리 밖에서 흙을 운반해 왔습니다. 백성들이 죄를 얻어 피가 큰길에 흐르고 있는데도 감히 간하지 못하고 있습니다. 제가 어찌 감히 간언을 드리겠습니까. 다만 어리석은 저는 이런 말을 들었습니다.

예전에 虞나라는 宮之奇의 간언을 듣지 않았다가 晉나라에게 倂呑되었고, 陳나라는 子家羈의 간언을 듣지 않았다가 楚나라에 倂呑되었고, 曹나라는 僖負羈의 간언을 듣지 않았다가 宋나라에 병탄되었고, 萊나라는 子猛의 간언을 듣지 않았다가 齊나라에 병탄되었고, 吳나라는 伍子胥의 간언을 듣지 않았다가 越나라에 병탄되었으며, 秦나라는 蹇叔의 간언을 듣지 않았다가 秦나라가 위험해졌습니다. 桀은 關龍逢을 죽여 湯王이 천하를 차지하였고, 紂는 왕자 比干을 죽여 武王이 천하를 차지하였으며, 周 宣王은 杜伯을 죽여 周나라 王室이 미약해졌습니다. 이 세 天子와 여섯 諸侯는 모두 賢人과 辯士의 말을 重用하지 않았기 때문에 자신은 죽고 나라는 멸망했던 것입니다."

말을 마치고 빠른 걸음으로 나가버리자 초 장왕이 황급히 따라가며 말했다.

"제어기야! 그대는 돌아오라. 내 그대의 간언을 채용하련다. 지난날 寡人에게 유세한 사람은 그 말이 과인의 마음을 감동시키기에 부족하였고, 또 과인에게 위험을 가중시켰다. 그 때문에 모두 오자마자 죽었다. 그런데 지금 그대의 말은 과인의 마음을 감동시키기에 충분하고, 또 과인에게 위험을 가중시키지도 않았다. 그러므로 나는 앞으로 그대의 간언을 들을 것이다."

그러고는 이튿날 명령하였다.

"궁궐에 들어와 간하는 사람이 있으면 나는 앞으로 그 사람을 형제로 삼을 것이다."

그런 다음 마침내 높은 누대 짓는 공사를 중지하고 백성들을 해산시켰다. 이에 초나라 사람들은 노래를 불렀다.

"나무를 할까? 풀을 벨까? 제어기가 없었다면 지금 우리 자손이 없었으리. 풀을 벨까? 나무를 할까? 제어기가 없었다면 지금 초나라에 사람이 없었으리."

10. 齊桓公謂鮑叔曰 寡人欲鑄大鍾하야 昭寡人之名焉하노니 寡人之行이 豈避[1)]堯舜哉아 鮑叔曰 敢問君之行하노이다 桓公曰 昔者에 吾圍譚[2)]三年하야 得而不自與者는 仁也요 吾北伐孤竹[3)]하고 剗令支[4)]而反者는 武也요 吾爲葵丘之會[5)]하야 以偃天下之兵者는 文也요 諸侯抱美玉而朝者九國이어늘 寡人不受者는 義也라 然則文武仁義를 寡人盡有之矣니 寡人之行이 豈避堯舜哉리오 鮑叔曰 君直言하시니 臣直對호리이다 昔者에 公子糾[6)]在上位而不讓은 非仁也요 背太公之言而侵魯境은 非義也요 壇場之上에 詘於一劍[7)]은 非武也요 姪娣不離懷袵[8)]은 非文也니이다 凡爲不善遍於物하고 不自知者는 無天禍면 必有人害니이다 天處甚高나 其聽甚下하니 除君過言하시면 天且聞之리이다 桓公曰 寡人有過면 (乎)〔子〕[9)]幸記之하니 是社稷之福也라 子不幸教면 幾有大罪以辱社稷이리라

1) 避 : '미치지 못하다, 차이가 나다'의 뜻이다. '遜'과 같게 쓰인다.
2) 譚 : 옛 나라 이름으로, 지금의 山東省 濟南市 동쪽 龍山鎭 부근에 있었다. ≪史記≫ 〈齊太公世家〉에는 '郯'으로 되어 있다. ≪詩經 衛風 碩人≫·≪春秋 莊公 10년≫
3) 孤竹 : 商周時代 나라 이름으로, 지금의 河北省 盧龍縣 지역에 있었다. ≪國語 齊語≫·≪史記 伯夷列傳≫
4) 令支 : 춘추시대 山戎의 屬國으로, 그 지역은 대략 河北省 灤縣과 遷安 사이에 있었

다. ≪國語 齊語≫ ≪逸周書≫ 〈王會〉에는 令支, ≪管子≫ 〈小匡〉에는 泠支, ≪管子≫ 〈輕重 戊〉에는 離支, ≪呂氏春秋≫ 〈有始〉에는 令疵, ≪史記≫ 〈齊太公世家〉에는 離枝로 썼다.

5) 葵丘之會 : 魯 僖公 9년에 齊 桓公이 魯 僖公・宰周公・宋子・衛侯・鄭伯・許男・曹伯 등을 葵丘에 모아 會盟한 일이다. 葵丘는 춘추시대에 네 곳이 있는데, 楊伯峻의 고증에 의하면 당시 宋나라 땅으로, 지금의 河南省 蘭考縣 동쪽 지역에 있었다 한다. ≪春秋左氏傳 僖公 9년≫・≪史記 齊太公世家≫

6) 公子糾 : 춘추시대 齊 襄公의 아우이자, 桓公의 형으로, 子糾라고도 한다. 양공이 함부로 사람을 죽이자 管仲・召忽과 함께 魯나라로 달아났다. 양공이 시해당한 후 莒에 있던 환공이 먼저 들어와 즉위하여 노나라에게 子糾를 죽이게 하니 生竇(笙瀆)에서 살해하였다. ≪春秋左氏傳 莊公 8년≫・≪史記 齊太公世家≫

7) 壇場之上 詘於一劍 : 齊 桓公과 魯 莊公이 柯에서 회합하고 壇上에서 맹약할 때 曹抹이 비수를 가지고 환공을 위협하며 침략한 땅을 돌려달라고 하자 환공이 돌려주겠다고 허락한 일이다. ≪春秋公羊傳 莊公 13년≫・≪史記 魯周公世家・刺客列傳≫

8) 姪娣不離懷衽 : 齊 桓公이 妻가 시집올 때 따라온 妻의 姪女・姊妹와 음란한 생활을 한 일이다. 姪娣는 媵妾으로 온 妻의 질녀와 아우이다. 본서 권8 〈尊賢〉의 07 참조.

9) (乎)〔子〕 : 저본에는 '子'자를 '乎'자로 써서 위의 句에 붙였으나, ≪說苑校證≫에 의거하여 고쳤다.

齊 桓公이 鮑叔에게 말했다.

"寡人이 큰 鍾을 주조하여 과인의 명성을 드러내려 하니, 과인의 品行이 어찌 堯舜에 미치지 못하겠는가?"

포숙은 말했다.

"감히 묻습니다. 임금님의 행적이 어떤 것인지요?"

이에 환공은 말했다.

"옛날 내가 譚나라를 3년 동안 포위하여 얻었지만 스스로 차지하지 않은 것은 仁이고, 내가 북쪽의 孤竹國을 토벌하고 令支를 멸망시키고 돌아온 것은 武의 표현이고, 내가 葵丘에서 제후들과 會盟하여 천하의 전쟁을 멈추게 한 것은 文이고, 제후들 중에 美玉을 가지고 나에게 朝見한 나라가 아홉 나라였지만 과인이 이를 받지 않은 것은 義에 맞는 일이오. 그렇다면 文・武・仁・義를 과인이 모두 가지고 있는 셈이니, 과인의 행위가 어찌 堯・舜에 미치지 못한단 말이오."

이에 포숙은 말했다.

"임금께서 솔직히 말씀하시니 臣도 솔직히 대답하겠습니다. 옛날 公子 糾가 형의 윗자리에 있었는데도 君位를 양보하지 않은 것은 仁이 아니며, 太公의 말을 저버리고 魯나라 강토를 침입한 것은 義가 아니며, 회맹하는 壇上에서 劍 한 자루에 굴복한 것은 武가 아니며, 姪娣의 품에서 벗어나지 못한 것은 文이 아닙니다. 일마다 두루 좋지 못한 행위를 하고 스스로 이를 알지 못하는 사람에게는 하늘이 내리는 災殃이 없으면 반드시 사람이 부르는 災害가 있는 법입니다. 하늘은 아주 높은 곳에 있지만 아주 낮은 곳까지 들으니, 임금이 잘못한 말을 버리고 고치면 하늘이 장차 들을 것입니다."

그러자 환공은 말했다.

"과인이 잘못이 있으면 그대가 다행히 기억하고 있으니 이는 社稷의 福이오. 그대가 만일 가르쳐주지 않았다면 하마터면 큰 죄를 지어 사직을 욕되게 했을 것이오."

11. 楚昭王欲之荊臺[1)]游러니 司馬子綦[2)]進諫曰 荊臺之游는 左洞庭之波요 右彭蠡之水며 南望獵山[3)]하고 下臨方淮[4)]니이다 其樂使人遺老而忘死하야 人君游者 盡以亡其國하니 願大王은 勿往游焉하소서 王曰 荊臺는 乃吾地也라 有地而游之어늘 子何爲絶我游乎아 怒而擊之하다 於是令尹子西 駕安車四馬[5)]하야 徑於殿下曰 今日荊臺之游를 不可不觀也로소이다 王登車而拊其背曰 荊臺之游를 與子共樂之矣로리라 步馬十里하야 引轡而止曰 臣不敢下車나 願得有道하노니 大王肯聽之乎잇가 王曰 第言之하라 令尹子西曰 臣聞之호니 爲人臣而忠其君者는 爵祿不足以賞也요 爲人臣而諛其君者는 刑罰不足以誅也라호이다 若司馬子綦者는 忠臣也요 若臣者는 諛臣也니 願大王은 殺臣之軀하시고 罰臣之家하사 而祿司馬子綦하소서 王曰 若我能止는 聽公子獨能禁我游耳[6)]니 後世游之하야 無有極時면 奈何오 令尹子西曰 欲禁後世易耳니 願大王은 山陵崩陁[7)]어든 爲陵於荊臺하소서 未嘗有持鐘鼓管絃之樂하고 而游於父〈祖〉[8)]之墓上者也니이다 於是王還(선)車하야 卒不游荊臺하고 令罷先置하다 孔子從魯聞之하시고 曰 美哉라 令尹子西여 諫之於十里之前하야 而權之於百世之後者也로다

1) 荊臺 : 옛날 楚나라의 이름난 樓臺 이름으로, 옛터는 지금의 湖北省 監利縣 북쪽에 있었다.

2) 司馬子綦 : 춘추시대 楚나라 왕족이다. 司馬는 벼슬 이름이다. 이름은 結, 字는 子

期, 公子 結이라고도 한다. 楚 昭王의 형으로, 賢明하여 소왕이 병들었을 때 傳位하려 하였으나 사양하였다. 본서 권4 〈立節〉의 13 참조.

3) 獵山 : 산 이름으로, 위치 등 자세한 사항은 미상이다.

4) 方淮 : 물 이름으로, 위치 등 자세한 사항은 미상이다.

5) 安車四馬 : 옛날 네 마리 말이 끄는, 앉아서 타는 작은 수레로, 나이가 많은 高官이나 귀부인이 타는 데 썼다. 고관이 벼슬을 사임하고 귀향하거나 명망이 높은 사람을 초빙할 때 임금이 安車를 내렸다. 安車는 주로 한 마리 말이 끄는데 높은 사람을 예우할 때는 네 마리가 끌었다. ≪周禮 春官 巾車≫ · ≪漢書 張禹傳≫

6) 若我能止 聽公子獨能禁我游耳 : ≪孔子家語≫ 〈辨政〉에는 "我今聽司馬之諫 是獨能禁我耳"로 되어 있고, ≪渚宮舊事≫ 〈周代 中〉에는 "今我聽司馬之諍 是獨能禁我耳"로 되어 있다. 이에 ≪說苑校證≫에는 "聽자 아래에 응당 '司馬之諫' 네 글자가 있어야 될 듯하다." 하였으므로 이를 따라 번역하였다.

7) 山陵崩陀 : 山陵이 무너졌다는 뜻으로, 帝王의 죽음을 은유적으로 이르는 말이다. 山陵은 帝王을 비유하는 말이다. ≪戰國策 秦策 5≫ · ≪戰國策 趙策 4≫

8) 〈祖〉 : 저본에는 '祖'가 없으나, ≪孔子家語≫와 ≪渚宮舊事≫에 모두 '祖'자가 있어서 보충하였다.

楚 昭王이 荊臺에 가서 놀려고 했는데, 司馬子綦가 소왕을 향해 諫하였다.

"형대의 유람지는 왼쪽에 洞庭湖가 있고, 오른쪽에 彭蠡湖가 있으며, 남쪽으로 獵山을 바라보고, 아래로 方淮를 굽어보고 있습니다. 그곳의 즐거움은 사람이 늙고 죽는 것조차 잊게 하여, 이곳에서 놀이를 즐기던 임금은 모두 나라를 망치고 말았습니다. 大王께서는 그곳에 가서 유람하지 마십시오."

그러자 왕은 말했다.

"형대는 내 땅이오. 소유한 땅이 있어 가서 유람하려는데, 그대는 무엇 때문에 나의 유람을 막는 게요?"

그러고는 노하여 사마자기를 때려주었다. 이때에 令尹 子西가 네 마리 말이 끄는 安車를 갖추어 곧장 궁전 아래로 와서 말했다.

"오늘 형대의 유람을 가서 구경하지 않을 수 없습니다."

왕은 수레에 올라 자서의 등을 어루만지며 말했다.

"형대의 유람을 그대와 함께 즐기겠소."

말을 천천히 몰아 십 리쯤 가서 영윤 자서는 고삐를 당겨 말을 멈추고 말했다.

"臣은 감히 수레에서 내려 禮를 올리지는 못하지만 말씀드릴 기회를 얻기 바라는데,

대왕께서는 들어주시겠습니까?"

소왕은 말하였다.

"일단 말해보시오."

이에 영윤 자서는 말했다.

"臣은 들으니 신하가 되어 그 임금께 忠誠하는 사람은 官爵과 祿俸으로는 상을 주기에 부족하고, 신하가 되어 그 임금께 阿諂하는 사람은 刑罰로는 處罰하기에 부족하다고 합니다. 사마자기 같은 사람은 충성하는 신하이고, 臣 같은 사람은 아첨하는 신하입니다. 대왕께서는 臣의 몸을 죽이시고 臣의 집안에 벌을 내려주십시오. 그리고 사마자기에게는 관작과 녹봉을 내려주시기 바랍니다."

그러자 소왕은 말했다.

"만일 내가 여기서 유람을 그친다면 〈이는 司馬의 간하는 말을 따른 것이오.〉 公子는 내가 이곳을 유람하는 것만을 그치게 한 것뿐이니, 나의 후세들이 끝없이 형대를 유람한다면 어쩌지요?"

이에 영윤 자서는 대답했다.

"후세들이 유람하는 것을 금지하는 것은 쉽습니다. 대왕께서는 별세하신 뒤 형대에 王陵을 조성하시기 바랍니다. 鐘·鼓·管·絃 등의 온갖 악기를 소지하고 와서 父祖의 무덤 곁에서 노는 자는 없었습니다."

이에 소왕은 수레를 돌려 마침내 형대의 유람을 그만두고 미리 설치했던 준비물을 철거하게 하였다. 孔子께서 魯나라에서 이 소문을 듣고 말씀하였다.

"훌륭하구나. 영윤 자서여! 십 리 앞에서 諫하는 말로 멈추게 하여 백 대 이후까지 고려하였구나."

12. 荊文王得如黃[1)]之狗와 箘簬之矰[2)]하야 以畋於雲夢하야 三月不反하고 得(舟)〔丹〕[3)]之姬하야 淫하야 期年不聽朝하다 保申[4)]諫曰 先王卜하야 以臣爲保한대 吉이니이다 今王得如黃之狗와 箘簬之矰하야 畋於雲(澤)〔夢〕[5)]하사 三月不反하시고 {及}[6)]得(舟)〔丹〕之姬하야 淫하야 期年不聽朝하시니 王之罪當笞로소이다 匍伏[7)]하소서 將笞王호리이다 王曰 不穀免於襁褓하고 託於諸侯矣니 願請變更而無笞어다 保申曰 臣承先王之命하니 不敢廢요 王不受笞면 是廢先王之命也니이다 臣寧得罪於王이언정 無負於先王호리이다

王曰 敬諾호리라 乃席王하니 王伏이어늘 保申束細箭五十하야 跪而加之王背하야 如此者再하고 謂王호되 起矣하소서 王曰 有笞之名은 一也니 遂致之하라 保申曰 臣聞之호니 君子耻之하고 小人痛之라호이다 耻之不變이면 痛之何益이리잇가 保申趨出하야 欲自流하야 乃請罪於王하다 王曰 此不穀之過니 保將何罪오 王乃變行從保申하야 殺如黃之狗하고 折箘簬之矰하며 逐(舟)〔丹〕之姬하고 務治乎荊하야 兼國三十하다 令荊國廣大至於此者는 保申敢極言之功也라 蕭何王陵[8]聞之하고 曰 聖主能奉先世之業하야 而以成功名者는 其惟荊文王乎인저 故天下譽之至今하니 明主忠臣孝子以爲法이로다

1) 荊文王得如黃 : 荊 文王은 곧 楚 文王으로, 이름은 熊貲이다. 본서 권1 〈君道〉의 33 참조. 如黃은 사냥개 이름이다.
2) 箘簬之矰 : 가늘고 작은 대로 만든 화살에 줄을 매어 쏘는 주살이다. 箘簬는 가늘고 작은 대 이름으로, 화살대를 만들 수 있다. 矰은 주살로, 새를 잡는 데 쓴다.
3) (舟)〔丹〕: 저본에는 '舟'으로 되어 있는데, 저본의 原註에 "一作丹"이라 하였고, ≪呂氏春秋≫ 〈貴直論 直諫〉에도 '丹'으로 되어 있어 따라 고쳤다. 아래도 같다.
4) 保申 : 춘추시대 楚나라 사람이다. 楚 武王이 申나라에서 초빙하여 太保로 삼은 사람이라 한다.
5) (澤)〔夢〕: 저본에는 '澤'으로 되어 있으나, 위의 '雲夢'을 따라 '夢'으로 바로잡았다. ≪呂氏春秋≫와 ≪太平御覽≫ 권455의 인용문에도 '夢'으로 되어 있다.
6) {及} : ≪呂氏春秋≫와 ≪太平御覽≫의 인용문에 '及'자가 없고, ≪說苑校證≫에 위의 '反'자가 중복된 衍文이라 하였으므로 衍文으로 처리하였다.
7) 匍伏 : 엎드리다. 匍匐과 같다.
8) 蕭何王陵 : 漢나라의 두 建國功臣이다. 蕭何는 沛縣 사람으로 劉邦을 도와 한나라를 건국하여 名相이 되었고 酇侯에 봉해졌다. 王陵은 沛縣 사람으로 한나라 건국에 공을 세워 安國侯에 봉해지고 뒤에 右丞相이 되었다. ≪史記 蕭相國世家≫·≪漢書 張陳王周傳≫

楚 文王이 사냥개 如黃과 箘簬로 만든 주살을 얻어 雲夢에서 사냥하면서 3개월 동안 돌아가지 않았고, 丹姬를 얻어 음란한 향락에 빠져 1년이나 朝會를 보지 않았다. 그러자 保申이 諫하였다.

"先王께서 저를 太保를 삼으려고 점을 쳤는데 吉하였습니다. 지금 왕께서 사냥개 如黃과 箘簬로 만든 주살을 얻어 雲夢에서 사냥하면서 3개월 동안 돌아오지 않으시고, 丹姬를 얻어 음란한 향락에 빠져 1년이나 조회를 보지 않으시니, 왕의 죄는 笞刑에 해

당합니다. 엎드리십시오. 왕께 태형을 집행하겠습니다."

문왕은 말했다.

"나는 이미 포대기를 벗어난 나이이고, 諸侯에 기탁된 몸이니 방법을 변경하여 태형은 하지 말기 바라오."

보신은 대답했다.

"臣은 선왕의 명을 받았으니 감히 폐기할 수 없고, 왕께서 태형을 받지 않으면 이는 선왕의 명을 폐기하는 것입니다. 臣은 차라리 왕께 죄를 얻을지언정 선왕을 저버리지는 않을 것입니다."

그러자 문왕은 말하였다.

"삼가 허락하겠소."

마침내 왕에게 자리를 펴주니 왕이 엎드리자, 보신은 가는 화살대 50개를 묶어서 꿇어앉아 왕의 등에 올려놓기를 두 번 하고는 왕에게 말하였다.

"일어나십시오."

왕은 말했다.

"태형을 받았다는 이름은 같으니 끝까지 아프게 쳐주시오."

이에 보신은 말했다.

"臣은 들으니 君子는 태형을 당하면 부끄러워하고, 小人은 그저 아픔을 느낄 뿐이라고 합니다. 부끄러워하면서 잘못을 고치지 않는다면, 아프게 한들 무슨 유익함이 있겠습니까?"

그러고는 보신이 빠른 걸음으로 나가 스스로 流刑을 받고자 왕에게 죄를 청하였다. 그러자 문왕은 말했다.

"이는 나의 잘못이니 太保야 무슨 죄가 있겠습니까?"

문왕은 마침내 나쁜 행위를 고치고 보신의 말을 따라 사냥개 如黃을 죽이고, 菌簬로 만든 주살을 꺾었으며, 丹姬를 추방하고 초나라를 잘 다스리는 데 힘써 작은 30국을 겸병하였다. 초나라가 이렇게 광대한 나라가 되도록 한 것은 보신이 감히 直言을 다해 간한 공이다. 蕭何와 王陵이 이 일을 듣고 이렇게 論하였다.

"聖主가 능히 선대의 基業을 받들어 功名을 이룬 사람은 오직 초 문왕뿐일 것이다. 그 때문에 천하 사람들이 지금까지 기리고 있으니, 明主·忠臣·孝子의 모범이 되는 것이다."

13. 晉平公使叔向[1)]으로 聘於吳한대 吳人拭[2)]舟以逆之하야 左五百人이요 右五百人이라 有繡衣而豹裘者하고 有錦衣而狐裘者러라 叔向歸하야 以告平公한대 平公曰 吳其亡乎인저 奚以敬舟오 奚以敬民고 叔向對曰 君爲馳底之臺[3)]하시니 上可以發千兵이요 下可以陳鍾鼓니이다 諸侯聞君者면 亦曰 奚以敬臺오 奚以敬民고하리니 所敬各異也[4)]니이다 於是平公乃罷臺하다

1) 叔向 : 춘추시대 晉나라 大夫이다. 본서 권5 〈貴德〉의 14 참조.
2) 拭 : ≪太平御覽≫ 권769에 '飾'자로 썼고, ≪太平御覽≫ 권455에는 '拭'자를 그대로 썼는데 '拭'과 '飾'을 고대에는 통용하였다 한다.
3) 馳底之臺 : 晉 平公이 건립한 누대로, 汾水 가에 있었다 한다. ≪春秋左氏傳≫ 昭公 8년의 '虒祁之宮'인데 음이 서로 비슷하여 통용이라 한다. ≪水經注 汾水≫
4) 所敬各異也 : 吳나라 사람은 배를 존중하고, 平公은 누대를 존중하기 때문에 존중하는 바가 각기 다르다는 뜻이다.

晉 平公이 叔向을 보내어 吳나라에 聘問하게 하자, 오나라 사람이 배를 장식하여 숙향을 맞이하면서 왼쪽에 5백 명, 오른쪽에 5백 명을 도열시켰다. 그들 중에는 수놓은 옷에 표범가죽 갖옷을 입은 이와 비단옷에 여우가죽 갖옷을 입은 이도 있었다. 숙향이 돌아와서 이런 실상을 평공에게 보고하자 평공은 말했다.

"오나라는 장차 망할 것이다. 어찌 이렇게 배를 존중하는가? 이래서야 어떻게 백성을 존중하겠는가?"

그러자 숙향은 대답하였다.

"임금께서 馳底의 누대를 지으시니 위에는 천 명의 군사를 징발해둘 수 있고, 아래에는 鐘鼓를 진열할 수 있습니다. 그런데 제후들이 임금님의 이 일을 들으면 그들도 '어찌 이렇게 누대를 존중하는가? 이래서야 어떻게 백성을 존중하겠는가?'라고 할 것이니, 존중하는 바가 각기 다를 뿐입니다."

이에 평공은 곧 누대 짓는 일을 그만두었다.

14. 趙簡子擧兵而攻齊할새 令軍中호되 有敢諫者면 罪至死하리라 被甲之士 名曰公

盧[1)]라 望見簡子하고 大笑한대 簡子曰 子何笑오 對曰 臣有(夙)〔宿〕[2)]笑니이다 簡子曰 有以解之則可커니와 無以解之則死하리라 對曰 當桑之時하야 臣隣家夫與妻俱之田하니이다 見桑中女하고 因往追之라가 不能得하야 還反한대 其妻怒而去之하니 臣笑其曠也로소이다 簡子曰 今吾伐國失國이면 是吾曠也라하고 於是罷師而歸하다

1) 公盧 : 사람 이름이다. 평생 행적은 미상이다.
2) (夙)〔宿〕: 저본에는 '夙'으로 되어 있으나, ≪群書拾補≫와 ≪說苑校證≫의 고증에 의거하여 '宿'으로 바로잡았다.

趙簡子가 군대를 일으켜 齊나라를 공격할 때 軍中에 명령을 내려 감히 諫하는 사람이 있으면 그 죄는 사형에 처할 것이다 하였다. 갑옷을 입은 군사 중에 公盧라는 자가 있었는데 조간자를 바라보고 크게 웃었다. 이에 조간자가 물었다.

"그대는 왜 웃는가?"

그 군사는 대답하였다.

"저는 평소에 웃는 버릇이 있습니다."

조간자는 말했다.

"이를 해명할 말이 있으면 괜찮겠지만, 해명할 말이 없으면 죽일 것이다."

이에 공로는 대답하였다.

"뽕을 딸 때를 당하여 저의 이웃집 사내가 그의 아내와 함께 밭에 갔습니다. 사내가 뽕밭 안의 여자를 보고 그대로 따라갔다가 그 여자를 얻지 못하고 돌아오자, 그의 아내는 노하여 그만 떠나버렸습니다. 저는 사내의 황당한 행위를 웃은 것입니다."

이 말을 듣고 조간자는 말하였다.

"지금 내가 남의 나라를 치다가 내 나라를 잃는다면 이는 나의 황당함이다."

그리고는 이에 군대를 해산하고 돌아왔다.

15. 景公爲臺하야 臺成에 又欲爲鐘한대 晏子諫曰 君不勝欲爲臺하시고 今復欲爲鐘하시니 是重斂於民이라 民(之)〔必〕[1)]哀矣니이다 夫斂民之哀而以爲樂이면 不祥이니이다 景公乃止하다

1) (之)〔必〕: 저본에는 '之'로 되어 있으나, ≪晏子春秋≫ 〈內篇 諫 下〉에 '必'자로 되

어 있고, ≪說苑校證≫에도 이를 따른 것에 의거하여 '必'로 바로잡았다.

齊 景公이 樓臺를 지어 누대가 완성되자 또 鐘을 만들려고 하니, 晏子가 諫하였다.

"임금께서 慾望을 누르지 못해 누대를 지으시고, 지금 다시 종을 만들려고 하시니, 이는 백성에게 세금을 가중시키는 일이라, 백성은 반드시 고통스럽게 됩니다. 세금을 가중시켜 백성을 고통스럽게 하면서 자기는 즐기면 이롭지 않습니다."

듣고 난 경공은 바로 이 일을 중지하였다.

16. 景公有馬러니 其圉人[1]殺之한대 公怒하야 援戈將自擊之하니 晏子曰 此不知其罪而死니 臣請爲君數之하야 令知其罪而殺之호리이다 公曰 諾다 晏子擧戈而臨之하야 曰 汝爲吾君養馬而殺之하니 而罪當死요 汝使吾君以馬之故殺圉人하니 而罪又當死요 汝使吾君以馬故殺人하야 聞於四隣諸侯하니 汝罪又當死니라 公曰 夫子釋之하라 夫子釋之하야 勿傷吾仁也하라

1) 圉人 : 말을 맡아 기르는 사람이다.

齊 景公에게 말이 있었는데, 그 말을 기르는 사람이 그 말을 죽이자 景公이 노하여 창을 잡고 직접 찌르려고 하니, 晏子가 말했다.

"이 사람은 그의 죄가 무엇인지도 모르고 죽게 됩니다. 臣이 임금님을 위해 그의 죄를 열거하여, 그의 죄를 알게 하고 죽이겠습니다."

이에 경공은 "좋소." 하고 허락하였다. 안자는 창을 들고 그에게 다가가 말했다.

"너는 우리 임금을 위해 말을 기르다가 죽였으니 네 죄는 죽음에 해당한다. 너는 우리 임금이 말 때문에 말을 기르는 사람을 죽이게 하였으니 네 죄는 또 죽음에 해당한다. 너는 우리 임금이 말 때문에 사람을 죽여 사방 이웃의 諸侯들에게 알려지게 하였으니 네 죄는 또 죽음에 해당한다."

그러자 경공이 말했다.

"선생은 그를 놓아주시오. 선생은 그를 놓아주어 나의 仁德이 손상되지 않게 하시오."

17. 景公好弋하야 使燭雛[1]主鳥而亡之한대 景公怒而欲殺之하다 晏子曰 燭雛有罪하니 請數之以其罪하고 乃殺之호리이다 景公曰 可하다 於是乃召燭雛하야 數之景公

前曰 汝爲吾君主鳥而亡之하니 是一罪也요 使吾君以鳥之故殺人하니 是二罪也요 使諸侯聞之以吾君重鳥而輕士하니 是三罪也니라 數燭雛罪已畢하고 請殺之한대 景公曰 止하라하고 勿殺而謝之하라

1) 燭雛 : 춘추시대 齊나라 大夫이다. 본편의 02 주1) 참조.

齊 景公이 주살로 새 잡기를 좋아하여 잡은 새를 顔燭雛에게 관리하게 하였는데 그 새를 놓쳐버리자, 경공이 노하여 죽이려고 하였다. 이에 晏子는 말했다.

"안촉주는 죄가 있으니 그의 죄를 열거하고 바로 죽이겠습니다."

경공은 "좋소." 하였다. 그리하여 곧 안촉추를 불러와 경공 앞에서 그의 죄를 열거하였다.

"너는 우리 임금을 위해 새를 관리하다가 놓쳤으니 이것이 첫 번째 죄이다. 우리 임금이 새 때문에 사람을 죽이게 하였으니 이것이 두 번째 죄이다. 諸侯들이 이를 듣고 우리 임금이 새는 重視하고 사람은 輕視한다 여기게 하였으니 이것이 세 번째 죄이다."

이렇게 안촉추의 죄를 열거한 뒤에 죽이자고 요청하였다. 이에 경공은 "그만 중지하라." 하고는 죽이지 않고 사과하였다.

18. 景公正晝에 被髮乘六馬하고 御婦人하야 以出正閨[1)]하다 刖跪[2)]擊其馬而反之하야 曰 爾非吾君也라하니 公慙而不朝하다 晏子睹裔敖[3)]而問曰 君何故不朝오 對曰 昔者에 君正晝에 被髮乘六馬하고 御婦人하야 〈以〉[4)]出正閨하니 刖跪擊其馬而反之하야 曰 爾非吾君也라하니 公慙而反하사 不果出이라 是以不朝니이다 晏子入見한대 公曰 昔者에 寡人有罪라 被髮乘六馬하고 以出正閨러니 刖跪擊{其}[5)]馬而反之하야 曰 爾非吾君也라하니 寡人以{天}[6)]子大夫之賜로 得率百姓以守宗廟라가 今見戮於刖跪하야 以辱社稷하니 吾猶可以齊於諸侯乎아 晏子對曰 君無惡焉하소서 臣聞之컨대 下無直辭면 上(無)〔有〕[7)]隱君하고 民多諱言이면 君有驕行이라호이다 古者에 明君在上이면 下有直辭하고 君上好善이면 民無諱言하니이다 今君有失行에 而刖跪有直辭하니 是君之福也라 故臣來慶하노니 請賞之하사 以明君之好善하시고 禮之하사 以明君之受諫하소서 公笑曰 可乎아 晏子曰 可하니이다 於是令刖跪倍資無正[8)]하고 時朝無事하다

1) 正闈 : 宮中의 작은 문이다. ≪晏子春秋 雜 上 11≫·≪爾雅 釋宮≫
2) 刖跪 : 다리를 자르는 형벌을 받은 사람이다. 고대에 흔히 다리가 잘린 刑人으로 문을 지키게 하였다. 跪는 危로도 쓴다. ≪晏子春秋 雜 上 11≫·≪韓非子 外儲說 左 下≫
3) 裔敖 : 사람 이름이다. 평생 행적은 미상이다.
4) 〈以〉 : 저본에는 '以'가 없으나, 위 아래의 동일 句에 모두 '以'자가 있고, ≪晏子春秋≫ 〈內篇 雜 上〉에도 '以'자 있어서 보충하였다.
5) {其} : ≪群書拾補≫에 "위 구절의 '其'자는 당연히 있어야 하지만, 이 구절은 景公의 自述이니 '其'는 衍文이다. ≪太平御覽≫ 권455에는 '其'자가 없다." 하여 衍文으로 처리하였다.
6) {天} : ≪說苑校證≫에 의거하여 衍文으로 처리하였다.
7) (無)〔有〕 : 저본에는 '無'로 되어 있으나, ≪說苑校證≫에 "≪群書拾補≫에는 '有'로 고쳤고, 宋本·明鈔本에 모두 '有'자로 되어 있어서 고쳤다."는 說에 따라 '有'로 고쳤다.
8) 正 : 세금을 징수하다. '征'과 같다.

齊 景公이 대낮에 머리를 풀어헤친 채 여섯 마리 말이 끄는 수레에 부인을 데리고 궁중의 작은 문을 통해 밖으로 나갔다. 刖跪가 말을 쳐서 수레를 궁중으로 되돌아가게 하면서 말하였다.

"너는 우리 임금이 아니다."

그러나 경공은 이를 부끄럽게 여겨 朝會를 열지 않았다. 晏子가 裔敖를 보고 물었다.

"임금께서 어찌하여 조회를 열지 않는가?"

이에 예오는 대답하였다.

"지난번에 임금께서 대낮에 머리를 풀어헤친 채 여섯 마리 말이 끄는 수레에 부인을 데리고 궁중의 작은 문을 통해 밖으로 나갔습니다. 월궤가 말을 쳐서 수레를 궁중으로 되돌아가게 하면서 '너는 우리 임금이 아니다.'라 하니, 公이 부끄럽게 여기고 돌아와서 과감히 외출을 못하기 때문에 조회를 열지 않는 것입니다."

안자가 들어가 경공을 뵙자 경공이 말했다.

"지난번에 寡人이 죄를 지었소. 머리를 풀어헤친 채 여섯 마리 말이 끄는 수레에 부인을 데리고 궁중의 작은 문을 통해 밖으로 나갔었다오. 월궤가 말을 쳐서 수레를 궁중으로 되돌아가게 하면서 '너는 우리 임금이 아니다.'라 하였소. 과인이 그대 大夫가 준 은덕으로 백성을 통솔하여 宗廟를 지키다가 지금 월궤에게 모욕을 당하여 社稷을 욕보였으니, 내가 그러고도 제후들과 나란히 설 수 있겠소?"

이에 안자는 대답하였다.

"임금께서는 이를 부끄러워하지 마십시오. 臣은 들으니 아래에 바른말하는 신하가 없으면 위에 어두운 임금이 있고, 백성들이 기피하는 말이 많으면 임금은 교만한 행동이 있다 하였습니다. 옛날 현명한 임금이 위에 있으면 아래에 바른말하는 신하가 있고, 임금이 善을 좋아하면 백성들은 기피하는 말이 없었습니다. 현재 임금에게 잘못된 행위가 있자 월궤가 바른말을 하였으니 이는 임금님의 복입니다. 그래서 臣이 와서 慶賀를 드리오니, 그에게 상을 주시어 임금께서 善을 좋아함을 밝히시고, 그를 예우하시어 임금께서 諫言을 받아들임을 表明하십시오."

그제야 경공은 웃으면서 말하였다.

"그래도 되겠습니까?"

안자는 대답하였다.

"됩니다."

이에 월궤에게 곱절의 재물을 상으로 주었으며 세금을 징수하지 말도록 하니, 당시에 조정이 太平無事하였다.

19. 景公飮酒라가 移於晏子家할새 前驅報閭曰 君至로소이다 晏子被玄端[1)]하고 立於門曰 諸侯得微有故乎아 國家得微有故乎아 君何爲非時而夜辱[2)]이니잇고 公曰 酒醴之味와 金石之聲을 願與夫子樂之하노라 晏子對曰 夫布薦席[3)]하고 陳簠簋[4)]者有人하니 臣不敢與焉이로소이다 公曰 移於司馬穰苴[5)]之家호리라 前驅報閭曰 君至로소이다 司馬穰苴介冑操戟하고 立於門曰 諸侯得微有兵乎아 大臣得微有叛者乎아 君何爲非時而夜辱이니잇고 公曰 酒醴之味와 金石之聲을 願與夫子樂之하노라 對曰 夫布薦席하고 陳簠簋者有人하니 臣不敢與焉이로소이다 公曰 移於梁丘據[6)]之家호리라 前驅報閭曰 君至로소이다 梁丘據左操瑟하고 右挈竽하야 行歌而至하니 公曰 樂哉로다 今夕吾飮酒也여 微彼二子者면 何以治吾國이며 微此一臣者면 何以樂吾身이리오 賢聖之君은 皆有益友요 無偸樂之臣이어늘 景公弗能及이라 故兩用之하야 僅得不亡하니라

1) 被玄端 : 玄端服을 입는다는 뜻이다. '被'는 '披'와 통용으로 옷을 걸치거나 입는다는

뜻이다. 玄端服은 옷의 끝부분에 검정색의 선을 둘러 만든 禮服이다. 天子・諸侯・士大夫들이 祭服으로 입었으며, 天子의 평상복으로도 썼다. ≪周禮 春官 司服≫

2) 辱 : '존귀함을 굽혀 찾아주다, 수고롭게 오다'라는 뜻의 謙辭이다.

3) 薦席 : 바닥에 까는 자리이다.

4) 簠簋 : 簠와 簋로, 대오리를 결어 만들어 黍稷을 담는 두 가지 禮器이다. ≪禮記 樂記≫・≪晏子春秋 雜 上 12≫

5) 司馬穰苴 : 춘추시대 齊나라 장군으로, 姓은 田, 이름은 穰苴이다. 大司馬를 지냈으므로 司馬穰苴라 한다. 兵法에 깊이 통달하였고 用兵術에 능하여 ≪司馬穰苴兵法≫을 지었다. ≪史記 司馬穰苴列傳≫

6) 梁丘據 : 춘추시대 齊나라 大夫로, 景公의 寵臣이다. 梁丘山에 터를 잡아 살았으므로 후손들이 이를 姓으로 삼아 梁丘氏가 되었다. ≪晏子春秋 雜 上 5≫

齊 景公이 술을 마시다가 晏子의 집으로 옮겨 술을 더 마시려 할 적에, 앞서서 길을 인도하는 사람이 문앞에서 "임금께서 오십니다." 하고 알렸다. 안자는 玄端服을 입고 문앞에 서서 말했다.

"諸侯들 사이에 무슨 變故가 있는 것은 아닙니까? 국가에 무슨 변고가 있는 것은 아닙니까? 임금께서 무슨 일로 정상이 아닌 밤 시간에 저희 집을 찾으셨습니까?"

그러자 경공은 말했다.

"맛있는 술과 좋은 음악소리를 그대와 함께 즐기려고 왔소."

안자는 대답하였다.

"자리를 깔고 簠簋 같은 그릇을 진열하는 일은 맡아 하는 사람이 있으니, 臣은 감히 참여하지 않겠습니다."

이에 경공은 말하였다.

"司馬穰苴의 집으로 옮기겠다."

앞서서 길을 인도하는 사람이 문앞에서 "임금께서 오십니다." 하고 알렸다. 사마양저는 갑옷과 투구를 착용한 채 창을 들고 문앞에 서서 말했다.

"諸侯들 사이에 戰爭이 있는 것은 아닙니까? 大臣 중에 叛亂을 일으킨 자가 있는 것은 아닙니까? 임금께서 무슨 일로 정상이 아닌 밤 시간에 저희 집을 찾으셨습니까?"

그러자 경공은 말했다.

"맛있는 술과 좋은 음악소리를 그대와 함께 즐기려고 왔소."

사마양저는 대답하였다.

"자리를 깔고 簠簋 같은 그릇을 진열하는 일은 맡아 하는 사람이 있으니, 臣은 감히 참여하지 않겠습니다."

이에 경공은 말하였다.

"梁丘據의 집으로 옮기겠다."

앞서서 길을 인도하는 사람이 문앞에서 "임금께서 오십니다." 하고 알렸다. 양구거는 왼손에는 瑟을 잡고 오른손에는 竽를 잡고서 노래를 부르며 나왔다. 이를 본 경공은 말했다.

"즐겁구나. 오늘밤 나의 술 마신 일이여! 저 안자와 사마양저 두 사람이 있지 않으면 어떻게 내 나라를 다스리며, 이 양구거 같은 한 신하가 있지 않으면 어떻게 내 몸을 즐겁게 하겠는가?"

현명하고 슬기로운 임금에게는 모두 有益한 벗이 있고, 享樂을 탐하게 하는 신하가 없었다. 그런데 경공은 이런 임금에 미치지 못하였다. 그래서 이 두 종류의 신하를 다 임용하여 겨우 멸망하지 않은 것이다.

20. 吳以伍子胥孫武[1])之謀하야 西破彊楚하고 北威齊晉하며 南伐越하다 越王句踐迎擊之하야 敗吳於姑蘇[2])하고 傷闔廬指[3])하니 軍却하다 闔廬謂太子夫差[4])曰 爾忘句踐殺而父乎아 夫差對曰 不敢이로소이다 是夕에 闔廬死하다 夫差旣立爲王하야 以伯嚭[5])爲太宰하야 習戰射하다 三年에 伐越하야 敗於夫湫[6])하다 越王句踐이 乃以兵五千人으로 棲於會稽山[7])上하다 使大夫種[8])으로 厚幣遺吳太宰嚭以請和하고 委國爲臣妾하다 吳王將許之러니 伍子胥諫曰 越王爲人이 能(내)辛苦하니 今王不滅이면 後必悔之하리이다 吳王不聽하고 用太宰嚭計하야 與越平하다 其後五年에 吳王聞齊景公死하고 而大臣爭寵하며 新君弱하고 乃興師北伐齊하다 子胥諫曰 不可하니이다 句踐食不重味하고 弔死問疾하며 且能用人하니 此人不死면 必爲吳患하리이다 今越은 腹心之疾이요 齊는 猶疥癬耳이어늘 而王不先越하시고 乃務伐齊하시니 不亦謬乎잇가 吳王不聽하고 伐齊하야 大敗齊師於艾陵[9])하고 遂與鄒魯之君會以歸하야 益疏子胥之言하다 其後四年에 吳將復北伐齊하니 越王句踐用子貢之謀하야 乃率其衆以助吳하고 而重寶以獻遺太宰嚭하다 太宰嚭旣數受越賂하고 其愛信越殊甚하야 日夜爲言於吳王하니 王信用嚭之

計러라 伍子胥諫曰 夫越은 腹心之疾이어늘 今信其游辭僞詐而貪齊하시니 譬猶石田하야 無所用之니이다 盤庚曰[10] 古人有顚越不恭이면 〈劓殄滅之하야 俾無遺育하야 無使易種於玆邑〉[11]하리라하니 是商所以興也니 願王釋齊而先越하소서 不然이면 將悔之無及也已리이다 吳王不聽하고 使子胥於齊하다 子胥謂其子曰 吾諫王호되 王不我用하니 吾今見吳之滅矣라 女與吳俱亡은 無爲也라하고 乃屬其子於齊鮑氏[12]하고 而歸報吳王하다 太宰嚭旣與子胥有隙이러니 因讒曰 子胥爲人이 剛暴少恩하니 其怨望猜賊이면 爲禍也深하리이다{恨}[13] 前日王欲伐齊에 子胥以爲不可호되 王卒伐之하사 而有大功이어늘 子胥計謀不用하니 乃反怨望하니이다 今王又復伐齊어시늘 子胥專愎强諫하고 沮毁用事하야 徼幸吳之敗하야 以自勝其計謀耳니이다 今王自行하사 悉國中武力以伐齊어시늘 而子胥諫不用하야 因輟佯病不行하니 王不可不備니 此起禍不難이니이다 且臣使人微伺之러니 其使齊也에 乃屬其子於鮑氏하니이다 夫人臣內不得意라하야 外交諸侯하고 自以先王謀臣으로 今不用이라하야 常怏怏하니 願王早圖之하소서 吳王曰 微子言之이라도 吾亦疑之로라 乃使使賜子胥屬(촉)鏤[14]之劍하야 曰 子以此死하라 子胥曰 嗟乎라 讒臣宰嚭爲亂이어늘 王顧反誅我로다 我令若父霸하고 又若立時에 諸弟子爭立이어늘 我以死爭之於先王하니 幾不得立이러니라 若旣立하야 欲分吳國與我호되 我顧不敢當이라 然若之何聽讒臣하고 殺長者오 乃告舍人[15]曰 必樹吾墓上以梓하야 令可以爲器어든 而抉吾眼하야 著之吳東門하야 以觀越寇之滅吳也하라 乃自刺殺하다 吳王聞之하고 大怒하야 乃取子胥屍하야 盛以鴟夷革[16]하야 浮之江中하다 吳人憐之하야 乃爲立祠於江上하고 因名曰胥山이라하다 後十餘年에 越襲吳하니 吳王還與戰이라가 不勝하니 使大夫行成於越호되 不許하다 吳王將死에 曰 吾以不用子胥之言하야 至於此로다 令死者無知則已어니와 死者有知인댄 吾何面目으로 以見子胥也리오하고 遂蒙絮覆面而自刎하다

1) 孫武 : 춘추시대 齊나라 사람으로, 뛰어난 兵法家이다. 吳王 闔閭에게 등용되어 楚나라 군대를 격파하고, 제나라와 晉나라를 위협하여 吳나라의 霸業을 이루게 하였다. 저서에 兵法 13편이 있는데, 현재 ≪孫子兵法≫으로 전한다. ≪史記 孫子吳起列傳≫

2) 姑蘇 : 江蘇省 吳縣 서남쪽에 있는 산으로, 산 위에 吳王 夫差가 쌓았다는 姑蘇臺가 있다. ≪讀史方輿紀要 江南 6 吳縣≫

3) 傷闔閭指 : 吳王 闔閭가 越王 句踐과 전쟁하다가 엄지발가락에 부상을 입은 일이다. 합려는 춘추 말기 吳나라 임금으로, 이름은 光이다. 專諸를 시켜 吳王 僚를 죽이고 自立하였다. 檇李(지금의 浙江省 嘉興縣 서남쪽)에서 월왕 구천에게 패배하여 重傷을 입고 죽었다. ≪史記 吳太伯世家≫

4) 夫差 : 춘추시대 吳나라 王으로, 闔閭의 아들이다. 越王 句踐과의 전쟁에서 죽은 아버지의 원수를 會稽에서 구천을 격파하여 갚았으나, 뒤에 구천의 離間에 빠져 越나라에 敗亡하자 자살하였다. ≪史記 吳泰伯世家≫

5) 伯嚭 : 춘추시대 楚나라 사람이다. 吳나라로 망명하여 太宰가 된 뒤 越王 句踐의 뇌물을 받고 和議를 받아들이게 하여, 越나라가 吳나라를 멸망시키는 빌미를 제공하였으나 월왕에게 죽임을 당하였다. ≪史記 越世家・伍子胥列傳≫

6) 夫湫 : 산 이름으로, 곧 夫椒이다. 지금의 浙江省 紹興市 북쪽에 있다. 夫山과 椒山의 두 산이라는 설이 있고, 지금의 江蘇省 吳縣 서남쪽 太湖 안의 椒山이라는 등의 설이 있다.

7) 會稽山 : 浙江省 紹興市 동남쪽에 있는 산이다. 禹王이 이곳에서 제후들을 크게 모아놓고 功을 매겼기 때문에 붙여진 이름이라고 한다. 일명 防山, 또는 茅山이다. ≪春秋左氏傳 哀公 元年≫

8) 大夫種 : 춘추시대 越나라 大夫 文種으로, 楚나라 郢邑 사람이다. 越王 句踐에게 정사를 위임받아 吳王 夫差에게 설욕하는 등 많은 공을 세웠으나, 뒤에 참소를 믿은 구천이 劍을 내리자 자결하였다. ≪史記 越世家≫・≪越絶書≫

9) 艾陵 : 옛 지명으로, 춘추시대 齊나라 땅이다. 지금의 山東省 萊蕪市 동북쪽에 있었다. 일설에는 지금의 山東省 泰安市 동남쪽에 있었다 한다. ≪春秋左氏傳 哀公 11년≫

10) 盤庚曰 : 盤庚은 ≪書經≫ 〈商書〉의 篇名이다. '盤庚曰'이 ≪史記≫ 〈伍子胥列傳〉에는 '盤庚之誥曰'로 되어 있고, ≪春秋左氏傳≫ 哀公 11년에도 같다.

11) 古人有顚越不恭〈劓殄滅之 俾無遺育 無使易種於兹邑〉: ≪說苑校證≫에는 "'古人' 두 글자를 ≪群書拾補≫에는 ≪春秋左氏傳≫에 의거하여 '其'자로 고쳤는데, ≪史記≫ 〈伍子胥列傳〉에는 '古人' 두 글자가 없고, '其'자도 없으며, ≪尙書≫에는 '有'자까지도 없다." 하였다. 또 "이 글은 전적으로 ≪史記≫ 〈伍子胥列傳〉을 인용하였지, ≪春秋左氏傳≫을 따른 것이 아니다."라고 하면서 '劓殄滅之 俾無遺育 無使易種於兹邑'의 15자를 보충하였으므로, 이에 따라 보충하고 번역하였다.

12) 鮑氏 : ≪史記≫ 〈伍子胥列傳〉에는 鮑牧으로 기록되어 있으나, ≪春秋左氏傳≫의 기록에 의하면 이 일은 哀公 11년에 일어났고, 포목은 哀公 8년에 죽었다. 여기의 鮑氏는 아마 그 종친인 듯하다.

13) {恨} : ≪說苑校證≫에 의거하여 衍文으로 처리하였다. ≪史記≫ 〈伍子胥列傳〉에도 "恐爲深禍也"로 되어 있다.

14) 屬(촉)鏤 : 劍 이름으로, 屬盧로도 쓴다. ≪淮南子 氾論訓≫・≪吳越春秋 句踐伐

吳外傳≫

15) 舍人 : 王公이나 높은 벼슬에 있는 사람의 집에 두었던 벼슬로, 그 집안의 사무를 담당하였다. 전국시대에서 漢나라 초기까지 있었다. ≪戰國策 楚策 4≫ · ≪史記 廉頗藺相如列傳≫

16) 鴟夷革 : 가죽으로 만든 자루이다. 鴟夷는 '자루'라는 뜻이다. ≪戰國策 燕策 2≫

吳나라가 伍子胥와 孫武의 계책을 써서 서쪽으로는 강력한 楚나라를 격파하고, 북쪽으로는 齊나라와 晉나라를 위협하였으며, 남쪽으로는 越나라를 토벌하였다. 越王 句踐이 오나라를 맞아 싸워 姑蘇에서 오나라 군대를 패배시키고 闔閭의 엄지발가락에 부상을 입히자, 오나라 군대는 퇴각하였다. 합려가 太子 夫差에게 말했다.

"너는 구천이 네 아비를 죽인 일을 잊겠느냐?"

부차는 대답하였다.

"감히 잊지 않을 것입니다."

이날 밤에 합려는 죽고 말았다. 부차는 즉위하여 왕이 되고 나서, 伯嚭를 太宰로 삼아 전쟁과 사격훈련을 하였다.

3년 뒤에 오나라는 월나라를 토벌하여 夫湫에서 越나라 군대를 패배시켰다. 월왕 구천은 곧 군사 5천 명을 거느리고 會稽山 위에서 머물렀다. 그러고는 大夫 文種을 보내어 오나라 태재 백비에게 많은 뇌물을 주어 講和하기를 요청하고, 나라의 통치권을 바치며 자신은 신하가 되고 아내는 侍妾이 되기를 원하였다. 오왕 부차가 허락하려고 하자 오자서는 諫하였다.

"월왕 구천은 사람됨이 어렵고 괴로움을 잘 참아내니, 지금 왕께서 없애지 않으면 후일 반드시 뉘우칠 것입니다."

吳王은 이 말을 따르지 않고 태재 백비의 계책을 채용하여 월나라와 和平하였다.

그 뒤 5년에 오왕은, 齊 景公이 죽고 大臣들은 총애받기를 다투며 새로 즉위한 임금은 어리다는 소문을 듣고, 군대를 일으켜 북쪽을 향하여 齊나라를 토벌하려고 하였다. 오자서는 다시 간하였다.

"안 됩니다. 구천이 두 가지 이상의 반찬을 먹지 않고 죽은 이를 弔問하며 병든 이를 問病하고, 또 人才를 잘 임용하고 있습니다. 이 사람이 죽지 않으면 반드시 오나라의 근심거리가 될 것입니다. 지금 월나라는 뱃속의 병이고, 제나라는 옴 같은 피부병과 같습니다. 그런데 왕께서는 월나라를 먼저 토벌하지 않으시고, 제나라 토벌하는 일에 힘쓰시니 잘못된 일이 아니겠습니까?"

오왕은 오자서의 諫言을 따르지 않고 제나라를 토벌하여 艾陵에서 제나라 군대를 크게 패배시키고, 마침내 鄒·魯의 임금과 會盟을 하고 돌아와 더욱 오자서의 말을 멀리하였다.

그 뒤 4년에 오나라는 다시 북쪽으로 제나라를 토벌하려고 하였다. 월왕 구천은 子貢의 계책을 채용하여, 마침내 그의 군대를 이끌고 오나라를 돕고 많은 보물을 태재 백비에게 바쳤다. 태재 백비는 이미 여러 차례 월나라의 뇌물을 받고는 월나라를 사랑하고 신임하는 마음이 매우 심하여 밤낮으로 월나라를 위해 오왕에게 좋게 말하니, 오왕은 백비의 계책을 믿어 의심하지 않았다. 보다 못한 오자서는 간했다.

"저 월나라는 뱃속의 병인데 지금 근거 없는 들뜬 말과 거짓된 계책을 믿고 제나라에 대한 이익을 추구하시니, 비유하면 돌밭과 같아서 쓸모가 없습니다. ≪書經≫ 〈盤庚〉에 '교훈을 失墜하여 공손히 따르지 않는 자가 있으면 코를 베거나 죽여서 남겨두어 기름이 없게 하여 그 종자를 이 도읍에 옮겨 살지 못하게 할 것이다.' 하였습니다. 이것이 商나라가 興盛하게 된 원인이니, 왕께서는 제나라는 버려두고 월나라를 먼저 공격하시기 바랍니다. 그렇게 하지 않으면 장차 뉘우쳐도 소용이 없을 것입니다."

오왕은 이 말도 따르지 않고 오자서를 제나라에 使臣으로 보냈다. 오자서는 그의 아들에게 말했다.

"내가 왕에게 간하였으나 왕이 나의 말을 채용지 않으니, 나는 이제 오나라가 멸망할 것을 보았다. 네가 오나라와 함께 멸망하는 것은 아무 의의가 없다."

그러고는 마침내 그의 아들을 제나라의 鮑氏에게 맡기고 돌아와서 오왕에게 사신으로 갔다온 일을 보고하였다. 태재 백비는 이미 오자서와 서로 꺼리는 틈이 있었는데, 이 기회를 이용하여 오자서를 참소하였다.

"오자서의 사람됨은 강퍅하고 사나우며 恩情이 적으니, 그가 원망하고 陰險한 敵意를 품으면 깊은 禍亂이 될 것입니다. 지난날 왕께서 제나라를 토벌하려 하실 때 오자서가 안 된다고 하였으나 왕께서 끝내 제나라를 토벌하여 큰 공을 거두셨는데, 오자서는 자기의 계책이 채용되지 않으니 도리어 원망하였습니다. 지금 왕께서 또다시 제나라를 토벌하려 하시는데 오자서는 제멋대로 강퍅하게 간하며, 왕께서 하시는 일을 저지하고 훼방하면서 오나라가 실패하여 스스로 자기의 계책이 우월했음을 바라고 있습니다.

지금 왕께서 직접 출정하시어 나라 안의 모든 무력을 징발하여 제나라를 토벌하려 하시는데, 오자서는 자기의 간언이 채용되지 않자 그대로 나오지 않고 거짓으로 병을 핑계대어 가려고 하지 않습니다. 왕께서는 이를 대비하지 않으시면 안 되니, 이 사람은 왕에게 禍亂을 일으키는 일을 어렵게 여기지 않습니다.

또 臣이 사람을 보내 몰래 엿보게 했더니, 그가 제나라에 사신 갔을 때 마침내 그의 아들을 鮑氏에게 맡겼습니다. 신하가 되어 국내에서 뜻을 이루지 못하였다 하여 밖에서 제후와 교제하고, 자신은 先王의 謀臣으로서 지금 자기의 건의가 채용되지 않는다 하여 언제나 야속하게 여기고 있으니, 왕께서는 일찌감치 도모하시기 바랍니다."

이에 오왕은 말하였다.

"그대가 이렇게 말하지 않더라도 나 역시 의심하고 있었소."

그러고는 사람을 보내 오자서에게 屬鏤劍을 주면서 말하였다.

"그대는 이 劍으로 자결하시오."

그러자 오자서는 말했다.

"아, 참소하는 신하 태재 백비가 禍亂을 조장하고 있는데 왕은 도리어 나를 誅殺하는구나. 나는 너의 아버지를 霸者가 되게 하였고, 또 네가 太子가 될 때 여러 子弟들이 태자가 되려고 다투었는데 나는 선왕께 죽음을 무릅쓰고 너를 위해 간하였다. 그렇게 하지 않았다면 너는 하마터면 태자가 되지 못할 뻔했었다. 네가 이미 태자가 되어 오나라를 나누어 나에게 주려고 하였으나 나는 도리어 감히 받지 않았다. 그런데 너는 어찌하여 참소하는 신하의 말을 듣고 이 어른을 죽이는가?"

마침내 舍人에게 당부하였다.

"나의 무덤가에는 반드시 가래나무〔梓〕를 심어 그 나무가 커서 기물을 만들 만하게 되거든, 나의 눈알을 파내 오나라 都城 東門에 걸어두어 월나라의 침략군이 오나라를 멸망시키는 것을 보게 해다오."

그러고는 마침내 스스로 찔러 죽었다. 오왕은 이 말을 듣고 크게 노하여 바로 오자서의 시체를 가져다가 가죽으로 만든 자루에 담아 강물에 띄워버렸다. 오나라 사람들이 불쌍히 여겨 바로 강가에 사당을 세우고 이름을 胥山이라 하였다.

그 뒤 10여 년에 월나라가 오나라를 습격하니 오왕은 〈北方에 가서 제후들과 회맹하던 중에〉 군대를 돌이켜 돌아와서 싸우다가 이기지 못하자, 大夫를 월나라에 보내

講和를 요구하였으나 월나라는 허락하지 않았다. 오왕은 자살하려고 하면서 말했다.

"내가 오자서의 말을 채용하지 않아 이 지경에 이르렀구나! 죽은 자가 지각이 없다면 그뿐이지만, 죽은 자가 지각이 있다면 내가 무슨 면목으로 오자서를 만나랴!"

그러고는 마침내 솜을 얼굴에 덮고는 스스로 목을 찔러 자살하였다.

21. 齊簡公有臣하니 曰諸御鞅[1]이라 諫簡公曰 田常與宰予[2] 此二人者는 甚相憎也하니 臣恐其相攻하노이다 相攻雖叛而危之[3]면 不可하니이다 願君去一人하소서 簡公曰 非細人[4]之所敢議也니라 居無幾何에 田常果攻宰予於庭하고 賊簡公於朝하니 簡公喟焉太息曰 余不用鞅之言이라가 以至此患也라하니 故忠臣之言은 不可不察也니라

1) 諸御鞅 : 사람 이름이다. ≪史記≫ 〈齊太公世家〉와 〈田敬仲完世家〉에는 모두 御鞅으로 되어 있는데, 〈索隱〉에 "御는 벼슬 이름이고, 鞅은 이름이다." 하였다.

2) 田常與宰予 : 田常은 춘추시대 齊나라 사람 陳恒으로, 陳成子・田成子라고도 한다. 簡公 때 闞止와 함께 左右丞相이 되었다. 간공을 시해하고 간공의 아우 驁(平公)를 세워 제나라를 장악하였다. ≪論語 子路≫・≪春秋左氏傳 哀公 14년≫

宰予는 춘추시대 齊나라 右相 闞止로, 字는 子我이다. 자가 孔子의 제자 宰予와 같을 뿐 다른 사람이라고 한다. ≪說苑集證≫

3) 相攻雖叛而危之 : 이 구절은 잘못이 있는 듯하다. ≪呂氏春秋≫ 〈愼勢〉에는 "相攻唯固則危上矣"로 되어 있고, 일설에는 '離'는 '雖', '之'는 '上'이 되어야 한다고 한다.

4) 細人 : 지위가 微賤한 사람이다. ≪韓非子 說難≫

齊 簡公에게 신하가 있으니 諸御鞅이라고 한다. 그는 간공에게 諫하였다.

"田常과 宰予 이 두 사람은 서로 몹시 미워하니, 臣은 그들이 서로 공격해 죽일까 봐 걱정됩니다. 서로 공격하여 離叛하면 임금께서 위태로워질 것이니, 그래서는 안 됩니다. 임금께서는 한 사람을 제거하시기 바랍니다."

그러자 간공은 말하였다.

"미천한 사람이 감히 의론할 일이 아니다."

얼마 지나지 않아 전상이 정말로 朝廷의 뜰에서 재여를 공격해 죽이고, 간공을 조정에서 시해하였다. 당시에 간공은 한숨을 쉬며 탄식해 말했다.

"내가 제어앙의 말을 듣지 않았다가 이런 환란에 이르렀구나!"

그러므로 忠臣의 말은 자세히 살피지 않으면 안 되는 것이다.

22. 魯襄公朝荊할새 至淮하야 聞荊康王[1)]卒하고 公欲還하다 叔仲昭伯[2)]曰 君之來也는 爲其威也니 今其王死나 其威未去어늘 何爲還이니잇고 大夫皆欲還한대 子服景伯[3)]曰 子之來也는 爲國家之利也라 故不憚勤勞하고 不遠道塗하며 而聽於荊也는 畏其威也라 夫義人者는 固將慶其喜而弔其憂어든 況畏而聘焉者乎아 聞畏而往이라가 聞喪而還이면 其誰曰非侮也리오 芈(미)姓[4)]是嗣하고 王太子又長矣요 執政未易라 事君任政하야 求說[5)]其侮하야 以定嗣君而示後人이면 其讐滋大리라 以戰小國이면 其誰能止之리오 若從君而致患으론 不若違君以避難고 且君子計而後行이어늘 二三子其計乎아 有御楚之術하고 有守國之備면 則可어니와 若未有也인댄 不如行이니라 乃遂行하다

1) 荊康王 : 춘추시대 楚나라 왕으로, 이름은 昭이며, 招로 쓰기도 한다. 荊은 楚나라의 별칭이다. ≪國語 魯語 下≫
2) 叔仲昭伯 : 춘추시대 魯나라 大夫 叔仲帶이다. 叔仲惠伯의 손자이다. ≪國語 魯語 下≫
3) 子服景伯 : 춘추시대 魯나라 大夫 子服何이다. 子服昭伯의 아들이며, 子服惠伯의 손자이다. ≪國語 魯語 下≫
4) 芈(미)姓 : 楚나라 王室의 姓이다.
5) 說 : '脫'과 통용하며, '벗어나다, 면하다'의 뜻이다.

魯 襄公이 楚나라로 朝見하러 갈 때 淮水 가에 이르러 楚 康王이 죽었다는 소식을 듣고 양공이 돌아가려고 하였다. 그러자 叔仲昭伯이 말했다.

"임금께서 초나라에 가시려는 것은 초나라의 위세 때문이니, 지금 그 왕은 죽었으나 그 위세는 없어지지 않았는데 어찌 돌아가려 하십니까?"

大夫들이 모두 돌아가려고 하자 子服景伯은 말했다.

"그대들이 가는 것은 국가의 이익을 위해서요. 그 때문에 수고로움을 꺼리지 않고 가는 길을 멀다 여기지 않으며, 초나라의 명을 따르는 것은 그 위세를 두려워하기 때문이오. 의로운 사람은 본디 남의 慶事에는 기뻐해주고 喪事에는 弔問하는 법인데, 더구나 두려워서 聘問하는 대상이겠소? 두려운 위세가 있음을 듣고 가다가 喪事가 있음을 듣고 돌아간다면, 그 누가 모욕을 주는 것이 아니라고 하겠소.

芈姓이 王位를 계승하고 王太子가 또 장성하였으며, 執政大臣이 바뀌지 않았소. 그들이 임금을 모시고 정치를 담당하여 이 모욕을 제거하여 즉위한 임금을 안정시키고 후대 사람에게 보이기를 구한다면, 우리에 대한 원한을 더욱 크게 갚을 것이오. 우리

같은 작은 나라와 전쟁을 한다면 그 누가 막아내겠소. 임금의 뜻을 따르다가 患難을 부르는 것보다는 임금의 뜻을 어겨 환난을 피하는 것만 못하오.

또 君子는 계획을 정한 뒤에 실행하는 것인데 그대들은 계획을 정하였소? 초나라를 막을 방도가 있고 나라를 지킬 방비가 있다면 돌아가도 괜찮겠지만, 만일 이런 방책이 없다면 초나라로 가는 것만 못하오."

그러자 마침내 초나라로 갔다.

22. 孝景皇帝時에 吳王濞[1)]反한대 梁孝王中郎枚乘字叔[2)]聞之하고 爲書諫王하다 其辭曰 君王之外臣乘은 竊聞得全者全昌하고 失全者全亡이라호이다 舜無立錐之地로되 以有天下하시고 禹無十戶之聚호되 以王諸侯하시니이다 湯武之地는 方不過百里로되 上不絶三光[3)]之明하고 下不傷百姓之心者는 有王術也라 故父子之道는 天性也로되 忠臣은 不敢避誅以直諫이라 故事無廢業하야 而功流於萬世也니이다 臣誠願披腹心而效愚忠이나 恐大王不能用之하니 臣誠願大王少加意念惻怛之心於臣乘之言하노이다 夫以一縷之任으로 係千鈞之重하야 上懸之無極之高하고 下垂之不測之淵이면 雖甚愚之人이라도 且猶知哀其將絶也니이다 馬方駭而重驚之하고 係方絶而重鎭之하니 係絶於天이면 不可復結이요 墜入深淵이면 難以復出이니 其出不出이 間不容髮이니이다 誠能用臣乘言이면 一擧必脫이어니와 必若所欲爲인댄 危如重卵이요 難於上天이니이다 變所欲爲인댄 易於反掌이요 安於太山이니이다 今欲極天命之壽하고 弊無窮之樂하며 保萬乘之勢호되 不出反掌之易하며 以居太山之安하고 乃欲乘重卵之危하며 走上天之難하니 此愚臣之所大惑也로소이다 人性有畏其影而惡其迹者하야 却背而走호되 無益也니 不(知)〔如〕[4)]就陰而止면 影滅迹絶이니이다 欲人勿聞인댄 莫若勿言이요 欲人勿知인댄 莫若勿爲니이다 欲湯之冷호되 令一人炊之하고 百人揚之면 無益也니 不如絶薪止火而已니이다 不絶之於彼하고 而救之於此면 譬猶抱薪救火也니이다 養由基[5)]는 楚之善射者也라 去楊葉百步하야 百發百中하니 楊葉之小어늘 而加百中焉이면 可謂善射矣로되 所止乃百步之中耳니 比於臣하면 未知操弓持矢也[6)]로소이다 福生有基하고 禍生有胎하나니 納其基하고 絶其胎면 禍何從來哉리오 泰山之溜穿石하고 引繩久之면 乃以鐜木하나니 水非石[7)]之鑽이요 繩非木之鋸也어늘 而漸靡使之然이니이다 夫銖銖而

稱之면 至石必差하고 寸寸而度之면 至丈必過하나니 石稱丈量이라야 徑而寡失이니이다 夫十圍之木도 始生於蘖하니 可引而絶이요 可擢而拔은 據其未生하고 先其未形이니이다 磨礱砥礪에 不見其損이로되 有時而盡하고 種樹畜長에 不見其益이로되 有時而大니이다 積德修行에 不知其善이로되 有時而用하고 行惡爲非하고 棄義背理에 不知其惡이로되 有時而亡하나니이다 臣誠願大王孰計而身行之하노니 此百王不易之道也니이다 吳王不聽이러니 卒死丹徒[8)]하다

1) 吳王濞 : 漢 高祖의 형 劉仲의 아들이다. 吳王에 봉해졌으나 景帝 때 吳·楚 지역의 일곱 나라와 함께 반란을 일으켰다가 周亞夫에게 평정되었다. ≪史記 吳王濞列傳≫
2) 枚乘字叔 : 枚乘은 漢나라 淮陰 사람으로, 字는 叔이다. 辭賦에 뛰어난 문장가이다. 景帝 때 吳王 濞의 郎中으로 오왕의 모반을 만류하였으나 듣지 않자, 梁孝王을 섬겨 上客이 되었다. 吳楚七國이 반란을 일으키자 오왕에게 罷兵을 권유하여 명성을 얻었다. ≪漢書 枚乘傳≫
3) 三光 : 日·月·星을 이른다. ≪莊子 說劍≫·≪白虎通 封公侯≫
4) (知)〔如〕: 저본에는 '知'로 되어 있으나, ≪說苑校證≫에서 ≪太平御覽≫ 권455에 의거하여 '如'자로 고쳤기에 따라 고쳤다. ≪文選≫ 권39 枚乘의 〈上書諫吳王〉에도 '如'자로 되어 있다.
5) 養由基 : 춘추시대 楚나라 大夫이다. 백 보 밖에서 활을 쏘아 버들잎을 명중시켰다는 명사수로 鄢陵의 전투에서 晉軍의 추격을 저지하였고, 楚 共王이 죽은 틈을 타고 쳐들어온 吳軍을 司馬子庚을 도와 대패시켰다. ≪春秋左氏傳 宣公 12년·成公 16년≫·≪漢書 枚乘傳≫
6) 比於臣 未知操弓持矢也 : 枚乘 자신은 아는 것이 원대하여 단지 백 보 안의 것만 볼 뿐이 아니므로 養由基는 활을 쏠 줄 모른다고 한 것이다. 이는 자기에게 있는 깊은 계책과 멀리 내다보는 생각으로 비교하면, 양유기는 여기에 훨씬 미치지 못함을 이른 말이다.
7) 石 : 名數詞로, 120근의 중량단위이다.
8) 丹徒 : 땅 이름으로, 지금의 江蘇省 鎭江市 丹徒區이다.

孝景皇帝 때 吳王 濞가 반란을 일으키자 梁孝王의 中郎으로 있던 梅乘의 字는 叔인데, 이 소식을 듣고 글을 지어 吳王에게 諫하였다. 그 글은 다음과 같다.

"君王의 外臣 매승은 적이 '임금에 대한 禮가 완전한 자는 완전히 昌盛하고, 임금에 대한 禮가 완전하지 못한 자는 완전히 敗亡한다.'고 들었습니다.

舜임금은 송곳 하나 꽂을 땅도 없었으나 천하를 소유하셨고, 禹王은 열 집의 무리도

없었으나 제후들에게 王 노릇하였습니다. 湯王과 武王의 땅은 사방 백 리도 안 되었지만 위로 三光의 빛을 끊지 않았고, 아래로 백성의 마음을 아프게 하지 않았던 것은 王道가 있었기 때문입니다.

그러므로 父子간의 도리는 天性으로 이루어진 것이지만, 忠臣은 죽음을 피하지 않고 直諫을 해야 합니다. 그래서 王業이 폐기되지 아니하여 功業이 萬世에 전해지는 것입니다. 臣은 진실로 뱃속에 든 마음을 쪼개내어 어리석은 忠誠을 바치고 싶지만, 대왕께서 채용하지 않을까 봐 걱정이 됩니다. 臣은 진실로 대왕께서 신 매승의 말에 좀 더 유의하시어 불쌍히 여기는 마음을 가져주시기를 바랍니다.

한 올의 실이 감당하는 힘으로 千鈞의 무거운 물건을 매어 위로는 끝없이 높은 곳에 매달아놓고, 아래로는 헤아릴 수 없이 깊은 못에 늘어뜨려 놓으면, 아무리 어리석은 사람일지라도 오히려 그것이 끊어질까 봐 안타까워할 줄 압니다. 말이 지금 막 놀라는데 거듭 놀라게 하고, 매어놓은 실이 막 끊어지려 하는데 거듭 누르고 있습니다. 공중에 매단 것이 끊어지면 다시는 잡아매기 어렵고, 깊은 못에 떨어지면 다시는 꺼내기 어렵습니다. 꺼내고 꺼내지 못하는 것은 그 사이가 머리카락 한 올만큼의 차이도 없습니다. 진실로 신 매승이 드리는 말씀을 채용하시면 단번에 반드시 위험에서 벗어나겠지만, 만일 하고 싶은 대로 하시면 계란을 쌓아놓은 것처럼 위태롭고, 하늘에 오르는 것처럼 어려울 것입니다.

그러나 하고 싶은 일을 변경하시면 손바닥을 뒤집는 것처럼 쉽고, 太山보다 안전할 것입니다. 지금 天命의 壽를 다 누리고 無窮한 즐거움을 다하며 萬乘의 權勢를 보전하고자 하십니다. 그런데 손바닥을 뒤집는 것처럼 쉬우며 태산처럼 안전한 방도를 하지 않으시고, 마침내 계란을 쌓은 것처럼 위태로운 형세를 타며 하늘에 오르는 것처럼 어려운 데로 달려가시니, 이것이 어리석은 신은 크게 당혹스럽게 여기는 것입니다.

자기의 그림자를 두려워하여 자기의 자취를 싫어하는 성품을 가진 사람이 있어서 뒤로 걸어보았지만 도움이 되지 않았습니다. 이는 그늘 속에 들어가 멈추면 그림자는 없어지고 자취가 끊어짐을 몰랐던 것입니다. 남이 듣지 못하게 하려면 말하지 않는 것만 못하고, 남이 알지 못하게 하려면 하지 않는 것만 못합니다. 끓는 물을 차게 하려고 하면서 한 사람은 불을 때게 하고 백 사람으로 물을 젓도록 하면 도움이 되지 않으니, 다만 섶을 치우고 불을 끄는 것만 못합니다. 저곳의 불을 끄지 않고 이곳의 문제를 해결하려고 하면, 비유하건대 섶을 안고 불을 끄려는 것과 같습니다.

養由基는 楚나라의 활쏘기 명수입니다. 버들잎과의 거리가 백 보나 떨어진 곳에서 활을 쏘아 百發百中하였습니다. 그 작은 버들잎인데 백발백중하였다면 활을 잘 쏘는 사람이라고 할 만하지만 백 보 안에 국한될 뿐입니다. 신에게 견준다면 양유기는 활을 잡고 화살을 겨누는 방법을 모르는 것입니다. 福은 쌓은 바탕에서 생기고, 禍는 잉태한 근원에서 발생하는 것입니다. 그 복이 오는 바탕을 받아들이고 화를 잉태하는 근원을 끊는다면, 화가 어디를 따라 오겠습니까.

태산의 작은 물방울이 돌을 뚫고, 가는 노끈을 오랫동안 당기면 나무를 자르는 법입니다. 물은 돌을 뚫는 송곳이 아니고, 노끈은 나무를 베는 톱이 아닌데, 차츰차츰 스며들어서 그렇게 되는 것입니다. 저울의 눈금 하나씩을 가지고 달면 1石에 이르러 반드시 差異가 나고, 자의 한 치를 가지고 재면 1丈에 이르러 반드시 錯誤가 생기게 됩니다. 石으로 달고 丈으로 재어야 빠르고 착오가 적은 법입니다. 한 아름이 되는 큰 나무도 처음에는 연한 싹에서 생기니, 이때에는 당겨서 끊을 수 있고, 잡아당겨 뽑을 수 있습니다. 그것은 아직 크게 자라지 않았고 완전한 형태를 이루기 전이기 때문입니다.

숫돌에 물건을 갈 때에는 그것이 닳는 것을 보지 못하지만 언젠가는 다 닳아 없어질 때가 있고, 나무를 심어 커갈 때에 커가는 것을 보지 못하지만 언젠가는 크게 됩니다. 德行을 쌓고 品行을 수양할 적에는 그의 善함을 알지 못하지만 언젠가는 쓸 때가 있고, 惡行과 잘못을 저지르고 道義를 버리며 義理를 위배할 적에는 그의 惡함을 알지 못하지만 언젠가는 멸망하는 법입니다.

신은 진실로 대왕께서 자세히 살피시어 몸소 실행하기를 바라오니, 이는 역대의 수많은 王이 바꾸지 않았던 準則입니다."

吳王은 이 말을 따르지 않았는데, 마침내 丹徒에서 죽었다.

23. 吳王欲從民飮酒어늘 伍子胥諫曰 不可하니이다 昔에 白龍下淸冷之淵[1)]하야 化爲魚러니 漁者豫且(저)[2)] 射中其目한대 白龍上訴天帝하니이다 天帝曰 當是之時하야 若安置而形고 白龍對曰 我下淸冷之淵하야 化爲魚하니이다 天帝曰 魚固人之所射也니 若是어늘 豫且何罪오하니이다 夫白龍은 天帝貴畜也요 豫且는 宋國賤臣也라 白龍不化면 豫且不射니이다 今棄萬乘之位하시고 而從布衣之士飮酒하시면 臣恐其有豫且之患矣일가하노이다 王乃止하다

1) 白龍下淸冷之淵 : 白龍은 전설상의 河神이다. 淸冷은 전설상의 연못 이름이다. ≪山海經 中山經≫
2) 豫且(저) : 춘추시대 宋나라 泉陽 사람으로, 물고기 잡는 일을 업으로 삼았다 한다. 余且로도 쓴다. ≪莊子 外物≫ · ≪史記 龜策列傳≫

吳王이 백성들과 어울려 술을 마시려고 하자 伍子胥가 諫하였다.

"안 됩니다. 옛날 白龍이 淸冷의 연못에 내려와 물고기로 변하였는데, 어부 豫且가 그 눈을 쏘아 맞히자 백룡은 하늘에 올라가 天帝께 이를 하소연하였습니다. 천제는 '당시에 너는 어디에서 무슨 형체를 하고 있었느냐?' 하고 물었습니다. 백룡은 대답했습니다. '저는 청령의 연못에 내려가 물고기로 변해 있었습니다.' 그러자 천제는 '물고기는 본디 사람들이 쏘아 잡는 것이다. 네가 이 모양을 하고 있었는데 예저에게 무슨 죄가 있느냐?' 하였습니다.

백룡은 천제가 귀중하게 기르는 물건이고, 예저는 宋나라의 미천한 백성입니다. 백룡이 물고기로 변하지 않았다면 예저가 쏘아 맞히지 않았을 것입니다. 지금 萬乘의 지위를 버리시고 布衣의 백성들과 어울려 술을 마시면 臣은 예저 같은 재앙이 있을까 걱정됩니다."

그러자 왕는 이내 그만두었다.

24. 孔子曰 良藥이 苦於口나 利於病이요 忠言이 逆於耳나 利於行이라 故武王諤諤[1]而昌하고 紂嘿嘿[2]而亡하니라 君無諤諤之臣하고 父無諤諤之子하며 兄無諤諤之弟하고 夫無諤諤之婦하며 士無諤諤之友면 其亡可立而待라 故曰 君失之를 臣得之하고 父失之를 子得之하며 兄失之를 弟得之하고 夫失之를 婦得之하며 士失之를 友得之라 故無亡國破家와 悖父亂子와 放兄棄弟와 狂夫淫婦와 絶交敗友니라

1) 諤諤 : 直言으로 諫爭하는 모양을 이른다. ≪韓詩外傳 10≫ · ≪集韻 入聲 鐸≫
2) 嘿嘿 : 말하지 않고 잠자코 있는 모양을 이른다. 默默과 같다. ≪文選 屈原 卜居≫ · ≪楚辭 卜居≫

孔子께서 말씀하셨다.

"좋은 藥은 입에는 쓰지만 病에는 이롭고, 忠直한 말은 귀에는 거슬리지만 行事에는 이롭다. 그래서 武王은 直言으로 諫하게 하여 昌盛하였고, 紂王은 입을 닫고 말하지

못하게 하여 敗亡하였다. 임금에게 직언하는 신하가 없고, 아버지에게 직언하는 아들이 없고, 형에게 직언하는 아우가 없고, 남편에게 직언하는 아내가 없으며, 선비에게 직언하는 벗이 없으면 그의 패망을 즉시 기다리는 것과 같다.

그 때문에 '임금의 잘못을 신하가 바로잡아주고, 아버지의 잘못을 아들이 바로잡아주고, 형의 잘못을 아우가 바로잡아주고, 남편의 잘못을 아내가 바로잡아주며, 선비의 잘못을 벗이 바로잡아준다.'고 하는 것이다. 그러므로 망한 나라와 파괴된 집, 悖逆한 아버지와 亂倫의 아들, 放蕩한 형과 버림받은 아우, 미치광이 남편과 淫亂한 아내, 交際를 끊는 友情과 잘못된 벗이 없는 것이다."

25. 晏子復於景公曰 朝居嚴乎잇가 公曰 朝居嚴이면 則曷害於治國家哉오 晏子對曰 朝居嚴이면 則下無言하고 下無言이면 則上無聞矣니이다 下無言을 則謂之喑이요 上無聞을 則謂之聾이니 聾喑則非害治國家如何也잇고 具合菽粟之微以滿倉廩이요 合疏縷之緯以成幃幕이라 太山之高는 非一石也요 累卑然後高也니이다 夫治天下者는 非用一士之言也니 固有受而不用이언정 惡有距而不入者哉리오

晏子가 齊 景公에게 여쭈었다.

"朝廷에 계실 때 嚴肅하게 하십니까?"

경공은 대답하였다.

"조정에 있을 때 엄숙하면 나라를 다스리는 데에 무슨 해로움이 있소?"

이에 안자는 대답했다.

"조정에 계실 때 엄숙하면 아랫사람들이 말을 하지 못하고, 아랫사람들이 말을 하지 못하면 윗사람이 나라의 實情을 듣지 못합니다. 아랫사람이 말을 하지 못하는 것을 벙어리〔喑〕이라 하고, 윗사람이 듣지 못하는 것을 귀머거리〔聾〕라고 합니다. 귀머거리와 벙어리가 되면 나라를 다스리는 데 해가 되지 않고 어찌되겠습니까?

콩과 좁쌀의 작은 것이 모두 모여서 창고를 가득 채우고, 성긴 실들이 합쳐져서 장막을 이루는 것입니다. 太山이 높은 것은 돌 하나로 된 것이 아니고, 낮은 곳에 많은 돌이 쌓인 뒤에 높아진 것입니다. 천하를 다스리는 일은 한 사람의 말만을 채용해서는 안 됩니다. 진실로 받아들이고 채용하지 않을지언정 어찌 막아서 들어오지도 못하게 해서야 되겠습니까?"

卷10 敬愼 남을 恭敬히 대하고 일을 愼重히 처리함

人生의 成敗와 국가를 다스리는 핵심적 요소는 남을 공경하고 조심하며 삼감에 있음을 밝힌 篇이다. 存亡과 禍福은 그 요점이 자신에게 달려 있음을 提出하고 그 사례들을 뽑아 열거하였다. 强弱・盈虛・成敗・得失・利害 등의 관계는 서로 轉化됨을 천명하였다.

예컨대 强함을 유지하려면 반드시 弱으로 지켜야 하고, 成功하려고 하면 失敗를 거부하지 않아야 된다는 것이다. 때문에 德行이 훌륭하여도 恭遜함으로 자신을 지키면 榮光되고, 소유한 토지가 넓더라도 儉素함으로 지키면 安定된다는 등의 사례를 거론하여 이를 밝히고 있다. 또 敬愼을 견지하면 天災와 地妖도 두렵지 않다고 하여, 存亡禍福은 모두 자신에게 달려 있음을 강조하였다. 지위가 높아도 몸을 낮추며, 가득 찼어도 비우며, 부유하여도 검소하며, 존귀하여도 낮게 처신하며, 지혜로워도 어리석게 지내며, 용감하여도 겁을 내며, 言辯이 있어도 語訥하며, 널리 알아도 淺近히 여기며, 밝아도 어둡게 처신해야 한다는 孔子의 사상에서 기인하였다.

01. **存亡禍福**은 **其要在身**일새 **聖人重誡**하시니 **敬愼所忽**이니라 **中庸曰 莫見乎隱**이며 **莫顯乎微**라 **故君子能愼其獨也**[1]라하고 **諺曰 誡無垢**하고 **思無辱**이라하니라 **夫不誠不思**요 **而以存身全國者亦難矣**니라 **詩曰 戰戰兢兢**하야 **如臨深淵**하며 **如履薄冰**[2]이라하니 **此之謂也**니라

1) 莫見乎隱……故君子能愼其獨也：≪中庸≫ 1장에 보인다. 다만 今本 ≪中庸≫에는 '能'자가 없다.

2) 戰戰兢兢……如履薄冰：≪詩經≫ 〈小雅 小旻〉에 보인다.

存亡과 禍福은 그 요체가 몸에 달려 있기 때문에 聖人이 거듭 경계하셨으니 공경과 삼감을 소홀히 하기 때문이다.

≪中庸≫에는 "어두운 곳보다 드러난 곳이 없으며, 微細한 일보다 나타난 일이 없다. 그 때문에 君子는 자기만 홀로 아는 곳에서 삼간다."라 하였고, 속담에 말하기를 "경계

하여 조심하면 허물이 없고, 생각하면 치욕을 받지 않는다." 하였다. 경계하여 조심하지 않으며 생각하지 않고서 몸을 보존하고 나라를 온전히 지키는 것은 역시 어렵다.

≪詩經≫에 "戰戰兢兢하여 마치 깊은 연못에 이른 듯이 하며 얇은 얼음을 밟듯이 하라." 하였으니 이런 도리를 이른 것이다.

02. 昔에 成王封周公한대 周公辭不受어시늘 乃封周公子伯禽於魯하다 將辭去할새 周公戒之하야 曰 去矣어든 子其無以魯國驕士矣하라 我는 文王之子也요 武王之弟也요 今王之叔父也며 又相天子니 吾於天下에 亦不輕矣니라 嘗一沐三握髮하고 一食而三吐哺로되 猶恐失天下之士로라 吾聞之호니 曰 德行廣大而守以恭者榮하며 土地博裕而守以儉者安하며 祿位尊盛而守以卑者貴하며 人衆兵彊而守以畏者勝하며 聰明睿智而守以愚者益하며 博聞多記而守以淺者廣이라하니 此六守者는 皆謙德也니라 夫貴爲天子요 富有四海로되 不謙者는 先天下亡其身하니 桀紂是也라 可不愼乎아 故易曰 有一道면 大足以守天下하고 中足以守國家하며 小足以守其身[1)]이라하니 謙之謂也니라 夫天道는 毁滿而益謙하고 地道는 變滿而流謙하고 鬼神은 害滿而福謙하고 人道는 惡滿而好謙[2)]이라 是以衣成則缺袵하고 宮成則缺隅하며 屋成則加錯[3)]은 示不成者니 天道然也니라 易曰 謙은 亨하니 君子有終이면 吉[4)]이라하고 詩曰 湯降不遲하사 聖敬日躋[5)]라하니 其戒之哉하야 子其無以魯國驕士矣어다

1) 易曰…… 小足以守其身：今本 ≪周易≫에는 이 구절이 없다.
2) 天道……惡滿而好謙：≪周易≫ 謙卦에 보인다. 다만 '毁'와 '滿'은 今本 ≪周易≫에 '虧'와 '滿'으로 되어 있는데, 盈을 滿으로 고친 것은 漢 惠帝 劉盈의 이름자를 피하여 고친 것이다.
3) 加錯：≪韓詩外傳≫ 3에는 '加拙'로 되어 있다.
4) 易曰……君子有終吉：≪周易≫ 謙卦에 보인다.
5) 詩曰……聖敬日躋：≪詩經≫ 〈商頌 長發〉에 보인다.

옛날 成王이 周公을 諸侯에 봉하자, 주공이 사양하고 받지 않으니 마침내 주공의 아들 伯禽을 魯나라에 봉하였다. 백금이 하직하고 노나라로 가려 할 적에 주공이 경계하여 말했다.

"노나라에 가거든 너는 노나라를 가지고 선비들을 교만하게 대하지 말라. 나는 文王

의 아들이고 武王의 아우이며 지금 천자의 叔父이고 또 천자를 보좌하고 있으니, 나는 천하에 그 地位가 가볍지 않다. 그렇지만 한 번 머리를 감을 때마다 세 번씩 머리카락을 잡고 나와 선비를 만났으며, 한 번 밥을 먹을 때마다 세 번씩 입에 있는 음식을 뱉고 선비를 만났으나, 그래도 천하의 선비를 잃을까 봐 걱정하였다.

나는 들으니 '道德이 넓고 品行이 높은데도 공손함으로 지키는 자는 榮光되며, 토지가 넓고 재산이 넉넉한데도 검소함으로 지키는 자는 便安하며, 녹봉이 많고 지위가 높은데도 겸손함으로 지키는 자는 尊貴하며, 백성이 많고 병력이 강성한데도 두려운 마음으로 지키는 자는 勝利하며, 총명하고 슬기로우며 지혜가 있으면서도 어리석음으로 지키는 자는 有益함이 있으며, 널리 듣고 많이 기억하면서도 얕은 지식으로 지키는 자는 식견이 넓어진다.'라고 한다. 이 여섯 가지 操守는 모두 겸손한 덕이다.

존귀함은 天子가 되고 부유함은 四海를 소유했지만 겸손하지 못한 자는 천하보다 자신이 먼저 敗亡하니, 桀과 紂가 이런 사람이다. 삼가지 않을 수 있겠는가! 그래서 ≪周易≫에 말했다. '한 가지 도리가 있으면 크게는 天下를 지키고 중간은 國家를 지키며 작게는 自身을 지킨다.'라 하였으니, 겸손을 말하는 것이다. 天道는 가득 찬 것은 훼손시키고 겸손한 것은 더해주며, 地道는 가득 찬 것은 변경시키고 겸손한 곳으로 흐르며, 귀신은 가득 찬 것은 손해를 주고 겸손한 것에 복을 주며, 人道는 가득 찬 것을 싫어하고 겸손한 것을 좋아한다. 이 때문에 옷을 지을 때 옷깃의 한쪽을 완전하지 않게 남겨두고, 궁궐을 지을 때 한쪽 모퉁이를 완성하지 않고 남겨두며, 방을 만들 때 덧칠을 하는 것은 완성이 되지 않았음을 보이는 것이니, 天道는 그런 것이다.

≪周易≫에 '謙遜하면 형통하니 君子가 겸손함으로 마침이 있으면 吉하다.' 하였고, ≪詩經≫에 '湯王이 겸손히 몸을 낮춤을 게을리 하지 않아 성스럽고 공경하는 덕이 날마다 높아졌다.' 하였다. 그러니 경계하여 너는 노나라를 가지고 선비들을 교만하게 대하지 말라."

03. 孔子讀易이라가 至於損益[1)]하야 則喟然而歎하신대 子夏避席而問曰 夫子何爲歎이니잇고 孔子曰 夫自損者益하고 自益者缺하나니 吾是以歎也로라 子夏曰 然則學者不可以益乎잇가 孔子曰 否라 天之道는 成者 未嘗得久也니라 夫學者는 以虛受之라 故曰得[2)]이니 苟不知持滿이면 則天下之善言이 不得入其耳矣니라 昔堯履天子之位하사대

猶允恭以持之하시고 虛靜以待下라 故百載以逾盛하고 迄今而益章하니라 昆吾[3]는 自臧而滿意하고 窮高而不衰라 故當時而虧敗하고 迄今而逾惡하니 是非損益之徵與아 吾故曰謙也者는 致恭以存其位者也라하노라 夫豐明而動[4]이라 故能大니 苟大則虧矣니라 吾戒之라 故曰 {天下之善言이 不得入其耳矣}[5]라하노라 日中則昃하고 月盈則食하니 天地盈虛하야 與時消息[6]이라 是以聖人不敢當盛하야 升輿而遇三人則下하고 二人則軾하야 調其盈虛라 故能長久也니라 子夏曰 善하다 請終身誦之하노이다

1) 損益 : ≪周易≫ 64괘 중의 損卦와 益卦이다.
2) 故曰得 : ≪說苑纂注≫에 瀧井孝德의 설을 인용하여 "세 글자는 衍文이다." 하였고, ≪說苑校證≫에는 "≪太平御覽≫에 이 세 글자가 없으나 '曰'자는 '日'자가 되어야 할 듯하다." 하였으므로 '日'자를 따라 번역하였다.
3) 昆吾 : 夏・商시대의 部落 이름으로, 己姓이다. 처음 濮陽(지금의 河南省 濮陽市)에 봉해졌고, 夏나라가 쇠퇴하자 夏伯이 되어 지금의 河南省 許昌市로 옮겼다가 뒤에 商湯에게 멸망되었다. ≪詩經 商頌 長髮≫・≪春秋左氏傳 昭公 12년≫
4) 豐明而動 : ≪周易≫ 豐卦의 〈彖傳〉에 나오는 "豐 大也 明而動"을 이른 말이다. 豐卦의 內卦는 밝음을 상징하는 離(☲), 外卦는 움직임을 상징하는 震(☳)으로 되어 있다.
5) {天下之善言 不得入其耳矣} : ≪群書拾補≫에 "이 11자는 윗글에서 따라온 衍文이다." 하여 따라 衍文으로 처리하였다.
6) 日中則昃……與時消息 : ≪周易≫ 豐卦의 〈彖傳〉에 보인다.

孔子께서 ≪周易≫을 읽다가 損卦와 益卦에 이르러 한숨을 쉬며 탄식하시자, 子夏가 자리에서 일어나 여쭈었다.

"선생님께서는 어째서 탄식을 하십니까?"

공자께서는 대답하셨다.

"스스로 謙虛한 사람은 더해지고, 스스로 自慢한 사람은 결핍되니, 나는 이 때문에 탄식한 것이다."

자하는 다시 여쭈었다.

"그렇다면 배우는 사람은 知識을 더 증가해서는 안 됩니까?"

이에 공자께서는 설명해주셨다.

"아니다. 하늘의 道는 다 이룬 것은 오래간 적이 없다. 배우는 사람은 겸허한 마음으로 받아들이는 것이니, 그러므로 날마다 얻는〔得〕 것이다. 만일 가득 찬 것을 지키는 도리를 알지 못하면, 천하의 善한 말이 그의 귀에 들어오지 않는 것이다.

옛날 堯임금은 天子의 지위에 올랐으나, 오히려 信實하고 恭遜함으로 지키고 謙虛하고 平靜한 마음으로 아랫사람을 대하였다. 그래서 백 년이 지났어도 더욱 창성하고, 지금에 이르도록 더욱 드러나게 된 것이다.

昆吾는 스스로 잘난 체하여 自滿하고 높은 데까지 다 올라갔는데도 그치지 않았다. 그래서 그의 당시에 손상을 입어 실패하고 지금에 이르러 더욱 惡名이 있게 되었으니, 이것이 바로 損·益의 징험이 아니겠느냐? 나는 이 때문에 '겸허는 공손함을 지극히 하여 자신의 지위를 보존하는 방편이다.'라고 말하는 것이다.

豐은 밝고 움직인다. 그러므로 豐大하니 만일 풍대하면 줄어들게 마련이다. 나는 이 점을 경계한다. 그러므로 태양이 정오가 되면 기울고 달이 차면 이지러지니, 天地가 차고 기울어 시간과 함께 소멸되고 자라나는 것이다. 이 때문에 聖人은 감히 융성한 자리에 자신을 두지 않아, 수레에 탔을 때 세 사람을 만나면 수레에서 내리고, 두 사람을 만나면 軾에 몸을 기대어 인사하여 차고 비움을 조절하였다. 그 때문에 성인은 매우 오랫동안 유지한 것이다."

다 듣고 난 자하는 말하였다.

"좋은 말씀입니다. 저는 종신토록 이 말씀을 외우겠습니다."

04. 孔子觀於周廟[1)]러니 而有攲(기)器[2)]焉이러라 孔子問守廟者曰 此爲何器오 對曰 蓋爲右坐之器니이다 孔子曰 吾聞右坐之器는 滿則覆하고 虛則欹하며 中則正이라호니 有之乎아 對曰 然하니이다 孔子使子路로 取水而試之한대 滿則覆하고 中則正하며 虛則攲러라 孔子喟然歎曰 嗚呼라 惡有滿而不覆者哉아 子路曰 敢問持滿有道乎잇가 孔子曰 持滿之道는 挹而損之니라 子路曰 損之有道乎잇가 孔子曰 高而能下하며 滿而能虛하며 富而能儉하며 貴而能卑하며 智而能愚하며 勇而能怯하며 辯而能訥하며 博而能淺하며 明而能闇이니 是謂損而不極이라 能行此道는 唯至德者及之니라 易曰 不損而益之라 故損이요 自損而終이라 故益[3)]이라하니라

1) 周廟 : 周나라 宗廟이다. 여기서는 魯나라 周公의 사당인 듯하다. ≪荀子≫〈宥坐〉·≪淮南子≫〈道應訓〉·≪孔子家語≫〈三恕〉에는 모두 魯 桓公의 사당으로 되어 있다.

2) 攲(기)器 : 欹(의)器로도 쓴다. 잘 기울어지는 일종의 물을 담은 기구이다. 물을 적게 채우면 기울어지고, 알맞게 채우면 바로 서며, 가득 채우면 엎어지므로 임금이 座右에

두고 가득 참을 경계하는 기구로 삼았다. ≪荀子 宥坐≫

3) 不損而益之……故益 : 今本 ≪周易≫에는 없는 逸文이다. ≪困學紀文≫

孔子께서 周廟를 참관하셨는데 攲器가 있었다. 공자께서 사당지기에게 물으셨다.

"이것은 무슨 기구요?"

사당지기는 대답하였다.

"아마 자리 오른쪽에 두어 경계로 삼는 기구일 겁니다."

공자께서는 다시 물으셨다.

"내 들으니 자리 오른쪽에 두는 기구는 가득 차면 엎어지고 비우면 기울어지며 알맞게 채우면 바로 선다고 하는데, 사실인가요?"

사당지기는 대답하였다.

"그렇습니다."

공자께서 子路를 시켜 물을 떠오게 하여 시험하자, 가득 채우면 엎어지고 알맞게 채우면 바로 서며 비우면 기울어졌다. 공자께서는 길게 탄식하면서 말씀하셨다.

"아, 어찌 가득 차고도 엎어지지 않는 것이 있으랴!"

이에 자로가 여쭈었다.

"가득 차고도 지킬 수 있는 방법이 있는지요? 감히 여쭙습니다."

공자께서는 대답하셨다.

"가득 차고도 지킬 수 있는 방법은 抑制하여 덜어내는 것이다."

자로는 다시 여쭈었다.

"덜어내는 데에 어떤 방법이 있습니까?"

이에 공자께서는 대답하셨다.

"높은 자리에 있거든 몸을 낮추며, 가득 찼거든 비우며, 富有하거든 儉素하며, 尊貴하거든 謙遜하며, 智慧롭거든 어리석은 듯이 하며, 勇敢하거든 겁내는 듯이 하며, 말을 잘하거든 어눌한 듯이 하며, 學識이 넓거든 얕은 듯이 하며, 明哲하거든 어리석은 듯이 하는 것, 이것이 덜어내어 극도에 이르지 않게 한다는 것이다. 이 도리를 행하는 것은 다만 지극한 德이 있는 사람이라야 이를 수 있다. ≪周易≫에 '덜어내지 않고 보태기 때문에 손실이 오고, 스스로 덜어내어 끝까지 잘하기 때문에 더함을 얻는다.' 하였다."

05. 常摐[1)]有疾이어늘 老子往問焉하야 曰 先生疾甚矣니 無遺敎可以語諸弟子者

乎잇가 常摐曰 子雖不問이라도 吾將語子러니라 常摐曰 過故鄕而下車를 子知之乎아 老子曰 過故鄕而下車는 非謂其不忘故耶잇가 常摐曰 嘻라 是已니라 常摐曰 過喬木而趨를 子知之乎아 老子曰 過喬木而趨는 非謂〈其〉[2]敬老耶잇가 常摐曰 嘻라 是已니라 張其口而示老子 曰 吾舌存乎아 老子曰 然하이다 吾齒存乎아 老子曰 亡니이다 常摐曰 子知之乎아 老子曰 夫舌之存也는 豈非以其柔耶잇가 齒之亡也는 豈非以其剛耶잇가 常摐曰 嘻라 是已니라 天下之事已盡矣니 無以復語子哉로다

1) 常摐 : 老子의 스승이다. 자세한 행적은 알 수 없다.
2) 〈其〉 : 저본에는 '其'가 없으나, ≪說苑校證≫의 "윗글의 '非謂其不忘故耶'의 文例에 의하여 '其'자가 있어야 하므로 ≪太平御覽≫을 따라 보충하였다."는 說에 따라 보충하였다.

常摐이 병이 나자 老子가 찾아가서 여쭈었다.
"선생님의 병이 위중하시니 여러 제자들에게 남겨주실 만한 가르침이 없으신지요?"
상창은 말했다.
"자네가 묻지 않더라도 내가 자네에게 말하려고 했었네."
이어서 상창은 말했다.
"자기의 故鄕을 지나가면서 수레에서 내리는 이유를 자네는 아는가?"
노자는 대답하였다.
"고향을 지나가면서 수레에서 내리는 것은 고향을 잊지 못하는 뜻이 아닙니까."
상창은 말했다.
"아, 맞는 말이네."
그리고는 상창이 다시 말했다.
"喬木 앞을 지나가면서 종종걸음으로 가는 이유를 자네는 아는가?"
노자는 또 대답하였다.
"교목 앞을 지나가면서 종종걸음으로 가는 것은 老人을 공경하는 뜻이 아닙니까."
상창은 말했다.
"아, 맞는 말이네."
그리고는 자신의 입을 벌려 노자에게 보여주면서 말했다.
"내 혀가 있는가?"
이에 노자는 대답하였다.

"있습니다."

상창은 다시 물었다.

"그럼 내 이빨은 남아 있는가?"

노자는 대답하였다.

"없습니다."

상창은 물었다.

"자네는 그 이유를 아는가?"

노자는 대답하였다.

"혀가 남아 있는 것은 부드럽기 때문이 아닙니까. 이빨이 없는 것은 강하기 때문이 아닙니까."

그러자 상창은 말했다.

"아, 맞는 말이다. 천하의 事理를 벌써 다하였으니, 다시 자네에게 말해줄 것이 없구나."

06. 韓平子[1]問於叔向曰 剛與柔孰堅고 對曰 臣年八十矣니 齒再墮而舌尙存이니라 老聃有言曰 天下之至柔라야 馳騁乎天下之至堅이라하고 又曰 人之生也柔弱이나 其死也剛彊하고 萬物草木之生也柔脆나 其死也枯槁라하니이다 因此觀之컨대 柔弱者는 生之徒也요 剛彊者는 死之徒也니이다 夫生者毁而必復하고 死者破而愈亡하나니 吾是以知柔之堅於剛也호이다 平子曰 善哉로다 然則子之行何從고 叔向曰 臣亦柔耳니 何以剛爲리오 平子曰 柔無乃脆乎아 叔向曰 柔者는 紐而不折하고 廉而不缺하나니 何爲脆也리오 天之道는 微者勝이라 是以兩軍相加면 而柔者克之하고 兩仇爭利면 而弱者得焉이니이다 易曰 天道는 虧滿而益謙하고 地道는 變滿而流謙하며 鬼神은 害滿而福謙하며 人道는 惡滿而好謙[2]이라하니이다 夫懷謙不足之柔弱은 而四道[3]者助之하나니 則安往而不得其志乎잇가 平子曰 善하다

1) 韓平子 : 춘추시대 晉나라의 卿으로, 이름은 須, 諡號는 貞이다. 일설에는 시호를 平이라고 한다. 韓貞子라고도 한다. 韓起의 嫡子로, 한기가 죽은 후 종족을 데리고 平陽으로 이주하였다. ≪春秋左氏傳 昭公 2년·5년≫·≪史記 韓世家≫

2) 易曰……惡滿而好謙 : ≪周易≫ 謙卦에 보인다. 본편의 02 참조.

3) 四道 : 위에서 말한 天道 · 地道 · 鬼神道 · 人道를 이른다.

韓平子가 叔向에게 물었다.

"강한 것과 부드러운 것 중에 어느 것이 더 堅固한가요?"

숙향이 대답하였다.

"저는 나이가 여든인데 齒牙는 빠지고 또 빠져 없지만 혀는 아직 남아 있습니다. 老聃은 이렇게 말했습니다. '천하의 지극히 부드러운 것이라야 천하의 지극히 견고한 곳을 마구 달릴 수 있다.' 또 이런 말도 했습니다. '사람이 살았을 때는 유연하지만 죽어서는 뻣뻣해지고, 萬物 · 草木이 살았을 때는 유연하지만 죽어서는 말라 딱딱해진다.' 이를 따라 본다면 유연함은 살아 있는 類에 속하고, 뻣뻣한 것은 죽은 類에 속하는 것입니다. 살아 있는 사물은 훼손되면 반드시 복원되지만, 죽은 사물은 파괴되면 더욱 망가지고 맙니다. 저는 이 때문에 부드러운 것이 강한 것보다 견고하다는 점을 아는 것입니다."

듣고 난 한평자는 말했다.

"좋은 말이오. 그렇다면 그대의 행위는 어느 쪽을 따르려 하시오?"

숙향은 대답하였다.

"저 역시 부드러움을 따를 뿐이니, 어찌 강함을 따르겠습니까."

이에 한평자는 말했다.

"부드러움이 무르고 약한 것은 아니오?"

그러자 숙향은 말했다.

"부드러움은 감아 묶어도 부러지지 않고 모가 나도 이지러지지 않으니, 어찌 무르고 약하다 하겠습니까. 하늘의 법도는 미약한 것이 이기게 되어 있습니다. 이 때문에 두 군대가 서로 겨루게 되면 부드러운 군대가 이기고, 두 적수가 이익을 다투면 약한 사람이 차지하게 됩니다. ≪周易≫에 '天道는 가득 찬 것은 훼손시키고 겸손한 것은 더해주며, 地道는 가득 찬 것은 변경시키고 겸손한 곳으로 흐르며, 鬼神은 가득 찬 것은 손해를 주고 겸손한 것에 복을 주며, 人道는 가득 찬 것을 싫어하고 겸손한 것을 좋아한다.'라 하였습니다. 겸허함을 지니고 자만하지 않는 마음으로 부드럽게 행동하면 위의 四道가 도와줄 것이니, 어디를 간들 자기의 뜻을 이루지 못하겠습니까."

설명을 들은 한평자는 "좋은 말이오."라고 하였다.

07. 桓公[1)]曰 金剛則折하고 革剛則裂하며 人君剛則國家滅하고 人臣剛則交友絶이니라 夫剛則不和하고 不和則不可用이라 是故로 四馬不和하면 取道不長하고 父子不和하면 其世破亡하며 兄弟不和하면 不能久同하고 夫妻不和하면 家室大凶이니라 易曰 二人同心에 其利斷金[2)]이라하니 由不剛也니라

1) 桓公 : 춘추전국시대에 시호가 桓公인 제후가 여러 명이어서 어느 桓公인지 명확히 알 수가 없다. ≪春秋別傳≫과 ≪經濟類編≫에는 齊 桓公이라 하였다.
2) 易曰……其利斷金 : ≪周易≫ 〈繫辭傳 上〉에 보인다.

桓公이 말하였다.

“쇠붙이가 너무 강하면 부러지고 가죽이 너무 강하면 찢어지며, 임금이 너무 강하면 국가가 멸망하고 신하가 너무 강하면 벗과의 사귐이 끊어진다.”

너무 강하면 和順하지 못하고 화순하지 못하면 이용할 수가 없다. 이 때문에 네 마리 말이 화순하지 못하면 먼 길을 가지 못하고, 父子가 화순하지 못하면 代가 파멸되며, 兄弟가 화순하지 못하면 오랫동안 함께 살지 못하고, 夫婦가 화순하지 못하면 집안에 큰 凶事가 난다. ≪周易≫에 “두 사람이 마음을 같이할 적에 그 날카로움이 쇠도 자른다.” 하였으니, 너무 강하지 않은 데 연유하는 것이다.

08. 老子曰 得其所利어든 必慮其所害하고 樂其所成이어든 必顧其所敗[1)]니라 人爲善者는 天報以福하고 人爲不善者는 天報以禍也라 故曰 禍兮福所倚요 福兮禍所伏[2)]이라하니 戒之愼之어다 君子不務면 何以備之리오 夫上知天이면 則不失時하고 下知地면 則不失財하며 日夜愼之하면 則無(災害)〔害災〕[3)]니라

1) 得其所利……必顧其所敗 : 今本 ≪老子≫에는 이 구절이 없다.
2) 禍兮福所倚 福兮禍所伏 : ≪老子≫ 58章에 보인다.
3) (災害)〔害災〕: 저본에는 ‘災害’로 되어 있으나, ≪群書拾補≫에 ‘災’는 앞의 ‘時’·‘財’와 韻이어서 宋本을 따라 고친 것에 의거하여 ‘害災’로 바로잡았다.

老子는 말하였다.

“利益을 얻게 되거든 반드시 해로운 것을 생각하고, 成功을 즐기게 되거든 반드시 失敗할 것을 생각해야 된다.”

善한 일을 한 사람은 하늘이 福으로 갚아주고, 善하지 못한 일을 한 사람은 하늘이

災殃으로 갚아준다. 그래서 "재앙은 복이 그 안에 숨어 있고, 복은 재앙이 그 안에 잠복해 있다." 하였으니, 경계하고 삼갈지어다.

君子가 이 점에 힘쓰지 않으면 무엇으로 재앙을 방비하겠는가. 위로 하늘의 법도를 알면 시기를 잃지 않고, 아래로 땅의 법도를 알면 재물을 잃지 않으며, 밤낮으로 삼가고 조심하면 災害가 없게 된다.

09. 曾子有疾에 曾元[1]抱首하고 曾華[2]抱足하다 曾子曰 吾無顔氏之才하니 何以告汝리오 雖無能이나 君子務益이니라 夫華多實少者는 天也요 言多行少者는 人也라 夫飛鳥以山爲卑하야 而層巢其巓하고 魚鱉以淵爲淺하야 而穿穴其中이나 然所以得者는 餌也라 君子苟能無以利害身이면 則辱安從至乎리오 官怠於宦成하고 病加於少愈하며 禍生於懈惰하고 孝衰於妻子라 察此四者하야 愼終如始니라 詩曰 靡不有初나 鮮克有終[3]이라하니라

1) 曾元 : 춘추시대 魯나라 사람으로, 曾子의 아들이다. ≪孟子 離婁 上≫·≪禮記 檀弓 上≫
2) 曾華 : 춘추시대 魯나라 사람으로, 曾子의 아들이다. ≪大戴禮記 曾子疾病≫
3) 詩曰……鮮克有終 : ≪詩經≫ 〈大雅 蕩〉에 보인다.

曾子가 병이 났을 때 曾元은 증자의 머리를 안고 曾華는 증자의 다리를 안았다. 이에 증자는 말했다.

"나는 顔子 같은 재주가 없으니 너희들에게 무슨 말을 해주겠느냐. 비록 無能하지만 君子는 有益한 일을 힘써야 한다."

꽃이 많이 피면 열매가 적게 열리는 것은 하늘의 법도이고, 말이 많으면 실행이 적은 것은 사람의 실상이다. 나는 새는 산이 낮다고 여겨 산꼭대기에 높은 둥지를 틀고, 물고기와 자라는 연못이 얕다고 여겨 그 속에 구멍을 뚫고 산다. 그러나 사람이 이것들을 잡는 것은 미끼가 있기 때문이다.

군자가 만일 이익 때문에 몸을 해치지 않으면 치욕이 어디를 따라 오겠느냐. 벼슬은 높은 직위에 오른 데에서 나태해지고, 병은 조금 나은 데에서 더 심해지며, 재앙은 게으른 데에서 발생하고, 효도는 妻子를 둔 데에서 쇠퇴한다. 그러니 이 네 가지를 밝게 살펴서 끝마무리를 처음 시작할 때처럼 신중히 해야 한다. ≪詩經≫에 "일의 처음에는 잘하지 않는 이가 없으나, 끝마무리를 잘하는 이는 드물다." 하였다.

10. 單快[1]曰 國有五寒에 而冰凍不與焉이라 一曰政外요 二曰女厲요 三曰謀泄이요 四曰不敬卿士而國家敗요 五曰不能治內而務外라 此五者에 一見이면 雖祠無福하야 除禍必得이요 致福則貸[2]니라

1) 單快 : 사람 이름으로, 평생 행적은 알 수 없다.
2) 貸 : '忒'과 통용하며, '어긋나다, 잘못되다'의 뜻이다.

單快가 말하였다.

"국가의 다섯 가지 한심한 일 중에 얼음은 들어 있지 않다. 첫째는 정치를 外人에게 맡기는 것, 둘째는 여자 때문에 생기는 환란, 셋째는 기밀을 누설하는 것, 넷째는 卿士를 존경하지 않아 국가를 실패하게 하는 것, 다섯째는 나라 안의 일은 잘 다스리지 못하면서 외국과의 전쟁에 힘쓰는 것이다. 이 다섯 가지 중에 한 가지라도 나타나면 祭祀를 잘 지내더라도 福을 받지 못하여, 患亂을 제거하려고 해도 반드시 환란을 얻게 되고, 福을 구하려고 해도 어긋나게 될 것이다."

11. 孔子曰 存亡禍福은 皆在己而已니 天災地妖를 亦不能殺(쇄)也니라 昔者殷王帝辛[1]之時에 爵生烏於城之隅어늘 工人[2]占之曰 凡小以生巨하니 國家必祉하야 王名必倍리이다 帝辛喜爵之德하야 不治國家하고 亢暴無極하니 外寇乃至하야 遂亡殷國이라 此逆天之時하고 詭[3]福反爲禍니라 至殷王武丁之時하야 先王道缺하고 刑法弛하니 桑穀俱生於朝[4]하야 七日而大拱이라 工人占之曰 桑穀者는 野物也어늘 野物生於朝하니 意朝亡乎인저 武丁恐駭하야 側身修行하야 思昔先王之政하야 興滅國하고 繼絶世하며 擧逸民하고 明養老之道하니라 三年之後에 遠方之君이 重譯而朝者六國이니 此迎天〈之〉[5]時하고 得禍反爲福也라 故妖孽者는 天所以警天子諸侯也요 惡夢者는 所以警士大夫也라 故妖孽不勝善政하고 惡夢不勝善行也니라 至治之極은 禍反爲福이라 故太甲曰 天作孽은 猶可違어니와 自作孽은 不可逭[6]이라하니라

1) 帝辛 : 商나라 마지막 王으로, 帝乙의 아들이다. 이름은 辛, 시호는 紂이며, 受라고도 한다. 虐政을 자행하다가 周 武王의 군대와 牧野에서 싸우다가 패하자 분신자살하였다. ≪史記 殷本紀≫
2) 工人 : 각종 技藝에 종사하는 사람으로, 여기서는 占치는 사람을 이른다.

3) 詭 : 變하다. 바뀌다.
4) 桑穀俱生於朝 : 뽕나무와 닥나무가 조정의 뜰에 났다는 뜻이다. 본서 권1 〈君道〉의 25 참조.
5) 〈之〉 : 저본에는 '之'가 없으나, "윗글의 예에 따라 보충했다."는 ≪說苑校證≫에 의거하여 보충하였다.
6) 太甲曰……不可逭 : 商나라 5대 왕 太宗이다. 湯王의 嫡長孫으로 仲壬을 이어 즉위하였으나, 無道하여 伊尹에 의해 桐으로 放逐된 지 3년 만에 잘못을 뉘우치고 돌아와 明君이 되었다. 여기 나오는 말은 ≪書經≫ 〈商書 太甲〉에 보인다.

孔子께서 말씀하셨다.

"存亡禍福은 모두 자기에게 달려 있을 뿐이니, 天災와 地妖를 줄여 없앨 수 없는 것이다.

옛날 殷王 帝辛 시절에 참새가 성곽 모퉁이에서 까마귀를 낳았는데, 工人이 점을 쳐 본 뒤에 풀이하였다.

'작은 것이 큰 것을 낳았으니, 국가에 반드시 福이 있고 왕의 名聲은 반드시 배로 높아질 것입니다.'

제신은 참새가 가지고 온 복을 기뻐하여, 국가의 정무를 다스리지 않고 극도로 흉포한 짓을 일삼았다. 마침내 외적이 쳐들어와서 결국 殷나라는 망하고 말았다. 이는 天命을 거슬러 복이 바뀌어 되레 재앙이 된 것이다.

殷王 武丁 때에 이르러 先王의 道가 폐기되고 刑法이 느슨해지니, 朝廷의 뜰에 뽕나무와 닥나무가 함께 나서 7일 만에 굵기가 한 아름이나 되었다. 工人이 점을 쳐 본 뒤에 풀이하였다.

'뽕나무와 닥나무는 야생식물인데 야생식물이 조정의 뜰에 났으니, 아마도 殷朝가 망한다는 조짐일 것입니다.'

그러자 무정이 두려워하여 몸을 편안히 하지 않고 修行하면서 선왕의 좋은 정치를 생각하여, 멸망하는 나라를 부흥시키고 끊어진 세대를 이어주며 은거한 사람을 등용하고 노인을 봉양할 도리를 밝혔다. 이를 시행한 지 3년 뒤에 먼 지방의 諸侯君이 여러 번 통역을 거쳐 朝會 온 자가 여섯 나라나 되었다. 이것은 天命을 맞이하여 만난 재앙을 되레 복이 되게 한 것이다.

그러므로 妖孽은 하늘이 天子와 諸侯를 경계하는 것이고, 惡夢은 士와 大夫를 경계하는 것이다. 그 때문에 요얼은 善政을 이기지 못하고, 악몽은 善行을 이기지 못하는 법이다. 지극히 잘 다스려진 극도의 경지는 재앙이 되레 복이 된다. 그래서 太甲은 '하늘이 내리는 재앙은 피할 수 있지만, 스스로 지은 재앙은 도망칠 수 없다.'라 하였다."

12. 石讐[1]曰 春秋有忽然而足以亡者하니 國君不可以不愼也니라 妃妾不一이면 足以亡이요 公族不親이면 足以亡이요 大臣不任이면 足以亡이요 國爵不用이면 足以亡이요 親佞近讒이면 足以亡이요 擧百事不時면 足以亡이요 使民不節이면 足以亡이요 刑罰不中이면 足以亡이요 內失衆心이면 足以亡이요 外嫚大國이면 足以亡이니라

1) 石讐 : 사람 이름으로, 평생 행적은 미상이다.

石讐는 말하였다.

"≪春秋≫의 기록 중에는 소홀이 여기다가 망하게 된 자가 있으니, 國君은 신중하지 않으면 안 된다. 妃妾이 하나가 아니라 많으면 망할 수 있고, 公族이 親睦하지 않으면 망할 수 있고, 大臣을 信任하지 않으면 망할 수 있고, 賢人을 국가의 벼슬에 임용하지 않으면 망할 수 있고, 阿諂하고 讒訴하는 신하를 친근히 하면 망할 수 있고, 온갖 일을 때에 맞지 않게 거행하면 망할 수 있고, 백성을 절도에 맞게 부리지 않으면 망할 수 있고, 형벌의 시행이 실정에 맞지 않으면 망할 수 있고, 안으로 백성의 마음을 잃으면 망할 수 있고, 밖으로 큰 나라를 업신여기면 망할 수 있다."

13. 夫福生於隱約하고 而禍生於得意하나니 齊頃公[1]是也라 齊頃公은 桓公之{子}[2]孫也라 地廣民衆하고 兵彊國富하며 又得霸者之餘尊[3]하야 驕蹇怠傲하야 未嘗肯出會同諸侯하다 乃興師伐魯하고 反이라가 敗衛師於新築[4]하니 輕小嫚大之行甚이라 俄而오 晉魯往聘한대 以使者戲[5]어늘 二國怒하야 歸求黨與{助}[6]하야 得衛及曹하다 四國相輔하야 期戰於鞍하야 大敗齊師[7]하야 獲齊頃公하고 斬逢(방)醜父하니 於是懼然大恐하니라 賴逢醜父之欺[8]하야 奔逃得歸하야 弔死問疾하다 七年不飮酒하고 不食肉하며 外金石絲竹之聲하고 遠婦女之色하며 出會與盟하야 卑下諸侯하니라 國家內得行義하고 聲問[9]震乎諸侯하야 所亡之地弗求而自爲來하고 尊寵不武而得之하니 可謂能詘免[10]變化以致之라 故福生於隱約하고 而禍生於得意하나니 此得失之效也니라

1) 齊頃公 : 춘추시대 齊나라 군주로, 이름은 無野이며, 惠公의 아들이자, 桓公의 손자이

다. 魯나라의 龍邑을 공격하다가 寵臣 盧蒲가 살해되자 巢丘까지 진격하였다. 또 馬鞍山에서 晉·魯·衛·曹의 군대와 싸워 크게 패하여 사로잡힐 뻔하였으나, 逢醜(丑)父가 頃公의 옷을 입고 경공으로 가장하여 적군을 속이자 그 틈을 타 도망쳤다. 《春秋左氏傳 成公 2년》·《史記 齊太公世家》

2) {子}: 《說苑校證》에 따라 衍文으로 처리하였다.

3) 得霸者之餘尊: 霸者가 남겨준 존엄을 이어받았다는 뜻이다. 齊 頃公이 霸者였던 桓公의 뒤를 이은 손자이므로 이른 말이다.

4) 敗衛師於新築: 魯 成公 2년(B.C. 589)에 齊나라 군대가 新築에서 衛나라 군대를 패배시킨 일이다. 《春秋左氏傳 成公 2년》

5) 以使者戱: 晉나라 사신 郤克과 魯나라 사신 臧孫許가 동시에 齊나라에 갔을 때 齊 頃公의 어머니 두 사람을 희롱하여 모욕을 준 일이다. 극극은 절름발이였고 장손허는 애꾸눈이었는데, 극극은 절름발이를 보내어 맞이하고 장손허는 애꾸눈이를 보내어 맞이하게 하여 모욕을 주었다. 이 일로 晉·魯·衛·曹의 연합군이 鞍에서 전쟁하여 齊나라 군대가 크게 패배하였다. 《春秋公羊傳 成公 2년》

6) {助}: 《群書拾補》에는 "衍文인 듯하다." 하였고, 《說苑校證》에는 "《春秋繁露》에 '助'자가 없어서 삭제한다." 하였으므로 衍文으로 처리하였다.

7) 大敗齊師: 魯 成公 2년(B.C. 589)에 鞍의 전쟁에서 齊나라 군대가 패배한 일이다. 앞의 주4) 참조.

8) 賴逢醜父之欺: 鞍의 전쟁에서 사로잡힐 뻔했던 齊 頃公이 逢醜父의 속임수에 힘입어 도망친 일이다. 逢醜父는 춘추시대 齊나라 大夫로, 경공의 車右였다. 《춘추좌씨전》에는 '逢丑父'로 되어 있다. 《春秋左氏傳 成公 2년》

9) 聲問: '명성, 聲望'의 뜻이다. '問'은 '聞'과 통용한다.

10) 詘免: 謙讓하다. 자신의 몸을 굽혀 남에게 겸손하다. '免'에 대해 《說苑校證》에 "《群書拾補》에는 '免'은 아마 '俛'인 듯하다 하였고, 《說苑纂注》에서 인용한 澀井孝德의 說도 같다." 하였다.

福은 괴롭고 어려운 데에서 생기고, 禍는 만족하게 여기는 마음에서 생기니, 齊 頃公이 이에 해당한다. 제 경공은 桓公의 손자이다. 국토는 넓고 백성은 많으며, 군대는 강성하고 나라는 부유하였다. 게다가 霸者의 남은 존엄을 얻어 교만하고 태만하여 제후들의 會同에 나가려고 하지 않았다. 마침내 군대를 일으켜 魯나라를 토벌하고 돌아가다가 衛나라 군대를 新築에서 패배시켰으니, 이는 작은 나라를 깔보고 큰 나라에 교만을 부린 행위가 심한 것이다.

얼마 후 晉나라와 魯나라의 사신이 가서 聘問하였는데, 사신을 가지고 희롱하자 두 나라가 노하여 同盟國을 구해 衛나라와 曹나라의 同盟을 얻게 되었다. 네 나라가 서로 도와 鞍에서 제나라와 전쟁하기로 약속하고 제나라를 크게 패배시켜 제 경공을 사로잡고 逢醜父를 목 베어 죽이니, 그제야 놀라 크게 두려워하였다.

제 경공은 방추보의 속임수에 힘입어 도망쳐 겨우 돌아와 죽은 이를 조상하고 병든 이를 위문하였다. 그렇게 7년 동안 술을 마시지 않았고 고기를 먹지 않았으며, 여러 악기의 음악 소리를 외면하였고 女色을 멀리하였으며, 제후들의 會盟에 나가 제후들에게 몸을 낮추었다. 나라 안에서 道義를 시행하니 명성이 제후들 사이에 진동하여, 잃었던 국토를 찾으려 하지 않았는데도 저절로 돌아왔고, 존귀와 총애는 武力을 쓰지 않았는데도 얻었으니, 몸을 굽혀 謙讓으로 변화하여 이룬 것이라 할 수 있다. 그래서 福은 괴롭고 어려운 데에서 생기고, 禍는 만족하게 여기는 마음에서 생기는 것이니, 이것이 성공과 실패의 효과이다.

14. 大功之效는 在於用賢積道하야 浸章浸明이요 衰滅之過는 在於得意而怠하야 浸蹇浸亡하니 晉文公이 是其效也라 晉文公이 出亡하야 修道不休하야 得至於饗國하니라 饗國之時에 上無明天子하고 下無賢方伯하야 彊楚主會하고 諸侯背畔하니 天子失道하야 出居於鄭[1]이라 文公於是憫中國之微하야 任咎犯先軫陽處父하야 畜愛百姓하고 厲養戎士하니라 四年에 政治內定이어늘 則擧兵而伐衛하고 執曹伯[2]하며 還敗彊楚하니 威震天下라 明王法하야 率諸侯而朝天子하니 莫敢不聽하야 天下曠然平定하고 周室尊顯이라 故曰 大功之效는 在於用賢積道하야 浸章浸明이라하니라 文公於是霸功立하야 期至意得하니 湯武之心作而忘其衆[3]하다 一年三用師로대 且弗休息하고 遂進而圍許하니 兵亟弊하야 不能服하고 罷諸侯而歸하다 自此而怠政事하야 爲狄泉之盟[4]에 不親至하니 信衰誼缺하야 如羅不補라 威武詘折不信하니 則諸侯不朝하고 鄭遂叛하며 夷狄內侵하고 衛遷於商丘[5]라 故曰 衰滅之過는 在於得意而怠하야 浸蹇浸亡이라하니라

1) 出居於鄭 : 魯 僖公 24년(B.C. 636)에 周 襄王의 아우 王子帶가 王位를 찬탈하려고 狄人을 불러들여 亂을 일으키자 양왕이 鄭나라로 망명했던 일이다. ≪春秋左氏傳 僖公 24년≫

2) 執曹伯 : 魯 僖公 28년(B.C. 632)에 晉 文公이 曹나라에 침입하여 曹 共公 襄을 사로잡아 宋나라에 준 일이다. ≪春秋左氏傳 僖公 28년≫

3) 湯武之心作而忘其衆 : 殷王 成湯과 周 武王처럼 천하를 통일하려는 마음이 생겨 백성

을 보살피지 않았다는 말이다.

4) 爲狄泉之盟 : 魯 僖公 29년(B.C. 631)에 晉나라가 周・宋・齊・陳・蔡・秦의 大夫들과 周나라의 翟泉에 모여 會盟하고 鄭나라를 토벌할 일을 모의한 일이다. ≪春秋≫에는 '狄'을 '翟'으로 썼으니 통용이다. 翟泉은 지금의 洛陽市 옛 성안에 있었다. ≪春秋左氏傳 僖公 29년≫

5) 衛遷於商丘 : 魯 僖公 31년(B.C. 629)에 衛 成公이 狄의 핍박을 피하여 商丘로 천도한 일이다. 商丘는 지금의 河南省 商丘市이다. ≪春秋≫에는 帝丘로 되어 있는데, 지금의 河南省 濮陽市 서남쪽이다. 顓頊이 도읍했던 곳이라 한다. ≪春秋左氏傳 僖公 31년≫

큰 功을 세우는 효력은 어진 이를 등용하고 道義를 쌓아 점점 드러내고 밝히는 데 달려 있고, 衰滅하는 過誤는 뜻을 이룬 뒤 태만하여 점점 교만해져서 망해가는 데 달려 있으니, 晉 文公이 바로 그 징험이다.

진 문공은 망명하여 品性을 수양하는 일을 그치지 아니하여 나라를 享有하는 데까지 이르렀다. 나라를 향유할 때 위에는 英明한 天子가 없고 아래에는 賢明한 方伯이 없어서 강대한 楚나라가 會盟을 주도하고 제후들이 왕실을 배반하니, 천자가 처지를 잃고 鄭나라에 망명하였다. 文公은 이때 中原이 미약함을 안타깝게 여겨 咎犯・先軫・陽處父를 임용하여 백성을 기르고 애호하며 병사를 훈련시켜 길렀다.

그렇게 4년이 지나 국내의 정치가 안정되자 군대를 일으켜 衛나라를 토벌하고 曹伯을 사로잡으며 또 강대한 楚나라를 패배시키니, 위세가 천하를 진동시켰다. 王法을 밝혀서 제후들을 거느리고 천자에게 朝見하니 누구도 따르지 않는 이가 없어서, 천하가 드넓게 안정되고 周 王室이 尊貴하고 顯赫하게 되었다. 그러므로 "큰 공을 세우는 효력은 어진 이를 등용하고 도의를 쌓아 점점 드러내고 밝히는 데 달려 있다."고 하는 것이다.

문공이 이때 霸功을 세워 기대했던 뜻을 이루니, 成湯과 武王같이 되려는 마음이 생겨 백성을 보살피는 일을 잊고 말았다. 1년에 세 번이나 出兵하고도 휴식시키지 않고 마침내 진격하여 許나라를 포위하니, 군사들이 극도로 피곤하여 허나라를 정복하지 못하고 연합한 제후의 군사를 해산한 뒤 돌아오고 말았다.

이로부터 政事를 게을리하여 狄泉의 會盟에 직접 가지 않으니 믿음이 쇠퇴하고 道義가 결핍되어 마치 기울 수 없는 그물처럼 되었다. 威武가 꺾이어 신임하지 않으니 제후들이 朝見하지 않고 鄭나라가 마침내 배반하였으며, 夷狄이 국내를 침입하고 衛나라가 商丘에 遷都하였다. 그러므로 "쇠멸하는 과오는 뜻을 이룬 뒤 태만하여 점점 교만해져서 망해가는 데 달려 있다."고 하는 것이다.

15. 田子方侍魏文侯坐러니 太子擊趨而入見한대 賓客群臣皆起로대 田子方獨不起하다 文侯有不說之色하고 太子亦然하다 田子方稱曰 爲子起歟아 無如禮何오 不爲子起歟아 無如罪何오 請爲子誦楚恭王之爲太子也하노이다 將出之雲夢이라가 遇大夫工尹[1]하니이다 工尹遂趨避家人之門中한대 太子下車하야 從之家人之門中하야 曰 子는 大夫어늘 何爲其若是오 吾聞之호니 敬其父者는 不兼其子하나니 兼其子者면 不祥莫大焉이라호라 子는 大夫어늘 何爲其若是오 工尹曰 向吾望見子之面하고 今而後記子之心이니이다 審如此어늘 汝將何之오 文侯曰 善하다 太子擊前하야 誦恭〈王〉[2]之言하야 誦三遍而請習之하다

1) 工尹 : 춘추시대 楚나라에 두었던 벼슬이다. 百工과 官에서 經營하는 手工業을 관장하였다. ≪禮記 檀弓 下≫·≪春秋左氏傳 文公 10년≫
2) 〈王〉 : 저본에는 '王'자가 없으나, ≪太平御覽≫ 권459와 ≪說苑校證≫에 의거하여 보충하였다.

田子方이 魏 文侯를 모시고 앉아 있었는데, 太子 擊이 종종걸음으로 들어와 뵙자 賓客과 群臣이 모두 일어났으나 전자방만은 일어나지 않았다. 문후는 불쾌한 안색을 지었고, 태자도 그러하였다. 이에 전자방은 말했다.

"태자를 위해 일어나야 할까요? 예의에 맞지 않으니 어쩌겠습니니까. 태자를 위해 일어나지 않아도 될까요? 태자에게 죄가 되지 않는데 어쩌겠습니까. 태자를 위해 楚恭王이 태자가 되었을 때의 일을 말씀드려 보겠습니다.

〈초 공왕이 태자였을 때〉 雲夢澤에 나가려고 하다가 大夫 工尹을 만났습니다. 그런데 공윤이 곧장 남의 집 대문 안으로 달려 들어가 피하자 태자도 수레에서 내려 남의 집 대문 안으로 따라가 물었습니다.

'그대는 대부인데 무엇 때문에 이와 같이 하는 겁니까? 나는 들으니 그의 아버지를 존경하는 사람은 그 아들까지 함께 존경하지 않으니, 그 아들까지 함께 존경하면 이보다 큰 不吉함이 없다고 합니다. 그대는 대부인데 무엇 때문에 이와 같이 하는 겁니까?'

그러자 공윤은 '지난번에 제가 태자의 얼굴을 바라보고 지금 이후로 태자의 마음을 알아 기억하고 있습니다. 이와 같이 자세히 알고 있는데, 태자는 어디를 가려고 하는 겁니까?'라고 하였답니다."

이에 문후는 "좋은 말씀이오." 하였다. 태자 격이 앞으로 나가서 공왕의 이야기를 말

하여 세 번 외우면서 익히겠다고 요청하였다.

16. 子贛之承或(증역)[1]할새 在塗見道側巾弊布擁蒙而衣衰(최)하니 其名曰舟綽[2]이라 子贛問焉曰 此至承幾何오 嘿然不對어늘 子贛曰 人問乎己而不應은 何也오 屛其擁蒙而言曰 望而黷人者 仁乎아 睹而不識者 智乎아 輕侮人者 義乎아 子贛下車하야 曰 賜不仁하야 過問하니 三言을 可復聞乎아 曰 是足於子矣니 吾不告子호리라 於是子贛三偶則式하고 五偶則下하니라

1) 子贛之承或(증역) : 子贛은 곧 子貢으로, 孔子의 제자이다. 성은 端木, 이름은 賜이다. 承或의 '或'을 ≪說苑纂注≫에는 衍字라 하였는데, ≪說苑校證≫에는 "고대에는 '國'자와 '域'자를 모두 '或'자로 썼으니 衍字가 아니다." 하였다. 承은 地名으로, ≪漢書≫〈匡衡傳〉의 "광형의 자는 치규이니 동해군의 承 땅 사람이다.〔匡衡 字稚圭 東海承人也〕"라 한 곳의 顔師古 注에 "承의 음은 증이다.〔承 音證〕" 하였다.
2) 舟綽 : 사람 이름으로, 평생 행적은 미상이다.

子贛(子貢)이 承 지역에 갈 때 도중에 길가에서 해어진 두건을 써서 얼굴을 가리고 몸에 喪服을 입은 사람을 만났는데, 그의 이름은 舟綽이라고 한다. 자공이 물었다.

"여기서 承까지는 거리가 얼마나 되오?"

그러나 주작은 입을 다물고 대답하지 않았다. 자공은 다시 물었다.

"남이 자기에게 묻는데도 응답하지 않는 것은 무슨 까닭이오?"

그러자 주작은 얼굴을 가렸던 두건을 벗고 말했다.

"멀리서 바라보며 남을 모독하는 것이 어진 것인가요? 가까이 와서 보면서도 사람을 알아보지 못하는 것이 지혜로운 것인가요? 남을 경멸하여 업신여기는 것이 道義인가요?"

자공이 수레에서 내려 말했다.

"賜가 어질지 못하여 잘못 물었으니 지금 하신 세 말씀을 다시 들을 수 있겠습니까?"

이에 주작은 말했다.

"이 말이면 그대에게 충분하니 나는 그대에게 말해주지 않겠소."

이리하여 자공은 동반하는 세 사람을 만나면 수레 위에서 몸을 숙여 敬意를 표하였고, 동반하는 다섯 사람을 만나면 수레에서 내려 경의를 표하였다.

17. 孫叔敖爲楚令尹하니 一國吏民皆來賀하다 有一老父衣麤衣하고 冠白冠하야 後來弔하다 孫叔敖正衣冠而出見之하고 謂老父曰 楚王不知臣不肖하고 使臣受吏民之垢라 人盡來賀어늘 子獨後來弔하니 豈有說乎아 父曰 有說이니이다 身已貴而驕人者는 民去之하고 位已高而擅權者는 君惡之하며 祿已厚而不知足者는 患處之하나니이다 孫叔敖再拜曰 敬受命하노니 願聞餘教하노라 父曰 位已高而意益下하고 官益大而心益小하며 祿已厚而愼不敢取니 君謹守此三者면 足以治楚矣리이다

孫叔敖가 楚나라의 令尹이 되자 온 나라의 관리와 백성들이 와서 축하하였다. 어떤 한 老人이 거친 베옷을 입고 흰 冠을 쓰고서 가장 뒤에 와서 슬퍼하고 가슴 아파하였다. 손숙오는 衣冠을 바르게 여미고 나가 그를 만나고 노인에게 물었다.

"楚王이 나의 不肖함을 알지 못하고 나에게 관리와 백성을 관리하는 책임을 맡겼소. 모든 사람들이 와서 축하하는데 그대만 가장 뒤에 와서 슬퍼하고 가슴 아파하니 어떤 이유가 있소?"

노인은 말했다.

"이유가 있습니다. 몸이 이미 尊貴하게 되었다 하여 남에게 驕慢을 부리는 자는 백성들이 떠나고, 地位가 이미 높아졌다 하여 權力을 멋대로 부리는 자는 임금이 싫어하며, 祿俸이 이미 많아졌는데도 만족할 줄을 모르는 자는 患難에 처하게 됩니다."

듣고 난 손숙오는 두 번 절을 하고 이렇게 말했다.

"삼가 가르침을 받겠으니 나머지 가르침을 들려주시기 바랍니다."

노인은 다시 말했다.

"지위가 이미 높아졌거든 뜻은 더욱 낮추고, 벼슬이 더욱 커졌거든 마음은 더욱 小心하며, 녹봉이 이미 많아졌거든 삼가서 재물을 함부로 취해서는 안 되니, 그대는 이 세 가지를 삼가 지키면 楚나라를 잘 다스릴 것입니다."

18. 魏安釐(희)王[1)]十一年에 秦昭王[2)]謂左右曰 今時韓魏與秦에 孰强고 對曰 不如秦彊이니이다 王曰 今時如耳魏齊與孟嘗芒卯[3)]에 孰賢고 對曰 不如孟嘗芒卯之賢이니이다 王曰 以孟嘗芒卯之賢으로 率彊韓魏以攻秦이라도 猶無奈寡人이어늘 今以無能之如耳魏齊로 而率弱韓魏以伐秦하니 其無奈寡人何亦明矣로다 左右皆曰 然하이다 申旗[4)]伏瑟而對曰 王之料天下過矣로소이다 當六晉之時[5)]하야 智氏最彊하야

滅范中行氏하니이다 又率韓魏之兵하야 以圍趙襄子於晉陽[6)]하야 決晉水[7)]以灌晉陽之城하니 不滿者三板[8)]이러니이다 智伯行水할새 魏宣子御[9)]하고 韓康子爲驂乘[10)]하니이다 智伯曰 吾始不知水可以亡人國也러니 乃今知之로라 汾水可以灌安邑[11)]하고 絳水可以灌平陽[12)]이로다 魏宣子肘韓康子한대 康子履魏宣子之足하니 肘足接於車上하야 智伯氏分하고 身死國亡하야 爲天下笑하니이다 今秦雖彊이나 不過智氏요 韓魏雖弱이나 尙賢其在晉陽之下也니이다 此方其用肘足之時니 願王之必〈勿〉[13)]易也하노이다 於是秦王恐하다

1) 魏安釐(희)王 : 전국시대 魏나라 군주로, 이름은 圉이다. 釐는 僖로도 쓴다. 秦나라의 온갖 침략에 시달리면서 진나라를 붙좇으려 하였으나 信陵君의 諫言으로 중지하였다. 趙나라 수도 邯鄲이 秦軍에게 포위되자 신릉군을 보내어 河內에서 진군을 물리쳤다. ≪史記 魏世家≫

2) 秦昭王 : 전국시대 秦나라 군주로, 이름은 稷이며, 武王의 이복동생이다. 遠交近攻 정책을 쓰고 魏冉·范雎·白起 등을 선후로 등용, 山東 여섯 諸侯國의 合縱 세력을 깨뜨리고 강성한 국가를 만들어 후일 통일의 기초를 확립하였다. ≪史記 秦世家≫

3) 如耳魏齊與孟嘗芒卯 : 如耳는 원래 魏나라 大夫였으나 뒤에 衛나라에서 벼슬하였다가 다시 韓나라의 신하가 되었다. ≪戰國策 秦策 4·趙策 2≫

魏齊는 魏나라의 公族으로 昭王 때 재상이 되었다. 일찍이 范雎를 매질했다가 범저가 秦나라 재상이 되자 보복이 두려워 趙나라로 도망쳤다. 秦 昭王이 趙王에게 편지를 보내 위제를 요구하자 大梁에 가서 信陵君의 도움을 받아 楚나라로 망명하려 하였으나, 秦나라를 두려워한 신릉군이 만나주지 않자 자살하였다. ≪范雎蔡澤列傳≫

孟嘗은 본서 권9 〈正諫〉의 05 주1) 참조.

芒卯는 전국시대 齊나라 사람으로, 孟卯로도 쓴다. 魏나라에서 벼슬하여 재상이 되었다. 위험을 편안히 하고 환난을 해소하여 賢名이 있었다. ≪韓非子 顯學≫·≪淮南子 氾論訓≫

4) 申旗 : 전국시대 秦나라의 辯士이다. ≪戰國策≫ 〈秦策〉과 ≪韓非子≫에는 모두 '中期'로 기록되었고, ≪史記≫에는 '中旗'로 되어 있다. ≪說苑校證≫에는 "'申'은 '中'의 誤字이고, '期'와 '旗'는 통용이다." 하였다. ≪春秋戰國異辭 25 上 秦 昭襄王≫

5) 六晉之時 : 춘추 말기 晉나라의 六卿이 집권하던 시대를 이른다. 六卿은 智氏·范氏·中行氏·韓氏·魏氏·趙氏를 이른다. ≪戰國策 秦策 4≫·≪韓非子 難 3≫

6) 圍趙襄子於晉陽 : 智伯이 趙襄子에게 땅을 달라고 요구하였으나 주지 않자 晉陽을 공격하여 포위했던 일이다. 본서 권3 〈建本〉의 30과 권5 〈貴德〉의 29 참조.

7) 晉水 : 하천 이름으로, 山西省 太原市 서남쪽 懸甕山에서 발원하여 汾水로 흘러든다.

≪史記 魏世家≫·≪水經注 晉水≫

8) 不滿者三板 : 城의 三板 정도만 물이 들이차지 않았다는 말이다. 板은 옛날 흙담을 다져 쌓을 때 양옆에 대는 널빤지이다. 한 板의 높이는 두 자〔尺〕이고, 길이는 여덟 자이다. 여기서는 높이를 표시한 것으로 三板은 여섯 자인데, 先秦시대의 한 자는 지금의 약 23.1㎝이다.

9) 魏宣子御 : 魏宣子가 수레를 몰다. 위선자는 춘추 말기의 晉나라 大夫로, 이름은 駒이다. 곧 魏桓子이다. 智伯이 땅을 요구하자 1만 호의 고을을 주어 비위를 맞추었다가 뒤에 韓虎(韓康子)·趙無恤(趙襄子)과 함께 지백을 멸한 후 그 땅을 삼분하였다. ≪戰國策 魏策≫·≪史記 魏世家≫

10) 韓康子爲驂乘 : 韓康子가 侍衛하여 모시고 타다. 韓康子는 춘추 말기 晉나라 大夫로, 이름은 虎이다. ≪史記 晉世家·魏世家·韓世家≫

11) 汾水可以灌安邑 : 汾水는 山西省 寧武縣 管涔山에서 발원하여 서쪽으로 흘러 平陽을 지나 黃河로 유입하는 강이다. 安邑은 魏宣子의 封邑으로, 지금의 山西省 夏縣에 있었다. 강이 경유하는 지역으로 보아 安邑과 다음 조의 平陽이 서로 바뀌었다는 설이 있다. ≪史記 趙世家≫·≪水經注 汾水≫

12) 絳水可以灌平陽 : 絳水는 山西省 屯留縣의 북서쪽 盤秀口에서 발원하여 潞城縣 경계의 濁漳水로 흘러드는 강이다. 平陽은 韓康子의 封邑으로, 지금의 山西省 臨汾市 남쪽에 있었다. ≪後漢書 郡國志≫·≪讀史方輿紀要 山西 平陽府 絳水≫

13) 〈勿〉 : 저본에는 '勿'이 없으나, ≪史記≫〈魏世家〉에 의거하여 보충하였다.

魏 安釐王 11년(B.C. 266)에 秦 昭王이 좌우의 신하에게 말하였다.

"현재 韓나라와 魏나라를 秦나라에 견주면 어느 나라가 강대한가?"

신하들이 대답하였다.

"진나라의 강대함만 못합니다."

소왕이 다시 말했다.

"현재 如耳와 魏齊를 孟嘗君과 芒卯에 견주면 누가 현명한가?"

신하들이 대답하였다.

"맹상군과 망묘의 현명함만 못합니다."

이에 소왕은 말했다.

"맹상군과 망묘의 현명함으로 강대한 한나라와 위나라의 군대를 이끌고 진나라를 공격하더라도 오히려 寡人을 어쩌지 못할 텐데, 지금 무능한 여이와 위제로서 약한 한나라와 위나라의 군대를 이끌고 진나라를 공격하니 과인을 어쩌지 못하리라는 것 역시 분명한 일이로구나."

이에 좌우의 신하들이 모두 말하였다.

"그렇습니다."

申旗라는 사람이 瑟 위에 엎드려 말하였다.

"대왕께서 천하의 형세를 파악하심이 잘못되었습니다. 晉나라가 六卿이 執政했을 때를 당하여 智氏가 가장 강성하여 范氏와 中行氏를 멸하였습니다. 또 韓氏와 魏氏의 군대를 이끌고 趙襄子를 晉陽에서 포위하여 晉水를 터서 晉陽城을 잠기게 하니 물이 들이차지 않은 것이 三板 정도에 불과했었습니다.

智伯이 물가를 순시할 적에 魏宣子는 수레를 몰고, 韓康子는 모시고 侍衛하였습니다. 지백은 '나는 애초에 물이 남의 나라를 망하게 하리라는 것을 몰랐었는데, 이제야 알았노라. 汾水는 安邑을 잠기게 할 수 있고, 絳水는 平陽을 잠기게 할 수 있겠구나.' 라고 하였습니다.

그러자 위선자가 팔꿈치로 한강자의 옆구리를 찔러 경계의 뜻을 보이자 한강자는 위선자의 발을 밟아 알았다는 뜻을 표했습니다. 수레 위에서 팔꿈치와 발이 접촉함으로써 지씨의 땅이 분할되고 몸은 죽고 나라는 멸망하여 천하의 웃음거리가 되었습니다.

지금 秦나라가 강대하지만 지씨보다 더 낫지 못하고, 韓나라와 魏나라가 약하지만 오히려 진양성 아래에 있을 때보다 낫습니다. 지금이 바로 비밀히 팔꿈치와 발을 쓴 것처럼 연합할 때이니, 대왕께서는 반드시 쉽게 여기지 마시기 바랍니다."

이에 진 소왕은 두려움을 느꼈다.

19. **魏公子牟**[1]**東行**할새 **穰侯**[2]**送之**하야 **曰 先生將去冉之山東**[3]**矣**어늘 **獨無一言以教冉乎**아 **魏公子牟曰 微君言之**면 **牟幾忘語君**이로다 **君知夫官不與勢期**어늘 **而勢自至乎**아 **勢不與富期**어늘 **而富自至乎**아 **富不與貴期**어늘 **而貴自至乎**아 **貴不與驕期**어늘 **而驕自至乎**아 **驕不與罪期**어늘 **而罪自至乎**아 **罪不與死期**어늘 **而死自至乎**아 **穰侯曰 善**하다 **敬受明教**호리라

1) 魏公子牟 : 魏牟이다. 戰國시대 中山君의 아들이다. 전국 후기 莊子學派의 중요 인물이다. ≪漢書 藝文志≫

2) 穰侯 : 戰國시대 秦나라 대신으로, 성명은 魏冉이다. 穰侯는 그의 封號이다. 秦 昭王의 어머니 宣太后의 아우로 소왕이 즉위한 뒤 국정을 장악하였고, 穰에 봉해졌다. ≪戰國策≫ 〈趙策〉에 의하면 穰侯는 당연히 應侯(范雎)가 되어야 한다. ≪史記 穰侯列傳≫

3) 山東 : 戰國・秦漢시대 崤山, 혹은 華山 동쪽 지역을 이르던 말이다. 關東이라고도 하며, 전국시대 秦나라 이외의 여섯 諸侯國을 일컫기도 한다. ≪戰國策 趙策 2≫

魏 公子 牟가 〈秦나라를 떠나〉 동쪽 지방을 가려고 할 때 穰侯가 전송하면서 말하였다.

"선생이 이 魏冉을 떠나 山東으로 가려 하시면서 어찌 저에게 한 말씀 가르침을 주시지 않으십니까?"

공자 모는 말해주었다.

"그대가 말하지 않았더라면 나는 하마터면 그대에게 일러줄 말을 잊을 뻔했구려. 그대는 벼슬이 權勢와 기약하지 않았는데 권세가 저절로 온다고, 권세가 富裕와 기약하지 않았는데 부유가 저절로 온다고, 부유가 顯貴와 기약하지 않았는데 현귀가 저절로 온다고, 현귀가 驕慢과 기약하지 않았는데 교만이 저절로 온다고, 교만이 罪惡과 기약하지 않았는데 죄악이 저절로 온다고, 죄악이 죽음과 기약하지 않았는데 죽음이 저절로 온다고 알고 있지나 않습니까?"

그러자 양후는 말하였다.

"좋은 말씀입니다. 삼가 밝은 가르침을 받들겠습니다."

20. 高上尊(賢)〔貴〕[1)]면 無以驕人이요 聰明聖智면 無以窮人이요 資給疾速[2)]이면 無以先人이요 剛毅勇猛이면 無以勝人이니라 不知則問하고 不能則學이니라 雖智必質하고 然後辯之하며 雖能必讓하고 然後爲之라 故士雖聰明聖智라도 自守以愚하며 功被天下라도 自守以讓하며 勇力距世라도 自守以怯하며 富有天下라도 自守以廉이라 此所謂高而不危하며 滿而不溢[3)]者也니라

1) (賢)〔貴〕 : 저본에는 '賢'자로 되어 있으나, ≪荀子≫ 〈非十二子〉와 ≪韓詩外傳≫ 권6에 따라 '貴'자로 고쳤다.
2) 資給疾速 : 민첩하고 신속하다. ≪荀子≫ 〈非十二子〉에는 '齊給速通'으로, ≪韓詩外傳≫ 권6에는 '齊給便捷'으로 되어 있는데, ≪說苑校證≫에 "'資'와 '齊'는 통용이다." 하였다.
3) 高而不危 滿而不溢 : ≪孝經≫ 2章에 보인다.

道德이 높고 地位가 존귀하면 남에게 교만하지 않아야 하고, 聰明하고 슬기로우면

남을 곤란하게 하지 않아야 하고, 敏捷하고 迅速하면 남에게 앞서지 않아야 하며, 굳세고 勇猛하면 남을 이기려 하지 않아야 한다. 모르면 묻고 잘하지 못하면 배워야 한다. 지혜롭더라도 반드시 질문하고 난 뒤에 分辨하고, 잘하더라도 반드시 양보한 뒤에 해야 한다.

그 때문에 선비는 총명하고 슬기롭더라도 어리석음으로 자신을 지키고, 功이 천하를 덮더라도 謙讓으로 자신을 지키고, 勇力이 세상을 뛰어넘더라도 두려움으로 자신을 지키며, 천하의 財富를 차지했더라도 淸廉으로 자신을 지켜야 한다. 이것이 이른바 지위가 높아도 위험하지 않으며, 가득 차도 넘치지 않는 것이다.

21. 齊桓公爲大臣具酒하야 期以日中하다 管仲後至어늘 桓公擧觴以飮之한대 管仲半棄酒하다 桓公曰 期而後至하야 飮而棄酒하니 於禮可乎아 管仲對曰 臣聞酒入舌出하나니 舌出者言失하고 言失者身棄라호이다 臣計棄身이 不如棄酒로소이다 桓公笑曰 仲父[1]起就坐하라

1) 仲父 : 춘추시대 齊 桓公이 管仲을 존경하여 부른 칭호이다. 仲은 管仲의 字이고, 父는 아버지처럼 섬긴다는 뜻이다. ≪荀子 仲尼≫

齊 桓公이 大臣들을 위해 술자리를 마련하여 정오쯤에 모이기로 약속하였다. 管仲이 뒤늦게 도착하자 환공이 술잔을 들어 罰酒를 마시게 하였는데, 관중은 술을 반만 마시고 반은 버렸다. 환공은 말하였다.

"약속 시간에 늦게 도착하여 벌주를 마시면서 술을 버렸으니 예의에 있어 옳은 일이오?"

이에 관중은 대답하였다.

"臣은 들으니, 술이 입에 들어가면 많은 말이 나오니, 말이 많이 나오면 말실수를 하게 되고, 말실수를 하면 몸을 버린다고 합니다. 臣은 몸을 버리는 것보다 술을 버리는 것이 낫다고 생각합니다."

환공은 웃으면서 말하였다.

"仲父는 일어나 자리에 들어가 앉으시오."

22. 楚恭王與晉厲公戰於鄢陵[1]之時에 司馬子反[2]渴而求飮한대 豎穀陽[3]持酒而

進之하다 子反曰 退하라 酒也로다 穀陽曰 非酒也니이다 子反又曰 退하라 酒也로다 穀陽又曰 非酒也니이다 子反受而飮之하고 醉而寢하다 恭王欲復戰하야 使人召子反한대 子反辭以心疾하다 於是恭王駕往하야 入幄이라가 聞酒臭하고 曰 今日之戰에 〈不穀親傷〉[4]하니 所恃者司馬어늘 司馬至醉如此하니 是亡[5]吾國而不恤吾衆也라 吾無以復戰矣로다 於是乃誅子反以爲戮하고 還師하다 夫穀陽之進酒也는 非以妬子反이요 忠愛之로대 而適足以殺之라 故曰 小忠은 大忠之賊也요 小利는 大利之殘也[6]라하니라

1) 鄢陵 : 춘추시대 鄭나라 땅이다. 지금의 河南省 鄢陵縣 서북쪽에 있었다. 魯 成公 16년(B.C. 575)에 이곳에서 晉나라 군대가 楚나라 군대를 크게 패배시켰다. ≪春秋左氏傳 成公 16년≫
2) 司馬子反 : 춘추시대 楚나라 公子로, 이름은 側, 字는 子反이다. 司馬는 軍務를 관장하는 장관이다.
3) 豎穀陽 : 나이 어린 종 穀陽이다. 豎는 童僕이고, 穀陽은 이름이다.
4) 亡 : '忘'과 통용한다. ≪呂氏春秋≫ 〈權勳〉에는 '忘'으로 썼다.
5) 〈不穀親傷〉 : 저본에는 없으나, ≪說苑校證≫에서 "舊本에는 이 네 글자가 없으니 文義가 접속되지 않아 ≪呂氏春秋≫ 〈權勳〉 · ≪韓非子≫ 〈十過〉 · ≪淮南子≫ 〈人間訓〉에 따라 보충하였다." 하여 이에 따라 보충하였다.
6) 楚恭王……大利之殘也 : 이 章은 저본에 위의 章과 이어져 있었으나 ≪說苑校證≫에 따라 別章으로 하였다.

楚 恭王이 晉 厲公과 鄢陵에서 전쟁할 때 司馬 子反이 목이 말라 마실 것을 찾자, 나이 어린 종 穀陽이 술을 가져다 바치니 자반은 말하였다.

"가져가거라. 술이로구나."

곡양은 말하였다.

"술이 아닙니다."

자반은 다시 말하였다.

"가져가거라. 술이로구나."

곡양은 다시 말하였다.

"술이 아닙니다."

그러자 자반이 받아서 마시고 취하여 잠이 들었다. 공왕이 다시 싸우고자 사람을 보내 자반을 부르자 자반은 心疾이 있다 핑계하고 가지 않았다. 이에 공왕은 수레를 몰고 가서 막사에 들어갔다가 술 냄새를 맡고는 말하였다.

"오늘의 전투에 나는 직접 부상을 입었다. 믿는 사람이 司馬인데 사마가 이처럼 취한 지경에 이르렀으니, 이는 우리나라를 잊은 것이고, 우리 군사를 돌보지 않은 것이다. 나는 다시 전쟁을 할 수가 없구나."

이에 자반을 목 베어 죽이고 그 시체를 펼쳐서 군사들에게 보이고 철군하여 돌아왔다.

곡양이 술을 바친 것은 자반을 嫉妬한 것이 아니라, 忠誠하고 愛好한 것이지만 마침내 죽이고 말았다. 그 때문에 "작은 忠誠은 큰 충성을 해치는〔賊〕 것이고, 작은 利益은 큰 이익을 손상시키는〔殘〕 것이다."라고 하는 것이다.

23. 好戰之臣은 不可不察也니라 羞小恥以構大怨하며 貪小利以亡大衆을 春秋有其戒하니 晉先軫是也라 先軫欲要功獲名하야 則以秦不假道之故로 請要秦師하다 襄公曰 不可하다 夫秦伯與吾先君有結[1]이어늘 先君一日薨에 而興師擊之면 是孤之負吾先君이요 敗隣國之交하야 而失孝子之行也니라 先軫曰 先君薨而不弔贈은 是無哀吾喪也요 興師徑吾地而不假道는 是弱吾孤也요 且柩畢尙薄屋[2]어늘 無哀吾喪也하고 興師하니이다 卜曰 大國師將至하리니 請擊之하노라 則聽先軫興兵하야 要之殽[3]라가 擊之하야 匹馬隻輪도 無脫者라 大結怨構禍於秦하야 接刃流血하고 伏屍暴骸하며 糜爛國家하니 十有餘年에 卒喪其師衆하고 禍及大夫하며 憂累後世라 故好戰之臣은 不可不察也[4]니라

1) 秦伯與吾先君有結 : 秦伯은 秦 穆公이고, 先君은 晉 文公이다. 곧 진 목공과 진 문공이 結盟한 일을 말한다.

2) 柩畢尙薄屋 : ≪說苑校證≫에 "'柩尙畢塗屋'이 되어야 할 듯하니, 殯의 위를 모두 지붕처럼 덮어 바르는 것이다. 이는 임금을 殯하는 제도로 晉 文公의 靈柩가 아직 殯에 있고 매장하지 않았기 때문에 이른 것이다." 하였으므로 이를 따라 번역하였다. ≪禮記≫ 〈喪大記〉 참조.

3) 殽 : 지금의 河南省 洛寧縣 북쪽에 있는 산으로, 函谷關이 이곳에 있어 지세가 매우 험준하다.

4) 好戰之臣……不可不察也 : 이 章은 저본에 위의 章과 이어져 있었으나 ≪群書拾補≫와 ≪說苑校證≫에 따라 別章으로 하였다.

戰爭을 좋아하는 신하는 잘 살피지 않으면 안 된다. 작은 恥辱을 부끄럽게 여겨 큰

원한을 지으며, 작은 利益을 탐내어 많은 군사를 잃은 경우를 ≪春秋≫에서 경계하였으니 晉나라 先軫이 그런 사람이다.

선진이 功名을 얻고자 秦나라가 〈晉나라 영토를 지나가면서도〉 길을 빌려달라고 하지 않았다는 이유로, 秦나라 군대를 길에서 막고 공격할 것을 요청하였다. 이에 晉 襄公은 말하였다.

"안 되오. 秦伯과 우리 先君께서 結盟한 일이 있소. 선군이 돌아가신 지 얼마 안 되었는데 군대를 일으켜 秦나라를 공격하면 이는 내가 우리 선군을 저버리는 것이고, 이웃 나라와의 親交를 무너뜨려 孝子의 도리를 잃는 행위인 것이오."

이에 선진은 말하였다.

"선군께서 돌아가셨는데 弔文과 賻儀를 하지 않은 것은 우리의 喪事를 슬퍼하지 않는 것이고, 군대를 일으켜 우리의 영토를 지나가면서 길을 빌려달라고 하지 않은 것은 우리 새 임금을 약하게 여긴 것입니다. 또 선군의 靈柩가 아직 殯所에 있는데 끝내 우리의 喪事에 슬픔을 표시하지 않고 군대를 일으켰습니다."

점을 쳤더니 "大國의 군대가 장차 이를 것이니, 공격하기를 요청한다."라는 점괘가 나왔다. 그리하여 선진의 요청을 따라 군대를 일으켜 殽山에서 기다리다가 공격하여 말 한 필, 수레 한 채도 벗어나 도망치지 못하게 하였다. 〈그로 인해〉 秦나라와 큰 원한을 맺어 전쟁으로 칼날이 부딪혀 땅에 피가 흐르며 시체가 엎어지고 해골이 나뒹굴며 국가가 毁傷되고 말았다. 10여 년 만에 끝내 많은 군대를 잃었고, 大夫에게 환난이 미쳤으며, 후대에게 근심을 끼쳤다. 그러므로 전쟁을 좋아하는 신하는 잘 살피지 않으면 안 된다.

24. 魯哀公問孔子曰 予聞忘之甚者는 徙而忘其妻라하니 有諸乎잇가 孔子對曰 此非忘之甚者也니 忘之甚者는 忘其身하나니이다 哀公曰 可得聞與잇가 對曰 昔夏桀은 貴爲天子하고 富有天下로대 不修禹之道하야 毁壞辟法하고 裂絶世祀하며 荒淫於樂하고 沈酗於酒하니이다 其臣有左師觸龍者하야 諂諛不止하니이다 湯誅桀에 左師觸龍[1]者身死하야 四支不同壇而居하니 此忘其身者也니이다 哀公愀然變色曰 善하다

1) 左師觸龍 : 左師는 벼슬 이름이다. 觸龍은 夏桀의 佞臣이다.

魯 哀公이 孔子께 물었다.

“내 들으니 건망증이 심한 사람은 이사하면서 그의 아내조차 잊었다는데 그런 일이 있습니까?”

공자는 대답하였다.

“이는 건망증이 심한 사람이 아닙니다. 건망증이 심한 사람은 자신의 몸조차 잊습니다.”

그러자 哀公은 물었다.

“그런 경우를 들어볼 수 있을까요?”

공자는 대답하였다.

“옛날 夏桀은 존귀하기는 天子이고 부유하기는 天下를 가졌으나, 禹王의 道를 닦지 아니하여 법도를 무너뜨리고 先世의 제사를 끊었으며, 女色과 音樂에 탐닉하고 술에 빠져 지냈습니다. 그런데 그의 신하에 左師 벼슬을 하는 觸龍이라는 자가 있어 끊임없이 아첨하였습니다. 湯王이 桀을 誅殺할 때 좌사 촉룡도 죽어서 사지가 찢겨 한 무덤에 묻히지 못하였으니 이는 그의 몸조차 잊은 자입니다.”

듣고 난 애공은 안색이 변하면서 “좋은 말씀이오.” 하였다.

25. 孔子之周하사 觀於太廟[1]하실새 右陛之前에 有金人焉하야 三緘其口而銘其背曰 古之慎言人也니 戒之哉 戒之哉어다 無多言하라 多言多敗요 無多事하라 多事多患이니라 安樂必戒하고 無行所悔니라 勿謂何傷하라 其禍將長이요 勿謂何害하라 其禍將大요 勿謂何殘하라 其禍將然이요 勿謂莫聞하라 天妖伺人이니라 熒熒不滅이면 炎炎奈何오 涓涓不壅이면 將成江河요 綿綿不絶이면 將成網羅요 青青不伐이면 將尋斧柯니라 誠不能慎之면 禍之根也요 (曰)〔口〕[2]是何傷가 禍之門也니라 彊梁者는 不得其死하고 好勝者는 必遇其敵이라 盜怨主人하고 民害其貴하나니 君子知天下之不可蓋也라 故後之下之하야 使人慕之하며 執雌持下하야 莫能與之爭者니라 人皆趨彼라도 我獨守此하고 衆人惑惑이라도 我獨不(從)〔徙〕[3]하며 內藏我知하야 不與人論技면 我雖尊高라도 人莫害我니라 夫江河長百谷者는 以其卑下也라 天道無親하야 常與善人하나니 戒之哉 戒之哉어다 孔子顧謂弟子曰 記之하라 此言雖鄙나 而中事情이로다 詩曰 戰戰兢兢하야 如臨深淵하며 如履薄冰[4]이라하니 行身如此면 豈以口遇禍哉리오

1) 太廟 : 帝王의 祖廟이다. ≪孔子家語≫와 ≪金樓子≫에는 모두 后稷의 사당이라 하였다.
2) (曰)〔口〕: 저본에는 '曰'자로 되어 있으나, ≪群書拾補≫에 "宋本에 '口'자로 썼고, ≪孔子家語≫와 ≪孔子集語≫에 다 같다." 하였으므로 이에 따라 '口'로 고쳤다.
3) (從)〔徙〕: 저본에는 '從'자로 되어 있으나, ≪群書拾補≫에서 ≪孔子家語≫에 의거하여 '徙'자로 고쳤으므로 이에 따라 고쳤다.
4) 詩曰……如履薄冰 : ≪詩經≫ 〈小雅 小旻〉에 보인다.

孔子께서 周나라에 가셔서 太廟를 참관하실 적에, 오른쪽 계단 앞에 銅像이 있어서 그 입은 세 겹으로 꿰매었고, 그 등에는 다음과 같은 銘文이 있었다.

"옛날의 말을 신중히 한 사람이니, 경계하고 경계할지어다. 말을 많이 하지 말라. 말을 많이 하면 실패하는 일이 많다. 일을 많이 벌이지 말라. 일을 많이 벌이면 근심이 많은 법이다. 안락을 반드시 경계하고, 뉘우칠 일을 행하지 말라.

'무엇이 損傷되랴.'라고 말하지 말라. 그 災殃은 장차 늘어날 것이다. '무엇이 해로우랴.'라고 말하지 말라. 그 재앙은 장차 커질 것이다. '무엇이 사나우랴.'라고 말하지 말라. 그 재앙이 장차 불타오를 것이다. '듣는 이가 없다.'고 말하지 말라. 하늘이 災異를 가지고 사람을 엿보고 있다.

희미한 작은 불일 때 끄지 않으면 활활 타오를 때 어찌하려나. 졸졸 흐르는 물을 막지 않으면 장차 江河가 되고, 이어진 실을 끊지 않으면 장차 그물이 되며, 나무가 파릇파릇할 때 베지 않으면 장차 도끼를 써야 될 것이다. 참으로 삼가지 않으면 재앙의 근원이 되고, 말은 무엇을 손상시키는가? 재앙이 들어오는 문이다.

사납고 횡포한 사람은 제 명에 죽지 못하고, 이기기를 좋아하는 사람은 반드시 적수를 만나는 법이다. 도둑은 주인을 원망하고, 백성은 존귀한 사람을 방해한다. 君子는 천하를 완전히 덮어 가릴 수 없음을 안다. 그러므로 남의 뒤에 물러나고 몸을 낮추어 남들이 자기를 사모하게 하며, 柔順함을 지키고 謙遜함을 지녀 자기와 다투는 사람이 없게 한다.

사람들이 모두 저쪽으로 달려가더라도 나는 홀로 이곳을 지키고 뭇사람들이 미혹하여 따르더라도 나는 홀로 변하지 않으며, 마음속에 지혜를 저장해두고 남과 기예를 다투지 않으면 내 아무리 존귀하더라도 남이 나를 해치지 않는다. 長江과 黃河가 모든 江의 우두머리가 된 것은 낮은 곳에 있기 때문이다. 하늘은 특별히 偏愛함이 없어서 항상 善한 사람을 돕는 것이니, 경계하고 경계할지어다."

공자께서 弟子를 돌아보면서 말씀하였다.

"기억하라. 이 말이 鄙俗하기는 하지만 사실에는 맞는구나. ≪詩經≫에 '두려워하고 조심하여 마치 깊은 연못에 당은 듯이 하며, 얇은 얼음을 밟은 듯이 하라.' 하였으니, 이와 같이 처신을 하면 어찌 말 때문에 재앙을 만나겠는가."

26. 魯(哀侯)〔昭公〕[1]棄國而走齊한대 齊侯曰 君何年之少而棄國之蚤오 魯哀侯曰 臣始爲太子之時에 人多諫臣호대 臣受而不用也하고 人多愛臣호대 臣愛而不近也하니이다 是則內無聞而外無輔也니 是猶秋蓬惡於根本而美於枝葉이라 秋風一起면 根且拔也니이다

1) 魯(哀侯)〔昭公〕: 저본에는 '哀侯'로 되어 있으나, ≪晏子春秋≫ 〈內篇 雜 上〉에 의거하여 '昭公'으로 고쳤다. 魯 昭公은 춘추시대 魯나라 군주로, 이름은 裯, 또는 稠로도 쓴다. 襄公의 아들이다. 19세에 즉위하여 어린아이처럼 절제 없이 장난하다가 三桓에게 내몰리어 齊나라로 달아났다가, 뒤에 晉나라와 齊나라를 오가다가 진나라 乾侯에서 죽었다. ≪春秋左氏傳 昭公 25년≫

魯 昭公이 나라를 버리고 齊나라로 달아나자, 齊侯가 말했다.

"그대는 나이도 젊은데 어찌하여 일찌감치 나라를 버렸소?"

노 소공은 대답하였다.

"제가 처음 太子가 되었을 때 많은 사람들이 나에게 諫했으나 나는 듣기만 하고 쓰지 않았고, 많은 사람들이 나를 사랑했으나 나는 그들을 사랑하면서도 친근히 하지 않았습니다. 이는 안으로는 좋은 말을 듣지 못하고 밖으로는 보좌하는 사람이 없게 된 것이니, 마치 가을 쑥이 뿌리는 망가졌으나 枝葉은 아름다운 것과 같습니다. 갈바람이 한번 불어오면 뿌리가 장차 뽑히고 말 것입니다."

27. 孔子行遊라가 中路聞哭者聲하니 其音甚悲라 孔子曰 驅之하라 驅之하라 前有異人音이로다 少進하야 見之하니 丘吾子[1]也라 擁鎌帶索而哭이러라 孔子辟車而下하사 問曰 夫子非有喪也어늘 何哭之悲也오 丘吾子對曰 吾有三失이로소이다 孔子曰 願聞三失하노라 丘吾子曰 吾少好學問하야 周遍天下라가 還後吾親亡하니 一失也요 事君奢驕로대 諫不遂하니 是二失也요 厚交友而後絶하니 三失也니이다 樹欲靜乎風不定하고

子欲養乎親不待라 往而不來者는 年也요 不可得再見者는 親也니 請從此辭하노이다 則自刎而死하다 孔子曰 弟子야 記之하라 此足以爲戒也로다 於是弟子歸養親者 十三人이러라

1) 丘吾子 : 사람 이름으로, 평생 행적은 미상이다. ≪韓詩外傳≫ 권9에는 '皐魚'로 되어 있다.

孔子께서 외출해 다니다가 중도에서 어떤 사람이 哭하는 소리를 들으니 그 소리가 매우 슬펐다. 공자께서 말씀하셨다.

"수레를 빨리 몰아라. 빨리 몰아라. 앞에 특이한 사람의 소리가 있구나!"

조금 앞으로 나아가서 보니 丘吾子였다. 낫을 끼고 새끼를 허리에 떤 채 哭을 하고 있었다. 공자께서 수레에서 내려 물으셨다.

"선생이 喪을 당한 것도 아닌데 어찌 이리 슬프게 哭을 하는 게요?"

구오자는 대답하였다.

"나는 세 가지 잘못이 있습니다."

공자께서 말씀하셨다.

"세 가지 잘못이 무엇인지 듣기를 원하오."

이에 구오자는 설명하였다.

"내가 젊었을 때 學問을 좋아하여 천하를 두루 다니다가 돌아온 뒤에 부모가 돌아가셨으니 이것이 한 가지 잘못이요, 내가 섬긴 임금이 사치하고 교만하였으나 諫言을 이루지 못했으니 이것이 두 가지 잘못이요, 친구와 깊이 사귀었으나 뒤에 絶交하였으니 이것이 세 가지 잘못입니다. 나무가 조용히 있고 싶으나 바람은 멈추지 않고, 자식이 부모를 봉양하고 싶으나 부모는 늙어 기다려주지 않습니다. 한 번 가서 돌아오지 않는 것은 나이이고, 다시 뵐 수 없는 것은 부모입니다. 그러니 이때를 따라 세상을 하직하겠습니다."

그러고는 스스로 목을 찔러 죽었다. 공자께서 말씀하였다.

"제자들아 기억하라. 이 말을 鑑戒로 삼을 만하구나."

이에 집에 돌아가 부모를 봉양한 제자가 13명이었다.

28. 孔子論詩라가 至於正月[1]之六章하야 懼然曰 不逢時之君子는 豈不殆哉아 從上

依世則廢道요 違上離俗則危身이요 世不與善이어늘 己獨由之면 則曰非妖則孽也라 是以桀殺關龍逢하고 紂殺王子比干이라 故賢者不遇時면 常恐不終焉이니 詩曰 謂天蓋高나 不敢不跼이요 謂地蓋厚나 不敢不蹐[2]이라하니 此之謂也니라

1) 正月 : ≪詩經≫ 〈小雅 正月〉을 이른다.
2) 詩曰……不敢不蹐 : ≪詩經≫ 〈小雅 正月〉의 6章이다.

孔子께서 ≪詩經≫을 평론하다가 〈正月〉의 第6章에 이르러 놀라면서 말씀하였다. "좋은 時運을 만나지 못한 君子는 어찌 위험하지 않겠는가? 임금에게 순종하고 세속을 따르면 道義를 폐기하게 되고, 임금을 거스르고 세속을 이탈하면 몸이 위험하게 된다. 세속 사람들은 함께 善한 일을 하지 않는데 자기만 善한 일을 따르면 요망하지 않으면 사악한 사람이라고 한다. 이 때문에 桀은 關龍逢을 죽였고, 紂는 王子 比干을 죽였다. 그래서 어진 이가 좋은 시운을 만나지 못하면 언제나 잘 마치지 못할까 걱정하는 것이다. ≪시경≫에 '하늘이 높지만 허리를 굽히지 않을 수 없고, 땅이 두텁지만 조심조심 걷지 않을 수 없다.' 하였으니, 이를 두고 이르는 말이다."

29. 孔子見羅者하니 其所得者 皆黃口也러라 孔子曰 黃口盡得하고 大爵獨不得은 何也오 羅者對曰 黃口從大爵者는 不得이요 大爵從黃口者는 可得이니이다 孔子顧謂弟子曰 君子愼所從이니 不得其人이면 則有羅網之患이니라

孔子께서 그물로 참새를 잡은 사람을 보니 그가 잡은 것이 모두 부리가 노란 새끼였다. 공자께서 물으셨다.

"부리가 노란 새끼만 다 잡고 큰 참새만 유독 잡지 않은 것은 무슨 까닭이오?"

그물질하는 사람은 대답하였다.

"큰 참새를 따라다니는 부리가 노란 새끼는 잡을 수 없고, 부리가 노란 새끼를 따라다니는 큰 참새는 잡을 수가 있습니다."

이에 공자께서 제자들을 돌아보면서 말씀하였다.

"君子는 따를 사람을 신중히 가려야 하니, 따르기에 알맞은 사람을 얻지 못하면 그물에 걸리는 환난이 있는 것이다."

30. 修身正行을 不可以不愼이니라 嗜欲使行虧하고 讒諛亂正心하며 衆口使意回니라

憂患生於所忽하고 禍起於細微하나니 汙辱難湔灑요 敗事不可復追라 不深念遠慮면 後悔當幾何오 夫儌幸者는 伐性之斧也요 嗜欲者는 逐禍之馬也오 謾諛者는 窮辱之舍也요 取虐於人者는 趨禍之路也라 故曰 去儌幸하고 務忠信하며 節嗜欲하고 無取虐於人이면 則稱爲君子하야 名聲常存이니라

몸을 수양하고 품행을 단정히 하는 일을 신중히 하지 않으면 안 된다. 기호와 욕망은 품행을 무너뜨리고, 참소와 아첨은 바른 마음을 어지럽히며, 뭇사람의 동일한 말은 의지를 변하게 한다. 憂患은 소홀한 데서 생기고, 災殃은 미세한 곳에서 일어난다. 치욕을 당한 명예는 씻기 어렵고, 실패한 일은 다시 만회하지 못한다. 깊이 생각하고 멀리 고려하지 않으면 후회할 일이 얼마나 많겠는가.

요행은 本性을 베는 도끼이고, 기호와 욕망은 재앙을 따라가는 말〔馬〕이며, 속이고 아첨하는 것은 곤궁과 치욕을 쌓는 집이고, 남에게 포학을 취하는 행위는 재앙으로 달려가는 길이다. 그 때문에 "요행을 제거하고 忠信에 힘쓰며, 기호와 욕망을 절제하고 남에게 포학을 취하는 행위를 하지 않으면 君子라고 일컬어져 명성을 항상 보존할 것이다."라고 하는 것이다.

31. 怨生於不報하고 禍生於多福하며 安危存於自處하고 不困在於蚤豫하며 存亡在於得人이니라 愼終如始면 乃能長久니 能行此五者면 可以全身이라 己所不欲을 勿施於人[1)]이라하니 是謂要道也[2)]니라

1) 己所不欲 勿施於人 : ≪論語≫ 〈顔淵〉에 보인다.
2) 怨生於不報……是謂要道也 : 저본에는 앞 章과 연결되어 있으나, ≪群書拾補≫에 따로 한 장을 만들어야 한다는 말에 따라 장을 나눈 ≪說苑校證≫에 의거하여 別章으로 하였다.

怨恨은 恩惠를 보답하지 않는 데에서 생기고, 災殃은 福을 많이 누리는 데에서 생기며, 安全과 危險은 자기의 處身에 있고, 困境을 당하지 않는 것은 미리 방비하는 데 있으며, 生存과 滅亡은 사람을 얻는 데 달려 있다. 끝마무리를 처음 시작할 때처럼 잘하면 비로소 長久할 수 있으니, 이 다섯 가지를 행하면 몸을 보전할 수 있다. "자기가 원하지 않는 일을 남에게 가하지 말아야 한다." 하였으니 이것이 중요한 도리이다.

32. 顔回[1)]將西遊할새 問於孔子曰 何以爲身이니잇고 孔子曰 恭敬忠信이면 可以爲身이니라 恭則免於衆[2)]하고 敬則人愛之하고 忠則人與之하고 信則人恃之니라 人所愛하며 人所與하며 人所恃면 必免於患矣니 可以臨國家어늘 何況於身乎아 故不比數(촉)[3)]而比疏면 不亦遠乎아 不修中而修外면 不亦反乎아 不先慮事하고 臨難乃謀면 不亦晩乎아

1) 顔回 : 춘추시대 魯나라 사람으로, 이름은 回, 자는 子淵, 주로 顔淵으로 부른다. 가난하였으나 학문을 좋아하였고, 德行으로 이름 높아 孔門四科의 德行에 으뜸으로 일컬어진다. 孔子가 가장 아꼈던 제자로 일찍 요절하였다. ≪論語 顔淵≫·≪史記 仲尼弟子列傳≫
2) 免於衆 : ≪孔子家語≫ 〈賢君〉에는 '遠於患'으로 되어 있다.
3) 比數(촉) : 친밀한 사람을 친근히 하다라는 뜻이다. 比는 친함, 數은 친밀함이라는 뜻이다.

顔回가 서쪽 지역에 가려고 할 적에 孔子께 여쭈었다.

"어떻게 몸을 다스려야 합니까?"

공자께서는 말씀하셨다.

"恭·敬·忠·信이면 몸을 다스릴 수 있느니라. 恭遜하면 뭇사람의 비난을 면하고, 恭敬하면 남들이 사랑하고, 忠誠하면 남들이 친근하여 따르며, 信實하면 남들이 믿고 의지한다. 사람들이 사랑하며 친근하여 따르며 믿고 의지하면 반드시 患難에서 벗어날 것이다. 그러면 국가도 다스릴 수 있을 텐데 하물며 몸을 다스리는 일이랴. 그러므로 친밀한 사람을 친하지 않고 소원한 사람을 친하면 이런 도리에서 멀지 않겠는가. 마음을 닦지 않고 겉모양을 꾸미면 거꾸로 되지 않겠는가. 일이 있기 전에 고려하지 않고 어려운 일에 임하여 계획하면 늦지 않겠는가."

33. 凡司其身인댄 必愼五本이니 一曰柔以仁이요 二曰誠以信이요 三曰富而貴호대 毋敢以驕人이요 四曰恭以敬이요 五曰寬以靜이니 思此五者면 則無凶命이라 用能治敬以助天時면 凶命不至而禍不來니라 敬人者는 非敬人也라 自敬也요 貴人者는 非貴人也라 自貴也니라 昔者에 吾嘗見天雨金石與血하며 吾嘗見四月十日竝出하야 有與天滑[1)]하며 吾嘗見高山之崩과 深谷之窒과 大都王宮之破와 大國之滅하며 吾嘗見高山之爲裂과 深淵之沙竭과 貴人之車裂[2)]하며 吾嘗見稠林之無木과 平原爲谿谷과 君子爲御僕하며 吾嘗見江河乾爲坑과 正冬采榆〔葉〕〔桑〕[3)]과 仲夏雨雪霜과 千乘之君

萬乘之主 死而不葬호라 **是故**로 **君子**는 **敬以成其名**하고 **小人**은 **敬以除其刑**하나니 **奈何無戒而不愼五本哉**리오

1) 有與天滑 : 이 구절은 해석하기 어려우니, 誤字나 脫字가 있는 듯하다. ≪說苑校證≫에는 "'有'자는 '水'자인 듯하다." 하였고, 錢宗武의 ≪白話說苑≫에는 '有'자를 '又'자로 번역하였다.
2) 車裂 : 고대 酷刑의 하나로, 사람의 사지를 각각 車馬에 묶고 동시에 달리게 하여 찢어 죽이는 형벌이다. 磔刑이라고도 한다. ≪春秋左氏傳 襄公 22년≫·≪史記 秦本紀≫
3) (葉)〔桑〕: 저본에는 '葉'으로 되어 있으나, ≪說苑校證≫에 孫詒讓의 ≪匡謬正俗≫ 권5에서 이 내용을 인용한 데에 '葉'을 '桑'으로 썼다는 설에 의거하여 고쳤으므로 이에 따라 고쳤다.

대체로 자기의 몸을 잘 관리하려고 한다면 반드시 다섯 가지 根本을 신중히 행해야 한다. 첫째는 부드러우면서 仁厚하고, 둘째는 誠實하면서 信義가 있고, 셋째는 富裕하고 尊貴하되 감히 남에게 驕慢하지 말고, 넷째는 謙遜하면서 恭敬하고, 다섯째는 너그러우면서 차분해야 한다. 늘 이 다섯 가지를 생각하면 나쁜 운명을 만나지 않는다. 능력 있는 이를 임용하고 공경히 일을 다스려 天時에 순응하면 나쁜 운명이 이르지 않으며 재앙이 오지 않는다. 남을 공경하는 것은 남을 공경하는 것이 아니라 자기를 공경하는 것이요, 남을 귀하게 여기는 것은 남을 귀하게 여기는 것이 아니라 자기를 귀하게 하는 것이다.

예전에 나는 일찍이 하늘에서 쇠와 돌 그리고 피가 내리는 것을 보았으며, 나는 일찍이 네 개의 달과 열 개의 해가 동시에 나와 하늘과 함께 혼란함을 보았으며, 나는 일찍이 높은 산이 무너지고 깊은 골짜기가 메워지고 큰 도시의 王宮이 파괴되고 큰 나라가 멸망하는 것을 보았으며, 나는 일찍이 높은 산이 쪼개져 벌어지고 깊은 못이 모래 때문에 마르고 貴人이 車裂刑을 당하는 것을 보았으며, 나는 일찍이 무성한 숲에 나무가 없어지고 平原이 계곡이 되고 君子가 마부가 되는 것을 보았으며, 나는 일찍이 江河의 물이 말라 구덩이가 된 것과 한겨울에 느릅나무와 뽕나무 잎을 따는 것과 한여름에 눈과 서리가 내리는 현상과 千乘의 諸侯와 萬乘의 天子가 죽어서 장례를 치르지 못하는 것을 보았다.

이 때문에 君子는 공경함으로 그 명성을 이루고, 小人은 공경함으로 형벌을 면하는 것이다. 어찌 경계하여 이 다섯 가지 근본을 신중히 행하지 않겠는가.

34. 魯有恭士하니 名曰機氾[1]이라 行年七十에 其恭益甚하야 冬日行陰하고 夏日行陽하며 市次[2]不敢不行參[3]하니라 行必隨하며 坐必危하며 一食之間에 三起{不羞}[4]하며 見衣裘褐[5]之士하면 則爲之禮하니라 魯君問曰 機子年甚長矣어늘 不可釋恭乎아 機氾對曰 君子는 好恭以成其名하고 小人은 學恭以除其刑하나니이다 對君之坐면 豈不安哉리오마는 尙有差跌이요 一食之上이면 豈不美哉리오마는 尙有哽噎이니이다 今若氾은 所謂幸者也나 固未能自必이로소이다 鴻鵠飛沖天에 豈不高哉리오마는 矰繳[6]尙得而加之하고 虎豹爲猛호대 人尙食其肉하며 席其皮하니이다 譽人者少하고 惡人者多하니 行年七十이나 常恐斧質[7]之加於氾者어니 何釋恭爲리잇가

1) 機氾 : 사람 이름으로, 평생 행적은 미상이다.
2) 市次 : 시장을 관리하는 업무를 보는 官舍이다.
3) 行參 : 찾아 뵙고 문안을 드린다는 뜻이다.
4) {不羞} : ≪群書拾補≫와 ≪說苑校證≫에 모두 衍文인 듯하다 하여 衍文으로 처리하였다.
5) 裘褐 : 거칠고 천박한 옷이다. ≪莊子 天下≫·≪後漢書 逸民傳 梁鴻≫
6) 矰繳 : 주살이다. 노끈에 매어 새를 쏘아 잡는 짧은 화살이다.
7) 斧質 : 도끼와 쇠 모탕이다. 고대의 刑具로 사형을 집행할 때 썼다. ≪晏子春秋 問 下≫·≪呂氏春秋 貴直≫

魯나라에 恭遜한 사람이 있으니, 이름을 機氾이라 한다. 70세의 나이에 공손함이 더욱 심하여 겨울에는 陰地로 다니고 여름에는 陽地로 다녔으며, 시장을 관리하는 官舍를 보면 감히 찾아 뵙고 문안을 드리는 禮를 행하지 않는 적이 없었다. 길을 갈 때는 남의 뒤를 따라갔으며, 앉을 때는 반드시 무릎을 꿇었으며, 한 번 밥을 먹는 시간에 세 번이나 일어났으며, 거칠고 천박한 옷을 입은 사람을 보면 예를 행하였다.

魯君이 그에게 물었다.

"機子는 연세가 높은데, 공손함을 내려놓을 수가 없소?"

기범은 대답하였다.

"君子는 공손함 좋아하여 名聲을 이루고, 小人은 공손함을 배워 刑罰을 면하는 것입니다. 임금을 마주하여 앉으면 그 자리가 어찌 편안하지 않겠습니까마는 오히려 발을 헛디뎌 넘어지는 경우가 있고, 한 식탁에서 먹는 음식이 어찌 맛있지 않겠습니까마는 오히려 목이 멜 때가 있습니다. 지금 저 같은 사람은 행복한 사람이라고 하지만 진실로 자신은 꼭 그렇다고 할 수 없습니다. 鴻鵠이 대번에 하늘로 날아올랐을 때 어찌 높지

않겠습니까마는 주살이 오히려 쏘아 맞히고, 虎豹가 매우 사납지만 사람들이 그 고기를 먹으며 그 가죽을 깔고 앉습니다. 남을 칭찬하는 사람은 적고 남을 헐뜯는 사람은 많습니다. 저는 나이가 70이지만 언제나 斧質의 형벌이 저에게 더해질까 걱정되는데 어떻게 공손함을 내려놓겠습니까?"

35. 成回[1)]學於子路三年호대 回恭敬不已어늘 子路問其故何也오 回對曰 臣聞之호니 行者比於鳥하야 上畏鷹鸇하고 下畏網羅니이다 夫人爲善者少하고 爲讒者多하니 若身不死면 安知禍罪不施리잇가 行年七十호대 常恐行節之虧라 回是以恭敬待大命이로소이다 子路稽首曰 君子哉인저

1) 成回 : 사람 이름으로, 평생 행적은 미상이다.

成回가 子路에게 3년을 배웠으나, 성회는 자로에 대한 恭敬을 그치지 않았다. 이에 자로가 그 까닭이 무엇이냐고 물었다. 그러자 성회는 대답하였다.

"저는 들으니 길을 가는 사람은 새와 같아서, 위로는 사나운 솔개와 새매가 두렵고, 아래로는 그물이 두렵습니다. 사람 중에 善한 일을 하는 사람은 적고, 참소하는 사람은 많습니다. 만약 이 몸이 죽지 않으면 어찌 재앙과 罪罰이 자기에게 가해지지 않는다고 미리 알겠습니까? 제 나이가 70이지만 늘 저의 행실과 예절이 흠결이 있을까 걱정됩니다. 저는 이 때문에 공경을 행함으로써 天命을 기다리는 것입니다."

이에 자로는 머리를 조아리며 "君子로구나." 하였다.

譯者 略歷

慶南 晉州 出生
家親 晦山公에게 基礎漢文 수학
秋淵 權龍鉉 先生에게 七書 受讀
民族文化推進會 國譯硏修院 수료
檀國大 東洋學硏究所 漢韓大辭典編纂室 수석팀장
檀國大 東洋學硏究院 초빙교수(現)
韓國古典飜譯院 古典飜譯敎育院 강사(現)
韓國國學振興院 漢文敎育院 강사(現)
傳統文化硏究會 國譯委員(現)

論著 및 譯書

〈漢文聲讀考〉
≪退溪全書≫ ≪菊潭集≫ ≪別洞集≫
≪茶山集≫ ≪雙槐堂遺稿≫ ≪拓齋文集≫
≪宣祖實錄≫ ≪正祖實錄≫ ≪國語≫(共譯)
≪朱注孟子≫ ≪朱注論語≫ 등 다수

東洋古典譯註叢書 67
譯註 說 苑 1　정가 25,000원

2010년 12월 30일 초판 발행
2012년 12월 15일 초판 2쇄

譯　註　許鎬九
編　輯　古典國譯編輯委員會
發行人　李啓晃
發行處　社團法人 傳統文化硏究會
서울시 종로구 낙원동 284-6 낙원빌딩 411호
전화 : (02)762-8401　전송 : (02)747-0083
전자우편 : juntong@juntong.or.kr
홈페이지 : juntong.or.kr
사이버書堂 : cyberseodang.or.kr
온라인서점 : book.cyberseodang.or.kr
등록 : 1989. 7. 3. 제1-936호

인쇄처 : 한국법령정보주식회사(02-462-3860)
총　판 : 한국출판협동조합(070-7119-1750)

ISBN 978-89-91720-83-1 94820
978-89-85395-71-7(세트)